ESV

Kommunale Bildungslandschaften

Rechtliche und organisatorische Grundlagen

Von

Professor Dr. Ernst-Wilhelm Luthe

Direktor des Instituts für angewandte Rechts- und Sozialforschung,
Fachhochschule Braunschweig-Wolfenbüttel

ERICH SCHMIDT VERLAG

Bibliografische Information der Deutschen Bibliothek
Die Deutsche Bibliothek verzeichnet diese Publikation
in der Deutschen Nationalbibliografie; detaillierte bibliografische Daten
sind im Internet über dnb.ddb.de abrufbar.

Weitere Informationen zu diesem Titel finden Sie im Internet unter
ESV.info/978 3 503 11231 9

ISBN 978 3 503 11231 9

Alle Rechte vorbehalten
© Erich Schmidt Verlag GmbH & Co., Berlin 2009
www.ESV.info

Dieses Papier erfüllt die Frankfurter Forderungen
der Deutschen Bibliothek und der Gesellschaft für das Buch
bezüglich der Alterungsbeständigkeit und entspricht sowohl den
strengen Bestimmungen der US Norm Ansi/Niso Z 39.48-1992
als auch der ISO Norm 9706.

Satz: Peter Wust, Berlin
Druck und Bindung: Strauss, Mörlenbach

Geleitwort

Kommunale Bildungslandschaft – ein Begriff beginnt, Kontur zu gewinnen. Ganz am Anfang stand die Überlegung, dass die Schwierigkeiten des deutschen Bildungswesens auch der Tatsache geschuldet sind, dass Verantwortung für Bildungserfolge sehr leicht auf entfernte Institutionen abgeschoben werden kann. Schule findet zwar vor Ort statt, wenn aber Schule nicht „funktioniert", dann sind das jeweilige Kultusministerium und die Bildungspolitik schuld, nicht aber die handelnden Akteure vor Ort.

Dieses Prinzip kann nicht funktionieren. Es muss also wieder in die Hände der Akteure vor Ort gelegt werden, dass und ob Schule funktioniert und mit welchen Erfolgen die Schulen ihrem Bildungsauftrag gerecht werden. Hierzu müssen Schulleitungen, Lehrer, Schüler und Eltern sowie das gesamte Gemeinwesen die notwendigen Rahmenbedingungen erhalten. Zu diesen Rahmenbedingungen zählen nicht nur Geld und Infrastruktur, sondern auch die Definition gemeinsamer Lernziele. Nur dann ist überhaupt eine Bewertung einer erfolgreichen Arbeit in der Schule möglich.

Auch bedarf es nicht nur einer guten Schule, um erfolgreich Bildungs- und Erziehungsarbeit zu leisten. Das örtliche oder überörtliche Gemeinwesen muss zudem weitere Rahmenbedingungen bieten, um den Schülern ein Aufwachsen in einem positiven Umfeld zu ermöglichen. Hier tragen schon jetzt Landkreise, Städte und Gemeinden den größten Teil der Verantwortung. Diese Verantwortung gilt es, in den nächsten Jahren nicht nur wissenschaftlich, sondern auch ganz praktisch vor Ort in die Existenz kommunaler Bildungslandschaften umzusetzen. Dazu brauchen wir in den Landkreisen und Gemeinden mehr Kompetenzen, die dann naturgemäß auch mit der notwendigen Finanzausstattung einhergehen. Die Aufgabenverteilung zwischen Landkreisen und Gemeinden wird dabei je nach Landesrecht und Landestradition durchaus unterschiedlich erfolgen. Beide eint aber das Ziel, mit kommunaler Verantwortung und den entsprechenden Rahmenbedingungen den lernenden Kindern und Jugendlichen möglichst optimale Rahmenbedingungen für ihre weitere Entwicklung zu geben.

Ich wünsche der vorliegenden Schrift viele interessierte Leser nicht nur aus dem kommunalen Raum.

Prof. Dr. Hans-Günter Henneke
Geschäftsführendes Präsidialmitglied des Deutschen Landkreistages

Vorwort

Bildung ist ein Standortfaktor – nicht nur im Verhältnis konkurrierender Nationalstaaten, sondern auch und gerade im Verhältnis der Regionen und kommunalen Gebietskörperschaften. Auch auf dieser Ebene lassen sich Zusammenhänge beobachten, die für die kommunalpolitische Bewusstseinsbildung mehr und mehr an Bedeutung zu gewinnen scheinen: Je höher nämlich das Qualifikationsniveau eines Wirtschaftsraums, desto besser ist die Beschäftigungsentwicklung und desto höher das kommunale Steueraufkommen (vgl. Farhauer/Granato, Standortfaktoren und Branchenmix entscheidend für Beschäftigung, IAB-Kurzbericht, Ausgabe Nr. 4 v. 24.3.2006). Abgesehen hiervon kann Bildung als „der" Wegbereiter für die soziale Teilhabe der Bevölkerungskreise angesehen werden. Arbeitslosigkeit, Armut und soziale Ausgrenzung haben zumeist auch mit Bildungsdefiziten zu tun. In weiterer Perspektive geraten damit letztlich alle vor Ort angesiedelten Bildungsprozesse – von der Familienerziehung bis zur beruflichen Weiterbildung – auf den Prüfstand kommunalpolitischer Erfolgsbilanzen. Denn Bildung und lebenslanges Lernen finden nicht in anonymen zentralstaatlichen Zusammenhängen, sondern im sozialen Nahraum der Menschen „vor Ort" statt. Dass die kommunale Ebene in dieser Hinsicht deshalb eine aktive Rolle spielen kann und spielen muss, ist Leitgedanke dieses Buches.

Für die Entwicklung kommunaler Bildungslandschaften aber gibt es kein Patentrezept. Zu unterschiedlich sind die örtlichen Wirtschafts- und Sozialstrukturen, als dass hier mit einfachen Lösungen gerechnet werden könnte. Indes lässt sich ein Arsenal von Handlungsinstrumenten zur Verfügung stellen, aus dem man sich bei Bedarf „bedienen" kann.

Bei dieser Gelegenheit danke ich Caterina Hernandez Martinez und Esther Niewerth für diverse wissenschaftliche Hilfsdienste während der Bearbeitung.

Emmerthal, im September 2008   Ernst-Wilhelm Luthe

Inhaltsübersicht

Geleitwort des Deutschen Landkreistages.	5
Vorwort.	7
Inhaltsverzeichnis.	11
Abkürzungsverzeichnis.	19

Teil 1 Struktureller Rahmen
- A. Warum „Kommunale Bildungslandschaften"? ... 27
- B. Die bisherigen Konzepte ... 35

Teil 2 Organisation kommunaler Bildungslandschaften
- A. Der Sozial- und Bildungsraum. ... 64
- B. Vernetzung und Kooperation ... 72
- C. Planung. ... 98
- D. Qualitätsmanagement ... 133
- E. Bildungsmarketing ... 156
- F. Einzelfallsteuerung ... 161

Teil 3 Rechtliche Grundlagen kommunaler Bildungslandschaften
- A. Europarecht. ... 181
- B. Verfassungsrecht. ... 202
- C. Kommunalrecht. ... 212
- D. Schulrecht. ... 230
- E. Recht der Erwachsenenbildung. ... 247
- F. Berufsbildungsrecht ... 256
- G. Ausbildungsförderungsrecht ... 263
- H. Grundsicherung für Arbeitsuchende (SGB II). ... 270
- I. Arbeitsförderungsrecht (SGB III). ... 294
- J. Kinder- und Jugendhilferecht (SGB VIII) ... 316
- K. Rehabilitation und Teilhabe behinderter Menschen (SGB IX)... 324
- L. Sozialhilferecht (SGB XII). ... 330

Ausblick	337
Literaturverzeichnis.	339
Quellenverzeichnis.	361
Stichwortverzeichnis.	365

Inhaltsverzeichnis

Geleitwort des Deutschen Landkreistages 5
Vorwort 7
Inhaltsübersicht 9
Abkürzungsverzeichnis 19

Teil 1 Struktureller Rahmen

A. Warum „Kommunale Bildungslandschaften"? 27

I. Einleitung 27
II. Grundlegende Schwächen bisheriger Dezentralisierungsstrategien . . . 30
III. Die Kommunalisierung der Bildungsfrage 32

B. Die bisherigen Konzepte 35

I. Modelltypen 36
II. Bildungsbegriff 40
III. Einzelne Projekte 41
  1. Die „Lernenden Regionen" 42
     a) Ziele der Netzwerkbildung 42
     b) Rahmenvorgaben 43
     c) Netzwerkteilnehmer und ihre Motivation 43
     d) Netzwerkmanagement 44
     e) Aktivitäten für Zielgruppen 44
     f) Qualitätsmanagement 45
     g) Neue Lernkulturen 45
     h) Bildungsmarketing 45
     i) Beschäftigungsfähigkeit 46
     j) Produkte 47
     k) Empfehlungen der Begleitforschung 47
  2 „Kommunale Bildungslandschaften" 47
     a) Adressaten der Kooperation 48
     b) Bildungsverständnis 48
     c) Aktivitäten 48
     d) Organisation 49
  3. Die „Selbstständige Schule" 50
     a) Programme 51

		b) Adressaten der Kooperation	53
		c) Organisation	53
		d) Aktivitäten	54
		e) Finanzierung	55
4.	Die „Soziale Stadt"		56
		a) Handlungsfelder	57
		b) Akteure	57
		c) Quartiersbüros	57
		d) Aktivitäten	57
		e) Finanzierung	58
5.	Fazit		58

Teil 2 Organisation kommunaler Bildungslandschaften

A. Der Sozial- und Bildungsraum 64

I.	Sozialraumanalyse	64
II.	Sozialraumbudget in der Jugendhilfe	67
III.	Zur Möglichkeit von Bildungsraumbudgets	68
IV.	Wohnungspolitik und Raumentwicklung	69
V.	Die Bürgergemeinde im kooperativen Staat	70
VI.	Der Zuschnitt des Sozial- und Bildungsraums	71

B. Vernetzung und Kooperation 72

I.	Grundlagen	73
II.	Netzwerkmanagement unter Bedingungen „prinzipieller Ineffizienz"	77
III.	Themenfindung	80
1.	Übergänge in Bildungsphasen	82
2.	Neue Lernkulturen	85
3.	Beschäftigungsfähigkeit und Wirtschaftsförderung	86
4.	Einbeziehung der Familien	90
IV.	Ein typischer Netzwerkaufbau	91
V.	Insbesondere: Kooperation von Schule und Jugendamt	93

C. Planung 98

I.	Grundlagen	99
1.	Planungsebenen	99
2.	Kontrolle	101
3.	Grundlegende Entwicklungsschritte	101
4.	Verbindlichkeit der Planungsaufgabe	103
5.	Techniken	103
	a) Zielsystem	104
	b) Informationsgewinnung	104
	c) Alternativenvergleich	106

		d) Strategieentwicklung.	106
		e) Ablaufplanung.	108
		f) Projektplanung und Projektorganisation	109
	II.	Sozialplanung und Sozialberichterstattung	110
	1.	Sozialplanung	110
		a) Bedeutung	110
		b) Planungsschema	112
		c) Planung und Controlling	116
	2.	Sozialberichterstattung.	117
	III.	Bildungsplanung und Bildungsberichterstattung	120
	1.	Bildungsplanung.	120
		a) Bedeutung	120
		b) Sozial- und wirtschaftspolitische Funktion	122
		c) Planungsschema	124
	2.	Bildungsberichterstattung	127
	IV.	Gemeinsame Schulentwicklungs- und Jugendhilfeplanung	130
D.		**Qualitätsmanagement**	133
	I.	Gegenstandsbereiche und Grunddefinitionen	134
	II.	Konzepte des Qualitätsmanagements.	137
	1.	DIN EN ISO-Normenreihe 9000 ff.	138
	2.	EFQM-Modell	141
	3.	Die Lernerorientierte Qualitätstestierung in der Weiterbildung (LQW)	143
	4.	Das Schweizerische Qualitätszertifikat für Weiterbildungsorganisationen (eduqua).	144
	5.	Betriebliches Bildungswesen, insbesondere bei „Siemens"	144
	6.	Berufliches Bildungs-Benchmarking im regionalen Vergleich	146
	7.	Qualitätsstandards im Bereich staatlicher Weiterbildungsförderung	149
	8.	Quind – Selbstevaluation in der Schule	152
	9.	Kindergarten-Einschätzskala (KES/KES-R)	153
	10.	Selbstevaluation und Wirksamkeitsdialog in der Jugendhilfe (WANJA)	154
E.		**Bildungsmarketing**	156
	I.	Zur Notwendigkeit von Bildungsmarketing	156
	II.	Bedeutungen des Marketingbegriffs	157
	III.	Der Aufbau eines Marketingkonzepts	158
	1.	Feststellung des Ist-Zustandes.	158
	2.	Strategieentwicklung	158
	3.	Kommunikationspolitik.	160
F.		**Einzelfallsteuerung**	161
	I.	Zum Steuerungsbegriff im Sozial- und Bildungssektor	162

II.	Fallmanagement	166
1.	Bedeutung und Strukturen des Fallmanagements	166
	a) Bedeutung	166
	b) Organisation	166
	c) Hilfeplan/Eingliederungsvereinbarung	168
2.	Prozessschritte	170
	a) Kontaktaufnahme/Beratung	170
	b) Anamnese/Assessment/Diagnose	171
	c) Hilfeplanung	172
	d) Leistungssteuerung	173
	e) Monitoring	173
	f) Evaluation	173
III.	Beratung im Bildungsbereich	175

Teil 3 Rechtliche Grundlagen kommunaler Bildungslandschaften

A.	Europarecht	181
I.	Grundstrukturen der EU	181
1.	Zielrichtung	181
2.	Kompetenzen und Organe	183
3.	Strukturfonds	184
4.	Primär- und Sekundärrecht	185
II.	Rechtsgrundlagen	186
1.	Wirtschaftliche Freiheitsrechte und Wettbewerbsregeln	186
2.	Bildungsrecht	188
	a) Allgemeine Bildung	188
	b) Berufliche Bildung	188
	c) Sozialpolitik und Europäischer Sozialfonds	189
	d) Beschäftigungsförderung	189
	e) Charta der Grundrechte	190
3.	Förderprogramme	191
	a) Programme der EU	191
	b) ESF und Bundesprogramme	195
III.	Fazit	201
B.	Verfassungsrecht	202
I.	Struktur des Bildungsverfassungsrechts	202
II.	Schulische Bildung	205
III.	Berufliche Bildung	206
IV.	Förderung von Bildung und Ausbildung	208
V.	Kompetenzordnung	210
VI.	Fazit	212

C.	Kommunalrecht	212
I.	Kommunalverfassungsrecht.	212
1.	Die wesentlichen Strukturen	212
2.	Bildung als Integrationswert der kommunalen Ebene	215
II.	Rechtliche Formen der Zusammenarbeit	220
1.	Zusammenarbeit von Staat und Privaten	220
2.	Öffentlich-rechtliche Vereinbarungen	221
3.	Gemischtwirtschaftliche Unternehmen und funktionale Privatisierung	222
4.	Sozial- und Bildungsraumbudgets	224
5.	Ortsbezogene Kooperationen und Vergaberecht	227
III.	Fazit	229

D.	Schulrecht.	230
I.	Schulgesetze der Länder.	230
1.	Baden-Württemberg.	230
2.	Bayern	231
3.	Brandenburg.	231
4.	Berlin	232
5.	Bremen.	234
6.	Hamburg	235
7.	Hessen	235
8.	Mecklenburg-Vorpommern.	236
9.	Niedersachsen	237
10.	Nordrhein-Westfalen	238
11.	Rheinland-Pfalz	239
12.	Saarland	240
13.	Sachsen.	240
14.	Sachsen-Anhalt.	240
15.	Schleswig-Holstein.	241
16.	Thüringen	241
II.	Fazit	242
1.	Schulmodelle.	242
2.	Schulentwicklungsplanung	243
3.	Kooperation	244
4.	Eigenverantwortung.	245

E.	Recht der Erwachsenenbildung	247
I.	Allgemeine Weiterbildung.	248
1.	Für Erwachsene	248
2.	Für Jugendliche.	250
3.	Bildungsurlaub	251

II.	Berufliche Weiterbildung (außerhalb des SGB III)	252
1.	Betriebsverfassungsgesetz	252
2.	Gestaltungsoptionen	254
III.	Fazit	255
F.	**Berufsbildungsrecht**	256
I.	Begriff der Berufsbildung	256
II.	Die Berufsbildungsstätten	257
III.	Regelungsgrundlagen	258
IV.	Die zuständigen Stellen	259
V.	Das Berufsausbildungsverhältnis	259
VI.	Prüfungswesen	262
VII.	Besonderheiten der Benachteiligtenförderung	262
VIII.	Fazit	263
G.	**Ausbildungsförderungsrecht**	263
I.	Bundesausbildungsförderungsgesetz	264
1.	Leistungsvoraussetzungen	264
2.	Leistungen	266
II.	Aufstiegsfortbildungsförderungsgesetz	268
1.	Leistungsvoraussetzungen	268
2.	Leistungen	269
III.	Fazit	270
H.	**Grundsicherung für Arbeitsuchende (SGB II)**	270
I.	Allgemeine Anwendungsvoraussetzungen	272
II.	Vorgaben für das Fallmanagement	274
III.	Leistungen	279
1.	Leistungen nach § 16 Abs. 1 S. 1 SGB II	279
2.	Leistungen nach § 16 Abs. 1 S. 2 SGB II	279
3.	Leistungen nach § 16 Abs. 1 S. 3 SGB II für behinderte Menschen	283
4.	„Weitere Leistungen" und Kommunalleistungen nach § 16 Abs. 2 SGB II	287
5.	Arbeitsgelegenheiten nach § 16 Abs. 3 SGB II (1-Euro-Jobs)	288
6.	Leistungen zur Beschäftigungsförderung nach § 16a SGB II	289
7.	Konkurrierende und ergänzende Leistungen	291
IV.	Fazit	293
I.	**Arbeitsförderungsrecht (SGB III)**	294
I.	Allgemeine Anwendungsvoraussetzungen	294
II.	Leistungen mit Bildungsbezug	295
1.	Beratung und Vermittlung	295

2.	Maßnahmen der Eignungsfeststellung/Trainingsmaßnahmen	297
3.	System der Berufsausbildungsförderung, insbesondere Berufsausbildungsbeihilfe	299
4.	Förderung der Berufsausbildung und Beschäftigung begleitende Eingliederungshilfen.	303
5.	Förderung der beruflichen Weiterbildung	306
6.	Arbeitsbeschaffungsmaßnahmen.	308
7.	Eingliederungszuschüsse	310
8.	Einstellungszuschuss bei Neugründung.	311
9.	Job-Rotation	312
10.	Förderung der Berufsausbildung, der Weiterbildung, der Teilhabe (Arbeitgeber).	313
III.	Fazit	315
J.	**Kinder- und Jugendhilferecht (SGB VIII).**	**316**
I.	Allgemeine Anwendungsvoraussetzungen.	316
II.	Vorgaben für das Fallmanagement	317
III.	Angebote und Leistungen	318
1.	Jugendarbeit	318
2.	Jugendsozialarbeit.	319
3.	Erzieherischer Kinder- und Jugendschutz	320
4.	Förderung der Erziehung in der Familie	320
5.	Förderung von Kindern in Tageseinrichtungen und Kindertagespflege	321
6.	Hilfe zur Erziehung	322
IV.	Kooperationspflichten	323
V.	Fazit	324
K.	**Rehabilitation und Teilhabe behinderter Menschen (SGB IX)**	**324**
I.	Allgemeine Anwendungsvoraussetzungen.	324
II.	Zuständigkeiten.	325
III.	Leistungen zur Teilhabe am Arbeitsleben	327
IV.	Fazit	330
L.	**Sozialhilferecht (SGB XII).**	**330**
I.	Empfängerkreis.	330
II.	Vorgaben für das Fallmanagement	331
III.	Leistungen mit Bildungsbezug	332
1.	Eingliederungshilfe für behinderte Menschen	333
2.	Hilfe zur Überwindung besonderer sozialer Schwierigkeiten	334
3.	Altenhilfe.	335
IV.	Fazit	335

Inhaltsverzeichnis

Ausblick 337

Literaturverzeichnis.. 339
Quellenverzeichnis... 361
Stichwortverzeichnis... 365

Abkürzungsverzeichnis

A
a. A.	anderer Ansicht
AA	Agentur für Arbeit
a. a. O.	am angegebenen Ort
a. E.	am Ende
a. F.	alter Fassung
Alg	Arbeitslosengeld
Alt.	Alternative
AltTZG	Altersteilzeitgesetz
a. M.	anderer Meinung
Anm.	Anmerkung
ArchsozArb	Archiv für Wissenschaft und Praxis der sozialen Arbeit
ARGE	Arbeitsgemeinschaft
Art.	Artikel
Aufl.	Auflage
AusländerG	Ausländergesetz
Az.	Aktenzeichen

B
BA	Bundesagentur für Arbeit
BAB	Berufsausbildungsbeihilfe
BABl.	Bundesarbeitsblatt
BaföG	Bundesausbildungsförderungsgesetz
BAG	Bundesarbeitsgericht
Bd.	Band
BGB	Bürgerliches Gesetzbuch
BGBl.	Bundesgesetzblatt
BGH	Bundesgerichtshof
BHO	Bundeshaushaltsordnung
BKGG	Bundeskindergeldgesetz
BMA	Bundesministerium für Arbeit und Sozialordnung
BMWA	Bundesministerium für Wirtschaft und Arbeit
BRRG	Beamtenrechtsrahmengesetz
BSG	Bundessozialgericht
BSGE	Entscheidungen des Bundessozialgerichts
BSHG	Bundessozialhilfegesetz

BT	Bundestag
BT-Drs.	Bundestagsdrucksache
BVerfG	Bundesverfassungsgericht
BVerfGE	Entscheidungen des Bundesverfassungsgerichts
BVerwG	Bundesverwaltungsgericht
BVerwGE	Entscheidungen des Bundesverwaltungsgerichts
BVG	Bundesversorgungsgesetz
BW	Baden-Württemberg

D
DA	Dienstanweisung
ders.	derselbe
DV	Deutscher Verein für öffentliche und private Fürsorge
DVO	Durchführungsverordnung

E
EGV	Vertrag zur Gründung der Europäischen Gemeinschaft
Eicher/Spellbrink	Kommentar zum SGB II
EU	Erwerbsunfähigkeit
EuG	Sammlung der Entscheidungen und Gutachten der Spruchstellen für Fürsorgestreitigkeiten
EuGH	Gerichtshof der Europäischen Gemeinschaften
EUV	Vertrag über die Europäische Union
EVS	Einkommens- und Verbrauchsstichprobe

F
f., ff.	folgende, fortfolgende
FamRZ	Zeitschrift für das gesamte Familienrecht
FEVS	Fürsorgerechtliche Entscheidungen der Verwaltungs- und Sozialgerichte
Fn.	Fußnote

G
GBl.	Gesetzblatt
GdB	Grad der Behinderung
GG	Grundgesetz
ggf.	gegebenenfalls
GSiG	Gesetz über die bedarfsorientierte Grundsicherung im Alter und bei Erwerbsminderung
GVBl.	Gesetz- und Verordnungsblatt
GWB	Gesetz gegen Wettbewerbsbeschränkungen

H
HGrG	Haushaltsgrundsätzegesetz

Hauck/Noftz (Hrsg.)	Sozialgesetzbuch (SGB) Gesamtkommentar, Sozialgesetzbuch SGB II – Grundsicherung für Arbeitsuchende, Loseblatt
Hauck/Noftz (Hrsg.)	Sozialgesetzbuch (SGB) Gesamtkommentar, Sozialgesetzbuch SGB XII – Sozialhilfe, Loseblatt
Hrsg.	Herausgeber
HS	Halbsatz

I
i. d. F.	in der Fassung
info also	Informationen zum Arbeitslosenrecht und Sozialhilferecht
i. S.	im Sinne
i. V. m.	in Verbindung mit

K
krit.	Kritisch
KT	Kommunaler Träger
KV	Krankenversicherung

L
LAG	Landesarbeitsgemeinschaft
LP	Lebenspartner
LSG	Landessozialgericht
LVA	Landesversicherungsanstalt

M
MdE	Minderung der Erwerbsfähigkeit
MDK	Medizinischer Dienst der Krankenversicherung
MinBl.	Ministerialblatt
m. w. N.	mit weiteren Nachweisen

N
Nds.	Niedersachsen
Nds. HzSH	Arbeitsgemeinschaft der kommunalen Spitzenverbände Niedersachsens, Hinweise zur Sozialhilfe – Erläuterungen zur Anwendung des BSHG 2004
n. F.	neue Fassung
NDV	Nachrichtendienst des Deutschen Vereins für öffentliche und private Fürsorge
NDV-RD	Rechsprechung des Deutschen Vereins – Beilage zum NDV
NJW	Neue Juristische Wochenschrift
Np	Neue Praxis

NRW	Nordrhein-Westfalen
NVwZ	Neue Zeitschrift für Verwaltungsrecht
NZA	Neue Zeitschrift für Arbeits- und Sozialrecht
NZS	Neue Zeitschrift für Sozialrecht

O

OLG	Oberlandesgericht
OVG	Oberverwaltungsgericht

P

PflegeVG	Pflegeversicherungsgesetz
PKH	Prozesskostenhilfe
PSA	Personal-Service-Agentur
PV	Pflegeversicherung

R

RdErl.	Runderlass
RefE	Referentenentwurf
RsDE	Recht der sozialen Dienste und Einrichtungen (Zeitschrift)
RVO	Reichsversicherungsordnung
Rz	Randziffer

S

s.	siehe
S.	Seite, Satz
Schlegel/Voelzke (Hrsg.)	juris – Praxiskommentar zum SGB II
SchwbG	Schwerbehindertengesetz
SGb	Die Sozialgerichtsbarkeit (Zeitschrift)
SGB I	Sozialgesetzbuch – Allgemeiner Teil
SGB II	Sozialgesetzbuch – Grundsicherung für Arbeitsuchende
SGB III	Sozialgesetzbuch – Arbeitsförderung
SGB IV	Sozialgesetzbuch – Gemeinsame Vorschriften für die Sozialversicherung
SGB V	Sozialgesetzbuch – Gesetzliche Krankenversicherung
SGB VI	Sozialgesetzbuch – Gesetzliche Rentenversicherung
SGB VIII	Sozialgesetzbuch – Kinder- und Jugendhilfe
SGB IX	Sozialgesetzbuch – Rehabilitation und Teilhabe behinderter Menschen
SGB X	Sozialgesetzbuch – Verwaltungsverfahren, Schutz der Sozialdaten, Zusammenarbeit der Leistungsträger und ihre Beziehungen zu Dritten
SGB XI	Sozialgesetzbuch – Soziale Pflegeversicherung
SGB XII	Sozialgesetzbuch – Sozialhilfe

SGG	Sozialgerichtsgesetz
Slg.	Sammlung der Rechtsprechung des Gerichtshofes der Europäischen Gemeinschaften
SozR	Sozialrecht, Entscheidungen des Bundessozialgerichts

T

TuWas (Hrsg.)	Leitfaden zum Arbeitslosengeld II

V

VG	Verwaltungsgericht
VGH	Verwaltungsgerichtshof
VwGO	Verwaltungsgerichtsordnung
VO	Verordnung
VOB	Verdingungsordnung für Bauleistungen
VOL	Verdingungsordnung für Leistungen

W

WfbM	Werkstatt für behinderte Menschen
WoGG	Wohngeldgesetz
WVO	Werkstattverordnung

Z

ZfF	Zeitschrift für das Fürsorgewesen
ZfJ	Zentralblatt für Jugendrecht
ZfSH/SGB	Zeitschrift für Sozialhilfe und Sozialgesetzbuch
ZG	Zeitschrift für Gesetzgebung
ZPO	Zivilprozessordnung
ZSR	Zeitschrift für Sozialreform

Teil 1
Struktureller Rahmen

A. Warum „kommunale Bildungslandschaften"?

I. Einleitung

Die **Idee kommunaler Bildungslandschaften** beruht auf der einfachen, wenngleich in der praktischen Durchführung schwierigen Einsicht, dass Wohlstand und sozialer Zusammenhalt in entwickelten Gesellschaften maßgeblich vom Bildungsniveau der Bevölkerung abhängen. Bildung ist in ökonomischer Hinsicht ein Standortfaktor, in sozialer Hinsicht eine wesentliche Bedingung für die gesellschaftliche Integration der Bevölkerungskreise und in politischer Hinsicht eine Grundvoraussetzung für „gelebte Demokratie". Dem lässt sich auf heutigem Stand nichts entgegen setzen, ebenso wie im Übrigen der Erfahrung, dass weder Markt noch Staat ausreichend in der Lage sind, in der Gesellschaft für Bildung zu sorgen.[1] Damit schienen sich größere Reformen für lange Zeit von selbst zu erledigen.[2] Erst in den letzten Jahren hat sich demgegenüber ein Gespür für neue Formen gesellschaftlicher Selbstorganisation und Entwicklung im Kontext von Bildung entwickelt. Neben die Steuerungsressourcen des Staates und des Marktes tritt nunmehr der Gedanke der Netzwerkbildung und Kooperation zugunsten eines ganzheitlichen Bildungsverständnisses, das sich nicht auf die herkömmlichen Formen institutionalisierter Bildung beschränkt und in einer grundsätzlich entwicklungsoffenen Perspektive einen Ebenenwechsel von zentraler Steuerung auf die lokalen Bedingungen von Bildung eingeleitet hat. Vor allem die europäische Union hat mit ihrer Initiative zur Förderung dezentralisierter Formen lebenslangen Lernens in dieser Hinsicht innerhalb der letzten Jahre wichtige Impulse gesetzt (Rz. 13, 220 ff.).[3]

1

Wenn nicht alles täuscht, so sind es vor allem **vier Aspekte**, die insgesamt nahe legen, dass diesem Denken „echte" Reformpotentiale und Erfolgschancen im Hinblick auf das letztendliche Ziel einer Steigerung des lokalen Bildungsniveaus zugrunde liegen:
1. Bildung ist keine Frage anonymer zentralstaatlicher Steuerung, sondern findet prinzipiell im sozialen Nahraum der Menschen statt und dies nicht nur innerhalb in sich geschlossener Bildungsphasen, sondern angesichts hoher Wirtschaftsdy-

---

1 Dobischat, Zur Bedeutung regional orientierter Bildungspolitik und -forschung, in: Solzbacher/Minderop (Hrsg.), Bildungsnetzwerke und regionale Bildungslandschaften, München/Unterschleißheim 2007, S. 160.
2 Insbesondere nach der Bildungsplanungseuphorie der 1970er Jahre war das Thema – zumindest in der öffentlichen Debatte – erst einmal erledigt. Hierzu v. Friedeburg/Oehler, Staatliche Bildungsplanung, in Lenzen (Hrsg.), Enzyklopädie Erziehungswissenschaft, Bd. 5, Stuttgart 1984, S. 247.
3 Kommission der Europäischen Gemeinschaften, Memorandum über lebenslanges Lernen, Brüssel 2002, S. 22.

namik und nicht zuletzt vor dem Hintergrund einer älter werdenden Erwerbsbevölkerung gleichsam „lebenslang".
2. Der Erfolg staatlicher Bildungsinterventionen ist im Bereich der Grundbildung, Berufsausbildung und Weiterbildung nur im Wechselspiel formeller und informeller Rahmenbedingungen machbar. Der bildungsförderliche soziale Nahraum ist auf eine insofern milieubezogene Bildungsplanung und -infrastruktur, und diese umgekehrt auf einen bildungsmotivierten Adressatenkreis angewiesen. Nicht zuletzt hängt der Qualifizierungsbedarf der Wirtschaft heute stärker denn je von den spezifischen Erfordernissen der einzelnen Betriebe und diese hängen damit in besonderer Weise von der Bildungsfähigkeit ihrer Mitarbeiter ab.
3. Hieraus folgt ein ebenso komplexes wie integriertes Aufgabenverständnis von Bildung, welches jedwedes Denken in fragmentierten Zuständigkeiten bei den Bildungsverantwortlichen (vor allem Behörden, Schulen, Unternehmen, Weiterbildungsanbieter) zugunsten dauerhafter Formen der Zusammenarbeit im Dienste örtlicher Bildungsbedürfnisse größtmöglich zu überwinden trachtet.
4. Ein dezentralisiertes Verständnis von Bildung aber darf – viertens – nicht in Zustände „organisierter Unverantwortlichkeit" abgleiten, bedarf angesichts seiner hervorgehobenen Bedeutung für das Leben vor Ort vielmehr gesicherter Verfahren kommunalpolitischer Verantwortlichkeit und Legitimation, wenn eine umfassende Strukturverantwortung für Bildung auf unterer Staatsebene entstehen soll. Deshalb ist die Leitidee kommunaler Bildungslandschaften nicht nur unter funktionalen Gesichtspunkten eines wirtschaftlich und sozial tragbaren Bildungsniveaus, sondern grundsätzlich auch unter dem normativen Aspekt kommunaler Demokratie und Selbstverwaltung zu würdigen.

2 Die **Begriffswahl „Kommunale Bildungslandschaften"** soll gerade letzterem Gesichtspunkt besonders Rechnung tragen. Sie geht zurück auf einen Aufruf des Deutschen Vereins für öffentliche und private Fürsorge aus dem Jahr 2007, der das Ziel verfolgt, vor allem kommunale Akteure dazu zu „ermutigen, neue und zukunftsweisende Wege in der Bildungs- und Entwicklungsförderung junger Menschen zu gehen."[4] Der Ansatz des Deutschen Vereins zielt mit seiner Betonung einer kommunalpolitischen Bildungsverantwortung in die richtige Richtung, legt seinen Schwerpunkt jedoch auf die Förderung junger Menschen und ihrer Familien und vernachlässigt hierbei die Bildungsbedürfnisse ortsansässiger Unternehmen und damit den Weiterbildungsbereich als einem Kernelement lebenslangen Lernens. Wenn wir gleichwohl an diesem Begriff anknüpfen, dann deshalb, weil er nicht nur die kommunalpolitische Stoßrichtung des hiesigen Ansatzes zu Ausdruck bringt, sondern auch, weil die Pluralform des Wortes verdeutlicht, dass es im interkommunalen Vergleich angesichts der unterschiedlichen sozialen, demografischen und ökonomischen Bedingungen grundsätzlich nur eine Vielfalt kommunaler Bildungslandschaften geben kann und jede Gebietskörperschaft (Landkreise, Städte, Gemeinden) ihre

---

[4] DV, NDV 2007, S. 294; auch Freese, Kooperation und Koordination, inform 2/08, 6.

A. Warum „kommunale Bildungslandschaften"?

Bildungslandschaft nach Maßgabe der jeweiligen politischen Prioritäten nur aus sich heraus entwickeln muss.

Daraus folgt auch, dass es kein Patentrezept für den Aufbau kommunaler Bildungslandschaften gibt, vielmehr nur ein Arsenal von Handlungsinstrumenten zur Verfügung steht, aus dem man sich abhängig von den Erfordernissen vor Ort „bedienen" kann. Insofern ist die Umsetzungsperspektive, weniger die gesellschaftliche Problemanalyse von Bildungsarmut und Bildungsfähigkeit das eigentliche Anliegen dieses Buches, auch wenn solche Aspekte verständlicherweise stets im Seitenblick zu halten sind. Kein Thema sind überdies die lernpsychologischen und methodisch-didaktischen Prozesse bzw. Konzepte individueller Bildungsvermittlung. Im Vordergrund steht stattdessen die institutionelle Dimension von Bildung auf der Basis vorherrschender organisatorischer und rechtlicher Rahmenbedingungen, die im Folgenden jedoch so aufzubereiten und ggf. zu modifizieren sind, dass sie als realistische Möglichkeiten der Planung, Vernetzung und Inanspruchnahme von Angeboten kommunaler Bildungslandschaften greifbar werden. Allerdings muss deutlich gesagt werden, dass es in diesem Themenfeld keinerlei Erfolgsgarantien des Handelns gibt und auch nicht geben kann. Auch bei bester Planung und Ausstattung bleiben die Wirkungen staatlicher oder staatlich geförderter Bildungsinterventionen angesichts der Komplexität des Gegenstandes prinzipiell ungewiss und sind eher mittel- bis langfristiger Natur (Rz. 61 f.). Zumal: Das Konzept ist neu und vergleichsweise unerprobt. Zwar liegen erste Erfahrungen mit dem aus einer ESF-Bundesförderung (Rz. 19, 223) hervorgegangenen Konzept der „Lernenden Regionen" vor. Das Programm wurde jedoch erst vor wenigen Jahren gestartet und befindet sich noch inmitten der Umsetzungsphase, so dass sich zwar ein Eindruck über Einzelaspekte seiner Durchführung gewinnen lässt; aussagekräftige Wirkungsanalysen aber sind zumindest derzeit nicht verfügbar (Rz. 6). Abgesehen hiervon aber bietet das Konzept der „Lernenden Regionen" keinen wirklichen Vergleichsmaßstab, weil es in seinen Möglichkeiten, aber auch hinsichtlich des kommunalpolitischen Einflusses auf das lokale Bildungsgeschehen weit hinter dem zurück bleibt, was unter dem Aspekt kommunaler Bildungslandschaften denkbar und geboten erscheint. Insbesondere das Potential an möglicher Zusammenarbeit zwischen der an Bildung und Sozialintegration beteiligten und vor Ort wirkenden Behörden, aber auch zwischen diesen und den zivilgesellschaftlichen Kräften wird hier allenfalls ansatzweise thematisiert, aber nicht einer handhabbaren Umsetzungsperspektive unterzogen und zu einem Gegenstand von Reformüberlegungen gemacht. Neben unzureichender Einbindung in kommunalpolitische Legitimationszusammenhänge ist dies zweifelsohne eine grundlegende Schwäche nahezu aller bisherigen Ansätze, die von dem Bemühen gekennzeichnet sind, das Thema Bildung gleichsam dezentral und niedrigschwellig zu denken.

II. Grundlegende Schwächen bisheriger Dezentralisierungsstrategien

4   Die Vernetzung von Bildungsangeboten innerhalb einer Region ist kein neues Thema[5]. Innerhalb der letzten Jahre sind vielfältige Bemühungen auf Bundes- und Landesebene sowie von Seiten der Europäischen Union zu verzeichnen, Bildungsangebote jedweder Art regional zu vernetzen und fortzuentwickeln, Schulen mehr Selbstständigkeit nicht zuletzt zu Zwecken vermehrter Kooperation mit außerschulischen Bildungsinteressierten einzuräumen, das „lebenslange Lernen" in gezielter Abstimmung mit den regionalen und örtlichen Gegebenheiten von Bildungsträgern und Wirtschaft zu ermöglichen und die Verbesserung der Chancen von Bildungsbenachteiligten und Erwerbslosen im Wege zielgerichteter Zusammenarbeit von Verwaltung, Wirtschaft, Schule und sonstigen Bildungsanbietern zu erreichen. Was nahezu sämtliche der hier anzutreffenden **Projekte vereint** ist die Tatsache ihrer Abhängigkeit von zeitlich begrenzten Fördermitteln und die Einräumung weitgehender Autonomie der Netzwerkpartner im Zielfindungsprozess innerhalb eines eher unspezifisch konturierten „regionalen" Aktionsraums.

5   Ein solcher Projektzuschnitt aber unterliegt dem **Risiko**,
   – dass Flexibilitätsgewinne mit Steuerungsdefiziten erkauft und letztlich Partikularinteressen bedient werden,
   – dass die durch Mittelzuwendung freigesetzten Anreize zur Zusammenarbeit und Entwicklung nur kurzfristiger Natur sind und mit Auslaufen der Förderung mitsamt der geschaffenen Strukturen wieder entfallen,
   – dass ein regionaler Zuschnitt von Kooperationsbeziehungen außerhalb kommunaler Kontrollzuständigkeiten einer Tendenz zur Verwischung von Verantwortlichkeiten Vorschub leistet, der durch nachgelagerte Formen der Ergebniskontrolle staatlicher Förderung wie (Selbst-)Evaluation[6] und Rechenschaftslegung vor dem Hintergrund der naturgemäß mit erheblichen Messproblemen verbundenen Bildungsdienstleistungen im Gesamtprozess nicht mehr gegengesteuert werden kann,
   – dass im speziellen Fall schulischer Reformbemühungen um verstärkte Selbstständigkeit und Vernetzung vorwiegend publikumswirksame Landespolitik anstatt lokal wirksame Bildungspolitik betrieben wird und Ressortegoismen der Kultusbürokratien zu einem selektiven Umgang mit lokalen Bildungsnotwen-

---

5   Vgl. – mit unterschiedlicher Schwerpunktbildung in den Bereichen Schule und lebenslanges Lernen – nur Nuissl u. a. (Hrsg.), Regionale Bildungsnetze, Bielefeld 2006; Solzbacher/Minderop (Hrsg.), Bildungsnetzwerke und Regionale Bildungslandschaften, München/Unterschleißheim 2007; Projektleitung „Selbstständige Schule" (Hrsg.), Regionale Bildungslandschaften 2004; Dresselhaus, Netzwerkarbeit und neue Lernkultur, Münster 2006; Prätorius/Oesten/Zabel (Hrsg.), Eine Lernende Region, Braunschweig 2006.
6   Zur Selbstevaluation als vorherrschende Form der Ergebniskontrolle beim Bundesförderprojekt „Lernende Regionen" vgl. Ambos, in: Nuissl u. a. (Hrsg.), Regionale Bildungsnetze, Bielefeld 2006, S. 145 f.

digkeiten und zu unnötiger und zeitraubender Bürokratisierung der Verfahrensweisen verleiten.

Einige dieser Annahmen werden durch **vorliegende Ergebnisse** im Kontext des Bundesprojekts „Lernende Regionen" schon heute bestätigt. Trotz vieler glanzvoller Projekte im Einzelnen muss es als ernüchternd angesehen werden, 6

– dass entgegen ursprünglicher Absichten die wohl wichtigsten Akteure des regionalen Bildungsgeschehens, nämlich Wirtschaft und Schulen, als Beteiligte des Bildungsnetzwerks deutlich unterrepräsentiert sind[7],
– dass viele Bildungsnetze nach Auslaufen der Förderung voraussichtlich nicht überleben werden (Rz. 46),[8]
– dass der Erfolg des Netzwerkes nur an Hand äußerer Indikatoren wie etwa die erhöhte Inanspruchnahme von Bildungsangeboten durch die Bildungsadressaten, die Anzahl der Netzwerkpartner, der Aufbau neuer Beratungsstellen und Koordinierungsinstanzen oder die Weiterbildung des Netzwerkpersonals bestimmt werden konnte, während über die letztlich relevanten Endergebnisse, wie etwa die Verminderung von Erwerbslosenzahlen durch Steigerung ihrer Beschäftigungsfähigkeit, die Qualifizierung der Bevölkerung in Relation zu den Bedürfnissen der ortsansässigen Wirtschaft, die Verbesserung der Qualität von Bildungsangeboten zur Ermöglichung lebenslangen Lernens und zum Abbau von Bildungsbenachteiligung als Folge der implementierten Maßnahmen keine belastbaren Zahlen vorliegen[9] und aus allgemeinen messtheoretischen Gründen auch nicht vorliegen können:

---

7   Nuissl u. a. (Hrsg.), Regionale Bildungsnetze, Bielefeld 2006, S. 11, 16, 62, 85, 99, 226; so hatten die meisten Projekte innerhalb der Bundesförderung „Lernende Regionen" einen arbeitsmarktfernen bildungspolitischen Schwerpunkt bedingt durch die hohe Beteiligung sozialer und pädagogischer Berufe: Hagen, in: Nuissl u. a. (Hrsg.), Regionale Bildungsnetze, Bielefeld 2006, S. 231.

8   Nuissl/Rückert-John, in: Nuissl u. a. (Hrsg.), Regionale Bildungsnetze, Bielefeld 2006, S. 84, 246; Dobischat, in: Solzbacher/Minderop (Hrsg.), Bildungsnetzwerke und Regionale Bildungslandschaften, München/Unterschleißheim 2007, S. 167; Blöcker, ArbeitnehmerInnenbeteiligung an regionalisierter Strukturpolitik. Erste Rückschlüsse aus laufenden Politikanalysen in Südniedersachsen und Südostniedersachsen, Braunschweig 2003 (Institut für Sozialwissenschaften der TU Braunschweig, Forschungsbericht 56).

9   Gnahs, in: Solzbacher/Minderop (Hrsg.), Bildungsnetzwerke und Regionale Bildungslandschaften, München/Unterschleißheim 2007, S. 297 f., benennt folgende Wirkungsindikatoren: Netzwerkquote, eingeworbene Mittel, Zufriedenheit von Nutzern mit den Angeboten, Nutzungsquote der Angebote, Experteneinschätzung, Anzahl der Teilnehmer, Ausgaben für Bildung, Teilnehmerstunden; Ambos, in: Nuissl u. a. (Hrsg.), Regionale Bildungsnetze, Bielefeld 2006, S. 145, 148, 155, im Vordergrund der Qualitätsmessung stand **nicht die Ergebnis- bzw. Erfolgsqualität**, sondern die Durchführungs- und Strukturqualität und auch diese war letztlich eine Frage der auf Vereinbarung der Beteiligten beruhenden Definition; zu den Problemen der Messung von „Beschäftigungsfähigkeit" vgl. Hagen, in: Nuissl u. a. (Hrsg.), Regionale Bildungsnetze, Bielefeld 2006, S. 212; die Verringerung der Abbrecherquote bei Auszubildenden und die bessere Vermittlung auf Stellen als Folge der Förderung Jugendlicher war nicht messbar: Solzbacher, in: Solzbacher/Minderop (Hrsg.), Bildungsnetzwerke und Regionale Bildungslandschaften, München/Unterschleißheim 2007, S. 139; zur Unmöglichkeit der Messung des Bildungs- und Qualifizierungsstandes einer Region und zur Beschränkung auf Nahziele vgl. auch Solzbacher, in: Solzbacher./Minderop (Hrsg.), a. a. O., S. 262 f.; anders lediglich die positiven Ergebnisse der Lernortkooperation bei Bastian/Kombe/Hellmer, in: Solzbacher/Minderop (Hrsg.), Bildungsnetzwerke und Regionale Bildungslandschaften, München/Unterschleißheim 2007, S. 281.

III. Die Kommunalisierung der Bildungsfrage

7 Wegen der langfristigen Wirkungen von Bildungsinterventionen, aus Gründen mangelnder Operationalität weit gesteckter Programmziele, wegen zumeist fehlender Daten für die Messung von Wirkungsindikatoren und angesichts der Probleme kausaler Zurechnung von Wirkungen auf ein Programm konnte hier kaum mit eindeutigen Ergebnissen gerechnet werden (Rz. 62).[10] Eben dies spricht jedoch nicht gegen den lokalen oder regionalen Bildungsraum, sondern nur gegen seine Verankerung außerhalb von **Strukturen klarer politischer Verantwortung.** Risikoentscheidungen dieses Typs können nur politisch[11] und nicht durch beliebige gesellschaftliche Akteure verantwortet werden, soll die Verfassungsidee demokratischer Selbstverwaltung der kommunalen Ebene[12] bei einem zentralen **Integrationswert** der örtlichen Gemeinschaft wie dem der Bildung keinen Schaden nehmen: unspezifische Formen der Regionalisierung ohne kommunalpolitisches Mandat widerstreben dieser Idee, Bildungssubventionen ohne dieses Mandat unterlaufen sie.[13] Insbesondere der Zusammenhang zwischen Bildungs- und Sozialpolitik weist einer verstärkten Kommunalisierung der Verantwortungsbeziehungen die Richtung: „Die demokratische Kontrolle einer bundesweit agierenden Sonderbehörde (wie der Arbeitsagentur, der Verf.) ist kaum sinnvoll organisierbar. Auf der kommunalen Ebene dagegen gibt es direktere Erfahrungen und direkte Reaktionen. Die politischen Verantwortlichen z. B. als hauptamtliche zuständige Wahlbeamte müssen sich jederzeit für Missstände, Probleme, Verfehlungen rechtfertigen und werden ggf. auch ersetzt, wenn dies nicht abgestellt wird. Die **lokale Demokratie** bietet somit beides: das notwendige Potenzial zur Bekämpfung sozialer Ausgrenzung und die demokratische Kontrolle der erzielten Wirkungen."[14] „Die Verknüpfung von Arbeitsmarktintegration mit sozialer Integration sowie die Erfahrung mit schwierigen Zielgruppen sind kommunale Kernkompetenzen. Die Erbringung aller Leistungen aus einer Hand und die Nutzung regionaler Kooperationspotenziale sind entscheidende Vorteile für die kommunale Aufgabenwahrnehmung."[15] Und in solch turbulenten Feldern wie denen der Sozial- und Bildungsplanung kann Verantwortungsübernahme

---

10 Anstatt vieler: Derlien, Die Erfolgskontrolle staatlicher Planung, Berlin 1976.
11 So auch DV, Diskussionspapier des Deutschen Vereins zum Aufbau Kommunaler Bildungslandschaften, NDV 2007, S. 294, 301 sowie Mcgovern, NDV 2007, S. 457, 459.
12 LVerfG M-V, DVBl. 2007, S. 1102; Henneke, Bürgerschaftlich-demokratische Dimension kommunaler Selbstverwaltung gebietet überschaubare Landkreise, Der Landkreis 2007, S. 438; Henneke/Ritgen, Aktivierung bürgerschaftlicher Selbstverwaltung in Städten, Kreisen und Gemeinden, DVBl. 2007, S. 1253.
13 Es ist daher zu begrüßen, dass die Zusammenarbeit mit den Kommunen in der Vertiefungsphase des Programms „Lernende Regionen" seit 2007 verstärkt werden soll: Inform, Das Netzwerk-Magazin für Lernende Regionen 2007, S. 5; es handelt sich jedoch seit 2007 lediglich um bundesweit insgesamt 30 Landkreise bzw. Städte, die an den Fördermitteln partizipieren: Bundesministerium für Bildung und Forschung, lernende Regionen – Förderung von Netzwerken, Berlin 2008, S. 100 ff.
14 Mcgovern, Nicht nur Arbeitslosigkeit, sondern soziale Ausgrenzung bekämpfen, Der Landkreis 2008, S. 35.
15 Ruge, Verwaltungsthemen in der Föderalismuskommission II – Zwischenbewertung aus kommunaler Sicht, Der Landkreis 2008, S. 220, 224 sowie zu vergleichsweise differenzierter Kundenbetreuung in den Optionskommunen nach dem SGB II: Hesse, Evaluation der Aufgabenträgerschaft nach dem SGB II in Baden-Württemberg, Dritter Zwischenbericht 12/2007, S. 28 (Internet).

A. Warum „kommunale Bildungslandschaften"?

im Blick auf die bisherigen Strukturen bundesweiter Förderung lebenslangen Lernens nur bedeuten, dass die Möglichkeiten öffentlicher Kontrolle sich auf den gesamten Prozess zu erstrecken haben[16] und jedenfalls nicht nur auf das Ende einer Förderphase. Es reicht nicht aus, nur Rechenschaft ablegen zu müssen über Ergebnisse, deren Validität in Ansehung des besonderen Gegenstandsbereichs aus genannten Gründen grundsätzlich bezweifelbar ist und die im Nachhinein regelmäßig nicht mehr korrigiert werden können.

Deshalb ist die Ausrichtung im Sinne einer **Kommunalisierung** der Bildungsfrage mit Bedacht gewählt. Sie überführt das Bildungsthema gezielt in den kommunalpolitischen Verantwortungsbereich der Landkreise, Städte und Gemeinden mit folgenden weiteren **Vorteilen** für die Gewinnung von Bildungsqualität in einer Bildungslandschaft:

8

Zur Absicherung nachhaltig wirksamer Strukturentwicklungen über ggf. bestehende Förderzeiträume hinaus lässt sich das Thema Bildung gezielt in den Dienst **kommunalpolitischer Profilierung** stellen. Bildung ist ein Standortfaktor und insofern eine Herausforderung im Wettbewerb von Bürgermeistern und Landräten um Neueinwohner und Unternehmensansiedlungen sowie politischer Parteien um Wählerstimmen.[17] Man wird sofort einwenden, dass ein Interesse an Bildungsfragen zunächst einmal überhaupt vorhanden sein muss, bevor es sich strategisch verwerten lässt. Eine Befragung von Bürgermeistern und Landräten hat jedoch gezeigt, dass Bildungsfragen mittlerweile auch im kommunalpolitischen Raum eine Rolle spielen und von den meisten der Befragten geradezu als Top-Thema der Kommunalpolitik angesehen werden.[18] Dies dürfte bei näherer Betrachtung auch einleuchten. Denn im Kern haben viele der gängigen kommunalen Aufgaben – von der Kinderbetreuung über die Schulträgerschaft bis hin zur Jugendhilfe und den Volkshochschulen – stets einen übergeordneten Bildungsbezug. Es ist dann nur eine Frage der Staatsklugheit, inwieweit diese Aufgaben unter dem Dach eines publikumswirksamen Gesamtkonzepts behandelt und systematisch unter Nutzung von Synergieeffekten und bürgerschaftlichem Engagement aufeinander zugeführt werden. Zumal: Auf der Ebene des Bundes sieht das Grundgesetz lediglich ein Zusammenwirken von Bund und Ländern auf dem Gebiet der Bildungsplanung und Forschungsförderung (Art. 91 b GG) und eine Zuständigkeit für die Jugendbildung im Kompetenz-

---

16 Im Sinne einer umfassenden Struktur-, Prozess- und Ergebnisverantwortung, wodurch offenere Konzepte einer Kontextsteuerung mit ausgeprägten Formen indikativer und influenzierender Einflussnahme selbstverständlich nicht ausgeschlossen werden.
17 Prätorius/Warnecke, Bildung im Wettbewerb der Region, in: Prätorius/Oesten/Zabel (Hrsg.), Eine Lernende Region, Braunschweig 2006, S. 65; zum Zusammenhang von Weiterbildungspolitik und Wirtschaftspolitik in einer Region vgl.: Dobischat u. a., in: Nuissl u. a. (Hrsg.), Regionale Bildungsnetze, Bielefeld 2006, S. 31; Eichert, Bildung als Standortfaktor, in: Solzbacher/Minderop (Hrsg.), Bildungsnetzwerke und Regionale Bildungslandschaften, München/Unterschleißheim 2007, S. 14.
18 Eichert, in: Solzbacher/Minderop (Hrsg.), Bildungsnetzwerke und Regionale Bildungslandschaften 2007, S. 17 sowie das Beispiel der Stadt Nürnberg: Liebich/Marx/Zacharias (Hrsg.), Bildung in der Stadt, München 2005.

bereich der öffentlichen Fürsorge (Art. 74 Abs. 1 Nr. 7 GG), die auch die Jugendhilfe umfasst, vor. Die Länder nehmen ihre Bildungsverantwortung lediglich im Schulbereich, in der Erwachsenenbildung und beim Bildungsurlaub wahr (Art. 70 GG). Mit diesen Minimalkompetenzen der Zentralebene aber ist Bildungspolitik nicht zu machen. Es kann deshalb nur die kommunale Ebene sein, die im Rahmen ihrer Allzuständigkeit für all diejenigen ungeregelten Bereiche des Bildungswesens gefordert ist, deren Bewältigung heute allgemein höchste Priorität eingeräumt wird. Gemeint sind die aufeinander zuzuführenden ökonomischen, kulturellen und sozialintegrativen Aspekte einer ganzheitlich ansetzenden **Bildungsstrukturverantwortung des Staates**, die in ihren Zusammenhängen und ihrer Entwicklungsdynamik zentraler Steuerung weder in kompetentieller noch in sachlicher Hinsicht ausreichend zugänglich ist.

9 Man wird einwenden, für derartige Konzepte brauche man Geld und dies sei in den einzelnen Regionen nun einmal höchst ungleich verteilt. Bedenken dieser Art lassen sich nicht völlig von der Hand weisen, übersehen jedoch zumeist, dass Bildungspolitik heutzutage mehr denn je mit Fragen der Sozialpolitik in Zusammenhang gebracht werden muss. So hat die Sozialgesetzgebung eine Vielzahl bildungsorientierter bzw. **bildungsrelevanter Sozialleistungen** mit individuell einklagbaren Rechtsansprüchen oder zumindest als Pflichtaufgaben hervorgebracht,[19] bei denen die kommunale Ebene zwar zum Teil, namentlich in der Jugendhilfe und im Rahmen der Schulträgerschaft, die Finanzierungslast zu tragen hat, die aber in weiten Bereichen, man denke an die Arbeitsförderung, berufliche Rehabilitation und Fördererziehung, nicht zuletzt an die Ausbildungsförderung und Erwachsenenbildung, von anderen getragen wird. Auch hier man mit einer koordinierten Gesamterfassung des Leistungsspektrums mit letztlich geringem Kostenaufwand im Zweifel mehr bewegen können als durch ein von vermeintlichem Eigennutz und Trägheit bestimmtes Nebeneinander.

10 „Kommunale Bildungslandschaften" sind zwar räumlich enger, konzeptionell jedoch weiter gefasst als zentral verwaltete Programme für Regionen mit weitgehend offenem Adressatenkreis aus dem gesellschaftlichen Umfeld. Allein die **Formen der Einflussnahme** reichen von direkter Steuerung, über bi- und multilaterale Kooperationen bis hin zur Möglichkeit „freier" Vernetzung mit eigenständig ausdifferenzierter Leitstelle. Das Konzept trägt selbst Minimalanforderungen einer verstärkten Zusammenarbeit einzelner Amtsbereiche oder auch unterschiedlicher Verwaltungsträger etwa nach Maßgabe einer eigens installierten regionalen Bildungsplanung noch Rechnung, ohne dass hier zwangsläufig auch die (nicht selten wenig verlässliche) Mitwirkung gesellschaftlicher Akteure eingeplant werden müsste. Kommunale Aktivität in Bildungsfragen ist, im Unterschied zur Bundes- oder Landespolitik, prinzipiell nicht auf Anreizsysteme angewiesen, um Entwicklungen einzuleiten,

---

19 Luthe, Bildungsrecht, Berlin 2003.

sondern verfügt über einen eigenen Verwaltungskörper zur weiteren Umsetzung und nicht zuletzt über politisch Verantwortliche, die das Thema Bildung jenseits fest gefügter Bundes- und Landeszuständigkeiten in die All- und Auffangzuständigkeit[20] (Rz. 246) ihrer örtlichen Gemeinschaft überführen können, wenn sie es wollen.

B. Die bisherigen Konzepte

Unter der Zielperspektive einer Dezentralisierung der Bildungsfrage sind in den letzten Jahren vor allem vier verschiedene Ansätze entstanden: die „Lernenden Regionen", die „Selbstständige Schule", das Konzept „Kommunaler Bildungslandschaften" und, auch wenn das Thema Bildung hier nur ein Aspekt neben anderen ist, die „Soziale Stadt". Aus diesen Ansätzen lassen sich einige Grundaussagen ableiten, wenn gefragt wird: Welche Reichweite hat der Ansatz in Hinblick auf die einzubeziehenden Handlungsfelder und welcher Kreis von Bildungsadressaten wird angesprochen? Auf diese Weise lassen sich typische Merkmale extrahieren, mit denen eine zumindest grobe Klassifizierung gegenwärtiger und künftiger Entwicklungen erreicht werden kann. Insbesondere die „Lernenden Regionen" und „Kommunalen Bildungslandschaften" zeigen ein ausgeprägt „integratives" Selbstverständnis mit einem vergleichsweise breit angelegten Aktionsraum, unterscheiden sich hinsichtlich des Adressatenkreises jedoch durch die unterschiedliche Schwerpunktbildung bei Erwachsenen und jungen Menschen. Hieraus kann als typisches Modell das Bild einer „multidimensionalen Bildungslandschaft" entworfen werden, auch wenn die Konzepte selbst in Ansehung des eingeschränkten Adressatenkreises diesem Modell nicht ganz gerecht werden. Die Konzepte der „Selbstständigen Schule" sind insofern integrativer Natur, als die Entwicklung eines dezentralen Bildungsraums maßgeblich durch Reformen im Grundbildungsbereich eingeleitet werden soll. Wenn insofern vertreten wird, eine Bildungslandschaft könne nur aus schulischen Zusammenhängen heraus entwickelt werden, so basiert die „Selbstständige Schule" implizit auf einer stark zukunftsbezogenen Sichtweise: für die zukünftige Entwicklung der Region in Richtung einer Bildungslandschaft ist eine mit ihrem sozialen Umfeld vernetzte Schule schlechthin konstitutiv. Gemessen an dieser Hoffnung kann im Folgenden das Modell einer „Schullandschaft" entworfen werden. Bei den „Lernenden Regionen" zeigt sich jedoch ein weiterer Aspekt, der zu Zwecken der Typenbildung genutzt werden kann: die Ausrichtung auf das lebenslange Lernen und den Arbeitsmarkt. Hieraus erklärt sich nicht nur die Schwerpunktsetzung im Bereich Erwachsener. Sie lässt zudem die Deutung zu, dass der Qualifizierungsbedarf der Wirtschaft für lokale Bildungsräume nicht ohne Bedeutung sein kann. Dies gibt Anlass, von einem eigenständigen Modelltyp einer „Qualifizierungslandschaft" zu sprechen. Sämtlichen Konzepten liegt implizit ein bestimmtes Bildungsverständnis

11

---

20 Schmidt-Aßmann, Verwaltungslegitimation als Rechtsbegriff, AöR 1991, S. 329, 380.

zugrunde. Expliziert wurde es, soweit ersichtlich, bei keinem der Ansätze. Der Bildungsbegriff hat eine lange Tradition. Pädagogische, philosophische und staatswissenschaftliche Auseinandersetzungen und Glaubenskriege markieren seinen Weg durch die Geschichte bis heute. Wir können dies im Folgenden in unserem Rahmen nicht einmal ansatzweise aufgreifen, uns aber immerhin einen Eindruck verschaffen von den Funktionalisierungen, denen der Bildungsbegriff heute insbesondere im Kontext eines tendenziell technologischen Verständnisses von „Bildungsproduktion" unterliegt (Rz. 16). Die hierauf folgende Darstellung der einzelnen Projekte ist vor allem Umsetzungserfordernissen geschuldet. Die Wahl der Gliederungspunkte und die Art der Darstellung dienen in erster Linie dem Ziel, dem „Praktiker" einen schnellen Überblick zu ermöglichen.

I. Modelltypen

12 Bei der Entwicklung von Bildungslandschaften sind unterschiedliche Aktionsfelder mit teilweise unterschiedlicher Gewichtung und unterschiedlichem Integrationsgrad im Hinblick auf das jeweilige Gesamtpotential an Bildungsbeteiligten im Spiel. Analytisch kann von multidimensional ausgerichteten Bildungslandschaften, Schullandschaften und Qualifizierungslandschaften gesprochen werden.

13 **Multidimensionale Bildungslandschaften** umfassen grundsätzlich das gesamte Spektrum an Bildungsmöglichkeiten und Bildungsnotwendigkeiten eines bestimmten Bildungsraums. Bildungslandschaften verdanken sich der Einsicht, dass gegebenen Entwicklungsdisparitäten zwischen Regionen weder durch ein zentrales Wirken der Marktkräfte noch durch zentralstaatliche Steuerung entgegen gewirkt werden kann und die Region daher Bezugspunkt politischen Handelns sein muss:[21] „Die meisten Menschen, von der Kindheit bis ins höhere Alter, lernen lokal. Auch sind es die lokalen und regionalen Behörden, die die Infrastruktur für den Zugang zum lebenslangen Lernen bereitstellen, einschließlich Kinderbetreuung, Transport und Sozialleistungen. Es ist daher unerlässlich, dass die Ressourcen der regionalen und lokalen Behörden zur Unterstützung des lebenslangen Lernens mobilisiert werden. Auch die Organisationen und Verbände der Zivilgesellschaft sind lokal am stärksten verwurzelt. Naturgemäß verfügen sie über großes Wissen und große Erfahrung in Bezug auf die Gemeinwesen, denen sie angehören."[22] Bildung ist von daher eine der wesentlichen Komponenten einer umfassend ansetzenden regionalen Struktur-, Wirtschafts- und Beschäftigungspolitik, die in dieser Weise auf die besonderen Herausforderungen einer Wissens- und Dienstleistungsgesellschaft re-

---

21 Dobischat, Zur Bedeutung regional orientierter Bildungspolitik und -forschung, in: Solzbacher/Minderop (Hrsg.), Bildungsnetzwerke und regionale Bildungslandschaften, München/Unterschleißheim 2007, S. 160.
22 Kommission der Europäischen Gemeinschaften, Memorandum über lebenslanges Lernen, Brüssel 2002, S. 22.

agiert. Insbesondere multidimensionale Bildungslandschaften liegen als Leitbild vor allem dem Bundesprojekt „Lernende Regionen – Förderung von Netzwerken"[23] und den Vorstellungen des Deutschen Vereins für öffentliche und private Fürsorge zur Bildung „Kommunaler Bildungslandschaften"[24] zugrunde. Während die „Lernenden Regionen" hinsichtlich der Bestimmung des regionalen Projektträgers bzw. Impulsgebers jedoch vergleichsweise offen konzipiert sind, favorisiert der Deutsche Verein die Kommune als zentral verantwortliche Instanz (Rz. 7). Die Bedeutung insbesondere der kommunalen Ebene auch und gerade in ihren Potentialen für eine integrierte Bildungs- und Sozialpolitik ist jüngst vor allem im Kontext der Bewältigung von Langzeitarbeitslosigkeit deutlich geworden, nachdem sich im Zuge der aktuellen Diskussion zur Neuorganisation der Leistungsträger der Grundsicherung für Arbeitsuchende (SGB II) nahezu alle relevanten Verbände für eine Verankerung der Grundsicherung auf kommunaler Ebene ausgesprochen haben. Nur diese kann nach allgemeiner Einschätzung die als erforderlich erachtete ganzheitliche Erfassung der zugrunde liegenden jugend-, familien-, sozial- und bildungspolitischen Problemstellungen leisten.[25] Lernende Regionen bilden typischerweise Netzwerkstrukturen aus, d. h. sie bestehen aus frei assoziierten Netzwerkbeteiligten und einer von diesen gebildeten Leitstelle, während dies in kommunaler Verantwortung nicht zwangsläufig der Fall sein muss (Rz. 8). Grundsätzlich weisen multidimensionale Konzepte über die sektoralen Grenzen von Bildungsinstitutionen, Verwaltung und Wirtschaft hinaus. Es handelt sich um einen Ansatz, Bildung gleichsam ganzheitlich, lokal und niedrigschwellig zu denken. Gleichwohl ist beim Bundesprojekt der „Lernenden Regionen" wegen der Co-Finanzierung aus EU-Mitteln jedoch eine Konzentration der Maßnahmen auf Heranwachsende und Erwachsene und damit auf den Weiterbildungsbereich zu verzeichnen, während sich die „Kommunalen Bildungslandschaften" des Deutschen Vereins schwerpunktmäßig auf junge Menschen beziehen.

---

23 Bundesministerium für Bildung und Forschung, BMBF (Hrsg.), Lernende Regionen – Förderung von Netzwerken. Programmdarstellung, Bonn und Berlin 2004.
24 DV, NDV 2007, S. 294; dem hat sich der Deutsche Landkreistag mittlerweile angeschlossen: Freese. Kooperation und Koordinierung, inform 2/08, 6.
25 Bundesvereinigung der Deutschen Arbeitgeberverbände/Bundesverband der Deutschen Industrie/Deutscher Industrie- und Handelskammertag/Zentralverband des Deutschen Handwerks, Stellungnahme zum Vorschlag des Bundesarbeitsministers zur Neuorganisation der Arbeitslosengeld II-Verwaltung in Form „Kooperativer Jobcenter", Berlin, April 2008, S. 3 f., 8; Deutscher Landkreistag, Das SGB II dauerhaft sachgerecht und zukunftsfähig organisieren, Beschluss des Präsidiums v. 5./6.2.2008, Schriften des Deutschen Landkreistages, Bd. 68, S. 3; Kommunen für Arbeit/Pressestelle des Deutschen Landkreistages, Arbeitsintegration durch soziale Kompetenz, April 2008; Bundesnetzwerk Arge SGB II, Positionspapier zu den Lösungsmodellen zur Umsetzung des BVerfG-Urteils vom 20.12.07 (Internet); Deutscher Caritasverband, Stellungnahme zur Neuorganisation des SGB II anlässlich des Vorschlags des BMAS und der BA eines „Kooperativen Jobcenters", S. 4 (Internet); Paritätischer Wohlfahrtsverband, Paritätischer widerspricht Bundesarbeitsministerium und Städtetag – Kooperatives Jobcenter führt Hartz-Reformen ad absurdum, Pressemitteilung v. 7.4.2008 (Internet); Nds. Landkreistag, Die falsche Richtung!, Argumentationspapier zum Kooperationsmodell im SGB II v. 20.2.2008 (Internet); Bundesarbeitsgemeinschaft Arbeit e.V., Das Urteil des Bundesverfassungsgerichts – eine neue Chance? 18.3.2008 (Internet).

14 **Schullandschaften** folgen im Wesentlichen der Philosophie, eine Bildungslandschaft könne nur aus einer Schullandschaft heraus entwickelt werden.[26] Folglich liegt der Schwerpunkt der Aktivitäten im schulischen Bereich, schon weil es das jeweilige Bundesland ist, das im Rahmen seiner Schulhoheit gegenüber der einzelnen Schule in weiten Teilen die Rolle des Impulsgebers zur Ausbildung kooperativer Strukturen eingenommen hat. Die Schule ist regelmäßig durchführender Träger der Projekte, hierbei aber relativ eng eingebunden in die Unterstützung durch das jeweilige Kultusministerium oder sonstige private Förderer (wie etwa die Bertelsmann-Stiftung). Mit Schullandschaften verbinden sich üblicherweise Konzepte einer „Selbstständigen Schule" oder einer „Ganztagsschule", weil die Einbindung der Schule in das regionale Bildungsgeschehen nach allgemeiner Einschätzung nur im Wege größerer Gestaltungsspielräume im Bereich der Schulverwaltung und der Unterrichtsgestaltung gelingen kann. Sozialpolitischer Impetus zur Entwicklung von Schullandschaften sind vor allem international vergleichende Bildungsstudien (z. B. PISA, TIMMS, IGLU, OECD-Bildungsberichte), die zeigen, dass das deutsche Bildungssystem Leistungsunterschiede zwischen den Kindern nicht etwa nivelliert, sondern verstärkt, dass der Wissenserwerb hier besonders stark von der sozialen Herkunft abhängt, Kinder mit Migrationshintergrund in dieser Hinsicht als besonders benachteiligt anzusehen sind und die bildungsbedingte Reproduktion sozialer Ungleichheit mangels ausreichender Förderung bereits im Vorschulalter beginnt.[27] Es ist deshalb zu begrüßen, dass die insofern notwendige Stärkung schulpolitischer Verantwortung der kommunalen Ebene nunmehr auch bei einer der maßgeblichen Kommunalverbandsorganisationen – dem Deutschen Landkreistag – zu ersten konzeptionellen Überlegungen führt.[28]

15 **Qualifizierungslandschaften** haben einen ausgeprägten Arbeitsmarktbezug. Im Brennpunkt steht der Qualifizierungsbedarf einer lokalen oder regionalen Wirtschaft. Die Förderung von Qualifizierungslandschaften ist insofern stets auch Wirtschaftsförderung mit dem Ziel einer Steigerung wirtschaftlich verwertbaren Humankapitals.[29] Bis 2010 sind aller Voraussicht nach nur 10 % der Arbeitsplätze für Arbeitnehmer ohne Berufsausbildung geeignet, rund 40 % der Arbeitslosen haben derzeit keinen Berufsabschluss und gleichzeitig ist ein massiver Facharbeitermangel zu verzeichnen.[30] Als Programme mit spezifischer Ausrichtung auf das lebenslange Lernen sind hervorzuheben der ESF-Schwerpunkt „berufliche und allgemeine Bil-

---

26 Lohre, in: Solzbacher/Minderop (Hrsg.), Bildungsnetzwerke und regionale Bildungslandschaften, München/Unterschleißheim 2007, S. 47.
27 Bock/Otto, Die Kinder- und Jugendhilfe als Ort flexibler Bildung, in: Harring/Rohlfs/Palentien (Hrsg.), Perspektiven der Bildung, Wiesbaden 2007, S. 203; Hillmert, Soziale Ungleichheit im Bildungsverlauf: zum Verhältnis von Bildungsinstitutionen und Entscheidungen, in: Becker/Lauterbach (Hrsg.), Bildung als Privileg, 2. Aufl., Wiesbaden 2007, S. 71 ff.
28 Vgl. die Beiträge in: Der Landkreis, Februar 2008, S. 72 ff., insbesondere zur Verschränkung von Jugendhilfe und Schule sowie zur Ganztagsbeschulung.
29 Franz, Arbeitsmarktpolitik, Berlin 1994, S. 87.
30 Feller, in: Solzbacher/Minderop (Hrsg.), Bildungsnetzwerke und regionale Bildungslandschaften, München/Unterschleißheim 2007, S. 24.

dung, lebenslanges Lernen"[31] zur Schaffung eines europäischen Raums des lebenslangen Lernens, aus dem dann das Aktionsprogramm des Bundesministeriums für Bildung und Forschung aus dem Jahr 2001 „Lebensbegleitendes Lernen für alle"[32] und das Programm der „Lernenden Regionen – Förderung von Netzwerken"[33] aus dem Jahr 2004 hervor gegangen ist. Anstatt schulischer Grundbildung steht die berufliche Aus- und Weiterbildung im Vordergrund einer Qualifizierungslandschaft. Hierbei wird das vergleichsweise junge Paradigma des Lebenslangen Lernens gezielt in die Dimension sozialräumlicher Strukturentwicklungen überführt. Gelernt wird demzufolge – plakativ – in Regionen und für Regionen. Unternehmen bzw. Branchenstrukturen mit regional unterschiedlichem Qualifizierungsbedarf stehen dem Anspruch nach hierbei im Fokus. Dementsprechend sind hinsichtlich der Personalstruktur Unterschiede im Qualifikationsniveau, Besonderheiten der Mobilität und Altersstruktur der einheimischen Erwerbspersonen sowie im Hinblick auf die lokalen Arbeitsmarktbedingungen die jeweilige Beschäftigtendichte und Erwerbslosenstruktur in Rechnung zu stellen. Reine Qualifizierungslandschaften unter dem Anspruch einer gezielten Qualifizierung für die Wirtschaft sind in der Praxis bislang nur in vereinzelten Ansätzen umgesetzt worden. Dies ist unter anderem darauf zurückzuführen, dass die Betriebe die Aus- und Weiterbildung ihres Personals regelmäßig selbst in die Hand nehmen und sich etwaige Kooperationen zwischen Unternehmen und Behörden im Wesentlichen auf Unternehmenskontakte zur Arbeitsverwaltung beschränken. Allerdings ist die Weiterbildung in kleineren und mittleren Unternehmen noch ausbaufähig, da hierfür häufig die erforderlichen Personalressourcen fehlen; nur 30 % Personals kleinerer und mittlerer Unternehmen nimmt nach Schätzungen an Maßnahmen der Weiterbildung teil.[34] Wegen seiner Schwerpunktsetzung im Bereich Heranwachsender und Erwachsener weist das Programm der „Lernenden Region" zwar konzeptionelle Ähnlichkeiten mit dem Modell der Qualifizierungslandschaft auf. Gerade die in Qualifizierungslandschaften bedeutsamen Wirtschaftsbetriebe waren nach den bisherigen Ergebnissen unter den Netzwerkpartnern hier jedoch deutlich unterrepräsentiert (Rz. 6).

---

31 ESF = Europäischer Sozialfonds; vgl. ESF-Schwerpunkt „Berufliche und allgemeine Bildung, lebenslanges Lernen", VO EG 1784/1999; hierzu Bundesrepublik Deutschland, Strukturfondsperiode 2000–2006 – „Regionalübergreifendes Operationelles Programm des Bundes zur Entwicklung des Arbeitsmarktes und der Humanressourcen" für die Interventionen des Ziels 1 , www.berlin.de/senwiarbfrau/doku/europa/fondsz1deckblatt.pdf sowie Bundesrepublik Deutschland, Strukturfondsperiode 2000–2006, „Einheitliches Programmplanungsdokument zur Entwicklung des Arbeitsmarktes und der Humanressourcen" für die Interventionen des Ziels 3 in Deutschland, http://europa.eu.int/comm/employment_social/esf2000/ms/d-obj-3-fulldoc-de.pdf
32 Bundesministerium für Bildung und Forschung – BMBF (Hrsg.); Lebensbegleitendes Lernen für alle, Bonn und Berlin 2001.
33 Bundesministerium für Bildung und Forschung – BMBF (Hrsg.), Lernende Regionen – Förderung von Netzwerken. Programmdarstellung, Bonn und Berlin 2004.
34 Feller, in: Solzbacher/Minderop (Hrsg.), Bildungsnetzwerke und regionale Bildungslandschaften, München/Unterschleißheim 2007, S. 27; unter Reformgesichtspunkten vgl. dagegen Dobischat/Düsseldorff/Fischell, Leitfaden für die Qualifizierungsberatung von kleinen und mittleren Unternehmen, Trier 2008 (Internet).

II. Bildungsbegriff

16 Die analytische Dimensionierung der Bildungslandschaft hat Orientierungsfunktion und sagt über ihren tatsächlichen Bestand und Bedarf grundsätzlich nur wenig aus. Real betrachtet wird man abhängig von den jeweiligen Bedürfnissen der Region und der in ihr wirkenden Interessengruppen zumeist mit Mischformen der skizzierten Modelle zu tun haben: Schulbildung als Grundbedingung der Berufsausbildungsfähigkeit bzw. Produktivität von Absolventen etwa ist auch für die Zukunft des Unternehmens von Belang. Die Ansiedlung von Unternehmen hängt nicht selten davon ab, inwiefern Bildungs- und Betreuungsangebote für den Arbeitnehmer und seine Familienangehörigen zur Verfügung stehen und wie es um das Image einer Region bestellt ist. Der Erfolg der Schulbildung hängt unter anderem davon, inwiefern die Kooperation mit außerschulischen Lernorten gelingt. Bei der Förderung schwieriger Schüler wird man in vielen Fällen nicht ohne die Unterstützung durch das Jugendamt auskommen. Und die Bewältigung strukturell verfestigter Arbeitslosigkeit kann nur bei hoher Qualität von Maßnahmen der Arbeitsförderung gelingen. Wesentliche Determinanten in dieser Hinsicht sind gute Kontakte zwischen Wirtschaft und Verwaltung sowie wohnortnahe Angebote insbesondere für sozial benachteiligte Bildungsadressaten. In der Gesamtbetrachtung wird mithin der kulturelle und erzieherische Aspekt des Bildungsgedankens durch weitere **ökonomische und soziale Aspekte** überformt. Eben sie dürften heute die eigentlichen Antriebskräfte bildungspolitischer Interventionen sein: die Ermöglichung des lebenslangen Lernens als Faktor der Produktivitätssteigerung und die Bewältigung gesellschaftlicher Bildungsungleichheit als Faktor sozialer Integration der Bevölkerungskreise.[35] Ohne die Einbeziehung etwa von Migranten, älterer und behinderter Menschen sowie von benachteiligten Kindern bliebe das Konzept der Bildungslandschaft aber auch unter ökonomischen Gesichtspunkten einer nachhaltigen Steigerung von Beschäftigungsfähigkeit eher kurzfristigem Denken verhaftet, von sozialstaatlich gebotener Integration und Förderung bildungsferner und/oder sozial benachteiligter Bevölkerungskreise einmal ganz abgesehen. Wenn es stimmt, dass die Schule Bildungsbenachteiligung noch verstärkt, so kann es im Übrigen einer Kommune, die sich ihrer sozialen Verantwortung bewusst ist, nicht gleichgültig sein, ob die Kinder und Jugendlichen außerhalb der Unterrichtszeiten ohne weitere Unterstützung bleiben.

17 Deutlich wird an dieser Vielfalt unterschiedlicher Bildungsbedürfnisse vor allem, dass der **Bildungsgedanke**, wie er in Bildungslandschaften letztlich zum Tragen kommt, mit einer „zweckfreien Bildung" im Sinne des Humboldtschen Ideals von

---

35 Vgl. die Beiträge in: Opielka (Hrsg.), Bildungsreform als Sozialreform, Wiesbaden 2005 sowie in: Becker/Lauterbach (Hrsg.), Bildung als Privileg, Wiesbaden 2007 sowie in: Harring/Rohlfs/Palentien (Hrsg.), Perspektiven der Bildung, Wiesbaden 2007, schließlich in: Otto/Oelkers (Hrsg.), Zeitgemäße Bildung, München 2006.

„Allgemeiner Menschenbildung" nur wenig zu tun hat.[36] Institutionalisierte Bildung folgt im Wesentlichen funktionalen Gesichtspunkten wie etwa der Berufsbildungsfähigkeit, Studierfähigkeit, Karrierefähigkeit oder allgemein der sozialen Teilhabefähigkeit der Lernenden. Vor allem unter dem Blickwinkel des lebenslangen Lernens rücken Arbeit und Lernen im Längsschnitt des Lebens immer näher zusammen. Die Kultur souveräner und prinzipiell misstrauischer Persönlichkeitsbildung, wie sie einem emphatischen Bildungsbegriff entsprechen könnte, zerfließt in den vielfältigen Strömungen affirmativer Unternehmenskulturen.[37] Der Pluralismus der Moderne zergliedert den Bildungsbegriff in seiner einst identitätsstiftenden Bedeutung für die aufkeimende bürgerliche Gesellschaft zugunsten entwicklungspsychologischer Anforderungen an „Sozialisation", zugunsten politischer Vorstellungen von Chancengleichheit, sozialer Teilhabe und Risikoabwehr und nicht zuletzt im politischen Wettbewerb der Standorte. Der Bildungsbegriff ist hierdurch insgesamt mehrdeutig geworden.[38] Bildung kann auf Berufe und Teilqualifikationen, auf betriebliche Karrierestrukturen oder Arbeitsmarkterfordernisse, auf den Zugang zu Beruf und Studium oder auch nur auf das Stiften von Sozialkontakten zugeschnitten sein. Sie formt die kindliche Entwicklung ebenso wie den gesamten Lebenslauf, beinhaltet Früherziehung ebenso wie Altenpädagogik und erstreckt sich in ihren Lernmodellen von konditionierter Anpassung bis hin zu Formen der Selbstorganisation der Lernenden.[39] Bildung ist heute im weitesten Sinne „Bildungstechnologie". Ihre Strukturen können ansetzen am Reifegrad und Sozialstatus der Person (Förderbedarfsdenken), an der Funktionalität des Wissenserwerbs (Beschäftigungsfähigkeit), bei den institutionellen Gegebenheiten des Lernens (Vernetzung und Dezentralisierung) oder beim Selbstbestimmungsgrad der Lernformen (Projektlernen, Neue Medien) und sie tun dies zumeist in sämtlichen Hinsichten. Geblieben ist nach v. Humboldt jedoch die eigentümliche Ahnung, dass Lernen noch eine andere Seite haben muss, die sich fundamental unterscheidet von den allgegenwärtigen Formen kontrollierter Selbstanpassung an Verhaltenszumutungen der Gesellschaft: Emanzipation durch Bildung.

III. Einzelne Projekte

Die nachfolgend aufgeführten Projekte verfolgen sämtlich einen dezentralen Reformansatz. Der Umsetzungszeitraum ist hingegen unterschiedlich. Teils sind die Vorstellungen weithin unerprobt (Kommunale Bildungslandschaften), teils sind die

18

---

36 Vgl.: Humboldt, Der Königsberger und litauische Schulplan (1809), in: Humboldt, Werke 13, hrsg. von Leitzmann, 1920, abgedr. durch Walter de Gruyter u. Co. 1968, S. 259 ff. sowie Sandkaulen, Bildung heute – Erfahrungen in Jena, in: Opielka (Hrsg.), Bildungsreform als Sozialreform, Wiesbaden 2005, S. 11 ff.
37 Döring/Ritter-Manczek, Weiterbildung im lernenden System, Weinheim 1999, S. 212 (zum Unternehmenskultur-Konzept).
38 Luthe, Bildungsrecht, Berlin 2003, S. 3 f.
39 Lenzen/Luhmann, Bildung und Weiterbildung im Erziehungssystem, Frankfurt am Main 1997.

Projekte Anfang des Jahrzehnts angelaufen (Selbstständige Schule, Lernende Regionen), teils bereits in den 1990er Jahren (Soziale Stadt). Unterschiede bestehen zudem hinsichtlich ihres Verbreitungsgrades. So ist die „Selbstständige Schule" aufgrund schulgesetzlicher Vorgaben (Rz. 270 ff.) bzw. die „Lernende Region" aufgrund großzügiger Förderung im Grundsatz mittlerweile flächendeckend umgesetzt worden. Die „Soziale Stadt" ist vor allem wegen des Erfordernisses einer Kofinanzierung durch den kommunalen Träger im Bundesgebiet dagegen nur vereinzelt vorzufinden.

1. Die „Lernenden Regionen"

19 Zur Halbzeit der Umsetzung des Bundesprogramms „Lernende Regionen – Förderung von Netzwerken" sind durch wissenschaftliche Begleitforschung erste Ergebnisse bilanziert worden.[40] Hinsichtlich einzelner Projekte wird auf die dokumentierte Begleitforschung sowie auf die Zeitschrift „Inform, Das Netzwerk-Magazin für Lernende Regionen"[41] verwiesen. Überdies sind weitere vereinzelte Initiativen dieser Art auf Länderebene zu verzeichnen.[42] Als zentrale Aussagen sind festhalten:

a) Ziele der Netzwerkbildung

20 Mit der Entwicklung von Bildungsnetzwerken verbinden sich die folgenden Ziele[43]:
- Nachhaltige Struktur- und Organisationsentwicklung regionaler Netzwerke
- Beratung und Information zur Verbesserung der Transparenz von Bildungsmöglichkeiten
- Einbindung von und Zusammenarbeit mit kleinen und mittleren Unternehmen
- Erhöhung der Bildungsbeteiligung der Bevölkerung; Erhöhung der Möglichkeiten zum Selbstlernen; Verbesserung des Zugangs von bildungsfernen Gruppen zur Bildung

---

40 Nuissl/Dobischat/Hagen/Tippelt (Hrsg.), Regionale Bildungsnetze, Bielefeld 2006; Dobischat, in: Solzbacher/Minderop (Hrsg.), Bildungsnetzwerke und regionale Bildungslandschaften, München/Unterschleißheim 2007, S. 162 ff.
41 www.lernende-regionen.info/dlr/4_33.php-46k
42 Vgl. etwa Richtlinie des Landes Niedersachsen über die Gewährung von Zuwendungen aus Mitteln des Landes Niedersachsen und dem Europäischen Sozialfonds für regionale Entwicklung (EFRE) im Ziel Regionale Wettbewerbsfähigkeit und Beschäftigung (Ziel RWB) zur Förderung von Innovation und wissensbasierter Gesellschaft durch Hochschulen, Forschungseinrichtungen, Einrichtungen der Erwachsenenbildung und Berufsakademien (Entwurf vom 15.10.2007 des Ministeriums für Wissenschaft und Kultur).
43 Vgl. im Einzelnen: Bekanntmachung von Förderrichtlinien für „Integrierte Dienstleistungen regionaler Netzwerke für Lebenslanges Lernen zur Vertiefung II" des Programms „Lernende Regionen – Förderung von Netzwerken des Bundesministeriums für Bildung und Forschung" vom 12.2.2007 (Internet); Nuissl, in: Nuissl u.a. (Hrsg.), Regionale Bildungsnetze, Bielefeld 2006, S. 35 f.; BMBF (Hrsg.), Beiträge zu den Arbeitsgruppen – Europäische Konferenz „Regionale Netzwerke für lebenslanges Lernen – strukturelle Innovationen für Bildung und Ausbildung", Bonn 2004, S. 8.

- Verbesserte Durchlässigkeit der Bildungsbereiche; verstärkte Verzahnung allgemeiner, beruflicher, kultureller und politischer Bildung
- Entwicklung passgenauer Qualifizierung für die Betriebe einer Region
- Erhöhung der Beschäftigungsfähigkeit zur Erleichterung des Zugangs zum Arbeitsmarkt
- Entwicklung und Erprobung von Verfahren der Zertifizierung von Lernerfolgen
- Erhöhung der Medienkompetenz

b) Rahmenvorgaben

Damit nach Auslaufen der Förderung keine Einstellung der Zusammenarbeit stattfindet wurde das Instrument der **degressiven Förderung** entwickelt; mit zunehmender Laufzeit des Programms vermindert sich die Fördersumme (100 % Förderung in der Initiierungsphase, 80 % in den ersten zwei Jahren der Durchführungsphase, höchstens 60 % in den zweiten zwei Jahren der Durchführungsphase). Netzwerke müssen sich so bereits während der Laufzeit der Förderung mit der langfristigen Eigenfinanzierung der Projekte befassen und Mitnahmeeffekte können vermindert werden. Die degressive Förderung aber führt zur Aussonderung marktgängiger und nicht marktgängiger Angebote; unerwünschte Folge ist die Entwicklung selektiver Netzwerkstrukturen, welche im Widerspruch zu den grundlegenden Programmintentionen stehen.

Das Programm ist in seinem **Selbstverständnis** ausgerichtet auf eine breite Zieldefinition (Komplexität), favorisiert den Aufbau von Netzwerken von unten her (bottom-up) und die allmähliche Konkretisierung der Förderziele im fortwährenden Prozess (Prozessdynamik).

c) Netzwerkteilnehmer und ihre Motivation

Zwei Fünftel der in der Bundesrepublik entstandenen Netzwerke hatten mehr als 40 Netzwerkpartner, 25 % kommen auf höchstens 20 Partner. Mit einem Drittel sind Weiterbildungseinrichtungen am häufigsten vertreten. Nur jeder zehnte Partner ist eine Hochschule, nur jeder vierzehnte Partner ein Unternehmen.[44] Die Beteiligung von Arbeitsagentur, IHK und Kommunalverwaltung stärkt die Wirkungsmöglichkeiten der Netzwerke und erhöht ihre Akzeptanz.[45] Deshalb soll in der Vertiefungsphase des Programms seit 2007 nunmehr die Aus- und Weiterbildung in kleinen und mittleren Unternehmen sowie die Kooperation mit den Kommunen verstärkt angegangen werden.[46] Hauptmotiv der Teilnahme am Netzwerk ist die Steigerung des

---

44 Folgende Netzwerkpartner: Gebietskörperschaften/Arbeitsverwaltung 11,5 %, Schule 10,3 %, Hochschule 7,2 %, Einrichtungen der Erwachsenenbildung/Weiterbildung 34 %, Unternehmen 7 %, IHK/Handwerkskammer 6,2 %, Gewerkschaft 1,2 %, Beschäftigungsgesellschaften/Wirtschaftsförderung 4,8 %.
45 Dobischat/Stuhldreier/Düsseldorff, in: Nuissl u.a. (Hrsg.), Regionale Bildungsnetze, Bielefeld 2006, S. 62.
46 Inform, Das Netzwerk-Magazin für Lernende Regionen 2007, S. 5.

Bekanntheitsgrades der beteiligten Einrichtung, das Interesse an den Programmzielen und die Möglichkeit der Optimierung der eigenen Arbeit sowie der Marktposition.

d) Netzwerkmanagement

23 Als förderlich angesehen wird im Allgemeinen das Vorhandensein eines übergeordneten Netzwerkmanagements. Netzwerkmanager heben als Bestandteile ihrer Arbeit hervor den Aufbau von Vertrauensbeziehungen zwischen den Beteiligten durch Einnahme einer neutralen Vermittlerrolle, die Auswahl der Netzwerkpartner, die Verteilung von Aufgaben und Ressourcen im Netzwerk, die Entwicklung und Durchführung von Regeln der Zusammenarbeit. Das Netzwerkmanagement kann in bereits bestehenden Institutionen oder eigenständig institutionalisiert werden. Vor allem Kooperationsvereinbarungen unterstützen den Zusammenhalt und die Arbeit von Netzwerken.[47] Die Ergebnisse haben gezeigt, dass größere Netzwerke zwar facettenreichere Innovationen hervorbringen können, jedoch verstärkt dem Risiko der Versickerung der Ansätze ausgesetzt sind, während kleinere Netzwerke eher eine kontinuierliche Arbeitsweise garantieren können.

e) Aktivitäten für Zielgruppen

24 Zielgruppen sind vor allem Schüler, Auszubildende, Jugendliche, Ältere, Migranten, Arbeitslose sowie kleine und mittlere Unternehmen. Aktivitäten entfalten sich schwerpunktmäßig bei den Übergängen zwischen Lern- und Bildungsphasen (etwa Schule und Berufsausbildung, Wiedereingliederung nach Arbeitslosigkeit oder nach der Familienphase) sowie in Gestalt der Schaffung von Anlauf- und Informationsstellen mit Beratungsangeboten. Zur Unterstützung von Übertritten wird vor allem die Vernetzung der verschiedenen Sekundarschulen sowie die Einbindung der örtlichen Verwaltungen (Arbeitsagentur und Jugendamt) als förderlich angesehen. Ziel ist die Verminderung der Ausbildungsabbrüche und die Erhöhung der Anzahl qualifizierter Bewerber auf einen Ausbildungsplatz. In der Aktivitätsskala steht das Handlungsfeld „Information und Beratung" an erster Stelle (Beratung über Bildungswege, etwa durch Datenbanken, Bildungsportale, Telefon- und Onlineberatung, Qualifizierung von Bildungsberatern[48]). Weitere Aktivitäten liegen im Bereich Bildungspartnerschaften Schule/Wirtschaft, Hochbegabtenförderung, Jugendcamps zur Generierung von Bildungsperspektiven, Bildungslotsen für Migranten, individuelles Bildungscoaching und Mentorenprogramme, Kompetenzzentren zum Thema Ältere und Beruf. Die Zertifizierung vor allem auch informeller Kompetenzen (etwa „Internetführerschein") wird für den Berufseinstieg und zur Erhöhung von Beschäftigungsfähigkeit als wichtig erachtet.

---

47 Vgl. etwa die „Geschäftsordnung für die Steuerungsgruppe von RegioNet-OWL" v. 9.10.2003 (Internet) sowie die Kooperationsvereinbarung der RegioNetOWL zwischen den Netzwerkmitgliedern für die Durchführungsphase 1.7.2002 bis 30.6.2006 (Internet)
48 Vgl. zum Arbeitskreis „Qualifizierung und Fortbildung in der Bildungsberatung": Ambos, in Nuissl u. a. (Hrsg.), Regionale Bildungsnetze, Bielefeld 2006, S. 142.

f) Qualitätsmanagement

Dieses wird als bedeutsam angesehen für die Qualität der Netzwerkarbeit selbst sowie für die Qualität der Bildungsangebote. Die eingesetzten Instrumente sind Quartalsberichte der Projektverantwortlichen, Ausarbeitung von Arbeitsrichtlinien, Interviews und Nutzerbefragungen, teils unterstützt durch wissenschaftliche Begleitung, die von 40 % der Projektteilnehmer genutzt wird. Angeregt wird der Informationsaustausch über Qualitätskonzepte, die Erarbeitung von Checklisten für Teilnehmende, die Vereinbarung gemeinsamer Qualitätsstandards sowie die Implementierung von Qualitätsmanagementsystemen. Unter den laufenden Projekten sollen Best-Practice Modelle identifiziert werden. Orientierung bei der Qualitätsmessung bieten die Normenreihe DIN ISO 9000, das EFQM-Modell sowie aus Verbraucherperspektive die Stiftung Warentest.[49] Qualitätsstandards sind objektiv und insbesondere unabhängig von den Vorstellungen kooperierender Projektmitglieder kaum ermittelbar, insbesondere was die strategischen Optionen jenseits der eher technischen Ausstattung der Angebote (Ausstattung mit EDV, Öffnungszeiten, Personalausstattung, Erfahrungshintergrund der Anbieter, Nutzerfreundlichkeit der Vertragsbedingungen) anbetrifft. Die Erfolgsmessung ist daher schwerpunktmäßig auf die Erreichbarkeit von Nahzielen ausgerichtet, die allesamt die Erwartung nähren, dass ihre Umsetzung den Ausbildungs-, Beschäftigungs- und Qualifizierungstand einer Region verbessern wird.

25

g) Neue Lernkulturen

Im Fokus steht die Entwicklung neuer Konzepte im didaktisch-methodischen Bereich unter verstärkter Nutzung neuer Medien (E-Learning, Blended Learning, multimediale Lernumgebungen), wie insbesondere die Entwicklung neuer Lernorte (etwa Lernen im Betrieb), Lernwege, Lernmittel und Lerninhalte. So werden Schulen untereinander und mit anderen Institutionen vernetzt, multimediale Lernmodule entwickelt und bestimmte Zielgruppen (bspw. Ältere) an die neuen Lernwelten herangeführt. E-Learning und Blended Learning (mit Präsenzzeiten) fördern das selbstgesteuerte Lernen, setzen bei den Lernenden aber Kenntnisse der Technologie und die Fähigkeit zu ausreichender Selbststeuerung des Lernprozesses voraus. Bildungsferne Schichten sind zumeist nur durch niedrigschwellige und wohnortnahe Angebote ansprechbar.

26

h) Bildungsmarketing

Durch Bildungswerbung und Öffentlichkeitsarbeit soll die Bildungsbeteiligung der Bevölkerung und insbesondere bildungsferner Schichten erhöht werden. Voraussetzung hierfür ist eine Bedarfsanalyse über den regionalen Bildungsbedarf unter Er-

27

---

49 Vgl. Wuppertaler Kreis e.V./CERTQUA, Qualitätsmanagement und Zertifizierung in der Weiterbildung nach dem Internationalen Standard ISO 9000, S. 2002; Heinold-Krug/Griep/Klenk, EFQM, Version Erwachsenenbildung/Weiterbildung 2001; Töpper, in: Balli/Krekel/Sauter (Hrsg.), Qualitätsentwicklung in der Weiterbildung – wo steht die Praxis, Bielefeld 2004, S. 89 ff.

mittlung vorhandener Angebote. Bildungswerbung findet regelmäßig statt innerhalb der Informations- und Beratungsaktivitäten, aber auch auf sog. Bildungsfesten. Bildungsmarketing kommt nicht nur den Nutzern zugute (vorwiegend adressiert an Erwerbslose, Migranten sowie Ältere), sondern auch den Netzwerkpartnern. Diese versprechen sich hiervon eine Erhöhung des eigenen Bekanntheitsgrades, eine Imageverbesserung und die Schaffung neuer Arbeitsfelder. Für die Profilbildung des einzelnen Bildungsträgers kann es von Vorteil sein, sich auf bestimmte Personengruppen zu konzentrieren und gleichwohl auf ein übergeordnetes Corporate Design des Netzwerks verweisen zu können. Die ausgewogene Erfassung des Bevölkerungsdurchschnitts mit dem Ziel einer flächendeckenden Bildungsbeteiligung auf der Basis eines hinreichend diversifizierten Angebots ist dagegen Aufgabe des Netzwerkmanagements. Hieraus ergeben sich überdies Vorteile für die Angebotsplanung und die Marktaufstellung der einzelnen Anbieter. Das Management hat das Marktgeschehen auszuleuchten, vor allem durch Befragungen bei den Abnehmern der Wirtschaft oder der Arbeitsverwaltung, zumal mit privaten „Selbstzahlern" unter den Abnehmern regelmäßig nicht gerechnet werden kann (insbesondere bei sozial Benachteiligten). Gleichwohl steht Privatpersonen auch bei staatlicher Unterstützung häufig das Recht zur Auswahl unter Anbietern zu (etwa bei den „Bildungsgutscheinen" des SGB III), so dass Privatpersonen nicht völlig aus dem Blick geraten sollten.

i) Beschäftigungsfähigkeit

28 Dreiviertel aller Netzwerke fühlen sich dem übergeordneten Ziel der Sicherstellung individueller Beschäftigungsfähigkeit und der Einflussnahme auf den regionalen Arbeitsmarkt verpflichtet. Allerdings sind die **arbeitsmarktnahen Netzwerkprojekte** gegenüber denjenigen mit allgemeiner bildungspolitischer Ausrichtung deutlich in der Minderheit. Dies wird auf die geringe Beteiligung von Unternehmen zurückgeführt und nicht zuletzt auf den hohen Anteil sozialer und pädagogischer Berufe im Netzwerk. Im Vordergrund der Maßnahmen stehen Übergangshilfen von der Schule in den Beruf sowie Maßnahmen zur Weiterbildung des Netzwerkpersonals für die Aufgabe der Qualifizierungsberatung. Indes sprechen nur 30 % der Netzwerke von guten Kontakten zur Wirtschaft, was insbesondere bei kleinen und mittleren Unternehmen auch auf fehlende Personalkapazitäten zur Mitwirkung zurückgeführt werden dürfte. Hinsichtlich der Erfolgsbedingungen von Beschäftigungsfähigkeit steht der ländliche Raum gegenüber der Stadt zurück; es gibt vergleichsweise weniger Bildungsanbieter, ein geringeres Angebotsspektrum und größere Probleme hinsichtlich der Erreichbarkeit der Veranstaltungsorte. Im Übrigen sind wesentliche Determinanten der Beschäftigungsfähigkeit die regionale Qualifikations- und Altersstruktur der Bevölkerung, das Niveau und die Struktur der Arbeitslosigkeit, der Anteil neuer Arbeitsplätze als Folge wirtschafts- und beschäftigungspolitischer Aktivitäten, die Dauer des Verbleibs in Beschäftigungsfeldern des ersten Arbeitsmarktes und die Verminderung der Abbrecherquote unter den Auszubildenden als Folge von Fördermaßnahmen. Voraussetzung zur Erhöhung der

Beschäftigungsfähigkeit ist eine gründliche Analyse des regionalen Stellenmarktes und der vorhandenen Bildungsangebote, bspw. mit Unterstützung durch die ortsansässige Arbeitsverwaltung und durch Wirtschaftsverbände.

j) Produkte

Nicht zuletzt zur Sicherung des Fortbestandes der Projekte nach Auslaufen der Förderung werden vermarktungsfähige oder zumindest öffentlich brauchbare Produkte und Dienstleistungen entwickelt, wie etwa Datenbanken, Bildungsserver, Lernplattformen, Bildungs- und Beratungskonzepte, Ausbildungsmaterialien und Handbücher. Als Abnehmer treten zu 50 % öffentliche Institutionen, zu 40 % private Institutionen in Erscheinung. Als Markt steht zumeist nur der Einzugsbereich der lernenden Region zur Verfügung. Die potentiellen Einnahen aus der Vermarktung sind somit zielgruppenabhängig; sozial Schwache können für ihre Bildungsbeteiligung kaum Mittel aufbringen.

29

k) Empfehlungen der Begleitforschung

„Kartellbildungen" sollten nach Meinung der Projektsupervisoren vermieden werden; die größtmögliche Offenheit gegenüber neuen Netzwerkpartnern wird als dringendes Erfordernis angesehen. Zur Gewinnung eines klaren Profils wird empfohlen, dass Netzwerke Aufgabenprioritäten bilden und die Entwicklung eines regionalen Leitbildes vorantreiben. Zur Erhöhung der Bildungsbeteiligung der Bevölkerung werden ferner Marketingmaßnahmen empfohlen. Die Aufgaben der Information und Beratung sowie die Professionalisierung von Beratungskompetenzen sollten intensiviert werden. Der Bereich der Qualitätsentwicklung und -kontrolle bedarf stärkerer Beachtung.

30

2. „Kommunale Bildungslandschaften"

Durch sein Diskussionspapier zum Aufbau „Kommunaler Bildungslandschaften"[50] will der Deutsche Verein für Öffentliche und Soziale Fürsorge „in erster Linie kommunale Akteure dazu ermutigen, neue und zukunftweisende Wege in der Bildungs- und Entwicklungsförderung junger Menschen zu gehen". Angestrebt wird die Entwicklung eines kohärenten Gesamtsystems von Bildung, Erziehung und Betreuung in der Durchführungsverantwortung der Kommune, weil nach Auffassung des Deutschen Vereins nur sie den erforderlichen Rahmen zur optimalen Nutzung der Ressourcen sicherstellen und verbindliche Kooperationsstrukturen herstellen kann, eingedenk der Tatsache, dass es der kommunale Nahraum ist, in dem junge Menschen aufwachsen und lernen. Im Gegensatz zum Programm der „lernenden Re-

31

---

50 DV, NDV 2007, S. 294; in diese Richtung zielt auch Mcgovern mit seinem Vorstoß, kommunale Potentiale zur Verminderung sozialer Ausgrenzung zu nutzen: Nicht nur Arbeitslosigkeit, sondern soziale Ausgrenzung bekämpfen, NDV 2007, S. 457.

gionen" mit seiner Ausrichtung auf Erwachsene und Heranwachsende stehen beim Deutschen Verein vor allem junge Menschen im Fokus der Förderaktivitäten. Als zentrale Aussagen sind festzuhalten:

a) Adressaten der Kooperation

32 Das Papier wendet sich an die Politik, insbesondere in den Kommunen, aber auch in den Ländern, an die Schulämter, Schulverwaltungsämter, Jugendämter, an die Fachkräfte an den Schulen und in der Jugendhilfe, an die Sportverbände sowie an alle an lokaler Bildungspolitik Beteiligten unter Einbeziehung der Familien und ehrenamtlicher Tätiger.

b) Bildungsverständnis

33 Bildung ist eine Zukunftsressource für junge Menschen und für die Leistungsfähigkeit einer Volkswirtschaft schlechthin. Als Schlüssel für die Integration junger Menschen in die Gesellschaft wird insofern der Erwerb schulischer, sozialer und emotionaler Kompetenzen angesehen. Im Rahmen eines ganzheitlichen Bildungsverständnisses sind das soziale Umfeld und insbesondere die Eltern von hervorgehobener Bedeutung. Familie, Kindertageseinrichtung, Jugendhilfe, Schule und Wirtschaft sind als relevante Integrations- und Sozialisationsfaktoren in ein kohärentes Unterstützungssystem einzubinden. Hierfür bedarf es einer Kooperationskultur mit verbindlichen Kontrakten der beteiligten Organisationen unter öffentlicher Verantwortung, gestützt durch ein umfassendes Bildungsmonitoring bzw. Berichtswesen von Bildungsverläufen vor Ort sowie durch eine integrierte Schulentwicklungs- und Jugendhilfeplanung mit kontinuierlicher Evaluation der Kooperationsergebnisse.[51]

c) Aktivitäten

34 Im Einzelnen werden hervorgehoben die öffentlich bereits debattierten und teilweise implementierten Ansätze zur Stärkung des Elementarbereichs als Bildungsinstitution, zur Einrichtung von Ganztagsschulen mit flankierender Unterstützung durch die Öffentliche Jugendhilfe, zur Belebung der Kultur und des Sports sowie zur Verbesserung des Übergangs von der Schule in den Beruf durch gezielte Einbeziehung der lokalen Wirtschaft. Besonderer Bedarf besteht an Angeboten der Bildung von Eltern in Fragen der Erziehung, Betreuung und Bildung ihrer Kinder. Hingewiesen wird zudem auf die Notwendigkeit projekt- und netzwerkbezogener Fortbildungsangebote für Fachkräfte, in denen gemeinsame Vorhaben geplant und bei der Umsetzung unterstützt werden.

---

51 Hierzu näher: Maykus, in: Landesjugendamt Westfalen/Institut für soziale Arbeit (Hrsg.), Den Wandel gestalten. Gemeinsame Wege zu einer integrierten Jugendhilfe- und Schulentwicklungsplanung, Münster 2007, S. 81 ff.

d) Organisation

Die Schaffung regionaler Bildungsbüros, in denen Beratung und Koordination stattfindet, die Ermöglichung einer besseren Zusammenarbeit von Jugendhilfe und Schule unter dem Dach einheitlicher Amtsbereiche oder die Vernetzung von Angeboten innerhalb sozialräumlicher Strukturkonzepte kann nach Auffassung des Deutschen Vereins nur ein erster Schritt sein. Eine Bildungslandschaft muss darüber hinaus sämtliche Strukturen und Organisationen einbinden auf der Basis eines umfassenden **Bildungsmonitorings und Berichtswesens** mit übergreifender Förderplanung von Angeboten beteiligter Institutionen und Personen, wie Kindertagesstätten, Schulen, der Jugendhilfe, Sportvereinen, Trägern beruflicher und kultureller Bildung, Unternehmen, Volkshochschulen, Weiterbildungsträgern sowie Hochschulen und Fachhochschulen und nicht zuletzt der ehrenamtlich Tätigen. Jugendhilfeplanung, Schulentwicklungsplanung sowie Sozialplanung und Stadtentwicklungsplanung sind systematisch aufeinander zuzuführen, eine kommunale Bildungsberichterstattung ist zu etablieren. Möglichkeiten eines gemeinsamen Haushaltsansatzes für Bildungsfragen sind auszuloten. Bedenkenswert sind in diesem Zusammenhang auch Öffentlich-Private Partnerschaften etwa im Bereich von Kindertagesstätten und Jugendfreizeiteinrichtungen.[52]

In diesem Rahmen ist die **Kommune** sowohl für den Aufbau als auch für die Pflege der Netzwerk- und Kooperationsstrukturen zwischen den einzelnen Akteuren verantwortlich. Die Federführung liegt hierbei regelmäßig beim Landkreis bzw. bei der kreisfreien Stadt. Anknüpfungspunkt einer Verantwortungsübernahme muss sein die jeweilige Zuständigkeit als Schul- bzw. Kulturträger (häufig Landkreis mit Sekundarschulen, Gemeinden mit Grund-, Haupt- und Realschulen; Landkreis als Träger von Volkshochschulen, Musikschulen, Bibliotheken und Sportstätten, Gemeinden als Träger von Kindertages- und Jugendfreizeiteinrichtungen). Insbesondere neue Landeskonzepte zur Entwicklung von mehr Selbstständigkeit an den Schulen sowie zur Einrichtung von Ganztagsschulen ermöglichen der üblicherweise auf die Schulträgerschaft beschränkten Kommune, im Dienst ihres bildungspolitischen Gesamtkonzepts verstärkt Einfluss zu nehmen auch auf die Gestaltung der Unterrichtsinhalte und der Schülerbetreuung in unterrichtsfreien Zeiten. Der Deutsche Verein spricht sich auf diesem Weg für eine stärkere **kommunale Verantwortung für die Schule** aus, die auch in den gesetzlichen Strukturen des jeweiligen Landesschulrechts ihren Niederschlag finden sollte.[53]

---

52 Piontkowski/Steidle, Öffentlich-Private Partnerschaften: Neue Kooperations- und Finanzierungsformen auch für den Bereich der sozialen Arbeit?, NDV 2007, S. 405.
53 Ebenso: Kretschmann, Für einen Bildungsaufbruch von unten, Der Landkreis 2008, S. 78.

3. Die „Selbstständige Schule"

36 Das Konzept der Selbstständigen Schule zielt an sich nicht auf die Steigerung sozialräumlicher Bildungsqualität ab. Im Vordergrund steht die Schulentwicklung, d. h. das Aufsuchen neuer Wege im Bereich der Unterrichtsgestaltung, der Schulverwaltung und der Schülerbetreuung.[54] Hierfür aber ist die Kooperation mit außerschulischen Akteuren eine wesentliche Bedingung. Zur Gewinnung neuer Fachkräfte (etwa Schulsozialarbeiter), neuer Lernorte und Lernwege (unter Einbeziehung etwa der Betriebe), neuer Betreuungsmöglichkeiten (von der Musikschule bis zur Schulmensa) und neuer Unterrichtsinhalte mit handlungsorientierter Ausrichtung muss die Schule ihren gewohnten Rahmen verlassen. Hieraus entstehen Chancen für ihre Einbindung in die regionalen Bildungsstrukturen, so dass sich die Selbstständige Schule und örtliche Bildungslandschaften in ihren Zielen letztlich wirksam ergänzen. Insbesondere das allgemein als notwendig erachtete Angebot von Hilfen zur Bewältigung des Übergangs von der Schule in die Berufsausbildung[55] dient nicht nur den Schülern, sondern auch der ortsansässigen Wirtschaft, wird bedacht, dass ein Viertel aller junger Menschen nicht über ausreichende Kompetenzen zum Erlernen eines Ausbildungsberufs verfügt, ein hohes Maß an Ausbildungsabbrüchen zu verzeichnen ist, etwa 40 % aller Arbeitslosen ohne Berufsausbildung ist, bis 2010 nur noch 10 % aller Arbeitsplätze für Ungelernte zur Verfügung stehen werden und zudem schon heute ein massiver Fachkräftemangel zu verzeichnen ist. Nicht zuletzt ist es die Schule, die neben dem Elternhaus und Kindertagesstätten die entscheidenden Weichenstellungen für die Bildung und Bildungsfähigkeit der Bevölkerung und damit für die Qualität einer Bildungsregion vornimmt. Und es sind die Kommunen und Regionen, in denen die Heranwachsenden konsekutiv die Schulformen durchlaufen, Angebote der Jugendbildungsarbeit und Freizeitgestaltung in Anspruch nehmen, für den Beruf ausgebildet werden und danach ihre Arbeit in den Unternehmen aufnehmen. Mit den teilweise bereits institutionalisierten oder in der Versuchsphase befindlichen Programmen zugunsten vermehrter Selbstständigkeit ihrer Schulen zeigen nunmehr auch die einzelnen Bundesländer deutlich Gespür für die insgesamt in Deutschland zu verzeichnenden Bildungsdisparitäten der Regionen. Denn ohne größere Freiräume in der Personalentwicklung, Ressourcenbewirtschaftung und Unterrichtsorganisation sind Schulen weder kooperations- noch entwicklungsfähig. Und erst in der Zusammenarbeit mit externen Kräften vor Ort wird das schulische Handeln in Ansehung der eher flüchtigen, vielfach ritualisierten und auf Fachdidaktik und Haushaltsführung verengten Kontrollformen der staatlichen Schulaufsicht wirklich transparent und kontrollierbar. Die nachfolgende Darstellung bezweckt schwerpunktmäßig eine Gesamtbetrachtung der einzelnen Pro-

---

54 Vgl. etwa Selbstständige Schule NRW, Information über die wissenschaftliche Begleitforschung zum Modellvorhaben „Selbstständige Schule", November 2005 (Internet) sowie Burkert, Leitinvestition Bildung, Herausforderungen aus der Sicht eines kommunalen Schulträgers, Der Landkreis 2008, S. 72.
55 Vgl. hierzu das Schwerpunktthema in der Zeitschrift inform, 1/07 (Internet).

gramme; landes- oder regionsspezifische Besonderheiten bleiben weitgehend außer Betracht.[56]

Als zentrale Aussagen bleiben festzuhalten:

a) Programme (Beispiele)

- **Landesregierung NRW und Bertelsmann-Stiftung**: Modellvorhaben „Selbstständige Schule" mit 6-jähriger Laufzeit bis 2008 unter Beteiligung von 278 Schulen (von 6800) sämtlicher Schulformen. Ziel ist die Verbesserung der Qualität schulischer Arbeit und insbesondere des Unterrichts durch eine qualitätsorientierte Selbststeuerung der Schulen innerhalb schulbezogener regionaler Bildungslandschaften.[57]
- **Niedersachsen und Bertelsmann-Stiftung**: In den ausgewählten Bildungsregionen Braunschweig und Emsland soll erprobt werden, ob eine Verantwortungsgemeinschaft zwischen Land und kommunalen Schulträgern gelingen kann.[58]
- **Niedersachsen**: 2001 (Laufzeit bis 2004) rief das niedersächsische Kultusministerium das Modellprojekt „Region des Lernens – berufsbildende Schulen als Leitstelle eines regionalen Qualifizierungsnetzwerks" für zehn ausgewählte Modellregionen ins Leben mit dem Ziel, Schulen (Berufsschulen und allgemein bildende Schulen), Betriebe und sonstige außerschulische Partner wie die Jugendhilfe in ein Netzwerk zur Förderung sozial benachteiligter Schüler zu integrieren.[59]
- **Niedersachsen und NRW**: Im Projekt „ANUBA" (Ausbau und Nutzung von Bildungsnetzwerken und Erprobung von Ausbildungsmodulen in den IT- und Medienberufen) wurden praxisnahe Zusatzqualifikationen in den Medienberufen innerhalb und außerhalb von Ausbildungsordnungen im Rahmen regionaler Zusammenarbeit von Berufsschule, Ausbildungsbetrieb und überbetrieblicher Bildungsstätte entwickelt und erprobt (Laufzeit 2000–2003). Federführend waren das Niedersächsische Landesinstitut für Lehrerbildung und Schulentwicklung sowie das Landesinstitut NRW für Schule/Qualitätsagentur.[60]
- **Schleswig-Holstein**: „Sinet" ist ein Programm, in dem 45 Schulen zu einem Kooperationsverbund zusammengeschlossen wurden (Laufzeit 1999–2002). Ziele

37

---

56 Weitere Einzelbeispiele in: Deutsches Jugendinstitut e.V., Lokale Bildungslandschaften, Projektbericht 2006.
57 Projektleitung „Selbstständige Schule" (Hrsg.), Regionale Bildungslandschaften – Grundlagen einer staatlich-kommunalen Verantwortungsgemeinschaft, Troisdorf 2004; Projektleitung „Selbstständige Schule" (Hrsg.), Lehren und Lernen für die Zukunft. Guter Unterricht und seine Entwicklung im Projekt „Selbstständige Schule", Gütersloh 2004; Kommunale Gemeinschaftsstelle, „Regionale Bildungsbüros im Rahmen des Projekts Selbstständige Schule.", KGSt-Gutachten, Köln 2003.
58 Minderop, in: Solzbacher/Minderop (Hrsg.), Bildungsnetzwerke und regionale Bildungslandschaften, München/Unterschleißheim 2007, S. 51 sowie eine Sammlung von Kooperationsprojekten mit Schulen unter www.lkjnds.de
59 Solzbacher, in: Solzbacher/Minderop (Hrsg.), Bildungsnetzwerke und regionale Bildungslandschaften, München/Unterschleißheim 2007, S. 131 ff.
60 Vgl.: www.anuba-online.de sowie: Wilbers, in: Solzbacher/Minderop (Hrsg.), Bildungsnetzwerke und regionale Bildungslandschaften, München/Unterschleißheim 2007, S. 304 ff.

waren die Schaffung neuer Unterrichtsstrukturen durch internationale Zusammenarbeit, Evaluation von Schulprogrammarbeit, Verbesserung des Lernklimas, Zusammenarbeit von Schulen in der Region.[61]

- **Land Brandenburg**: Das „Netzwerk Zukunft – Schule und Wirtschaft für Brandenburg" wurde 2001 unter Beteiligung von IHKs, Handwerkskammern, der zuständigen Regionaldirektion der Bundesagentur für Arbeit, der Vereinigung der Unternehmensverbände in Berlin und Brandenburg, der Brandenburgischen Landesrektorenkonferenz, des Deutschen Gewerkschaftsbundes und des zuständigen Bildungsministeriums des Landes Brandenburg gegründet. Ziel ist die Steigerung der Berufsausbildungsfähigkeit von Schulabgängern vor dem Hintergrund unbesetzter Ausbildungsplätze und häufiger Ausbildungsabbrüche.[62]
- **BLK-Verbundmodellversuch**: Das Modellvorhaben „Qualifizierung von Lehrpersonal in Berufen mit hoher Innovationsgeschwindigkeit (QLIB)" wurde in den Jahren 2000 bis 2003 in den Ländern Bayern, Baden-Württemberg und Schleswig-Holstein durchgeführt. Ziel war die Förderung einer vertrauensvollen Zusammenarbeit von Berufsschulen und Ausbildungsbetrieben auf der Ebene der persönlichen Beziehungen zwischen Lehrer und Ausbilder.[63]
- **Stadt München**: Im Münchener Konzept „Mükos" soll die Schulentwicklung von Grund-, Haupt- und Förderschulen vorangetrieben werden durch Schulentwicklungsprojekte, Fortbildungsmaßnahmen, Entwicklung praxisnaher Unterrichtsmaterialien und Moderatorenbegleitung.[64] Zentral ist die Beteiligung von Hochschulen und insbesondere Studierenden innerhalb des Netzwerks zur Durchführung von Projekten (etwa Lesekompetenzförderung).
- **Stadt Nürnberg**: In einzelnen Projekten soll die Vernetzung der Bereiche Jugendhilfe/Kultureinrichtungen/Schule gefördert und in einen Gesamtrahmen städtischer Kinder- und Jugendkulturarbeit eingebunden werden.[65]
- **Stadt Hamburg**: Förderung von Netzwerk- und Kooperationsideen im Kontext von Schule, Jugendhilfe und Sozialpolitik.[66]
- **Städtetag Baden-Württemberg**: „Hinweise zur Kooperation der Schulen und Schulträger mit Externen".[67]
- **Deutsches Jugendinstitut**: Projekt Lokale Bildungslandschaften in Kooperation von Ganztagsschule und Jugendhilfe, Laufzeit 1.2.2007 bis 30.1.2010, gefördert durch das BMFB.[68]

---

61 Hameyer/Heggen/Simon, in: Solzbacher/Minderop (Hrsg.), Bildungsnetzwerke und regionale Bildungslandschaften, München/Unterschleißheim 2007, S. 70 ff.
62 Günther, in: Solzbacher/Minderop (Hrsg.), Bildungsnetzwerke und regionale Bildungslandschaften, München/Unterschleißheim 2007, S. 141 ff.
63 Stender, in: Solzbacher/Minderop (Hrsg.), Bildungsnetzwerke und regionale Bildungslandschaften, München/Unterschleißheim 2007, S. 179 ff.
64 Sigel/Kahlert, Eine Stadt macht Schule – mit Grund-, Haupt- und Förderschulen, Bad Heilbrunn 2006.
65 Liebich/Marx/Zacharias (Hrsg.), Bildung in der Stadt, München 2005.
66 Hamburg, Kulturbehörde, www.kulturbehoerde.hamburg.de
67 Vgl.: www.staedtetag-bw.de
68 Vgl. Internet.

b) Adressaten der Kooperation

Adressaten der Kooperation sind Schulen, Betriebe, Jugendämter, Volkshochschulen, Kindertagesstätten, Bibliotheken, Weiterbildungseinrichtungen, Museen, Musikschulen, Verbände und die kommunalen Schulträger. 38

c) Organisation

Steuerungszentrum einzelner Projekte ist schwerpunktmäßig die einzelne Schule, auch wenn die Initiative letztlich von der Kultusverwaltung des jeweiligen Bundeslandes ausgeht. Vereinzelt wurden zu diesem Zweck eigenständige regionale Bildungsbüros eingerichtet (NRW). Administrativ und in ihrer Haushaltsführung wird die Schule von der Kultusverwaltung des jeweiligen Bundeslandes unterstützt. Zur Verbesserung der Zusammenarbeit zwischen den Netzwerkpartnern und Lehrkräften werden schulische Steuerungsgruppen gebildet, teilweise unter Partizipation von Eltern und sonstigen Akteuren. In übergeordneten Kooperationszusammenhängen bestehen regionale Steuerungsgruppen, in denen sowohl die Schulaufsicht als auch der kommunale Schulträger vertreten sind und die von einem Beratungsteam aus Mitgliedern der Schulverwaltung beraten werden.[69] Es werden jedoch keine neuen Zuständigkeiten geschaffen. Auch wenn vieles dafür sprechen mag, die Zersplitterung des Schulwesens in innere und äußere Schulangelegenheiten zukünftig aufzuheben, so dienen die Steuerungsgruppen lediglich dazu, vorhandene Zuständigkeiten zu koordinieren und auf den regionalen Lernraum abzustimmen. Daneben bestehen bilaterale Arbeitsgruppen zwischen einzelnen Schulen oder zwischen Schulen und außerschulischen Partnern. 39

Da **kommunale Schulträger** aufgrund rückläufiger Schülerzahlen in hohem Maße auf die Zusammenarbeit mit anderen Schulen der Region angewiesen sind müssen sie Kooperationen mit Nachbargemeinden eingehen. Das **Land** bleibt für die innere Schulqualität zuständig. Die Kommunen sind dagegen gefordert, wenn es um die Beteiligung von Kirchen, Bibliotheken, Museen und die Einrichtungen der Jugendhilfe mit ihren Bildungsangeboten geht. Schulen haben bereits heute Gestaltungsfreiheit etwa bei der Gestaltung der Stundentafel der Primar- und Sekundarstufe 1 und bei der Festlegung der Dauer des Unterrichts. In den Modellvorhaben können mit der Landesschulbehörde darüber hinaus Vereinbarungen getroffen werden über den Zeitrahmen für Schulfahrten, schulische Veranstaltungen, über Fortbildungen der Lehrerschaft sowie über die Einführung von Berichts- anstatt Ziffernzeugnissen. Bspw. wurde in NRW eine „Öffnungsklausel" im Landesschulrecht eingeführt, die den am Projekt beteiligten Schulen eine größere Selbstständigkeit in den Bereichen Personalentwicklung, Ressourcenbewirtschaftung, Unterrichtsorganisation und Qualitätssicherung verleiht.[70]

---

[69] Lohre, in: Solzbacher/Minderop (Hrsg.), Bildungsnetzwerke und Regionale Bildungslandschaften, München/Unterschleißheim 2007, S. 48.
[70] Lohre/Kober, Gemeinsame Verantwortung für die Bildungschancen von Kindern und Jugendlichen, in: Projektleitung „Selbstständige Schule" (Hrsg.), Regionale Bildungslandschaften, Troisdorf 2004, S. 31.

d) Aktivitäten

40 Bisherige Erfahrungen zeigen, dass es vor allem die Landesschulbehörden sind und waren, die Innovationen mit „Laborversuchen" anstoßen.[71] Die wesentlichen Ziele bei der Implementation von Instrumenten der Qualitätsentwicklung und des Qualitätsvergleichs, der Selbstevaluation und externen Evaluation sowie der inneren Schulentwicklung und Schulberatung werden vom Kultusministerium vorgegeben und durch ein Beratungsteam aus Mitgliedern der Schulverwaltung unterstützt und kontrolliert.[72] Es handelt sich daher um einen Kooperationsverbund und nicht um ein frei assoziiertes Netzwerk. So werden Versuche zur **Verbesserung von Unterricht** und Erziehung gestartet, insbesondere handlungs- und berufsfeldbezogene Unterrichtsangebote, teilweise an außerschulischen Lernorten,[73] entwickelt und durchgeführt. In den Ländern werden Handlungsempfehlungen zur Verbesserung der **Schulqualität** erarbeitet. Organisationserlasse sollen eine möglichst unbürokratische und schulformübergreifende Zusammenarbeit in Kooperationsverbünden gewährleisten. Schulen können in dieser Weise verbindliche **Kooperationsvereinbarungen** untereinander treffen und ihre Erfahrungen austauschen. Außerschulische Akteure wie Betriebe und überbetriebliche Ausbildungszentren werden verstärkt in die schulische Arbeit eingebunden.[74] Insbesondere **benachteiligte Schüler** in Berufsvorbereitungsklassen der Berufsschulen werden durch „Schnupperpraktika", Betriebserkundungen und Vermittlungsangebote von Praktikumsplätzen gefördert.[75] Es findet ein Austausch von **Lehrkräften** unterschiedlicher Schulformen (etwa Berufsschule und Hauptschule) statt mit dem Ziel, bei den Schülern Interesse an der Berufswelt zu wecken. **Zertifikate** über Schlüsselqualifikationen und sonstige außerschulische Leistungen von Schülern ergänzen die seitens der Unternehmen als wenig aussagekräftig eingestuften Abschlusszeugnisse. Die **diagnostischen Kompetenzen** der Lehrerschaft zur Beurteilung des Leistungsvermögens ihrer Schüler werden gefördert. Schulen sind zur **Zusammenarbeit mit den Jugendämtern** zur Verbesserung der Sozialkompetenz der Schülerschaft aufgerufen. Eine verstärkte Zusammenarbeit mit den Arbeitsagenturen wird proklamiert, insbesondere zur Bewilligung berufsbegleitender Maßnahmen, außerbetrieblicher Ausbildungen oder zur Förderung von Berufsorientierung und Bewerbungstraining kurz vor dem Übergang in die Arbeitswelt. Lehrer und Schulsozialarbeiter erhalten Fortbildungen zum Thema **berufs- und arbeitsweltbezogene Schulsozialarbeit** mit dem Ziel einer Verbesserung der beruflichen Orientierung und der Sozialkompetenzen von Schülern.[76]

---

71 Lohmann/Rolf, in: Solzbacher/Minderop (Hrsg.), Bildungsnetzwerke und regionale Bildungslandschaften, München/Unterschleißheim 2007, S. 61 ff.
72 Lohmann/Rolf, in: Solzbacher/Minderop (Hrsg.), Bildungsnetzwerke und regionale Bildungslandschaften, München/Unterschleißheim 2007, S. 64 f.
73 Etwa „Praxislernen" in der Sekundarstufen 1-Verordnung des Landes Brandenburg.
74 Vgl. das Konzept des Bildungsnetzwerks Schule/Wirtschaft der IHK Ulm (Internet).
75 Vgl. etwa das Konzept der IHK Ulm zur Einstiegsqualifizierung benachteiligter Jugendlicher (Internet).
76 Kohlmeyer, in: Solzbacher/Minderop (Hrsg.), Bildungsnetzwerke und regionale Bildungslandschaften, München/Unterschleißheim 2007, S. 150.

Hochbegabte Schüler werden in Kooperationsverbünde zwischen Schulen (vorwiegend Grundschulen und Gymnasien) unter Beteiligung von Kultureinrichtungen und Hochschulen einbezogen und erhalten hier besondere Förderung.[77] Die **Zusammenarbeit** von Schulen, Jugendamt, Jugendgericht und Polizei zur Stärkung der Sicherheit an Schulen und zur Verminderung von Schulabsentismus wird intensiviert. Mit der Einführung eines **schulübergreifenden Qualitätsmanagements** für die Netzwerkarbeit sowie mit der Ermittlung von Best-Practice-Modellen sollen Schulorganisation und Unterricht verbessert werden.

e) Finanzierung

Regionale Entwicklungsfonds bzw. Regionalbudgets unterstützen die einzelnen Projekte, etwa bei der Qualifizierung des Fachpersonals.[78] Sie speisen sich aus Finanzmitteln des Landes, der Kommunen, ggf. aus Spenden und überschüssigen Mitteln der einzelnen Schulen. Der Finanzierungsanteil der Kommunen ist jedoch regional unterschiedlich. Die Verfügungsgewalt über die Mittel liegt allein bei der regionalen Steuerungsgruppe. Es kann jedoch ein Vetorecht des Landes oder des kommunalen Schulträgers hinsichtlich der zu tätigenden Ausgaben vereinbart werden. Häufig werden den Schulen für alle Positionen des Budgets bestimmte Leistungsauflagen erteilt. Bei einigen Programmen mit Ausrichtung auf den Wirtschaftsbereich (siehe Brandenburg) erfolgt eine Co-Finanzierung durch den Europäischen Sozialfonds und durch Fördermittel des Bundesministeriums für Bildung und Forschung.

Grundvoraussetzung zur Entwicklung kooperativer Strukturen ist ein eigenständiges und flexibel handhabbares **Schulbudget**, welches auch die Übertragbarkeit von Haushaltsmitteln ins nächste Haushaltsjahr erlaubt und dessen Ansätze gegenseitig deckungsfähig sind.[79] Die konkrete Ausgestaltung dieses Bereichs ist in den einzelnen Bundesländern unterschiedlich geregelt; im Regelfall ist die Budgetfreiheit in Modellschulen am größten. Das Budget setzt sich regelmäßig zusammen aus Sachkosten, die teils vom kommunalen Schulträger (für Schulbau, Bauunterhaltung, laufender Unterhaltungsaufwand, Schulsekretariate, Bürobedarf, Gebühren), teils vom Land getragen werden (Reisekosten, Gutachten, Prozesskosten, Lernmittelfreiheit, Schülerfahrten, Fortbildungen); außerdem aus Personalkosten, die ebenfalls teils vom kommunalen Schulträger (Schulsekretariat, Hausmeister, Reinigungskräfte, Betreuungskräfte, Schulsozialarbeiter), teils vom Land (Lehrkräfte zur Abdeckung der Stundentafel, Vertretungsunterricht) getragen werden. Bestimmte Teile

---

77 Solzbacher, in: Solzbacher/Minderop (Hrsg.), Bildungsnetzwerke und regionale Bildungslandschaften, München/Unterschleißheim 2007, S. 188 ff.
78 Mach/Giersberg, Mehr Selbstständigkeit von Schulen durch Übertragung der Budgetverantwortung, Der Landkreis 2008, S. 88; Lohre, in: Solzbacher/Minderop (Hrsg.), Bildungsnetzwerke und regionale Bildungslandschaften, München/Unterschleißheim 2007, S. 48.
79 Näher: Mach/Giersberg, Mehr Selbstständigkeit von Schulen durch Übertragung der Budgetverantwortung, Der Landkreis 2008, S. 90; Kreher, in: Solzbacher/Minderop (Hrsg.), Bildungsnetzwerke und regionale Bildungslandschaften, München/Unterschleißheim 2007, S.220 ff.

des Schulbudgets können in einen von verschiedenen Schulen unterhaltenen Dachfonds zur Finanzierung gemeinsamer Projekte hinein gegeben werden (s. o.).

Speziell in Hessen wurde die **Mitteltrennung zwischen innerer und äußerer Schulverwaltung** weitestgehend aufgehoben, in NRW wird sie schrittweise eingeführt. In diesem Rahmen kann bspw. der freie Verfügungsrahmen im Schulbudget dadurch erhöht werden, dass im Krankheitsfall durch schulinterne Vertretungskonzepte Kosten für Vertretungslehrer gespart werden oder dass durch abweichende Gruppen- oder Klassengrößen Mittel erwirtschaftet werden, die dann für Personal- oder Sachausgaben unterschiedlicher Art verwendbar sind („managementbedingte Einsparungen"). Die eingesparten Mitteln können dann für den Musikunterricht durch örtliche Musikschulen, für den Sportunterricht durch Vereine, für den naturwissenschaftlichen Unterricht durch Hochschulen, für den Einkauf von Personal für Hausaufgabenhilfen, für Supervision, Konfliktlösungstraining oder für neue EDV-Programme eingesetzt werden. Den Schulverwaltungen bleibt jedoch die Aufgabe der Budgetkontrolle.

4. Die „Soziale Stadt"

42 Das seit 1999 laufende Programm „Soziale Stadt" ist ein vom Bund und den Ländern getragenes Sonderprogramm der Städtebauförderung und enthält Investitionshilfen des Bundes an die Länder nach Art. 104a Abs. 4 GG.[80] Es soll der sozialen und räumlichen Spaltung in deutschen Städten mit dem Ziel einer integrierten Stadtentwicklung entgegenwirken und ist von daher kein originär bildungspolitisches Gestaltungsinstrument, auch wenn der weite Förderrahmen – vom Wohnumfeldbezug bis zur sozialen Infrastrukturentwicklung – Ansätze dieser Art durchaus zulässt und enthält. Gegenwärtig nehmen in 447 Programmgebieten insgesamt 284 Städte teil. Der Bezug auf den sozialen Nahraum (im Programm „Soziale Stadt" jedoch bei genauer Betrachtung auf eng umrissene Stadtteilgebiete und eben nicht auf den gesamten kommunalen Einzugsbereich ausgerichtet) aber ist der gemeinsame Bezugspunkt von „Sozialer Stadt" und „Kommunaler Bildungslandschaft", der, wie neuere Befragungsergebnisse zur Sozialen Stadt zeigen,[81] teilweise zu ähnlichen Projekt- und Beteiligungsstrukturen führt, wie wir sie vorstehend bei den Bildungsprogrammen kennen gelernt haben.

---

80 Bundesministerium für Verkehr-, Bau- und Wohnungswesen (Hrsg.), Strategien für die soziale Stadt, Berlin 2003 sowie dass., Die soziale Stadt. Ergebnisse der Zwischenevaluierung, Berlin 2004; Stegen, Die soziale Stadt, München 2006; Lenz, Auf dem Weg zur sozialen Stadt, Wiesbaden 2007; Baum (Hrsg.), Die Stadt in der sozialen Arbeit; Wiesbaden 2007.
81 Böhme/Franke, Blätter der Wohlfahrtspflege 2007, S. 193; Becker/Bock/Böhme/Franke, Dritte bundesweite Befragung Programmgebiete soziale Stadt. Endbericht 2006 sowie: Becker/Bock/Böhme/Franke, Zentrale Ergebnisse und Empfehlungen 2006, www.sozialestadt.de/veroeffentlichungen

B. Die bisherigen Konzepte

Als zentrale Aussagen bleiben festzuhalten:

a) Handlungsfelder

Innerhalb der Stadtentwicklungskonzepte sind die relevanten Handlungsfelder in unterschiedlichem Ausmaß vertreten, nämlich das Thema Wohnumfeld und öffentlicher Raum zu 96 % der Konzepte, soziale Aktivitäten und soziale Infrastruktur zu 96 %, Image und Öffentlichkeitsarbeit zu 88 %, Schule und Bildung im Stadtteil/Integration von Migranten/Lokale Ökonomie zu 75 %, Gesundheitsversorgung und -förderung zu 33 %, Monitoring zu 25 % und Evaluation zu 26 %. Bei der Auswahl der geförderten Programmgebiete wurde schwerpunktmäßig nach Kriterien wie Modernisierungsbedarf, hohe Arbeitslosigkeit/Fürsorgebedürftigkeit und schlechtes Gebietsimage gefördert.

b) Akteure

Die Beteiligungsquote von Amtsbereichen der Verwaltung differiert. Beteiligt zu über 80 % sind jeweils die Bereiche Stadtentwicklung und Stadtplanung, Kinder- und Jugendhilfe sowie Bauen und Wohnen, zu 40–50 % jeweils die Bereiche Finanzen sowie Sicherheit und Ordnung, zu 63 % der Bereich Schule und Bildung, zu lediglich 20–30 % die Bereiche Gesundheit sowie Integrationsstellen. Zur Beteiligung der Quartiersbevölkerung liegt, soweit ersichtlich, keine genaues Datenmaterial vor, sondern lediglich die Aussage, dass ihr Anteil deutlich gesteigert werden konnte. Die Beteiligung der Arbeitsverwaltung und von Gewerbetreibenden, aber auch Personen mit Migrationshintergrund, wird jedoch als deutlich defizitär angesehen. Im Übrigen sind innerhalb von Arbeitsgruppen, Stadtteilkonferenzen, Selbsthilfegruppen und Elternkreisen Institutionen wie Sportvereine zu 65 %, Bürgergruppen zu 62 % und Kirchen zu 60 % eingebunden. Als positiv hervorzuheben sind Kombi-Projekte von Bauen, Wohnen, Arbeit, Qualifizierung und Verbesserung von Teilhabechancen.[82]

c) Quartiersbüros

In 95 % der geförderten Gebiete wurden Quartiersbüros eingerichtet. Die anfallenden Kosten hierfür werden zu einem überwiegenden Teil aus Mitteln des Förderprogramms bestritten.

d) Aktivitäten

Im Vordergrund steht die Aktivierung der Quartiersbevölkerung, vor allem durch Maßnahmen zur Herstellung einer neuen Stadtteilöffentlichkeit (Stadtteilfeste, Begehungen), durch Angebote zur Beratung, zur Aktivierung von Kindern und Jugendlichen sowie zur Integration von Migranten. Hierfür werden innerhalb des

---

82 Krummacher/Kulbach/Waltz/Wohlfahrt, Soziale Stadt, Sozialraumorientierung, Quartiersmanagement (Internet).

Programms zum Teil frei verfügbare Budgetmittel zur Verfügung gestellt. Erfolgskontrollen werden von den Programmteilnehmern jedoch nur sporadisch durchgeführt. In ca. 70 % der Fördergebiete liegt ein (allerdings lückenhaftes) sog. Integriertes Gesamtkonzept (§ 171 e BauGB: Maßnahmen der Sozialen Stadt) zugrunde. Eine Fortführung der Aktivitäten nach Auslaufen der Förderung wird nur von einem Drittel der Beteiligten in Erwägung gezogen.

e) Finanzierung

47 Der geforderte Finanzierungsanteil der Kommunen konnte nur zum Teil aus den kommunalen Haushalten aufgebracht werden; insofern musste das jeweilige Bundesland den Anteil häufig ergänzen. Zusätzliche Mittel kamen aus Töpfen der EU, insbesondere dem Europäischen Sozialfonds im Rahmen des vom Bundesfamilienministerium aufgelegten Programms „Lokales Kapital für soziale Zwecke", zu geringen Anteilen aus dem EU-Fonds für regionale Entwicklung (EFRE) oder aus EU-Mitteln für Zielgebiete, schließlich aus weiteren Bund-Länder-Programmen. Zu vermuten ist, dass die Mittel für ohnehin durchzuführende Investitionen genutzt wurden, mithin erhebliche Mitnahmeeffekte zugrunde liegen.

5. Fazit

48 Projekte der **Lernenden Regionen** sind ein Lehrbeispiel dafür, welche Konsequenzen es haben kann, wenn die Projekte einseitig bestimmten Berufsgruppen überantwortet werden. Die Tatsache, dass die angestrebte Zusammenarbeit mit lokalen Unternehmen im Wesentlichen als gescheitert angesehen werden kann, dass ganz überwiegend arbeitsmarktferne Netzwerke entstanden sind (Rz. 22, 28) und Kooperationen mit den vor Ort wirkenden Behörden nicht einmal im Ansatz stattgefunden haben, dürfte entscheidend auf den hohen Anteil Angehöriger sozialer und pädagogischer Berufen zurückzuführen sein. Grundsätzlich muss deshalb von Anfang an auf eine ausgewogene Qualifikationsstruktur bei den Projektmitarbeitern geachtet werden. Personal aus den Bereichen Verwaltung und Wirtschaft mit entsprechenden Erfahrungen auf den Gebieten der Wirtschaftsförderung, Stadt- und Regionalplanung sowie Haushaltsführung erscheint insofern als ideale Ergänzung der unbezweifelbar ebenso erforderlichen Mitarbeiter aus den Sozial-, Erziehungs- und Kulturberufen. Dass in dieser Hinsicht nicht ausreichend Vorsorge getroffen wurde ist freilich auf das Walten allzu großer Beliebigkeit bei der Vergabe von Fördermitteln sowie auf fehlende durchgehende Kontrolle der Projektdurchführung durch den staatlichen Projektfinanzierer zurückzuführen (Rz. 6). Die Einbindung gesellschaftlicher Kräfte ist eine sinnvolle Angelegenheit, darf aber nicht zum Selbstzweck erstarren und kann letztlich auch nicht sich selbst überlassen bleiben. Die Bedeutung der angestrebten Ziele (Rz. 20) ist angesichts ihrer möglichen Auswirkungen auf das kommunale Geschehen hierfür schlichtweg zu groß. An sich hätten die angeschobenen Prozesse kommunalpolitischer Kontrolle unterstellt werden müs-

sen (Rz. 248 ff.), schon um der Tendenz von „Kartellbildungen" der beteiligten Interessengruppen entgegen zu wirken (Rz. 30). Solches ist mit dem Selbstverständnis „Lernender Regionen" und ihrem Anspruch einer auf freies gesellschaftliches Engagement abzielenden „bottom-up"-Strategie jedoch prinzipiell unverträglich. Als Sonderprogramm der Städtebauförderung ist die **Soziale Stadt** demgegenüber von vornherein der kommunalen Kompetenz überantwortet. Hier sind sinnvoller Weise zumeist mehrere Amtsbereiche der Verwaltung parallel mit der Durchführung betraut. Die Tatsache, dass der weitaus überwiegende Teil der involvierten Kommunen an einer Fortsetzung der Maßnahmen nach Auslaufen der Förderung kein Interesse hat (Rz. 46), deutet indes unmissverständlich auf Mitnahmeeffekte hin: viele der Maßnahmen wären vermutlich auch ohne Förderung in Anspruch genommen worden. In ähnlicher Weise ist das Konzept **kommunaler Bildungslandschaften** gezielt an die kommunale Adresse gerichtet. Es leidet jedoch unter einer keineswegs zwingenden Engführung des Bildungsthemas auf junge Menschen und ihre Familien (Rz. 33). Möglicherweise lässt sich der Deutsche Verein von einem gewissermaßen emphatischen oder doch zumindest einseitig auf Sozialintegration abzielenden Bildungsbegriff leiten (Rz. 16), der dem ökonomischen Verwertungskalkül für gewöhnlich gerade Grenzen setzen will. Dies allerdings wäre kurzsichtig. Denn es ist unübersehbar, dass die Teilhabe des Einzelnen am Arbeitsleben eine Mindestvoraussetzung gelungener gesellschaftlicher Integration darstellt und die unbestreitbar notwendigen Serviceleistungen für Familien auch und gerade der Ermöglichung von Erwerbstätigkeit für Eltern im Sinne einer besseren Vereinbarkeit von Familie und Beruf zu dienen bestimmt sind. Über den Sinn intensiver Zusammenarbeit mit ortsansässigen Unternehmen muss man **Selbstständige Schulen** heutzutage ganz offensichtlich nicht mehr überzeugen. Auf den Flügeln einer systemkritischen Anti-Pädagogik, so scheint es, fliegt niemand mehr durch die Lüfte. Indes liegt dem Grundansatz eine Tendenz zur Überschätzung der eigenen Möglichkeiten zugrunde, insofern vertreten wird, nur aus einer Schullandschaft heraus könne der kommunale Bildungsraum entwickelt werden (Rz. 14). In der Tat öffnen sich Schulen heute mehr denn je für ihr gesellschaftliches Umfeld und lassen sich vermehrte Anstrengungen der Zusammenarbeit mit den Behörden und insbesondere Jugendämtern verzeichnen. Die schulgesetzlich vorgezeichnete Partizipation von Eltern, Schülern und Wirtschaft an innerschulischen Entscheidungsprozessen kann indes die kommunalpolitische Legitimation umfassend ansetzender Strukturmaßnahmen im Bildungsbereich nicht ersetzen. Und ebenso wenig erschöpft sich das Thema Bildung in institutionalisierten Formen der Wissensvermittlung, wie sie Schulen aber insgesamt nur leisten können. Sämtliche Konzepte signalisieren indes einen deutlichen Bedarf an **übergreifender Bildungsberatung** und Familienförderung (Rz. 35, 45, 196, 367). „Bildungsbüros", „Quartiersbüros" und „Familienzentren" mit so vielschichtigen Aufgaben wie Sozialleistungsberatung, Elternbildung und Ausländerintegration, Hilfen bei der Suche nach Betreuungsmöglichkeiten jedweder Art sowie bei der Suche nach passenden Aus- und Weiterbildungsmöglichkeiten erfahren daher seitens einiger Bundesländer bereits heute schon breite Unterstützung, die jedoch ins Leere zu laufen droht, wenn die erforderliche Infrastruktur an Diensten und Einrichtungen nicht zur Verfügung steht. Diese aber kann durch den kommunalen Träger nur in begrenztem Ausmaß bereitgestellt werden, da Vieles – von der Arbeitsmarktintegration über die schulische und berufliche Bildung bis hin zur gesundheitlichen Versorgung – auf der Ebene von Bund und Ländern angesiedelt ist sowie den Betrieben und Wirtschaftsverbänden obliegt. In dieser Hinsicht zu umfassender Zusammenarbeit auf dezentraler Ebene zu kommen ist zweifelsohne die eigentliche Herausforderung einer Bildungslandschaft und in vollendeter Form momentan nichts als Zukunftsmusik (Rz. 196).

Teil 2
Organisation kommunaler Bildungslandschaften

Organisation im Sinne von „Organisieren" ist eine zielbewusst gestaltende Tätigkeit und im Sinne einer Zustandsbeschreibung gleichzeitig ein mit seiner Umwelt verbundenes soziales System auf der Basis eines Netzwerks von Kommunikation.[1] Organisationskommunikation beruht auf Entscheidungen, mithin auf zurechenbarer Kommunikation und insbesondere auf Entscheidungsprämissen, die selbst das Ergebnis von Entscheidungen sind: nämlich auf Programmen zur Bewertung der Richtigkeit von Entscheidungen, auf Kommunikationswegen zur Erzeugung organisatorischer Bindungswirkungen und auf Personen mir organisationsförderlichen Eigenschaften.[2] Sämtliche Prämissen können ohne Schaden für die Organisationsidentität unabhängig voneinander variiert werden. Organisationen sind somit das Ergebnis aufeinander angewendeter Entscheidungen. Hierdurch erzeugt die Organisation – als Mittel zum Zweck ebenso wie als Zwecke setzendes und suchendes System – ihre eigene Organisationswirklichkeit. Diese Grunddefinition kann sämtlichen nachfolgenden Überlegungen zur Organisation und zum Management kommunaler Bildungslandschaften zugrunde gelegt werden. Die Organisation einer Bildungslandschaft kann aktiv aus sich selbst heraus und/oder durch äußeren Einfluss entwickelt werden. Hierdurch wird sie zu einem kohärenten Sozialsystem mit besonderer, wenngleich stark entwicklungsoffener Zielrichtung. Sie benötigt Planung im Sinne einer Entscheidung über Entscheidungsprämissen ebenso wie das funktionierende Netzwerk beteiligter Interessengruppen. Die ihr zugrunde liegenden Programme reichen von abstrakten und in die Zukunft vorgreifenden Zielbeschreibungen bis hin zu festen Handlungsanweisungen im unmittelbaren Vollzugsstadium. Das Zusammenwirken ihrer teils selbst in externe Organisationsbeziehungen eingebundenen Akteure ist das Ergebnis einer mehr oder weniger offen gestalteten Koordination auf der Basis zweckdienlicher Mitgliedschaftsrollen und individueller Nutzenkalküle. Und ihre Erfolgsbeschreibungen sind grundsätzlich als „hausgemachte" Realitätskonstruktionen zu würdigen, die ebenso unausweichlich wie notwendig sind, wenn Entscheidungen das Ergebnis von Entscheidungen sind und in Bezug auf eine veränderliche, überkomplexe Umwelt überhaupt nur so mit „Aussicht auf Erfolg" gehandelt werden kann. Der alltägliche Umgang mit Grundstrukturen wie diesen wird heute im Wesentlichen als eine Frage des Managements angesehen. Der Managementbegriff verdeutlicht, dass die Organisation mit Rücksicht auf stark veränderliche Umweltbedingungen handeln muss, ohne zu riskieren, hierbei ihre Identität zu verlieren. Dieses „Handling" von Varietät und Redundanz kann als Kern moderner Managementtätigkeit angesehen werden.[3] Das Management kommuna-

49

---

1 Baecker, Organisation und Management, Frankfurt a. M. 2003, S. 101.
2 Luhmann, Die Gesellschaft der Gesellschaft, Frankfurt a. M. 1997, S. 826 ff.; Luthe, Sozialtechnologie, ArchsozArb 2003, S. 3, 11 ff.
3 Grundlegend Baecker, Organisation und Management, Frankfurt a. M. 2003.

ler Bildungslandschaften findet schwerpunktmäßig außerhalb marktvermittelter Strukturen statt. Wir werden in dieser Hinsicht deshalb im Folgenden vor allem auf Managementstrategien des Sozialsektors und der Verwaltungsbetriebswirtschaftslehre zurückgreifen, die sich von der betriebswirtschaftlichen Sicht aber häufig nur unwesentlich unterscheiden.

A. Der Sozial- und Bildungsraum

50 Zwischen sämtlichen Kapiteln des Organisationsteils bestehen enge **Zusammenhänge**, die einzig aus Gründen übersichtlicher Darstellung und analytischer Tiefenschärfe nicht so zusammengefasst werden können, wie es der Realität einer organisierten Praxis vielleicht entsprechen würde. Zweifelsohne ist dies stets ein Manko verschriftlichter Überlegungen, dass sie die situative Totalität der Praxis nur annähernd wieder spiegeln, Praxis insofern nur gedanklich strukturieren, aber nie vollständig erfassen können. Unter dem Anspruch einer institutionellen Umsetzungsperspektive aber ist dies eine beinahe leidvolle Erfahrung. Man kann nicht alles zugleich zum Thema machen, auch wenn enge Zusammenhänge insbesondere zwischen der Analyse von Sozial- und Bildungsräumen zum Planungsthema zu konstatieren sind (Rz. 95) und der Sozialraum seinerseits Grundlage für Strategien der Kooperation und Vernetzung sein kann (B.). Aber es lassen sich **Strukturunterschiede** verdeutlichen: So ist die Sozialraumanalyse eher ein konzeptioneller Ansatz mit politischer Stoßrichtung (Rz. 51, 56), während die verwandten Ansätze der Sozial- und Bildungsberichterstattung in ihrer Verbindung mit der kommunalen Sozialplanung eher instrumentellen Charakter haben. Beides verbindet die Kleinräumigkeit des Untersuchungsfeldes und das Erfordernis der Erhebung relevanter Sozialdaten. Ihr Unterschied liegt indes im Selbstverständnis: Kommunale Sozial- und Bildungsplanung will eine auskömmliche Infrastruktur an Diensten und Einrichtungen bereitstellen, die Sozialraumanalyse dagegen erforscht Strukturen sozialer Ungleichheit im Wohnumfeld der Bevölkerung und betrachtet diese als eigenständige Ursache sozialer Problemlagen, auch wenn es hinsichtlich der hierfür notwendigen Erhebungsinstrumente und etwaiger Abhilfemaßnahmen wiederum zu Überschneidungen kommt. Überdies wird man sagen können, dass sich die Sozialraumanalyse gewissermaßen durch eine höhere Sensibilität für die **Milieubestimmtheit** sozialer Probleme kennzeichnen lässt und damit grundlegende Einsichten über das jeweilige soziale Lernumfeld der Bildungsadressaten bereitzustellen in der Lage ist.

I. Sozialraumanalyse

51 Konzepte zur Erfassung und Entwicklung kleinräumig differenzierter Strukturen können auf eine lange sozialpolitische Tradition zurückblicken, sind in der Bildungspolitik jedoch vergleichsweise neu und unerprobt. Bildungsfragen unter

A. Der Sozial- und Bildungsraum

räumlichen Aspekten aufzuwerfen heißt im Ansatz, die Verteilung von Bildungschancen bezogen auf soziale Nahräume der Bevölkerung zu analysieren und bildungsrelevante Faktoren zu ermitteln: das in einer Region, einem Stadtteil, einem Quartier vorfindliche Bildungs- und Ausbildungsniveau, der Verbreitungsgrad, die Erreichbarkeit und Qualität von Bildungsangeboten und die Bedeutung informeller Bildungseinflüsse für die Allgemein-, Aus- und Weiterbildung der ortsansässigen Bevölkerung (Soziales Milieu, Familienleben, soziale Unterstützungsnetze). Man wird in dieser Hinsicht über weite Strecken auf die bisherigen Ansätze zur Sozialraumorientierung zurückgreifen können, insoweit das Bildungsthema in den Dienst der Sozialpolitik gestellt wird. Liegt der Schwerpunkt jedoch im wirtschaftspolitischen Bereich und steht der Qualifizierungsbedarf ortsansässiger Betriebe zur Diskussion (Rz. 12, 78), so erfordert dies eine eigenständige Herangehensweise, bei der die sozialintegrativen Konzepte der Sozialraumorientierung indes kaum verwertbar sind.[4] Die folgenden Ausführungen beschränken sich auf einen Überblick zu den Konzepten der Sozialraumorientierung in ihrem herkömmlichen sozialpolitischen Bezugsfeld. Die hierzu vorliegenden Ansätze sind vielschichtig.[5]

Das Thema **Sozialraum** berührt fachspezifische Konzepte Sozialer Arbeit[6] wie die sog. Gemeinwesenarbeit ebenso wie Dezentralisierungs- und Flexibilisierungsstrategien kommunaler Sozialverwaltung[7] innerhalb „vernetzter" Strukturen mit der gesellschaftlichen Ebene. Daneben finden sich weit ausholende Politikansätze aktivierender Sozialstaatlichkeit, die ein Mehr an politischer Partizipation des Bürgers und die Übertragung öffentlicher Aufgaben auf gesellschaftliche Akteure propagieren.[8] Methodisches Instrument sozialräumlicher Orientierung ist die **Sozialraumanalyse**[9] und Sozialberichterstattung (Rz. 113) zur Ermittlung von Stand und Entwicklung der regionalen oder lokalen Sozialstrukturen. Diese wiederum stehen in einem engen thematischen Zusammenhang mit Methoden der Sozialplanung (Rz. 106). Die Sozialraumanalyse geht auf stadtsoziologische Forschungen der fünfziger Jahre des 20. Jahrhunderts in den USA zurück, deren Anliegen es war, mit Hilfe statistischer Messdaten die Veränderung sozialer Strukturen im Prozess fortschreitender

52

---

4   Zum Bildungsbedarf einer regionalen Wirtschaft vgl.: Dobischat/Husemann (Hrsg.), Berufliche Bildung in der Region. Zur Neubewertung einer politischen Gestaltungsdimension, Berlin 1997.
5   Merchel, Beratung im „Sozialraum", np 2001, S. 369; Nellissen, Sozialraumorientierung im aktivierenden Sozialstaat, Baden-Baden 2006, S. 22.
6   Kongress Sozialraumorientierung und neue Finanzierungsformen vom 11.–12.10.1999 in Frankfurt a. M., Dokumentation einer Kooperationsveranstaltung des BMF und der Dr. Jan Schröder Beratungsgesellschaft; Olk, Strukturelle und fachliche Konsequenzen der Sozialraumorientierung in der Jugendhilfe, Weinheim 2000, S. 10 f.
7   Kommunale Gemeinschaftsstelle, KGSt-Bericht 12/1998; Krummacher/Kulbach/Waltz/Wohlfahrt, Sozialspaltung der Städte, Sozialraumorientierung und Quartiersmanagement, Opladen 2003.
8   Anstatt vieler: Wohlfahrt, Der aktivierende Sozialstaat – Konzept und Konsequenzen einer veränderten Sozialpolitik, NDV 2001, S. 82; Luthe, Der aktivierende Sozialstaat im Recht, NDV 2003, S. 167.
9   Etwa Farwick, Segregierte Armut und soziale Benachteiligung: zum Einfluss von Wohnquartieren auf die Dauer von Armutslagen, Informationen zur Raumentwicklung 2003, S. 175; zum Methodenrepertoire auch Riege/Schubert, Konzeptionelle Perspektiven, in: Kessl u. a. (Hrsg.), Handbuch Sozialraum, Wiesbaden 2005, S. 258.

Industrialisierung und Verstädterung aufzuzeigen. Entsprechende deutsche Studien haben sich vor allem mit der Verteilung der Wohnstandorte gesellschaftlicher Gruppierungen unter dem Aspekt sozialer **Segregation** befasst. Grundlage sind sozialkartographische Vermessungen der Städte und Gemeinden einschließlich einzelner Wohngebiete (insbesondere durch Faktoren- und Clusteranalyse).[10] Die Ausgestaltung des Wohnumfeldes, der Grad nachbarschaftlicher Beziehungen, das soziale „Milieu" und seine Etikettierung durch die Bevölkerung, schließlich die infrastrukturelle Ausstattung eines Wohngebietes werden hierbei als wichtige Determinanten sozialer Ungleichheit und Benachteiligung angesehen. Die insofern beobachtbaren Wechselwirkungen zwischen räumlicher und sozialer Lage verdeutlichen etwa folgende Beispiele:[11]

- Bewohner armer Viertel beschränken die eigenen Aktivitäten mangels ausreichender Mobilität auf das eigene Wohngebiet und sind daher für viele Angebote einer Region nicht erreichbar.
- Je stärker das Gebiet benachteiligt ist, desto stärker ist die Billigung abweichenden Verhaltens, es fehlen positive Rollenvorbilder.
- Je stärker ein Haushalt benachteiligt ist, umso stärker ist die soziale Isolation seiner Angehörigen auch im privaten Bereich.[12]
- Die Abwanderung von Mittelschichten aus den Innenstädten führt hier zum Verlust insbesondere einfacher Dienstleistungsarbeitsplätze und damit zu räumlicher Konzentration von Armut.
- Traditionelle Arbeiterwohnviertel verelenden im Zuge ökonomischer Wandlungsprozesse, insbesondere durch den Verlust von Industriearbeitsplätzen mit struktureller Arbeitslosigkeit als Folgeerscheinung, usw.[13]

Sozialspaltungen zwischen den Bevölkerungskreisen verfestigen sich in dieser Weise besonders auf Stadtteil- und Wohnquartiersebene. „Armutsquartieren" – gemessen etwa am Grad sozialer Entmischung, an sozialen „Fallzahlen", an örtlich vorherrschenden Statuspositionen und am jeweiligem Einkommensniveau[14] – wird insofern die Bedeutung einer eigenständigen Ursache sozialer Benachteiligung neben anderen zugesprochen. Der Sozialraum bildet sich jedoch vorwiegend im Zuge objektiver Strukturen des jeweiligen Wohnumfeldes; die Kategorie der „Lebenswelt" der Bewohner betrifft dagegen die von diesen genutzten und mit einer persönlichen Sinnperspektive belegten Teile des Sozialraums.[15] Auch hierzu muss die So-

---

10 Riege, Soziale Arbeit und Sozialraumanalyse, in: Baum (Hrsg.), Die Stadt in der sozialen Arbeit, Wiesbaden 2007, S. 381.
11 Fachlexikon der sozialen Arbeit, 3. Aufl., Frankfurt am Main 1993, S. 898.
12 Lenz, Auf dem Weg zur sozialen Stadt, Wiesbaden 2007, S. 80.
13 Häußermann/Kronauer, Inklusion-Exklusion, in: Kessl u. a. (Hrsg.), Handbuch Sozialraum, Wiesbaden 2005, S. 603 ff.
14 Etwa Lenz, Auf dem Weg zur sozialen Stadt, Wiesbaden 2007, S. 41.
15 Riege/Schubert, Konzeptionelle Perspektiven, in: Kessl u. a. (Hrsg.), Handbuch Sozialraum, Wiesbaden 2005, S. 253; Schäfer, Sozialräumliche Steuerungs- und Budgetmodelle im Kontext soziawissenschaftlicher Theorien und gesellschaftlicher Entwicklungen, in: Hellwig/Hoppe/Termath (Hrsg.), Sozialraumorientierung – ein ganzheitlicher Ansatz, Berlin 2007, S. 59.

zialraumanalyse im Sinne einer Subjektorientierung Zugang finden, wenn Aktivierungspotentiale der Bürger mobilisiert werden sollen.[16]

II. Sozialraumbudget in der Jugendhilfe

Speziell in der öffentlichen Jugendhilfe hat der Sozialraum weitere praktische Bedeutung erlangt: So werden die Privatanbieter von Jugendhilfeleistungen vielerorts nunmehr aus einem gemeinsamen Finanzierungstopf in Gestalt eines vorgegebenen „Sozialraumbudgets" finanziert und sind in die Mittelvergabe nach Maßgabe gemeinsam mit der öffentlichen Hand erarbeiteter Verteilungskriterien direkt eingebunden. Einem solchen **Sozialraumbudget** liegt die Überlegung zugrunde, dass es nicht ausreicht, den Hilfebedürftigen des Jugendhilferechts nur individuelle Sozialleistungen einzuräumen, ohne darüber hinaus auch auf das nähere soziale Umfeld der Betroffenen im Wege infrastruktureller Maßnahmen einzuwirken, etwa durch vermehrte Betreuungs- und Beratungsangebote. Ziel ist deshalb die gezielte Verschränkung von Einzelfallhilfe und Infrastrukturentwicklung,[17] was jedoch einen hinreichend flexiblen Umgang mit den Budgetansätzen voraussetzt, der vor allem darin besteht, dass die Ausgaben für Einzelfallhilfen und Infrastrukturmaßnahmen gewissermaßen innerhalb eines gemeinsamen Haushaltstopfes miteinander verrechnet werden können. Grundsätzlich ist das Budget **gedeckelt**, d. h. die Budgetsumme liegt fest und ist nur bei unvorhersehbaren Kostensteigerungen nachträglich noch verhandelbar. Zumeist wird den freien Trägern am Anfang einer Haushaltsperiode ein bestimmter Sockelbetrag ausgezahlt (70 % der Budgetsumme); diese verpflichten sich zur Übernahme sämtlicher der anfallenden Fälle. Weitere Prozentanteile werden für fallspezifische Tätigkeiten ausgeworfen, der Rest ist an besondere Qualitätsnachweise gebunden oder geht an nicht direkt eingebundene Anbieter.[18] Aus der Deckelung wird deutlich, dass hiermit vor allem auch eine verbesserte Kontrolle der Jugendhilfeausgaben erreicht werden soll.[19] Die Umsetzung des Sozialraumbudgets vollzieht sich in den Kommunen auf sehr unterschiedliche Weise.[20] Teils wird ein privater Leistungserbringer (zumeist ein Wohlfahrtsverband) mit der Verwaltung des Budgets beauftragt, teils geschieht dies durch das Jugendamt selbst. Zwar müssen Leistungsrechtsansprüche der Hilfebedürftigen grundsätzlich

---

16 Kritisch gegenüber der geografischen Bestimmung des Sozialraums unter Ausblendung der Lebenswelt von Bewohnern: Van Santen/Seckinger, Soziaraumorientierung ohne Sozialräume?, in: Projekt „Netzwerke im Stadtteil" (Hrsg.), Grenzen des Sozialraums, Wiesbaden 2005, S. 52 f.
17 Münder, Sozialraumorientierung und das Kinder- und Jugendhilferecht, Rechtsgutachten, München 2001; sowie die Beiträge in: Kalter/Schrapper (Hrsg.), Was leistet Sozialraumorientierung?, Weinheim und München 2006
18 Groppe/Litges, Sozialräumliche Finanzierungsformen, in: Helwig/Hoppe/Termath, Sozialraumorientierung – ein ganzheitlicher Ansatz, Berlin 2007, S. 119 (Teilbudgets und Komplettbudgets).
19 Koch/Lenz (Hrsg.), Integrierte Hilfe und sozialräumliche Finanzierungsformen 2000; Luthe, Wettbewerb, Vergabe und Rechtsanspruch im Sozialraum der Jugendhilfe, NDV 2001, S. 247.
20 Verein für Kommunalwissenschaften e. V., Sozialraumorientierter Umbau der Hilfen zur Erziehung: Positive Effekte, Risiken + Nebenwirkungen, Band 2, Berlin 2007, S. 143.

mit Mitteln bedient werden. Hier besteht für die eingebundenen Leistungserbringer kein Verteilungsspielraum. Anders ist dies bei den für infrastrukturelle Maßnahmen vorgesehenen Budgetanteilen. Hier wird der Verteilungskampf um Mittel durch die Einbindung der Anbieter gewissermaßen aus der Verwaltung herausverlagert. In gewissen Grenzen sind aber auch die Anspruchsleistungen des SGB VIII nach Art und Umfang „gestaltbar", so dass auch in diesem Bereich noch Verhandlungsmasse gegeben ist.[21] Zudem zeigt die Erfahrung, dass die drohende Erschöpfung von Budgetmitteln („Finanzalarm") auch im Bereich der Anspruchsleistungen rein faktisch gewissermaßen zu „heimlichen Rationierungen" führt.[22] Hier kann insofern zwar nicht von einem rechtlichen, wohl aber von einem psychologischen Budgetdeckel gesprochen werden. Sind die Budgets, wie in der Praxis häufig der Fall, indes so ausgestaltet, bestimmte regionale Anbieter unter Ausschluss anderer entweder ausschließlich oder zumindest schwerpunktmäßig zu beteiligen, so ist dies mit den Anforderungen des europäischen und nationalen **Wettbewerbsrechts** jedenfalls nicht zu vereinbaren. Es dürfen deshalb grundsätzlich keine Anbieterkartelle entstehen, die zum kategorischen Ausschluss anderer Anbieter führen, die Angebote in der betreffenden Region unterbreiten wollen; allein der regionale Bezug des Anbieters dürfte als rechtlich zulässiges Auswahlkriterium unter Anbietern kaum ausreichen.[23] Die **Kontrolle** der vereinbarten Ausgabenziele sowie die Frage der Bemessung und Fortschreibung der Budgetansätze bleibt Aufgabe des Fach- und Finanzcontrollings der Jugendämter (etwa durch Hilfeplanstatistik, unterjähriges Berichtswesen, Kosten-Leistungsrechnung, Handstatistik über Trägerbelegung, Qualitätsbögen, Dokumentation der regionalen Standards, interkommunaler Vergleich, Sozialraumanalyse).[24]

III. Zur Möglichkeit von Bildungsraumbudgets

54 Sozialraumbudgets geben Anlass zu Überlegungen in Richtung möglicher Bildungsraumbudgets, auch wenn einer direkten Übertragbarkeit der Ansätze Grenzen gesetzt sind. So ist die Reichweite des jugendhilferechtlichen Sozialraumbudgets auf einen abgegrenzten Amtsbereich beschränkt, während Bildungsraumbudgets nur Sinn machen, wenn sie sich auf mehrere Amtsbereiche eines kommunalen Trägers erstrecken (etwa Jugendhilfe, Schulangelegenheiten, Sozialhilfe, Kultur und Sport), wenn darüber hinaus beispielsweise auch kreisangehörige Gemeinden, in idealer Weise aber auch sonstige staatliche Leistungsträger mit ihren Bildungsangeboten (etwa ARGE, Landesschulverwaltung, Arbeitsagentur) in eine solchermaßen **trä-**

---

21 Zur rechtsstaatlichen und wettbewerbsrechtlichen Problematik von Sozialraumbudgets vgl. anstatt vieler: Luthe, Wettbewerb, Vergabe und Rechtsanspruch im Sozialraum der Jugendhilfe, NDV 2001, S. 247.
22 Luthe, Optimierende Sozialgestaltung, Tübingen 2001, S. 3.
23 Nellissen, Sozialraumorientierung im aktivierenden Sozialstaat, Baden-Baden 2006, S. 62 ff.
24 Im Einzelnen vgl.: Verein für Kommunalwissenschaften e. V., Sozialraumorientierter Umbau der Hilfen zur Erziehung: Positive Effekte, Risiken + Nebenwirkungen, Band 2, Berlin 2007, S. 16 ff., 26 ff., 34, 57.

ger- und fachbereichsübergreifende **Organisationsstruktur** finanziell eingebunden sind (Rz. 196, 260). Im Übrigen ist das Feld der einzubeziehenden gesellschaftlichen Akteure erheblich weiter gespannt und betrifft nicht nur Leistungserbringer des Sozialrechts. Wir werden im Übrigen auf die haushaltsrechtlichen Implikationen eines Bildungsraumbudgets im kommunalrechtlichen Kapitel noch näher zu sprechen kommen. In wettbewerbsrechtlicher Hinsicht sind Bildungsraumbudgets lediglich dann problematisch, wenn sie für Zwecke der Subventionierung etwa privater Bildungsanbieter oder die Vergabe von Aufträgen an Private verwendet werden und nicht in die Bildungsraumgestaltung einbezogene Privatanbieter, die Leistungen innerhalb der Region erbringen wollen, hierbei kategorisch ausgeschlossen werden. „**Bildungskartelle**" sind insofern grundsätzlich unzulässig. Dagegen ist die Finanzierung von Kosten der Koordination, Verwaltung und Planung aus Bildungsraumbudgets oder die Bildung eines gemeinsamen Pools unterschiedlicher Amtsbereiche oder Leistungsträger zur Finanzierung von Bildungsangeboten wettbewerbsrechtlich unschädlich. Ebenso wenig zulässig aber ist die Beteiligung privater Leistungsanbieter an hoheitlichen Entscheidungen. Denn diese verfügen nicht über die hierfür erforderliche demokratische Legitimation.[25] Die letztendliche **Budgetverantwortung** muss deshalb dort, wo staatliche Leistungsverpflichtungen mit Mitteln zu bedienen sind, beim öffentlichen Träger verbleiben und kann nicht auf Private delegiert werden. Nicht ausgeschlossen ist jedoch ihre Beteiligung an der Entscheidungsvorbereitung. Häufig bestehen gesetzliche Wunschrechte des anspruchsberechtigten Bürgers bei der Inanspruchnahme des jeweiligen Bildungsanbieters. Die Beratung des Bürgers durch die Verwaltung oder eigens bestellte Beratungsdienste hat insofern unvoreingenommen in alleiniger Orientierung an seinem Bedarf und der erforderlichen Leistungsqualität und nicht an den Auslastungsquoten der am Netzwerk beteiligten Einrichtungen zu erfolgen.

IV. Wohnungspolitik und Raumentwicklung

Abgesehen vom Anwendungsbereich Jugendhilfe sind sozialräumliche Planungen mit flankierender Sozialraumanalyse auch wichtige Instrumente kommunaler Wohnungspolitik und Stadtentwicklung.[26] Hierbei geht es etwa um die Ermöglichung und Erhaltung preisgünstigen Wohnraums[27], um Fragen der Ausweisung von Flächen für den Gemeinbedarf (etwa Parks, Spiel- und Sportplätze) sowie der Sanie-

55

---

25 Luthe, Der aktivierende Sozialstaat im Recht, NDV 2003, S. 167; Nellissen, Sozialraumorientierung im aktivierenden Sozialstaat, Baden-Baden 2006, S. 144.
26 Kilper/Zibell, Stadt- und Regionalplanung, in: Kessl/Reutlinger/Maurer/Frey (Hrsg.), Handbuch Sozialraum, Wiesbaden 2005, S. 165 sowie die Beiträge in: Hamacher/Schubert/Eickhoff/Nüß (Hrsg.), Sozialraum Stadt, Köln 2005.
27 So etwa durch gesetzliche Vorkaufsrechte, Erhaltungssatzungen, Zweckentfremdungsverbote, liegenschaftspolitische Maßnahmen, Mietpreisüberwachung, kommunale Sozialwohnungsvermittlung, generell zur Wohnungspolitik in kritischer Perspektive: Farwick, Soziale Segregation in den Städten, in: Baum (Hrsg.), Die Stadt in der sozialen Arbeit, Wiesbaden 2007, S. 114 f.

rung von Altbauvierteln, aber auch um Kriminalprävention durch Schaffung transparenter und gewaltfreier Räume. Im Programm der Sozialen Stadt (Rz. 42) haben entsprechende Maßnahmen sogar **rechtsnormative Qualität** erlangt, indem diese zur Stabilisierung und Aufwertung „von durch soziale Missstände benachteiligte(n) Ortsteile(n) oder andere(n) Teile(n) des Gemeindegebiets, in denen ein besonderer Entwicklungsbedarf besteht", eingesetzt werden sollen (§ 171 e BauGB).

Vor allem aber die Bauleitplanung berücksichtigt in ihren planungsrelevanten Zielen (§ 1 BauGB, auch §§ 137, 180 BauGB)
– die Anforderungen an gesunde Wohn- und Arbeitsverhältnisse
– die Wohnbedürfnisse der Bevölkerung und die Schaffung stabiler Bewohnerstrukturen
– die sozialen und kulturellen Bedürfnisse der Bevölkerung, insbesondere die Belange der Familien und des Bildungswesens
– die Belange des Personen- und Güterverkehrs und der Mobilität der Bevölkerung.

In diesem Rahmen wird deutlich, dass soziale Räume nicht nur von ihren Bewohnern selbst aktiv geprägt werden, sondern mit all ihren sozialen Folgeproblemen auch und vor allem das Ergebnis externer (kommunal-)politischer Interessenlagen, allgemeiner sozioökonomischer Entwicklungen und gesellschaftlicher Wertvorstellungen sind. In dieser Hinsicht kann der soziale Nahraum ebenso als unmittelbarer Ausdruck gesellschaftlicher Ungleichheits- und Machtverhältnisse begriffen werden wie als Chance konstruktiver Veränderung. Letzteres belegen einige, indes eher zaghaft durchgeführte Beispiele aus der Praxis wie etwa lokale Entwicklungspartnerschaften aus Vertretern des öffentlichen, unternehmerischen und zivilgesellschaftlichen Sektors oder auch gemeinsame Projekte von Wohnungswirtschaft, lokalen Beschäftigungsträgern und Trägern der Sozialarbeit innerhalb eines interdisziplinären Stadtteilmanagements.[28]

V. Die Bürgergemeinde im kooperativen Staat

56 Der soziale Nahraum ist heute konzeptionell jedoch weit mehr als ein sozialkompensatorischer Analyserahmen für soziale Brennpunkte, erfasst darüber hinaus demografische und ökonomische Trends ebenso wie Ansätze zur Mobilisierung zivilgesellschaftlicher und solidarischer Ressourcen.[29] Einbezogen wird in dieser Hinsicht das gesamte „Empowerment" einer Region: die „Bürgergemeinde" als sozialer Ort, soziale Figuration und soziales Programm schlechthin (Rz. 248).[30] Sie ist

---

28 Zu den Chancen vgl.: Thies, Zur Zusammenarbeit von sozialer Arbeit und Stadtplanung aus Sicht der sozialen Arbeit, in: Hamacher/Schubert/Eickhoff/Nüß (Hrsg.), Sozialraum Stadt, Köln 2005, S. 75, 98 ff.
29 Enquete-Kommission „Zukunft des bürgerschaftlichen Engagements", 2002, S. 159.
30 Döbler/Plickat, BA -Studiengang „Soziale Stadt- und Regionalentwicklung", Planungsentwurf im Rahmen des Hochschulpakts 2020, Braunschweig 2007; Marquard, Plädoyer für eine sozialräumliche Regionalisierung, Teil 2, NDV 1999, S. 190.

unmittelbarer Ausdruck eines Wandels vom regulativen zum kooperativen Staat[31], der die Verbesserung lokaler Raum- und Lebensqualitäten im Sinne eines kollektiven Gutes in enger Abstimmung mit der Gemeindebevölkerung erreichen will.[32]

VI. Der Zuschnitt des Sozial- und Bildungsraums

Insbesondere in Bildungsräumen sollen die Barrieren, welche das Leben und das Lernen bislang trennten, größtmöglich aufgehoben werden.[33] Kontinuierliches und lebenslanges Lernen verlangt neben den traditionellen Bildungseinrichtungen eine Vielzahl neuer Lernorte im beruflichen und privaten Alltag der Menschen und von diesen ein hohes Maß an Selbststeuerung ihres Lernprozesses. Gefordert sind somit durchlässige und wohnortnahe Strukturen von Bildung, die den besonderen Lebensumständen der Lernenden Rechnung tragen. Während in kommunalen Bildungslandschaften der **Zuschnitt des Bildungsraums** mit der politischen Verantwortung des kommunalen Trägers zusammen fällt (Rz. 7), ist er im Konzept regionaler Bildungslandschaften grundsätzlich offen angelegt und stark an den Disparitäten zwischen Regionen und ihrer jeweiligen Entwicklungsdynamik ausgerichtet. Insbesondere können vorhandene oder potentielle Kommunikationsbeziehungen zwischen relevanten Organisationen, Pendlerströme und Verwaltungsstrukturen bis hin zu besonderen Strukturmerkmalen von Wirtschaft und Bevölkerung bei der Gebietsbestimmung eine Rolle spielen. Grundsätzlich können Räume nur in Bezug auf bestimmte Systemreferenzen beobachtet werden, seien diese nun physischer, organischer, technischer, sozialer oder mentaler Art; unabhängig von solchen Bezugsgrößen gibt es keinen Raum.[34] Wird die Bildungsregion jedoch allein an Hand statisch vorgegebener geographischer Merkmale oder nach Maßgabe „administrierter Raumstrukturen" beschrieben, so geht dies auf Kosten einer Sichtweise, die den Raum als wandlungsfähiges soziales Konstrukt – als Raum der Wahrnehmung, Definition und Aktion – begreift.[35] Räume sind stets Räume von Möglichkeiten; die Definition des Raums präjudiziert alle weiteren Schritte. So sehr die Kongruenz von Bildungsraum und kommunaler Gebietshoheit unter dem Aspekt klarer politischer Verantwortungsstrukturen mithin auch zu begrüßen sein mag (Rz. 7), so sehr sind gleichzeitig Zweifel angebracht, ob mit einem staatsadministrativen Zuschnitt (Rz. 35)

57

---

31 Scharpf, Interaktionsformen. Akteurszentrierter Institutionalismus in der Politikforschung, Opladen 2000, S. 83, 97
32 Cools/Zimmermann, Place-making und neue Formen der local governance durch neue Ansätze integrierter Stadtentwicklung. Manuskript, zitiert nach: Stegen, Die Soziale Stadt, München 2006.
33 Nuissl, in: Nuissl u. a. (Hrsg.), Regionale Bildungsnetze, Bielefeld 2006, S.19.
34 Baecker, Organisation und Management, Frankfurt a. M. 2003, S. 157, 159.
35 Dobischat/Düsseldorf/Nuissl/Stuhldreier, in: Nuissl u. a. (Hrsg.), Regionale Bildungsnetze, Bielefeld 2006, S. 23 ff.; Reutlinger, Die Stadt als sozialer Raum, in: Baum (Hrsg.), Die Stadt in der sozialen Arbeit, Wiesbaden 2007, S. 101; Riege/Schubert, Konzeptionelle Perspektiven, in: Kessl u. a. (Hrsg.), Handbuch Sozialraum, Wiesbaden 2005, S. 256; Deinet, Sozialräume von Kindern und Jugendlichen als subjektive Aneignungsräume verstehen, in: Projekt „Netzwerke im Stadtteil" (Hrsg.), Grenzen des Sozialraums, Wiesbaden 2005, insbesondere S. 167 ff.

auch die Interessen und Bedarfe der Bevölkerung immer ausreichend berücksichtigt werden. Dem ist nur durch eine differenzierte Raumanalyse der verwalteten Raumeinheit unter intensiver Einbeziehung der örtlichen Wohnbevölkerung in die Planungen von Verwaltungen und Projektträgern beizukommen.[36] **Bildungs- und Sozialräume** sind jedoch keineswegs immer deckungsgleich.[37] Schon die auf Sozialintegration abzielende Bestimmung des Sozialraums und die auf Lernfortschritte abzielende Grundintention des Bildungsraums lässt Unterschiede hervortreten. Vor allem die Schule als Bildungsraum ist ihrem auf universelle Chancengleichheit lautenden Anspruch nach Prototyp einer geradezu milieufernen Bildungsinstitution. **Schule** kann sozialräumliche Spaltungsprozesse darum auch nur begrenzt beeinflussen. Gleichwohl kann gesagt werden „Ein attraktiver Stadtteil braucht attraktive Schulen."[38] Und umgekehrt. Nicht zuletzt deshalb stehen Stadtentwicklung und Schulentwicklung, befinden sich Sozial- und Bildungsraum in wechselseitiger Abhängigkeit, profitiert das eine vom anderen, das städtische Milieu vom lebensweltorientierten Schulprogramm, die Schulkultur von ihrer sozialen Umgebung und der Unterricht von der Ausgewogenheit der Schülerzusammensetzung nach sozialer und kultureller Herkunft.

B. Vernetzung und Kooperation

58 Vernetzung und Kooperation als Formen des Zusammenwirkens staatlicher und gesellschaftlicher Akteure auf dezentraler Ebene können heute als eine der wesentlichen Antriebskräfte für Reformen im Bildungsbereich angesehen werden. Zentralstaatliche Steuerungsformen befinden sich auf dem Rückzug. Deutlich wird dies vor dem Hintergrund vielfältiger Strategien zur Verselbstständigung und Vernetzung von Schulen mit ihrem sozialen Umfeld, bei denen die Länder sogar selbst die Initiative ergriffen haben und Schulen in diesem Bestreben unterstützen. Aber auch das „lebenslange Lernen" wird von der Europäischen Union als Aufgabe umfassender kooperativer Gestaltung von Ort verstanden (Rz. 13). Welche Mechanismen aber wirken in vernetzten und koordinierten Strukturen? Wie können diese Mechanismen für den Aufbau eines zielführenden Netzwerkmanagements genutzt werden? Mit welchen Restriktionen ist hierbei zu rechnen? Und welche Aufgaben sind in einem Bildungsnetzwerk vorrangig zu bewältigen?

---

36 Mardorf, Konzepte und Methoden von Sozialberichterstattung, Wiesbaden 2006, S. 125.
37 Mack/Schröder, Schule und lokale Bildungspolitik, in: Kessl u. a. (Hrsg.), Handbuch Sozialraum, Wiesbaden 2005, S. 338.
38 Mack/Schröder, Schule und lokale Bildungspolitik, in: Kessl u. a. (Hrsg.), Handbuch Sozialraum, Wiesbaden 2005, S. 343.

I. Grundlagen

Die Begriffe Vernetzung und Kooperation sind vielschichtig und finden in unterschiedlichsten Kontexten wie der Betriebswirtschaftslehre, Kulturanthropologie, Sozialarbeit und Organisationsforschung Anwendung. Kooperations- und Netzwerkkonzepte beziehen sich vor allem auf die formale Struktur sozialer Beziehungen sowie auf ihren funktionalen Beitrag, etwa auf die Größe der Netzwerke, die Häufigkeit der Kontakte und die räumlichen Distanzen zwischen den Netzwerkpartnern, ferner auf die Zweckdienlichkeit des Netzwerks für Aufgaben sozialer Unterstützung oder ökonomischer Entwicklung.[39] Neuerdings gerät im Rahmen qualitativer Ansätze jedoch auch die Sinnperspektive der Netzwerkbeteiligten verstärkt ins Blickfeld, die diese mit ihrer Netzwerkarbeit verbinden.[40] Auf die Darstellung der teilweise sehr aufwendigen Verfahren der Analyse von Kooperationen und Netzwerken muss im Folgenden aus Raumgründen verzichtet werden.[41] In unserem Zusammenhang kann es lediglich um grundlegende Definitionen und Beschreibungen im Kontext der Entwicklung von Bildungsverbünden gehen, mithin um das Zusammenwirken mehrerer Beteiligter (Organisationen und Personen) zu Zwecken gemeinsamer bildungspolitischer Gestaltung, teils mit dem Ziel der Bildung strategischer Allianzen zum eigenen und gemeinsamen Nutzen,[42] stets mit einer räumlichen Bezogenheit und in zeitlicher Hinsicht mit dem Ziel der Entwicklung dauerhafter oder auch nur projektbezogener Strukturen durch Inanspruchnahme von Steuerungsressourcen wie Macht, Geld und Motivation. Konkret bedeutet dies: Wie können regional basierte Lernprozesse mittels Netzwerkbildung initiiert, vollzogen, optimiert und institutionalisiert werden?[43] Von den Konstitutionsbedingungen von Kooperationen und Netzwerken systematisch abzuheben ist zudem die Frage, inwiefern individuelle Bildungserfolge von der Einbindung in soziale Netzwerkstrukturen abhängen.[44] Schließlich kann danach unterschieden werden, ob und inwieweit der angestrebte Primärzweck einer Steigerung von Bildungsqualität auch andere Politiksegmente wie etwa die Wirtschafts-, Familien-, Arbeitsmarkt- und Wissenschaftspolitik mit beeinflusst.[45] **In kommunalen**

59

---

39 Jansen, Einführung in die Netzwerkanalyse, 3. Aufl., Wiesbaden 2006, S. 75 u. 237 ff.; insbesondere zur Förderung sozialer Unterstützung in Netzwerken vgl. die Beiträge von: Nestmann, Klauer/Winkeler und Petermann in: Otto/Bauer (Hrsg.), Mit Netzwerken professionell zusammenarbeiten, Tübingen 2005, S. 131, 157, 181.
40 Hollstein, Qualitative Methoden und Netzwerkanalyse – ein Widerspruch?, in: Hollstein/Straus (Hrsg.), Qualitative Netzwerkanalyse, Wiesbaden 2006, S. 14 ff.
41 Näher: Trappmann/Hummel/Sodeur, Strukturanalyse sozialer Netzwerke, Wiesbaden 2005; Jansen, Einführung in die Netzwerkanalyse, 3. Aufl., Wiesbaden 2006.
42 Zur utilitaristischen Perspektive neben normativen Überzeugungen vgl.: Baumgarten/Lahusen, Politiknetzwerke, in: Hollstein/Straus (Hrsg.), Qualitative Netzwerkanalyse, Wiesbaden 2006, S. 180 sowie: Schwarz, Management-Prozesse und -Systeme in Nonprofit-Organisationen, Bern/Stuttgart/Wien 2006, S. 200 ff.
43 Deitmer, Management regionaler Innovationsnetzwerke, Baden-Baden 2004, S. 80.
44 Zum Zusammenhang von dichten Netzwerken und Bildungserfolg vgl.: Coleman, Social Capital, in: Coleman, Foundations of Social Theorie, Cambridge, MA, Belknap Press, S. 300–321.
45 Zum integrierten Ansatz im Kontext von Bildungsnetzen vgl. insofern: Nyhan/Attwell/Deitmer, Education and Regional Innovation in the European Union and the United States, Thessaloniki: CEDEFOP 1999.

Bildungslandschaften ist der Handlungsbedarf an koordinierten Formen der Bildungsintervention nicht nur an ein sektorales Problem („Bildung"), sondern auch an eine definierte Region gebunden (Wirkungsradius der Kommune). Der Aufwand zur Gestaltung der Kooperationen ist von daher im Allgemeinen höher als im Falle einer rein sektoralen Kooperation, wo von vornherein nur an der Sachaufgabe interessierte Gruppen einzubinden sind.[46] **Formen kommunaler Zusammenarbeit** können zwischen unterschiedlichen Verwaltungsträgern (etwa Schulverwaltung und Jugendamt), zwischen Verwaltungsträgern gleichen Typs (interkommunale Zusammenarbeit), zwischen Organisationseinheiten eines Verwaltungsträgers (Jugendamt und Gesundheitsamt), zwischen Verwaltungsträgern und gesellschaftlichen Akteuren sowie zwischen gesellschaftlichen Akteuren entwickelt werden. Im Idealfall eines multidimensional ausgerichteten Verbundsystems kommt es zur Zusammenarbeit auf sämtlichen Ebenen (Rz. 13). Insbesondere das Zusammenwirken von Staat und gesellschaftlichen Akteuren ist vielfach auch (sozial-)gesetzlich vorgeschrieben (§§ 18 SGB II, 4 SGB VIII, 78 und 81 SGB VIII, 4 und 5 SGB XII). In kommunalen Bildungslandschaften sind Adressaten der Kooperation und Vernetzung vor allem administrative, betriebliche, bildungsbezogene, wissenschaftliche und berufliche Einrichtungen.

Typologisch betrachtet beruht die Form der Vernetzung auf dem Gedanken der Freiwilligkeit des Zusammenwirkens; Netzwerke haben eine horizontale Struktur. Wird das Zusammenwirken dagegen angeordnet, sollte besser von vertikaler Koordination bzw. Kooperation gesprochen werden. Der **Unterschied zwischen Kooperation und Vernetzung** ist typischerweise vor allem darin zu sehen, dass Kooperationen feste Partnerschaften zur Erreichung vorgegebener Ziele bilden, und zwar im Wege typidentischer Partnerschaften (etwa zwischen Weiterbildungseinrichtungen), typübergreifender Partnerschaften (etwa Schule und Hochschule) oder komplementärer Partnerschaften (Berufsschule und Betrieb), während Netzwerke sich dagegen tendenziell über eine offene Mitgliederstruktur auszeichnen.[47] Netzwerke sind eine Weiterentwicklung von Kooperationen, haben eine größere Anzahl von Partnern, ein dynamisches Zielverständnis, reflektieren Ziele und entwickeln sie weiter. Sie entscheiden zumeist in Gruppengesprächen und weniger bilateral. In Netzwerken finden zwar Kooperationen statt, sie sind jedoch nicht mit ihnen identisch. Die Eigenart von Netzwerken besteht darin, dass sie Kooperationen als aktivierbare Potentiale vorhalten und diese bei Bedarf stimulieren. Kooperationen treffen Vereinbarungen und überwachen deren Einhaltung selbst. Netzwerke haben im Gegensatz hierzu eine partnerübergreifende Steuerung (etwa in Gestalt einer Leitstelle) und das Netzwerk besitzt gegenüber den Partnern eine eigene Identität. Netzwerke sind

---

46 Fürst, Chancen der Regionalisierung im Bildungsbereich, in: Projektleitung „Selbstständige Schule", Regionale Bildungslandschaften, Troisdorf 2004, S. 39.
47 Deitmer, Management regionaler Innovationsnetzwerke, Baden-Baden 2004, S. 81; Dobischat/Düsseldorf/Nuissl/Stuhldreier, in: Nuissl u. a. (Hrsg.), Regionale Bildungsnetze, Bielefeld 2006, S. 26.

insofern mehr als die Summe der in ihnen stattfindenden Kooperationen.⁴⁸ Netzwerke sind heterarchisch bzw. polyzentrisch strukturiert, verfügen häufig über eine eigene Rechts- und Organisationsform (bspw. als Verein) und werden als Mesoebene im Allgemeinen zwischen Mikro- und Makroprozessen der Gesellschaft eingeordnet.

Grundproblem der Zusammenarbeit in Bildungsverbünden ist, dass die beteiligten Akteure unterschiedlichen Kontexten mit jeweils eigen gearteter **Funktionslogik** entstammen (Politik, Ökonomie, Erziehung, Wissenschaft, Religion), sie aus dem Blickwinkel eben dieser Funktionslogik teilnehmen (oder nicht teilnehmen) und einer gemeinsamen Verständigungsbasis damit Grenzen gesetzt sind. Deshalb bedarf es besonderer Koordinatoren und Mediatoren, zudem fairer Regeln des Zusammenwirkens und wirksamer Belohnungssysteme, die es ermöglichen, die divergierenden Einzelperspektiven in zielgerechter Weise aufeinander zuzuführen.⁴⁹ In der Steuerungstheorie hat sich für Koordinationsaufgaben dieser Art der Begriff der **Kontextsteuerung** etabliert – im Sinne einer Steuerung lediglich der strukturellen Rahmenbedingungen des Zusammenwirkens unter größtmöglicher Wahrung der Autonomie der beteiligten Akteure, aber nach Maßgabe allgemeiner Vorgaben für den Prozess der Zusammenarbeit, die den Netzwerkpartnern eine annähernde Kalkulation des Aufwandes und des Ertrages ihrer Mitwirkung ermöglichen.⁵⁰ Denn ohne Vorgaben dieser Art ist das Risiko hoch, dass die Akteure durch ihr Zusammenwirken Zeit und Geld verlieren, ohne einen erkennbaren Nutzen zu haben.⁵¹

60

Insbesondere **Netzwerke** leisten im Außenverhältnis der Organisation das, was Teams im Innenverhältnis leisten. Die „List" von Netzwerken besteht insofern darin, dass sie die Beteiligten zur systematischen Beobachtung der Möglichkeit zwingen, dass ihre Teilnahme durch andere Beteiligte jederzeit ersetzt werden kann. Die Beteiligung an Netzwerken ist der systematische Versuch, eben dieser Möglichkeit zuvor zu kommen.⁵² Denn der Verlust der Beteiligung ist nicht selten mit unmittelbaren oder potentiellen Nachteilen verbunden, weil man in dynamischen Netzwerken nie ausschließen kann, dass es in der Zukunft zu neuen Kontakten und Möglichkeiten kommen kann, die man nicht verpassen darf (Rz. 22). Im Verhältnis konkurrierender Netzwerkpartner erlauben Netzwerke, kooperative im Horizont kompetitiver und kompetitive im Horizont kooperativer Beziehungen zu se-

---

48 Dobischat/Düsseldorf/Nuissl/Stuhldreier, in: Nuissl u. a. (Hrsg.), Regionale Bildungsnetze, Bielefeld 2006, S. 27 sowie Willke, Systemtheorie III: Steuerungstheorie, Stuttgart/Jena 1995, S. 123.
49 Willke, Systemtheorie III: Steuerungstheorie, Stuttgart/Jena 1995, S. 94f, 100, 101, 114.
50 Anstatt vieler: Nellissen, Sozialraumorientierung im aktivierenden Sozialstaat, Baden-Baden 2006, S. 189, 200 ff.
51 Geißler, Annäherungen an eine Bildungstheorie des Weiterbildungsmarktes, in: Geißler (Hrsg.), Weiterbildungsmarketing, Neuwied/Kriftel/Berlin 1997, S. 85.
52 Baecker, Organisation als System, Frankfurt a. M. 1999, S. 189.

hen.[53] Netzwerke sind daher keine Insel der Glückseligkeit.[54] Netzwerke fördern gleichwohl das Zustandekommen einstweiliger Allianzen, weil und insoweit in der Zusammenarbeit ein allseits größerer Nutzen erzielt werden kann als in der vereinzelten Aktion. Im Verhältnis von Nonprofit- und Profitorganisationen ist der privilegierte Zugang ersterer zu öffentlichen Finanzquellen und sind darüber hinaus Imagegewinne für das Profitunternehmen etwa bei Verfolgung sozialer Aufgaben nicht selten der entscheidende Grund einer Zusammenarbeit.[55] Die wesentliche Erfolgschance der Teilhabe an Netzwerken besteht mithin darin, dass Netzwerkpartner von den Ideen und Kontakten der anderen profitieren, dass ferner genau dieses von Anfang an erwartet wird und die Erwartung sich im weiteren Prozess der Zusammenarbeit selbst bestätigt.[56] Die **Kommunikation reziproker Leistungserwartungen** ist mithin der eigentliche – „emergente" – Mehrwert von Netzwerken, der insoweit weder durch den Markt noch durch den Staat vermittelt werden kann. Und genau in diesen unspezifischen Formen der Reziprozität liegt gleichzeitig der tiefere Grund für die potentielle Zerbrechlichkeit von Netzwerken, dem nur durch identifizierbare Netzwerkleistungen, klare Regel der Zusammenarbeit und eine integrationsfähige Außendarstellung („Frauen", „Bildung", „Migration" usw.) entgegen gearbeitet werden kann.[57] Dies bedeutet auch: aus politisch gesteuerter Zusammenarbeit (Rz. 7) kann kein Netzwerk, sondern können nur Kooperationen entstehen. Netzwerke können durch Netzwerkkoordination lediglich beobachtbar gemacht, nicht aber gesteuert werden.[58] Dies schließt nicht aus, dass sich unter dem Dach eines Verbundsystems Elemente von Kooperationen mit solchen der Vernetzung verbinden und im Übrigen auch verbinden müssen, wenn insbesondere die Kommunalverwaltung als Motor des Bildungsgeschehens gesellschaftliche Akteure gewinnen will und dies mit dem Mittel hoheitlichen Zwangs grundsätzlich nicht erreichen kann.

---

53 Baecker, Organisation als System, Frankfurt a. M. 1999, S. 362.
54 Dresselhaus, Netzwerkarbeit und neue Lernkultur, Münster 2006, S. 31; zur Typologie von Machtmodellen in Netzwerken vgl.: Jansen, Einführung in die Netzwerkanalyse, 3. Aufl., Wiesbaden 2006, S. 169 f.
55 Schwarz, Management-Prozesse und -Systeme in Nonprofit-Organisationen, Bern/Stuttgart/Wien 2006, S. 204.
56 Vgl. das Beispiel bei: Manger, Entstehung eines Innovationsnetzwerks, in: Hollstein/Straus (Hrsg.), Qualitative Netzwerkanalyse, Wiesbaden 2006, S. 236 sowie zum Selbstverstärkungseffekt von Kommunikation bei Netzwerken sowie zu zeitlichen und sozialen Asymmetrien von Reziprozitätserwartungen vgl.: Bommes/Tacke, Das Allgemeine und das Besondere des Netzwerks, in: Hollstein/Straus (Hrsg.), Qualitative Netzwerkanalyse, Wiesbaden 2006, S. 47.
57 Bommes/Tacke, in: Hollstein/Straus (Hrsg.), Qualitative Netzwerkanalyse, Wiesbaden 2006, S. 51, 53 sowie: Fürst, Chancen der Regionalisierung im Bildungsbereich, in Projektleitung „Selbstständige Schule" (Hrsg.), Regionale Bildungslandschaften, Troisdorf 2004, S. 41.
58 Dresselhaus, Netzwerkarbeit und neue Lernkultur, Münster 2006, S. 32 f., 35.

II. Netzwerkmanagement unter Bedingungen „prinzipieller Ineffizienz"

Das Netzwerkmanagement[59] (Rz. 82) hat eine Vielzahl von Netzwerkpartnern und Projekten zusammenzuführen. Nicht alle Netzwerkpartner aber haben zwangsläufig Projekte und nicht alle Projekte werden von Netzwerkpartnern durchgeführt. Denkbar sind Netzwerkpartner, die allein wegen ihrer weit reichenden Kontakte in das Netzwerk eingebunden sind und denen insofern Aufgaben der Vermittlung im Außenverhältnis zukommen oder Projekte, die von Netzwerkpartnern zwar initiiert, aber nicht unmittelbar betrieben werden. Die Intensität ihrer Netzwerkintegration kann zwischen den Beteiligten also stark variieren und umfasst Formen direkter Beteiligung ebenso wie die sporadische Kooptation von Außenstehenden. Daneben rekrutieren sich die Beteiligten zumeist aus den unterschiedlichsten Funktionskontexten der Gesellschaft (Rz. 60) und die Projekte greifen im Bildungsbereich auf sehr unterschiedliche Problemfelder der Region zu, so dass insgesamt mit einem kaum zu überschätzenden Aufwand an Koordination und Planung gerechnet werden muss. Generell wird der **Alltag von Netzwerkmanagern** dadurch geprägt, dass Vertrauensbeziehungen zwischen den Netzwerkpartnern aufzubauen sind, der Manager insofern auch auf seine Neutralität als Vermittler achten muss, ferner dadurch geprägt, dass Mitglieder für das Netzwerk gewonnen und ausgewählt werden müssen, Aufgaben und Ressourcen verteilt und Regeln der Zusammenarbeit zu entwickeln sind, hierfür ein rechtlicher und organisatorischer Rahmen gefunden werden und insbesondere bei degressiver Förderung (Rz. 21) frühzeitig auf die wirtschaftliche Überlebensfähigkeit des Netzwerks und der angeschlossenen Projekte geachtet werden muss.[60]

61

Zur systematischen Bewältigung seiner Aufgaben stehen dem Manager zahlreiche **Konzepte und Techniken** (Rz. 98 ff.) zur Verfügung, je nachdem, ob es um Prozesse der Planung, der Organisationsgestaltung, der Mitarbeiterführung und Personalentwicklung oder um Aufgaben des Rechnungswesens geht. Allerdings sind Eigenarten in Rechnung zu stellen:

62

Bei Bildungsleistungen handelt um Leistungen mit einem endemischen **Wirkungsproblem**.[61] Fragen der Effizienz bzw. Effektivität von Bildungsdienstleistungen sind kausaler Steuerung nur begrenzt zugänglich (Rz. 7, 174 ff.), entsprechende Methoden der Wirkungsmessung deshalb grundsätzlich nur als Mittel der Reduktion von Komplexität und Visualisierung von Problemlagen zu verstehen, die das eigent-

63

---

59 Zur Definition vgl.: Bienecker, Netzwerkmanagement, in: Maelicke (Hrsg.), Lexikon der Sozialwirtschaft, Baden-Baden 2008, S. 709 ff.
60 Dobischat/Stuhldreier/Düsseldorf, in: Nuissl u.a.(Hrsg.), Regionale Bildungsnetze, Bielefeld 2006, S. 72 ff.
61 Timmermann, Bildungsökonomie, in: Tippelt (Hrsg.), Handbuch Bildungsforschung, Wiesbaden 2005, S. 95 f.

liche „riskante" Entscheiden unter Bedingungen der Unsicherheit und Wertgebundenheit aber nicht ersetzen können. Was bleibt, sind letztlich „weiche" Formen der Erfolgskontrolle, wie Nutzer- und Mitarbeiterbefragungen unter Ausrichtung der Kontrollformen auf erreichbare Nahziele und umsetzbare Prozessstrukturen (etwa die Nutzungsquote der Angebote, der Grad der Einbindung relevanter Netzwerkakteure, die Einhaltung einer als nutzbringend unterstellten Prozessabfolge usw.). Zwar kann im Sinne der Humankapitaltheorie der Zusammenhang von Bildung und Arbeitsmarkterfolg beleuchtet werden. Dabei wurde jedoch in Zweifel gezogen, ob beobachtbare Korrelationen von Bildung, Einkommen und Einstellungs- bzw. Aufstiegschancen überhaupt auf qualifikatorische Produktivitätsfortschritte im Arbeitsprozess oder nicht eher auf die institutionellen Bedingungen des Arbeitsplatzes bzw. auf bloße Signalwirkungen des Ausbildungsabschlusses zurückzuführen sind.[62] Die erstrebten Wirkungen von Bildungsdienstleistungen sind, je mehr diese im Bereich der Allgemeinbildung angesiedelt sind, überdies eher langfristiger Natur und im Lebenslängsschnitt der Lernenden ebenso wie in den Strukturen eines Bildungsraums gemessen an Maßstäben strenger Kausalität kaum nachweisbar.[63] Es ist eine Eigenart von (Bildungs-)Dienstleistungen, dass Produktion und Konsum derselben in einem Akt zusammen fallen (uno-actu-Prinzip). Sie sind nicht speicherbar, stellen auch kein herstellbares Gut dar und werden deshalb üblicherweise als Prozess begriffen, der stark von der Person des Adressaten im Sinne eines Co-Produzenten der Leistung beeinflusst wird.[64] Bildungsdienstleistungen unterliegen einem grundlegenden „Technologiedefizit" (Luhmann). Technologien scheitern im Bildungsbereich an der Notwendigkeit zurechenbarer Isolierbarkeit von Mitteln und Zwecken, weil die Transformation von Selektionen zwischen gesellschaftlichem System (der „Unterricht") und psychischem System (des Lernenden) nicht wirksam gesteuert werden kann.

64 Im Zusammenhang mit der Wirkungsmessung stellt sich zudem ein **Zurechnungsproblem**. Selbst wenn sich ein Bildungserfolg beobachten lässt, so bleibt häufig offen, ob dieser wirklich auf die Bildungsmaßnahme zurückgeführt werden kann oder das Ergebnis anderer, letztlich nicht beherrschbarer Einflüsse aus dem Umfeld des Bildungsadressaten darstellt.

65 Und es zeigt sich in Anbetracht der Eigensinnigkeit gesellschaftlicher Subsysteme ein **Vermittlungsproblem**: selbst bei klarer Identifikation der Lernfortschritte bleibt offen, ob die relevanten Einsatzorte und namentlich die Wirtschaft oder

---

62 Timmermann, Bildungsökonomie, in: Tippelt (Hrsg.), Handbuch Bildungsforschung, Wiesbaden 2005, S. 87 f.
63 Gleichwohl zeigen alle Untersuchungen, dass sich „Bildung lohnt" und sich hierdurch ein individueller und gesellschaftlicher Mehrwert erzielen lässt, auch wenn über die zugrunde liegenden Wirkungsmechanismen derzeit nur Vermutungen angestellt werden können: Timmermann, Bildungsökonomie, in: Tippelt (Hrsg.), Handbuch Bildungsforschung, Wiesbaden 2005, S. 95, 96 f.
64 Vgl. zur kontrovers diskutierten Frage, ob und inwieweit individuelle Begabungen den Bildungserfolg steigern können: Timmermann, Bildungsökonomie, in: Tippelt (Hrsg.), Handbuch Bildungsforschung, Wiesbaden 2005, S. 88.

B. Vernetzung und Kooperation

die Hochschulen mit der angebotenen Bildung etwas anfangen können, zumindest dann, wenn diese durch den Staat durchgeführt, gefördert oder kontrolliert wird. Die Preise für Bildungsdienstleistungen, von der Schule bis hin zur öffentlich geförderten Arbeitsmarktintegration, sind vor dem Hintergrund der in vielen Ländern vorherrschenden Einmischung des Staates in das Bildungsgeschehen deshalb – abgesehen von marktbezogenen Systemen betrieblicher Weiterbildung – regelmäßig administrierte Preise, keine wirklichen Markt- bzw. Knappheitspreise, deren Eigenart es umgekehrt ist, dass sie einen individuellen oder betrieblichen Nutzen zumindest implizieren, wenn sie von den relevanten Abnehmern der Leistung auch tatsächlich gezahlt werden.

Hinzu kommt, dass Bildungsaufgaben von vielen dem Bereich **nicht marktgängiger Güter** zugerechnet werden, deren Verwertungsmöglichkeiten sich in Marktpreise grundsätzlich nicht ausdrücken lassen. Güter wie diese verdanken sich der Tatsache, dass ihre Gestehungskosten entweder nicht über einen Marktpreis zu decken sind oder eben zu einem Marktpreis, der sich, denken wir an Bildung für Benachteiligte, sozialpolitisch als untragbar erweist. Die Bewertung der Zielgenauigkeit und Qualität der Bildungsdienstleistung ist über das Nachfrageverhalten von Dienstleistungskunden nur begrenzt möglich. So fehlt es nicht selten an der erforderlichen „Konsumentensouveränität" oder auch an „Agenten", die die Funktion qualifizierter Nachfrage in diesen Fällen stellvertretend wahrnehmen. Vor allem aus allokativen Gründen wurde der Sozial- und Bildungssektor in der Volkswirtschaftslehre deshalb immer schon als wettbewerbspolitischer Ausnahmebereich angesehen.[65] Dies bedeutet jedoch nicht, dass es sich bei Bildungsdienstleistungen damit per se um **öffentliche Güter**[66] handelte, die ihrer Eigenart nach dem Marktgeschehen prinzipiell verschlossen wären und deshalb staatlicher Steuerung bedürften. Die gezielt auf konkrete Unternehmensbedürfnisse und unmittelbare Arbeitsplatzanforderungen abhebenden Qualifizierungsmaßnahmen der Wirtschaft sind beste Beispiele dafür, dass das Spiel von Angebot und Nachfrage funktioniert und sich der Erfolg einer so verstandenen Bildung auch im konkreten Unternehmensergebnis ausdrücken kann. Und vermutlich lässt sich dieses Beispiel unter einer rein markt- und wettbewerbstheoretischen Perspektive auf sämtliche (noch) unter staatlichem Einfluss stehende Bildungsbereiche ausweiten. In dieser Hinsicht liegt aber streng genommen kein Versagen des Wettbewerbs und Marktes vor, sondern eine politisch nicht gewollte Vorherrschaft des Marktes über das Bildungsgeschehen.[67] Gleichwohl ist dort, wo der Staat den Markt ersetzt, nicht zwangsläufig auch der **Wettbewerb** ausgeschaltet. Denn mit der Definition von Leistungsstandards und im Leistungsvergleich der Bildungsanbieter, nicht zuletzt durch Etablierung von Strukturen individueller „Quasinachfrage" nach Bildungsleistungen („Bildungsgutscheine", so-

66

---

65 Olten, Wettbewerbstheorie und Wettbewerbspolitik, 2. Aufl., München 1998, S. 72.
66 Wie innere und äußere Sicherheit, saubere Umwelt, Verkehrssicherheit, Schutz vor Ansteckungskrankheiten, Rechtssicherheit usw.
67 Olten, Wettbewerbstheorie und Wettbewerbspolitik, 2. Aufl., München 1998, S. 72; Timmermann, Bildungsökonomie, in: Tippelt (Hrsg.), Handbuch Bildungsforschung, Wiesbaden 2005, S. 83.

zialgesetzliche „Wunschrechte") kann ein Quasiwettbewerb etabliert werden, der dazu führt, dass sich die konkurrierenden Anbieter entweder an die als „best practice" identifizierten Angebote anpassen oder vom staatlichen Finanzierungsträger nicht mehr zugelassen bzw. nicht mehr nachgefragt werden.[68]

67 Sobald Bildung sozialintegrative und kulturelle Funktionen zugeschrieben werden, werden mikroökonomische Nutzenkalküle regelmäßig durch staatliche Kompensationskalküle überlagert (etwa bei der schulischen Bildung oder arbeitsmarktbezogenen Eingliederungsmaßnahmen des Sozialrechts). Sieht sich der Staat in der Pflicht für die Bildung der Bevölkerung und ist er hierzu aus verfassungsrechtlichen Gründen in Teilbereichen sogar gezwungen, müssen die erforderlichen Maßnahmen **normativ gerechtfertigt** werden. Wie viel Bildung steht einem Menschen zu? Wollen wir instrumentelle, kulturelle oder sozialintegrative Formen der Bildung und in welchen Kostendimensionen? Hieran wird deutlich: Das im Gewande der Zielgenauigkeit und Kostengünstigkeit von Maßnahmen auftretende Effizienzkonstrukt der Ökonomie verträgt sich nur schwer mit dem auf einen Zielkonflikt zulaufenden Problem gerechter Verteilung knapper Bildungsgüter.

68 All dies sind Strukturen, für die die **klassischen Managementkonzepte der Betriebswirtschaftslehre** – vor allem bei der Planung und Erfolgskontrolle – nur von begrenztem Aussagewert sind. Es empfehlen sich von daher Ansätze, die stärker an den Gegebenheiten von Verwaltungs- und Sozialorganisationen,[69] zum Teil auch der Bildungsökonomie,[70] ausgerichtet sind. In diesem Rahmen werden keine Patentrezepte zu erwarten sein, wohl aber Entscheidungshilfen, welche die Aporien „prinzipieller Ineffizienz" des Bildungsgeschehens in strukturierte Abläufe und auf ein Akzeptanzniveau „brauchbarer Entscheidungen" zu überführen in der Lage sind.[71] Wir werden auf die entsprechenden Ansätze noch gesondert zu sprechen kommen.

III. Themenfindung

69 Netzwerk- und Kooperationsverbände haben ihren eigene **Gründungsphilosophie**. Leute zur Mitarbeit zu bewegen heißt, sich auf die Ebene der Symbolpolitik

---

68 Levacic/Woods, Quasi-markets and school performance: evidence from a study of English secondary schools sowie Harms, Wirtschaftlichkeit unter Bedingungen des New Public Management, beides in: Weiß/Weishaupt (Hrsg.), Bildungsökonomie und Neue Steuerung, Frankfurt a. M. 2000, S. 53, 133, 140.
69 Anstatt vieler: Reichard, Betriebswirtschaftslehre der öffentlichen Verwaltung, 2. Aufl., Berlin/New York 1987 sowie Arnold/Maelicke (Hrsg.), Lehrbuch der Sozialwirtschaft, Baden-Baden 1998; Schwarz, Management-Prozesse und -Systeme in Nonprofit-Organisationen, Bern/Stuttgart/Wien 2006; Hopp/Göbel, Management in der Öffentlichen Verwaltung; 2. Aufl., Stuttgart 2004; Decker, Management für soziale Organisationen, Landsberg/Lech 1997.
70 Pechar, Bildungsökonomie und Bildungspolitik, Münster 2006; Weiß/Weishaupt (Hrsg.), Bildungsökonomie und neue Steuerung, Frankfurt a. M. 2000; Rau/Wordelmann, Einführung in Theorien und Methoden politischer Planung am Beispiel der Bildungsplanung, Frankfurt a. M. 1980.
71 Generell hierzu: Luthe, Sozialtechnologie, Archiv für Wissenschaft und Praxis der sozialen Arbeit 2003, S. 13, 17 f., 23, 25 f., 34 (auch unter www.irs-bs.de, Service Aktuell) sowie Luthe, Warum Sozialtechnologie, NDV 2006, S. 109 ff.

ebenso einzulassen wie auf den professionell gepflegten Idealismus bestimmter Berufsgruppen oder das Kapitalverwertungsinteresse von Unternehmen. Für kommunalpolitisch geführte Bildungslandschaften aber liegt das Problem darin, „irgendwie" für alles zuständig zu sein und gleichzeitig für nichts. Sie sind – plakativ – mehr als nur Schule und auch mehr als nur Wirtschaft. Hierin liegen ebenso viele Chancen wie Risiken. Keine andere Politikebene hat die Chance, das Thema Bildung wirklich umfassend unter gezielter Verzahnung sämtlicher Aspekte von Bildung anzugehen (Rz. 8). Sozialintegration, Kulturförderung und ökonomische Qualifizierung sind Bereiche, die im Sinne einer nachhaltigen und langfristig angelegten Strategie der Erzeugung regionaler Bildungsqualität zusammengehören. Das Risiko aber liegt in der Möglichkeit, sich hierbei gründlich zu verzetteln. Nur große Netzwerke und Kooperationsverbünde können solches leisten. Mit zunehmender Größe aber wächst die Intransparenz der organisatorischen Strukturen und damit der Aufwand für die Informationsbeschaffung aller Beteiligten.[72] Man wird deshalb genau auszuloten haben, wer als direkter Partner zu kontinuierlicher Zusammenarbeit in der Lage ist und wer lediglich in einzelnen Projekten tätig sein kann. Für den Zusammenhalt und die Arbeitsfähigkeit des Netzwerks bzw. der Kooperation kann dagegen die Zuspitzung auf bestimmte Rahmenthemen förderlich sein.

In der Perspektive kommunalpolitischer Profilierung dürfte die Bildung von **Kindern und Jugendlichen** in Kooperation von Kindertagesstätte, Schule, Vereinen und Jugendamt mit dem Ziel einer Vernetzung der Bereiche Schulbildung, Freizeit und Familie[73] ein ebenso überschaubarer wie publikumswirksamer, nicht zuletzt sinnvoller Ansatz sein, in Gebieten mit starker und entwicklungsfähiger Wirtschaftsstruktur hingegen die Ausrichtung auf das **lebenslange Lernen der Arbeitskräfte** durch Kooperationen zwischen Berufsschule, Wirtschaft und ortsansässige Weiterbildungsanbieter. Denn es dürfte bei nüchterner Betrachtung wenig Sinn machen, die Qualifizierung von Arbeitskräften in Regionen voranzutreiben, wo es keine Arbeit gibt oder umgekehrt ausschließlich Benachteiligtenförderung dort zu installieren, wo die Wirtschaft nach zusätzlicher qualifizierter Arbeit Ausschau hält und aufkeimende Bildungs- und Sozialprobleme im Übrigen bereits durch gut ausgestattete Schulen und Jugendämter bewältigt werden können. Im ersten Fall würde man im Zweifel für die prosperierenden Regionen im Zuge abwandernder Arbeitnehmer ausbilden und im zweiten Fall ökonomische Chancen ungenutzt lassen, die langfristig auch hinsichtlich der sozialen und kulturellen Verhältnisse einer Region als förderlich anzusehen sind. Auch für die Identifizierbarkeit, die Vermarktungsfähigkeit und das Image entsprechender Verbünde bietet die Zuspitzung auf Themenschwerpunkte Vorteile. Größere Innovationsfähigkeit und vielfältigere Projekte mit der Möglichkeit der Ermittlung sog. „best-practice" – Modelle allerdings sind eher

70

---

72 So die Erfahrung bei den „Lernenden Regionen", Dobischat/Stuhldreier/Düsseldorf, in: Nuissl u.a. (Hrsg.), Regionale Bildungsnetze, Bielefeld 2006, S. 79.
73 Anstatt vieler: Ilg/Weingardt (Hrsg.), Übergänge in der Bildungsarbeit mit Jugendlichen, Weinheim und München 2007; Soretz/Carstensen, Kita macht Musik. Evaluation eines niedersächsischen Pilotprojekts, Hannover 2006.

bei breiter Themenausrichtung und größerer regionaler Ausbreitung zu erwarten, dies aber eben größenbedingt auf Kosten kontinuierlicher Arbeitsweisen.[74] Nichts schließt im Übrigen aus, im Zuge einer Langfristplanung „klein anzufangen" und das Themenspektrum und den Wirkungsradius schrittweise zu erweitern. Man kann dies durch dynamische Formen der Zielentwicklung erreichen wie bei den „Lernenden Regionen" (Rz. 21) und die Inhalte dem weiteren Prozess überlassen oder den Prozess in übergreifende, aber zeitlich gestaffelte Rahmen- und Leitziele ordnen und hierbei den weiteren Fortgang von der Erfüllung der jeweils vor gelagerten Ziele abhängig machen („erst Kinder, dann Wirtschaft, wenn Kinder").

71 In diesem Buch kann es nicht darum gehen, einzelne Projekte vorzustellen oder gar in allen Details zu planen. Einerseits sind die örtlichen Bedingungen und Interessen für Versuche dieser Art regelmäßig zu unterschiedlich; andererseits liegt hierfür gut dokumentiertes Anschauungsmaterial in ausreichendem Umfang bereits vor (Rz. 19, 37, 42). Typologisch angelegte Beschreibungen und Umsetzungskonzepte „mittlerer Reichweite" als Wegweiser einer veränderungsbereiten Praxis prägen dagegen das Selbstverständnis dieser Untersuchung. Hierzu gehören innerhalb der großen **Rahmenthemen** „Sozialintegration durch Bildung" und „Lebenslanges Lernen" (Rz. 17) einige **Leitthemen**, die in innerhalb der bisherigen Projektpraxis gleichsam tonangebend gewesen sind und als Plattform für die einzelnen **Projektthemen** fungieren (Rz. 20, 24, 34, 40). Themen dieser Art sind zu unterscheiden von einzelnen, noch näher zu behandelnden **Umsetzungskonzepten** wie Qualitätsmanagement, Information und Beratung, Sozial- und Bildungsplanung oder Bildungsmarketing. Auch hieraus können in Verbundsystemen durchaus eigenständige Projekte hervorgehen, insbesondere um die Arbeit der unmittelbar zielführenden Projekte zu unterstützen (etwa „Evaluationsagenturen"). Methodenkonzepte dieser Art sind jedoch nur „Mittel zum Zweck" und machen grundsätzlich nur Sinn, insofern sie den Rahmen-, Leit- und Projektthemen dienlich sind. Gemeint sind vor allem die Leitthemen
- Übergänge in Bildungsphasen
- Neue Lernkulturen
- Beschäftigungsfähigkeit und Wirtschaftsförderung und
- Einbeziehung der Familien.

1. Übergänge in Bildungsphasen

72 Übergänge in Bildungsphasen bestehen im gesamten Lebenslauf, häufig im Rahmen beruflicher Neuorientierung im Anschluss an Zeiten der Arbeitslosigkeit oder der Kindererziehung, vor allem aber beim Übergang vom allgemein bildenden Schulsystem in die Berufsausbildung und weiter in die Berufsarbeit. Institutionell steht das Thema der Bildungsübergänge in engem Zusammenhang mit den Strukturen

---

74 Dobischat/Stuhldreier/Düsseldorf, in: Nuissl u.a. (Hrsg.), Regionale Bildungsnetze, Bielefeld 2006, S. 85 f.

der Ausbildungsorganisationen, insbesondere ihrer Durchlässigkeit und ihrer Ausbildungsqualität, arbeitsmarktpolitisch mit den Kompetenzanforderungen und den Beschäftigungskapazitäten der Wirtschaft und gesellschaftspolitisch mit der Strukturen ungleicher Chancenverteilung bei der Erreichung gesellschaftlicher Statuspositionen.[75] Als problematisch sind vor allem die immer häufiger werdenden **Warteschleifen** zu beurteilen, die Jugendliche ohne Ausbildungsplatz im dualen System in „Jungarbeiterklassen" oder sonstigen berufsschulischen oder außerbetrieblichen Ausbildungs- und Orientierungsmaßnahmen verbringen.[76] In dieses Übergangssystem treten jährlich mittlerweile ebenso viele Jugendliche ein wie in die reguläre Berufsausbildung. Hiervon beziehen viele Leistungen der Grundsicherung für Arbeitsuchende. Rund eine Million Bezieher von Grundsicherung sind zwischen 15 und 24 Jahre alt; hiervon haben 27 % die Schule ohne Abschluss verlassen und sind deshalb, wenn sie denn überhaupt noch von den öffentlichen Stellen erfasst werden, in weiten Anteilen in entsprechenden Maßnahmen untergebracht. Diese sind nicht ohne Risiken für die Jugendlichen. Insbesondere die **außerbetriebliche Ausbildung** zeigt verstärkt Tendenzen einer Verdrängung nicht geförderter Ausbildung und begünstigt Entwicklungen einer langfristigen Mismatch-Arbeitslosigkeit aufgrund qualifikatorischer Profildiskrepanz zwischen Arbeitsangebot und -nachfrage.[77] Hinsichtlich staatlich geförderter Aus- und Weiterbildung weisen die meisten mikroökonomischen Studien aus den neunziger Jahren des 20. Jahrhunderts zudem entweder keinen signifikant positiven oder kurzfristig sogar negative Beschäftigungseffekte durch Verminderung von Zeiten der Arbeitsplatzsuche während der Teilnahme an Maßnahmen auf (sog. Locking-In-Effekt).[78] Dabei hängen berufliche Weiterbildungschancen und Weiterbildungsbereitschaft stark von der Entwicklungsfähigkeit der beruflichen Erstausbildung und vom Bildungsniveau der Bildungsadressaten ab; deshalb verstärken sich qualifikatorisch bedingte Arbeitsmarktungleichheiten tendenziell im Laufe des Erwerbslebens.[79]

Als Grundvoraussetzung für Reformmaßnahmen wird vor diesem Hintergrund die verbesserte **Verzahnung** von Schulen, Berufsschulen, Jugendämtern, Hochschulen,

---

75 Eininger, Von der Schule in den Beruf – eine Aufgabe auch für Landkreise, Der Landkreis 2008, S. 92; Konietzka, Berufliche Ausbildung und der Übergang in den Arbeitsmarkt, in: Becker/Lauterbach, Bildung als Privileg, 2. Aufl., Wiesbaden 2007, S. 273.
76 So haben sich die Neuzugänge hier im letzten Jahrzehnt um 43 % erhöht so dass dieses System der Übergänge mittlerweile in etwa die gleiche Größenordnung wie die duale Ausbildung erreicht: Baethge/Wieck, Berufliche Bildung in der Bildungsberichterstattung, in: Zeitschrift für Erziehungswissenschaften, Beiheft 6/2006, S. 163; Reupold/Tippelt, in: Nuissl u. a. (Hrsg.), Regionale Bildungsnetze, Bielefeld 2006, S. 89.
77 Zentrum für europäische Wirtschaftsforschung (ZEW), Von der Finanzierung der Arbeitslosigkeit zur Förderung von Arbeit, Endbericht an das Bundesministerium der Finanzen vom 28.2.2000, S. 14.
78 Zentrum für europäische Wirtschaftsforschung (ZEW), Von der Finanzierung der Arbeitslosigkeit zur Förderung von Arbeit, Endbericht an das Bundesministerium der Finanzen vom 28.2.2000, S. 12; neuere Untersuchungen von vergleichbarer Aussagekraft liegen, soweit ersichtlich, derzeit nicht vor.
79 Konietzka, Berufliche Ausbildung und der Übergang in den Ausbildungsmarkt, in: Becker/Lauterbach (Hrsg.), Bildung als Privileg, 2. Aufl., Wiesbaden 2007, S. 280 sowie zur Weiterbildungsbereitschaft der Bevölkerung auch Schiersmann, Berufliche Weiterbildung, Wiesbaden 2007, S. 122 ff.

Arbeitsverwaltungen, Weiterbildungsunternehmen und Arbeitgebern angesehen. Denn allein Maßnahmen zur Bekämpfung von Arbeitslosigkeit reichen zur Bewältigung der zumeist multiplen Problemlagen sozial benachteiligter Menschen nicht aus.[80] Insbesondere mit gemeinsam getragenen Beratungs- und Betreuungsangeboten[81], Coaching- und Mentorenprogrammen, dem Ausbau der Kinderbetreuung für Bildungsteilnehmer und einem funktionierenden Bildungsmarketing kann mehr Qualität in die Aus- und Weiterbildung gebracht werden. Zur Unterstützung von Übertritten insbesondere zwischen verschiedenen Schulformen wird ferner die Vernetzung der verschiedenen Sekundarschulen einer Region sowie zwischen Grund- und Sekundarstufen empfohlen.[82]

Vor allem **benachteiligte Schüler** (etwa ausländische Jugendliche, Aussiedler, sozial Benachteiligte, Lernbeeinträchtigte) kommen nach der regulären Schulphase regelmäßig in Berufsvorbereitungsklassen der Berufsschulen an. Diese gelten daher neben den Hauptschulen als diejenigen bevorzugt zu fördernden Lernorte, in denen verstärkt Anstrengungen zu unternehmen sind bei der Unterrichtsentwicklung (Ausbau handlungsorientierter Ansätze, Kooperation von Lehrkräften der Berufs- und Hauptschulen)[83] und der Planung und Vorbereitung des Übergangs von Schule und Berufsausbildung (Schnupperpraktika, Betriebserkundungen, Vermittlung auf Praktikumsplätze). Allein mit einer Ausweitung des Bildungsbudgets dürften sich jedoch keine nennenswerten Effekte erzielen lassen. So konnte in zahlreichen bildungsökonomischen Studien nachgewiesen werden, dass die kontinuierliche Steigerung von Schulausgaben in den 1990er Jahren ohne signifikante Folgen für den Lernerfolg der Schüler geblieben ist.[84] Dies bietet einen Hinweis darauf, dass die familiären Erziehungsleistungen und sonstigen Umfeldbedingungen des Lehrens und Lernens bei der Planung von Bildungsoffensiven nicht außer Betracht bleiben können.

74 Für den **Wechsel zwischen Schule und Berufsausbildung** sowie zwischen Ausbildung und Beruf gehören Arbeitsagenturen und Jugendämter zu den wichtigsten Kooperationspartnern aus dem Verwaltungsbereich. Berufsberatung, Bewerbungstraining, Vermittlung von Praktikumsplätzen, Vorbereitungs- und Orientierungskurse sowie Hilfe bei der Ausbildungssuche sind daher in einem gemeinsamen Fallmanagement mit zusätzlichen psychosozialen Unterstützungsmaßnahmen auf-

---

80 Mcgovern, Nicht nur Arbeitslosigkeit, sondern soziale Ausgrenzung bekämpfen, Der Landkreis 2008, S. 36; Brülle, Flankierende soziale Leistungen gemäß § 16 Abs. 2 SGB II im kommunalen Netzwerk, Der Landkreis 2008, S. 38.
81 Schumann, „Chance plus" – wohnortnahe Bewerbungsberatung zur Integration von Langzeitarbeitslosen, Der Landkreis 2008, S. 42; Kopf, Mit dem Job-Center eine eigene Existenz aufbauen, Der Landkreis 2008, S. 43; Schade, Das Modellprojekt „Assistenz U 25", Der Landkreis 2008, S. 44; Kopp, Jugendhilfeprojekte zur Kooperation von Jugendhilfe und Schule, Der Landkreis 2008, S. 87.
82 Reupold/Tippelt, in: Nuissl u. a. (Hrsg.), Regionale Bildungsnetze, Bielefeld 2006, S. 102.
83 Zum „Praxislernen" als Regelschulunterricht in Brandenburg und entsprechenden berufs- und lebensweltorientierten Schulprofilen vgl. Günther, Netzwerk Zukunft, in: Solzbacher/Minderop (Hrsg.), Bildungsnetzwerke und regionale Bildungslandschaften, München/Unterschleißheim 2007, S. 145.
84 Timmermann, Bildungsökonomie, in: Tippelt (Hrsg.), Handbuch Bildungsforschung, Wiesbaden 2005, S. 110.

einander zuzuführen. Insgesamt muss es darum gehen, die Zahl der qualifizierten Bewerber auf einen Ausbildungs- oder Arbeitsplatz zu erhöhen, Ausbildungsabbrüche zu vermeiden, aber auch informelle Kompetenzen der Bewerber[85] („Internetführerschein") zu fördern und diese mittels entsprechender Zertifizierungen herauszustellen. Angesichts des allseits beklagten Akademikermangels in Deutschland sollten sich jedoch gerade auch die Gymnasien aufgefordert sehen, die Studierfähigkeit ihrer Absolventen zu gewährleisten; das wachsende Angebot der Hochschulen von Kursen in Deutsch und Mathematik für (deutsche) Studienanfänger spricht insofern Bände.

2. Neue Lernkulturen

Das traditionelle Lernen in Bildungseinrichtungen wird heute zunehmend durch Phasen des **Selbstlernens** in individueller Eigenregie erweitert.[86] Dadurch verbreitert sich das Spektrum potentieller Lernorte insbesondere auch im regionalen Nahraum. Stichworte sind hier E-Learning, Blended Learning und multimediale Lernumgebungen.[87] E-Learning fördert das selbstgesteuerte Lernen, setzt aber Kenntnisse der eingesetzten Technologien sowie ein hohes Maß an Befähigung zur Selbststeuerung des Lernprozesses voraus. Blended Learning ist eine Kombination von E-Learning und begleitenden Präsenzveranstaltungen. Es gewinnt in der beruflichen Weiterbildung mehr und mehr an Bedeutung.[88] In Umfragen zeigt sich allerdings nur die Hälfte der bundesdeutschen Bevölkerung an Formen des selbstgesteuerten Lernens interessiert. Zudem sind auch nur bestimmte Personengruppen für die neuen Medien erreichbar. Bildungsferne Schichten sind für moderne Lernformen kaum zu gewinnen. Hier ansetzende Bildungsmaßnahmen bedürfen einer besonderen Ausrichtung auf das jeweilige Milieu der Bildungsadressaten; der mangelnden Mobilität benachteiligter Personen sind durch wohnortnahe Angebote zu begegnen. Im Bereich der **Ganztagsschulen** bezieht sich das Thema „Neue Lernkulturen" vor allem auf neuartige Anforderungen bei der Gestaltung der unterrichtsfreien Zeiten und die hiermit verbundenen Möglichkeiten der Kooperation mit außerschulischen

75

---

85 Zur Bedeutung allgemeiner Ressourcen einer sozial integrierten Lebensführung vgl.: Lindner, Alles Bildung? – Kinder- und Jugendarbeit in der „Wissensgesellschaft", in: Prölß (Hrsg.), Die Bedeutung der verschiedenen Lernorte, Nürnberg 2003, S. 107.
86 Tully, Informelles Lernen: eine Folge dynamisierter sozialer Differenzierung, in: Otto/Oelkers (Hrsg.), Zeitgemäße Bildung, München 2006, S. 72 ff.
87 Zum Ganzen vgl.: Franke/Müller/Dettmann, E-Learning – Herausforderung und Chance, in: Prätorius/Oesten/Zabel (Hrsg.), Eine Lernende Region – Konzepte, Projekte, Perspektiven, Braunschweig 2006, S. 219 ff. sowie Martens-Berkenbrink/Zabel, Selbstgesteuert Lernen – Betrachtungen und Beispiele aus der Praxis, in: Prätorius/Oesten/Zabel (Hrsg.), Eine Lernende Region – Konzepte, Projekte, Perspektiven, Braunschweig 2006, S. 229 ff.; Reupold/Tippelt, in: Nuissl u. a. (Hrsg.), Regionale Bildungsnetze, Bielefeld 2006, S. 162 ff.; Dobischat, in: Solzbacher/Minderop (Hrsg.), Bildungsnetzwerke und regionale Bildungslandschaften, München/Unterschleißheim 2007, S. 159 ff.
88 Zu den unterschiedlichen Formen computergestützten Lernens (Selbstlernzentren, dezentral organisierte Lernangebote, Tele-Teaching, Offenes Tele-Lernen, Betreutes Tele-Lernen) vgl.: Schiersmann, Berufliche Weiterbildung, Wiesbaden 2007, S. 101 ff.

Akteuren, wie etwa Jugendämtern, ehrenamtlichen Kräften, Vereinen und Freien Trägern der Jugendhilfe (Rz. 89 f.).[89] Im Rahmen ihrer Organisationsentwicklung wurden den Schulen in den einzelnen Bundesländern hierfür größere Gestaltungsfreiräume bei der Personalentwicklung, der Ressourcenbewirtschaftung, der Unterrichtsorganisation und der Partizipation von Eltern und sonstigen Bildungsinteressierten eingeräumt.[90] Näheres hierzu im schulrechtlichen Kapitel.

3. Beschäftigungsfähigkeit und Wirtschaftsförderung

76 Die Verbesserung der Beschäftigungsfähigkeit ist ein Hauptziel der europäischen Beschäftigungsstrategie und des Europäischen Sozialfonds.[91] Schlüsselfaktor hierfür ist im europäischen Konzept das lebenslange Lernen (Rz. 118). Prognosen deuten darauf hin, dass jeder Mensch in naher Zukunft mindestens drei Berufe, drei Arbeitgeber, drei Wohnorte und drei Lebenspartner haben wird.[92] Die Ausstattung der Region mit entsprechender Bildungsinfrastruktur kann von daher als wesentliche Determinante ihrer Zukunftsfähigkeit begriffen werden. Der Zustand der Beschäftigungsfähigkeit in einer Region kann an Hand verschiedener **Indikatoren** ermittelt werden.[93] Um standardisierte Verfahrensweisen handelt es sich hierbei allerdings nicht (Rz. 113, 123).[94] Generell ist hierfür die Analyse des regionalen Arbeitsmarktes, auch in seiner zukünftigen Entwicklung, an Hand von Arbeitsmarktdaten etwa der Arbeitsverwaltung und lokaler Wirtschaftsverbände erforderlich. Sie bildet die Grundlage für die weitere Bildungsangebots- und Bedarfsanalyse (Rz. 121).

77 In diesem Rahmen hat sich gezeigt, dass der **ländliche Raum** hinsichtlich der Erfolgsbedingungen von Beschäftigungsfähigkeit zurücksteht: es gibt verhältnismäßig wenige Bildungsdienstleister, das Angebotsspektrum ist wenig diversifiziert und die Veranstaltungsorte können entfernungsbedingt nicht so gut aufgesucht werden wie im städtischen Bereich.[95] Verdichtete Regionen weisen insofern eine bessere Bil-

---

89 Diening, Kraftanstrengung für gute und verlässliche Schulen, Der Landkreis 2008, S. 81; Appel u. a. (Hrsg.), Jahrbuch Ganztagsschule, Lernkultur, Schwalbach 2008.
90 Lohre, Über das Netzwerk hinaus – Entwicklung und Steuerung regionaler Bildungslandschaften, in: Solzbacher/Minderop (Hrsg.), Bildungsnetzwerke und regionale Bildungslandschaften, München/Unterschleißheim 2007, S. 44.
91 Europäische Kommission, Von Leitlinien zu Maßnahmen: Die nationalen Aktionspläne für Beschäftigung, Mitteilungen der Europäischen Kommission, D/98/6, Brüssel 1998; dies., Arbeitspapier der Kommissionsdienste. Lebenslanges Lernen, Praxis und Indikatoren, Brüssel 2001; dies., Bericht über die Qualitätsindikatoren für das Lebenslange Lernen, Brüssel 2002; dies., Ein europäischer Raum des lebenslangen Lernens, Luxemburg 2002; dies., Europäische Netze zur Förderung der lokalen und regionalen Dimension des lebenslangen Lernens, R3L-Initiative, Amtsblatt der Europäischen Gemeinschaften 2002/c 174/06, Brüssel 2002; dies./Eurostat, Messung des lebenslangen Lernens, Berlin 2001 (DIW).
92 Eichert, Bildung als Standortfaktor, in: Solzbacher/Minderop (Hrsg.), Bildungsnetzwerke und regionale Bildungslandschaften, München/Unterschleißheim 2007, S. 16.
93 Hierzu: Weis, Bildung und Qualifizierung – Regionale Indikatoren, in: Prätorius/Oesten/Zabel (Hrsg.), Eine Lernende Region – Konzepte, Projekte, Perspektiven, Braunschweig 2006, S. 181 ff.
94 Hagen, in: Nuissl u. a. (Hrsg.), Regionale Bildungsnetze, Bielefeld 2006, S. 202 ff.
95 Hierzu: Hofbauer, „Integrierte ländliche Entwicklung – eine umfassende gesellschaftliche und nachhaltige Herausforderung, Der Landkreis 2008, S. 93.

dungsinfrastruktur auf und beflügeln auf diese Weise das Wirken von Netzwerken. Zudem spielt die **Altersstruktur** einer Region eine wesentliche Rolle; Regionen mit junger Bevölkerung weisen eine vergleichsweise hohe Bildungsvitalität auf. Weitere Indikatoren sind das Niveau und die Struktur der **Arbeitslosigkeit und Beschäftigung**, die vorherrschende Beschäftigtendichte und das jeweilige Qualifikationsniveau, letzteres auch gemessen am Anteil neuer Arbeitsplätze als Folge regional ansetzender Fördermaßnahmen.[96] Daneben kann auf die Intensität der Teilnahme an **Weiterbildungs- und Qualifizierungsmaßnahmen** abgestellt werden, insofern insbesondere auf die Anzahl der erfolgreichen Abschlüsse und die jeweilige Abbrecherquote.[97] Wichtig bei vorheriger Arbeitslosigkeit ist in dieser Hinsicht zudem der Wechsel vom zweiten in den ersten Arbeitsmarkt und die Dauer des Verbleibs in diesem.[98] Zielperspektive darf aber generell nicht nur die Steigerung der Beschäftigungsfähigkeit, sondern muss, vor allem bei älteren Arbeitnehmern, auch ihre Erhaltung sein. Aus diesem Grund wird dem Bereich gesundheitlicher Prävention und Rehabilitation angesichts verlängerter Lebensarbeitszeiten und eines akuten Mangels an Facharbeitern zukünftig eine vergleichsweise größere Bedeutung zukommen als in heutiger Zeit und die Betriebe zu entsprechenden Investitionen in die Gesundheit ihrer Arbeitnehmer veranlassen. Zur Verbesserung regionaler Strukturen vermehrter Beschäftigungsfähigkeit dürfte die Fokussierung auf das Thema Bildung jedoch letztlich zu kurz greifen. Nachhaltige Wirkungen werden sich in dieser Hinsicht nur erzielen lassen, wenn das Bildungsthema mit weiteren Aspekten lokaler „**Kreativitätsförderung**" zusammen geführt wird, insbesondere durch Förderung von Forschung und Technologieentwicklung, verbunden mit einer gezielten Organisation des Forschungstransfers von Forschungseinrichtungen und Hochschulen in die Betriebe innerhalb umfassenderer Informations-, Wissens- und Innovationsnetzwerke. Vor diesem Hintergrund sind Qualifizierungsstrategien nicht mehr als nur ein Baustein im Gesamtrahmen einer lernenden Lokalökonomie.[99]

Die allgemeine Bildung und Erziehung von Kindern ist in ihren Effekten auf die Beschäftigungsfähigkeit in langfristiger Perspektive kaum messbar. Gleichwohl können durch einen stärker handlungsorientierten **Schulunterricht** vor allem kurz vor dem Wechsel in die Berufsphase (bspw. Verzahnung des Mathematikunterrichts mit praktischen handwerklichen Kompetenzen), durch den Austausch von Lehrkräften zwischen Berufs- und Hauptschule, durch die Einbindung der Betriebe als Lernorte und durch eine verbesserte Diagnostik bei der Schülerbeurteilung erhebliche Verbesserungen bei der Vorbereitung auf das Berufsleben erreicht werden.[100] Begleitende Maßnahmen der **Jugendämter** zur Förderung der Sozialkompetenz, der

78

---

96 Hofbauer, „Integrierte ländliche Entwicklung – eine umfassende gesellschaftliche und nachhaltige Herausforderung, Der Landkreis 2008", S. 213 sowie: Wohlfahrt, in: Landesinstitut für Qualifizierung in NRW (Hrsg.), Kooperation und Vernetzung in der Weiterbildung, Bielefeld 2006, S. 106 ff.
97 Zu den Beteiligungsstrukturen vgl.: Schiersmann, Berufliche Weiterbildung, Wiesbaden 2007, S. 119 ff.
98 Kroeger/van Suntum, Mit aktiver Arbeitsmarktpolitik aus der Beschäftigungsmisere, Bielefeld 1999.
99 Deitmer, Management regionaler Innovationsnetzwerke, Baden-Baden 2004, S. 49.
100 Solzbacher, in: Solzbacher/Minderop (Hrsg.), Bildungsnetzwerke und regionale Bildungslandschaften, München/Unterschleißheim 2007, S. 134 f.

Konflikt- und Kommunikationsfähigkeit und der außerschulischen Jugendbildung,[101] nicht zuletzt zur Verminderung von Absentismus wären in diesem Zusammenhang wünschenswert. Insgesamt dürften die Jugendämter ihrer Rolle als Bildungsinstitution zur Entwicklung allgemeiner Sozial- und Alltagskompetenzen von Kindern, Jugendlichen und Familien jedoch noch nicht in ausreichender Weise gerecht werden, was neben personellen Engpässen auch und vor allem auf ein tradiertes Bildungsverständnis mit entsprechender Fixierung auf das schulische Bildungsmonopol zurückgeführt werden kann. Nach der Schulphase sind es vor allem die **Arbeitsverwaltungen und Grundsicherungsbehörden**, die mit Berufsberatung, Ausbildungsbeihilfen, ausbildungsbegleitenden Maßnahmen vor allem für sozial Benachteiligte (etwa Sprachentwicklung, Schulung mathematischer Fähigkeiten), außerbetrieblichen Ausbildungen und besonderen Hilfen nach Abschluss einer Ausbildung fördernd tätig werden können.[102] Das Potential an möglicher Förderung ist in diesem Bereich ebenso beeindruckend wie undurchschaubar (Rz. 409 ff.). In dieser Hinsicht wird man sich zukünftig mithin um vermehrte Transparenz zu bemühen haben, nicht nur um den Betroffenen selbst, sondern auch um einstellungsbereiten Arbeitgebern den Zugang zu entsprechenden Förderleistungen zu ermöglichen.

79 Im Bereich der **Weiterbildung für Unternehmen** haben sich branchenbezogene Workshops mit Führungskräften und Personalentwicklern unter Federführung der kommunalen Wirtschaftsförderung als fruchtbar erwiesen, um die konkreten Erfahrungen von Unternehmen mit Qualifizierungsangeboten sowie ihre Qualifizierungsbedarfe zu erkunden.[103] In diesem Rahmen können Weiterbildungsanbieter ihre Angebote präsentieren und so für vermehrte Transparenz auf dem Bildungsmarkt sorgen. Ein dynamisches und nach Branchen aufgebautes Berichtssystem bündelt qualifizierungsrelevante Grunddaten[104] der Region, aus denen sich Trendaussagen für die Gestaltung künftiger Angebote ableiten lassen. Bedarfsbefragungen von Branchenvertretern komplettieren das Bild. Vor allem kleine und mittlere Unternehmen verfügen im Vergleich zu Großbetrieben nicht über eine Personalabteilung

---

101 Zu letzterem vgl.: Lüders/Behr, Außerschulische Jugendbildung, in: Tippelt (Hrsg.), Handbuch Bildungsforschung, Wiesbaden 2005, S. 371 ff.
102 Beispiele in: Deutscher Landkreistag, Kommunen für Arbeit, Arbeitsintegration durch soziale Kompetenz, Quelle: Pressestelle des Dt. Landkreistages sowie www.kommunenfuerarbeit.de
103 Wohlfahrt, Entwicklung eines regionalen, dialog-, themen- und entwicklungsorientierten Berichtssystems am Beispiel des Projekts „Qualifizierungsbedarfe und -angebote in der Region Dortmund" – Projektüberblick, in: Landesinstitut für Qualifizierung NRW (Hrsg.), Kooperation und Vernetzung in der Weiterbildung, Bielefeld 2006, S. 106 ff., 116 f., 121 ff.
104 Insbesondere Daten zur Bevölkerungsentwicklung, Schulbildung, Hochschulbildung, sonstige Qualifikationsstruktur der Beschäftigten, Beschäftigungsentwicklung und Arbeitslosigkeit, Wirtschaftsstruktur, öffentlich geförderte Weiterbildung, Ausbildungssituation, Stellenmarkt, private Weiterbildungsangebote, jeweils zugeschnitten auf Branchen und/oder Wertschöpfungsketten. Als Quellen kommen in Betracht: Branchenberichte der Wirtschaftsförderungen, Presseverlautbarungen von Wirtschaftsförderung, Materialien der Kammern, Gewerkschaften, Arbeitgeberverbände, Ergebnisse aus Forschungs- und Entwicklungsprojekten der Kommune und der Hochschulen, Protokolle aus Fachausschüssen oder Fachveranstaltungen, Statistiken der Bundesagentur für Arbeit, Darstellung der Branchenstrukturen beim Statistischen Bundesamt (www.destatis.de).

oder eine verantwortliche Person, die die Personalentwicklung vorantreibt.[105] Diese Aufgabe kann dagegen in Netzwerken mit geteilter Kostenlast und geringerem Zeitaufwand initiiert und organisiert werden, so etwa
- durch Workshops zur Qualitätsentwicklung nach DIN ISO 9000 bzw. nach der European Foundation for Quality Management (EFQM),
- durch den Aufbau von Informationssystemen zur Ausbildung im IT-Bereich,[106]
- durch systematische Aufbereitung des jeweiligen Erfahrungswissens von Unternehmen zur Bewältigung beruflicher Zu- und Abgänge (Wissensstafetten),
- durch Unterstützung bei der internationalen Personalgewinnung und bei der Entwicklung von E-Commerce,
- durch gezielte Zusammenführung technischer und betriebswirtschaftlicher Wissensbestände im Betrieb,
- durch Ermittlung der vorhandenen Kompetenzprofile von Unternehmen und ihres Entwicklungsbedarfs,[107]
- durch Entwicklung von Unternehmenskooperationen in bestimmten Feldern (Personal, Materialbeschaffung, überbetriebliche Ausbildungsstätten) oder
- durch Förderung des Wissenstransfers zwischen Unternehmen und Hochschulen,
- durch die Entwicklung von Konzepten zur Qualifizierungsberatung insbesondere von kleinen und mittleren Unternehmen.[108]

Strategien einer Steigerung von Beschäftigungsfähigkeit weisen einige **Ambivalenzen** auf. Wird Qualifizierung ohne vorhandene Arbeitsplätze betrieben, können Abwanderungen junger Leute die Folge sein. Umgekehrt kann ein vorhandenes Potential an qualifizierten Arbeitskräften auch einen Zuwachs an qualifizierten Arbeitsplätzen durch sich ansiedelnde Unternehmen zur Folge haben. Vor allem bei knappen Finanzmitteln sind Zielkonflikte zu bewältigen: Soll eine kurzfristig wirksame Beschäftigungsfähigkeit durch ökonomische Maßnahmen oder eine langfristig wirksame Beschäftigungsfähigkeit bei Kindern und Jugendlichen durch pädagogische bzw. kulturelle Angebote erreicht werden? In dieser Hinsicht ist jedoch zu bedenken, dass die Ansiedlung neuer Unternehmen auch davon abhängen kann, dass für die Familienangehörigen der Arbeitnehmer entsprechende Bildungsangebote zur Verfügung stehen. Generell führen staatlich geförderte Angebote mit direktem Arbeitsplatzbezug jedoch zu größeren Arbeitsmarkteffekten als Angebote ohne Arbeitsmarktbezug; sie sind angesichts der starren Orientierung an den betrieblichen Besonderheiten unter Mobilitäts- und Nachhaltigkeitsaspekten hingegen kritisch zu betrachten.

80

---

105 Wohlfahrt, Den aktuellen Trend zu Kooperation und Vernetzung verstehen, in: Landesinstitut für Qualifizierung NRW (Hrsg.), Kooperation und Vernetzung in der Weiterbildung, Bielefeld 2006, S. 16.
106 Vgl. zu den typischen Fragen – „Bewerberauswahl, wie werde ich Ausbildungsbetrieb; wie verläuft ein Einstellungsverfahren, Ablauf der IT-Prüfung und der IT-Weiterbildung" –: Reulecke, Der Modellversuch „Wissensmanagement für Berufsbildung in vernetzten Regionen", in: Prätorius/Oesten/Zabel, Eine Lernende Region – Konzepte, Projekte, Perspektiven, Braunschweig 2006, S. 122.
107 Miosga, Personalentwicklung im Betrieb, in: Prätorius/Oesten/Zabel, Eine Lernende Region – Konzepte, Projekte, Perspektiven, Braunschweig 2006, S. 131 ff
108 Vgl. Dobischat/Düsseldorff/Fischell, Leitfaden für die Qualifizierungsberatung von kleinen und mittleren Unternehmen, Trier 2008 (Internet).

4. Einbeziehung der Familien

81 Familien als Instanzen mit dem größten Einfluss auf Kinder, in der „Bildungs-, Betreuungs- und Erziehungsprozesse permanent ineinander übergehen",[109] sind in ihren Unterstützungsbeiträgen gerade im Bereich der Alltagskompetenzen von Kindern problematisch geworden. Man mag dies unter anderem auf die Zunahme von Alleinerziehung, Ehescheidungen und Migration, auf Veränderungen in der Kindheit oder auf die Berufstätigkeit von Eltern zurückführen.[110] Erziehungs- und Bildungsprobleme sind jedoch stets auch als Frage defizitärer staatlicher oder ganz allgemein gesellschaftlicher Kompensation zu thematisieren. Konsequenterweise statuiert § 16 SGB VIII (Kinder- und Jugendhilfegesetz) daher eine kommunale Verpflichtung zur **Förderung der Erziehung in der Familie** und sind nach § 1 SGB VIII generell positive Lebensbedingungen für junge Menschen und ihre Familien zu schaffen (Rz. 487). In dieser Weise wendet sich das Gesetz an alle Dienste und Einrichtungen, die im weitesten Sinn Erziehungsfragen kommunizieren: Kindertagesstätten, Familienbildungsstätten, Erziehungs- und Beratungsdienste, Schulen sowie generell an Eltern und solche mit besonderen Erziehungsschwierigkeiten.[111] In neuerer Zeit sind es mancherorts eigens eingerichtete Familienbüros, die als niedrigschwellige Anlaufstellen vielfältige Aufgaben von der Bildungs- und Erziehungsberatung, der Vermittlung von Kinderbetreuungsmöglichkeiten bis hin zur Organisation von Elternseminaren durchführen. Der Erfolg solcher Maßnahmen aber hängt nicht unerheblich ab vom Kooperationswillen der Verwaltung, sowohl im internen Bereich (Kooperation zwischen den Abteilungen Kinder- und Jugendarbeit, Kindertagesstätten, Erziehungshilfen sowie dem psychologischen Beratungsdienst und dem Allgemeinen Sozialdienst) als auch in externer Hinsicht (Jugendamt, Schule und Schulamt, ARGE). Zudem versteht sich der Bedarf von Familien (Betreuungsangebote, Gesundheitsförderung, Kulturförderung, Bildung) im regionalen und lokalen Rahmen nicht von selbst und ist auf eine professionell angeleitete Familienberichterstattung sowie breit gestreute Angebote der Familienbildung angewiesen.[112] Und ohne die Mitwirkung der relevanten gesellschaftlichen Akteure, wie Wohlfahrtsverbände, Kirchen, Verei-

---

109 BMSFJ, Zwölfter Kinder- und Jugendbericht. Bericht über die Lebenssituation junger Menschen und die Leistungen der Kinder- und Jugendhilfe in Deutschland, Berlin 2006, S. 123.
110 Statistische Daten bei: Rupp, Familie als Ort der Erziehung, in: Prölß (Hrsg.), Die Bedeutung der verschiedenen Lernorte, Nürnberg 2003, S. 117; Smolka/Rupp, Die Familie als Ort der Vermittlung von Alltags- und Daseinskompetenzen, in: Harring/Rohlfs/Palentien, Perspektiven der Bildung, Wiesbaden 2007, S. 219 ff.; Grundmann/Bittlingmayer/Dravenau/Groh-Samberg, Bildung als Privileg – zum Zusammenhang zwischen lebensweltlichen und institutionalisierten Bildungsprozessen, in: Becker/Lauterbach, Bildung als Privileg, 2. Aufl., Wiesbaden 2007, S. 43 ff.; kritisch gegenüber einer Überschätzung der Bedeutung von Familien für den Bildungserfolg der Kinder dagegen Böhnisch, Familie und Bildung, in: Tippelt (Hrsg.), Handbuch Bildungsforschung, Wiesbaden 2005, S. 290.
111 Als Praxisbeispiel hierzu: Kammerer, Kampagne Erziehung, in: Prölß (Hrsg.), Die Bedeutung der verschiedenen Lernorte, Nürnberg 2003, S. 125.
112 Vgl.: Bader/Wunderlich, Beispiel: Kommunale Familienberichterstattung in Nordrhein-Westfalen, in: Kühn/Feldmann, Steuerungsunterstützung durch Sozialplanung und Controlling auf kommunaler Ebene, Berlin 2005, S. 62 sowie zur defizitären Angebotsstruktur im Kontext der Familienbildung vgl.: Tietze, Bildung, Betreuung und Erziehung vor der Schule, in: Zeitschrift für Erziehungswissenschaft, Beiheft 6/2006, S. 86.

ne und Kinderärzte, geht es nicht: Nach Schätzungen kommt 40 % der Freiwilligenarbeit in Deutschland jungen Familien zugute und erhalten nahezu alle Familien mit kleinen Kindern zumindest phasenweise Unterstützung von Freiwilligen.[113] In diesem Rahmen werden in neuerer Zeit vor allem auch generationsübergreifende Netzwerke unter gezielter Einbeziehung älterer Menschen in die Familienarbeit zur Diskussion gestellt.[114] Nahezu überall fehlt es jedoch an ausreichender Einbindung des bürgerschaftlichen Engagements in vorhandene professionelle Unterstützungssysteme für Familien: man denke an Kooperationen von Kindertagesstätten oder Schulen mit Altenheimen, von Sozialdiensten mit Kinderpaten, von Stadtteilzentren mit freiwilligen „Hausaufgabenhelfern" oder „Berufsberatern", von Sportvereinen mit Ausländergruppen.[115] Daneben bedarf es auch und gerade im Bereich der Kindertagesstätten, wo institutionell die Grundlagen der kindlichen Entwicklung in kognitiver, lernmethodischer und emotional-sozialer Hinsicht gelegt werden, ausreichender Evaluations- und Kontrollformen[116] (Rz. 161) im Hinblick auf den bislang eher formal verankerten Bildungs- und Familienförderungsauftrag von Kindertagesstätten (§ 22 Abs. 2 SGB VIII). Im OECD-Vergleich liegt Deutschland bei der frühkindlichen Bildung weit zurück und sind die Bildungschancen der Kinder durch die Freiwilligkeit des Kindergartenbesuchs hier zudem sehr ungleich verteilt.[117] Einrichtungen der Kinderbetreuung aber sind ihrerseits auf ein funktionierendes Informations- und Beteiligungsnetz angewiesen, wenn sie erfolgreich sein sollen und nicht nur die Kinder, sondern nach den Vorstellungen des Gesetzgebers die gesamte Familie bei der Erziehung und Bildung unterstützen und ergänzen sollen.

IV. Ein typischer Netzwerkaufbau

Trotz aller Unterschiede im Detail lassen sich bei den geförderten Modellen (Rz. 19 ff.) viele Gemeinsamkeiten bei der Organisation ihrer Netzwerke feststellen. Insbesondere die in schulzentrierten Bildungsnetzen vorherrschenden Organisationsstrukturen bieten hierfür reichlich Anschauungsmaterial, aus denen sich einige verallgemeinerungsfähige Aussagen für die Entwicklung von Bildungsnetz-

82

---

113 Rost, Aspekte des Bürgerschaftlichen Engagements rund um das Familienleben, in: Glück/Magel/Röbke (Hrsg.), Neue Netze des Bürgerschaftlichen Engagements, Heidelberg/München/Berlin 2004, S. 51.
114 Eder, Netzwerk der Generationen, Freiburg i. B. 2006, S. 79–128; Schmassmann, Alter und Gesellschaft, Basel 2006, S. 169 ff.
115 Röbke, Sorgende Netze durch Bürgerschaftliches Engagement, in: Glück/Magel/Röbke (Hrsg.), Neue Netze des Bürgerschaftlichen Engagements, Heidelberg/München/Berlin 2004, S. 21.
116 Zu einem verbindlichen Konzept vgl.: Dunkl, Der Bildungsort Kindergarten, in Prößl (Hrsg.), Die Bedeutung der verschiedenen Lernorte, Nürnberg 2003, S. 159; zum Mangel an einer Kultur evidenzbasierter Entscheidungen in der frühen Bildung auch: Tietze, Bildung, Betreuung und Erziehung vor der Schule, in: Zeitschrift für Erziehungswissenschaft, Beiheft 6/06, S. 90; ferner Schäfer, Bildung beginnt mit der Geburt, 2. Aufl., Berlin/Düsseldorf/Mannheim 2007, S. 211–215.
117 Carle/Wenzel, Vorschulische Bildung im Kindergarten, in: Harring/Rohlfs/Palentien (Hrsg.), Perspektiven der Bildung, Wiesbaden 2007, S. 185.

werken ableiten lassen. Folgende Organisationselemente sind insoweit vorherrschend:[118]

83 **Leitstelle:** Leitstellen sind Impulsgeber, Koordinierungsinstanz, Haushaltsverantwortlicher, Geschäftsführer und Verbreitungsforum für verwertbare Netzwerkprodukte. Leitstellen können im Konsens der Netzwerkpartner oder durch hoheitliche Anordnung kommunalpolitisch Verantwortlicher gebildet werden. Sie haben das Spektrum an Arbeitsfeldern auszuloten, welche dem Globalziel des Netzwerks Rechnung tragen und in eine Gesamtplanung einzubringen. Sie sorgen für die erforderliche Einbindung der Netzwerkpartner auf der Grundlage verbindlicher Arbeitsaufträge mit Ziel- und Zeitvorgaben sowie entsprechenden Verpflichtungen, Rechenschaft über die geleistete Arbeit abzulegen. Im Schulbereich kann diese Aufgabe von bestimmten Schultypen oder im Weiterbildungsbereich etwa von einem Wirtschaftsverband wahrgenommen werden. Darüber hinaus kommt die Einrichtung einer eigenständigen Leitstelle außerhalb bestehender Institutionen in Betracht. Bei kommunaler Verantwortung für Bildungsthemen (Rz. 8) sollte die strategische Steuerung und das strategische Controlling[119] in der Zuständigkeit einer aus Mitgliedern der Kommunalverwaltung und der Kommunalpolitik gebildeten Steuerungsgruppe liegen, während die operativen Aufgaben eigens eingesetzten Netzwerkmanagern vorbehalten bleiben können.

84 **Netzwerkmanager:** Der Netzwerkmanager spielt eine Schlüsselrolle für die Entwicklung der Bildungslandschaft. „Nicht das Netzwerk als solches, sondern das kompetente Management von Netzwerkbeziehungen schafft die notwendige Voraussetzung für den Innovationserfolg."[120] Im Projekt der Lernenden Regionen (Rz. 19) kamen die Personen häufig aus außerschulischen Bildungskontexten und verfügten über einschlägige Erfahrungen im Projektmanagement. Die Person benötigt ein fundiertes Fachwissen über das Bildungssystem, den Arbeitsmarkt, die betrieblichen Strukturen und das Aufgabenspektrum der Bildungsinstitutionen. Sie sollte örtlich angebunden sein und die Region kennen. Die wichtigste Aufgabe besteht darin, Netzwerkziele in operativ handhabbare Einheiten einmünden und die Ergebnisse im Sinne einer „best practice" sämtlichen Netzwerkpartnern zukommen zu lassen. Letzteres stößt in rein kommunalen Bildungslandschaften jedoch an Grenzen. Denn es fehlt zumeist – anders als im Bundesprojekt der „Lernenden Regionen" – an gebietsübergreifenden Wettbewerbsstrukturen, die ein „ranking" der Projekte ermöglichen würden. Netzwerkmanager müssen letztlich die Systemfunk-

---

118 Zum Ganzen vgl.: Müller, Regionales Bildungsmanagement, in: Solzbacher/Minderop (Hrsg.), Bildungsnetzwerke und regionale Bildungslandschaften, München/Unterschleißheim 2007, S. 209 ff.; Wohlfahrt, in: Landesinstitut für Qualifizierung NRW (Hrsg.), Kooperation und Vernetzung in der Weiterbildung, Bielefeld 2006, S. 124 ff.; Deitmer, Management regionaler Innovationsnetzwerke, Baden-Baden 2004, S. 130 ff. sowie Dresselhaus, Netzwerkarbeit und neue Lernkultur, Münster 2006, S. 35 ff.
119 Zum strategischen Management und Controlling: Hopp/Göbel, Management in der Öffentlichen Verwaltung, 2. Aufl., Stuttgart 2004, S. 58, 60.
120 Koschatzky/Zenker, Innovationen in Ostdeutschland, Karlsruhe 1999, zit. nach: Deitmer, Management regionaler Innovationsnetzwerke, Baden-Baden 2004, S. 322.

tion des gesamten Netzwerks fördern und evaluieren und besitzen eine Durchführungsverantwortung für das Prozessmanagement, die Akquise regionaler Akteure, die kontinuierliche Rückkoppelung der Ergebnisse an die Akteure, für die inhaltlichen Inputs, die Qualitätssicherung und Prozessevaluation und schließlich die Dokumentation der Aktivitäten.[121]

Gremien: Gremien können zur Planung und Kontrolle netzwerkübergreifender Leit- bzw. Projektthemen (Rz. 71) oder auch institutionenspezifisch (etwa die einzelne Schule oder einzelne Verwaltungsbereiche) gebildet werden. Die Gremien berichten der Leitstelle, diese sorgt für den Austausch von Informationen zwischen den Gremien. Je konkreter die Datensammlung, Zielklärung und Umsetzungsplanung im Netzwerk ansetzt, umso mehr spricht dies für die Verankerung solcher Aufgaben auf der Gremien- anstatt auf der Leitstellenebene. 85

Projektgruppen: Projektgruppen obliegt die Umsetzung einzelner Projekte; diese können linien- oder stabsförmig in den Gesamtrahmen eingebunden werden (Rz. 105). Die Leitstelle gibt in Abstimmung mit den Gremien die Aufgabenziele für die Projektgruppen vor. Das jeweilige in thematischer oder institutioneller Hinsicht zuständige Gremium überwacht und unterstützt die Projektentwicklung und berichtet der Leitstelle. 86

Bilaterale Arbeitsformen: Hierbei arbeiten bestimmte Netzwerkprojekte mit spezifischer Schwerpunktbildung dauerhaft oder zeitweise vergleichsweise intensiv zusammen. Die Ergebnisse der Zusammenarbeit müssen den anderen Netzwerkpartnern durch die Leitstelle zugänglich gemacht werden. 87

Unterstützungssysteme: Die Bereitstellung von Unterstützungsmaßnahmen für einzelne Bildungsinstitutionen oder konkrete Projekte fällt in den Verantwortungsbereich der Leitstelle, beispielsweise bei der Durchführung interner Bestandsaufnahmen oder bei Selbstevaluationen. Zentral sind in dieser Hinsicht Fortbildungs- und Trainingsmaßnahmen für das Netzwerkpersonal sowie „ambulante" Hilfen durch bestimmte Fachkräfte. Diese Aufgabe wurde im Projekt der „Lernenden Regionen" vielfach von Hochschulen und sonstigen wissenschaftlichen Beratungseinrichtungen übernommen. 88

V. Insbesondere: Kooperation von Schule und Jugendamt

In nahezu allen Konzepten und Modellprojekten über Bildungsräume wird der Kooperation von Schule und Jugendhilfe eine besondere Bedeutung beigemessen. Dem 89

---

121 Vgl. auch: Bienecker, Netzwerkmanagement, in: Maelicke (Hrsg.), Lexikon der Sozialwirtschaft, Baden-Baden 2008, S. 711 f.

liegt ein Grundverständnis zugrunde, wonach Sozialisation und Bildung nicht als getrennte Prozesse zu begreifen sind, Lernen und Bildung auch nicht mehr nur in eigens dafür geschaffenen Bildungsinstitutionen vermittelt werden, sondern die Bedingungen hierfür im gesamten Sozial- und Lebensraum der Betroffenen, zudem lebenslang, zum Tragen kommen. Hiermit kommt zugleich ein erweitertes Aufgabenverständnis der öffentlichen Kinder- und Jugendhilfe im Sinne einer Einzelfall- und Infrastrukturverantwortung auch für Bildungsfragen zum Ausdruck.[122] Umgekehrt wird die Schule in wachsendem Maße mit den sozialen Schwierigkeiten der Schülerschaft konfrontiert und ist schon lange keine Instanz reiner Wissensvermittlung mehr. Sie pflegt intensiven Dauerkontakt mit dem Schüler und ist von daher zumeist die einzige Kontaktstelle außerhalb des Elternhauses, die über die sozialen Probleme der jungen Menschen informiert ist und die deshalb auch in präventiver Hinsicht erste Impulse setzen kann. Unüberschaubar ist der Trend, dass Schulen neben den Bildungsaufgaben auch Freizeit-, Erholungs-, Versorgungs-, Spiel- und Aktivierungsfunktionen wahrzunehmen haben. Das lebenslagen- und problemorientiert arbeitende Jugendamt[123] wiederum verfügt über ein vielschichtiges Angebot an schulergänzenden Leistungen innerhalb von Tageseinrichtungen für Kinder, der Jugendarbeit und Jugendsozialarbeit nebst Schulsozialarbeit, des erzieherischen Kinder- und Jugendschutzes, der Hilfe zur Erziehung, der Familienförderung und -beratung sowie der Eingliederungshilfe für seelisch behinderte junge Menschen. Gleichwohl ist kritisch anzumerken, dass die einzelnen Bundesländer innerhalb ihrer Ausführungsgesetze zum **SGB VIII** zwar organisatorisch-koordinative Verfahrensregelungen zur gesetzlich verankerten Kooperation der Jugendhilfe mit der „Schule und Stellen der Schulverwaltung, mit Einrichtungen der beruflichen Aus- und Weiterbildung, Einrichtungen des Öffentlichen Gesundheitsdienstes, der Bundesagentur für Arbeit und weiteren Trägern von Sozialleistungen" (vgl. §§ 81, auch 13 Abs. 4 SGB VIII) erarbeitet haben, die weitere inhaltliche Ausgestaltung des Feldes jedoch zu wünschen übrig lässt, was vor allem auf die fehlende Klarheit und Verbindlichkeit der Kooperationspflichten im SGB VIII zurückzuführen ist.[124] Auf der Ebene der **Landesschulgesetze** sind entsprechende Kooperationspflichten mittlerweile zwar in den meisten Bundesländern verankert worden, in der Praxis aber noch in vielerlei Hinsicht ausbaufähig.[125] Immerhin wur-

---

[122] Deinet/Icking (Hrsg.), Kooperation von Schule und Jugendhilfe, Opladen 2006; Freese, Aufgabe der Jugendhilfeplanung innerhalb der kommunalen Bildungsplanung, Der Landkreis 2008, S. 82; zum auf „Hilfe" und „Therapie" verengten überkommenen Aufgabenverständnis der Jugendämter vgl.: Münchmeier, Bildung ist mehr, in: Prölß (Hrsg.), Die Bedeutung der verschiedenen Lernorte, Nürnberg 2003, S. 56.
[123] Lindner/Kilb, Jugendarbeit und Kommune, in: Kessl u. a. (Hrsg.), Handbuch Sozialraum, Wiesbaden 2005, S. 360 sowie: Bock/Otto, Zeitgemäße Bildungstheorie und zukunftsfähige Bildungspolitik, in: Otto/Oelkers (Hrsg.), Zeitgemäße Bildung, München 2006, S. 337 f.
[124] DV, NDV 2000, S. 311, 325; Hartnuß/Maykus, Zur Notwendigkeit der Präzisierung schulbezogener Angebote der Jugendhilfe im KJHG, ZfJ 1999, S. 475.
[125] Vgl. insbesondere zur Erlasslage die Übersicht in: Hartnuß/Maykus (Hrsg.), Handbuch Kooperation von Jugendhilfe und Schule, Berlin 2004, S. 1171 ff.

den in vielen[126] Kommunen wegweisende Kooperationsansätze bereits erprobt oder befinden sich zumindest in der Planung (auch Rz. 124 ff.).[127]

In Kurzform sind folgende Entwicklungen aufzuführen:
- **Bildungsnetzwerk**: Gründung eines Bildungsnetzwerks bspw. in Federführung der Geschäftsbereiche Soziales, Jugend und Gesundheit sowie Kultur und Bildung[128] mit den Themenschwerpunkten Übergang Kindergarten-Grundschule sowie Schule und Beruf (Rz. 90)[129], Familienbildung (Rz. 81)[130], Gestaltung schulischer Ganztagesangebote[131] und Schulsozialarbeit[132], unter Beteiligung etwa von Schulen, Unternehmen und Kindergärten. Mit der Einbeziehung der lokalen Wirtschaft werden „Schnupperpraktika", „Erfahrungswerkstätten" und Schulbesuche von Unternehmensvertretern ermöglicht.[133] „Sozialraumbezogene" Netzwerke eröffnen darüber hinaus Möglichkeiten der Kooperation mehrerer Schulen, Vereine und Jugendhilfeeinrichtungen und -dienste im sozialen Nahraum von Stadtteilen, Städten oder Landkreisen. Auf Landesebene gilt es, Regularien für derartige Kooperationen zu schaffen (bspw. Hausmeistereinsatz, Details zur Nutzung der schulischen Infrastruktur, Versicherung und Haftung, Schülertransport) unter Einbeziehung von kommunalen Spitzenverbänden, Spitzenverbänden der Freien Wohlfahrtspflege und der Landesjugendringe.[134]
- **Integrierte Schulentwicklungs- und Jugendhilfeplanung**: Gemeinsame Sitzungen von Bildungsausschuss mit Zuständigkeit für die Schulentwicklungsplanung und Jugendhilfeausschuss mit Zuständigkeit für die Jugendhilfeplanung

90

---

126 Mittlerweile sind nach Umfragen (2004) in weit mehr als der Hälfte der Kommunen Kooperationsprojekte zwischen Jugendamt und Schule entstanden, im Einzelnen: Deinet/Icking, Schule in Kooperation, in: Appel u. a. (Hrsg.), Jahrbuch Ganztagsschule, Schulkooperationen, Schwalbach 2005, S. 12.
127 Hierzu vor allem: Mack/Harder/Kelö/Wach, Lokale Bildungslandschaften, Projektbericht des Dt. Jugendinstituts 2006 (Internet); Dt. Verein, in: Hartnuß/Maykus (Hrsg.), Handbuch Kooperation von Jugendhilfe und Schule, Berlin 2004, S. 1141 ff. sowie die Beiträge in: Der Landkreis 2008, S. 72 ff.
128 In Kommunen ohne Jugendamt liegt die Federführung zumeist beim Schulverwaltungsamt: Deinet/Icking, Schule in Kooperation, in: Appel u. a. (Hrsg.), Jahrbuch Ganztagsschule, Schulkooperationen, Schwalbach 2005, S. 13.
129 Hierzu die Beiträge von: Mack sowie Pchalek, in: Hartnuß/Maykus (Hrsg.), Handbuch Kooperation von Jugendhilfe und Schule, Berlin 2004.
130 Mühlfeld/Schlemmer, In welchen Familien leben Schulkinder?, Bd. 1, Endbericht an das Bundesministerium für Familie, Senioren, Frauen und Jugend, Bamberg 2004; Schlemmer, Familienbiografien und Schulkarrieren von Kindern – Theorie und Empirie, Wiesbaden 2004.
131 Hierzu die Beiträge von: Appel u. a. (Hrsg.), Jahrbuch Ganztagsschule, Lernkultur, Schwalbach 2008.
132 Hierzu die Beiträge von: Müller, Deinet, Maykus, Hartnuß, Homfeldt, Stickelmann/Will, Schroeder, Mack und Pchalek in: Hartnuß/Maykus (Hrsg.), Handbuch Kooperation von Jugendhilfe und Schule, Berlin 2004, S. 222, 238, 299, 326, 371, 410, 458, 493, 549.
133 Vgl. hierzu etwa: Kopp, Jugendhilfeprojekte zur Kooperation von Jugendhilfe und Schule, Der Landkreis 2008, S. 87; Bylinski/Faltermeier/Glinka, Coole Schule, in: Hartnuß/Maykus (Hrsg.), Handbuch Kooperation von Jugendhilfe und Schule, Berlin 2004, S. 1061.
134 Arbeitsgemeinschaft für Kinder- und Jugendhilfe, Handlungsempfehlungen zur Kooperation von Jugendhilfe und Schule, 2. Aufl., Berlin 2006, S. 11.

zur Entwicklung einer integrierten Schulentwicklungs- und Jugendhilfeplanung unter Einbeziehung der Stadt- bzw. Raumplanung (auch Rz. 124 ff.).[135]
- **Planungsgruppen:** Bildung von Sozialraumplanungsgruppen auf Stadtteilebene unter Beteiligung von Jugendamt und Schulen/Berufsschulen; Aufbau einer schulformübergreifenden Schulkoordinierungskonferenz.
- **Schulbezogene Jugendhilfe:** Ausbau schulbezogener Angebote der Jugendhilfe an Schulen (etwa Beratung bei der Berufsorientierung und im psychosozialen Bereich, Schulsozialarbeit, spezielle Elternabende mit Jugendamtsbeteiligung).[136] Insbesondere für Ganztagsschulen wird vorgeschlagen, dass die Jugendhilfeträger die Federführung für das nichtschulische Angebot übernehmen (etwa Hausaufgabenbetreuung und Freizeitangebote) und Freie Träger der Jugendhilfe einbinden.[137] Um die Betreuung der Schüler in der unterrichtsfreien Zeit auf die Bedürfnisse des Unterrichts abzustimmen muss die Zusammenarbeit von Mitarbeitern des Jugendamts und von Lehrern intensiviert werden. Mancherorts werden verstärkt ehrenamtlich tätige Lern- und Familienhelfer sowie Schulbegleiter eingesetzt.[138]
- **Kooperation mit Privaten:** Ausbau der Zusammenarbeit zwischen freien Trägern der Jugendhilfe und Schule (etwa zur Förderung sozialer Kompetenzen, Konfliktvermeidung, Leseförderung); Abschluss von Kooperationsvereinbarungen zwischen Jugendamt und freiem Träger.[139]
- **Kooperation von Schule und Kita bzw. Hort:** Tageseinrichtungen für Kinder sind gesetzlich zur Zusammenarbeit mit den Schulen verpflichtet. Den Kindern soll in dieser Weise ein guter Übergang in die Grundschule ermöglicht werden. Hierzu verhelfen etwa gegenseitige Hospitationen von Lehrern und Erzieherinnen, eine gemeinsame Elternarbeit oder Schulbesuche von Kindergartenkindern.

---

135 Freese; Aufgabe der Jugendhilfeplanung innerhalb der kommunalen Bildungsplanung, Der Landkreis 2008, S. 82; Mielke, Verbindliches Zusammenwirken von Schule und Jugendhilfe, Der Landkreis 2008, S. 85; Maykus, Wie kann eine gemeinsame Planungspraxis gelingen?, in: Publikationsreihe der Deutschen Kinder- und Jugendstiftung, Bildungslandschaften in gemeinschaftlicher Verantwortung gestalten, Themenheft 07, S. 44 (Internet); Merchel, Kooperation auf der Planungsebene: Schulentwicklungs- und Jugendhilfeplanung, in: Hartnuß/Maykus (Hrsg.), Handbuch Kooperation von Jugendhilfe und Schule, Berlin 2004, S. 593.
136 Näher Stellungnahme der Bundesarbeitsgemeinschaft Jugendsozialarbeit v. 23.11.1995 sowie Bericht über gemeinsame Beratungen von Kultusministerkonferenz und Arbeitsgemeinschaft für Jugendhilfe sowie Positionspapier des deutschen Landkreistages „Schule und Jugendhilfe" v. 12.11.2002, sämtlich abgedr. in: Hartnuß/Maykus (Hrsg.), Handbuch Kooperation von Jugendhilfe und Schule, Eigenverlag des DT. Vereins, Berlin 2004, S. 1126, 1134, 1177; ferner: Deinet/Icking (Hrsg.), Kooperation von Schule und Jugendhilfe, Opladen 2006, S. 13 ff. und zur Vernetzung von Schule, Jugendhilfe und Vereinswesen im Rahmen eines Praxisprojekts vgl.: Lobermeier, Unterstützende Netzwerke, Braunschweig 2003.
137 Arbeitsgemeinschaft für die Kinder- und Jugendhilfe (Hrsg.), Handlungsempfehlungen zur Kooperation von Jugendhilfe und Schule, 2. Aufl., Berlin 2006, S. 9; vgl. zu den spezifischen Anforderungen an die Einrichtung von Ganztagsangeboten und den in dieser Hinsicht bestehenden Kooperationsmöglichkeiten mit der Jugendhilfe auch die Beiträge in: Appel/Ludwig/Rother/Rutz (Hrsg.), Jahrbuch Ganztagsschule, Schulkooperationen, Schwalbach 2005 sowie: Appel/Ludwig/Rother/Rutz (Hrsg.), Jahrbuch Ganztagsschule, Ganztagsschule gestalten, Schwalbach 2006.
138 Treude, Tagungsbeitrag auf der Tagung der BAGHR im Oktober 2007 in Konstanz.
139 In fast 80 % der Kommunen mit Jugendamt und knapp 40 % der Kommunen ohne Jugendamt wurden Kooperationsvereinbarungen, überwiegend zwischen Schulen und Einrichtungen der Jugendhilfe abgeschlossen: Deinet/Icking (Hrsg.), Kooperation von Schule und Jugendhilfe, Opladen 2006, S. 13.

Darüber hinaus sind Kooperationen zwischen Schule und Hort (als Tageseinrichtung für schulpflichtige Kinder oder Schulhort) zu etablieren und auszubauen, mindestens im Bereich der Hausaufgabenbetreuung.[140] Die Eltern sind bei allem größtmöglich einzubeziehen, etwa durch Verknüpfung von Kita und Familienbildung in Familienzentren.

- **Organisation**: Neuorganisation der kommunalen Verwaltung durch Zusammenfassung von Jugendamt und Schulverwaltungsamt[141] in einem gemeinsamen Fachbereich „Jugend und Schule" mit den Fachämtern Schule, Kindertagesbetreuung, Kinder- und Jugendförderung sowie Jugendhilfedienst mit zusätzlichen Stabsstellen wie „Schul- und Jugendhilfeplanung" und „Regionales Bildungsbüro"; Bildung eines neuen Ausschusses „Schule und Jugend" bzw. Erweiterung des Jugendhilfeausschusses[142] um weitere Mitglieder aus dem Schulbereich; Erarbeitung von Zielvereinbarungen und Einführung von Leistungsrunden im Rahmen „Neuer Steuerung"; Beteiligung von Lehrern an Hilfeplanverfahren nach § 36 SGB VIII; Bildung gemeinsamer Budgets für Schule und Jugendamt in kommunaler Trägerschaft.
- **Berichtswesen**: Aufbau eines Berichtswesens,[143] insofern Sammlung von Daten über Schullaufbahnen und Schulabgänger ohne Abschlüsse zur Entwicklung von Handlungsschritten der einzelnen Fachämter (s. o.); Ermittlung der Problemschulen, hier Verstärkung von Schulsozialarbeit (teils flexibler Einsatz für mehrere Schulen) und von Elternberatung; generell Zusammenführung planungsrelevanter Daten aus dem Einwohnermeldewesen, dem Sozial- und Gesundheitswesen, der Schul- und Bauverwaltung und dem Wohnungswesen.
- **Diskussionskultur**: Einbeziehung der Öffentlichkeit in die Planungen der Verwaltung; Aufbau einer Diskussionskultur durch Arbeitskreise unter Beteiligung der Bürger; Initiierung von Leitbilddiskussionen an Schulen unter Einbeziehung von Eltern, Vereinen und Wohlfahrtsverbänden; Einrichtung gemeinsamer Fortbildungen von Fachkräften der Jugendhilfe und Lehrkräften.[144]

---

140 Arbeitsgemeinschaft für Kinder- und Jugendhilfe (Hrsg.), Handlungsempfehlungen zur Kooperation von Jugendhilfe und Schule, 2. Aufl. 2006, S. 9; Wolf, Hausaufgaben an der Ganztagsschule, in: Appel u. a. (Hrsg.), Jahrbuch Ganztagsschule, Lernkultur, Schwalbach 2008, S. 184.
141 Zu den Problemen der Koordination von Landkreis als Jugendhilfeträger und kreisangehörigen Städten und Gemeinden mit teilweiser Schulträgerschaft vgl.: DV, Weiterentwickelte Empfehlung und Arbeitshilfe für den Ausbau und die Verbesserung der Zusammenarbeit der Kinder- und Jugendhilfe mit der Schule, abgedr. in: Hartnuß/Maykus (Hrsg.), Handbuch Kooperation von Jugendhilfe und Schule, Berlin 2004, S. 1141, 1152, 1161.
142 In fast 70 % der Kommunen mit Jugendamt und finden nach Umfragen mittlerweile gemeinsame Sitzungen von Schul- und Jugendhilfeausschuss statt: Deinet/Icking (Hrsg.), Kooperation von Schule und Jugendhilfe, Opladen 2006, S. 13.
143 Wohlfahrt, in: Landesinstitut für Qualifizierung in NRW (Hrsg.), Kooperation und Vernetzung in der Weiterbildung, Bielefeld 2006, S. 106 ff.; Maykus, Kommunale Bildungsberichterstattung – Basis der Planung kommunaler Bildungsräume, in: Deinet/Icking (Hrsg.), Kooperation von Jugendhilfe und Schule, Opladen 2006, S. 231; Berner/Maykus, Kommunale Jugendhilfe- und Sozialberichterstattung, NDV 2002, S. 441 und NDV 2003, S. 21.
144 Letzteres ist nach Umfragen (2004) mittlerweile in 40 % der Landkreise und Gemeinden der Fall: Deinet/Icking (Hrsg.), Kooperation von Jugendhilfe und Schule, Opladen 2006, S. 13.

– **Organisationsexperimente:** Erprobung projektförmiger Kooperationen zwischen Amtsbereichen bei Querschnittsaufgaben der Bildung und Überführung solcher Projekte im Erfolgsfalle in eine neue Arbeitseinheit der Verwaltungsorganisation, etwa im Rahmen der Gestaltung offener Ganztagsschulen durch Zusammenwirken von Jugend- und Schulverwaltungsamt.

C. Planung

91 Der Aufbau kommunaler Bildungslandschaften ist ein komplexer Prozess, der ohne ein Mindestmaß an Planung von Zielen und Umsetzungsschritten nicht gelingen kann. An Angeboten in der Literatur, wie dieser Prozess mit größtmöglicher Zielwirksamkeit und möglichst geringen Reibungsverlusten zu gestalten wäre, mangelt es nicht. Es musste mithin eine Auswahl getroffen werden. Diese erfolgte zunächst unter dem Aspekt der **Detailschärfe** des jeweiligen Ansatzes: Planung ist kein Selbstzweck, sondern auch eine Frage von Aufwand und Ertrag. Zwar wächst der zu betreibende Planungsaufwand mit der Komplexität des Planungsgegenstandes. Letztlich aber muss die planende Praxis in Ansehung ihrer jeweiligen Ressourcen hierüber selbst entscheiden. Insbesondere für einfache Planungstätigkeit mit geringer Reichweite reicht häufig ein überschaubares Grundschema, das alle wesentlichen Entwicklungsschritte enthält, indes in den Details erweiterungsfähig ist (Rz. 95 f.). Multidimensionale Bildungslandschaften (Rz. 12) aber erfordern angesichts ihres Anspruchs, das gesamte Spektrum an Bildungsmöglichkeiten eines bestimmtes Bildungsraums zu erfassen, ein recht detailliertes Planungsdesign. Insofern kann im Wesentlichen auf Modelle der Sozialplanung und Sozialberichterstattung zurückgegriffen werden (Rz. 106 ff., 113 ff.), – dies aus mehreren Gründen. Zum einen ist der kommunale Zuschnitt des Planungsbereichs ein Wesensmerkmal von Sozialplanung schlechthin; Konzepte von Sozialplanung wurden schwerpunktmäßig in Bezug auf die örtliche Infrastruktur von Diensten und Einrichtungen entwickelt und sind in der Praxis seit nunmehr drei Jahrzehnten auch hinlänglich erprobt. Zum anderen aber erfordert eine wirksame und nachhaltige Beeinflussung des Bildungsniveaus, dass auch die sozialen Kontextbedingungen von Bildung miterfasst und in die Planung einbezogen werden. Bildung setzt eine bildungsförderliche soziale Umgebung voraus, der Abbau sozialer Benachteiligung ist heute umgekehrt mehr denn je eine Frage des Bildungsniveaus. Sozialplanung und Bildungsplanung werden hierdurch gleichsam zu zwei Seiten ein und derselben Medaille. Allerdings ist hierin keine Zwangsläufigkeit zu sehen. Die Zusammenführung des Sozialen mit der Bildungsfrage ist letztlich eine Frage des politischen Gestaltungswillens und der konkreten Verhältnisse vor Ort.

92 Bildungsplanung lässt sich insoweit auch „isoliert" betreiben, wenn man sich etwa vorrangig für die Qualifizierung erwachsener Erwerbspersonen im Dienste der lokalen Unternehmen entscheidet. Nicht zuletzt deshalb sind weitere spezifische Erfordernisse der Bildungsplanung und Bildungsberichterstattung zu beachten, die

allerdings, anders als die Sozialplanung, zumindest als dezentraler Ansatz derzeit nur in Umrissen und ohne nennenswerten Erfahrungshintergrund verfügbar sind (Rz. 116 ff., 122 ff.). Neben der Detailschärfe der Planungsansätze wurde zudem auf die **Praxisnähe** der Darstellung geachtet. Zwar sind grundlegende Einsichten in Planungsstrukturen, Planungsebenen und Planungstechniken vor allem für den unbefangenen Leser unverzichtbar (Rz. 93 ff.). Allein das Planungsvokabular muss zumindest in den Grundzügen beherrschen, wer hier mitreden will. Im Kern aber beruht Planung auf einer Abfolge bestimmter Prozessschritte, die ihren Zweck einer effizienten Prozesssteuerung nur dann erfüllen können, wenn sie übersichtlich und das heißt: in größtmöglicher Klarheit und Knappheit vorgegeben werden. Nur so ist für den Planer ohne Umschweife erkennbar, auf welcher Prozessstufe er sich befindet, was bereits abgearbeitet wurde und was noch vor ihm liegt. Da Planung vor allem ein in die Zukunft vorgreifender und interdependenter Prozess ist, ist sie fehleranfällig. Die nachweisbare Einhaltung einer bestimmten allgemein konsentierten Prozesslogik und das nachweisbare Abarbeiten sämtlicher Planungsschritte aber kann den Planer entlasten. Dies ist der weitere tiefere Sinn dafür, dass sich die Praxis gern auf geradezu rezeptartig vorgefertigte **Planungsschemata** bezieht, auch wenn sie in mancherlei Hinsicht nur Selbstverständliches enthalten (Rz. 96, 108, 120). Planung als rationale Form vorausschauenden Denkens liegt im Grunde jedweder organisierten Praxis zugrunde. Es lässt sich von daher nicht vermeiden, dass es zu vielfältigen **Überschneidungen** zwischen diesem und anderen Kapiteln dieses Buches kommt. Verbindungslinien bestehen vor allem zum Thema Sozialraumanalyse, die konzeptionelle Überlegungen zur Ermittlung der Problemzonen enthält, die mittels Planung beeinflusst werden sollen, aber auch zum Thema Qualitätsmanagement, das bei der Umsetzung qualitativer Ziele ebenso auf Planung wie Planung auf die für Qualitätsmanagement konstitutiven Formen der Ergebniskontrolle angewiesen ist (Rz. 95, 133).

I. Grundlagen

1. Planungsebenen

Planung ist ein Entscheidungsprozess mit dem Ergebnis eines Plans und dessen regelmäßiger Formalisierung in einem Planungsdokument. Pläne sind Entscheidungen über Entscheidungsprämissen und in dieser Weise von Formen des bloßen Vordenkens, Vorbereitens und sonstigen Möglichkeiten künftigen Handelns ebenso zu unterscheiden wie von Letztentscheidungen, die das spätere Handeln bereits vollständig determinieren. Planungen bestehen gleichsam in der Vertagung vollständiger Vergewisserung und Sinnerfüllung und hinterlassen Spielräume für weiteres Entscheiden.[145] Vereinfacht dargestellt liegt allen Planungen folgendes **Ablaufsche-**

93

---

145 Luhmann, Politische Planung, 3. Aufl., Opladen 1983, S. 67 ff., 170 ff.; Luthe, Sozialplanungsrecht, Teil 1, Zeitschrift für Sozialreform 1994, S. 772 f.

ma zugrunde: Sie beruhen zunächst auf einer Vorentscheidung über den Wirklichkeitsausschnitt, den der Planende für problematisch und variabel hält und auf bessere Möglichkeiten hin abtastet und setzen sich fort mit der Zielbildung, münden sodann ein in das Stadium der Maßnahmeplanung (im Sinne einer Suche nach Alternativen mit Hilfe von Prognosen über die Zieltauglichkeit von Maßnahmen und ihre Kosteneffizienz) und enden regelmäßig mit der Erfolgskontrolle und ggf. vorzunehmenden Korrekturen innerhalb des Planungsprozesses.[146] Im öffentlichen Leben und namentlich in der Verwaltung sind Pläne allgegenwärtig und prägen das administrative Handeln in ähnlicher Weise wie der Gesetzesvollzug.[147] Sie sind mit mehr (etwa Jugendhilfeplan) oder weniger (etwa Migrantenintegration) hohem Formalisierungsgrad vorzufinden. Bestandteile einer Planung sind Ziele, Maßnahmen/Verfahrensbestimmungen und Mittel/Ressourcen/Potenziale. Die Ziele der Planung können, wenn sie mehr sein sollen als bloße Idealvorstellungen, jedoch nicht ohne Einbeziehung der verfügbaren Ressourcen formuliert werden.[148] Der Zeithorizont von Planung kann lang-, mittel- und kurzfristiger Natur sein. Planungsprozesse lassen sich insofern nach Ebenen differenzieren: Die **normativ-strategische Ebene** enthält langfristig wirkende Grundsatzaussagen der Planung, wie etwa zugrunde liegende Leitbilder oder Wertvorstellungen, die ohne weitere Konkretisierung aber zumeist nicht unmittelbar handlungsanleitend sind. Die **operative Ebene** betrifft Planaussagen mit einer mittleren Reichweite und enthält bereits umsetzbare Soll-Vorgaben. Die **dispositive Ebene** schließlich erfasst kürzerfristige Plandaten wie etwa Jahres- oder Quartalspläne und enthält die Vorgaben für das alltägliche Handeln.[149] Die jeweils nachgeordnete Ebene ist hierbei immer „Mittel zum Zweck", dient insofern der Erfüllung der jeweils übergeordneten allgemeineren Zwecksetzungen und zwingt dem Planungsprozess so eine zeitlich-logische Abfolge auf. Gleichwohl ist in komplexen Planungsprozessen häufig ein iteratives Verfahren zu beobachten, so dass es etwa sein kann, dass die strategische Ebene verändert wird, weil unvorhersehbar auftretende Sachzwänge auf der dispositiven Ebene solches erfordern oder dass parallel und isoliert laufende Leitbildentwicklungen nach längerer Planungsphase zu einem Abschluss gekommen sind und nunmehr entsprechend „radikale" Anpassungen auf der bereits betretenen operativen und dispositiven Ebene erzwingen. Es können mithin Planungsphasen übersprungen oder vorangegangene Stufen nochmals durchgeführt werden. Mit Plänen sollen unterschiedliche Interessen eingebunden und koordiniert, soll mehr Flexibilität in die Organisation hineingetragen werden und soll diese zu besseren, d. h. innovativen Lösungen kom-

---

146 Oder anders bei: Eichhorn (Hrsg.), Verwaltungslexikon, 3. Aufl. , Baden-Baden 2002, S. 810, die Abfolge: Aufgaben- und Zielfindung, Informationssammlung, Alternativengenerierung, Entscheidung, Programmaufstellung und Budgetierung.
147 Pläne über die soziale Infrastruktur, Bebauungspläne, Haushaltspläne, Wohnumfeldpläne, Behindertenintegrationspläne, Pläne zur Integration von Migranten, Schulentwicklungs- und Jugendhilfepläne, Spielplatzpläne, Gesundheitsförderungspläne, Maßnahmeplanung gegen Arbeitslosigkeit usw.
148 Schwarz, Management-Prozesse und -Systeme in Nonprofit-Organisationen, Bern/Stuttgart/Wien 2006, S. 247.
149 Schwarz, Management-Prozesse und -Systeme in Nonprofit-Organisationen, Bern/Stuttgart/Wien 2006, S. 248 f.

men. Vor allem aber sollen Ziele erreicht und ihre Umsetzung kontrolliert werden (Soll-Ist-Vergleich).

2. Kontrolle

Die **Kontrolle** der Planerfüllung kann „nachträglich" bei den Erfolgen/Wirkungen, kann ferner „mitlaufend" bei einzelnen Etappen des Umsetzungsprozesses und kann schließlich auch „antizipierend" im Wege einer stets mitlaufenden Prognose von Planungsannahmen, mithin als flexibilisierendes Frühwarnsystem und insofern zur Ermöglichung einer frühzeitigen Umsteuerung des Planungsprozesses ansetzen. Sie ist als Selbstkontrolle (etwa Selbstevaluation) oder Fremdkontrolle (durch eine externe Instanz) denkbar.[150] Als strategische Kontrolle wird hierbei die Beobachtung und Interpretation genereller Entwicklungen im Umfeld des Planungsprozesses bezeichnet. Sie versucht zu erfassen, ob die Organisationsumwelt mit der bisherigen strategischen „Mission" noch etwas anfangen kann. Operative Kontrolle bezieht sich dagegen auf die Umsetzung konkreter Planungsziele, also auf den Bereich der Umsetzungsmaßnahmen. Die Zielerreichung kann sich insofern am Output oder am Outcome orientieren.[151] Als **Output** kommen in Betracht etwa die Einhaltung einer bestimmten Prozessstruktur oder -abfolge (Prozesskontrolle)[152] oder die Erreichung bestimmter Produktionsziele (Ergebniskontrolle), im ersten Fall etwa die ausreichende Einbindung von Nutzern und Mitarbeitern in den Planungsprozess oder rein formal die Einhaltung des Kostenrahmens, im zweiten Fall etwa die Erreichung einer bestimmten Anzahl von Bildungsangeboten oder in dieser Hinsicht einer bestimmten Auslastungsquote. Der **Outcome** bezieht sich dagegen nicht auf die Leistung selber, sondern auf deren Auswirkungen bei den Adressaten (etwa auf den Beschäftigungseffekt von Weiterbildung) und ist in Anbetracht der hierbei vorherrschenden Unsicherheiten der Erfolgszurechnung einer im strengen Sinne objektiven Beurteilung grundsätzlich nicht zugänglich (Rz. 62). Der Outcome wird deshalb regelmäßig mit einer Ersatzstrategie angereichert, indem Informationen über den „Impact", etwa zur Nutzerzufriedenheit oder zum öffentlichen Ansehen der Projekte, gewonnen werden.

94

3. Grundlegende Entwicklungsschritte

Das folgende von Schwarz[153] entwickelte Grundschema beinhaltet Kernaussagen von Planung schlechthin, die in sämtlichen Planungsfeldern zur Anwendung gebracht und hier mit weiteren spezifischen Planaussagen der Sozial- und Bildungs-

95

---

150 Schwarz, Management-Prozesse und -Systeme in Nonprofit-Organisationen, Bern/Stuttgart/Wien 2006, S. 258.
151 Hopp/Göbel, Management in der Öffentlichen Verwaltung, 2. Aufl., Stuttgart 2004, S. 72 ff.
152 Zum Prozessmanagement vgl. anstatt vieler: Hopp/Göbel, Management in der Öffentlichen Verwaltung, 2. Aufl., Stuttgart 2004, S. 182 ff.
153 Hopp/Göbel, Management in der Öffentlichen Verwaltung, 2. Aufl., Stuttgart 2004, S. 271.

planung (Rz. 108, 120) angereichert werden können. Es reicht über den engeren Bereich von Planung jedoch hinaus, indem der Planungsprozess mit den nachfolgenden Prozessen der Prozessevaluation und Erfolgsbeurteilung verbunden wird (Rz. 94, 112). In dieser Gesamtbetrachtung verdeutlicht das Schema den engen Zusammenhang von Planung und Qualitätskontrolle und schlägt insofern auch eine Brücke zwischen dem Planungskapitel und dem Kapitel zum **Qualitätsmanagement** (Rz. 128 ff.) in diesem Buch. Denn ebenso wie Planung auf eine nachfolgende Stufe der Ergebniskontrolle angewiesen ist, ist Qualitätsmanagement ohne vorgelagerte Prozesse der Planung von Qualitätszielen und entsprechenden Umsetzungsschritten nicht zu haben. Gleichwohl wird Qualitätsmanagement eher als auf die internen Organisationsbeziehungen ausgerichtet verstanden, während Planung sich tendenziell den Außenbeziehungen zuwendet. Diese Einteilung verliert jedoch ihren Sinn, wenn wir Bildungslandschaften in ihren kooperativen und netzwerkförmigen Zusammenhängen insgesamt als organisiertes Gebilde betrachten und die in diesem Rahmen entstehenden Projekte mithin ebenso als Gegenstände von Planung und Entwicklung begreifen wie das übergreifende Netzwerk selbst (Rz. 130–132).

Ein weiterer Vorzug des Schemas ist darin zu sehen, dass auf jeder Entwicklungsstufe die Frage der Effektivität (als Grad der Zielerreichung) und Effizienz (mit möglichst geringen Kosten) aufgeworfen wird. Dies sollte unter dem Aspekt rationaler Planung und Entwicklung an sich eine Selbstverständlichkeit sein. Gleichwohl aber verläuft die Praxis nicht immer in rationalen Bahnen, so dass es kaum schaden kann, das Ideal der Zweckrationalität[154] auf jeder Entwicklungsstufe größtmöglich in Erinnerung zu halten. Wenig Aufschluss bringt das Schema indes für die allen Planungen zugrunde liegende **Problemanalyse**. In dieser Hinsicht wird lediglich auf Erfordernisse der Zielbestimmung unter dem Gesichtspunkt bestmöglicher Problemlösung verwiesen. In der Tat ist die Problemanalyse eine eigenständige und der eigentlichen Planung vor gelagerte oder diese auch begleitende Phase. Hierfür stehen die Instrumente der Sozial- und Bildungsberichterstattung zur Verfügung (Rz. 113, 122), mit denen wiederum an (in Deutschland) jüngere, eher konzeptionelle Überlegungen zur Sozialraumanalyse angeknüpft werden kann (Rz. 51 ff.). Deutlich wird, dass nachfolgendes Schema deshalb in erster Linie nur als Strukturrahmen begriffen werden kann, der indes sämtliche Entwicklungsschritte der Arbeit an Bildungsgegebenheiten grundlegend in sich vereinigt:

96 *Planungsdesign und Entscheidungskriterien*
  - Wähle jene *Ziele* aus, die eine bestmögliche Problemlösung versprechen (Effektivität) und bestimme bei Mehrfachzielsetzungen die Prioritäten.
  - Wähle jene *Maßnahme* aus, die eine bestmögliche Zielerreichung gewährleistet (Effektivität) und geringstmögliche Kosten (bei gleicher Effektivität) verursacht (Effizienz).

---

154 Weber, Wirtschaft und Gesellschaft, 5. Aufl., Tübingen 1980, S. 2, 12 ff., 15, 21 ff.

- Bestimme jene *Mittel,* die am besten zum Maßnahmevollzug geeignet sind (Effektivität) und die am wenigsten Kosten verursachen (Effizienz).

Prozessevaluation
- Prüfe den Fortschritt der Maßnahmen bezüglich Mittelverbrauch/Budget (Effizienz) und Zielsetzung (Effektivität).
- Prüfe die Einhaltung des gesetzten Qualitäts-/Verfahrensstandards in den Prozessen (Effektivität).

Erfolgsbeurteilung
- Vergleiche den Output mit dem Leistungsziel (Zielerreichungsgrad/Effektivität).
- Vergleiche (wenn möglich) Input mit Output (Effizienz).
- Ermittle die Erreichung von Leistungswirkungszielen (Outcome/Effektivität).
- Ermittle die Wirkung (Nutzen, Zufriedenheit) der Leistungen bei den Adressaten (Impact/Effektivität).

4. Verbindlichkeit der Planungsaufgabe

Planung bedeutet Steuerung durch Ziele.[155] Insbesondere staatliche Planungsprozesse können unterschiedliche **Verbindlichkeitsgrade** bei der Steuerung der avisierten Gegenstandsbereiche für sich reklamieren.[156] **Indikative Planung** beruht im Wesentlichen auf dem Gedanken der Herstellung von Transparenz und setzt auf Information und Aufklärung als Mittel der Verhaltensänderung, wie etwa die Planung eines Bildungsinformationssystems für die Bevölkerung. **Influenzierende Planung** bezieht seine Steuerungsimpulse dagegen aus dem Freisetzen von Anreizen, etwa durch Bereitstellung von Fördermitteln oder durch Ermöglichung ideeller Statusverbesserungen (etwa durch „Verdienstkreuze" jedweder Art). **Imperative Planung** schließlich steuert durch Ausübung, Androhung oder auch nur symbolische Vorhaltung hoheitlichen oder hierarchischen Zwanges, wie etwa die Erarbeitung einer verbindlichen Satzung oder Dienstanweisung.

97

5. Techniken

Für Planungsprozesse stehen einige **Techniken** zur Verfügung, die planerisches Handeln erleichtern können.[157] Ob und in welcher Reichweite Techniken dieser Art zur Anwendung gebracht werden sollten ist stets von den Inhalten der jeweiligen Planungsaufgabe und ihrem Umfang abhängig. Planung ist kein Selbstzweck, son-

98

---

155 Arnold/Maelicke (Hrsg.), Lehrbuch der Sozialwirtschaft, Baden-Baden 1998, S. 495 ff.
156 Wolff/Bachof sprechen hier von der „Intensität der Verhaltensbeeinflussung", in: Wolff/Bachof, Verwaltungsrecht I, 9. Aufl. 1974, S. 398.
157 Näher zum Ganzen: Reichard, Betriebswirtschaftslehre der öffentlichen Verwaltung, 2. Aufl., Berlin/New York 1987, S. 77 ff.

dern erfordert stets auch ein pragmatisches Verständnis ihres jeweiligen Nutzens in Relation zum erforderlichen Zeit- und Kostenaufwand. Eine detaillierte Darstellung der gängigen Verfahrensweisen würde den Rahmen dieses Buches indes sprengen. Im Folgenden kann daher nur ein Überblick gewährt werden:

a) Zielsystem

99 Im Rahmen eines visualisierbaren Zielsystems („Zielbaum") müssen Ziele gesucht, gewichtet und sodann in eine Rangfolge von Haupt-, Zwischen- und Unterzielen gebracht werden.[158] Nach der Zielbewertung sind die Voraussetzungen für die Zielrealisierung im Rahmen einer Gesamtstruktur in Beziehung zu setzen, indem die einzelnen Ziele daraufhin untersucht werden, welche Bedingungen (etwa Personal, Sachmittel, Finanzen, Aufbau- und Ablauforganisation, Rechtsgrundlagen, Zeitbedarf) ihre Realisierung hemmen oder fördern können. Auf dieser Basis lassen sich dann die konkreten Umsetzungsmaßnahmen bestimmen. Als Mittel der Umsetzung kommen Aufgabenbeschreibungen für einzelne Mitarbeiter oder auch der Abschluss von Zielvereinbarungen in Betracht. Ihrer Art nach unterscheidet man Ziele in allgemeine Leitbildziele, in adressatenbezogene Leistungswirkungsziele, in produktbezogene Leistungserbringungsziele, ferner in ressourcen- und ablaufbezogene Potentialziele und schließlich in effektivitäts- und effizienzorientierte Formalziele.

b) Informationsgewinnung

100 Erforderlich sind regelmäßig ausreichende Informationen über Probleme, Ziele und Wirkungen. Zur Informationsgewinnung stehen bestimmte Erhebungstechniken zur Verfügung wie Befragung und Beobachtung, ferner unterschiedliche Kreativitätstechniken (in Gruppenarbeit mit Brainstorming/Brainwriting/Synetik oder durch Problemzerlegung) und Prognosetechniken (Tests/Meinungsbefragung/ Expertenbefragung/Entwurf von Szenarien/Trendextrapolationen/Korrelationsrechnung), schließlich die Modellanalyse. Einfaches Instrument der Informationsgewinnung ist die Metaplan-Technik. Mit ihrer Hilfe lassen sich gedankliche Gruppenprozesse visualisieren. Hierzu werden auf unterschiedlich geformten, farbigen Karten Stichworte festgehalten und an eine PIN-Wand geheftet. Besonders hervorzuheben ist in diesem Zusammenhang das **„Benchmarking"** als einer Methode, Leistungen und Aufgaben (Produktivität, Qualität, Bearbeitungszeiten, Weiterbildungsquote usw.) einer Organisation im Vergleich mit anderen Organisationen kritisch zu würdigen und hierbei „best practice"-Modelle zu identifizieren.[159] Hierdurch gewinnt die Organisation Informationen über ihre Stärken und Schwächen, über ihre Position gegenüber anderen Organisationen und über ihre Entwicklungsfähigkeit. Es können einzelne betriebliche Strukturen ebenso wie Produkte,

---

158 Arnold/Maelicke (Hrsg.), Lehrbuch der Sozialwirtschaft, Baden-Baden 1998, S. 499 ff.
159 Hopp/Göbel, Management in der Öffentlichen Verwaltung, 2. Aufl., Stuttgart 2004, S. 88 ff.; Leibfried/ McNair, Benchmarking: von der Konkurrenz lernen, die Konkurrenz überholen, 2. Aufl., Freiburg im Breisgau 1996.

Dienstleistungen und Wirtschafts- bzw. Bildungsräume (Rz. 150) verglichen werden. Organisationen, die Benchmarking betreiben, verwenden Checklisten und Fragebögen, die ein Datenbankbetreiber zur Verfügung stellt oder die eigens von den beteiligten Organisationen entwickelt werden. Die Datenerhebung in den Organisationen erfolgt durch geschultes Personal oder es wird von der Datenbank anonymisiert, statistisch ausgewertet und den Beteiligten in Form eines Profils überlassen. Bei wiederholter Anwendung lassen sich Entwicklungsprozesse verfolgen und Eigenvergleiche anstellen.[160] Benchmarking zielt vor allem auf die Optimierung nicht-marktfähiger Strukturen und ist im Bereich der Verwaltungen und sonstigen Nonprofit-Organisationen deshalb mittlerweile ein etabliertes Verfahren. Gerade hier ist Qualität grundsätzlich nicht als feste Größe messbar, sondern nur aufgrund von Selbstevaluation und Vergleichen mit anderen zugänglich.

101 Es werden deshalb keine inhaltlichen Vorgaben gesetzt; Qualität wird vielmehr als kontextabhängig definiert. Lediglich als Strukturrahmen wurden im europäischen Benchmarking-Verhaltenskodex einige Prinzipien formuliert, auf die sich die Benchmarking-Partner verständigen können:[161]
- das Prinzip der Rechtmäßigkeit (es müssen u. a. Vertraulichkeitspflichten eingehalten werden),
- das Austauschprinzip (jeder muss diejenigen Informationen zur Verfügung stellen, die er auch von anderen erwartet),
- das Vertrauensprinzip (Weiterleitung von Informationen nur mit Zustimmung des anderen),
- das Nutzungsprinzip (Verwendung übermittelter Informationen nur zum Zweck interner Verwendung),
- das Kontaktprinzip (u. a. Verwendung von Kontakten, die vom Benchmarking-Partner zur Verfügung gestellt werden),
- das Vorbereitungsprinzip (alle Beteiligten müssen durch gute Vorbereitung zielgerecht mitarbeiten),
- das Vollendungsprinzip (u. a. Verpflichtung zum Abschluss der Benchmarking-Studie),
- das Prinzip des Handelns und Verstehens (u. a. Versuch, den Partner zu verstehen und entsprechend zu handeln).

Trotz vereinbarter Anonymität wird zumeist der „Klassenbeste" identifiziert, um einen Know-How-Transfer zu ermöglichen. Systematisch ist Benchmarking im Kontext von Planung aber auch dem Bereich des Alternativenvergleichs zuzuordnen.

---

160 Gerull, Sozialwirtschaftliches Qualitätsmanagement, Saarbrücken 2007, S. 218.
161 Gerull, Sozialwirtschaftliches Qualitätsmanagement, Saarbrücken 2007, S. 218.

c) Alternativenvergleich

102 Hierbei geht es darum, vorhandene Alternativen im Hinblick auf deren Zielwirksamkeit zu beurteilen. Als gängige Verfahren stehen hierfür vor allem das Benchmarking (s. o.) und die sog. Nutzwertanalyse zur Verfügung.[162] Die **Nutzwertanalyse** ist ein Verfahren zur Bewertung und Selbsteinschätzung vor allem von staatlichen, aber auch von privatwirtschaftlichen Projekten, deren Nutzen nicht in monetären Größen bestimmt werden kann, wie typischerweise etwa bei der Entwicklung einer Bildungsinfrastruktur. Bei der Nutzwertanalyse sind zunächst die Zielkriterien festzulegen, die die Messgrößen für die Alternativenbewertung bilden. Sodann sind die Ziele mit einem Gewichtungsfaktor zu gewichten. Die Zielwirksamkeit von Alternativen ist isoliert für jedes Zielkriterium zu untersuchen. Jede Alternative wird überprüft, ob und wie sie dazu beiträgt, die einzelnen Zielkriterien zu erreichen (Ermittlung des Zielbeitrages). Zielkriterien und Zielbeiträge werden multiplikativ miteinander verknüpft und man erhält den Teilnutzen (Beitrag der Alternative für die Erreichung eines Ziels). Die Summe der Teilnutzen ergibt den Gesamtnutzwert der Alternative bezogen auf die Zielkriterien. Ein Vergleich der Gesamtnutzwerte ergibt die Rangfolge der Alternativen. Der höchste Gesamtnutzwert kennzeichnet die relativ beste Alternative. Die Nutzwertanalyse ist grundsätzlich ein subjektives Verfahren. Ihr Vorteil liegt jedoch in der Offenlegung und Nachvollziehbarkeit der Verfahrensschritte.

d) Strategieentwicklung

103 Strategieentwicklung und strategisches Controlling[163] haben die Aufgabe, die Organisationsumwelt systematisch zu beobachten, um die Organisation im Rahmen ihrer Planungen in die Lage zu versetzen, sich zeitnah an äußere Entwicklungen anzupassen. Modernes Instrument der Strategieentwicklung ist die sog. **Balanced Scorecard**.[164] Dieses Managementkonzept wurde für Unternehmen jedweder Art entwickelt und setzt die Visionen eines Unternehmens, seine Mission, seine Strategien und seine Perspektiven zur Bildung von Zielen, Maßnahmen und (Wirkungs-) Kennzahlen innerhalb eines multidimensional ausgerichteten Gesamtkonzepts der Unternehmenssteuerung und -entwicklung um.[165] Ausgangspunkt sind mithin die langfristigen Unternehmensziele, die dann Schritt für Schritt für die operativen Bereiche konkretisiert werden. Die unternehmensrelevanten Informationen bestehen

---

162 Hartmann, Steuerung der Sozialhilfe durch Benchmarking, in: Brülle/Reis (Hrsg.), Neue Steuerung in der Sozialhilfe, Neuwied/Kriftel 2001, S. 123 ff.; Reichard, Betriebswirtschaftslehre der öffentlichen Verwaltung, 2. Aufl., Berlin 1987, S. 96 ff.; Deitmer, Management regionaler Innovationsnetzwerke, Baden-Baden 2004, S. 121 f.; Eichhorn u. a. (Hrsg.), Verwaltungslexikon, Baden-Baden 2003, S. 733.
163 Im Sinne der Durchführung von Soll/Ist-Vergleichen, bezogen auf die Ebene der allgemeinen Organisationsziele.
164 Sachse, Balanced Scorecard. Erprobung der Methode im Rahmen eines Organisationsentwicklungsprozesses, NDV 2001, Heft 2; Schröder, Die Balanced Scorecard – ein bedrohlicher Virus, NDV 2001, Heft 12; Hopp/Göbel, Management in der Öffentlichen Verwaltung, 2. Aufl., Stuttgart 2004, S. 64 ff.
165 Kühn, Balanced Scorecard, in: Kühn/Feldmann (Hrsg.), Steuerungsunterstützung durch Sozialplanung und Controlling auf kommunaler Ebene, Berlin 2005, S. 253 ff.

im Kern aus diagnostischen Ergebniszahlen und strategischen Zielzahlen. Einzubeziehen sind hierbei nicht nur quantitative wie monetäre und Output-Größen, sondern auch und gerade qualitative (weiche) Faktoren, wie immaterielle und zukünftige Wirkungen der bewerteten Alternativen. Diese Wirkungen sind unter bestimmten Perspektiven zu ermitteln und zwar in der Finanzperspektive, der Kundenperspektive, in der Perspektive der internen Abläufe und schließlich in der Perspektive der Fähigkeiten zum Lernen und zur Entwicklung. Die Finanzperspektive enthält Informationen zur Finanzausstattung der planenden Organisation, den Anforderungen der Kapitalgeber, zur Rentabilität und zum Cash-flow sowie, vor allem bei Nonprofit-Unternehmen, auch Angaben zu den Wirkungen der erbrachten Leistungen. Die Kundenperspektive enthält Aussagen zur Kundenzufriedenheit, Kundenbindung und -gewinnung, zu Marktanteilen sowie zur Attraktivität der Leistungsangebote. Die internen Abläufe werden im Hinblick auf ihren Nutzen zur Erreichung der angestrebten Ziele analysiert. Und die Perspektive des Lernens widmet sich in erster Linie der Qualifizierung des Personals und der Mitarbeitermotivation. Innerhalb dieser Perspektiven sind die maßgeblichen strategischen Ziele zu formulieren, aus denen dann spezifische Kennzahlen mit konkreten Zielvorgaben hergeleitet werden (bspw. im Rahmen der Lernperspektive die Zufriedenheit der Mitarbeiter mit den Führungskräften auf 80 % der Mitarbeiter zu steigern). In regelmäßigen Abständen wird auf dieser Grundlage im Rahmen eines entsprechenden Berichtswesens über den Grad der Zielerreichung informiert. Insofern ist die Balanced Scorecard ein Hilfsmittel zur Strategieumsetzung, zur Erfolgsmessung und Erfolgssteuerung, das auf nahezu sämtlichen Stufen des Planungsprozesses zum Einsatz gebracht werden kann. Das Konzept bedarf jedoch weiterer Anpassung an die Bedürfnisse von **Nonprofit-Organisationen**.[166] Gerade hier entziehen sich viele Abläufe der Standardisierung, die Operationalisierbarkeit der Ziele stößt auf Grenzen des Prognostizierbaren und angesichts ihrer ausgeprägten Wertgebundenheit auch des operativ Definierbaren. Die relevanten strategischen Ziele und operativen Schritte sind nicht selten rechtlich vorgegeben, so dass vor allem die Kundenperspektive durch weitere Aspekte ordnungsgemäßer Leistungserbringung überlagert wird. Das Kennzahlensystem läuft zudem Gefahr, maßgebliche Aspekte der Organisationswirklichkeit und ihrer Umwelt auszublenden, verführt zu einer statischen Handhabung der zu bewältigenden Probleme und im Ergebnis zu einer selektiven Problemsicht.[167] Sind diese Gefahren jedoch bekannt und werden die Kennzahlen anstatt starrer Entscheidungsvorgaben als flexibel handhabbare, interpretationsbedürftige und ständig fortzuentwickelnde Daten verstanden, so dürfte der Nutzen dieses – allerdings recht komplexen – Planungsinstruments außer Frage stehen.

---

166 Als geglücktes Beispiel der Konzeptanpassung vgl.: Jenner, Management und Steuerung in der Kommunalverwaltung, Einführung der Balanced Scorecard im Jugendhilfebereich, Saarbrücken 2007.
167 Jenner, Management und Steuerung in der Kommunalverwaltung, Einführung der Balanced Scorecard im Jugendhilfebereich, Saarbrücken 2007, S. 56 ff., 118 ff.; kritisch in Anbetracht der zu erwartenden Verstöße gegen das sozialrechtliche Individualisierungsprinzip und die Grundsätze ausgewogener Abwägung vgl.: Luthe, Der aktivierende Sozialstaat im Recht, NDV 2003, S. 167.

e) Ablaufplanung

104 Als Darstellungsmittel zur Veranschaulichung einfacher Systemstrukturen reichen regelmäßig einfache **Balkendiagramme** mit durch „Zeitbalken" veranschaulichten Termindaten aus. Für komplexe Systemstrukturen zur Darstellung zeitlicher und logischer Folgen kommen die Flussdiagrammtechnik und bei hochkomplexen Strukturen besondere Formen der Netzplantechnik in Betracht. Im Wesentlichen geht es hierbei darum, mit Hilfe bestimmter Symbole Abläufe zu verdeutlichen.[168] Bei der **Flussdiagrammtechnik** etwa werden zeitliche und inhaltliche Beziehungen zwischen Ereignissen (Meilensteine) und Vorgängen (Arbeitspakete) dargestellt – Meilensteine durch einen Knoten und Arbeitspakete durch Pfeile. Für komplexere Planungs- und Projektmanagementprozesse bietet sich dagegen die Netzplantechnik an.[169] Ihr Gegenstand sind Projekte mit einer Vielzahl voneinander abhängiger Teilvorgänge. Sind die Strukturen noch überschaubar, reichen häufig einfache Balkendiagramme[170] und Checklisten zur Anordnung der Vorgänge aus. Schon die einzelnen Abhängigkeiten von Teilvorgängen untereinander und insbesondere Auswirkungen von Zeitüberschreitungen auf Teilvorgänge aber lassen sich in ihren komplexen Zusammenhängen auf diese Weise zumeist nicht mehr ausreichend darstellen und benötigen daher eine anspruchsvollere Methode. In dieser Hinsicht gibt es mittlerweile hunderte solcher Verfahren der **Netzplantechnik**, die sich im Wesentlichen jedoch nur in computertechnischen Details voneinander unterscheiden. Hauptanwendungsgebiete sind Projekte, deren Ablauf man zu Beginn der Projektphase noch nicht völlig überschaut. Netzpläne beruhen auf einer Struktur- und Zeitanalyse. Bei der Strukturanalyse erfolgt die Zerlegung des Projekts in seine Teilaktivitäten und werden Abhängigkeiten zwischen diesen Aktivitäten ermittelt, dargestellt in einem Netzplan auf der Basis bestimmter Darstellungstechniken (MPM, CPM, PERT). Wie bei einem umgekehrten Baum werden die Strukturen nach unten hin immer detaillierter. Am Ende jeder Verzweigungslinie finden sich als kleinste Einheit die sog. Vorgänge, aus denen eine „Vorgangssammelliste" erstellt wird, die wiederum die logische Struktur des Netzes bildet. Jeder Vorgang wird in eine Reihenfolge gebracht und ggf. mit den durchführenden Instanzen und Kostenstellen versehen. Die Zeitanalyse erfasst die Zeitberechnung und Kalendrierung, in diesem Rahmen auch zeitliche Abhängigkeiten zwischen einzelnen Projektaktivitäten. So lässt sich beispielsweise planen, dass eine Aktivität erst nach Beendigung einer vorgelagerten Aktivität beginnt, dass diese zusammen mit dem Beginn einer bestimmten Aktivität startet, dass diese am Ende zweier zum gleichen Zeitpunkt auslaufender Aktivitäten startet oder auch dass diese automatisch endet, wenn ein anderer Vorgang beginnt. Dabei können verfeinernd Minimal- und Maximalabstände

---

168 Reichard, Betriebswirtschaftslehre der öffentlichen Verwaltung, 2. Aufl., Berlin/New York 1987, S. 109 ff.
169 Zur Bedeutung innerhalb der Sozialplanung vgl.: Kühn, Kommunale Sozialplanung, Stuttgart 1975, S. 116 ff.; ferner: Reichard, Betriebswirtschaftslehre der öffentlichen Verwaltung, 2. Aufl., Berlin/New York 1987, S. 111 ff.; Eichhorn (Hrsg.), Verwaltungslexikon, 3. Aufl., Baden-Baden 2002, S. 708 f.
170 Reichard, Betriebswirtschaftslehre der öffentlichen Verwaltung, 2. Aufl., Berlin/New York 1987, S. 112.

zwischen Vorgängen eingeplant und ihrerseits als positiv oder negativ ausgezeichnet werden, insbesondere indem Pufferzonen und zeitkritische Spannen näher bestimmt werden. Anstatt mit Zeiten können die einzelnen Teilvorgänge eines Netzes auch mit Kostendaten (Kostenanalyse) oder mit verfügbaren Kapazitätsdaten (Kapazitätsanalyse) versehen werden. Durch den Vergleich von Soll- und Ist-Daten wird die Überwachung des jeweiligen Projektfortschritts innerhalb der einzelnen Vorgänge ermöglicht.

f) Projektplanung und Projektorganisation

Projekte sind definitionsgemäß zielorientierte, neuartige, einmalige und zeitlich befristete Vorhaben, die wegen hoher Aufgabenkomplexität regelmäßig eine Zusammenarbeit von Spezialisten erfordern und sowohl für sich genommen oder ggf. auch in einem erweiterten Projektrahmen geplant werden müssen.[171] Im Rahmen der **Projektplanung** sind die jeweiligen Sach- und Formalziele zu formulieren (s. o.), ist ferner die zeitliche Projektstruktur mit Termin- und Ablaufplanung festzulegen, sind projektbezogene Risiken zu klären und ist schließlich die Projektorganisation zu entwickeln.[172] Im Rahmen der **Projektorganisation** kann die Ressourcenverantwortung beim Projektleiter und/oder auch bei externen Stellen (Träger der Förderung) angesiedelt sein. Um ein Projekt in einer Gesamtstruktur (etwa Netzwerk oder Behördenorganisation) zu verankern kann die Projektleitung in eine Linienstruktur integriert und mit Weisungsbefugnissen ausgestattet oder auch im Rahmen einer Stabs-Projektorganisation als Stabsstelle ausgewiesen sein; in diesem Fall beschränken sich die Befugnisse der Stabsstelle auf Informations- und Beratungsaufgaben, während die Projektverantwortlichkeit bei einer externen Instanz, etwa einem Ausschuss oder der Behördenleitung liegt.[173] Im Rahmen einer vor allem bei Verwaltungsprojekten anzutreffenden Matrix-Projektorganisation,[174] wo Mitarbeiter unterschiedlicher Abteilungen zusammenarbeiten, sind die jeweiligen Projektmitarbeiter jedoch nicht nur einem Projektleiter, sondern auch dem Linienvorgesetzten der inneren Verwaltung unterworfen. Die Linienorganisation wird im Matrixmodell also beibehalten und durch eine zweite Ebene ergänzt. Trotz Zuordnung zu einem Projekt sind die Mitarbeiter zugleich noch in ihrer bisherigen Organisationseinheit tätig, was insgesamt einen flexibleren Personaleinsatz ermöglicht, aber ein abgestimmtes Vorgehen von Linien- und Projektverantwortlichem erfordert. Die projektinterne Struktur besteht zumeist aus einem Lenkungsausschuss, einem Projektkernteam mit operativen Aufgaben der Koordination und Vermittlung und aus den konkreten Projekten zur eigenverantwortlichen Umsetzung der Arbeitsaufträge. Offene Projektteams bestehen aus einem wechselnden Mitarbeiterkreis, geschlossene Projektteams aus einem feststehenden Mitarbeiterkreis, interne Projekt-

105

---

171 Vahs, Organisation, Einführung in die Organisationstheorie und Praxis, 4. Aufl., Stuttgart 2003, S. 93.
172 Kolhoff, Projektmanagement, Baden-Baden 2004.
173 Vahs, Organisation, Einführung in die Organisationstheorie und Praxis, 4. Aufl., Stuttgart 2003, S. 187.
174 Vahs, Organisation, Einführung in die Organisationstheorie und Praxis, 4. Aufl., Stuttgart 2003, S. 188.

teams aus betriebseigenen Mitarbeitern, externe Projektteams aus betriebsfremden Mitarbeitern und gemischte Projektteams aus fremden und eigenen Mitarbeitern.

II. Sozialplanung und Sozialberichterstattung

1. Sozialplanung

a) Bedeutung

106 Sozial- und Bildungsplanung stehen in einem engen sachlichen Zusammenhang.[175] Das lebenslange Lernen findet stets im sozialen Nahraum statt, die Bildungsfähigkeit des Individuums und nicht zuletzt das Bildungsniveau einer Region sind wesentliches Resultat sozialer und insbesondere sozialräumlicher Strukturen (Rz. 17, 51 ff.). Umgekehrt ist die soziale Integriertheit einer regionalen Gemeinschaft auch eine Frage des Bildungs- und Ausbildungsstandes der Bevölkerungskreise. **Sozialplanung** versorgt Verwaltung, Politik und private Anbieter sozialer Dienstleistungen mit Informationen über soziale Problemlagen sowie über den Bestand und den Bedarf an Diensten und Einrichtungen innerhalb eines Planungsgebietes.[176] Sie dient der Analyse, Aufklärung und Steuerung sozialer Prozesse (etwa in der Jugendhilfe, Altenhilfe, Pflege, Gesundheitsversorgung) und soll die Versorgungsanstrengungen dorthin lenken, wo der Bedarf am größten ist.[177] In dieser Weise werden Prioritäten für nachfolgende Mittelverteilungen gesetzt (vgl. etwa § 74 Abs. 2 SGB VIII). Sozialplanung bildet eine **Schnittstelle** mit kommunaler Wohnungs-, Bau- und Umweltpolitik sowie mit Stadtentwicklung und Verkehrsplanung (Rz. 55). So ist der räumliche Planungsbezug im Rahmen der Bauleitplanung und bei städtebaulichen Sanierungsmaßnahmen nicht selten Grundlage für weitere sozialpolitische Maßnahmen, etwa durch Ausweisung von Flächen für Personen mit besonderem Wohnbedarf (etwa behinderte und alte Menschen), für Gemeinschaftsanlagen (Kinderspielplätze, Freizeiteinrichtungen) oder für Grünflächen. Umgekehrt bieten vorhandene Sozialplanungen wichtige Orientierungspunkte bei der bauleitplanerischen Abwägung öffentlicher und privater Belange (§ 1 BauGB).[178] Gleichwohl ist eine integrierte Entwicklungsplanung mit raumbezogenen und sozialen Anteilen in deutschen Kommunen noch lange nicht der Regelfall.[179]

---

175 Vgl. hierzu vor allem die Beiträge in: Opielka (Hrsg.), Bildungsreform als Sozialreform, Wiesbaden 2005.
176 Kühn, Sozialplanung und Controlling, in: Kühn/Feldmann (Hrsg.), Steuerungsunterstützung durch Sozialplanung und Controlling auf kommunaler Ebene, Berlin 2005, S. 21.
177 Werner, in: DV, Fachlexikon der sozialen Arbeit, 6. Aufl., Berlin 2007, S. 900; Luthe, Optimierende Sozialgestaltung, Tübingen 2001, S. 134 ff.
178 Zum Zusammenhang von Raumplanung und Sozialplanung vgl.: Luthe, Sozialplanungsrecht, Zeitschrift für Sozialreform 1994, S. 778 ff.
179 Werner, in: DV, Fachlexikon der sozialen Arbeit, 6. Aufl., Berlin 2007, S. 901.

C. Planung

Sozialplanung ist in vielen Bereichen **gesetzlich normiert**,[180] im Rahmen kommunaler Sozialpolitik aber auch ohne gesetzlichen Auftrag heute zumeist fester Bestandteil zielgruppenbezogener oder auch sozialräumlich ansetzender Infrastrukturentwicklung. Sozialplanungen sind für Bürger und private Leistungserbringer grundsätzlich rechtlich unverbindlich; Ansprüche („Plangewährleistungsanspruch") erwachsen ihnen daraus regelmäßig nicht. Dort wo das Gesetz solche Planungen vorsieht oder der Rat solche Planungen beschlossen hat, besteht jedoch eine objektive Rechtspflicht zur Umsetzung durch die Verwaltung. Von Bedeutung vor allem für die privaten Leistungserbringer sind Sozialplanungen aber dann, wenn sie als Grundlage für die Vergabe von Fördermitteln oder von Leistungserbringungsvereinbarungen fungieren, ferner wenn sie allgemein als abstimmungsrelevante Richtlinien andere Planungen, etwa im Baurecht, tangieren.[181] Da mittels Sozialplanung in erster Linie eine soziale Infrastruktur für die Bevölkerung geschaffen oder ausgebaut werden soll, verlaufen die Planungen regelmäßig unter **Beteiligung** von Betroffenen, privaten Leistungserbringern (vor allem Wohlfahrtsverbände) und sonstigen Repräsentanten des Bürgerinteresses (Beiräten, Sachkundigen, Bürgerversammlungen) und dies innerhalb unterschiedlichster Verfahrensweisen (Zukunftswerkstatt, Runder Tisch, Workshop, Planspiel, Mediation, aktivierende Befragung, Projektgruppe, Szenariotechnik).[182] Die Partizipation gesellschaftlicher Akteure kann sich in dieser Weise förderlich auf die Akzeptanz der Planung auswirken, eine lokale Diskussionskultur aktivieren, vor allem aber zur Verbreiterung der Informationsbasis der Verwaltung zu Zwecken eines möglichst zielgenauen Mitteleinsatzes genutzt werden.[183] Die **Organisation** der Sozialplanung innerhalb der Verwaltung ist stark abhängig von der jeweiligen Verwaltungsgröße. Denkbar sind als Varianten: Planer oder Planungsbeauftragte im Fachamt (Stabsstelle), Planungsgruppe im Fachamt oder direkt beim Sozialdezernent (Planungsstab), eigenes Sachgebiet oder Abteilung (Linienorganisation anstatt Stabsstelle), ämterübergreifende Planungsgruppe bei der Verwaltungsspitze mit eigener Zuständigkeit (Kooperationsmodell).[184] In größeren Jugendämtern wurden zudem vor dem Hintergrund der Verpflichtung zur Jugendhilfeplanung in § 80 SGB VIII eigenständige Planstellen für Jugendhilfeplaner geschaffen. Manche und vor allem kleinere Verwaltungen aber planen nicht selbst, sondern beauftragen insofern externe Planungsbüros oder Forschungseinrichtungen.

107

---

180 Luthe, Sozialplanungsrecht, Zeitschrift für Sozialreform 1994, Teil 1 und 2, S. 762, 838. Vgl. etwa §§ 75 Abs. 1 Nr. 2, 95 SGB X, 54 SGB II, 99 SGB V, 17 SGB I, 20 Abs. 2, 25 SGB VII, 71 Abs. 2 Nr. 2, 78, 79, 80 SGB VIII, 19 Abs. 1 SGB IX, 8 und 9 SGB XI, 121 SGB XII, ferner zahlreiche Vorschriften mit sozialgestaltender Ausrichtung im BauGB und den Raumordnungsgesetzen des Bundes und der Länder sowie in speziellen Landesgesetzen im Bereich der Kindertagesstätten, Pflegeinfrastruktur und der Spielplätze.
181 Luthe, Sozialplanungsrecht, Zeitschrift für Sozialreform 1994, Teil 1 und 2, S. 844, 845 f.
182 Vgl. etwa § 80 Abs. 1 Nr. 2 SGB VIII sowie hierzu: Luthe, Sozialplanungsrecht, Zeitschrift für Sozialreform 1994, Teil 1 und 2, S. 849.
183 Deitmer, Management regionaler Innovationsnetzwerke, Baden-Baden 2004, S. 125 f., 128.
184 Werner, in: DV, Fachlexikon der sozialen Arbeit, 6. Aufl., Berlin 2007, S. 902.

b) Planungsschema

108 Mit dem nachfolgenden Planungsschema von Kühn u. a. für die kommunale Sozialplanung[185] können wir an unser im Grundlagenteil dargestelltes Grundschema (Rz. 95) anknüpfen. Letzteres ermöglichte einen Gesamtüberblick über sämtliche Entwicklungsschritte planender Tätigkeit schlechthin, einschließlich der Prozessevaluation und Ergebniskontrolle. Nachfolgendes Schema ist dagegen konzeptionell enger und beschränkt sich auf den Planungsprozess im engeren Sinne. Operativ ist es hingegen erheblich differenzierter und auf die Besonderheiten kommunaler Gestaltung bezogen. In Übrigen aber ist das Schema **inhaltlich offen** und beschränkt sich, ansonsten wäre kein Planungs-„Schema", auf die Prozessdimension. Dies ist der maßgebliche Grund dafür, dass die Überlegungen ohne weiteres für die Entwicklung kommunaler Bildungslandschaften genutzt werden können. Zwar ist das Schema ursprünglich für Zwecke sozialer Angebotsbereitstellung entwickelt worden, gleichwohl aber so weit reichend, dass der soziale Aspekt, schon in Anbetracht untrennbarer Zusammenhänge, im Zielfindungsprozess ohne Probleme mit Bildungsinhalten zusammen geführt werden kann. Wer das Schema **in allen Details** abzuarbeiten gewillt ist, muss allerdings mit erheblichem Zeit- und/oder Personalaufwand rechnen. Ob diese Ressourcen zur Verfügung stehen oder ob der Aufwand gerechtfertigt ist, sind Fragen, die an dieser Stelle nicht beantwortet werden können und von der Problemeingrenzung im Stadium der Entscheidungsvorbereitung abhängen. Hierüber muss in letzter Konsequenz politisch entschieden werden.

109 Es lassen sich jedoch einige Planungsschritte benennen, auf die schlechterdings nicht verzichtet werden kann. Solche sind
 – in der **Phase der Entscheidungsvorbereitung** zunächst die Problemeingrenzung ggf. nach Maßgabe vorhandener Sozialraumanalysen und Sozial- bzw. Bildungsberichte, die Absicherung der Planungsabsicht durch die politischen Entscheidungsträger sowie die Abschätzung der anfallenden Planungs- und späterer Maßnahmekosten;
 – in der **Phase der Zielfindung** die Entwicklung eines Zielsystems unter Beteiligung von Personen aus Politik, Verwaltung und dem gesellschaftlichen Umfeld;'
 – im Rahmen der **Bestandsaufnahme** die Ermittlung der vorhandenen Angebotsstruktur;
 – beim **Maßnahmeprogramm** die Entwicklung zielführender Maßnahmen unter Beachtung des jeweiligen Kostenaufwandes.

110 Grundsätzlich muss in dieser Hinsicht in der kommunalen Praxis mit **Minimallösungen** gerechnet werden. Denn am Anfang des Planungsprozesses ist nur selten

---

185 Noch immer aktuell, aber hier in Kurzfassung wiedergegeben: Kühn u. a., Leitfaden für kommunale Sozialplanung, Eigenverlag des Dt. Vereins, Frankfurt a. M. 1982 sowie Kühn, Kommunale Sozialplanung, Stuttgart 1975.

ein Bild über den gesamten Kostenrahmen zu gewinnen. Ist die Planung jedoch erst einmal in Gang gesetzt und liegen aussagekräftige Bedarfsanalysen vor, ist der Zenit möglicherweise bereits überschritten und ein „Zurückrudern" in Ansehung des öffentlichen Drucks dann häufig nicht mehr möglich. Unkalkulierbare Kostenrisiken können vor dem Hintergrund ohnehin angespannter öffentlicher Haushalte mithin dazu führen, dass die politische Führung das Problemfeld von vornherein restriktiv definiert und sich nur allzu leicht mit Symbolpolitik zufrieden gibt, die abgesehen von politischer Profilierung nichts Wesentliches bewirken will. Die frühzeitige Suche nach Kofinanzierungsmöglichkeiten etwa durch private Sponsoren oder staatliche Fördermittel (Rz. 220 ff.) kann diesbezüglichen Bedenken bzw. Entwicklungen vorbeugen. Zudem ist bei Partizipation des gesellschaftlichen Umfeldes mit dem **Eigennutzinteresse** der einzubeziehenden Verbände und Anbieter zu rechnen, welches zu einer Verzerrung der Problemperspektive und zu einer Vereinseitigung der Zielperspektive beitragen kann. Zwar lässt sich dieser Gefahr durch breite Öffentlichkeitsbeteiligung begegnen. Für den Planungsprozess aber bedeutet dies ein Mehr an Reibungsfläche und an Zeitaufwand für eine nunmehr forciert zu betreibende Verständigungsarbeit. Hieran wird deutlich, dass eine verlässliche Basis mit Entscheidungsautorität vorhanden sein muss, auf die man im Konfliktfall zugreifen kann. Deshalb sollte man das Vorhaben bei der politischen Führung auch insofern absichern, als vorab um größtmöglichen Konsens im Dienste einer unvoreingenommenen Strategieentwicklung geworben wird, was auch erfordern kann, zunächst mögliche Interessenverwicklungen offen zu legen und in dieser Hinsicht die Veränderungsbereitschaft der Beteiligten auszuloten.

Sind diese Grundbedingungen geklärt kann die Planungstätigkeit beginnen. Sie gestaltet sich nach Maßgabe der folgenden, in ihrer Reihenfolge grundsätzlich einzuhaltenden Planungsschritte

Entscheidungsvorbereitung
- Reflektion der Anlässe (etwa kommunale Entwicklungsplanung, bestimmte Fachplanungen oder Anstoß von außen).
- Räumliche, zeitliche und fachliche Problemeingrenzung sowie Trägerschaft (Rz. 100, 113; etwa Stadtgebiet, Planungshorizont, Fachgebiet, Mitwirkung weiterer Träger).
- Bei Planungen auf der Ebene der Landkreise: es ist in Erinnerung zu rufen, dass die Landkreise eine Ausgleichs- und Ergänzungsfunktion zur Schaffung gleicher Lebensverhältnisse im Kreisgebiet wahrzunehmen und insbesondere Aufgaben dann zu erledigen haben, wenn die kreisangehörigen Gemeinden hierzu finanziell oder fachlich nicht in der Lage sind oder die Aufgabe von vornherein überörtlichen Charakter hat (Rz. 246).
- Besonderheiten des Planungsvorgangs, Erforderlichkeit bestimmter Planungstechniken (Rz. 98 ff.).
- Herbeiführung einer Grundsatzentscheidung zur Eröffnung des Planungsvorgangs (Rat, Verwaltungsführung, Amtsleiter).

- Entwurf von Koordinationsregeln bei erforderlicher Einbindung weiterer Amtsbereiche oder Verwaltungsträger; Sicherstellung ausreichender Einbindung der Sozialplanung in die kommunale Entwicklungsplanung und die Flächennutzungsplanung.
- Sichtung von Planungsvorgaben unter Berücksichtigung ihres Verbindlichkeitsgrades (gesetzliche oder satzungsmäßige Vorgaben, politische Vorstellungen, administrative Planungen anderer Amtsbereiche, wissenschaftliche Empfehlungen, Vorstellungen relevanter gesellschaftlicher Akteure).
- Entwicklung eines Ablaufschemas für den gesamten Planungsprozess, ggf. mittels vereinfachter Netzplantechnik (Rz. 104; Inhalte, zu beteiligende Stellen, Entscheidungsknoten, Zeitaspekte).
- Organisation der Arbeitsgruppen (Rz. 105; Fachdienststellen, Bildung kooperativer Gruppen, Verankerung von Informations- und Weisungsrechten).
- Organisation von Kooperationen mit der Kommunalpolitik, mit kreisangehörigen Gemeinden und partizipierenden gesellschaftlichen Akteuren (Bildung von Gesprächsgruppen, Einladung von Bürgerinitiativen, Bürgerbriefe und Ausstellungen).
- Ggf. Schulung und Information des die Planung durchführenden Personals.
- Ungefähre Schätzung des Kostenrahmens der Planung; Kosten für plandurchführende Dritte; Verankerung im Haushalt.

Zielfindung
- Entwicklung eines Zielsystems (Rz. 99; Ziele auf der Basis von Bestandsaufnahmen, ggf. Diskussion von Flächennutzungsmöglichkeiten und -bedarf, Abstimmung der Ziele mit dem verfügbaren Kostenrahmen, Einbeziehung und Auswertung von Zielen partizipierender und/oder relevanter Akteure).
- Beispiel: Verbesserung des Bildungsangebots in qualitativer und quantitativer Hinsicht; Angleichung von Bildungschancen, Ermöglichung lebenslangen Lernens, Sicherung des Qualifikationsbedarfs ortsansässiger Unternehmen; Differenzierung des Lernprozesses; Lehren des Lernens; Vermittlung von Mustern des Sozialverhaltens; Demokratisierung und Rationalisierung des Bildungswesens (Einbindung gesellschaftlicher Akteure, Transparenz der Entscheidungsabläufe, Optimierung der Betriebsgröße von Bildungseinrichtungen, Mehrfachnutzung von bau- und Funktionseinheiten; Optimierung von Verwaltungsabläufen; Optimierung der Verteilung von Bildungsdienstleistungen auf Träger).
- Beteiligung der Kommunalpolitik, der Verbände, der Bürger; Ermittlung von „Bedürfnissen" unter Einbeziehung der „Betroffenen" und ggf. Interpretation ihrer Interessen.[186]
- Sammlung, Gewichtung und Hierarchisierung der Ziele in Haupt- und Unterziele (Rz. 100, 102, 113; Vorgaben aus kommunalpolitischen Programmen, Ge-

---

186 Zur Bedürfnisermittlung vor allem in methodischer Hinsicht vgl. anstatt vieler: Lukas, Bedürfnisermittlung im Prozess der Jugendhilfeplanung, in: Lukas/Strack (Hrsg.), Methodische Grundlagen der Jugendhilfeplanung, Freiburg 1996, S. 133 ff.

setzen, Entwicklungstrends, Fachdiskussionen, Regional- und Landesplanung, Planungen einzelner Amtsbereiche, Entwicklung neuer Ansätze).
- Ermittlung der Zielbeziehungen (Rz. 102; Komplementarität, Zielkonkurrenz, Zielindifferenz).
- Operationalisierung der Ziele (Überprüfbarkeit der Ziele auf Umsetzbarkeit; der Zielfindungsprozess ist allerdings nicht als abgeschlossene Phase zu begreifen, sondern wiederholt und konkretisiert sich zunehmend im gesamten Planungsprozess).

Bestandsaufnahme
- Ermittlung des Bestandes an relevanten Diensten und Einrichtungen, Sichtung relevanter Aktivitäten auf der Grundlage von Informationen der Fachämter, der statistischen Ämter, aus betriebsinternen Karteien, durch Ortsbegehungen, Expertengespräche, eigene Datenerhebung (auch bauliche Verhältnisse, Trägerschaft und Rechtsstatus, Standortqualitäten, Kapazitäten, Personalbestand, Planungen der Träger).
- Ggf. Ermittlung des Versorgungsgrades durch Benutzeranalyse (etwa durch Fragekataloge) und „Einrichtungs- und Angebotsprofilbögen" bei Diensten und Einrichtungen.[187]

Bedarfsschätzung
- Gegenüberstellung des ermittelten Bestandes (Ist-Zustand) mit den Zielen (Soll-Zustand); hieraus ergibt sich der Nettobedarf; Differenzierung der Bedarfslage in räumlicher und zeitlicher Hinsicht; Ermittlung von Dringlichkeiten zur Veranschaulichung für die politischen Entscheidungsträger; Einbeziehung von Versorgungsrichtwerten und Bedarfsprognosen auf der Basis von Umfragen, Expertenaussagen und Benchmarking (Rz. 100).[188]

Maßnahmenprogramm
- Umsetzung der Ziele in konkrete Maßnahmebündel; Entwicklung von Angebotsmöglichkeiten; Festsetzung von Umsetzungszeiträumen und zeitliche Prioritätenbildung.
- Kostenschätzung, getrennt nach Herstellungs- und Folgekosten; Absicherung in der Finanzplanung; ggf. Flächenbedarfsschätzung.
- Ermittlung von Alternativen im Maßnahmebündel unter dem Gesichtspunkt ihrer Kostengünstigkeit und Qualität (Rz. 102); Gegenüberstellung von Nut-

---

[187] Zu Letzterem vgl.: Lukas, Bestandsaufnahme von Einrichtungen und Diensten der Jugendhilfe, in: Lukas/Strack (Hrsg.), Methoden der Jugendhilfeplanung, Freiburg 1996, S. 93, 104 ff. sowie Dobischat/Düsseldorff/Fischell, Leitfaden für die Qualifizierungsberatung von kleinen und mittleren Unternehmen, Trier 2008 (Internet).
[188] Eine andere Reihenfolge – Bedarfsanalyse vor der Bestandsanalyse – propagieren: Asam/Jaufmann, Kommunale Altenhilfe zwischen Selbsthilfe und Sozialplanung, Zeitschrift für Gerontologie 1982, S. 171 sowie Asam, Bedürfnisorientierte Sozialplanung contra bürgerferne Parteipolitik, in: Spiegelberg/Lewkowicz (Hrsg.), Sozialplanung in der Praxis, Opladen 1984, S. 55.

zen und Kosten einzelner Maßnahmen oder Nutzwertanalyse (Rz. 102); Beachtung des Wertebezuges von Entscheidungen (Rz. 67);[189] ggf. einfache Punktbewertung, falls sonstiger methodischer Aufwand zu hoch.
– Bildung von Projektgruppen zur Umsetzung (Rz. 82, 105).

Standorte und Flächen
– Orientierung der Standorte von Maßnahmen an Anbieterstandorten; Berücksichtigung der Erreichbarkeit für Zielgruppen; Ermittlung von Flächen- und Gebäudequalitäten; Einbeziehung der Flächennutzungs- und Bauleitplanung; Ermittlung der Kosten (etwa Grundstücks- oder Gebäudeerwerb).
– Bei Planungen auf der Kreisebene: Es ist zu bedenken, dass Raumplanungsbefugnisse vor allem auf der Gemeindebene angesiedelt sind und deshalb eine intensive Abstimmung von Raum- mit Fachplanung im Verhältnis Kreis/Gemeinden erforderlich ist.

Kosten und Finanzierung
– Ermittlung der konkret anfallenden Planungs-, Investitions- und Folgekosten, insofern in der Vorbereitungsphase noch nicht erfolgt; Sicherstellung der Finanzierung in der mittelfristigen Finanzplanung und Haushaltsplanung; Ermittlung weiterer Finanzierungsquellen (EU-Mittel, Landes- und Bundesmittel, Sponsoring; Rz. 220).
– Abdeckung der Investitionskosten (etwa Baumaßnahmen) im Vermögenshaushalt, der Folgekosten (wie soziale Leistungen und Veranstaltungen, Unterhaltungskosten, Personalkosten, kalkulatorische Abschreibung, Schuldendienst) im Verwaltungshaushalt sowie der Planungskosten teils im Vermögenshaushalt (Investitionsplanungen), teils im Verwaltungshaushalt (städtebauliche Planungen).
– Beteiligung der Haupt-, Finanz- und Personalverwaltung hinsichtlich der Folgekosten; Beteiligung der Bauverwaltung hinsichtlich der Investitions- und Planungskosten.

c) Planung und Controlling

112 Die Umsetzung der Maßnahmen nach Abschluss des Planungsprozesses ist eine eigenständige Phase. Wurden die Maßnahmen in Gang gesetzt, etwa Leistungsvereinbarungen mit privaten Leistungsanbietern abgeschlossen,[190] so folgen in einem weiteren Schritt entsprechende Ermittlungen zur Effizienz (Grad der Wirtschaftlichkeit) und Effektivität (Grad der Zielwirksamkeit) der Maßnahmen. Die hierbei gewonnen Ergebnisse sind in weiteren Planungen zu berücksichtigen. Insofern

---

189 Zur normativen Dimension des Sozialplanungsprozesses auch: Kühn, Kommunale Sozialplanung, Stuttgart 1975, S. 110.
190 Vgl. zur Finanzierung sozialer Leistungserbringung im Kommunalbereich etwa: Luthe/Dittmar, Fürsorgerecht, 2. Aufl., Berlin 2007, S. 417 ff. sowie: Luthe, Subvention, Auftragsvergabe und Entgeltvereinbarung in der kommunalen Fürsorge, in: Frank/Langrehr (Hrsg.), Die Gemeinde, FS für Heiko Faber, Tübingen 2007, S. 343 ff.

bilden **Planung und Controlling** ein offenes und kontinuierlich zu betreibendes Kreislaufsystem von Zielbildung und entsprechender Rücklaufkorrektur, das sowohl in strategischer (Informationen für den politischen Bereich) als auch in operativer (Informationen für die Verwaltungsbereiche) Hinsicht für den Planungsträger von Nutzen sein kann.[191] Vor allem im Rahmen der in vielen Verwaltungen betriebenen Dezentralisierung der Fach- und Ressourcenverantwortung erlangt die Kombination von Stadtteilplanung/Sozialraumbudget (Rz. 53, 260) und Controlling wachsende Bedeutung. Die Controllingdaten fließen in solchen Kommunen, wo diese Art von „Neuer Steuerung" umgesetzt wird, ein in ein sog. Berichtswesen, mit dem die wirksame Kontrolle der Verwaltung durch die Vertretungsorgane sichergestellt werden soll (vgl. etwa § 45c GO Schleswig-Holstein). Controlling kann als Stabsfunktion oder auch in Linienfunktion (Rz. 94, 105) im Organisationsaufbau verankert und in unterschiedlicher Weise mit der Sozialplanung verknüpft werden, nämlich sowohl vor als auch nach der Phase der Maßnahmeumsetzung.[192] Vor der Maßnahmeumsetzung können bisherige Ergebnisse an die durchführende Instanz übermittelt und als entsprechend aufbereitete Planungsdaten ggf. Gegenstand von mit privaten Leistungserbringern abzuschließenden Leistungsvereinbarungen werden. Nach der Maßnahmeumsetzung erfolgt die Rückmeldung der Ergebnisse seitens der durchführenden Instanz und/oder den „Sozialberichterstatter" an die Planungsverantwortlichen zur weiteren Aufbereitung des Datenmaterials für das strategische Controlling (Rz. 103) und die nächste Planungsperiode. Ggf. müssen die Planungsziele und Umsetzungsmaßnahmen jetzt den neuen Erkenntnissen angepasst werden. Die systematische Erhebung, Analyse und Vernetzung relevanter Daten und ihre Auswertung zu Prognosezwecken ist in methodischer Hinsicht eine Aufgabe der Sozialberichterstattung.

2. Sozialberichterstattung

Sozialplanung ist thematisch eng verbunden mit **Sozialberichterstattung**. Diese ist gewissermaßen die informatorische Basis von Sozialplanung und als Monitoringsystem zur Beobachtung des sozialen Wandels vor Ort gleichzeitig ein wichtiges Instrument der Politikberatung. Innerhalb des Planungsprozesses ist die Sozialberichterstattung in erster Linie ein Mittel der Problemanalyse und Bestandsermittlung und liefert zudem die relevanten Daten zur Kontrolle der angeschobenen Maßnahmen im Hinblick auf ihre Zielwirksamkeit. In ausgereifter Form bietet sie die Möglichkeit, bestimmte Risikogruppen (Arbeitslose, Migranten, Alleinerziehende usw.) im Hinblick auf bestimmte Risikofaktoren (Arbeit, Einkommen, Gesundheit,

113

---

[191] Näher Kühn/Feldmann (Hrsg.), Steuerungsunterstützung durch Sozialplanung und Controlling auf kommunaler Ebene, Berlin 2005.
[192] Trube, Sozialplanung und Controlling – Ablauforganisation und Arbeitsteilung, in: Kühn/Feldmann, (Hrsg.), Steuerungsunterstützung durch Sozialplanung und Controlling auf kommunaler Ebene, Berlin 2005, S. 39.

Bildungsstand, Wohnsituation) unter bestimmten Rahmenbedingungen (vorhandene Infrastruktur, rechtlicher Handlungsrahmen) näher zu betrachten.[193] **Einheitliche Standards** zu den Anforderungen an Sozialberichterstattung aber sind nicht in Sicht.[194] Insbesondere in den Kommunen ist die Datengrundlage im Vergleich zu einschlägigen Untersuchungen auf Bundesebene (Armutsstudien, Mikrozensus, Volkswirtschaftliche Gesamtrechnung, Einkommens- und Verbrauchsstichprobe, Gebäude- und Wohnungsstichprobe) begrenzt. Im Vordergrund stehen hier die – allerdings häufig nicht kompatiblen – Kommunalstatistikdaten und Vollzugsdaten aus dem Bereich der Sozial- und Jugendhilfe, des Wohngeldbezuges, des Gesundheitsamts, der regionalen Arbeitsverwaltung, des Schulwesens und des Meldewesens. Hierbei handelt es sich im Wesentlichen um Durchschnittswerte über die Situation sozialer Großgruppen, bestenfalls um Daten über Fallzahlen, die aber weder etwas über soziale Risiken noch über verdeckte Sozialprobleme aussagen. Eigene Erhebungen werden dagegen selten durchgeführt.[195] Gewicht und Erscheinungsform von Sozialberichterstattung sind in den Kommunen deshalb sehr unterschiedlich; von systematisch und fortlaufend betriebener Berichterstattung bis hin zu sporadischen und indifferent-ritualisiert betriebenen Formen dürfte nahezu alles vertreten sein.

114 Die Unterschiedlichkeit der Herangehensweisen ist aber auch auf das **theoretische Vorverständnis**[196] des Sozialberichterstatters zurückzuführen: Wird das zu ermittelnde Armuts- oder Ausgrenzungsphänomen milieu- und schichtenspezifisch oder stärker im Sinne individualisierter Lebenslagen wahrgenommen?[197] Inwieweit zählen hierbei auch Bildungsstand und sozialräumliche Verortung (Rz. 51) der Bevölkerungskreise? Und welches Bildungsniveau, welcher Sozialraum begründet besondere Risiken für die gesellschaftliche Teilhabe der Wohnbevölkerung? Inwieweit sind präventive Betrachtungen von Risikogruppen (Alleinerziehende, alte Menschen, Migranten, Personen ohne Berufsausbildung, verschuldete Haushalte usw.) auch und gerade im Vorfeld staatlicher Kompensationsmaßnahmen vorzunehmen? Inwiefern spielen informelle Unterstützungssysteme (Familie, Nachbarschaft, Freun-

---

193 Werner, in: DV, Fachlexikon der sozialen Arbeit, 6. Aufl., Berlin 2007, S. 901.
194 M.w.N. vgl.: Mardorf, Konzepte und Methoden von Sozialberichterstattung, Wiesbaden 2006, S. 31 ff.; Bartelheimer schlägt vor, mindestens die Beobachtungsfelder Einkommen, Bildung, Erwerbsarbeit, Wohnungsversorgung, Gesundheit und Sozialraum zu untersuchen und die hierauf bezogenen Daten nach Gruppenmerkmalen zu differenzieren wie Geschlecht, Nationalität, Alter, Lebenssituation, Haushaltsstruktur, Erwerbsstatus, vgl.: Bartelheimer, Der Beitrag kommunaler Sozialberichterstattung zur Planung bedarfsgerechter Hilfen, in: Brülle/Reis (Hrsg.), Neue Steuerung in der Sozialhilfe, Neuwied/Kriftel 2001, S. 149.
195 Zu den quantitativen Methoden wie Regressionen, Korrelationen, Clusteranalysen, Simulationen vgl. Markus, Perspektiven der Sozialplanung durch Einsatz quantitativer Methoden, in: Asam/Heck/Specht (Hrsg.), Kommunale Sozialplanung, Bielefeld 1987, S. 148 ff.
196 Klocke, Methoden der Armutsmessung, Zeitschrift für Soziologie 2000, S. 313 ff.; Bartelheimer, Sozialberichterstattung für die „Soziale Stadt" – Methodische Probleme und politische Möglichkeiten, Frankfurt a.M. 2001; Mardorf, Konzepte und Methoden von Sozialberichterstattung, Wiesbaden 2006, S. 49 ff.
197 Hierzu etwa: Stein/Walther, Die Region – Planungseinheit oder sozialer Raum, in: Bolay/Herrmann, Jugendhilfeplanung als politischer Prozeß, Neuwied/Kriftel/Berlin 1995, S. 215 f.

deskreis) eine Rolle? Wie wird Armut gemessen und definiert, als relative Einkommensarmut, Fürsorgebedürftigkeit, physisches Überlebensproblem oder im Blick auf gesellschaftliche Entfaltungsmöglichkeiten gar als Lebenslagen- oder Bildungsarmut? Diese Fragen zeigen nicht zuletzt, dass die in Sozialberichterstattungen zu Zwecken statistischer Abbildung sozialer Phänomene und Ursachenzusammenhänge gebildeten **sozialen Indikatoren** nur als Hilfskonstruktionen mit grundsätzlich geringer Aussagekraft angesehen werden können und als Ergebnisse oft latent vorhandener (alltags-)theoretischer Grundprämissen weiterer Interpretation bedürfen, wenn das Beobachtungsfeld möglichst unverfälscht erfasst werden soll.[198]

Zu welchen Ergebnissen man in Ansehung der vielen methodischen Probleme auch immer kommen mag – aus dem Blickwinkel einer **pragmatischen Vorgehensweise** wird vorgeschlagen, mindestens die Beobachtungsfelder Einkommen, Bildung, Erwerbsarbeit, Wohnungsversorgung, Gesundheit und Sozialraum zu untersuchen und die hierauf bezogenen Daten nach Gruppenmerkmalen zu differenzieren, wie Geschlecht, Nationalität, Alter, Lebens- und Haushaltssituation, Erwerbsstatus.[199] Soweit möglich sind zu Zwecken der Leistungsplanung regelmäßig und fortdauernd möglichst kleinräumig verfügbare Daten zur Bevölkerungsstruktur (Demografie), zur Sozialstruktur (soziale Ungleichheit), zu staatlichen Interventionen (Geschäftsstatistiken, Fallzahlen) und zum sozialen Verhalten zu eruieren und auszuwerten (durch Dokumentenanalyse, Beobachtung, Befragung).[200] Typische Belastungsfaktoren wie Fürsorgebedürftigkeit, Arbeitslosigkeit, Alleinerziehendenhaushalte und defizitäre Wohnsituationen sind in Beziehung zu setzen zu der Häufigkeit der Inanspruchnahme von Sozialleistungen, um den Versorgungsgrad der Wohnbevölkerung innerhalb abgegrenzter Gebiete (Stadtgebiete, Quartiere, kreisangehörige Gemeinden) ermitteln zu können.[201] Die Einbeziehung von Bevölkerungstrends wie der zukünftige demografische Altersaufbau, Abwanderungsbewegungen sowie zu erwartende Pendlerströme verdichten das Bild innerhalb der letztlich zu erarbei-

115

---

198 Dies gilt insbesondere unter dem Anspruch einer „bedürfnisgerechten" Planung, die ohne Einnahme einer advokatorischen Grundhaltung zugunsten der „Betroffenen" nicht gelingen kann: Ortmann, Bedürfnis und Planung in sozialen Bereichen, Opladen 1983, insb. S. 133 ff. sowie: Hübner/Sallmon/Wagener, Kleinräumige Gliederung, Beschreibung und Analyse sozialer Räume, in: Lukas/Strack (Hrsg.), Methodische Grundlagen der Jugendhilfeplanung, Freiburg 1996, S. 30 ff.; kritisch zu Richtwerten und Orientierungsdaten auch Kühn, Kommunale Sozialplanung, Stuttgart 1975, S. 83.
199 Bartelheimer, Der Beitrag der kommunalen Sozialberichterstattung zur Planung bedarfsgerechter Hilfen, in: Brülle/Reis (Hrsg.), Neue Steuerung in der Sozialhilfe, Neuwied/Kriftel 2001, S. 149 f.; zu den Merkmalen zur Beschreibung und Analyse sozialer Räume auch: Hübner/Sallmon/Wagener, Kleinräumige Gliederung, Beschreibung und Analyse sozialer Räume, in: Lukas/Strack, (Hrsg.), Methodische Grundlagen der Jugendhilfeplanung, Freiburg 1996, S. 64 ff. sowie zu den kommunal verfügbaren Daten vgl.: Mardorf, Konzepte und Methoden von Sozialberichterstattung, Wiesbaden 2006, S. 192 ff.
200 Bartelheimer, Der Beitrag der kommunalen Sozialberichterstattung zur Planung bedarfsgerechter Hilfen, in: Brülle/Reis (Hrsg.), Neue Steuerung in der Sozialhilfe, Neuwied/Kriftel 2001, S. 153 f. sowie ferner zu den empirischen Methoden der Bedürfnisermittlung auch: Lukas, Bedürfnisermittlung im Prozess der Jugendhilfeplanung, in: Lukas/Strack (Hrsg.), Methodische Grundlagen der Jugendhilfeplanung, Freiburg 1996, S. 142 ff.
201 Berner/Maykus, Kommunale Jugendhilfe- und Sozialberichterstattung – Baustein einer modernisierten Kinder- und Jugendhilfe, NDV 2002, S. 445.

tenden graphischen, tabellarischen oder kartographischen Darstellungen.[202] Bedenkenswert erscheint im Übrigen die Installierung eines Kreislaufsystems zwischen individualisierter und generalisierter Bedarfsplanung: So sind die im Rahmen individueller Hilfeplanverfahren und Eingliederungsvereinbarungen (vgl. etwa §§ 12 SGB XII, 15 SGB II, 36 Abs. 2 SGB VIII) gewonnenen Informationen nicht nur für die individuelle Falldiagnose und -planung, sondern auch als Datengrundlage für die Sozialplanung und Sozialberichterstattung nutzbar zu machen, deren Ergebnisse ihrerseits wiederum zur Fortentwicklung von Konzepten der Einzelfallhilfe beitragen (Rz. 112).[203] Auf diese Weise lassen sich rein statistisch ermittelte Risikokonstellationen mit stärker an den Lebenslagen der Betroffenen orientierten qualitativen Untersuchungsergebnissen anreichern, um so zu genaueren Wirkungs- und Interessenanalysen zu kommen.

III. Bildungsplanung und Bildungsberichterstattung

1. Bildungsplanung

a) Bedeutung

116 „Bildungsplanung kann als ein Mittel verstanden werden, das Bildungssystem eines Landes ... in seinen Strukturen systematisch zu beschreiben und auf dieser Grundlage nach bestimmten Zielvorstellungen ein Modell für seine Weiterentwicklung oder Umwandlung zu entwerfen. Bestandteil solcher Planung ist eine Prognose der quantitativen Entwicklung ... Sie sollte darüber hinaus angeben, welche gezielten Maßnahmen ... erforderlich sind, um die vorgestellten Entwicklungsziele zu erreichen."[204] Abgesehen von speziellen Kapazitätsplanungen im Schulbereich und speziellen Infrastrukturplanungen in der Öffentlichen Jugendhilfe (Rz. 89, 124) ist eine **integrierte Bildungsplanung** auf kommunaler Ebene, die sämtliche im Lebenslauf eines Menschen bedeutsame Bildungsangebote erfasst und systematisch weiterentwickelt, jedoch erst in Umrissen und zudem nur unter sektoral eingeschränkter Fragestellung erkennbar (gemeinsame Jugendhilfe- und Schulentwicklungsplanung, Ganztagsschule und Übergänge Schule-Beruf, Qualifizierungs- und Innova-

---

202 Zur prognostischen Dimension vgl.: Kühn, Kommunale Sozialplanung, Stuttgart 1975, S. 78 ff.; zur Art der Darstellung vgl.: Hübner/Sallmon/Wagener, Gliederung, Beschreibung und Analyse sozialer Räume, in: Lukas/Strack (Hrsg.), Methoden der Jugendhilfeplanung, Feiburg 1996, S. 84 ff.; eine Auswertung bundesdeutscher Sozialberichte findet sich bei: Kläui, Zauberwort Sozialberichterstattung, Taunusstein 2007, S. 104 ff.
203 Luthe, in: Hauck/Noftz, SGB XII, Berlin 2004, § 12 Rz. 1; Luthe, Sozialplanungsrecht, ZfS 1994, S. 838 f.
204 Vgl.: Von Friedeburg/Oehler, Staatliche Bildungsplanung, in: Lenzen (Hrsg.), Enzyklopädie Erziehungswissenschaft, Bd. 5, Stuttgart 1997, S. 247.

tionsnetzwerke).²⁰⁵ Bisherige Konzepte der Bildungsplanung entstammen weitestgehend dem Bereich überregionaler Bundes- und/oder Landesplanung. Sie hatten ihre Hochphase in den sechziger und siebziger Jahren des letzten Jahrhunderts, mithin in Zeiten akuten Akademikermangels und neuer Schulversuche, sind jedoch, nicht zuletzt als Folge gravierender Fehlprognosen, relativ schnell in die Bedeutungslosigkeit herabgesunken.²⁰⁶ Unter dem Eindruck gesellschaftlicher Bildungsarmut²⁰⁷ als einer wesentlichen Ursache für soziale Ungleichheit und nicht zuletzt in Anbetracht wachsender betrieblicher Qualifizierungsbedarfe aber ist die Bildungsreformdiskussion in eine neue Phase eingetreten, die in ihren Effekten auch zur **Wiedergeburt der Bildungsplanung** führen dürfte, allerdings unter nahezu völlig veränderten Vorzeichen: als bildungsrelevant ist heute nicht nur der institutionalisierte Bildungsprozess und Bildungsabschluss, sondern sind auch und gerade das gesellschaftliche Sozialisationsumfeld und die informellen Fähigkeiten der Bildungsadressaten anzusehen. Bildung als Ergebnis multifaktorieller gesellschaftlicher Einflüsse kann deshalb nicht als zentral steuerbare, sondern muss als kleinräumig angelegte und in Prozessen kreativer Kooperation zu planende und zu implementierende Größe betrachtet werden. Der enge Zusammenhang von Bildung, Sozialstruktur und Lokalökonomie verdeutlicht zudem den hochdynamischen Charakter kleinräumiger Bildungsplanung und damit ihren fortwährenden Erneuerungsbedarf. Bildungsplanung ist – im Gegensatz zur Planungseuphorie früherer Zeit – nicht geeignet, die Gesellschaft zu „revolutionieren"; sie will „Effekte" und ist von daher ein technologisches Instrument der Machbarkeit von Bildungserfolgen ebenso wie ein Analyserahmen für zu erwartende Prozesse ihres Scheiterns. Deshalb ist im Rahmen reflexiver Planung des Planens grundsätzlich beides erforderlich – die Möglichkeit flexiblen Umsteuerns ist systematisch ebenso einzukalkulieren wie das robuste Festhalten an Zielen trotz sporadischer Misserfolge. Auf reflexiver Ebene ist es kein Widerspruch, Redundanz und Varietät gleichermaßen zu steigern. Vor allem die für Sozial- und Bildungsplanungen typischen Wirkungsprobleme (Rz. 62) legen in die-

---

205 Maykus, Kommunale Bildungsberichterstattung – Basis der Planung kommunaler Bildungsräume, in: Deinet/Icking (Hrsg.), Jugendhilfe und Schule, Opladen 2006, S. 231 ff.; Merchel, Kooperation auf der Planungsebene: Jugendhilfeplanung und Schulentwicklungsplanung, in: Hartnuß/Maykus (Hrsg.), Handbuch Kooperation von Jugendhilfe und Schule, Berlin 2004, S. 593 ff.; Mack/Harder/Kelo/Wach, Lokale Bildungslandschaften, Projektbericht des Dt. Jugendinstituts 2006 (Internet); Deinet/Icking, Schule in Kooperation, in: Appel u.a. (Hrsg.), Jahrbuch Ganztagsschule, Schulkooperationen, Schwalbach 2005, S. 13; Deitmer, Management regionaler Innovationsnetzwerke, Baden-Baden 2004; Wohlfahrt, in Landesinstitut für Qualifizierung in NRW (Hrsg.), Kooperation und Vernetzung in der Weiterbildung, Bielefeld 2006; Reulecke, Der Modellversuch „Wissensmanagement für Berufsbildung in vernetzten Regionen" sowie Ritter, Unternehmenszirkel als Lernkooperation, beides in: Prätorius/Oesten/Zabel (Hrsg.), Eine lernende Region – Konzepte, Projekte, Perspektiven, Braunschweig 2006, S. 119, 137.
206 Vgl. näher: Von Friedeburg/Oehler, Staatliche Bildungsplanung, in: Lenzen (Hrsg.), Enzyklopädie Erziehungswissenschaft, Bd. 5, Stuttgart 1984, S. 248 ff.
207 Vgl. hierzu – anstatt vieler – die Beiträge in: Opielka (Hrsg.), Bildungsreform als Sozialreform, Wiesbaden 2005.

ser Hinsicht nahe, dass neben der Wirkungsanalyse auch über Konzepte der Entscheidungsrechtfertigung nachgedacht werden sollte.[208]

b) Sozial- und wirtschaftspolitische Funktion

117 Bildungsplanung und Sozialplanung sind in ihrer Abfolge und in den einzelnen Planungsschritten im Wesentlichen identisch (Rz. 95, 108), vor allem wenn der Bildungsgedanke in den Dienst einer **sozialpolitischen Funktion** gestellt wird und neben den institutionellen Rahmenbedingungen das gesamte gesellschaftliche Bildungsumfeld von Bildungsadressaten ins Blickfeld gelangen soll. Lediglich die Art der Fragestellung ändert sich. Bildungsanstrengungen für „Benachteiligte", „Alleinerzieherhaushalte", „Erwerbslose" oder „Migranten" usw. erfordern zunächst den gleichen Überblick über die sozialräumlichen Bedingungen der Wohnbevölkerung wie im Sozialplanungsbereich, haben darüber hinaus jedoch gezielt auch die Versorgung mit Bildungsangeboten, das jeweilige Bildungsniveau sowie die Bildungserwartungen von Wohnbevölkerung und Betrieben in Relation zu den lokalen Wirtschafts- und Arbeitsmarktbedingungen, aber auch im Hinblick auf bestehende Zutrittsbarrieren für kompensierende und weiterführende Bildung zu ermitteln. Insbesondere die verfügbaren Integrations- und Bildungsmaßnahmen des Schul- und Sozialrechts (vorschulische und schulische Betreuung und Förderung, Kinder- und Jugendhilfe, Arbeitsförderung und Grundsicherung für Arbeitsuchende, berufliche Rehabilitation) bedürfen besonderer Abstimmung zwischen den lokal ansässigen Verwaltungen, Verbänden und Unternehmen im Rahmen erforderlicher Bestands- und Bedarfsermittlungen. Angesichts der im Vergleich zur staatlichen Arbeitskräftevermittlung effizienteren Vermittlung durch private Vermittlungsdienste[209] wäre in diesem Zusammenhang auch zu überlegen, inwieweit sich durch integrierte Formen von Privatvermittlung (vgl. § 37 SGB III sowie § 16 Abs. 1 SGB II), Qualifizierung und Beratung positive Effekte für das lokale Arbeitskräftematching, mithin den Ausgleich von Arbeitsangebot und Arbeitsnachfrage, erzielen lassen.

118 Weitere Inhalte kommen ins Spiel bei Zuspitzung auf die **wirtschaftspolitische Funktion** von Bildung. Lebenslanges Lernen im Kontext einer dynamischen Lokalökonomie mit hohem Qualifizierungsbedarf ist alles andere als ein Randgruppenthema. Hier ist bereits die zu betreibende „Initiierungsphase" verglichen mit der auf einer Typik sozialer Problemlagen beruhenden Sozialplanung eine gänzlich andere. Die gängigen Konzepte aus dem Sozialsektor sind dabei wenig hilfreich. Denn nunmehr sind Kenntnisse über interne betriebliche Strukturen, Branchen, Marktanteile und das Entwicklungspotential einzelner Wirtschaftsbereiche gefragt.[210] Derar-

---

208 Eine solche Ausstattung mit innerer Robustheit bei gleichzeitiger Aufgeschlossenheit für das Neue ist regelmäßig auf Argumentation angewiesen als einer Ersatzstrategie für Prozesse, die im Sinne strenger Kausalanalyse einstweilen nicht zu haben sind: Luthe, Sozialtechnologie, Archiv für Wissenschaft und Praxis der sozialen Arbeit 2003, S. 26 ff.
209 Winterberger, Öffentlich geförderte Vermittlung von Arbeitslosen, Baden-Baden 2008.
210 Näher Timmermann, Bildungsökonomie, in: Tippelt (Hrsg.), Handbuch Bildungsforschung, Wiesbaden 2005, S. 107 f.

tiges Wissen erschließt sich dem Bildungsplaner nur in intensiver Zusammenarbeit mit den relevanten Unternehmen. Und gerade hierin kann eine der größten Hürden für die kommunale Bildungsplanung gesehen werden (Rz. 6, 12). Wenngleich – der grundlegende **Modernisierungsbedarf des beruflichen Qualifizierungswesens** ist bekannt (Rz. 76):

- Neue Lernorte in enger Zusammenarbeit von Berufsschule und Betrieben sind zu entdecken.
- Die Modularisierung der Aus- und Weiterbildung mit dem Ziel der Entwicklung passgenauer Qualifikationen sowie verstärkter Durchlässigkeit und Kombinierbarkeit der Ausbildungswege und Berufsbilder ist voranzutreiben.
- Die strukturelle Verankerung von (innerbetrieblicher und außerbetrieblicher) Weiterbildung in der Erwerbstätigkeit ist zu intensivieren, im Wege zwischenbetrieblicher Kooperationen näher zu gestalten und mit dem Ziel der Standortentwicklung öffentlich zu fördern.[211]
- Zudem ist die allgemeine Ausbildungsfähigkeit, Trainierbarkeit (training on the job) und Innovationsfähigkeit von Ausbildungssuchenden, Arbeitsplatzsuchenden und Beschäftigten in den Blick zu nehmen, insofern ein Interesse des Arbeitgebers an geringen Trainingskosten und innovativen Entscheidungen auf sämtlichen Unternehmensfeldern unterstellt werden kann.

Deshalb kommt es nicht nur auf das Niveau arbeitsplatznaher instrumenteller Fähigkeiten, sondern auch auf das verfügbare Bildungs- und Entwicklungspotential, mithin das kulturelle Kapital und die Selbstorganisationsfähigkeit von Erwerbspersonen schlechthin an.[212] Indes profitieren nicht nur Unternehmen und ihre Mitarbeiter von Bildung.

119

Generell kann gesagt werden:

Je höher das Qualifikationsniveau in einem Wirtschaftsraum, desto besser ist die Beschäftigungsentwicklung und desto höher das kommunale Steueraufkommen.[213]

Besondere Brisanz kann in dieser Hinsicht jedoch dem Umstand zugeschrieben werden, dass der bereits heute zu beklagende Mangel an Fachkräften den Standortwettbewerb von Regionen verschärfen wird. Hierauf müssen sich Unternehmen und Regionen durch eine vorausschauende Qualifizierungspolitik frühzeitig einstellen, wie etwa durch Integration zusätzlicher Bevölkerungsgruppen in den Arbeits-

---

211 Senatsverwaltung für Arbeit, berufliche Bildung und Frauen, Berliner Memorandum zur Modernisierung der Beruflichen Bildung, Berlin 1999; zu Erfordernissen heutigen betrieblichen Lernens mit und durch die Arbeit und zur Überwindung von Weiterbildungskonzepten im Sinne eines „Lernens auf Vorrat" durch eine entwicklungsbegleitende Weiterbildung vgl.: Meyer Dohm, Lernen und Kompetenzentwicklung, in: Prätorius/Oesten/Zabel (Hrsg.), Eine Lernende Region – Konzepte, Projekte, Perspektiven, Braunschweig 2006, S. 23 sowie: Schiersmann, Berufliche Weiterbildung, Wiesbaden 2007, S. 84 ff.
212 Timmermann, Bildungsökonomie, in: Tippelt (Hrsg.), Handbuch Bildungsforschung, Wiesbaden 2005, S. 91.
213 Farhauer/Granato, Standortfaktoren und Branchenmix entscheidend für Beschäftigung; IAB-Kurzbericht, Ausgabe Nr. 4 vom 24.3.2006.

markt (Frauen, Migranten, Ältere) und durch eine schnellere Wiedereingliederung von Personen in Beschäftigung nach der Familienphase.[214]

c) Planungsschema

120 Trotz weitgehender Identität von Sozial- und Bildungsplanung vor allem in ihrem formalen Aufbau (Rz. 117) muss das bisherige (Sozial-)Planungsschema (Rz. 95, 108) jedoch noch um einige **spezielle Aspekte der Bildungsplanung** ergänzt werden. Ist der gesamte kommunale Bildungsraum in all seinen Facetten Planungshorizont und insofern das Modell einer multidimensionalen Bildungslandschaft tonangebend (Rz. 13), so kommen auch die Qualifizierungserfordernisse der lokalen Wirtschaft und des Arbeitsmarktes ins Spiel, für die das bisherige, indes anknüpfungsfähige Sozialplanungsschema noch nicht aussagekräftig genug ist. Zudem kann Bildungsplanung bei entsprechend eingeschränkter Planungsperspektive auf die Qualifizierungserfordernisse der lokalen Wirtschaft und des Arbeitsmarktes auch isoliert von Sozialplanung betrieben werden (Rz. 15), was im Gegensatz zur vergleichsweise offen konzipierten Sozialplanung ebenfalls einen bereichsspezifischen Zuschnitt erfordert. Bei der **Beteiligung der Unternehmen** an der Planungsarbeit muss allerdings grundsätzlich mit einem Mangel an Zeit und bei kleineren und mittleren Unternehmen auch einem Mangel an Personal und Verständnis für Erfordernisse übergreifender Bildungsplanung gerechnet werden. Dem kann nur bei ausreichender Verdeutlichung von Synergieeffekten und Prestigegewinnen anzustrebender Vernetzung im Dienste höherer Bildungsqualität in der Vorbereitungsphase der Planung entgegen gewirkt werden (Rz. 60, 169). Weil der Erfolg derartiger Werbemaßnahmen aber kaum kalkulierbar erscheint und mit Fehlschlägen gerechnet werden muss, ist zunächst Hartnäckigkeit gefragt. Das flankierende Engagement einer für Bildung aufgeschlossenen Lokalpresse kann hierbei hilfreich sein.

121 Bildungsplanung im engeren Sinn beruht mithin auf den folgenden Prozessschritten:

Entscheidungsvorbereitung
- Interessenbekundungsverfahren[215] (etwa Befragungen, öffentliche Ankündigung).
- Struktur des Netzwerks/der Kooperationsbeziehungen (Welche Partner sind zu erwarten? Heterogenität der Partner? Welche Branchen? Wer gehört in den Lenkungsstab?)
- Organisationsstruktur des Netzwerks (Rz. 82; Ansiedlung des Lenkungsstabes in der Verwaltung oder Verselbstständigung des Trägers?).

---

214 Prätorius/Warnecke, in: Prätorius/Oesten/Zabel (Hrsg.), Eine Lernende Region – Konzepte, Projekte, Perspektiven, Braunschweig 2006, S. 68.
215 Ein solches hat in der Bildungsplanung größere Bedeutung als in der Sozialplanung, da die Entwicklung einer Bildungslandschaft in vergleichsweise größerem Maße auf die Mitwirkung gesellschaftlicher Akteure (etwa Unternehmen, Weiterbildungseinrichtungen, Eltern) angewiesen ist.

- Reflexion möglicher Formen der Zusammenarbeit (lose oder verbindliche Zusammenarbeit mittels Kooperationsvereinbarungen[216], Dauer der Zusammenarbeit).

Zielfindung
- Einschätzung der Zielkomplexität je nach Heterogenität der mitwirkenden Netzwerkpartner.
- Strategische Ziele (Rz. 71, 90, 100; etwa Stärkung der Familienbildung oder der betriebsbezogenen Weiterbildung)
- Operative Ziele (etwa Abstimmung von Bildungsangeboten, gemeinsame Qualitätsentwicklung, gemeinsame Projekte).

Bestandsanalyse
- Ermittlung aussagekräftiger Informationsquellen (Branchenberichte der Wirtschaftsförderung, Materialien von Kammern, Gewerkschaften und Arbeitgeberverbänden wie etwa Erhebungen des Instituts der deutschen Wirtschaft, Forschungsberichte der Hochschulen, Protokolle von Fachausschüssen oder Fachveranstaltungen, auch Schulstatistiken, Statistiken der Bundesagentur für Arbeit, gemeinsame Erhebungen des Bundesinstituts für Berufsbildung und des Instituts für Arbeitsmarkt- und Berufsforschung, ferner Betriebspanel des IAB, Darstellung der Branchenstruktur beim Statistischen Bundesamt, VHS-Statistik, „Berichtssystem Weiterbildung" des BMBF, Prüfungs- und Teilnehmerstatistiken, KURS-Datenbank, WIS-Datenbank, ggf. eigene Erhebungen und Befragungen in gemeinsamen Workshops mit der Wirtschaft).[217]
- Erfassung der Grunddaten (Rz. 122; Arbeitsmarkt und Beschäftigung nach Wirtschaftsbereichen, Ausbildungsstellen, Gewerbeanmeldungen und Gewerbesteuer, Schulabschlüsse, lokale Wirtschaftsdynamik allgemein und nach Branchen, Branchenmix und Kernbranche, Struktur öffentlich geförderter Beschäftigung und Qualifizierung, Sozialraumdaten und Bevölkerungsstrukturdaten, Personen ohne Schul- oder Berufsabschluss, Hochschulabschlüsse nach Fachgebieten in Relation zur Branchenstruktur).
- Erfassung von Branchendaten (Kundenanforderungen, Beschäftigungs- und Qualifikationsstruktur, Standorte, Outsourcing, Ausbildungsplätze, Öffentliche Förderung von Beschäftigung, Entwicklung von Arbeitslosigkeit, Förderung von Aufstiegsfortbildungen).
- Erfassung der Bildungsangebote (Rz. 72–81, 122; Schule und Hochschule, Weiterbildung, Kultur, Familienarbeit, jeweils nach Sozialräumen und Einzugsbereichen von Betrieben; Anteil öffentlich bzw. privat finanzierter Bildung, Kosten der Bildungsangebote).
- Erfassung der Qualifikationsstruktur nach Branchen (etwa Ermittlung von Stellenanforderungen und tatsächlich vorhandenen Qualifikationen).

---

[216] Vgl. als Beispiel für ein Kooperationsvereinbarung: „Kooperationsvereinbarung RegioNet OWL zwischen den Netzwerkmitgliedern" (Internet).
[217] Vgl. zu einigen dieser Quellen auch: Schiersmann, Berufliche Weiterbildung, Wiesbaden 2007, S. 111 ff.

- Analyse des Qualifizierungsbedarfs und bestehender Personalentwicklungsaktivitäten in einzelnen Unternehmen.

Bedarfsschätzung
- Ermittlung der Bildungs- und Qualifizierungsbedarfe (Trendaussagen aus Fachdiskussionen/Einschätzungen lokaler Betriebe/Entwicklungszielen regionaler Wirtschaftsförderung und Stadtplanung im Hinblick auf die Entwicklung des Erwerbspersonenpotentials und Fachkräftebedarfs sowie im Hinblick auf betriebliche und sonstige Formen des Selbstlernens; Ermittlung der Struktur unbesetzter Stellen; Einbeziehung eigener Bedarfsschätzungen der Betriebe;[218] Nachfrage in Relation zu den verfügbaren Angeboten der Weiterbildung; Berufsbildungsbericht des BMBF zu relevanten Entwicklungstrends[219]).

Maßnahmeprogramm
- Entwicklung und Implementation von Strategien betrieblicher Personalentwicklung (Rz. 78, 79, 118, z. B. Verbesserung der betrieblichen Kommunikation, Umstrukturierung von Arbeitsbereichen, Einführung von Qualitätsmodellen, Steigerung der Innovationsfähigkeit und Schärfung des Unternehmensprofils, Suche nach verfügbaren Weiterbildungsangeboten und Auftragsvergabe).
- Entwicklung und Implementation von Maßnahmen der Qualitätsentwicklung und -kontrolle von Bildungsangeboten (institutionell verankert in den Betrieben, Schulen oder bei den Weiterbildungsanbietern oder durch externe Organisationsberatung).[220]
- Entwicklung eines kontinuierlichen Berichtssystems über die regionale bzw. lokale Bildungsentwicklung (Rz. 150).
- Entwicklung neuer Bildungsangebote, ggf. in Pilotprojekten oder Pilotbranchen (Rz. 24 ff., 40, 46), ggf. untergliedert in Formen des arbeitsgebundenen, arbeitsverbundenen und arbeitsorientierten Lernens,[221]ggf. durch Verzahnung schuli-

---

218 24 % der untersuchten Unternehmen führen eigene Analysen über den zukünftigen Personal- und Qualifikationsbedarf durch. Bei Unternehmen mit mehr als 1000 Mitarbeitern ist dies zu 71 % der Fall. 17 % der Unternehmen verfügen über ein gesondertes Budget für die Weiterbildung. In 24 % aller Unternehmen gibt es eine für Bildung zuständige Organisationseinheit: Schiersmann, Berufliche Weiterbildung, Wiesbaden 2007, S. 190 f.
219 Bundesministerium für Bildung und Forschung, Berufsbildungsbericht 2005, Bonn 2005, S. 264 ff.
220 Zum Bildungscontrolling in Betrieben vgl. Kailer, Steuerung betrieblicher Kompetenzentwicklungsprozesse: Controlling betrieblicher Weiterbildung und Personalentwicklung in österreichischen Unternehmen, in: Kailer u. a. (Hrsg.), Betriebliche Kompetenzentwicklung, Praxiskonzepte und empirische Analysen, Wien 2001, S. 55 ff.; zu den Evaluationsansätzen öffentlicher Weiterbildungseinrichtungen vgl. die Übersicht bei: Freigang, Qualitätsmanagement in der Weiterbildung, Saarbrücken 2007, S. 16–23.
221 Arbeitsgebundenes Lernen: Lernort und Arbeitsplatz sind identisch (bspw. Lerninseln und betriebliche Lernstationen verbunden mit Arbeitsgruppen und Qualitätszirkeln); arbeitsverbundenes Lernen: räumliche und arbeitsorganisatorische Verbindung zwischen Lernort und Arbeitsplatz (bspw. Technikzentren und Musterausbildungsplätze); arbeitsorientiertes Lernen: Lernort und Arbeitsplatz sind räumlich und arbeitsorganisatorisch getrennt (bspw. Lernfabriken und Produktionseinrichtungen in Bildungsstätten); vgl. hierzu: Schiersmann, Berufliche Weiterbildung, Wiesbaden 2007, S. 86; neuerdings auch Dobischat/Düsseldorff/Fischell, Leitfaden für die Qualifizierungsberatung von kleinen und mittleren Unternehmen, Trier 2008 (Internet).

scher und beruflicher Lernorte (Rz. 72), ggf. unter Einbeziehung der Familien in die Bildungsarbeit ihrer Angehörigen.
- Förderung des Wissenstransfers zwischen Hochschulen, Forschungseinrichtungen und Wirtschaft (Rz. 77).
- Schaffung von Kompetenzentwicklungsberatungsstellen und entsprechender Informationssysteme für die Bevölkerung,[222] Einrichtung von „Bildungsbüros" mit Serviceaufgaben für lokale Schulen (Rz. 196).[223]
- Entwicklung neuer Finanzierungsformen zugunsten lebenslanger Bildung unter Einbeziehung von Wirtschaft, Kreditinstituten und Politik (Lernzeitkonten, Bildungsgutscheine, gemeinsame Bildungsfonds kooperierender Unternehmen, Bildungssparen und Bildungskredite, kommunaler Entwicklungsfonds).

2. Bildungsberichterstattung

Eine eigenständige und integrierte Bildungsberichterstattung auf regionaler bzw. lokaler Ebene ist bislang erst in Umrissen erkennbar. Gegenwärtig vorherrschend sind **Bildungsberichte** auf der Ebene des Bundes, der Länder und im europäischen Vergleich[224], nicht zu vergessen die Analysen des Instituts für Arbeitsmarkt- und Berufsforschung und des Bundesinstituts für Berufsbildung insbesondere zur beruflichen Bildung.[225] Nichtsdestoweniger wurde von der Kommission des 12. Kinder- und Jugendberichts der Aufbau einer kommunalen Bildungsplanung unter besonderer Berücksichtigung einer gemeinsamen Jugendhilfe- und Schulentwicklungsplanung als wesentlich erachtet.[226] In methodischer Hinsicht kann bei der regionalen und lokalen Bildungsberichterstattung über weite Strecken auf das Arsenal der Sozialberichterstattung zurückgegriffen werden (Rz. 113), zumal viele kommunale Sozialberichte auch Angaben zum Bildungsniveau der Bevölkerung, wenngleich in erster Linie im Kontext schulischer Bildung, enthalten.[227] Inhaltlich aber ändert sich im Vergleich zur Sozialberichterstattung vieles. Es ist nicht nur der veränderte Bezugsrahmen in Rechnung zu stellen, wenn etwa anstatt sozialer Randgruppenprobleme das Qualifizierungsniveau einer Region und der **Qualifizierungsbedarf ortsansässiger Betriebe** zur Diskussion gestellt wird (Rz. 79, 118). Auch der Informationsbedarf ist ein anderer. So können Daten relevant werden zum Bezug von Leistungen nach dem Bundesausbildungsförderungsgesetz, zur Inanspruchnahme von Volkshochschulleistungen, zur Verfügbarkeit regionaler Bildungsdatenbanken,

122

---

222 Vgl. etwa das Lernnetz Berlin-Brandenburg: www.lnbb.de oder verschiedene Weiterbildungsdatenbanken unter www.iwwb.de sowie Stiftung Warentest, Bildungstest unter www.stiftung-warentest.de bzw. www.test.de
223 KGSt-Gutachten, Regionale Bildungsbüros, Köln 2003.
224 Hüfner, Bildungsberichterstattung – Erwartungen aus der Sicht der Politik, in: Zeitschrift für Erziehungswissenschaft, Beiheft 6/2006, S. 15 ff.
225 Hierzu im Überblick: Dobischat/Düsseldorf, Berufliche Bildung und Bildungsforschung, in Tippelt (Hrsg.), Handbuch Bildungsforschung, Wiesbaden 2005, S. 315 ff.
226 BSFSJ (Hrsg.), Zwölfter Kinder- und Jugendbericht, Berlin 2005, S. 359.
227 Beispiele bei: Mardorf, Konzepte und Methoden von Sozialberichterstattung, Wiesbaden 2006, S. 232 ff. und Kläui, Zauberwort Sozialberichterstattung, Taunusstein 2007, S. 116.

zur Schul- und Hochschulbildung der Wohnbevölkerung, zum Angebotsprofil und zur Angebotsqualität ortsansässiger privater Bildungsträger,[228] zu den Aktivitäten der Betriebe hinsichtlich der Weiterbildung ihres Personals, schließlich zur Anzahl der Personen ohne Ausbildungsabschluss oder auch zu den Mobilitätsstrukturen im Schulsystem, letzteres insbesondere unter Auswertung von Daten der Schulverwaltungsämter zum prozentualen Anteil ausländischer Kinder, zur Anzahl der Jahrgangswiederholer in den verschiedenen Schultypen oder zur Anzahl der Bildungsempfehlungen für das Gymnasium in einzelnen Schulbezirken.[229]

123 **Bildungsberichterstattung** ist „die kontinuierliche, datengestützte Information der Öffentlichkeit über Rahmenbedingungen, Verlaufsmerkmale, Ergebnisse und Erträge von Bildungsprozessen. Sie soll das Bildungsgeschehen transparent machen und damit Grundlage für Zieldiskussionen und politische Entscheidungen sein. Die Bildungsberichterstattung soll dem Informationsbedarf des politisch-administrativen Systems bei der Wahrnehmung seiner Steuerungsaufgaben im Sinne eines Monitorings Rechnung tragen."[230] Gemessen an den bisherigen Anforderungen im Kontext überregionaler Bildungsberichterstattung sind folgende Aufgaben, Ziele und Strategien grundlegend:[231]

Integrierte Berichterstattung: sie erfasst die Bedeutung, die Verfügbarkeit und Qualität von Bildung im gesamten Lebenslauf des Bürgers (Frühkindliche Bildung, Schulbildung, Berufliche Erstausbildung, Hochschulbildung, Erwachsenenbildung).

Umfassender Bildungsbegriff: Relevant sind nicht nur Daten zu institutionalisierten Bildungsangeboten, sondern schlechthin sämtliche Informationen über die Grundbedingungen sozialer Teilhabe (Emanzipation, Arbeitskraftverwertungschancen, Chancengleichheit) durch Bildung unter Einbeziehung auch informeller Wege von Bildung und des soziales Umfeldes der Bildungsadressaten.

Bildungsmonitoring: Elemente eines Bildungsmonitorings sind Bildungsstandards, Vergleichsuntersuchungen (international, national, landesintern, regional), Akkreditierung und Evaluation von Bildungseinrichtungen, transparente Bildungsinformation der Öffentlichkeit.

---

228 Vgl. etwa zur Erfolgsdokumentation (Abschlussergebnisse, Wiedereingliederungserfolge und Abbruchanalyse) privater Weiterbildungsträger im Kontext staatlicher Fördermaßnahmen: Buestrich/Kalman, Qualitätssicherung in der beruflichen Bildung, neue praxis, Heft 5/2007.
229 Vorbildlich insofern die – allerdings landesweite – „Bildungsberichterstattung 2006" des Staatsinstituts für Schulqualität und Bildungsforschung, Qualitätsagentur (im Auftrag des Bayerischen Staatsministeriums für Unterricht und Kultus), München 2005.
230 Hüfner, Bildungsberichterstattung – Erwartungen aus der Sicht der Politik, in: Zeitschrift für Erziehungswissenschaft, Beiheft 6/2006, S. 48.
231 Klieme/Avenarius/Baethge/Döbert/Hetmeier/Meister-Scheufelen/Rauschenbach/Wolter, Grundkonzeption der Bildungsberichterstattung in Deutschland, in: Zeitschrift für Erziehungswissenschaft, Beiheft 6/2006, S. 129 ff.; kritisch ist den hier referierten Ergebnissen der Autoren jedoch die mangelnde Trennung der einzelnen Schritte unter dem Aspekt der Planung und Berichterstattung entgegen zu halten.

Steuerungswissen: Entwicklung indikatorengestützer Informationssysteme zur Institutionalisierung von Bildungsgängen, zur Entwicklung von Zugangsregeln und Zertifizierungssystemen, zur Bereitstellung und Verteilung von Ressourcen, zur Konzeption der Bildungsinhalte und ihrer Qualität.

Kompetenzen: Sichern die Bildungsanstrengungen zentrale Basiskompetenzen (wie Lesekompetenz, mathematische und naturwissenschaftliche Fähigkeiten, Medienkompetenz, Fremdsprachenkompetenz, soziale Kompetenzen, Selbstregulationsfähigkeit)? Wird die Nachfrage des Beschäftigungssystems nach Qualifikationen befriedigt (Rz. 78 f.)?

Bildungsabschlüsse: Erlauben die Bildungsabschlüsse treffsichere Aussagen zu den Fähigkeiten der Bildungsadressaten?

Bildungserträge: Lässt sich der investive Charakter von Bildung belegen? Inwieweit lohnt sich Bildung für den Einzelnen?

Demographie: Inwieweit werden Begabungsreserven für den Erhalt von Arbeits- und Selbstorganisationsfähigkeit über die gesamte Lebensspanne ausgeschöpft?

Bildungsausgaben und Wirtschaft: Lässt sich über die Bildungsausgaben ein Eindruck über die Qualität des Wirtschaftsstandortes vermitteln?

Personal: Steht ausreichend qualifiziertes Ausbildungspersonal zur Verfügung?

Lokale Verfügbarkeit: Sind ausreichend Bildungsangebote in Wohnortnähe vorhanden?

Bildungsbeteiligung: Stehen ausreichend Bildungsangebote für unterschiedliche Altersklassen, weiterführende Bildungsangebote zur Ermöglichung lebenslangen Lernens sowie hinreichend diversifizierte Angebote für unterschiedliche Sozialschichten zur Verfügung?

Bildungszeiten: Ist die Konzeption von Bildungszeiten sowie das Verhältnis von Regeldauer und tatsächlicher Verweildauer sachgerecht?

Übergänge im Bildungswesen (Rz. 72): Gelingen die Übergänge vom Kindergarten in die Schule, innerhalb der Schultypen, von der Schule in die Berufsausbildung, von der Berufsausbildung in die Beschäftigung, von der Arbeitslosigkeit und der Familienarbeit in die Berufstätigkeit?

Indikatoren: Zu entwickeln sind Kennziffern zur Messung von Bildungsqualität (etwa erforderliche Kompetenzen am Ende der Grundschulzeit) in bestimmten Bildungsbereichen[232] durch Verknüpfung von Basisdaten (etwa Testwerte als Messungen der erreichten Kompetenz, „Jahrgangswiederholer") mit Hinter-

---

[232] Vgl. zur Problematik ihrer genauen institutionellen Erfassung etwa im Bereich der beruflichen Bildung mit dualer Ausbildung, schulischer Ausbildung und Übergangsbildung vor dem Hintergrund nur begrenzt verfügbarer bzw. aussagekräftiger Bereichsstatistiken (etwa Berufsbildungsstatistik der Kammern und hiervon abweichender Berufsschulstatistik): Baethge/Wieck, Berufliche Bildung in der Bildungsberichterstattung, Zeitschrift für Erziehungswissenschaft, Beiheft 6/2006, S. 165, 170.

grundvariablen (etwa Bildungsgang, Geschlecht, Bildungsausgaben, individuelle Bildungsbiographie, sozialer Status)[233] und weiteren zu Interpretationszwecken erforderlichen Referenzdaten der Bevölkerungs-, Wirtschafts- und Finanzstatistik (Rz. 79).

IV. Gemeinsame Schulentwicklungs- und Jugendhilfeplanung

124 Die bislang erprobten Ansätze der Bildungsberichterstattung und Bildungsplanung weisen sämtlich einen überregionalen (Bund/Land) oder sektoral (Schule/Unternehmen) begrenzten Bezug auf. Regionale Bezüge können wir dagegen bei der Schulentwicklungs- und Jugendhilfeplanung beobachten (Rz. 89). Diese hat an Bedeutung nicht unerheblich gewonnen, seitdem im 12. Kinder- und Jugendbericht auf entsprechende Erfordernisse besserer Verzahnung beider Bereiche hingewiesen wurde.[234] Grund einer eigenständigen Beschäftigung mit diesem Themenbereich ist mithin nicht nur seine Relevanz in der aktuellen Bildungsreformdebatte, sondern auch der Umstand, dass in diesem Beispielsfeld erste praxistaugliche Planungsansätze entwickelt wurden, denen insoweit weiteres Entwicklungspotential mit dem Ziel einer integrierten kommunalen Bildungsplanung insgesamt beigemessen werden kann. Bislang beschränkt sich die Zusammenarbeit beider Bereiche auf die eher sporadische Mitwirkung von Vertretern der Schule bei der Jugendhilfeplanung und dies auch nur in Bezug auf Schulen (wie etwa Grund- und Hauptschulen), die durch ihren eigenen Einzugsbereich einen klaren sozialräumlichen Problembezug zum Planungsfeld haben. Eine Beteiligung der Jugendhilfe an der kommunalen Schulentwicklungsplanung[235] hat dagegen ebenso wie die institutionelle Zusammenführung beider Planungsbereiche nach wie vor Ausnahmecharakter (Rz. 90).[236] Im Zuge schulischer Ganztagsangebote und angesichts wachsender Probleme mit verhaltensauffälligen Schülern aber werden Angebote der Jugendhilfe zunehmend interessant für die Schulen. Umgekehrt kann der intensive Dauerkontakt zwischen Lehrer und Schüler wertvolle Informationen für präventive Hilfsangebote der Jugendhilfe zu Tage fördern.

125 Versuche einer Zusammenführung aber haben zunächst die strukturellen Unterschiede der beiden Planungsbereiche zur Kenntnis zu nehmen:

---

233 Für den Schulbereich, differenziert nach Geschlecht, Migrationshintergrund, Familienstruktur und soziale Herkunft sowie nach regionaler Herkunft vgl.: Staatsinstitut für Schulqualität und Bildungsforschung, Qualitätsagentur, Bildungsberichterstattung 2006, München 2005.
234 BMFSFJ (Hrsg.), Zwölfter Kinder- und Jugendbericht, Berlin 2005, S. 359 sowie: Freese, Aufgabe der Jugendhilfeplanung innerhalb der kommunalen Bildungsplanung, Der Landkreis 2008, S. 82.
235 Zur kommunalen Schulentwicklungsplanung vgl.: Rösner, Schulentwicklungsplanung am Ende des 20. Jahrhunderts, Recht der Jugend und des Bildungswesens 1999, S. 452 ff.
236 Merchel, Kooperation auf der Planungsebene: Jugendhilfeplanung und Schulentwicklungsplanung, in: Hartnuß/Maykus (Hrsg.), Handbuch Kooperation von Schule und Jugendhilfe, Berlin 2004, S. 593 f.; vgl. jedoch § 7 des Landesausführungsgesetzes NRW zum SGB VIII (KJFöG NRW), wonach „im Rahmen einer integrierten Jugendhilfe- und Schulentwicklungsplanung ein zwischen allen Beteiligten abgestimmtes Konzept über Schwerpunkte und Bereiche des Zusammenwirkens und über Entwicklungsschritte" entwickelt werden soll.

Die **Kinder- und Jugendhilfeplanung** versteht sich vor allem als kontinuierlicher Prozess der Bestands- und Bedarfsermittlung, beteiligt hierbei intensiv Eltern und Freie Träger der Jugendhilfe, ist angesichts einer ausgeprägten Ressourcenabhängigkeit von Jugendhilfemaßnahmen in besonderer Weise als politischer Prozess des Aushandelns zu charakterisieren, ist auf einen methodisch geschulten Zugang zu den Umfeldbedingungen Heranwachsender angewiesen und präjudiziert im Zuge ermittelter Bedarfe nicht unerheblich die Organisations- und Arbeitsstrukturen der involvierten Dienste und Einrichtungen.

Im Mittelpunkt der in den einzelnen Schulgesetzen der Länder enthaltenen Verpflichtung zur Durchführung einer **Schulentwicklungsplanung** (vgl. etwa § 80 Schulgesetz NRW) steht dagegen die Analyse und Prognose von Schülerzahlen, die Bestimmung von Raumbedarf und Ausstattungsstandards und die Berechnung der Investitions- und Folgekosten.[237] Der kommunale Schulentwicklungsplan ist daher vor allem ein Standort- und Versorgungsplan zur Sicherstellung der „äußeren" Schulangelegenheiten (Schulformen, Schulgrößen, Standorte und Räume nach mittelfristiger Entwicklung der Schülerzahlen und prognostiziertem Schulwahlverhalten der Eltern). Es handelt sich im Vergleich zur Jugendhilfeplanung hierbei mithin eher um einen technischen Prozess mit geringem Konfliktpotential, zumal für die Lehrinhalte und die Lehrerversorgung das jeweilige Bundesland, ferner für die Schulorganisation und das jeweilige Schulprofil die einzelne Schule und jedenfalls nicht der kommunale Träger zuständig ist.[238]

Die wachsende Bedeutung eigener **Profilbestimmung** durch die einzelnen Schulen aber fordert nicht nur diesen, sondern auch der kommunalen Schulentwicklungsplanung eine stärkere Auseinandersetzung mit qualitativen Aspekten des Schullebens ab. Vor allem der mit Ausweitung der Ganztagsbeschulung einher gehende Bedarf an weiteren Betreuungs- und Förderangeboten (vgl. etwa §§ 5, 9 Schulgesetz NRW)[239] begründet neue Maßstäbe auch für die schulische Raumgestaltung und Ausstattung. Parallel hierzu wächst die „Gesamtverantwortung" des Jugendamts in den Bereich der Schule hinein, hat dieses sich im Rahmen seiner Kooperationsverpflichtung nach § 81 SGB VIII auch Fragen schulischer Angebotsgestaltung zu stellen und diese in seinen eigenen Planungen nach Maßgabe des § 80 Abs. 4 SGB VIII (Abstimmung von Jugendhilfeplanung und mit anderen örtlichen und überörtlichen Planungen) hinreichend zu berücksichtigen.

---

237 Rösner, Schulentwicklungsplanung am Ende des 20. Jahrhunderts, Recht der Jugend und des Bildungswesens 1999, S. 453.
238 Maykus, Kommunale Bildungsberichterstattung – Basis der Planung kommunaler Bildungsräume, in: Deinet/Icking (Hrsg.), Jugendhilfe und Schule, Opladen 2006, S. 231, 235 ff.; Merchel, Kooperation auf der Planungsebene: Jugendhilfeplanung und Schulentwicklungsplanung, in: Hartnuß/Maykus (Hrsg.), Handbuch Kooperation von Schule und Jugendhilfe, Berlin 2004, S. 600 f.
239 Insbesondere die nordrhein-westfälischen Richtlinien zur Einführung von Ganztagsschulen sehen das Zusammenwirken von Schule, Schulträger und Jugendhilfeträger bei Umgestaltung zu einer Ganztagsschule vor.

126 Hieraus ergeben sich vor allem vier Bereiche, die als **Gegenstand gemeinsamer Planungen** in Betracht zu ziehen wären:[240]

Ganztagsbetreuung von Kindern: die bisherige Trennung der Betreuungsorte (Horte und Schulen) dürfte im Zuge vermehrter schulischer Ganztagesangebote langfristig zugunsten integrierter Betreuungsformen mit flankierenden Angeboten der Kinder- und Jugendhilfe (vgl. §§ 11, 13, 21, 24, 29, 32 SGB VIII) überwunden werden.[241] Vor allem für ältere Schüler wäre über eine intensivere Nutzung von Schulgebäuden im Rahmen offener Jugendarbeit und Jugendverbandsarbeit nachzudenken.[242]

Schulsozialarbeit: Schulen werden vermehrt mit sozialen Problemstellungen ihrer Schüler konfrontiert, die sich im normalen schulischen Alltag nicht bewältigen lassen und deshalb einen Bedarf an flankierenden Angeboten der Schulsozialarbeit (§ 13 SGB VIII) und des erzieherischen Kinder- und Jugendschutzes (§ 14 SGB VIII) begründen.

Schuleingangsphase: Kindergärten sehen sich zunehmend mit „Schulfähigkeitsprofilen" der Schulen konfrontiert, verbunden mit der Aufforderung, ihren Bildungsanteil deutlicher zu strukturieren. Die sich hieraus ergebenden Kooperationsanforderungen sollten jedoch nicht allein den einzelnen Schulen und Kindergärten überlassen, sondern in den Grundzügen bereits auf der Planungsebene definiert werden.

Schulprogramme und „Selbstständige Schule": Die Attraktivität einer Schule hängt nicht zuletzt von den besonderen sozialräumlichen Bedingungen ihres Einzugsbereiches ab. In dieser Hinsicht kann eine sozialräumlich angelegte Jugendhilfeplanung mit passgenauen Unterstützungsangeboten zur Attraktivitätssteigerung der einzelnen Schule und zur Schärfung des Schulprofils beitragen.

127 Insgesamt muss es darum gehen, Bildung, Betreuung und Erziehung zu einem Gesamtkonzept zu vereinen. Bei der Gestaltung des Schulalltags und der individuellen Förderung der Schüler sind insbesondere Ganztagsschulen hierbei verstärkt auf außerschulische Partner angewiesen.

Für die **Organisation** gemeinsamer Planung bedeutet dies:[243]
– Feststellung des quantitativen und qualitativen Bedarfs.
– Erarbeitung eines Schulkonzepts unter Einbeziehung schulbezogener Angebote der Jugendhilfe.

---

240 Merchel, Kooperation auf der Planungsebene: Jugendhilfeplanung und Schulentwicklungsplanung, in: Hartnuß/Maykus (Hrsg.), Handbuch Kooperation von Schule und Jugendhilfe, Berlin 2004, S. 605 f. sowie: Kopp, Jugendhilfeprojekte zur Kooperation von Jugendhilfe und Schule, Der Landkreis 2008, S. 87.
241 Schweinsburg/Klass, Thüringisches Grundschulkonzept, Der Landkreis 2008, S. 79.
242 Coelen, Kommunale Jugendbildung, in: Hartnuß/Maykus (Hrsg.), Handbuch Kooperation von Schule und Jugendhilfe, Berlin 2004, S. 261 ff.
243 Maykus, Kommunale Bildungsberichterstattung – Basis der Planung kommunaler Bildungsräume, in: Deinet/Icking (Hrsg.), Jugendhilfe und Schule, Opladen 2006, S. 239; Mielke, Verbindliches Zusammenwirken von Schule und Jugendhilfe, Der Landkreis 2008, S. 85.

– Gewinnung von Kooperationspartnern in der Kommune und im schulischen Umfeld.
– Planung des Einsatzes von Lehrkräften und sonstigen Betreuungspersonen, des Zeitumfangs, der Regelgruppenstärke, der Elternbeiträge, der Qualitätsstandards.
– Verknüpfung schulischer Angebote mit solchen im Schulumfeld (etwa Vereine, Musik- und Malschulen).
– Abstimmung des Schulkonzepts mit den Sozial-, Jugendhilfe- und Bildungsplanungen des kommunalen Schulträgers.
– Schaffung gemeinsamer Organisationseinheiten aus Jugendhilfe- und Schulverwaltung oder zumindest von Schnittstellen zwischen Fachbereichen (Rz. 89); ggf. Einrichtung eines kommunalen Bildungsbüros.
– Bildung einer Steuerungsgruppe unter Einbeziehung relevanter gesellschaftlicher Akteure (Rz. 82; Schulleitungen, Kindertagesstätten, Träger schulischer Betreuungsangebote, Schulamt und Jugendamt, Vereine, Elternvertreter, Jugendring, Musikschule, Arbeitsagentur).
– Entwicklung einer kommunalen Sozial- und Bildungsberichterstattung (Rz. 113, 122) auf der Grundlage von Schul- und Bildungsdaten (Schülerzahlen, Bildungsabschlüsse, Übergänge, Fördermaßnahmen, Ganztagsbetreuung, Bildungs- und Kulturangebote, außerschulische Lernorte wie Betriebe), Sozialstrukturdaten (Bevölkerungsstruktur, Arbeitslosigkeit, Einkommen, Migration, Fallzahlen aus dem Bereich der Fürsorgeverwaltung, Familienstruktur, Wohnverhältnisse, soziale Infrastruktur) und Jugendhilfedaten (Fallzahlen aus dem Bereich des Jugendamts, Angebote für Kinder und Jugendliche, Familienstruktur).[244]

D. Qualitätsmanagement

Die Entwicklung einer Bildungslandschaft kann verständlicherweise nur überzeugen, wenn man um vermehrte Bildungsqualität bemüht ist, – bei den Angeboten, den Anbietern und hinsichtlich der Ergebnisse des Zusammenwirkens der Akteure schlechthin. Ähnlich wie im Kontext von Planung dominiert beim Qualitätsmanagement die formale bzw. prozessuale Perspektive. Welche Ziele in der Sache verfolgt werden ist in der Qualitätsdiskussion eher zweitrangig und im Wesentlichen Gegenstand problemorientierter Vereinbarung zwischen den Beteiligten. Aus diesem Grund kann über weite Strecken an allgemeine Konzepte des Qualitätsmanagements angeknüpft werden, die universell sowohl in der Wirtschaft als auch im Staatswesen Verwendung finden und sowohl für die allgemeinen Rahmenbedingungen einer Bildungslandschaft als auch für einzelne Projekte von Bedeutung sind. Nach einer kurzen Einführung in die Terminologie des Qualitätsmanagements werden im Folgenden unterschiedliche Konzepte, die sich in der Bildungs- und Qua-

128

---

244 Maykus, Kommunale Bildungsberichterstattung – Basis der Planung kommunaler Bildungsräume, in: Deinet/Icking (Hrsg.), Jugendhilfe und Schule, Opladen 2006, S. 245 f.

lifizierungspraxis bereits bewährt haben, vorgestellt. Trotz annähernd gleicher Grundstrukturen bieten die einzelnen Ansätzen abhängig von den einzelnen Sektoren gleichwohl ein recht vielfältiges Bild: Die Mitarbeiterqualifizierung im Unternehmen unterliegt anderen Gesetzmäßigkeiten als die staatlich eingerahmte Qualitätskontrolle von Weiterbildungsanbietern, die Schule anderen Bedingungen als der Kindergarten oder das Jugendamt, das Bildungsgeschehen einer Region anderen Gegebenheiten als dasjenige in der einzelnen Organisation. Bei einem Vergleich der einzelnen Ansätze aber fällt auf, dass die Qualitätsdiskussion in Bezug auf Erscheinungsformen regionaler Bildungsförderung noch stark in den Anfängen steckt und entsprechende Literatur diesbezüglich kaum zur Verfügung steht (Rz. 150), während organisationsbezogene Konzepte relativ gut dokumentiert sind. Dem lässt sich in unserem begrenzten Rahmen indes kaum abhelfen – es fehlt grundlegend an einer gezielt „räumlich" ansetzenden Konzeptualisierung in Kategorien des Qualitätsmanagements. Solches aber erforderte eine eigenständige Auseinandersetzung.

I. Gegenstandsbereiche und Grunddefinitionen

129 In kommunalen Bildungslandschaften stellt sich die Qualitätsfrage in mehreren Hinsichten. Sie kann ansetzen bei der Zusammenarbeit von Bildungsanbietern (Kooperationsqualität), bei der Bewertung von Bildungsanbietern (Anbieterqualität) und bei der Bewertung einzelner Bildungsangebote (Angebotsqualität). Aussagen zur Kooperationsqualität sind regelmäßig nur dann gefordert, wenn – wie bei den geförderten Netzwerken der „Lernenden Regionen" – nicht nur die Umsetzung von Einzelmaßnahmen, sondern die Qualität des Netzwerkes als solches unter Beweis gestellt werden muss. Eine Kommune, die ihre Bildungsverantwortungen ernst nimmt, hat sämtliche dieser Qualitätsbereiche in ihre Überlegungen einzubeziehen, die insofern als institutionelle Basisbedingungen von Bildung für das Niveau einer Bildungslandschaft schlechthin konstitutiv sind. Soll die Bildungslandschaft überdies als „Markenzeichen" (Rz. 169) einer Region oder Kommune genutzt werden, so ist die vorherige Festlegung von Bildungsstandards und ihre Kontrolle durch Zertifizierungsinstanzen – seien diese nun eigenständige Gutachterinstitutionen, Verwaltungsstäbe oder Produkte einer Netzwerkkooperation – hierfür eine Grundvoraussetzung.

130 Qualitätskriterien zur **Kooperationsqualität** können sein:
- die Vernetzungsquote (Verhältnis der mitwirkenden Partner zu potentiellen Partnern),
- das Kooperationsspektrum (je nach Zielvorgabe die Heterogenität oder Homogenität der Partner),
- das Leistungsspektrum und Leistungsniveau (Quantität und Qualität der Angebote),
- das erreichte Nachhaltigkeitsniveau (die Dauerhaftigkeit der Netzwerkbeziehungen, auch in Relation zur Selbstfinanzierungsquote des Netzwerks),

D. Qualitätsmanagement

- die Zufriedenheit der Nutzer und politisch relevanter Akteure mit den Ergebnissen der Zusammenarbeit,
- die mittelfristigen Ergebnisse der Zusammenarbeit (Kindergartenquote, Weiterbildungsquote und Ausgaben für betriebliche Weiterbildung, Quote höherer Schulabschlüsse, Auszubildendenquote, Anteil bildungsferner Schichten an Bildungsangeboten, Verbreiterung der Angebotspalette, Teilnehmerstunden im Angebotsbereich der Netzwerkpartner, Förderquote im Sozialleistungsbereich),
- die langfristigen Ergebnisse der Zusammenarbeit (Beschäftigungsentwicklung und Arbeitslosigkeit, Wirtschaftsentwicklung, Bildungsniveau einer Region und sozialpolitische Resultate).[245]

Qualitätskriterien zur **Anbieterqualität** können sein: 131
- die Anzahl vermittelter Bildungsabschlüsse/Misserfolgsquote,
- die Arbeitsmarkttauglichkeit der Bildungsabschlüsse in Relation zu offenen Stellen,
- die Kompetenz des Anbieters bei Vermittlung von Teilnehmern auf offene Stellen,
- die Aussagefähigkeit von Schulprofilen und der Ausbau schulischer Betreuungsangebote,
- die Bildungsinvestitionen der Anbieter,
- das Angebotsspektrum,
- die Personal- und Raumausstattung,
- die Qualifikation von Management und Lehrkräften,
- die Ausstattung mit EDV,
- die Aussagefähigkeit von Zertifizierungen und Zeugnissen,
- die Ertragsituation von Weiterbildungsanbietern und ihre Kostenstruktur,
- die Angemessenheit der Lehrgangskosten,
- die Anwendung eines Qualitätssicherungssystems,
- die Transparenz der Bildungsangebote für die Bildungsadressaten.[246]

Bei den Qualitätskriterien zur **Angebotsqualität** gibt es einen weiten Überschneidungsbereich mit denen zur Anbieterqualität. Ergänzend kann hier zugrunde gelegt werden: 132
- die Dauer und Inhalte der Bildungsmaßnahme,
- die Arbeitsmarktnähe der Bildungsmaßnahme/betriebliche Lernphasen,

---

245 Hierzu auch: Solzbacher, Accountability in Netzwerken sowie Gnahs, Indikatoren und Messprobleme bei der Bestimmung der Lernhaltigkeit von Netzwerken, beides in: Solzbacher/Minderop (Hrsg.), Bildungsnetzwerke und regionale Bildungslandschaften, München/Unterschleißheim 2007, S. 259 ff. und S. 297 ff.
246 Vgl. im Hinblick auf Erfordernisse beruflicher Weiterbildung hierzu auch die zu § 87 SGB III erlassene Verordnung über das Verfahren zur Anerkennung von fachkundigen Stellen sowie zur Zulassung von Trägern und Maßnahmen der beruflichen Weiterbildung nach dem Dritten Buch Sozialgesetzbuch (Anerkennungs- und Zulassungsverordnung – Weiterbildung – AZWV vom 16.6.2004, BGBl. I 2004, S. 1100, abgedruckt bei Hauck/Noftz, SGB III, § 87, Anhang I/1); hierzu: Buestrich/Kalmann, Qualitätssicherung in der beruflichen Bildung, neue praxis 5/2007, S. 484.

- der Auslandsbezug der Bildungsmaßnahme,
- die Ausbildung in Mangelberufen,
- die Verbleibsquote i. S. der Verbleibsdauer des Teilnehmers in nachfolgender Beschäftigung,
- die Förderung des Lernens an außerschulischen Lernorten,
- die Entwicklung von Leseverständnis und mathematisch-naturwissenschaftlichen Kenntnissen,
- die Angemessenheit der Kursteilnehmerzahlen und Unterrichtszeiten,
- die Nutzungsquote/Nutzerfreundlichkeit/Zielgruppenadäquanz von bildungsbegleitenden Beratungsangeboten.[247]

133 Es dürfte sofort auffallen, dass die aufgeführten Qualitätskriterien keiner deduktiven Systematik entstammen, sondern nur als heuristische Ergebnisse unterschiedlicher Bildungskontexte und Bildungsannahmen aufgefasst werden können. „Was – wie – wofür – mit welcher Aussagekraft" in seiner Qualität gemessen wird ist im Wesentlichen eine Frage vorheriger Definition, die entweder im Rahmen gängiger „Selbstevaluation" durch den Bildungsanbieter selbst, von einer externen Instanz oder im Konsens zwischen beiden Beteiligten getroffen werden muss. Schon im Grundsätzlichen ist trotz vielfältiger Überschneidungen klarzustellen, ob es um Qualitätskontrolle, Qualitätssicherung oder um Qualitätsentwicklung gehen und wie weit der zugrunde liegende Untersuchungsrahmen gespannt werden soll: **Qualitätskontrolle** ist output-orientiert und an den Abnehmern der Bildungsmaßnahme ausgerichtet. **Qualitätsentwicklung** betont dagegen mit ihren Ansätzen zur Profilbildung der Gesamtorganisation und des beschäftigten Personals, ferner zu organisatorischen Abläufen die interne Perspektive der Bildungsanbieter im Sinne eines fortwährenden Reflexions- und Entwicklungsprozesses. **Qualitätssicherung** kann demgegenüber als eher technische Dimension der Planung und Evaluation (Ermittlung und Auswertung)[248] von *Strukturqualität* (etwa Organisationsaufbau und Finanzen, Personal, Technik und Didaktik), *Prozessqualität* (die Abläufe der Bildungsvermittlung) und *Ergebnisqualität* (Definition des Grades der Zielerreichung: etwa Kompetenzerwerb, Bildungsabschlüsse, Arbeitsmarkterfolge, Ertragssteigerung) verstanden werden.[249] In sämtlichen Hinsichten aber bestehen enge Zusammenhänge zum **Planungsthema,** weil bei Maßnahmen des Qualitätsmanagements zuallererst eine Vorstellung davon existieren muss, wo die Probleme liegen und mit welchen Zielen und Mitteln diesen bestmöglich begegnet werden kann (Rz. 95).

---

247 Vgl. auch AZWV, vorstehende Fußnote.
248 Die formative Evaluation vollzieht sich innerhalb des Prozesses der zu bewertenden Maßnahmen oder des zu bewertenden Projekts; die Summative Evaluation wird am Ende einer Maßnahme bzw. eines Projekts durchgeführt; zum Verhältnis von Evaluation und Qualitätsmanagement vgl. im Übrigen: Gerull, Sozialwirtschaftliches Qualitätsmanagement, Saarbrücken 2007, S. 207.
249 Maelicke, Qualitätssicherung, in: Dt. Verein (Hrsg.), Fachlexikon der sozialen Arbeit, Berlin 2007, S. 746; Ambos, Qualitätsmanagement, in: Nuissl u. a. (Hrsg.), Regionale Bildungsnetze, Bielefeld 2006, S. 145 ff.

In der Tendenz wird man jedoch sagen können: Qualität im Bildungsbereich be- *134*
misst sich weniger am Produkt, sondern an der Strukturiertheit der zum Produkt
hinführenden Verfahren und Organisationsweisen im Sinne eines „kontinuierlichen Verbesserungsprozesses."[250] Erfolgsdefinitionen wie etwa „Wiedereingliederung in den Arbeitsmarkt" oder „Erwerb eines Schulabschlusses" sind als Ergebnisse von Bildungsprozessen nur begrenzt messbar, weil dem Prozess zu viele
sich objektiver Messung entziehende Störfaktoren (soziales Umfeld, Individualfaktoren) zugrunde liegen. Für sämtliche der vorgenannten Elemente eines insofern
umfassend auf die Belange einer Organisation bezogenen „Qualitätsmanagements"
gibt es deshalb keine objektiven Gewissheiten. Es handelt sich lediglich um Hilfsmittel, welche Entscheidungsrisiken letztlich nur transparent machen, aber nicht
beseitigen können (Rz. 61 ff.). Dies gilt umso mehr, je weniger man an erreichbaren
Nahzielen Halt zu finden trachtet, je weiter mithin Ziele in die Zukunft geschoben
werden und je komplexer und mithin anfälliger für unkontrollierbare Entwicklungen sich das untersuchte Wirkungsfeld darstellt. Deshalb können die nachfolgenden
Methoden des Qualitätsmanagements nicht als Patentrezept, sondern nur als Optionen präsentiert werden, unter denen nach Bedarf ausgewählt werden muss und
die weiterer Anpassung an die jeweiligen Kontroll- und Entwicklungsziele der um
Qualität bemühten Organisationen bedürfen.

II. Konzepte des Qualitätsmanagements

Die Bedeutung von „Qualitätsmanagementsystemen, seien sie eher anbieterorien- *135*
tiert (Konzepte der Selbstevaluation, DIN EN ISO oder EFQM) oder eher nachfrageorientiert (Kunden- oder Adressatenbefragungen) ..., liegt nicht in einer einfachen
Übertragung eines bestimmten Modells auf eine Einrichtung, sondern vielmehr in
einer reflexiven Verwendung von QM-Systemen als Anregungen zur Entwicklung
eines eigenständigen einrichtungsbezogenen Qualitätsmanagements."[251] Als zentrale Aufgabe von Qualitätssicherung gilt daher die Aktivierung von Qualitätsdiskursen (Qualitätszirkel, Qualitätsbeauftragter, Betriebsvergleiche, Kundenbefragung)
im Sinne eines fortlaufenden Prozesses fachlicher Auseinandersetzung über Qualitätsstandards und Umsetzungsformen unter Einsatz zielgerichteter Evaluations-
und Dokumentationsverfahren. In der **Praxis** steht aber häufig nicht des Interesse
an Qualität, sondern der Erwerb von Zertifikaten im Vordergrund der Bestrebungen, sei es, weil man sich hiermit besser vermarkten kann, sei es, weil der staatliche
Auftrag nur unter der Bedingung eines zertifizierten Qualitätsmanagementsystems
erteilt wird. Das insofern kaum von der Hand zu weisende Risiko bloßer Vortäuschung von Qualität im Zuge ritualisiert anstatt problemorientiert betriebener Ver-

---

250 Ambos, Qualitätsmanagement, in: Nuissl u.a. (Hrsg.), Regionale Bildungsnetze, Bielefeld 2006, S. 147 f.
251 Grunwald, Qualitätsmanagement, in: Maelicke (Hrsg.), Lexikon der Sozialwirtschaft, Baden-Baden 2008, S. 819, 822.

fahrensweisen[252] wird zudem nicht unerheblich durch teilweise ausgesprochen hohe Selbstüberprüfungsanteile innerhalb der Evaluationsverfahren verschärft. Vor allem bei Erstüberprüfungen ist deshalb Methoden mit ausgeprägten **Fremdkontrollanteilen** der Vorzug zu geben, was nicht ausschließt, dass die Erstellung eines externer Überprüfung vorangehenden Selbstevaluationsberichts zur Ermittlung des Selbstbildes von Organisationsmitgliedern und des wesentlichen Organisationsbestandes hierbei nützlich sein kann.[253] In dieser Hinsicht ist Selbstevaluation immer Ausgangspunkt für Fremdevaluation und gewinnt Selbstevaluation durch Fremdevaluation umgekehrt erst die notwendige Sicherheit über die Richtigkeit des zu begehenden Weges. Hat sich ein Qualitätsbewusstsein dagegen erst einmal etabliert, so sind Konzepte eigenständiger Selbstüberprüfung nicht nur weniger risikoanfällig, im Rahmen kontinuierlicher Verbesserungsprozesse im Sinne einer „just-in-time" Qualitätssicherung vielmehr unverzichtbar. Speziell im Bildungssektor stehen unterschiedlichste Ansätze zur Verfügung,[254] die sich mit denen der Sozial- und Bildungsplanung allerdings in weiten Teilen überschneiden (Rz. 90 ff.). Gemessen an ihrer Praxisrelevanz sind hervorzuheben:

1. DIN/EN/ISO-Normenreihe 9000 ff.

136 Hierbei handelt es sich um ein weltweit gültiges, universell einsetzbares Qualitätssicherungssystem, das zur Bewertung des Leistungserstellungsprozesses in Unternehmen im Gegensatz zur Bewertung des einzelnen Produkts zur Anwendung gebracht werden kann. Nach der als Total Quality Management bezeichneten Philosophie wird davon ausgegangen, dass eine hohe Produktqualität schon dann erwartet werden kann, wenn der Herstellungsprozess den Anforderungen entspricht. Die Qualitäts-Zertifizierung selbst erfolgt mittels eines Qualitätshandbuchs, das vom zu zertifizierenden Unternehmen unter Beachtung bestimmter (reiner) Verfahrensrichtlinien selbst angelegt wird und sodann von unabhängig akkreditierten Zertifizierungsstellen in mehrstufigen Audits (System-, Verfahrens- und Produktaudits) regelmäßig beurteilt wird. Ziel ist im Wesentlichen (nur) der Nachweis, dass

---

252 Dass die Einführung von Qualitätsmanagementsystemen insbesondere bei staatlich finanzierten Weiterbildungsträgern (nach SGB III) häufig als bürokratische Pflichtübung gesehen wird und die dokumentierten Verfahren im betrieblichen Alltag kaum angewendet werden konstatieren Buestrich/Kalman, Qualitätssicherung in der beruflichen Bildung, np 5/2007, S. 479.
253 A.A. dagegen: Stahl (Selbstevaluation. Ein Königsweg zur Qualitätssicherung in der Weiterbildung?, in: Feuchthofen/Severing (Hrsg.), Qualitätsmanagement und Qualitätssicherung in der Weiterbildung, Neuwied/Kriftel/Berlin 1995, S. 88, 93), der darauf verweist, dass Selbstevaluationen aufgrund genauerer Mängelkenntnis der Organisationsmitglieder zu präziseren Ergebnissen führen und dass externe Kontrolle innovationshemmend sei, da die kontrollierten Unternehmen extern gesetzte Vorgaben über die Zeit verfolgen müssten, auch wenn sich die Anwendungssituation längst verändert hat. Fraglich ist jedoch, ob solch uneigennützige Schwächenpräsentation, gewissermaßen in einer Kultur der Offenheit, auch noch erwartet werden kann, wenn die Existenz des Unternehmens oder angedachten Bereiche auf dem Spiel stehen, wie etwa bei staatlicher Förderung oder angedachten Abteilungsschließungen.
254 Zu Ansätzen, die speziell in einzelnen Einrichtungen entwickelt wurden vgl.: Freigang, Qualitätsmanagement in der Weiterbildung, Saarbrücken 2007, S. 13–22 sowie ferner – zum Sozialsektor – die Übersicht bei: Gerull, Sozialwirtschaftliches Qualitätsmanagement, Saarbrücken 2007, S. 79 ff.

D. Qualitätsmanagement

ein Unternehmen in der Lage ist, seine eigenen Qualitätsanforderungen zu erfüllen. Bei (Bildungs-)Dienstleistungen kommt es insofern maßgeblich darauf an, alle Prozesse zur Erbringung einer wirksamen Dienstleistung zu erfassen – angefangen vom Marketing bis hin zur Lieferung, wobei der Nutzen für den Kunden vor allem in der angestrebten Unternehmenstransparenz gesehen werden kann.[255] Er weiß, worauf er sich einlässt, wenn er ein Produkt des zertifizierten Unternehmens bezieht. Das jeweilige Unternehmen hat über seine Qualität grundsätzlich selbst zu befinden und kann in dieser Weise seine Stärken in das Konzept einbringen. Insofern werden durch die Normenreihe keine Inhalte festgelegt, sondern nur Impulse freigesetzt, dies allerdings durch Vorgaben, die angesichts ihrer ingenieurwissenschaftlichen Herkunft gerade im Anwendungskontext von Bildungsdienstleistungen besonderer Interpretation bedürfen.

Grundlegend sind hierbei
- DIN EN ISO 9000 als allgemeiner Leitfaden zur Auswahl und Anwendung von DIN EN ISO EN 9001 bis 9003
- DIN EN ISO 9001 als umfassendste Norm, die sich auf den gesamten Produktionsprozess bezieht
- DIN EN ISO 9002, die sich auf Produktion, Montage und Wartung bezieht
- DIN EN ISO 9003, die sich auf die Endprüfung von Produkten erstreckt
- DIN ISO 9004, die Hilfestellung gibt bei der Anwendung vorgenannter Normen, indem einzelne Elemente eines Qualitätsmanagement-Systems benannt werden. Im Teil 2 enthält sie einen Leitfaden für Dienstleistungen.

Die **Bedeutung der DIN EN ISO 9000 ff.** muss in zweierlei Richtung gesehen werden. Zum einen ist sie ein Qualitätsnachweis für das Weiterbildungsunternehmen selbst. Zum anderen muss das adressierte Unternehmen Weiterbildung betreiben, weil bestimmte Qualitätsmanagent-Elemente des ISO-Normensystems eine systematische Personalentwicklung für alle Mitarbeiter fordern, die mit qualitätsrelevanten Tätigkeiten betraut sind (oder weil gesetzliche Qualitätsvorgaben existieren). Die wachsende Bedeutung des tätigkeitsbegleitenden Lernens in Unternehmen (etwa Teamtraining am Arbeitsplatz, Wochenendveranstaltungen, Modulangebote; Rz. 79, 81) bringt es zudem mit sich, dass die Angebote sich intensiv an den besonderen Anforderungen der Betriebe und ihrer Mitarbeiter auszurichten haben, vielfach im Unternehmen selbst stattfinden und deshalb in ihrer Qualität das Ergebnis konkreter Verhandlungen zwischen Unternehmen und Weiterbildungsträger sind, die hierbei aber ihr eigenes, gewissermaßen ISO- Norm geschultes Qualitätsbewusstsein in die Verhandlungen einbringen. Weiterbildung und Personalentwicklung rücken unter dem Erfordernis einer gemeinsamen Qualitätsperspektive daher immer näher zusammen. *137*

Für **Weiterbildungsträger** bedeutet dies, dass sie zunächst ihre Geschäftsabläufe und ihre Schnittstellen zu externen Institutionen zu bestimmen haben. Denn hier *138*

---
[255] Allgemein hierzu: Pfeifer, Qualitätsmanagement, 3. Aufl., München/Wien 2001, S. 69 ff.

liegt das eigentliche Anwendungsfeld qualitätssichernder Maßnahmen im Dienstleistungsbereich. Im Kern beruht das Qualitätssicherungskonzept der DIN ISO 9000 ff. (und im Dienstleistungsbereich vor allem der DIN ISO 9001 und DIN ISO 9004, Teil 2) auf einem Regelkreisdenken. Die durch Kundenbefragungen, Prüfungsauswertungen, Teilnehmerbefragungen und arbeitsplatz- und unternehmensbezogenen Wirkungseinschätzungen kontinuierlich zu ermittelnden Ergebnisse sind auf ihre Ziel- und Kundentauglichkeit hin zu analysieren und zur ständigen Verbesserung von Abläufen und Produkten zu nutzen.

In Anbetracht des **Punkte-Programms** der ISO EN 9001 ergeben sich hierbei folgende Anforderungen für den Weiterbildungsträger und dessen Angebote:[256]

- **Verantwortung der Leitung**: Verankerung der Qualitätssicherung in der Leitung des Bildungsträgers. Formulierung der grundlegenden Qualitätsziele. Benennung eines Qualitätsbeauftragten mit Verantwortung für die Einführung, Umsetzung und Kontrolle des Qualitätsmanagementsystems.
- **Qualitätsmanagementsystem**: Erstellung eines Qualitätsmanagementhandbuches als Richtlinie zur Dokumentation qualitätssichernder Maßnahmen des Weiterbildungsträgers zu den Bereichen Marketing, Beratung, Konzeptentwicklung, Vertragsgestaltung mit Kunden, Auftragsvergabe an Fremddozenten sowie Durchführung der Maßnahmen/Lehrveranstaltungen.
- **Vertragsüberprüfung**: Erarbeitung von Vertragsregeln bzw. Empfehlungen über die zu erbringende Bildungsdienstleistung und über flankierende Leistungen des Kunden (Räume, Anlagen, Materialien). Sicherstellung vorheriger Kundenberatung über das Produkt und die Vertragsmodalitäten.
- **Designlenkung**: Beachtung für das Kundenunternehmen geltender ISO-Normen und sonstiger gesetzlicher/fachlicher Standards bei der Konzeption von Bildungsmaßnahmen. Durchführung von Markt- bzw. Bedarfsanalysen. Installierung eines Rückkopplungssystems zwischen Bildungsangebot und Bildungserfolg mit klaren Verantwortlichkeiten des Anbieters und Kunden im Prozess der Planung und Durchführung der Bildungsmaßnahme.
- **Beschaffung**: Sicherstellung der Qualität des eingesetzten Lehrpersonals, der eingesetzten Lehr- und Lernmittel und der Lernumgebung. Erarbeitung entsprechender Vertragsregelungen.
- **Prozesslenkung**: Entwicklung von Verfahrensanweisungen im Prozess der Dienstleistungserbringung, wie lehrgangsinterne Dozentenleitfäden, Anweisungen zur Planung des Dozenteneinsatzes oder von Lehr- und Lernmethoden sowie Lernorten.
- **Prüfungen**: Erfolgsüberprüfungen durch systematische Auswertung von Prüfungsergebnissen sowie durch Befragungen der Teilnehmer und des Unterneh-

---

256 Klüber/Löwe, Qualitätssicherung für die Weiterbildung von Führungskräften sowie Kegelmann, CERTQUA: Zertifizierung von Qualitätsmanagementsystemen nach DIN/ENISO 9000 ff. in der beruflichen Bildung, beides in: Feuchthofen/Severing (Hrsg.), Qualitätsmanagement in der Weiterbildung, Neuwied, Kriftel, Berlin 1995, S. 138, 149 ff. sowie S. 155, 162 ff.

mens (durch aussagekräftige Teilnehmerfragebögen und Interview-Checklisten). Einrichtung eines Verfahrens zur Behandlung von Beschwerden.
- **Korrekturmaßnahmen**: Einführung von Verfahren der Fehlerermittlung, Fehlerkorrektur und Fehlervermeidung durch Ursachenuntersuchungen, Prozessanalyse und Berichtspflichten.
- **Interne Qualitätsaudits**: Regelmäßige Selbstbewertung des Weiterbildungsträgers durch interne Audits mit klaren Regeln zur Planung, Dokumentation, Auswertung und Umsetzung der Audit-Ergebnisse. Information sämtlicher Mitarbeiter durch Ergebnisberichte.
- **Schulung**: Schulung sämtlicher an der Qualitätsentwicklung beteiligter Mitarbeiter nach dokumentierten Regeln.

Qualitätsentwicklung beim Weiterbildungsträger und beim Kundenunternehmen sind zwei Seiten ein und derselben Medaille. Nur ein qualitätsbewusster Weiterbildungsanbieter bietet ausreichend Gewähr für effektive Qualitätssicherungsmaßnahmen im Personalbereich des Kundenunternehmens. Für beide steht am Ende die Zertifizierungsfrage: Die **Überprüfung** des zertifizierungswilligen Betriebes erfolgt in zwei Schritten. Zunächst wird das Qualitätsmanagementhandbuch durch Auditoren begutachtet samt weiterer zum Nachweis seiner Stichhaltigkeit brauchbarer Dokumente. Hierüber erhält das geprüfte Unternehmen einen Ergebnisbericht, ggf. zunächst als Aufforderung zur Mängelbeseitigung. Danach erfolgt die Durchführung des Audits im Unternehmen; die Auditoren sprechen mit dem Führungspersonal, mit Mitarbeitern und suchen auch hinsichtlich der vorfindlichen Infrastruktur nach Belegen zur Wirksamkeit des Managementprogramms unter Verwendung bestimmter Fragelisten. Die Auditoren übermitteln ihren Abschlussbericht sodann an die Zertifizierungsstelle, die diesen an die überprüfte Organisation weiterleitet. Bei positivem Ergebnis kann die überprüfte Organisation nunmehr das Qualitätszertifikat beantragen. Dieses ist drei Jahre gültig, wenn die einmal jährlich durchzuführenden Überwachungsaudits keine gravierenden Abweichungen zeigen. 139

2. EFQM-Modell

Das EFQM-Modell (European Foundation for Quality Management) wurde ursprünglich als Basis für den EQA (European Quality Award) definiert. Es bietet Struktur (Modelldaten) und Vorgehensweise (Assessment/Selbstbewertung) zur umfassenden Bewertung von Unternehmensqualität (Business Excellence). Das Konzept bindet alle Bereiche des Unternehmens – Technik, Organisation und Personal – in ein konsequentes Qualitätsdenken ein und bewertet diese mittels bestimmter Techniken wie etwa dem Benchmarking (Rz. 100 f.).[257] Das Unternehmen prüft in dieser Weise regelmäßig „**Befähiger-Kriterien**" (Potenzial- und Einsatz- 140

---

[257] Zink, TQM als integriertes Managementkonzept. Das EFQM Excellence Modell und seine Umsetzung, 2. Aufl., München 2004; Bruhn, Qualitätsmanagement für Dienstleistungen, 6. Aufl., Berlin/Heidelberg/New York 2006, S. 375 ff. sowie www.deutsche-efqm.de.

faktoren) und „**Ergebnis-Kriterien**". Befähiger-Kriterien wie Führung, Mitarbeiterorientierung, Politik/Strategie sowie Partnerschaften und Ressourcen bilden den Input, der durch ständiges Organisationslernen transformiert wird in Ergebnisse, die zur Kundenzufriedenheit und Mitarbeiterzufriedenheit beitragen sowie für gesellschaftliche Verantwortung und gute Geschäftsergebnisse sorgen. Zu sämtlichen Kriterien gibt es weitere Unterkriterien.[258]

141   Gleichwohl bleiben die **Kriterien** so allgemein, dass sie weiterer unternehmensspezifischer Konkretisierung bedürfen, um fassbare Aussagen zur Unternehmensqualität zu ermöglichen, zumal die Unterkriterien auch nicht den Charakter von Indikatoren aufweisen, sondern offen lassen, wie man die Erfüllung der Kriterien beobachten kann. Hierfür hat die jeweilige Organisation mittels entsprechender Einschätzung und Quantifizierung der Zielerreichung letztlich selbst zu sorgen. Mittlerweile liegen branchenspezifische EFQM-Versionen für das Gesundheits-, Erziehungs-, Bildungswesen und für öffentliche Verwaltungen vor.[259]

142   Der Prozess ständiger Selbstbeobachtung beruht auf der „**RADAR**"-**Logik** und setzt sich aus den Elementen Results (Ergebnisse), Approach (Vorgehen), Deployment (Umsetzung), Assessment und Review (Bewertung und Überprüfung) zusammen. Das Unternehmen hat auf dieser Grundlage seine Ziele zu bestimmen, eine geeignete Vorgehensweise zu entwickeln, diese umzusetzen und die Vorgehensweise wie auch die Ergebnisse zu bewerten und zu überprüfen. RADAR ermöglicht insofern ein strukturiertes Vorgehen bei der Unternehmens-Selbstbewertung. Die einzelnen Kriterien werden für die Gesamtbewertung unterschiedlich gewichtet. Unternehmen, die in marktstrategisch besonders wichtigen Bereichen Stärken aufweisen (z. B. Kunden, 20 % des Gesamtpunktwerts auf der „Ergebnisseite") kommen der Maximalpunktzahl erheblich näher als solche, die in nachgeordneten Bereichen stark sind (Mitarbeiter, 9 % des Gesamtpunktwerts). Im Unterschied zur DIN ISO EN 9000 ff. lenkt das EFQM-Modell den Blick stärker auf die Organisationsumwelt (Kunden, Partner, Gesellschaft) und weniger auf die Prozessoptimierung und -standardisierung. Das EFQM-Modell ist ein ganzheitliches Schema, mit dem Unternehmen sich primär selbst evaluieren und so einen Eindruck ihres Qualitätsstandes gewinnen können, indes kein zureichendes Verfahren einer zukunftsbezogenen Qualitätsentwicklung. Im Bereich sozialer Dienstleistungen stößt das EFQM-Modell auf Kritik, da es den Kunden als Co-Produzent der Leistung und als eigenständiges Element strategischer Planung zu wenig berücksichtige.[260]

---

258 Für das Kriterium Führung etwa gelten als weitere Unterpunkte:
– Führungskräfte stellen ihr Engagement für eine Kultur des umfassenden Qualitätsmanagements unter Beweis,
– sie fördern den Verbesserungsprozess und die Mitwirkung daran,
– sie bemühen sich um Kunden und Lieferanten und andere externe Organisationen usw.
259 Etwa: Merchel, Qualitätsmanagement in der sozialen Arbeit, Weinheim und München 2004, S. 76 ff.; Frey, Qualitätsmanagementsysteme im Vergleich, in: BMFSFJ (Hrsg.), Materialien zur Qualitätssicherung in der Kinder- und Jugendhilfe, Qs 9, Bonn 1997, S. 31–36.
260 Merchel, Qualitätsmanagement in der sozialen Arbeit, Weinheim und München 2004, S. 82 f.

3. Die Lernerorientierte Qualitätstestierung in der Weiterbildung (LQW)

Hierbei handelt es sich um ein Verfahren, das nicht nur zur Bewertung einzelner Weiterbildungseinrichtungen, sondern auch von Bildungsnetzwerken (Rz. 130) zur Anwendung gebracht werden kann.[261] Im Rahmen formativer Evaluation, d. h. im Rahmen prozessbegleitender Bewertungsverfahren, sind die üblichen Anforderungen bei der Entwicklung von Netzwerken zu wahren, wie wir sie bereits im Kontext von Planung und Netzwerkentwicklung kennen gelernt haben: Es sind vor allem Ziele zu entwickeln, Verantwortlichkeiten festzulegen, Arbeitsprogramme zu konzipieren, Budgetmittel zu verteilen, ein System gegenseitiger Information (Newsletter, Intranet) zu installieren. Evaluation kann somit zu vermehrter Klarheit über den Erfolg der eigenen Arbeit beitragen, Erfahrungen im Netzwerk für die Beteiligten verfügbar machen, Ziele einem gemeinsamen Verständnishorizont zuführen und den Ressourceneinsatz optimieren.

143

Insbesondere hinsichtlich der **Anbieterevaluation** (Rz. 131) sind nach LQW folgende Qualitätsbereiche relevant:
- Bedarfsermittlung (gesellschaftliche Bildungsbedarfe)
- Schlüsselprozesse (Prozesse der Erstellung des Bildungsangebots)
- Lehr-Lernprozesse (Lernberatung der Lernenden)
- Infrastruktur (Raumangebot, Technik)
- Führung (Formen der Prozesssteuerung)
- Personal (Planung, Einsatz und Entwicklung des Personals)
- Controlling (Maßnahmen zur Überprüfung der Zielerreichung)
- Kundenkommunikation (Kundengewinnung und -pflege)
- Strategische Entwicklungsziele (Leitbildentwicklung, langfristige Ziele).

Diese Anforderungen müssen in einem **Selbstreport**[262] (insbesondere gegenüber der öffentlichen Hand) im Rahmen geförderter Bildungsmaßnahmen nachgewiesen (Protokolle, Dokumente, Veröffentlichungen, Verfahrensregeln) und von externen Gutachtern zusätzlich geprüft werden, wenn die erfolgreiche Teilnahme am Verfahren testiert werden soll.[263] Innerhalb des Selbstreports, dem eine Phase der Selbstevaluation vorgeschaltet ist, bestimmen die Weiterbildungseinrichtungen selber, welche Bereiche sie besonders hervorheben möchten. Seinem formalen **Aufbau** nach besteht der Selbstreport aus einem administrativen Teil (Organisationsaufbau, Personal, rechtlicher Rahmen) und einem inhaltlichen Teil (Qualitätsanforderungen).

144

---

261 Dresselhaus, Netzwerkarbeit und neue Lernkultur, Münster 2006, S. 170 ff.; Zech, Lernorientierte Qualitätstestierung in der Weiterbildung (LQW), Bielefeld 2006.
262 Als Selbstreport einer Volkshochschule vgl. das Beispiel bei: Dresselhaus, Netzwerkarbeit und neue Lernkultur, Münster 2006, S. 255 ff. sowie das Konzept von: Freigang, Qualitätsmanagement in der Weiterbildung, Saarbrücken 2007, S. 107 ff.
263 Zum Begutachtungsprozess vgl.: Erhart, Der Begutachtungsprozess und seine interne Qualitätssicherung, in: Zech, Lernorientierte Qualitätstestierung in der Weiterbildung (LQW), Bielefeld 2006, S. 129 ff.; ferner vgl.unter: www.artset.lqw.de.

Dem Anspruch nach soll hierbei auf Schwächen ebenso wie auf Stärken aufmerksam gemacht werden. Vor dem Abschlussbericht der Gutachter werden Evaluationsergebnisse im Regelfall mit den Beteiligten der Bildungseinrichtung ergebnisoffen diskutiert. Insofern handelt es sich in der Gesamtschau um eine Kombination von Elementen externer und interner Evaluation. Ob und in welchem Ausmaß die seitens der Gutachter eingebrachten Empfehlungen in der Organisation auch umgesetzt wurden, kann Thema einer erneuten Evaluationsphase sein (in der Regel nach vier Jahren).[264] In diesem Fall mündet die Evaluation in einem ständigen Prozess fortschreitender Organisationsentwicklung und wird damit zu einem Bestandteil eines umfassend ansetzenden Organisationsmanagements.

4. Das Schweizerische Qualitätszertifikat für Weiterbildungsorganisationen (eduqua)

145 Es handelt sich um einen stark formalisierten Ansatz[265], der anbieterbezogene und angebotsbezogene Aspekte gezielt miteinander verknüpft. **Leistungsmerkmale**, mit denen **anbieterbezogene** Mindeststandards ermittelt werden, sind das Leitbild der Institution, das Organigramm, die getroffenen Maßnahmen der Qualitätssicherung und Qualitätsentwicklung, das Anforderungsprofil der Lehrkräfte, die Weiterbildung der Lehrkräfte, die Teilnehmenden- und Erfolgsstatistik sowie die Kundenorientierung und Kundenzufriedenheit. Hinsichtlich der **angebotsbezogenen Dimension** wird im Rahmen einer Stichprobe ein konkretes Weiterbildungsangebot nach folgenden Kriterien überprüft: Zielgruppe, Bedarfsüberlegungen, Transfer-Sicherung, Lernziele, Lerninhalte, Übungsaktivitäten, Lernzielkontrollen, vorherige Informationen über das Lernangebot, fachliche Kompetenz des Lehrpersonals. Soweit ersichtlich ist „eduqua" weniger ein System gemeinsamer und kontinuierlicher Entwicklung von Bildungsorganisationen als vielmehr ein System der Zustandsbeschreibung und Bewertung organisatorischer Gegebenheiten ex post.

5. Betriebliches Bildungswesen, insbesondere bei „Siemens"

146 Die Einführung integrierter Managementsysteme in den Betrieben ist eine Reaktion auf dynamische Märke und steigenden Kostendruck als Folge der Globalisierung. Sie schaffen für das Unternehmen einen ganzheitlichen Ordnungsrahmen, der Strukturen festlegt und zur effizienten Abwicklung von Prozessen nach einheitlichen Unternehmenszielen beiträgt.[266] Systematisch betrachtet ist das betrieb-

---

264 Zur Retestierung vgl.: Zech, Lernorientierte Qualitätstestierung in der Weiterbildung (LQW), Bielefeld 2006, S. 112 ff.
265 Vgl.: Eduqua, Handbuch, Informationen über das Verfahren, Anleitung zur Zertifizierung, Version 2004 (Internet); hierzu auch: Dresselhaus, Netzwerkarbeit und neue Lernkultur, Münster 2006, S. 230.
266 Bayerisches Staatsministerium für Wirtschaft, Infrastruktur, Verkehr und Technologie sowie Bayerisches Staatsministerium für Umwelt, Gesundheit und Verbraucherschutz, Integriertes Managementsystem, 2003, S. 4; Seghezzi, Integriertes Qualitätsmanagement. Das St. Gallener Konzept, 2. Aufl., München 2003.

liche Bildungswesen ein wichtiger Bereich betrieblicher und teilweise tariflich vereinbarter[267] Personalentwicklungsmaßnahmen (Rz. 307) und diese wiederum sind Bestandteile eines übergeordneten betrieblichen Qualitätsmanagements.[268] Das Qualitätsmanagement tritt neben das betriebliche Umwelt- und Arbeitsschutzmanagement. Qualitäts-, Arbeitsschutz- und Umweltmanagement bilden in dieser Weise die Hauptgruppen eines umfassend ansetzenden integrierten Managementsystems. Qualitätsanforderungen zum betrieblichen Weiterbildungswesen wurden vor allem im Siemens-Konzern[269] entwickelt mit dem Ziel, den gesamten Prozess der Weiterbildung zu erfassen, mithin nicht nur die Endphase zu kontrollieren, sondern auch alle vorgelagerten Teilprozesse zu planen, zu prüfen und zu sichern. In dieser Weise entstanden Qualitätsvorgaben sowohl für den innerbetrieblichen Bereich als auch für den Weiterbildungsveranstalter.

Vorgaben für den Betrieb:

– Einschätzung des betrieblichen Bedarfs (geschäftlicher Bedarf, Kommunikation der Bedarfsüberlegungen im Betrieb)
– Überprüfung der persönlichen Voraussetzungen beim Mitarbeiter
– Unterstützung des Lerntransfers durch den Vorgesetzten (Vereinbarung von Zielen der Umsetzung des Gelernten im Betrieb mit dem Mitarbeiter)

Vorgaben für den Veranstalter:

– Einbeziehung eigener Bedarfsermittlungen des Veranstalters (Ermittlung des quantitativen und qualitativen Bildungsbedarfs; Reflexion zukünftiger Bildungsbedarfe)
– Transparenz und Vollständigkeit der Angebotsbeschreibung
– Förderung von Schlüsselqualifikationen (Kreativität, Problemlösungsfähigkeit, Kooperationsfähigkeit, Verantwortungsbewusstsein, Engagement)
– Aktualität der Lehr- und Lerninhalte
– Anwendungsorientiertes Lernen (Orientierung an berufs- und zielgruppenspezifischen Handlungssituationen)
– Einsatz von Lehr-/Lernmethoden und Lehr-/Lernmitteln (Einsatz der wirkungsvollsten Methoden/Mittel; Bereitstellung von Selbstlernmaterialien bereits vor Maßnahmebeginn)

---

267 Vgl. hierzu: Bahnmüller, Tarifliche Regulierung beruflicher Weiterbildung, in: Dobischat/Husemann (Hrsg.), Berufliche Weiterbildung als freier Markt?, Berlin 1995, S.167 ff.
268 Zur Bedeutung der betrieblichen Weiterbildung im Rahmen ganzheitlicher Qualitätsentwicklung vgl.: Ischebeck, Zur Ganzheitlichkeit der Qualitätssicherung im Unternehmen, in: Feuchthofen/Severing (Hrsg.), Qualitätsmanagement und Qualitätssicherung in der Weiterbildung, Neuwied/Kriftel/Berlin 1995, S. 215 ff.
269 Näher zu: Brehm, Zum Qualitätsmanagement bei Siemens-Weiterbildungsveranstaltungen – Über die DIN ISO 9000 ff. hinaus, in: Feuchthofen/Severing (Hrsg.), Qualitätsmanagement und Qualitätssicherung in der Weiterbildung, Neuwied/Kriftel/Berlin 1995, S. 227 ff. sowie: Freigang, Qualitätsmanagement in der Weiterbildung, Saarbrücken 2007, S. 23 ff.; neuerdings vor allem Dobischat/Düsseldorff/Fischell, Leitfaden für die Qualifizierungsberatung von kleinen und mittleren Unternehmen, Trier 2008 (Internet)

- Anforderungen an Lehrkräfte (Sicherstellung der fachlichen, didaktischen, sozialen Kompetenz der Lehrkräfte; Bereitstellung von Unterlagen zur Umsetzung anwendungsorientierten Lernens für die Lehrkraft durch den Veranstalter)
- Wirksame Organisation des Weiterbildungsprozesses unter Berücksichtigung der Kosten
- Prüfung des Lernerfolgs (Ermöglichung der Selbstkontrolle des Lernprozesses durch die Lernenden bereits während der Maßnahme; ggf. Durchführung von Prüfungen)
- Vorbereitung des Lerntransfers (Vorbereitung der praktischen Umsetzung des Gelernten bereits während der Maßnahme)
- Qualitätsplanung, -prüfung, -sicherung.

149 Von diesen Formen lehrgangsförmiger Weiterbildung sind jedoch Maßnahmen **tätigkeitsbegleitender Weiterbildung** am Arbeitsplatz zu unterscheiden (Rz. 118, 122).[270] Die Evaluation derartiger Prozesse kann grundsätzlich nicht als reine Outputmessung erfolgen. Vielmehr muss das Evaluationsverfahren den gesamten Lern- und Arbeitsprozess begleiten und zu einer kontinuierlich wirksamen Qualitätssicherung führen. Ferner muss die Kompatibilität von Lern- und Arbeitsplatz abgesichert werden, da vielfältige Friktionen zwischen Arbeitsorganisation und Lernorganisation zu erwarten sind. In der Betriebsorganisation verwischen die klassischen Grenzen zwischen Produktion und Personalabteilung; Lernen am Arbeitsplatz erfordert neue Formen der Kooperation zwischen Betriebspraktiker und Weiterbildungspersonal. Der Lernprozess entwickelt sich so mehr und mehr zu einem Element der Produktion. Bei der Planung und Evaluation des Lernprozesses sind die Lernenden und Lerngruppen verstärkt einzubeziehen, da ein hohes Maß des Selbstlernens in ihrer jeweiligen Arbeitsumgebung vorausgesetzt wird.

6. Berufliches Bildungs-Benchmarking im regionalen Vergleich

150 Ziele beruflicher Weiterbildung lassen sich prinzipiell nach den Perspektiven Individuum, Unternehmen und Volkswirtschaft strukturieren (näher Rz. 66 f).[271] Internes Benchmarking zielt darauf ab, das Unternehmen in die Lage zu versetzen, von seinen eigenen Prozessen zu lernen, indem ähnliche Prozesse über unterschiedliche Bereiche hinweg miteinander verglichen werden. Externes Benchmarking dient dagegen dazu, eigene Praktiken mit denen anderer Betriebe mit ähnlichen Branchen- oder Marktbezügen zu vergleichen. Externes Benchmarking ermöglicht darüber hinaus auch den Vergleich von Bildungs- bzw. Wirtschaftsregionen in Hinblick auf

---

270 Severing, Qualitätssicherung arbeitsplatznaher Weiterbildung, in: Feuchthofen/Severing (Hrsg.), Qualitätsmanagement und Qualitätssicherung in der Weiterbildung, Neuwied/Kriftel/Berlin 1995, S. 74 ff.
271 Zum Folgenden vgl.: Bonhoff u. a., Berufliche Weiterbildung als Motor des Strukturwandels (Teil 1), Interne Analyse des „Bildungs-Benchmarking" in OWL, Bielefeld 2005, S. 13 sowie allgemein Nagl/Rath, Dienstleistungscontrolling, München 2004, S. 88 ff.

ihre Weiterbildungsaktivitäten (Rz. 78, 130). Im Vergleich von Bildungsregionen sind zunächst die Ist-Daten der jeweiligen Region im Sinne vorhandener Bildungsstrukturen zu ermitteln, sodann die relevanten Erfolgsgrößen, um Klarheit darüber zu gewinnen, auf welcher Grundlage und in welcher Entwicklungsperspektive der Vergleich gezogen werden soll.[272] Hierbei kann es sinnvoll sein, den regionalen Vergleich auf ausgesuchte Branchen zu begrenzen, insbesondere solche, die für den Strukturwandel einer Region von besonderer Bedeutung sind (Schlüsselbranchen).

Ist-Daten können sein *151*
- Anzahl und Struktur der in Weiterbildung involvierten Unternehmen und Unternehmensbereiche
- Beschäftigte im beruflichen Weiterbildungsbereich
- Anzahl der beruflichen Weiterbildungseinrichtungen (insgesamt, Meisterfortbildung, Fachschule usw.)
- Anzahl der Weiterbildungsberatungseinrichtungen
- Teilnehmerstunden/-tage (= Seminarstunden x Teilnehmerzahl)
- Teilnehmerfälle (= Personen, die mind. 1 mal an Weiterbildung teilgenommen haben)
- Seminartage
- Ausgaben für Weiterbildung (insgesamt, in Modellbranchen)
- Sozialgesetzliche Förderquote (SGB II und III)
- Investitionen insbesondere von KMU in Weiterbildung
- Vorhandensein eines regionalen Gütesiegels
- Vorhandensein einer regionalen Internetdatenbank/-suchmaschine für berufliche Weiterbildung.

Erfolgsgrößen können sein *152*
- Verankerung der Weiterbildung in regionaler Wirtschaftsförderung/Sozial- und Bildungsplanung (Rz. 106 ff.)
- Vorhandensein einer Datenbank über demografische und wirtschaftliche Entwicklungen, das Weiterbildungsverhalten der Bevölkerung und benötigte Qualifikationen in einer Region
- Austausch von Wirtschaft, Weiterbildungsanbietern und Wissenschaft über Bedarfe und Trends
- Arbeitsplatz- und Arbeitsmarktnähe der Weiterbildungsangebote, einschließlich Teilnehmerzufriedenheit, Lernerfolg, Transfererfolg, Unternehmenserfolg[273]
- Beratungsinfrastruktur insbesondere für KMU im Bereich Weiterbildung
- Bildungsmarketing insbesondere zur Einbeziehung weiterbildungsferner Zielgruppen.

---

272 Nagl/Rath, Dienstleistungscontrolling, München 2004, S. 16 f.
273 Nagl/Rath, Dienstleistungscontrolling, München 2004, S. 59.

153 Nach Feststellung vorgenannter Ausgangsdaten muss der **Vergleichspartner** bzw. das Vergleichsfeld identifiziert werden (Rz. 100). Hierbei sollte auf eine möglichst hohe Übereinstimmung hinsichtlich struktureller Grunddaten (Bevölkerungs-, Branchen- und Wirtschaftsstruktur) geachtet werden. Insbesondere muss ermittelt werden, welche Entstehungsbedingungen und Standortfaktoren die Entfaltung der Erfolgsgrößen begünstigen und welche Faktoren eher hemmend wirken.[274] Deshalb bedarf der Vergleich mit anderen im Detailbereich stets weiterer Interpretation im Lichte eigener Ziele, Arbeitsstrukturen und bildungsräumlicher Kontextbedingungen. Gleichwohl muss eine Balance gefunden werden zwischen den Besonderheiten der eigenen Bildungsregion und den bei allen Vergleichen notwendigen Abstrahierungen. Erforderlich ist ferner, dass der Vergleichspartner über einen möglichst hohen Anteil an Leistungsvorsprüngen in den verglichenen Bereichen verfügt, um die Orientierung an Best-practices und hieraus die Ableitung von Benchmarking-Zielen zu ermöglichen. Anders als im interkommunalen Vergleich der Verwaltungsträger („interkommunale Netze")[275] dürfte für den Vergleich von Bildungsregionen indes z. Zt. kaum aussagekräftiges Vergleichsmaterial vorliegen. Benchmarking zur Bewertung des Bildungsniveaus von Regionen und Kommunen ist deshalb noch in hohem Maße entwicklungsbedürftig. Insbesondere publikumswirksame „Gütegemeinschaften" kommunaler Partner mit entsprechenden „Visitationsteams" und „Qualitätsdiskursen" sind derzeit noch als Zukunftsoption anzusehen.

154 In der anschließenden **Umsetzungsphase** werden die Verbesserungsmaßnahmen zur Umsetzung der Benchmarking-Ziele erarbeitet und durchgeführt. Die an Hand der zugrunde gelegten Kriterien gewonnenen Ergebnisse müssen bewertet und zu einem eigenen Stärken/Schwächen-Profil verarbeitet werden. Jeder Partner muss seine Position auf der Vergleichsskala mit seinen eigenen Erfolgszielen zusammenführen und daraus für die Maßnahmeentwicklung entsprechende Schlussfolgerungen ziehen. Hierbei kann es jedoch nicht darum gehen, die Konzepte anderer nur zu kopieren. Diese bedürfen vielmehr besonderer Anpassung an die Sinnstrukturen und Traditionen der eigenen Region. Benchmarking stellt im Rahmen eines prozessorientierten Qualitätsmanagements jedoch nur einen instrumentellen Teilausschnitt dar. Es ist nur als Ergänzung, nicht als Alternative zu anderen Verfahren des Qualitätsmanagements zu betrachten. Benchmarking kann in dieser Weise Selbstbewertungsprozesse unterstützen und zu weiteren Qualitätsverbesserungen anregen, jedoch selbst kein ganzheitlich ansetzendes Qualitätsentwicklungskonzept sein.[276]

---

274 Deitmer, Management regionaler Innovationsnetzwerke, Baden-Baden 2004, S. 197; Achberger, Wie gut sind wir?, Blätter der Wohlfahrtspflege 2005, S. 229 ff.
275 Schedler/Proeller, New Public Management, Bern/Stuttgart/Wien 2000, S. 158 ff.; Heuchel/Schrapper, Planung und Steuerung der Jugendhilfe auf der Grundlage systematischer Beobachtung, in: Institut für soziale Arbeit (Hrsg.), Soziale Indikatoren und Sozialraumbudgets in der Kinder- und Jugendhilfe, Münster 1999, S. 95 ff.
276 Gerull, Sozialwirtschaftliches Qualitätsmanagement, Saarbrücken 2007, S 219.

7. Qualitätsstandards im Bereich staatlicher Weiterbildungsförderung

Im Zuge der sog. Hartz-Reformen wurde das System staatlich geförderter Weiterbildungsförderung arbeitsloser und langzeitarbeitsloser Personen (SGB III und II) grundlegend reformiert und mit neuartigen Instrumenten (Bildungsgutschein, fachkundige Stellen) ausgestattet. Qualitätsvorgaben sind hier auf mehreren Ebenen bzw. Konkretisierungsstufen anzutreffen. In einem weiteren Sinn ist es zunächst die **gesetzliche** Ebene, mit der steuernd auf die Qualität des Weiterbildungsunternehmens und des jeweiligen Maßnahmeangebots Einfluss genommen wird (§§ 77, 84, 85, 86 SGB III; § 16 Abs. 1 SGB II). Da die Maßnahmen in öffentlichen **Vergabeverfahren** ausgeschrieben werden müssen, kommen weitere Steuerungsimpulse durch vergaberechtliche Anforderungen an die Eignung und Wirtschaftlichkeit der Bildungsangebote ins Spiel (GWB, VOL/A). Die zur Konkretisierung der gesetzlichen Vorgaben erlassene „Verordnung über das Verfahren zur Anerkennung von fachkundigen Stellen sowie zur Zulassung von Trägern und Maßnahmen der beruflichen Weiterbildung nach dem Dritten Buch Sozialgesetzbuch" (Anerkennungs- und Zulassungsverordnung Weiterbildung, **AZWV**)[277] enthält einerseits Vorgaben für die sog. fachkundige Stelle, die zur Evaluation von Maßnahmeträger und Maßnahme ins Leben gerufen wurde, und andererseits Vorgaben für die an Maßnahmeträger und Maßnahme gestellten Anforderungen. Die „AZWV" wird weiter konkretisiert durch eine amtliche **Begründung** und einen amtlichen **Anforderungskatalog**. In einem engeren Sinn werden Qualitätsvorgaben jedoch auch durch die für die Bildungsträger geltende gesetzliche Verpflichtung zur Anwendung eines **Qualitätssicherungssystems** begründet (§ 84 Nr. 4 SGB III, § 8 Abs. 4 AZWV). Diesem Erfordernis unterliegt im Übrigen auch die fachkundige Stelle (§ 1 Nr. 6 der amtlichen Begründung). Besondere Anforderungen an die durchzuführenden Bildungsmaßnahmen enthalten ferner die **Bildungszielplanungen** (ausgerichtet nach Branchen und Betrieben, vorwiegend mit lokalem Bezug) der örtlichen Agenturen für Arbeit, an denen die Bildungsträger ihre Maßnahmen auszurichten haben (§ 85 Abs. 3 SGB III). Die Feinjustierung der Bildungsangebote erfolgt schließlich im **Kontakt** mit dem Leistungsempfänger. Bevor dieser einen sog. Bildungsgutschein (§ 77 Abs. 3 SGB III) erhält, mit dem er sich einen der zugelassenen Bildungsträger nach vorgegebenen Kriterien (Branche, geographischer Bereich, Art der Weiterbildung) auswählen kann, wird ein sog. Profiling im Sinne einer Analyse seiner Stärken und Schwächen durchgeführt. Außerdem muss vor Beginn der Teilnahme an der Maßnahme eine Bildungsberatung mit dem Leistungsempfänger durchgeführt werden (§ 77 Abs. 3 SGB III). Unabhängig von der Maßnahmezertifizierung aber nehmen die Agenturen für Arbeit noch weitere **Qualitätsprüfungen** einzelner Maßnahmen vor (§ 86 SGB III). Dies alles hat zu einem komplizierten, für den Bildungsanbieter nur wenig kalkulierbaren, für diesen indes kosten- und arbeitsaufwändigen System der Weiterbildungsförderung geführt, in dem der Bildungs-

---

[277] Samt amtlicher Begründung und amtlichem Anforderungskatalog abgedruckt in: Hauck/Noftz, SGB III, § 87 Anhang I/1–3, Berlin 1997.

anbieter neben vielfältigen Anforderungen interner Qualitätssicherung auch noch zu einer Vermittlungsquote von 70 % nach Abschluss der Maßnahme beizutragen hat (§§ 84 Nr. 2, 86 Abs. 1 Nr. 1 SGB III) und das den Leistungsempfänger bei Einlösung des Bildungsgutscheins in der ihm hierbei zugedachten Rolle des „souveränen" Kunden wohl überschätzen dürfte.[278]

156 Für das im engeren Sinn zu betreibende Qualitätsmanagement des Bildungsträgers führt die amtliche Begründung zu § 8 Abs. 4 AZWV (**Anforderungen an Träger**) aus: „Nur durch ein konsequentes Qualitätsmanagement kann gewährleistet werden, dass auch trägerseitig auf eine ständige Qualitätssicherung und -verbesserung der angebotenen Weiterbildung hingewirkt wird ... Voraussetzung für die Wirksamkeit eines Qualitätsmanagements ist dessen sachgerechte Einführung, Aufrechterhaltung und tatsächliche Anwendung ... Art und Weise des konkreten Qualitätsmanagementsystems können in Einzelpunkten abweichen bzw. bei unterschiedlichen Bildungsträgern in ihrer Methodik unterschiedlich stark ausgeprägt sein. Zu den Grundpfeilern eines anerkannten Systems zur Qualitätssicherung gehört jedoch, dass standardisierte und allgemein anerkannte Methoden, wie z. B. im Bereich der Zertifizierung nach DIN ISO EN 9000, 9001:2000, nach dem Modell der European Foundation for Quality Management (EFQM) oder der „Lernerorientierten Qualitätssicherung", Anwendung finden. Hierzu gehört an erster Stelle die Einführung eines Leitbildes zur Kundenorientierung, die auch im Bereich des Qualitätsmanagements nach DIN ISO und EFQM zum Grundsatz eines umfassenden Qualitätsmanagements zählt und von der sich weitere Maßnahmen zwangsläufig ableiten. Der Kundenbegriff ist dabei im Vergleich zum Qualitätsmanagement in anderen Bereichen deutlich weiter und vielfältiger zu interpretieren. Kunden sind nicht lediglich die jeweiligen Weiterbildungsteilnehmer, sondern auch die Unternehmen und der in Betracht kommende Arbeitsmarkt, für den qualifiziert wird."

157 Hinsichtlich der **Anforderungen an die einzelnen Maßnahmen** wird in der amtlichen Begründung zu § 9 Abs. 1 und 2 AZWV ausgeführt: „Die Vorschrift präzisiert die Anforderungen an Maßnahmen, die sich unmittelbar aus § 85 SGB III ableiten. Die arbeitsmarktbezogene Ausrichtung mit dem Ziel der beruflichen Eingliederung der Maßnahmeteilnehmer steht dabei gleichrangig neben der Voraussetzung, auf einen möglichst erfolgreichen Abschluss der Teilnehmer hinzuwirken ... Die Darstellung der arbeitsmarktlichen Relevanz der Maßnahme soll sich an der Dokumentation des prognostizierten Bedarfs, offener Stellen, aktuellen Arbeitsmarktuntersuchungen und insbesondere konkreten Unternehmensbedarfsaussagen orientieren ... Im Hinblick auf die nunmehr erforderliche Dokumentation ... eines wirksamen Qualitätsmanagements der Bildungsträger ist eine Detailprüfung sämtlicher angebotenen Bildungsmaßnahmen nicht mehr erforderlich ... Der Bildungsträger ist frei, die Prüfung jeder einzelnen Maßnahme, deren Zulassung er anstrebt,

---

[278] Vgl. die Kritik von: Buestrich/Kalman, Qualitätssicherung in der beruflichen Bildung, neue praxis, Heft 5/2007.

zu beantragen. Er kann jedoch auch die Prüfung einer Referenz-Auswahl beantragen ... Die Referenz-Auswahl obliegt allein der Zertifizierungsstelle."

Aus dem „**Anforderungskatalog** an Bildungsträger und Maßnahmen der beruflichen Weiterbildung" sind folgende Qualitätsaspekte noch gesondert hervorzuheben: *158*
- Gewisse Anforderungen an die wirtschaftliche Seriosität und finanzielle Leistungskraft des Bildungsträgers müssen gewahrt sein.
- Mit den Teilnehmern sind transparente Schulungsverträge abzuschließen.
- Eine ausreichende Teilnehmerinformation vor Vertragsschluss muss sichergestellt sein.
- Die Teilnehmerwerbung muss seriös erfolgen.
- Die Ausbildungsinfrastruktur hat dem aktuellen Stand der Praxis zu entsprechen; die Schulungsstätte sollte mit öffentlichen Verkehrsmitteln erreichbar sein.
- Die Lehrkräfte müssen fachlich und pädagogisch geeignet sein; auf eine ausgewogene Relation zwischen haupt- und nebenberuflichen Lehrkräften ist zu achten; für die Beratung und externe Maßnahmebetreuung ist einschlägig qualifiziertes Personal vorzusehen; die Lehrkräfte sind kontinuierlich weiterzubilden.
- Bildungsinteressierte sind im Hinblick auf den Lernerfolg zielgruppenspezifisch zu beraten.
- Die Gruppengröße soll in der Regel 25 Teilnehmer nicht übersteigen.
- Im Rahmen einer Maßnahmeplanung sind die Qualifizierungserfordernisse und Beschäftigungsmöglichkeiten sowie der Qualifizierungsbedarf der Wirtschaft festzustellen und mit dem Arbeitsamt abzustimmen; hierzu ist erforderlich, dass der Bildungsträger gute Kontakte zu potenziellen Beschäftigern unterhält; es ist ein Lehrplan zu erstellen und ein täglicher Lehrbericht zu führen.
- Bei den einzusetzenden Methoden ist besonderer Wert auf die Durchführung praktischer Übungen, ggf. unter Einsatz von computergestütztem Lernen, zu legen.
- Es sind regelmäßig Lernerfolgskontrollen durchzuführen.
- Hinsichtlich der erworbenen Abschlüsse sind die Art der Maßnahme und ihre Abschlussqualifikation genau zu definieren.
- Den Bildungsträgern obliegt die Auswahl adäquater Praktikumsplätze, vorrangig bei solchen Betrieben, bei denen ein Arbeitskräftebedarf zu erwarten ist; Praktika sind nicht mit dem Ziel durchzuführen, Ausfälle und Spitzenbelastungen in den Praktikumsbetrieben abzufangen; ein individueller Bildungsplan im Praktikumsbetrieb ist zu erstellen; das Praktikum ist vom Bildungsträger durchgehend zu betreuen.
- Durchzuführende Erfolgskontrollen erfassen Aktivitäten während und nach der Maßnahme; Teilnehmerbefragungen, Auswertungen von Praktikumsberichten, Rückschlüsse aus der Praktikumsbetreuung, Analysen der täglichen Lehrberichte, Reintegrationsquoten und vorzeitige Austritte sind auszuwerten und zu dokumentieren.

8. Quind – Selbstevaluation in der Schule

159 Das Verfahren wurde von einer Arbeitsgruppe aus Vertretern von Berufskollegs, der Bezirksregierung Düsseldorf und des Landesoberbergamtes NRW entwickelt und soll die Optimierung der Berufskollegs und sonstiger Schulen durch landeseinheitliche Verfahren der Selbstevaluation unterstützen.[279] Die Quind-Methode kann als Analyse-, Gestaltungs- und Steuerungsinstrument für innerschulische Prozesse genutzt werden, insbesondere bei der Entwicklung von Lehrplänen, Schulentwicklungsprozessen und Schulprogrammen. Zunächst werden die relevanten **Analysebereiche** ermittelt und zwar im Kontext von Beteiligten (Lehrer, Betriebe, Schulträger, Schüler/Eltern), Ressourcen, Gestaltungsspielräumen, Einflussfaktoren und Problembereichen. Zu ausgewählten, als problematisch erachteten **Kernbereichen** werden sodann Ziele festgelegt, zur Feststellung des Grades der Zielerreichung auf der Basis bestimmter Datenquellen bestimmte Qualitätsindikatoren erarbeitet und schließlich die zur Zielerreichung notwendigen Maßnahmen festgelegt. Im Rahmen der **Evaluation** werden schließlich unter Zugrundelegung der verfügbaren Datenquellen die Grade der Zielerreichung ermittelt.

160 Im Einzelnen kommen hierbei die folgenden **Elemente** zum Tragen:
- **Ist-Analyse**: Lernen und Lehren ist unter gegebenen Kontextfaktoren einer Ist-Analyse zu unterziehen.
- **Beteiligten- und Problemanalyse**: Die Beteiligten sind in Akteure, Mitwirkende und Zielgruppen zu unterteilen und im Hinblick auf ihre Aufgaben, Ressourcen, Stärken, Schwächen, Interessen und Befürchtungen zu untersuchen. Schwachstellen sind im Hinblick auf Ursachen und Verbesserungsmöglichkeiten zu diskutieren.
- **Problembereiche**: komplexe Problemfelder sind zu Problembereichen zusammenzufassen und so zu strukturieren, dass sie sinnvoll bearbeitet werden können.
- **Zielbestimmung**: die Ziele sind so zu formulieren, dass sie im Sinne kontinuierlicher Verbesserungsprozesse auch umgesetzt werden können. Hierbei sind verbindliche Vorgaben (Lehrpläne, Richtlinien, usw.) ebenso zu berücksichtigen wie bestehende Gestaltungsspielräume. Die Ziele sind konkret auszuformulieren, auf ihre Konsensfähigkeit zu prüfen und schriftlich niederzulegen.
- **Qualitätsindikatoren**: sie zeigen den Grad der Zielerreichung an. Die Qualitätsindikatoren sollen wesentlich sein (aussagekräftig), zielgerichtet sein (genügen realistischen Effizienzbedingungen), plausibel sein (die durch Indikatoren festgestellten Veränderungen können dem Ziel zugeordnet werden) und unabhängig sein (Indikatoren dürfen keine durchgeführten Maßnahmen oder eingesetzten Umsetzungsmittel sein).

---

[279] Kurzdarstellung unter www.lsw.nrw.de/veroeffg.htm

D. Qualitätsmanagement

- **Quellen der Nachprüfbarkeit:** Der Grad der Zielerreichung wird über Datenquellen und sonstige Informationen überprüfbar. Zur Generierung der Daten müssen für jeden Indikator Quellen der Nachprüfbarkeit bestimmt und ggf. selbst entwickelt werden.
- **Umsetzungsmaßnahmen:** Maßnahmen zur Umsetzung der Ziele sind verbindlich zu vereinbaren. Hierbei sind Zeit-, Mittel- und Methodeneinsatz sowie Zuständigkeiten zu berücksichtigen.
- **Evaluation:** Die Auswertung hat zu bestimmten im Einzelnen festzulegenden Fixpunkten zu erfolgen. Der Grad der Zielerreichung ist zu bestimmen. Stärken und Schwächen sowie Entwicklungstendenzen sind aufzuzeigen. Nunmehr ist der Einstieg in den kontinuierlichen Verbesserungsprozess möglich.

9. Kindergarten-Einschätzskala (KES/KES-R)

Bei der Kindergarten-Einschätzskala handelt es sich um die Übertragung der amerikanischen Early Childhood Environment Ratig Scale (ECERS) auf den frühpädagogischen Arbeitsbereich deutscher Kindergärten mit Altersgruppen der Drei- bis Sechsjährigen.[280] Mit der Krippenskala (KRIPS), der Hortskala (HOS) und der Tagespflege-Skala (TAS) sollen gleichartige Instrumente für die Tagesbetreuung in anderen Altersstufen und institutionellen Betreuungsformen folgen.[281] Das Konzept gliedert sich in die **Themenbereiche** Qualität und Qualitätsbeurteilung, Nutzungsmöglichkeiten der KES, Prozessqualität nach der KES, Aufbau der KES, Items der KES, Anwendung der KES, Auswertung der KES, Technische Qualität der KES und Anhang (KES-Bewertungsbogen, KES-Auswertungsblatt, KES-Profil). Im Vordergrund steht die die pädagogische Qualität zum Wohle des Kindes insbesondere in den Bereichen der Prozessqualität, Strukturqualität und Orientierungsqualität.

Die KES beinhaltet 37 (die revidierte Fassung KES-R: 43) **Qualitätsitems** zu sieben Bereichen, nämlich
- Betreuung und Pflege der Kinder
- Möbel und Ausstattung für Kinder
- sprachliche und kognitive Anregungen
- fein- und grobmotorische Aktivitäten
- kreative Aktivitäten
- Sozialentwicklung
- Erzieherinnen und Eltern.

---

[280] Gerull, Sozialwirtschaftliches Qualitätsmanagement, Saarbrücken 2007, S. 188 ff. sowie: Buckley, Die Kindergarten-Einschätzskala (KES), in: Boeßenecker (Hrsg.), Qualitätskonzepte in der sozialen Arbeit, Weinheim 2003, S. 85 ff.
[281] Tietze/Schuster/Grenner/Rossbach, Die Kindergarten-Skala. Revidierte Fassung (KES-R), 2. Aufl., Berlin 2001.

162 Zusätzlich sind konkrete Erfordernisse zur Erfüllung verschiedener **Qualitätsstufen** (Zahlenwert 1 bis 7) vorgegeben.

Beispiel: Rückzugsmöglichkeiten

Zahlenwert 1, unzureichend = Den Kindern ist es nicht möglich, allein oder mit einem anderen Kind, ungestört durch andere Kinder zu spielen.

Zahlenwert 3, minimal = Die Kinder dürfen sich zurückziehen (z. B. hinter Möbel oder Raumteiler, in eine ruhige Ecke, in einen Außenspielbereich).

Zahlenwert 5, gut = Spezieller Bereich, in dem ein oder zwei Kinder ohne Störungen oder Belästigungen durch andere spielen können.

Zahlenwert 7, ausgezeichnet = Es gibt mehr als einen Rückzugsbereich.

163 Die Evaluation beruht auf einer Befragung von Eltern, Kindern und Mitarbeiterinnen. Sie ist nicht trägerspezifisch angelegt, sondern orientiert sich am **pädagogischen Geschehen** in einzelnen Kindergartengruppen. Unberücksichtigt bleiben deshalb Kontextfaktoren wie der sozialräumliche Einzugsbereich, die jeweiligen Trägermodelle und Finanzierungsmodi sowie länderspezifische gesetzliche Vorgaben. Schwierigkeiten der Evaluation ergeben sich im Falle altersgemischter Gruppen und unterschiedlicher pädagogischen Zielvorstellungen der einzelnen Einrichtungen. Die Untersuchung beschränkt sich im Wesentlichen auf eine stark standardisierte pädagogische Prozessqualität, ist mit dieser Eingrenzung für alle Beteiligten deshalb aber relativ einfach nachzuvollziehen und insofern in hohem Maße praxistauglich.[282]

10. Selbstevaluation und Wirksamkeitsdialog in der Jugendhilfe (WANJA)

164 WANJA gehört zu den am meisten implementierten Qualitätsmanagementverfahren der Jugendhilfe in NRW und will die Qualitätssicherung auf der Mikroebene der Kinder- und Jugendeinrichtungen mit umfassenderen Ansätzen auf der Makroebene kommunaler Planung und Politik verbinden.[283] Alle freien Jugendhilfeträger, die Zuwendungen aus einem Landesjugendplan erhalten wollen, müssen sich an einem Wirksamkeitsdialog beteiligen. Mittels Befragungen, teilnehmender Beobachtungen

---

[282] Zum vergleichsweise anspruchsvolleren, aber weniger praxistauglichen Konzept des Kronberger Kreises vgl.: Kronberger Kreis für Qualitätsentwicklung in Kindertageseinrichtungen, Qualität im Dialog entwickeln, Seelze 1998.
[283] Gerull, Sozialwirtschaftliches Qualitätsmanagement, Saarbrücken 2007, S. 194 ff.; Projektgruppe WANJA, Handbuch zum Wirksamkeitsdialog in der Offenen Kinder- und Jugendarbeit, Münster 2000.

und Fallanalysen wurden zunächst feldtypische Aktivitäten der Arbeitsorganisation (Kernaktivitäten) erfasst und charakteristische pädagogische Handlungsmuster extrahiert, die in einem „Arbeitsbogen" unter folgenden Aspekten miteinander verknüpft werden:
- Arbeit an den Rahmenbedingungen (fachliche Ressourcen, Ausstattung usw.)
- Explorationsarbeit (sozialräumliche Analyse, Zielgruppenanalyse usw.)
- Arbeit am Konzept (sozialräumliche Passung des Angebots, Schwerpunktsetzung, Profilbildung)
- Leitungsarbeit, Team und Organisation (Koordination der Arbeitsschritte, Arbeitsteilung usw.)
- Pädagogische Handlungsplanung (Arbeit an den Voraussetzungen, Kontaktarbeit, Entwicklung von Arbeitszielen, Intervention usw.)
- Kooperation und Vernetzung (Vermittlung unterschiedlicher Perspektiven, Übersetzungsarbeit)
- Evaluation und Dokumentation (laufende Überprüfungsarbeit, Reflexion, Dokumentation).

Zu jeder Aufgabe des Arbeitsbogens werden Qualitätskriterien und Indikatoren formuliert, die als Vorgaben der Selbstevaluation verwendet werden können. Das Arbeitsmodell findet Anwendung in den folgenden **Schwerpunktbereichen:** freizeitpädagogische Arbeit, offene Kinderarbeit, Mädchenarbeit, Jugendkulturarbeit, cliquenorientierte und mobile Arbeit, schulbezogene Angebote, arbeitsweltbezogene Jugendarbeit, interkulturelle Kinder- und Jugendarbeit, medienpädagogische Arbeit, Beratung/biografische Begleitung/Einzelfallhilfe, partizipative Kinder- und Jugendarbeit. *165*

Den vorwiegend qualitativ und weniger an Messzahlen ausgerichteten **Qualitätsindikatoren**, die im Einzelnen vor Ort mit den Beteiligten überprüft, verhandelt und weiterentwickelt werden, liegt folgende grundsätzliche Systematik zugrunde:
- weitgehend maximalistisch („beste Fachpraxis")
- multiperspektivisch (Ausrichtung auf Mitarbeiter, Kinder und Jugendliche)
- mehrdimensional (Berücksichtigung von Struktur-, Prozess- und Ergebnisqualität)
- ganzheitlich und sequentiell (Arbeitsbogen als Konstrukt für idealtypisches Prozessmodell). *166*

Die mittels Checklisten vorzunehmende **Selbstevaluation** der Mitarbeiter gliedert sich in die Arbeitsschritte
- konsensualer Austauschprozess über die fachlichen Standards in Gruppenarbeit
- Einschätzung der eigenen Praxis in Einzelarbeit
- Bewertung der eigenen Praxis in Einzelarbeit durch Skalierung (trifft zu, eher zu, eher nicht zu, nicht zu)
- Vergleich und Reflexion der Einzelergebnisse im Team
- Befragung von Nutzern im Rahmen „responsiver Evaluation". *167*

Auf dieser Grundlage – ggf. dokumentiert in einem Ergebnisbericht – soll in NRW künftig der kommunale Wirksamkeitsdialog geführt werden.

E. Bildungsmarketing

168 Für Bildungslandschaften, ihre Bildungsangebote und nicht zuletzt ihre Unternehmen muss geworben werden, – nicht nur gegenüber den Bildungsadressaten, sondern auch, um die Kommune insgesamt attraktiv zu machen. Die Selbstverständlichkeit, mit der etwa eine Stadt wie Braunschweig heute in der Lage ist, sich als „Stadt der Wissenschaft" präsentieren zu können, zeigt, dass die Rechnung aufgehen kann. Wenn eine Stadt wie Hameln, um ein Gegenbeispiel zu bringen, sich dagegen als „Stadt des Lächelns" vermarktet, mag dies im Vergleich dazu eher Verwunderung und Heiterkeit auslösen. Nun sind die Ausgangsbedingungen für Bildung zugegebenermaßen nicht überall gleich. Und nicht alle Kommunen können sich das Etikett „Stadt der Bildung" und dergleichen auf die Stirn kleben, – der symbolische Wert des Mediums wäre schnell ruiniert. Indes lassen sich allein durch die öffentlichkeitswirksame Inszenierung aktiven Engagements in diese Richtung, schlichtweg also durch die Arbeit am Konzept einer Bildungslandschaft Imagegewinne in Aussicht stellen, die dem Wettbewerb der Kommunen um Unternehmensansiedlungen und Neubürger dienlich sein können. Welche Strategien hierbei zum Tragen kommen, ist Gegenstand der folgenden Ausführungen.

I. Zur Notwendigkeit von Bildungsmarketing

169 Will man Personen aus bildungsfernen Schichten erreichen, für vermehrte Transparenz der in den Regionen und Kommunen vorhandenen Bildungsangebote sorgen, Problembewusstsein für die Übergänge zwischen den Bildungsphasen schaffen und die Durchlässigkeit der Bildungswege transparent machen, der Familienbildung den Weg weisen, die Inanspruchnahme von Informationsstellen und Bildungsdatenbanken fördern, qualifizierte Bewerber über unbesetzte Ausbildungs- und Arbeitsplätze informieren, Marktchancen von Bildungsträgern stärken, Mitglieder für Bildungsnetzwerke gewinnen und nicht zuletzt die Attraktivität einer Region in Hinblick auf ihre Bildungsaktivitäten ins öffentliche Bewusstsein heben, so sind hierauf gerichtete Maßnahmen des Marketing und der Öffentlichkeitsarbeit unerlässlich. Schon die Mitwirkung an Bildungsnetzwerken oder die Präsenz in regionalen und überregionalen Datenbanksystemen kann für Kommunen, Bildungsträger oder auch Unternehmen als eine Art „**Gütesiegel**" und damit zu Marketingzwecken genutzt werden und sich positiv auswirken auf den Bekanntheitsgrad der Mitwirkenden und ihr öffentliches Ansehen. Die Integration in eine übergeordnete Marketingstrategie von Netzwerken oder Kooperationsverbünden trägt im Idealfall Züge einer **Win-Win-Situation**. Das Netzwerk oder die Kommune als ideelle Gesamtstrategen ermög-

lichen mit ihrer übergeordneten Bildungsplanung für alle Mitwirkenden eine genauere Verortung ihrer Angebote innerhalb des regionalen Gesamtangebots. Die Ausleuchtung des Marktes bzw. Feststellung des Bildungsbedarfs kann insofern auch innovativ wirken, wird bedacht, dass mit genauer Marktbeobachtung auch neue Themen erschlossen und insbesondere für die privaten Bildungsträger hierdurch möglicherweise neue Kunden gewonnen werden können.[284] Insofern profitieren die Beteiligten von der Marktbeobachtung des Netzwerks bzw. der übergeordneten Planungsinstanz, diese umgekehrt von der ökonomischen und politischen Unterstützung sowie den fachlichen Erfahrungen der Bildungsverantwortlichen. In bildungspolitischer Hinsicht ist Bildungsmarketing jedoch in erster Linie eine Maßnahme der Öffentlichkeitsarbeit zur **Bildungsbeteiligung** der Bevölkerung. Marketing weist in dieser Weise einen weiten Überschneidungsbereich auf mit Formen individueller Bildungsberatung und des Bildungscoaching, die indes an anderer Stelle gesondert zu behandeln sind.

II. Bedeutungen des Marketingbegriffs

Der Begriff Marketing wird im übergeordneten Sinn von Kommunikationsmaßnahmen als Wortbestandteil genutzt als **Direktmarketing, Dialogmarketing, Eventmarketing** usw.[285] Mit Direktmarketing werden Kunden individuell angesprochen, bspw. mit Mailings oder auf (Bildungs-)Messen. Dialogmarketing will Kunden dagegen zum „Dialog" auffordern, etwa in elektronischen Newslettern mit Antwortfunktion. Beim Eventmarketing spielen Veranstaltungen die zentrale Rolle, wobei die Attraktivität der Veranstaltung durch besondere „Events" herbeigeführt wird. Als **Methode** ist Marketing ein Instrument zur Analyse, Situationsbestimmung, Strategieentwicklung und Maßnahmeplanung durch das jeweilige Unternehmen oder externe Berater und als **Strategie** eine Art Wegbestimmung des Unternehmens in genauer Orientierung an den Verhältnissen am Markt in den Bereichen seiner Produktplanung, Vertriebsplanung, Preispolitik und Kommunikationspolitik. Als **Unternehmensphilosophie** schließlich bringt Marketing die Ausrichtung sämtlicher Unternehmensbereiche an den Bedürfnissen des Kunden zum Ausdruck, unabhängig davon, ob es sich nun um ein Profit-Unternehmen oder eine Nonprofit-Organisation[286] handelt.

170

---

284 Reupold/Tippelt, Bildungsmarketing und Bildungsbeteiligung, in: Nuissl u.a. (Hrsg), Regionale Bildungsnetze, Bielefeld 2006, S. 180, 183 f.
285 Knuepp, Marketing, in: Maelicke (Hrsg.), Lexikon der Sozialwirtschaft, Baden-Baden 2008, S. 663 ff. sowie umfassend Meffert/Bruhn, Dienstleistungsmarketing, 5. Aufl., Wiesbaden 2006.
286 Speziell zum Marketing für Nonprofit-Organisationen vgl.: Bruhn, Marketing für Nonprofit-Organisationen, Stuttgart 2005; zur Philosophie von Nonprofit-Organisationen vgl. ferner: Putschert, Marketing für Verbände und weitere Nonprofit-Organisationen, Bern/Stuttgart/Wien 2001, S. 92 ff.

III. Der Aufbau eines Marketingkonzepts

1. Feststellung des Ist-Zustandes

171 Am Anfang der Konzeptentwicklung steht die Frage: Wo steht das Unternehmen? Gemeint sind die derzeitige Markt- und Wettbewerbssituation (im Bildungsbereich also das regionale Bildungsangebot), die künftige Marktentwicklung (der jeweilige Bildungsbedarf) einschließlich der möglichen Zielgruppen und all dies im Hinblick auf die Marktkonformität des Produkts, des Preises, der Vertriebsformen und der Kommunikationsstrategien. Insbesondere hinsichtlich der Marktlage und -entwicklung aber reichen eigene Erfahrungswerte des Unternehmens zumeist nicht aus, um ein Bild über zukünftige Trends und Technologien zu gewinnen. Man ist deshalb auf externen Sachverstand bzw. externe Quellen, mithin auf **Marktforschung** angewiesen. Bei dieser unterscheidet man zwischen primär- und sekundärstatistischen Quellen. Erstere sind eigens durch das Unternehmen in Auftrag gegebene Befragungen, letztere enthalten bereits erhobene Daten, auf die man zurückgreifen kann, wie etwa demografische Daten oder qualitative Daten über soziale Milieus und Lebensstile, die im Bereich des Bildungsmarketing etwa lokalen Sozialraumanalysen, Branchenanalysen oder Arbeitsmarkt-, Sozial- und Bildungsberichten entnommen werden können. Da viele Bildungsdienstleistungen von **öffentlicher Förderung** abhängen und insbesondere die Gruppe benachteiligter Personen als Selbstzahler ausfällt, sind vor allem auch das administrative Förderverhalten samt der ihm zugrunde liegenden Strukturen auszuloten, wie etwa der durch Bildungsgutscheine (Rz. 155) induzierte Nachfragewettbewerb im SGB II und III, die Strategien von „Fallmanagern" bei der Zuweisung von Leistungsempfängern in Maßnahmen oder das Interesse von Eltern oder behinderten Menschen im Rahmen der ihnen nach dem Gesetz zustehenden Rechte zur Auswahl von Anbietern beruflicher Rehabilitationsmaßnahmen bzw. von Hilfen zur Erziehung. Diese Daten können zur genaueren Einschätzung des Vertriebsweges dann nach Zielgruppen[287] aufbereitet werden, im Bildungsbereich etwa Unternehmen und Branchen, Arbeitsuchende, Bildungsbenachteiligte, Familien oder Migranten. Die Ermittlung des Ist-Zustandes bedarf schließlich genauer Auswertung im Hinblick auf die Stärken und Schwächen des Unternehmens im Bereich seiner Produkt-, Preis-, Vertriebs- und Kommunikationspolitik.[288]

2. Strategieentwicklung

172 Übergeordneter Maßstab zur Einschätzung der relevanten Marktziele im Produkt-, Preis-, Vertriebs- und Kommunikationsbereich ist die strategische Ausrichtung des

---

[287] Zur Bildung von Zielgruppen vgl.: Matys, Dienstleistungsmarketing, Frankfurt a. M. 2004, S. 140 ff.
[288] Zu diesen Organisationsbereichen vgl. im Einzelnen: Bruhn, Marketing für Nonprofit-Organisationen, Stuttgart 2005, S. 292 ff.

Unternehmens. So kann es nicht angehen, nur auf Gewinnoptimierung einzelner Bildungsanbieter oder kurzfristige Wählerstimmenmaximierung politischer Parteien zu setzen, wenn das Hauptziel eines Kooperationsverbundes darin besteht, den Bildungsstand einer Region nachhaltig zu erhöhen, den Qualifizierungsbedarf einer ortsansässigen Wirtschaft zu befriedigen und Arbeitslosigkeit abzubauen. Die jeweiligen Marktziele müssen den strategischen Zielen (Rz. 71, 103) stets untergeordnet bleiben. Zur Strategieentwicklung stehen vier Grundtypen zur Verfügung:[289]

Im Rahmen einer **Marktdurchdringungsstrategie** bleiben sowohl die Leistungspalette als auch die Zielgruppen und Teilmärkte, die man ansprechen will, unverändert gegenüber dem bisherigen Zustand. Das Ziel, den Markt besser zu durchdringen, kann z. B. durch Bemühungen erreicht werden, den Bekanntheitsgrad des Anbieters oder seiner Leistungen zu steigern und sein Image zu verbessern. In dieser Hinsicht kann bereits die bloße Beteiligung an einem Bildungsnetzwerk oder Kooperationsverbund zu Imagegewinnen führen und nicht nur für die Bildungsregion als solche einen gemeinnützigen Vorteil, sondern auch für den einzelnen Mitwirkenden eine erhöhte Nachfrage nach seinen Leistungen begründen (Rz. 169).

Im Rahmen einer **Markterschließungsstrategie** bleibt die Leistungspalette unverändert. Allerdings hat die Marktanalyse gezeigt, dass sich neben der bisherigen Zielgruppe auch andere Zielgruppen für die Leistung interessieren, die nunmehr gezielt angesprochen werden sollen. Im Bildungsbereich kann solches der Fall sein, wenn einzelne Unternehmen für ihre Mitarbeiter Interesse an den Angeboten ortsansässiger Kindertagesstätten oder Volkshochschulen oder wenn Bildungsbenachteiligte Interesse an bestehenden Bildungsberatungsangeboten finden und die Nachfrage nach solchen Angeboten deshalb gezielt gesteigert werden soll. Für die Profilbildung eines Bildungsträgers kann es von Vorteil sein, sich auf bestimmte Personengruppen zu konzentrieren. Dies schließt jedoch nicht aus, dass durch das übergeordnete Netzwerk oder den Kooperationsverbund eine flächendeckende Integration zielgruppenspezifischer Bedürfnisse angestrebt wird. Vor allem für sozial schwache Personengruppen sind die Transparenz des Marktes und die Einräumung niedrigschwelliger Zugänge zu entsprechenden Angeboten hierbei von größter Bedeutung.[290]

Im Rahmen einer **Produkterschließungsstrategie** bleiben die Zielgruppen die alten. Die Marktanalyse hat jedoch gezeigt, dass in dieser Gruppe Bedarf nach neuen Leistungen besteht. Im Bildungsbereich kann solches der Fall sein, wenn Weiterbildungsträger ihr Angebot auf einen veränderten Qualifizierungsbedarf der Betriebe oder Schulen sich auf neue Lernformen (EDV) und Lernorte (Betriebspraktika) auszurichten haben. Vor allem im Bereich **kleinerer und mittlerer Unternehmen** sind

---

289 Knuepp, Marketing, in: Maelicke (Hrsg.), Lexikon der Sozialwirtschaft, Baden-Baden 2008, S. 666.
290 Reupold/Tippelt, Bildungsmarketing und Bildungsbeteiligung, in: Nuissl u. a. (Hrsg.), Regionale Bildungsnetze, Bielefeld 2006, S. 181.

Durchführungskompetenzen zur Feststellung ihres Qualifizierungsbedarfs eher unterentwickelt.[291] Umgekehrt verfügen die relevanten Weiterbildungsanbieter nur selten über ausreichende Branchenkenntnisse, um passgenaue Angebote unterbreiten zu können. Daher muss eine an den spezifischen Bedürfnissen einzelner Unternehmen orientierte gegenseitige Information über den Bildungsbedarf und entsprechende Umsetzungsstrategien (Rz. 146) – in idealer Weise vermittelt durch eigens hierfür geschulte Bildungsberater und gemeinsame Bildungsseminare[292] (Rz. 79) – fester Bestandteil jedweder Strategieentwicklung sein.[293]

Im Rahmen einer **Diversifikationsstrategie** wenden sich Unternehmen von ihrer bisherigen Leistungspalette und ihren bisherigen Zielgruppen ab und wagen etwas völlig Neues. Im Bildungsbereich kann solches der Fall sein, wenn private Weiterbildungsunternehmen gänzlich neue Produkte für neue Zielgruppen planen. Im Übrigen aber sind Diversifikationen im Bildungsbereich kaum vorstellbar, da die einzelnen Anbieter wie Schulen, Volkshochschulen oder sonstige staatlich geförderte Anbieter öffentlichen Zweckbindungen unterliegen und zu derart radikalen Schnitten deshalb kaum in der Lage sind.

3. Kommunikationspolitik

173 Für sämtliche der aufgeführten Strategien müssen konkrete Umsetzungsmaßnahmen entwickelt und durchgeführt werden, wobei von vornherein auf ein vernünftiges Verhältnis zwischen den jeweiligen Maßnahmezielen und dem leistbaren Zeitaufwand bzw. den finanziellen Möglichkeiten geachtet werden sollte. Im Vordergrund der Umsetzung steht die Kommunikationspolitik des Unternehmens.[294] Zum Bereich der Werbung gehört neben den üblichen Werbemitteln (Broschüren, Flyer usw.) und verkaufsfördernden Aktionen im Direktkontakt mit dem Kunden (Messen, Events, Fachtagungen, Personalleiterarbeitskreise[295], „Bildungsberaterhandbücher"[296], Betriebsbesichtigungen) auch ein aussagekräftiges Corporate De-

---

291 Bosch, Weiterbildung in der Region, in: Dobischat/Husemann (Hrsg.), Berufliche Weiterbildung als freier Markt?, Berlin 1995, S. 99.
292 Stölzl, Markterschließung durch Kommunikation, in: Berufliche Fortbildungszentren der Bayerischen Arbeitgeberverbände e.v., Bildungsmarketing für kleinere und mittlere Betriebe, Nürnberg 1993, S. 57, 64.
293 Severing, Zum Verhältnis von Weiterbildungsträgern und Unternehmen, in: Berufliche Fortbildungszentren der Bayerischen Arbeitgeberverbände e. V., Bildungsmarketing für kleine und mittlere Betriebe, Nürnberg 1993, S. 11 ff.
294 Zu entsprechenden Argumentationstypen bei der Ansprache kleiner und mittlerer Unternehmen, differenziert nach „Ansprechpartnern", vgl. Stölzl, Markterschließung durch Kommunikation, in: Berufliche Fortbildungszentren der Bayerischen Arbeitgeberverbände e.v., Bildungsmarketing für kleinere und mittlere Betriebe, Nürnberg 1993, S. 71 ff.
295 Severing, Zum Verhältnis von Weiterbildungsträgern und Unternehmen, in: Berufliche Fortbildungszentren der Bayerischen Arbeitgeberverbände e. V., Bildungsmarketing für kleine und mittlere Betriebe, Nürnberg 1993, S. 19.
296 Stölzl, Markterschließung durch Kommunikation, in: Berufliche Fortbildungszentren der Bayerischen Arbeitgeberverbände e.v., Bildungsmarketing für kleinere und mittlere Betriebe, Nürnberg 1993, S 79.

sign (Rz. 169) und ein gutes Auftreten des Unternehmens in der Öffentlichkeit. Die **Öffentlichkeitsarbeit** will im Unterschied zur Werbung und Verkaufsförderung vor allem Sympathie, Vertrauen und Verständnis für das Unternehmen schaffen. Für den Bildungsbereich sind Bestrebungen dieser Art von besonderer Bedeutung, wenn die Bevölkerung zur Mitwirkung an entsprechenden Bildungsprojekten bewegt oder Sponsoren[297] hierfür gewonnen werden sollen. Öffentlichkeitsarbeit ist insofern „Beziehungsarbeit"[298] sowohl gegenüber den gesellschaftlichen Akteuren, die man erreichen will, als auch den relevanten Medien (Lokalradio und Tageszeitungen).

F. Einzelfallsteuerung

Der Begriff der Einzelfallsteuerung verdeutlicht einen wesentlichen Grundzug dieses Kapitels. Zwar geht es um die Vermittlung von Bildung in Einzelfällen, indes nicht in direkten Prozessen des Lernens und Lehrens, sondern auf indirektem Weg administrativer Steuerung insoweit vorgelagerter Prozesse der Bereitstellung und Erfolgskontrolle von Bildungsleistungen für den Einzelnen. Hierfür hat sich der Begriff des Fallmanagements etabliert. Sein Anwendungsbereich beschränkt sich heute auf den Bereich staatlicher Benachteiligtenförderung. Sein methodisches Potential aber ist so weit reichend, dass es bei leichter Modifizierung auch auf der Ebene betrieblicher Organisation der Mitarbeiterqualifizierung zum Einsatz gebracht werden könnte. Methoden des Fallmanagements leiden jedoch, an sich wie alle Formen organisierter Bildungsvermittlung (Rz. 62), unter einem geradezu endemischem Ineffizienzverdacht. Sie haben den Anspruch zu „steuern" (ansonsten würde es sie nicht geben) und können dies gleichwohl nur unvollkommen. Wir werden daher zunächst einen theoretischen Entwurf vorstellen, der genau diesen Widerspruch zum Thema hat und ihn so präsentiert, dass ein gewisses Maß von Entkrampfung in Aussicht gestellt werden kann. Bildung muss jedoch auch außerhalb staatlicher Benachteiligtenförderung Fuß fassen können, je mehr der Blickwinkel auch das „Lebenslange Lernen" erfasst. Deshalb sind im letzten Teil dieses Kapitels einige Überlegungen zum Thema Bildungsberatung anzustellen, wobei die diskutierte Möglichkeit des Aufbaus trägerübergreifender Bildungsberatungsstellen als Gebot der Stunde angesehen werden kann.

174

---

297 Im Kontext von Marketing vgl.: Conta Gromberg, Handbuch Sozial-Marketing, Berlin 2006, S. 87 sowie Reinfelder, Social Marketing in der Sozialwirtschaft, Saarbrücken 2007, S. 123 ff.
298 Knuepp, Marketing, in: Maelicke (Hrsg.), Lexikon der Sozialwirtschaft, Baden-Baden 2008, S. 668.

I. Zum Steuerungsbegriff im Sozial- und Bildungssektor

175 In Bildungslandschaften wird „gesteuert": Unternehmen sorgen für die Qualifizierung ihrer Mitarbeiter, Schulen für die Grundbildung der Schüler, Fallmanager für die Integration in den Arbeitsmarkt usw. und im Idealfall sorgen Bürgermeister und Landräte dafür, dass all dies besser, schneller und mit spürbaren Auswirkungen auf die Prosperität ihrer Kommune geschieht. Gleichwohl dürfte unmittelbar einleuchten, dass Individuen ebenso wenig wie gesellschaftliche Gruppen wie Maschinen gesteuert werden können[299] und sich in der Gesellschaft nicht zuletzt deshalb – gewissermaßen dem Prinzip des „trial and error" folgend – vielfältige Strategien steuernder Einflussnahme etabliert haben, von weichen Formen wie der Beratung und Werbung bis hin zu harten Formen wie etwa der schulischen Nichtversetzung, der Sanktionierung von Leistungsempfängern im Falle ihrer Mitwirkungsverweigerung oder weitläufig gedacht auch dem Verlust von Wählerstimmen, wenn die politische Führung den bildungspolitischen Zeitgeist verpasst. So selbstverständlich mithin die Erkenntnis sein mag, dass bei Bildungs- und Sozialinterventionen jeglicher Art mit Friktionen, unsicheren Verläufen oder gar mit konstruktiven Eigenleistungen der Akteure im Sinne einer rein subjektiven Zuschreibung von Erfolgen auf ein Interventionsangebot gerechnet werden muss (Rz. 61), so schwierig ist es, hierfür einen aussagekräftigen **theoretischen Rahmen** zu finden, der in der Lage wäre, die Diskussion vor allzu großen Selbsttäuschungen, Idealisierungen und Ideologisierungen zu bewahren. Dies mag der Grund dafür sein, dass es in Sachen Bildung und Soziales nichts gibt, was es nicht gibt – von einer inhaltlich diffusen und „sozialethisch" aufgeladenen Laien-, Konsens- und Lebensweltperspektive angefangen bis hin zu manipulativen Gesprächsstrategien im Umgang mit „Verwaltungskunden", die mit solchen Autonomiezumutungen der ihnen zugedachten Kundenrolle indes hoffnungslos überfordert sind.[300]

176 Versuchen wir es – sehr verkürzt – mit Systemtheorie. Ein wesentlicher Ausgangspunkt des Denkens im Sinne autopoietischer Systeme[301] ist die Tatsache, dass jedes gesellschaftliche (Funktionssysteme, Organisationen, Interaktionen) oder psychische System mit einer grundlegenden **Paradoxie** zurechtkommen muss: es muss sich auf der Suche nach Identität von einer Umwelt unterscheiden und kann hierbei zugleich beobachten, dass die Umwelt nichts anderes ist als ein internes Produkt seiner Operationen. Im Bildungs- und Sozialsektor und hier insbesondere im Kontext von Steuerung äußert sich diese Ausgangalage eher symptomatisch an Hand zahlreicher dilemmatischer „Verwicklungen". Einerseits kommt man nicht umhin,

---

299 Luhmann, Das Kind als Medium der Erziehung, in: Luhmann, Gesellschaftsstruktur und Semantik, Frankfurt am Main 1995.
300 Kritisch etwa Göckler, Wo vollzieht sich Fördern und Fordern?, in: Verein Beschäftigungspolitik kommunal e. V. (Hrsg.), Fachtagungen Netzwerk SGB II, Fachtagung vom 3.–4. Mai 2006, S. 39 ff., 45, 48 (Internet); sowie: Luthe, Sozialtechnologie, Archiv für Wissenschaft und Praxis der sozialen Arbeit 2003, S. 3 ff., 39 ff. sowie: Luthe, Warum Sozialtechnologie?, NDV 2006, S. 109 ff., 110 f.
301 Luhmann, Die Gesellschaft der Gesellschaft, Frankfurt a. M. 1997.

einen Steuerungseffekt für Bildungs- und Sozialinterventionen zu unterstellen – Sozialarbeit oder Bildungsarbeit würde in der Gesellschaft ansonsten nicht vorkommen -, während gleichzeitig die Undurchführbarkeit der Aufgabe eingeräumt werden muss. Erinnert sei in diesem Zusammenhang an das mittlerweile von Vertretern der Zunft schon gewohnheitsmäßig vorgebrachte „Technologiedefizit" als Schutzmantel gegenüber Effizienzerwartungen jeglicher Art.[302] Im Sinne linearer Steuerung sind Annahmen dieser Art auch durchaus konsequent. Über den Erfolg der Bildungs- und Sozialarbeit, d.h. die Integration des Einzelnen in das gesellschaftliche Teilsystem etwa der Ökonomie oder über individuelle Lernfortschritte können die intervenierenden Akteure selbst nicht disponieren. Arbeitsplätze werden sinnbildlich durch die Wirtschaft und weder durch den Lehrer noch den Sozialarbeiter besetzt. Nur schwer zu ertragen ist ferner die Beobachtung, dass, wer den Hilfebedürftigen von Hilfe unabhängig machen will, er diesen zunächst einmal von ihr abhängig machen muss. Außenstehenden jedenfalls wird man kaum verständlich machen können, wie der Sozial- oder Bildungsarbeiter erklärtermaßen auf die Autonomie des Hilfebedürftigen abzielen und für sich gleichzeitig die Position eines (deutenden) Stellvertreters der zu betreuenden Person reklamieren kann.[303]

In sämtlichen Hinsichten sind die Bedingungen der Möglichkeit von Sozial- oder Bildungsarbeit zugleich nur als Bedingungen ihrer Unmöglichkeit fassbar. Mit dieser Vorstellung kann kein System auf Dauer offen leben. Es sieht sich daher zum Aufbau von Strukturen veranlasst und insbesondere solcher Strukturen, die das Paradoxieproblem größtmöglich **entschärfen**. Dies ist eine grundlegende Eigenart von Systemen. Sie „benutzten" eigene Schwächen und Unentschiedenheiten zur fortlaufenden Reproduktion ihrer Strukturen: Sie kultivieren beispielsweise den nicht endenden wollenden Meinungsstreit über die richtige Hilfe oder die richtige Bildung und gewinnen so Zeit, auf all die günstigen Umstände und Zufälle zu warten, welche die Adressaten wirklich weiter bringen.[304] Sie verschieben die Frage von Handlungserfolgen in die Umwelt des Systems (bspw. Lebensweltansatz) oder überantworten die Definition des Erfolgseintritts dem weiteren „Prozess" (etwa Fallmanagement oder Selbstevaluation) und können so einstweilen darüber hinwegsehen, dass ihr eigener Beitrag an der Leistung in hohem Maße unbestimmt ist.[305] Misserfolge braucht man sich selbst nicht zuzurechnen, wenn auf diese Weise folgerichtig in der vorgegebenen Prozesslogik gehandelt oder die Problemlösung gleichsam non-direktiv außerhalb der eigenen Reichweite in der Lebenswelt des Klienten gesucht wird. Man gibt etwas vor und die Umwelt wird schon antworten. Dies ist

---
302 Das Thema Technologiedefizit ist ursprünglich von Luhmann/Schorr im Kontext des Erziehungssystems im Hinblick auf die letztlich unkalkulierbaren Transformationen zwischen Gesellschaftssystem (Unterricht) und Bewusstseinssystem (Lernfortschritt) ins Leben gerufen worden (vgl. Luhmann/ Schorr, Zwischen Technologie und Selbstreferenz. Fragen an die Pädagogik, Frankfurt am Main 1982, S. 11–40).
303 So aber wie viele: Dewe/Otto, Zugänge zur Sozialpädagogik: reflexive Wissenschaftstheorie und kognitive Identität, Weinheim 1996, S. 76, 86, 94.
304 Baecker, Soziale Hilfe als Funktionssystem der Gesellschaft, Zeitschrift für Soziologie 1994, S. 98 f.
305 Luthe, Warum Sozialtechnologie?, NDV 2006, S. 110.

nichts anderes als ein Abtasten und Ausbeuten der Umwelt nach brauchbaren Informationen im Dienste der eigenen Zwecke und Ideale, die dann nach Art einer wohltätigen Selbsttäuschung zum Aufbau eines Solidaritätsbewusstseins der Berufsinhaber oder zur Außendarstellung der Helfer- und Bildungsorganisationen genutzt werden können. Bedeutet dies nun, dass jedwedes Angebot, das anderen von Professionellen angetragen wird, sich angesichts konstruktiver Eigenleistungen der Beteiligten gewissermaßen von selbst erledigt? Wie also muss Steuerung in unserem Zusammenhang verstanden werden?

178 Zunächst wird man in Rechnung stellen dürfen, dass man ohne diese Formen wohltätiger Selbsttäuschung über den Sinn und Nutzen der eigenen Interventionskonzepte vielleicht gar nicht zum Handeln käme. Ohne Handeln aber entfällt jede Möglichkeit von vornherein, in irgendeiner Weise – geplant oder ungeplant – Effekte in der Umwelt zu erzielen. Eine konsequente gedachte Systemtheorie aber wird gleichwohl darauf insistieren, dass kein System über den eigenen Operationsradius hinaus in die Umwelt eindringen kann, sinnbildlich weder in die „Köpfe" von Schülern noch von Klienten.[306] Es kann nur die eigene Kommunikation gezielt beeinflussen. Umweltbeschreibungen sind daher stets abhängig vom Standpunkt des Beobachters, der sich im Grunde genommen selbst konditioniert, wenn er sich auf die Umwelt bezieht. Gleichzeitig aber ist ausgeschlossen, dass Systeme losgelöst von einer Umwelt operieren können. Dieses eigengeartete Verhältnis gegenseitiger Abhängigkeit bei gleichzeitiger Unabhängigkeit der Systeme beschreibt die Systemtheorie mit dem Begriff der **strukturellen Kopplung**. Strukturelle Kopplungen sind gewissermaßen Momentaufnahmen, in denen es zu einem zufälligen Zusammentreffen zwischen Systemen kommt, ein kurzer Moment gesteigerter Aufmerksamkeit für die jeweilige Umwelt, der jedoch nach eigenen Regeln im System verwaltet wird, dieses (lediglich) irritieren und damit zur Selbstdetermination anregen kann. Bildungs- und Sozialinterventionen sind deshalb zunächst nichts anderes als ein Angebot an die Umwelt, das von dieser an Hand eigener Kriterien als brauchbar aufgegriffen wird und insofern dann die Umwelt, das heißt Personen, Organisationen oder Funktionssysteme verändern kann. Der **Erfolg steuernder Einflussnahme** ist somit das Ergebnis einer strukturellen Kopplung zweier Systeme. Sie beruht auf der Fiktion der Gleichsinnigkeit und gegenseitigen Beeinflussbarkeit. Und selbst wer hierum weiß, kommt nicht umhin, sich selbst zu beobachten und auf Kopplungseffekte gegenüber Systemen in der Umwelt zu warten, die ihrerseits damit rechnen, dass ein Intervenierender etwas von ihnen will oder eben nichts von ihnen will.

179 Nach allem ist die Frage der Steuerbarkeit von Bildungs- und Sozialinterventionen somit weder mit einem klaren „ja" noch einem klaren „nein" zu beantworten. Die weit verbreitete und vor allem bürokratiekritische Annahme, das kausale Wis-

---

306 Luhmann, Wie ist Bewusstsein an Kommunikation beteiligt?, in: Gumbrecht/Pfeiffer (Hrsg.), Materialität der Kommunikation 1988, S. 286; Luhmann, Die Gesellschaft der Gesellschaft, Frankfurt a. M. 1997, S. 92, 100, 779.

sen gehe praktisch gegen Null, der Prozess sei nicht planbar und insbesondere die Ziele der Intervention würden sich erst in der konkreten Interaktion herauskristallisieren,[307] ist auf dieser Ebene einfacher Beobachtung zwar nicht ganz falsch, greift jedoch zu kurz, wenn beobachtet wird, wie jemand beobachtet, wenn er mit Steuerungsabsicht handelt (sog. Beobachtung zweiter Ordnung). Dann nämlich kann gesehen werden, dass es gerade die im **Machbarkeitskalkül** agierenden Organisationen des Bildungs- und Sozialsystems und hier vor allem die zuständigen Verwaltungen sind, die mit vereinfachender Problemsicht und hoher Routiniertheit den entscheidenden Beitrag dazu leisten, dass es trotz (oder gerade wegen) ausgeprägter Unsicherheit der Entscheidungsbedingungen überhaupt zu Strukturen (Programme, Kommunikationswege, Stellen) kommt, an denen mit Kausalattributionen auf Seiten der Intervenierenden und entsprechenden Erwartungshaltungen auf Seiten der Adressaten angeknüpft werden kann und ohne die Versuche von Bildung und Sozialintegration vermutlich im Sande verliefen.[308] Auf diese Weise wird haltloses Prozessieren in zurechenbares Entscheiden und damit in eine für alle Beteiligten mehr oder weniger überschaubare Problemverarbeitungsperspektive überführt. Plakativ: Fallzahlen anstatt verständigungsorientierter Koproduktion! Auch dies hilft ein wenig über die Verlegenheit der Kriterienlosigkeit hinweg und aktiviert als Gegenreaktion gleichzeitig die Idee einer lebensweltorientierten Professionalität, die außer Fundamentalkritik nichts beweisen muss, aber gerade hierdurch – sei es innerhalb oder außerhalb der „Bürokratie" – die erforderliche Aufmerksamkeit für Veränderungsprozesse im Sinne erhöhter Umweltsensibilität am Leben hält. Solches erleichtert gewissermaßen durch Ausweitung des Blickwinkels die Zuschreibung von Erfolgen auf das intervenierende System und macht gleichzeitig verständlich, dass Misserfolge dazu gehören.

Mit diesen Vorüberlegungen gewinnen wir nunmehr einen Ausblick auf die vor allem in Verwaltungen seit einigen Jahren implementierten Prozesse des **Fallmanagements**, deren Konzepte mittlerweile so verfeinert sind, dass man durch ständiges Beraten, Monitoring, Evaluieren und Rückbinden der Einzelfallsteuerung in die Gesamtorganisation auf „kybernetische" Selbstläufer vertrauen darf. Jeder Schritt verdichtet den Ergebnishorizont und dieser trägt gleichzeitig zur Retrovalidierung der bisherigen Schritte bei. Man gibt etwas vor und die Umwelt wird im Zeitablauf schon antworten. So kann die Organisation durch ständiges Austesten ihrer Festlegungen die Annahme der Angebote wahrscheinlich machen und sich trotz hoher Eigenanteile der Umwelt an der Problemlösung einen Eindruck davon verschaffen, was sich bei Klienten, Unternehmen oder in Hinblick auf politische Legitimität auf einem „Markt der Möglichkeiten" bewährt. Dies kann durchaus als „konstruktiver"

180

---

307 Japp, Wie psychosoziale Dienste organisiert werden, 1986, S. 89; Germershausen/Wehrmann, Sozialarbeiterische Interventions-„Kompetenz" im Funktionssystem der sozialen Hilfe, in: Luthe (Hrsg.), Autonomie des Helfens, Baden-Baden 1997, S. 89.
308 Luthe, Sozialtechnologie, Archiv für Wissenschaft und Praxis der sozialen Arbeit 2003, insb. S. 17–33; Luthe, Warum Sozialtechnologie, NDV 2006, S. 111 f.

Umgang mit den externen und für das System unerreichbaren Konditionen des Erfolgseintritts angesehen werden.

II. Fallmanagement

1. Bedeutung und Strukturen des Fallmanagements

a) Bedeutung

181 Fallmanagement ist eine Weiterentwicklung des in den USA betriebenen Case Management und wurde dort zuerst im Rahmen nachsorgender Hilfen für psychisch Kranke betrieben. Ziel des Fallmanagements ist, die Fähigkeiten des Klienten zu einem selbst bestimmten Leben zu fördern, individuelle und im Umfeld des Klienten liegende Ressourcen zu verknüpfen und hierbei größtmögliche Effizienz zu erreichen.[309] **Hauptanwendungsgebiete** liegen in der Kinder- und Jugendhilfe, der Altenhilfe, der Psychiatrie, im Rehabilitationswesen und in neuerer Zeit vor allem in der Beschäftigungsförderung („Fordern und Fördern"), wo die Einzelfallsteuerung neben einzelfallorientierten Beratungsverfahren gezielt auch die administrativen und infrastrukturellen Rahmenbedingungen erfasst, wie etwa finanzielle und rechtliche Vorgaben des Verwaltungshandels und die Beziehungen zu weiteren in den Prozess eingebundenen privaten Leistungserbringern zur persönlichen Unterstützung des Klienten mit Schuldner- und Suchtberatung, Kinderbetreuung, Sprachförderung und Qualifizierungsmaßnahmen. Als eigenständiges Instrument der **Bildungsförderung** ist Fallmanagement bislang ohne Bedeutung geblieben, wenngleich die insoweit einschlägigen Konzepte zur Unterstützung des lebenslangen Lernens und insbesondere zur Bewältigung der Bildungsübergänge und der betrieblichen Qualifizierung (Rz. 72, 76, 146) in entsprechend angepasster Form auch hier durchaus von Nutzen sein dürften. Bildungsförderung aber ist heute gleichwohl – nicht zuletzt vor dem Hintergrund enger Zusammenhänge zwischen Bildung und Sozialintegration (Rz. 17, 106) – in vielen Bereichen des Sozialwesens zumeist unverzichtbarer Bestandteil jener von Fallmanagern „gestrickten" Maßnahmebündel, vor allem dort, wo es um die Herstellung von Beschäftigungsfähigkeit Erwerbsloser (SGB II und III), die Erziehung und Förderung von Kindern und Jugendlichen (SGB VIII) oder die berufliche Rehabilitation und Teilhabe kranker und behinderter Menschen (SGB IX) geht.

b) Organisation

182 Die heutige Bedeutung des Fallmanagements verdankt sich vor allem dem Bestreben, die operative und strategische Steuerung humandienstlicher Leistungs-

---

309 Dern/Hauser, Was ist Fallmanagement?, NDV 2008, S. 101 ff.; Neuffer, Case Management sowie Neumann, Fallmanagement, beides in: Fachlexikon der sozialen Arbeit, 6. Aufl., Berlin 2007, S. 162, S. 308.

erbringung mittels strenger Evaluation und Dokumentation der Arbeitsergebnisse **zielgenau und kostenbewusst** umzusetzen. Vom Case Management grenzt sich Fallmanagement vor allem dadurch ab, dass die Hilfen trotz durchgehender Fallverantwortung des Fallmanagers nicht direkt erbracht, sondern in erster Linie vermittelt werden. Kern der Arbeit ist die Ermittlung, Konstruktion und Überwachung eines problemadäquaten Unterstützungsnetzwerks, zu dem sowohl die informellen sozialräumlichen Ressourcen (Familie, Nachbarn, Freunde, vorhandene Infrastruktur) als auch die formellen Angebote des sozialen Dienstleistungssektors zu rechnen sind. Einerseits müssen hierbei fallbezogen notwendige Elemente wie Beratung, Hilfeplanung und Leistungssteuerung miteinander verknüpft werden. Andererseits müssen auf der Infrastrukturebene Bedarfs- und Bestandsanalysen (Rz. 90 ff.), Angebotsplanung und Angebotssteuerung betrieben werden, damit das individuell benötigte Hilfsangebot im Bedarfsfall auch zur Verfügung steht. Fallmanagement ist deshalb individuelles **Unterstützungsmanagement** und netzwerkbezogenes **Systemmanagement** zugleich. Zentral ist hierbei der Transport jener bei der Einzelfallbearbeitung gewonnenen Informationen auf die Ebene der Infrastrukturgestaltung, ihre Nutzbarmachung für die Projektplanung und ihre systematische, teils zielgruppenspezifisch erfolgende Aufbereitung etwa in Fallkonferenzen oder in der Verbundarbeit mit privaten Leistungserbringern bzw. sonstigen Verwaltungsträgern.

Vielfach wurden die **Organisationsstrukturen** namentlich der Fürsorge- und Arbeitsverwaltung den Besonderheiten des Fallmanagements durch Einrichtung niedrigschwelliger Anlaufstellen („Servicezentren") angepasst,[310] die insofern eine möglichst ganzheitliche Fallbearbeitung quer zu den in Betracht zu ziehenden Leistungsgesetzen (Lohnersatz- und Fürsorgeleistungen, Erziehungs- und Familienhilfen, Krankenbehandlung und Rehabilitation) ermöglichen sollen. Hier entscheidet sich, welche der Klienten überhaupt für ein Fallmanagement in Betracht zu ziehen sind,[311] ob der Betroffene an andere Stellen überstellt werden muss (spezielle Beratungsstellen, Allgemeiner Sozialdienst, zielgruppenspezifisches Fallmanagement) oder ob das Fallmanagement während des gesamten Prozesses auf flankierende Dienste angewiesen ist (etwa Suchtberatungsstellen, Familienhilfe, Sprachförderung). Eine besondere Software für die Falldokumentation (Module zur Zielvereinbarung, zur Diagnose, zur Darstellung des Hilfeplans und der Leistungssteuerung)

183

---

310 Im Rahmen von Hartz IV mit ausdifferenzierten Funktionsbereichen wie etwa Clearing-Stelle, Back-Office für materielle Leistungen, Vermittlung und Fallmanagement, wobei letzteres innerhalb der administrativen Konzepte eher den Personen mit besonderen Vermittlungshemmnissen vorbehalten wurde. In manchen ARGEN wurde jedoch ein ganzheitlicher Ansatz praktiziert (etwa Duisburg) und sowohl die Versorgung als auch die Eingliederung des einzelnen Falles durch einen einzigen Fallmanager (in der Terminologie des Gesetzes auch „Persönlicher Anprechpartner") sichergestellt.
311 So differenziert die Praxis häufig nach
 – Integrationswilligkeit und -fähigkeit bei strukturellen Vermittlungshemmnissen,
 – Integrationswilligkeit und (vorübergehende) Integrationsunfähigkeit mit in der Person liegenden Vermittlungshemmnissen,
 – Integrationsunwilligkeit und (zeitlich begrenzte) Integrationsunfähigkeit mit in der Persönlichkeit liegender Ausprägung,
 – Integrationsunwilligkeit mit struktureller Ausprägung, jedoch Integrationsfähigkeit.

hat sich hierbei als hilfreich erwiesen. Auch im Gesundheitssystem greifen allmählich Strukturen des Fallmanagements Platz – durch die am Einzelfall ausgerichtete Koordination ärztlicher und nicht-ärztlicher ambulanter Dienste, durch Kooperationen von Haus- und Fachärzten sowie von Krankenhäusern mit Pflege- und Rehabilitationseinrichtungen, nicht zuletzt innerhalb des Krankenhauses selbst, das seit Einführung des Fallpauschalensystems der „Diagnosis Related Groups" auf einen möglichst rationellen Durchlauf des Patienten angewiesen ist.[312]

184 Fallmanagement beruht auf einer klar strukturierten **Ablauforganisation** (Rz. 187 ff.). Die einzelnen Prozessschritte werden in der Literatur zwar unterschiedlich benannt.[313] Indes handelt es sich eher um begriffliche Unterschiede, die in den Kernfunktionen vergleichbar bleiben.
Als wesentliche Phasen des Unterstützungsprozesses können angesehen werden:
– Kontaktaufnahme/Beratung
– Anamnese/Assessment/Diagnose
– Hilfeplanung
– Leistungssteuerung
– Monitoring
– Evaluation.
Die vorgenannten Phasen bzw. Instrumente können grundsätzlich unabhängig zur Anwendung gebracht werden und haben ihre eigenständige Logik. Von Fallmanagement im strengen Sinn kann jedoch erst dann gesprochen werden, wenn sie als miteinander zu verknüpfende Glieder einer Dienstleistungskette begriffen werden, die wirtschaftliche und aktivierende Hilfen sowohl in der Ermittlungs- als auch in der Durchführungsphase aufeinander zuführen. Der Fallmanager hat sich insofern an den Bedürfnissen des Klienten, den Strukturen des Versorgungssystems und den Potentialen des Sozialraums zu orientieren.

c) Hilfeplan/Eingliederungsvereinbarung

185 Wesentliches Instrument des Fallmanagements sind **Vereinbarungen** mit dem oder **Hilfepläne** unter Beteiligung des Klienten über die anzustrebenden Ziele und um-

---
312 Kleve/Müller/Hampe-Grosser, Der Fall im System – die Organisation des Systemischen Case Managements, in: Brinkmann (Hrsg.), Case Management, Wiesbaden 2006, S. 21 ff., 27.
313 Bundesagentur für Arbeit, Projekt SGB II – Teilprojekt Markt und Integration 8/2004 in Anlehnung an: Kraatz/Göckler, Netzwerke und Fallmanagement. Ein Leitfaden für die soziale und berufliche Integration von Betreuungskunden (unveröffentlichtes Schulungsskript); Kraatz/Göckler, Handlungsempfehlung 4/2005 – Fachkonzept „Beschäftigungsorientiertes Fallmanagement im SGB II"; Egle/Nagy, Arbeitsmarktintegration. Profiling – Arbeitsvermittlung – Fallmanagement, Wiesbaden 2005; Wendt, Unterstützung fallweise – Case Management in der Sozialarbeit, Freiburg 2001, S. 100; Ewers/Schaeffer, Case Management in Theorie und Praxis, Bern u.a. 2000, S. 73; Reiss, Case Management als zentrales Element einer dienstleistungsorientierten Sozialhilfe, in: Löcherbach u.a. (Hrsg.), Case Management – Fall- und Systemsteuerung in Theorie und Praxis, Neuwied 2002, S. 167 ff.; Neuffer, Case Management. Soziale Arbeit mit einzelnen und Familien, 2. Aufl., Weinheim/München 2005; Dt. Verein für öff. und priv. Fürsorge, Empfehlungen des Dt. Vereins zu Qualitätsstandards für das Fallmanagement, NDV 2004, S. 149 ff.; Luthe in: Hauck/Noftz, SGB XII, E 010, Rz. 97 ff. sowie Luthe/Dittmar, Fürsorgerecht, 2. Aufl., Berlin 2007, Rz. 74.

zusetzenden Maßnahmen (zur persönlichen und gesundheitlichen Entwicklung, zur sozialen und familiären Situation, zur beruflichen Entwicklung, zur ökonomischen Situation und zur Mobilität). Insbesondere die Hilfepläne sind zumeist unverbindlich und in dieser Weise auf die Grundphilosophie des Fallmanagements zurückzuführen, wonach Hilfsangebote nur greifen, wenn der Hilfsbedürftige am Hilfeprozess engagiert mitwirkt, was wiederum voraussetzt, dass dieser auf den Prozess der Leistungserbringung aktiv Einfluss nehmen kann. Die Konsequenz ist: Der Hilfebedürftige wird – jedenfalls im Bereich der Arbeitsförderung – nunmehr als „Verwaltungskunde" oder auch „Co-Produzent" der Leistung begriffen und trägt im Sinne des gesetzlichen Selbstverständnisses eine eigene Teilverantwortung für das Gelingen des Hilfeprozesses (vgl. §§ 2 SGB II, 2 Abs. 4 SGB III, 1 S. 2 HS 2 SGB XII, auch 17 Abs. 2 SGB IX). Formal ist daran richtig, dass, wie bei allen Dienstleistungen, Produktion und Konsum der dargebotenen Leistung in einem Akt zusammenfallen und der Hilfeprozess deshalb naturgemäß stark von der Person des Leistungsadressaten beeinflusst wird. Gleichwohl bleibt in Ansehung sozialer Realitäten fraglich, ob der „Kunde" mit der ihm zugemuteten Autonomie nicht häufig überfordert ist und ob das dahinter stehende normative Modell deshalb immer zu überzeugen vermag. Zumal: Die sog. Eingliederungsvereinbarung (§§ 15 SGB II, 35 Abs. 4 SGB III) zwischen Verwaltung und Leistungsempfänger im Rahmen der Grundsicherung für Arbeitsuchende bzw. des Arbeitsförderungsgesetzes ist **sanktionsbewehrt**. Verstößt der Leistungsempfänger gegen die vereinbarten Pflichten oder verweigert er von vornherein den Vertragsabschluss, so muss er im Rahmen seines Lebensunterhalts mit empfindlichen Leistungskürzungen rechnen (so nach § 31 im SGB II) oder die Vermittlung in Arbeit wird eingestellt und der Leistungsempfänger wird wegen mangelnder Verfügbarkeit bzw. Eigenbemühungen mit einer Sperrzeit belegt oder verliert die Leistung sogar vollständig (so nach §§ 38, 119, 144 im SGB III). Dies mag in der Praxis streckenweise ein wirksames Instrument zur Eingliederung in Beschäftigung sein, ist aber das genaue Gegenteil dessen, was den postulierten Konsensunterstellungen des Fallmanagements als Grundphilosophie zugrunde liegt. **Ohne Verbindlichkeit** sind jedoch die durch das Jugendamt unter Beteiligung von Eltern bzw. Heranwachsenden erstellten Hilfepläne (§ 36 Abs. 2 SGB VIII), die Leistungsabsprachen, Förderpläne und Gesamtpläne der Sozialhilfe (§§ 12, 58, 68 Abs. 1 SGB XII) sowie die auf dem Gebot des nahtlosen Ineinandergreifens der Maßnahmen beruhenden Teilhabepläne der Rehabilitation (§ 10 Abs. 1 SGB IX).[314] Näheres hierzu im rechtlichen Teil.

Wie solche Vereinbarungen und Hilfepläne ihrerseits zu strukturieren sind, unterliegt im Wesentlichen den Verwaltungsgepflogenheiten bzw. den jeweiligen Fachkonzepten des Fallmanagements. Gleichwohl liegt zumeist folgendes **Grundschema** zugrunde, aus dem im Übrigen erkennbar wird, dass neben inhaltlichen Festlegungen auch eine Dokumentationsfunktion verfolgt werden kann und sollte:

186

---

314 Zum SGB IX vgl.: Dau/Düwell/Haines (Hrsg.), LPK-SGB IX, Baden-Baden 2002, § 10 Rz. 12–14.

Grundlinienteil
- Persönliche Daten/Bildungsbiographie
- Beschreibung der Gründe der Hilfebedürftigkeit/des Bildungsbedarfs
- Bezug zu bereits durchgeführten Maßnahmen
- Fähigkeiten und Wünsche
- Kernziele der Unterstützung

Maßnahmeteil
- Problemdiagnose im Hinblick auf konkrete Maßnahmen
- Erfolgsprognose der Maßnahmen/Festlegung der konkreten Maßnahmeziele
- Beginn und Dauer der Maßnahmen
- Zusätzlicher Betreuungs- und Anleitungsaufwand
- Beteiligte Stellen und Träger
- Wiedervorlage und Erfolgskontrolle (Kernziele und Maßnahmeziele)

Verpflichtungsteil (nur dann, wenn Verpflichtungen vereinbart werden)
- Festlegung, ob lediglich „moralische Verpflichtung" oder rechtliche Verpflichtung auf der Basis eines verbindlichen, häufig „öffentlich-rechtlichen" Vertrages (etwa über Bildungsmaßnahmen und etwaige Kostenbeteiligungen/bedingte Rückzahlungsverpflichtungen)
- Eigenbemühungen des Hilfebedürftigen als verbindliche/unverbindliche Gegenleistung zum unterbreiteten Angebot (Bewerbungen, Teilnahme an Maßnahmen, gesellschaftliches Engagement).

2. Prozessschritte

a) Kontaktaufnahme/Beratung

187 Die Aufgabe der Beratung im Kontext des Fallmanagements kann in unterschiedliche Funktionen differenziert werden, nämlich Einstiegs- und Ausstiegsberatung, allgemeine Sozialberatung, Sozialberatung zu Leistungsansprüchen, Sozialberatung als Wegweiser mit entsprechender Vermittlung zu anderen Stellen, Potentialanalyse. Im Kontext des Sozialrechts ist Beratung eine **Pflichtaufgabe**, die von allgemeiner Lebensberatung bis hin zur Rechtsberatung durch die Behörde reicht:
- Familienberatung in Fragen der Erziehung und Entwicklung junger Menschen (§ 16 Abs. 2 Nr. 2 **SGB VIII**)
- Beratung in Fragen der Partnerschaft, Trennung und Scheidung (§ 17 SGB VIII)
- Beratung und Unterstützung bei der Ausübung der Personensorge und des Umgangsrechts (§ 18 SGB VIII)
- Beratung und Unterstützung zur Erfüllung der Schulpflicht des Kindes (§ 21 SGB VIII)
- Erziehungsberatung (§ 28 SGB VIII)
- Beratung bei der Inanspruchnahme von Erziehungshilfe und Eingliederungshilfe (§ 36 Abs. 1 SGB VIII)

- Beratung in sonstigen sozialen Angelegenheiten und über den Bedarf (§§ 10, 11 Abs. 2 **SGB XII**)
- Beratung durch Verbände der Freien Wohlfahrtspflege, insbesondere durch Fachberatungsstellen (§ 11 Abs. 5 SGB XII)
- Information und Beratung (§ 4 Abs. 1 Nr. 1 **SGB II**)
- Schuldnerberatung und Suchtberatung (§ 16 Abs. 2 SGB II)
- Berufsberatung, Arbeitsmarktberatung für Bezieher von Arbeitslosengeld I und II sowie von Arbeitgebern (§§ 30, 34, 40 **SGB III**; § 16 Abs. 1 SGB II)
- Beratung durch Gemeinsame Servicestellen der Rehabilitationsträger (§ 22 Abs. 1 **SGB IX**)
- Sozialrechtsberatung (§ 14 **SGB I**).

Durch Beratung können bspw. die Selbsthilfepotentiale der Antragsteller im Hinblick auf ihre Arbeitsaufnahme gestärkt werden, können Bildungsangebote, Erziehungshilfen unterbreitet und mit den Adressaten besprochen oder im Wege einer intensiven Prüfung vorrangiger Leistungsansprüche insbesondere in der Fürsorgeverwaltung die Zahl der Leistungsfälle reduziert werden. Die Beratung hat darüber hinaus auch die Aufklärung über etwaige Mitwirkungsobliegenheiten (§§ 60 SGB I, 21 SGB X) und Eigenbemühungen zu umfassen. Im Rahmen des Fallmanagements ist Beratung regelmäßig das erste Element einer Förderkette mit hieran anknüpfenden Interventionsformen wie etwa Assessment und Hilfeplanung. In diesem Fall erfolgt die Beratung zur Herbeiführung eines zumeist andauernden Arbeitsbündnisses zwischen Fallmanager und Hilfebedürftigem. In der Gesamtbetrachtung ist die Beratungsaufgabe, wenn sie von der Behörde durchgeführt wird, eingebettet in ein umfassendes **sozialrechtliches Betreuungsverhältnis**, welches durch den hohen Einzelfallbezug dieser Dienstleistung und unter Berücksichtigung von Wünschen des zu Beratenden sowie der mit ihnen ggf. kollidierenden Fachstandards der Berater umfassender Determination von außen grundsätzlich nicht zugänglich ist, gleichwohl nicht frei von rechtlicher Haftung des beratenden Staates für Beratungsfehler erfolgt.[315]

188

b) Anamnese/Assessment/Diagnose

Auf dieser Stufe geht es darum, die Problemlagen des Ratsuchenden zu erkennen, ihre Ursachen und Verknüpfungen zu identifizieren und in Bezug zum Ziel der Dienstleistung zu setzen.[316] Insofern ergeben sich vielfältige Überschneidungen mit der Stufe der Beratung. Hierzu gehört, die Dringlichkeit der Probleme zu erkennen, ihre Bedeutung für die Ziele der Dienstleistung und den Ratsuchenden zu klären, zu einer gemeinsamen Einschätzung seiner Potentiale zu kommen (Empowerment), Hilfemöglichkeiten – auch von Dritter Seite – einzuschätzen, bis-

189

---

315 Luthe, in: Hauck/Noftz, SGB XII, § 11 Rz. 8, S. 27 ff. sowie Luthe, in: Hauck/Noftz, SGB II, § 4, Rz. 15 ff., S. 36 ff.
316 Reis, NDV 2002, S. 286; Possehl, Archiv für Wissenschaft und Praxis der sozialen Arbeit 2004, S. 37. In der Praxis häufig im ersten Zugriff differenziert nach Stammdaten, Ressourcendaten, Persönlichkeitsdaten, Gesundheitsdaten, berufsbiographische Daten, Selbsteinschätzung und Perspektivpfade.

herige Hemmnisse der Inanspruchnahme möglicher Hilfen aufzudecken und ferner objektive (bspw. fehlende Kinderbetreuung, unzureichendes Stellenangebot) sowie subjektive Barrieren (bspw. fehlende Qualifikation, persönliche Werthaltungen, Schulden, Sucht- oder Familienprobleme) zu ermitteln. Für die beratende Verwaltung sind diese Kriterien Ausgangspunkt im Rahmen ihrer Verpflichtung zur ordnungsgemäßen Aufklärung des Entscheidungssachverhalts nach § 20 SGB X. Daneben ist zu überprüfen, inwiefern bereits weitere professionelle Helfer mit dem Fall betraut sind und ob informelle Ressourcen im Umfeld des Ratsuchenden genutzt werden können (Verwandte, Freunde, Nachbarn usw.). Geht es um Arbeitsmarktintegration werden hierbei häufig auch Erkenntnisse der Arbeitsmarkt- und Berufsforschung zum Tragen kommen. Im Rahmen der Informationsgewinnung ist der Ratsuchende, insofern Sozialleistungen in Anspruch genommen werden, zur Mitwirkung verpflichtet (§§ 60, 66 SGB I). Allerdings kann die ursprüngliche Diagnose stets nur ein Zwischenergebnis sein. Innerhalb des Fallmanagements muss der diagnostische Prozess vielmehr als stetiger Entwicklungs- und Veränderungsprozess begriffen werden, der sich im Sinne einer Rücklaufkorrektur auch auf die bisherige Maßnahmeplanung auswirken kann.

c) Hilfeplanung

190 Als Kernstück persönlicher Hilfen ist nunmehr der weitere Unterstützungsprozess, zumeist auf der Basis rechtlicher Leistungsverpflichtungen, zu planen. Ein richtig verstandenes Fallmanagement behandelt den Fall jedoch nicht allein unter dem Blickwinkel materieller Versorgungsansprüche, sondern kombiniert diese mit weiteren aktivierenden Hilfen. Der Hilfeplan beinhaltet unterschiedliche Module unter dem Aspekt der einzusetzenden Mittel, der zu veranschlagenden Zeit und Kosten sowie der geforderten Mitwirkungsobliegenheiten auf Seiten des Ratsuchenden (Bestandsaufnahme der bisherigen Maßnahmen, Festlegung der einzelnen Maßnahmeziele, Organisations- und Zeitplan, Aufwendungen, hierzu auch Rz. 138). Der Hilfeplan wird so zum entscheidenden Katalysator der Einzelfallsituation und ist in dieser Hinsicht nicht nur für den Hilfebedürftigen, sondern auch für den professionellen Helfer wegweisend (etwa im Rahmen verfahrensrechtlicher Ermittlungs- und Begründungspflichten), führt zu größerer Transparenz des Hilfeprozesses und zu annähernder Kalkulierbarkeit der avisierten Maßnahmen. Die Hilfeplanung beginnt mit der gemeinsamen Zielfindung im Sinne dessen, was für den Hilfesuchenden erreicht werden soll. Durch Zielvereinbarungen können die Ziele für die Beteiligten mehr oder weniger verbindlich gemacht werden, sei es schlicht durch schriftliche Fixierung oder als sanktionsbewehrte Pflicht (Rz. 185), letzteres allerdings nur, wenn dieser auch hinreichend konkrete, erfüllbare Verhaltensvorgaben zugrunde liegen. In Einzelbereichen des Verwaltungshandelns mündet die Hilfeplanung sodann in Eingliederungsvereinbarungen, Leistungsabsprachen, Förderpläne oder Gesamtpläne (Rz. 185). In dieser Weise ist die Hilfeplanung gleichsam Schnittstelle zwischen dem ermittelten Hilfebedarf und den nachfolgenden Problemlösungsschritten.

d) Leistungssteuerung

Wenn die Hilfeplanung in die Organisation und Bereitstellung eines Hilfeangebots übergeht, wird sie zur Leistungssteuerung. Sie muss dafür sorgen, dass aus dem hypothetischen Angebot eine abrufbare Leistung wird, ist somit weniger auf den Interaktionsprozess als vielmehr auf die organisatorische Umsetzung ausgerichtet. Die Perspektive verschiebt sich insofern von der Auseinandersetzung mit dem Einzelfall auf das Herstellen von Unterstützungsnetzen. Die Vermittlung der Leistung im Organisationskontext relativiert die konzentrierte Fallorientierung; Aushandelungsprozesse werden erforderlich und Kompromisse unvermeidlich. Das Verhältnis von Berater und Hilfebedürftigem wird verbindlich gestaltet und mit dem vorhandenen Angebot an Diensten und Einrichtungen abgestimmt. Im Kontext von Sozialleistungen kommt es formal zu Verwaltungsakten und öffentlich-rechtlichen Verträgen, die beiderseitige Bindungswirkungen hinsichtlich des dargebotenen Leistungsspektrums entfalten.

191

e) Monitoring

Hierbei handelt es sich um die regelmäßige Überprüfung und ggf. Revision von Zielen, Zeitplänen, Vereinbarungen und Kooperationsabsprachen durch den Fallmanager und betrifft sowohl den Hilfebedürftigen als auch die eingeschalteten Dienste. Der Fallmanager steht somit in ständigem Kontakt mit den Beteiligen. Insbesondere im Rahmen seiner Arbeitsmarktintegration unterliegt der Hilfebedürftige in dieser Hinsicht bestimmten Meldepflichten, er hat grundsätzlich ständig verfügbar zu sein und über seine Eigenbemühungen auf der Suche nach Arbeit Rechenschaft abzulegen. Bestehende Hilfepläne sind insofern neuen Entwicklungen anzupassen, getroffene Vereinbarungen dem jeweiligen Entwicklungsstand gemäß fortzuschreiben.

192

f) Evaluation

Auf der Stufe der Evaluation erfolgt die Auswertung bisheriger dokumentierter Schritte des Fallmanagements. Inwieweit hat sich die Situation des Hilfebedürftigen verändert, was wurde mit den eingesetzten Methoden erreicht, waren die Problemdiagnosen zutreffend und was muss im weiteren Prozess oder auch in anderen Fällen anders gemacht werden? Die Evaluation kann bereits während des Hilfeprozesses ansetzen und sich auf einzelne Maßnahmen beziehen (formative Evaluation) oder auch im Sinne einer Abschlussbilanz am Ende des gesamten Prozesses erfolgen (summative Evaluation). Grob gegliedert lassen sich die Ergebnisse in ihrer Zielwirksamkeit und die Abläufe in ihrer Folgerichtigkeit evaluieren. Zwischen **Evaluation und Controlling** bestehen vielfältige Zusammenhänge.[317] Controlling bezeichnet jedoch eher die Aufgabe der Selbstkontrolle der Organisation nach Maßgabe ihrer Planungen sowie Haushalts- bzw. Finanzvorgaben und soll vor

193

---

[317] Reis, Evaluation und Controlling, in: Merchel (Hrsg.), Qualität in der Jugendhilfe, Münster 1998, S. 396–410.

allem die Führungsebene mit strategisch und operativ bedeutsamen Informationen zur weiteren Finanzplanung, Projektplanung und Programmplanung versorgen. Hierfür stehen in den Organisationen nicht selten eigens installierte Controlling-Stellen zur Information der Leitung und der ausführenden Organe zur Verfügung. Controlling bezieht sich in dieser Weise aber nicht nur auf die internen Organisationsbeziehungen, sondern auch auf den externen Angebotssektor und will hier zu einer Optimierung der Versorgungsinfrastruktur beitragen. Hierfür sind die konkreten Fallerfahrungen des Fallmanagers systematisch auszuwerten, weil sich die Stärken und Schwächen eingeschalteter Dienste an der „Organisationsfront" regelmäßig am deutlichsten zeigen. Bei der Grundsicherung für Arbeitsuchende und im Arbeitsförderungsgesetz (§§ 54, 55 SGB II, § 11 SGB III) hat der Gesetzgeber zu diesem Zweck eigens die Instrumente der **Eingliederungsbilanz und Wirkungsforschung** geschaffen, so dass die öffentlichen Träger mit einer Vielzahl von Informationen zu den Maßnahmen bzw. Kosten der aktiven Leistungen und über die Verbleibsquote der Maßnahmeteilnehmer, die sich nach Beendigung der Maßnahme nicht wieder arbeitslos gemeldet haben, sowie schließlich mit detaillierten Angaben über die Eingliederungsquote versorgt werden.[318] Diese Daten – angereichert durch weitere Vorgaben aus der Sozialplanung und Sozialberichterstattung sowie den „Benchmarks" anderer Verwaltungsträger – können sodann der künftigen Maßnahmeplanung und insbesondere als Qualitätsvorgaben den mit den Privatanbietern geschlossenen Finanzierungsvereinbarungen und Fördersubventionen zugrunde gelegt werden.[319] Im Idealfall kann sich so ein Kreislaufsystem zwischen den Bereichen des Fallmanagements und der Infrastrukturgestaltung entfalten: Die im Rahmen des Fallmanagements gewonnenen Informationen (Effektivität und Effizienz der zur Verfügung stehenden Angebotsstruktur für die Fallbearbeitung) fließen ein in die übergeordnete Infrastrukturgestaltung und die hier gewonnenen Informationen (Effektivität und Effizienz des Fallmanagements nach Maßgabe der Organisationsziele) fließen zurück in das Fallmanagement.[320]

---

[318] Zu ersten Ansätzen des Fallmanagements und Controlling im vergleichsweise unterbelichteten Bereich der Sozialhilfe (SGB XII) mit ihren spezifischen Anforderungen an die Aktivierung des hier vorherrschenden Kreises erwerbsunfähiger und/oder in einzelnen Lebenslagen hilfebedürftiger Personen vgl.: Schu/Reis, Aktivierung in der Sozialhilfe, in: Brinkmann (Hrsg.), Case Management, Wiesbaden 2006, S. 61 ff.
[319] Als Überblick zu den rechtlichen Grundlagen der Finanzierung privater Leistungserbringer vgl.: Luthe/Dittmar, Fürsorgerecht, 2. Aufl., Berlin 2007, S. 413 ff.
[320] Wobei innerhalb des Kreislaufs als weiteres Durchgangstadium noch Teamstrukturen installiert werden können, die bspw. im Rahmen gemeinsamer Fallnachbesprechungen sowie infrastruktur- und ressourcenbezogener Teambesprechungen als Bindglied zwischen Fallmanagement und Gesamtorganisation fungieren: Faß, Systemsteuerung im Case Management, in: Brinkmann (Hrsg.), Case Management, Wiesbaden 2006, S. 137 ff., 142, 153.

III. Beratung im Bildungsbereich

Beratung ist regelmäßig der erste Schritt am Anfang des Fallmanagements (Rz. 187), daneben aber auch als eigenständige Form der Information Einzelner zu thematisieren. Insbesondere im Bildungsbereich ist zwischen **Bildungs- und Lernberatung** zu unterscheiden.[321] Bildungsberatung ist Beratung im Vorfeld der Wahrnehmung eines Bildungsangebots und insbesondere Hilfe bei der Auswahl einer geeigneten Bildungsmaßnahme. Lernberatung dagegen bezieht sich auf die Personen, die sich bereits in konkreten Lernsituationen befinden. Sie steht in engem Zusammenhang mit Konzepten zur Förderung selbstgesteuerten Lernens (Rz. 75). Eine Unterform der Lernberatung sind die organisationsbezogenen Beratungsformen für Betriebe und sonstige Bildungseinrichtungen. Insgesamt kommt hierbei internetgestützten Informations- und Datenbanksystemen eine zentrale Bedeutung zu. Sie bedürfen jedoch zumeist flankierender Angebote der Individualberatung und können in der Regel nur Vorabinformationen bieten, die im Hinblick auf die Vorstellungen und Fähigkeiten des Ratsuchenden im persönlichen Gespräch weiter zu konkretisieren sind.

194

Insbesondere **regional bzw. kommunal** aufbereitete Informationen über Bildungswege und Bildungsangebote sind vor allem unter dem Blickwinkel des lebenslangen Lernens von Interesse. Lebenslanges Lernen findet weithin im sozialen Nahraum statt und ist grundsätzlich auf eine lernfördernde Umgebung angewiesen, wobei entsprechende Beratungsangebote und Informationssysteme an erster Stelle stehen. Dies wird auch auf EU-Ebene erkannt und in einem entsprechenden Entschließungsentwurf zum Ausdruck gebracht, der u. a. hervorhebt:

195

„Beratung kann für folgende Gruppen und Situationen eine wesentliche Hilfe darstellen: beim Wechsel zwischen Ebenen und Bereichen der Systeme der allgemeinen und beruflichen Bildung und beim Übergang von der Schule zum Erwachsenen- und Berufsleben; für Jugendliche, die nach einem Schulabbruch wieder in die allgemeine und berufliche Bildung einsteigen; für Personen, die nach einer Zeit der freiwilligen oder unfreiwilligen Nichtbeschäftigung oder nach einer Tätigkeit als Hausmann/-frau wieder in den Arbeitsmarkt einsteigen; für Arbeitnehmer, die aufgrund von Umstrukturierungen in ihrem Sektor gezwungen sind, ihr Betätigungsfeld zu wechseln, und für ältere Arbeitnehmer und Wanderarbeitnehmer ... Ein hochwertiges lebensbegleitendes Beratungsangebot ist zentraler Bestandteil der Strategien für allgemeine und berufliche Bildung und zur Verbesserung der Beschäftigungschancen im Hinblick auf die Verwirklichung des strategischen Ziels, die Union bis 2010 zum dynamischsten wissensbasierten Wirtschaftsraum der Welt zu machen."[322]

---

321 Ambos, Information und Beratung, in: Nuissl u. a. (Hrsg.), Regionale Bildungsnetze, Bielefeld 2006, S. 111.
322 Entwurf einer Entschließung des Rates und der im Rat vereinigten Vertreter der Regierungen der Mitgliedstaaten über den Ausbau der Politiken, Systeme und Praktiken auf dem Gebiet der lebensbegleitenden Beratung in Europa, Rat der Europäischen Union, vom 18.5.2004, 9286/04.

Vorteile ergeben sich indes nicht nur für die Ratsuchenden, sondern auch für die Bildungsanbieter, die ihre Präsenz in Datenbanken als Marketinginstrument nutzen können (Rz. 169 ff.). Regionale Bildungsdatenbanken, Telefon- und Online-Beratung sowie ausreichende Qualifizierungsangebote für das beratende Personal selbst sind insofern wichtige Instrumente. Nicht selten sind Angebote dieser Art bereits vorhanden, aber nur in fragmentierter Form zugänglich, so dass es vor allem noch weiterer Vernetzung bedarf, um einen transparenten Überblick über die regionale Angebotsstruktur zu ermöglichen.

196 Im **Sozialsektor** ist die Aufgabe der Bildungs- und Lernberatung integraler Bestandteil der als Pflichtaufgabe ausgestalteten Beratung über Sozialleistungen (Rz. 187), in dieser Weise aber regelmäßig nur „Mittel zum Zweck" und dient insbesondere der Bekämpfung von Arbeitslosigkeit (SGB II und III), von gesundheitsbedingten Nachteilen im Arbeitsleben (SGB IX) sowie der Bearbeitung von Familien- und Erziehungsproblemen (SGB VIII). Lediglich die Ausbildungsförderung (BAFöG) und Meister-BAFöG) ist als Sozialleistung unmittelbar der Bildungsförderung zugedacht. Vor dem Hintergrund des behördlichen Fallmanagements (Rz. 181 ff.) ließe sich hier an die Einrichtung gemeinsamer **trägerübergreifender Bildungsberatungsdienste** denken, die mit einem zielgruppenspezifischen, ausschließlich zu Zwecken der Bildungsförderung ins Leben gerufenen Fallmanagement für unterschiedliche Verwaltungen und Verbände tätig werden (ARGEN, Arbeitsagenturen, Jugendämter, Schulämter, Hochschulen, IHK, Handwerkskammern) und hierbei intensiv mit den entsprechenden Bildungsanbietern zusammenarbeiten. Die Vorzüge einer derartigen Einrichtung sind vielschichtig: Dank hoher Spezialisierung in Bildungsangelegenheiten kann Lern- und Laufbahnberatung, Ausbildungs- und Weiterbildungsberatung, Kompetenzentwicklungsberatung sowie Berufswegbegleitung und -planung von einer einzigen Institution erbracht werden. Unter der Leitidee einer Beratung „aus einer Hand" lassen sich Leistungen unterschiedlicher Träger gezielt vernetzen, um sämtlichen Aspekten des Bildungsbedarfs einer Person gerecht werden und diese mit den Angeboten einer trägerübergreifend geplanten Bildungsinfrastruktur zusammenführen zu können. Daneben sind niedrigschwellige Beratungsdienste vorstellbar, die lediglich eine Lotsenfunktion wahrnehmen, mithin nur Basisinformationen vermitteln, eine erste Situationsanalyse vornehmen und die Ratsuchenden mit weiterführenden Informationen zu umfassenden Beratungsangeboten anderer Träger versorgen. Die Einrichtung eines trägerübergreifenden Fallmanagements stößt jedoch an die Grenzen der Verfassung, insofern hieran **unterschiedliche staatliche Verwaltungsträger von Bund und Kommunen** beteiligt sind (Art. 83 ff., 84 Abs. 1 S. 7 GG). Jüngst hat das Bundesverfassungsgericht[323] für den Fall der ARGEN entschieden, dass derartige Mischverwaltungen aus Trägern des Bundes und der Kommunen mit den Organisationsnormen des Grundgesetzes nicht vereinbar sind. Grundsätzlich müssen die Träger angesichts

---

323 Az. 2 BvR 2433/04, 2 BvR 2434/04.

F. Einzelfallsteuerung

der verfassungsrechtlichen Aufgabenteilung von Bund und Ländern (zu denen auch die Kommunen gehören) getrennt bleiben, müssen insofern unterschiedlichen Aufsichtsinstanzen unterstellt sein, dürfen ihre Personalverantwortlichkeiten nicht vermischen, haben einen getrennten Datenschutz zu gewährleisten und insgesamt für den Bürger in der Eigenständigkeit ihrer Aufgabenwahrnehmung klar erkennbar bleiben. Sind diese Anforderungen gewahrt, so bleiben Kooperationen zwischen diesen Trägern jedoch auch weiterhin möglich. Dies gilt insbesondere dann, wenn gemeinsame Einrichtungen dieser Träger keine eigenen Kompetenzen haben, nur für die Vorbereitung hoheitlicher Entscheidungen zuständig sind und reine Betreuungs-, Beratungs- und Koordinationsaufgaben durchführen.[324] Rein funktionale Kooperationen durch Informationsaustausch etwa in gemeinsamen Beratungs-, Planungs- und Koordinierungsgremien sind verfassungsrechtlich unbedenklich.[325] Die Zusammenarbeit wäre hierbei im Einzelfall nach den Vorschriften über die Amtshilfe sowie längerfristig durch Vereinbarung sog. koordinationsrechtlicher Verträge und im Wege des sozialrechtlichen Auftrages vorzunehmen (Rz. 256).[326] Vor allem aber integrativen Diensten unter Beteiligung von Einheiten ein und derselben Verwaltungsebene, wie etwa Sozialamt, Jugendamt und Schulträger im Bereich kommunaler Zuständigkeit, steht nichts im Wege.

Nach bisherigen Erfahrungen aus dem Bundesprojekt der Lernenden Regionen waren es vor allem Frauen, häufig Wiedereinsteigerinnen nach der Familienphase, und Migranten, die von Beratungsangeboten am stärksten Gebrauch gemacht haben.[327] Die **Berater** wurden zumeist aus dem ehrenamtlichen Bereich rekrutiert, vor ihrem Praxiseinsatz indes speziell geschult und mit einem Beratungszertifikat ausgestattet.[328] Ehrenamtliches Personal ist jedoch nur für niedrigschwellige Beratungsdienste geeignet. Seine Aufgabe könnte beispielsweise darin liegen, in Bildungsportale und Datenbanken einzuführen, einen Überblick über das regionale Bildungsangebot zu geben, einfache Telefon- und Onlineberatung mit Lotsenfunktion durchzu-

197

---

324 Es bleibt jedoch abzuwarten, ob die für Ende 2008 geplante Verfassungsänderung in dieser Hinsicht neue Möglichkeiten eröffnet und insbesondere Formen der Mischverwaltung bzw. echter Mitentscheidung zwischen Bund und Ländern bzw. Kommunen ermöglicht.
325 Mempel, Hartz IV-Organisation auf dem verfassungsrechtlichen Prüfstand, Schriften des Deutschen Landkreistages, Berlin 2007, S. 80: „Anderes muss ... dann gelten, wenn funktionale oder organisatorische Zusammenschlüsse verbindlichen Charakter annehmen, d.h. wenn Einfluss auf die grundsätzlich eigenverantwortliche Verwaltungstätigkeit der anderen Ebene ausgeübt und der kompetenzlosen Seite Mitbestimmungs- oder Direktionsbefugnisse eingeräumt werden."
326 Wegen § 88 Abs. 1 S. 2 SGB X, der kooperationsrechtliche Aufträge (als Mandatsverhältnis) für die Ausbildungsförderung sowie die Sozial- und Jugendhilfe verbietet, erscheint eine gesetzliche Regelung (etwa im SGB I) geboten, um die Vorschriften des gesetzlichen Auftrags in § 93 SGB X (als Delegationsverhältnis) zu aktivieren, der nicht von diesem Verbot erfasst wird. Zum Beispiel der ehemaligen Anlaufstellen im Zuge der Kooperation von Sozialamt und Arbeitsverwaltung vgl.: Henneke, Verfassungsfragen der Zusammenführung von Arbeitslosenhilfe und Sozialhilfe bei der Bundesanstalt für Arbeit, ZG 2003, S. 137, 145 f.
327 Ambos, Information und Beratung, in: Nuissl u.a. (Hrsg.), Regionale Bildungsnetze, Bielefeld 2006, S. 133.
328 Vgl. zur Ausbildung von Bildungsberatern: Verbund regionale Qualifizierungszentren „Bildungsberatung und Kompetenzentwicklung" unter www.bildungsberatung-verbund.de/bildung/konzept.html.

führen oder als Lernbegleiter die schulische Laufbahn von Schülern zu unterstützen. Für eine umfassende Detailberatung, erst recht für ein professionell betriebenes Fallmanagement mit übergreifender Steuerung auch des regionalen Bildungsangebots bedarf es jedoch versierter Spezialisten, die den rechtlichen und administrativen Kontextbedingungen sowie den betrieblichen Qualifizierungsbedarfen ebenso gewachsen sind wie den psychosozialen Anforderungen der Beratungsaufgabe.[329]

---

[329] Hierzu grundlegend: Fellermeyer/Herbrich (Hrsg.), Lebenslanges Lernen für alle – Herausforderungen an die Bildungsberatung, Berlin 2006.

Teil 3
Rechtliche Grundlagen kommunaler Bildungslandschaften

Die gesellschaftliche Funktion des Rechts besteht in der Sicherstellung eines konsistenten, Willkür ausschließenden und damit berechenbaren Entscheidungsverhaltens von Akteuren der staatlichen und privaten Sphäre. In dieser Weise gibt das Rechtssystem auch für Bildungslandschaften einen Ordnungsrahmen vor, räumt den Bildungsadressaten insofern Rechtsansprüche auf Inanspruchnahme von Maßnahmen der Bildung und Sozialintegration gegenüber dem Staat und teils auch gegenüber dem Arbeitgeber ein, regelt das System der Finanzierung und Kontrolle der letztlich zumeist von privaten Anbietern (etwa Weiterbildungsanbieter) erbrachten Bildungsdienstleistungen, verschafft den involvierten staatlichen Trägern wie etwa den Kommunen, Arbeitsagenturen oder Schulen ein klares Aufgabenprofil mit fest gefügten sachlichen und örtlichen Zuständigkeiten, sorgt so für das Zustandekommen der erforderlichen Infrastruktur von Diensten und Einrichtungen des Bildungs- und Sozialwesens und integriert all dies in einen verfassungsrechtlichen und europarechtlichen Gesamtrahmen individueller Freiheitsrechte sowie staatsorganisatorischer Kompetenzen. Kenntnisse im Recht sind für den Aufbau kommunaler Bildungslandschaften somit essentiell. Erst hierdurch wird deutlich, was koordinierbar, planbar, finanzierbar und letztlich machbar ist und wo umgekehrt Freiräume für Gestaltung und Innovation bestehen. *198*

A. Europarecht

I. Grundstrukturen der EU

1. Zielrichtung

Die Europäische Gemeinschaft ist ursprünglich als Wirtschaftsgemeinschaft gegründet worden. Ihre Hauptbedeutung war und ist auch heute noch die Herstellung eines freien Marktwettbewerbs zwischen den Mitgliedstaaten. Andere Politikbereiche, wie etwa Bildung, Soziales, Sicherheits- und Außenpolitik, sind erst später hinzu getreten. Insbesondere im Bildungs- und Sozialbereich besitzt die Europäische Union trotz vielfältiger Aktivitäten formal betrachtet jedoch nur Minimalkompetenzen. Die Zuständigkeit für Bildungs- und Sozialpolitik liegt nach wie vor bei den Mitgliedstaaten. Gleichwohl ist der europarechtliche Einfluss auch hier weitreichender als die formalen Strukturen erwarten lassen. Dies liegt zunächst an der **wettbewerbsrechtlichen Bedeutung** privat erbrachter Dienstleistungen auf dem Gebiet des Sozial- und Bildungswesens. Alle Dienstleistungskunden, EU-Arbeitnehmer und Dienstleistungsunternehmen genießen freien Zugang zu den europäischen Dienstleistungsmärkten (nach Maßgabe der Niederlassungsfreiheit, Dienst- *199* leistungsfreiheit, Arbeitnehmerfreizügigkeit, Warenverkehrsfreiheit, weiterer Wettbewerbsregeln). Sozialpolitisch oder bildungspolitisch motivierte Zugangsbeschränkungen einzelner Mitgliedsstaaten müssen sich deshalb an den wirtschaftlichen Freiheitsrechten messen lassen. Diese genießen gegenüber den nationalstaatlichen Sonderinteressen prinzipiell Vorrang und können deshalb nur aus zwingenden Gründen eingeschränkt werden. Insofern soll einerseits eine Gleichstellung von EU-Ausländern und Inländern bewirkt (sog. Inländergleichbehandlung) und sollen andererseits alle nicht wirklich erforderlichen Marktbehinderungen für die europäischen Unternehmen auf nationaler Ebene beseitigt werden (wie etwa Subventionen, Zugangsbeschränkungen, Unternehmenskartelle). Konsequenz dieser Bestrebungen ist unter anderem, dass viele soziale Dienstleistungen heute auch im europäischen Ausland in Anspruch genommen werden können, dass zumindest einige staatliche Dienstleistungsmonopole, wie etwa das Arbeitsvermittlungsmonopol der Bundesagentur für Arbeit, beseitigt und für ausländische Anbieter geöffnet wurden, dass ferner EU-Arbeitnehmer den gleichen Zugang zu staatlichen Bildungseinrichtungen haben wie Inländer und zudem eine europaweite Anerkennung ihrer Bildungsabschlüsse in Gang gesetzt wurde.[1]

200 Neben den wettbewerbsrechtlichen Einflüssen auf die Bildungs- und Sozialpolitik der Nationalstaaten stehen der EU zahlreiche weitere Instrumente eher non-direktiver Einflussnahme zur Verfügung. In erster Linie sind dies **Förderprogramme**, die sich im Bildungssektor vor allem der sog. Lissabon-Strategie verdanken. Die Lissabon-Strategie ist auf einem Sondergipfel der europäischen Staats- und Regierungschefs im März 2000 in Lissabon verabschiedet worden und soll die EU bis zum Jahr 2010 zum wettbewerbsfähigsten und dynamischsten wissensbasierten Wirtschaftsraum der Welt machen.[2] Die Lissabon-Strategie deckt vor allem auch Bereiche ab, für die nicht die EU, sondern ausschließlich die Mitgliedsstaaten zuständig sind, so auch die sozial- und bildungspolitischen Bereiche. Die Umsetzung dieser Strategie soll und kann daher nicht mit den herkömmlichen Gemeinschaftsmethoden bewältigt werden. Deshalb wurde ein neues ergänzendes EU-Politikinstrument eingeführt: die sog. **Offene Methode der Koordinierung**.[3] Hiermit kann die Gemeinschaft außerhalb der vom EG-Vertrag zugebilligten Kompetenzen politisch tätig werden, indem sich die Mitgliedsstaaten darauf verständigen, in bestimmten Bereichen auf freiwilliger Basis zusammenzuarbeiten, voneinander zu lernen und ihre Politiken untereinander abzustimmen. Es handelt sich um einen Prozess, der auf EU-Ebene gemeinsame Ziele bzw. Leitlinien festlegt und dessen Erreichung bzw. Umsetzung in den einzelnen Mitgliedsstaaten mittels vereinbarter Indikatoren überprüft wird. Dabei werden bewährte Praktiken identifiziert und verglichen, wo-

---

1 Luthe, Bildungsrecht, Berlin 2003, S. 45.
2 Schlussfolgerungen des Europäischen Rates, Lissabon, 24. und 25. März 2000.
3 Bodewig/Voß, Die „offene Methode der Koordinierung" in der Europäischen Union – „schleichende Harmonisierung" oder notwendige „Konsentierung" zur Erreichung der Ziele der EU?, EUR 2003, S. 310 ff.; Herrmann, NDV 2006, S. 288 ff.; Rechberger-Bechter, Europäische Gemeinschaft in der Bildungspolitik, Baden-Baden 2008, S. 129 ff.

bei den EU-Staaten die jeweilige Art und Weise der nationalen Umsetzung, mit der die vereinbarten Ziele erreicht werden sollen, selbst überlassen bleibt.[4]

2. Kompetenzen und Organe

Die Europäische Union darf grundsätzlich nur in den Bereichen tätig werden, die ihr durch die Verträge ausdrücklich zugewiesen worden sind (sog. **Prinzip der begrenzten Einzelermächtigung**). Eine selbstständige Erweiterung der Kompetenzen ohne den Willen der Mitgliedsstaaten ist damit ausgeschlossen. Das Prinzip gilt sowohl für die Verbandskompetenz der EU (Art. 5 Abs. 1 EG-Vertrag), d. h. die Zuständigkeitsverteilung zwischen EU und Mitgliedsstaaten als auch für die Organkompetenzen (Art. 7 Abs. 1 S. 2 EG-Vertrag), d. h. die Frage, welches der Organe innerhalb der EU zuständig ist. Im Übrigen darf die Gemeinschaft in jenen Bereichen, in denen sie nicht ausschließlich zuständig ist, nur tätig werden, wenn und soweit die Ziele der in Betracht gezogenen Maßnahmen auf der Ebene der Mitgliedsstaaten nicht ausreichend erreicht werden können und daher wegen ihres Umfanges oder ihrer Wirkung besser auf Gemeinschaftsebene erreicht werden können (sog. **Subsidiaritätsprinzip**, Art. 5 Abs. 2 EG-Vertrag). Schließlich ist nach dem Prinzip sog. **Implied Powers** eine Ausweitung von Kompetenzgrenzen vorstellbar, wenn offensichtliche Lücken in den Kompetenzbestimmungen der Verträge geschlossen werden und bestehende Kompetenzen näher ausgestaltet werden müssen.

201

Als wichtigste Organe der Europäischen Union sind zu nennen:
- **Rat der Europäischen Union**: Der Rat ist neben dem Europäischen Parlament das zentrale Gesetzgebungsorgan auf Gemeinschaftsebene. Ihm obliegt die Genehmigung des Haushaltsplans (gemeinsam mit dem Europäischen Parlament) und die Entwicklung der gemeinsamen Außen- und Sicherheitspolitik. Er setzt sich jeweils aus den zuständigen Ministern der Mitgliedsstaaten zusammen. Seine Sitzungen werden vom Ausschuss der Ständigen Vertreter vorbereitet. Entscheidungen werden in der Regel mit qualifizierter Mehrheit getroffen, wobei sich die Stimmengewichtung im Rat an der Größe des jeweiligen Mitgliedsstaates orientiert. Nur in besonders sensiblen Bereichen ist Einstimmigkeit erforderlich.
- **Europäische Kommission**: Ihr obliegt die Ausführung des Gemeinschaftsrechts und die Kontrolle seiner Einhaltung gegenüber den Mitgliedsstaaten. Sie ist insofern das oberste Verwaltungsorgan der Europäischen Union und von daher auch für die Verwaltung des Haushalts zuständig. Zur Wahrnehmung ihrer Aufgaben ist sie mit einem Initiativrecht bei der Gesetzgebung ausgestattet, weshalb ihr für die europäische Integration besondere Bedeutung zukommt. Die Kommission besteht aus einem Kommissar je Mitgliedsstaat (Art. 213 Abs. 1 EG-Vertrag). Die Kommissare handeln in Gesamtverantwortung und sind nicht an Wei-

202

---

4 Zur Familienpolitik vgl.: Reinecke/Bauckhage/Hoffer, Gibt es eine „europäische Familienpolitik"?, NDV 2008, S. 114.

sungen ihrer Heimatregierungen gebunden. Die Arbeit der Kommission wird von Generaldirektionen unterstützt, die je einem Kommissar zugeordnet sind.
- **Europäisches Parlament**: Seine Befugnisse umfassen die Mitwirkung bei der Gesetzgebung, Budgetrechte und Kontrollrechte. In wichtigen Tätigkeitsfeldern der EU, wie der Binnenmarktgesetzgebung, hat das Europäische Parlament im Rahmen der Mitentscheidungsverfahren ein Vetorecht. Gleiches gilt für die Einsetzung der EU-Kommission und den Beitritt neuer Mitgliedsstaaten.
- **Ausschüsse**: Die Ausschüsse der Europäischen Union funktionieren grundsätzlich als Schnittstelle zwischen dem Rat und den Mitgliedsstaaten sowie als politisches Kontrollgremium. Für den Berieh der Wirtschaftsförderung und Strukturentwicklung ist vor allem der Ausschuss der Regionen hervorzuheben, welcher sich aus Vertretern der regionalen und kommunalen Gebietskörperschaften Europas zusammensetzt und der als beratendes Organ bei allen geplanten Maßnahmen im Bereich der kommunalen und regionalen Verwaltung angehört werden muss und auch zu anderen Themen Stellungnahmen abgeben darf (Art. 263 EG-Vertrag). Am wichtigsten aber sind die Ausschüsse des Europäischen Parlaments, in denen durch die Parlamentarier die Weichenstellungen der Europapolitik erarbeitet werden; für den Bildungssektor sind hier vor allem der Ausschuss für regionale Entwicklung (REGI), der Ausschuss für soziale Angelegenheiten und Beschäftigung (EMPL) sowie der Ausschuss für Kultur und Bildung (CULT) von Bedeutung.
- **Europäischer Gerichtshof**: Dieser gewährt Rechtsschutz gegenüber dem Handeln der Gemeinschaftsorgane und Mitgliedsstaaten.[5] Er hat die einheitliche Anwendung, Auslegung und Fortbildung des Gemeinschaftsrechts zu gewährleisten. Insofern überprüft er die Rechtmäßigkeit des Handelns der Organe der EG und stellt fest, ob ein Mitgliedsstaat gegen das Gemeinschaftsrecht verstoßen hat.

3. Strukturfonds

203 Die Europäische Union hat zur Entwicklung des wirtschaftlichen und sozialen Zusammenhalts der Gemeinschaft, zur Verbesserung der Beschäftigungsmöglichkeiten im Binnenmarkt sowie schließlich allgemein zur Umsetzung der sozial- und bildungspolitischen Ziele im Rahmen sog. Strukturfonds ein differenziertes System von Fördermaßnahmen geschaffen. Die Union verfügt über vier Strukturfonds, die durch finanzielle Hilfen zur Beseitigung der strukturellen, wirtschaftlichen und so-

---

[5] So kann das Gericht angerufen werden durch die Kommission, wenn ein Mitgliedstaat Gemeinschaftsrecht verletzt hat; durch einen Mitgliedstaat, wenn ein anderer Mitgliedstaat Gemeinschaftsrecht verletzt; durch ein europäisches Organ gegen ein anderes europäisches Organ; durch Klage einer juristischen oder natürlichen Person gegen Handlungen der Gemeinschaft sowie durch Vorabentscheidung über Fragen der Vertragsauslegung, wenn das Gericht eines Mitgliedstaates, welches bestehendes Gemeinschaftsrecht in eigener Zuständigkeit anzuwenden hat, Zweifel über die richtige Auslegung von Gemeinschaftsrecht hat.

zialen Probleme beitragen sollen. Hervorzuheben ist insbesondere der Europäische Fonds zur regionalen Entwicklung (**EFRE**), der Mittel bereitstellt, die Maßnahmen zur Beseitigung der Ungleichgewichte zwischen Regionen oder sozialen Gruppen unterstützen sollen, ferner der Europäische Sozialfonds (**ESF**), der als wichtigstes Finanzinstrument der Union die strategischen beschäftigungspolitischen Ziele in konkrete Maßnahmen umsetzen soll. Aus ihm werden deshalb auch die wesentlichen bildungspolitischen Förderprogramme finanziert. Bei „EFRE" ist die Förderung auf bestimmte Zielgebiete mit einer besonderen Problematik ausgerichtet, wie schwaches Buttoinlandsprodukt (Ziel-1-Gebiet), hoher Strukturwandel (Ziel-2-Gebiet) sowie hohe Arbeitslosigkeit (Ziel-3-Gebiet).

Die von der Kommission gewährten Fördermittel fließen über unterschiedliche Kanäle. Antragsteller sind vor allem Organe der Mitgliedsstaaten (Bund, Länder, Kommunen) sowie nationale Agenturen (staatliche Stellen, Nichtregierungsorganisationen, Institute, Verbände). Sie nehmen die Mittel entweder selbst in Anspruch oder vergeben diese im Rahmen eigener Förderprogramme. Zur Sicherstellung der zwecksentsprechenden Mittelverwendung ist zumeist eine Co-Finanzierung durch den Mittelempfänger erforderlich.[6] 204

4. Primär- und Sekundärrecht

Europäisches Recht besteht aus Primärrecht und Sekundärrecht. Das **primäre Gemeinschaftsrecht** besteht aus den Gründungsverträgen der Europäischen Gemeinschaften, einschließlich der dazu gehörigen Anlagen und Protokolle, insbesondere aus dem Vertrag zur Gründung der Europäischen Gemeinschaft (EGV) sowie dem Vertrag über die Europäische Union (EUV). Der EGV beinhaltet die wirtschaftlichen Grundfreiheiten (Warenverkehrsfreiheit, Freizügigkeit, Niederlassungsfreiheit, Dienstleistungsfreiheit, Freiheit des Kapital- und Zahlungsverkehrs) sowie die Wettbewerbsregeln (Kartellverbot, Missbrauch einer marktbeherrschenden Stellung, Unzulässigkeit staatlicher Beihilfen). Außerdem finden sich hier eng umgrenzte Zuständigkeiten für bestimmte Politikbereiche, wie etwa die Sozial- und Bildungspolitik. Diese werden in einem abgestuften System von Bindungswirkungen gegenüber den Mitgliedsstaaten umgesetzt: teils durch rechtsverbindliche Regelungen (imperative Steuerung), teils durch Fördermaßnahmen (influenzierende Steuerung) und teils durch Empfehlungen bzw. Informationen (indikative Steuerung). 205

Das **sekundäre Gemeinschaftsrecht** umfasst alle Rechtsakte, die die Organe der Gemeinschaft aufgrund der Verträge des Primärrechts erlassen haben. Dazu gehören vor allem die Verordnungen, Richtlinien und Entscheidungen. **Richtlinien** 206

---

[6] Einen guten Überblick über die Förderpolitik der EU im Bereich der Bildung mit Hinweis auf wichtige Internet-Adressen gibt: Helle Becker, Bildung in der Europäischen Union, Weinheim und München 2001.

werden vor allem vom aus Ministern der Mitgliedstaaten zusammengesetzten Rat der Europäischen Gemeinschaft erlassen; in besonderen Fällen darf das Europäische Parlament hierbei (lediglich) mitentscheiden. Richtlinien wirken im Gegensatz zu **Verordnungen** der Europäischen Union nicht unmittelbar, sondern bedürfen zu ihrer Wirksamkeit der Umsetzung in nationales Recht.[7] **Entscheidungen** sind verbindliche Regelungen, die sich in einem konkreten Einzelfall an einen konkreten Adressaten richten. Sie können gegenüber den Mitgliedstaaten sowie gegenüber Unternehmen oder Einzelnen beschlossen werden. In der Regel werden sie von der Kommission erlassen, um dort, wo der Vertrag diese Kompetenz vorsieht, „das ordnungsgemäße Funktionieren und die Entwicklung des gemeinsamen Marktes zu gewährleisten" (Art. 211 EG-Vertrag). Entscheidungen sind für den Adressaten auch ohne Umsetzung in nationales Recht unmittelbar verbindlich. Vor der Verabschiedung von Sekundärrecht werden zumeist die einschlägigen Ausschüsse (Rz. 202) angehört.

II. Rechtsgrundlagen

1. Wirtschaftliche Freiheitsrechte und Wettbewerbsregeln

207 **Freizügigkeit**: Nach Art. 18 EGV hat jeder Unionsbürger das Recht, sich im Hoheitsgebiet der Mitgliedstaaten frei zu bewegen und aufzuhalten. Praktisch bedeutsamer ist jedoch das Recht auf Freizügigkeit nach Art. 39 EGV. Dieses gewährt das Recht auf freie Einreise und Aufenthalt sowie flankierende Begleitrechte, wie etwa das Recht auf gleichen Zugang zu Beschäftigung, auf Gewährung gleicher Beschäftigungs- und Arbeitsbedingungen, auf Anerkennung von Befähigungsnachweisen sowie auf gleiche soziale und steuerliche Vergünstigungen im Vergleich zu inländischen Arbeitnehmern. Geschützt sind jedoch auch die Familienangehörigen des Arbeitnehmers insbesondere bei der Inanspruchnahme sozialer Vergünstigungen, beim Zugang zum allgemeinen Unterricht und zur Berufsausbildung.

208 **Diskriminierungsverbot**: Nach Art. 12 EV ist in den Mitgliedsstaaten jede Diskriminierung aus Gründen der Staatsangehörigkeit verboten. Die bildungspolitische Bedeutung des allgemeinen Diskriminierungsverbotes liegt in der Frage des freien Zugangs zur Ausbildung in anderen Mitgliedsstaaten, auch wenn der Unionsbürger keinen Arbeitnehmerstatus besitzt, er mithin allein zu Ausbildungszwecken einreist. Allerdings muss mit der Diskriminierung der „Anwendungsbereich des Vertrages" betroffen sein. Obgleich das Bildungswesen nicht zu den Kernmaterien der Gemeinschaft zählt, ist gerade die Berufsausbildung so eng mit dem Freizügigkeitsgedanken verbunden, dass der freie Zugang zu akademischen und sonstigen Ein-

---

[7] Mit den Änderungen durch den noch zu ratifizierenden Vertrag über eine Verfassung für Europa wird die Richtlinie in „Rahmengesetz" umbenannt.

richtungen der Berufsausbildung von Europäischen Gerichtshof in den Geltungsbereich des Gemeinschaftsvertrages und insbesondere des Diskriminierungsverbots einbezogen wurde.[8]

Freier Dienstleistungsverkehr: Art. 49 EGV schützt das grenzüberschreitende Angebot von Dienstleistungen. Die Vorschrift greift jedoch nur bei Vorliegen einer wirtschaftlichen Betätigung; die Dienstleistung muss deshalb Entgeltcharakter haben, und mit ihr muss ein unternehmerischer Erwerbszweck verfolgt werden.[9] Schutzadressaten sind daher vor allem Privatanbieter von Bildungsleistungen (Privatschulen, Privathochschulen, Weiterbildungseinrichtungen). Sie genießen das Recht der sog. aktiven Dienstleistungsfreiheit, wenn sie ihre Dienste grenzüberschreitend anbieten wollen. Der Dienstleistungsempfänger kann sich hingegen auf sein Recht der sog. passiven Dienstleistungsfreiheit berufen, wenn er Bildungsangebote aus dem europäischen Ausland entweder in seinem Herkunftsland oder in einem anderen europäischen Mitgliedstaat in Anspruch nehmen will.

209

Niederlassungsfreiheit: Art. 43 EGV statuiert ein Verbot von Beschränkungen der freien Niederlassung von Staatsangehörigen eines Mitgliedstaats im Hoheitsgebiet eines anderen Mitgliedsstaats. Die Niederlassungsfreiheit umfasst die Aufnahme und Ausübung selbstständiger Erwerbstätigkeiten sowie die Gründung und Leitung von Unternehmen und damit jede wirtschaftliche Betätigung, die gegen Entgelt und unter Wettbewerbsbedingungen erbracht wird. Die Anforderungen (Erwerbszweckverfolgung, Niederlassungsbeschränkung, Rechtfertigung) gegenüber den Mitgliedsstaaten sind im Wesentlichen identisch mit denen der Dienstleistungsfreiheit.

210

Wettbewerbsregeln: Zu ihnen gehört das Verbot wettbewerbsbeschränkender Vereinbarungen und Verhaltensweisen (Art. 81 EGV), das Verbot des Missbrauchs einer marktbeherrschenden Stellung (Art. 82 EGV), die Anwendbarkeit der Wettbewerbsregeln auf öffentliche Unternehmen (Art. 86 EGV) sowie die Unzulässigkeit von wettbewerbsverfälschenden Beihilfen (Art. 87 EGV). Die Vorschriften gelten jedoch nur für „Unternehmen". Diese definieren sich durch ihre Teilnahme am Wirtschaftsverkehr, die Erwerbszweckverfolgung und das Bestehen einer zumindest potenziellen Wettbewerbssituation zu kommerziellen Anbietern. Auf die Rechtsform und die Art die Art der Finanzierung kommt es nicht an.[10] Diese Voraussetzungen sind bei privaten Bildungsdienstleistern regelmäßig erfüllt; namentlich im Bereich beruflicher Weiterbildung ist die Entwicklung zu einem europäischen Weiterbildungsmarkt bereits weit vorangeschritten.

211

---

8 Insbesondere durch EuGH, Rs. 293/93, „Gravier", Slg. 1985, S. 593.
9 EGH, Rs. 263/86, Slg. 1988, S. 5365 (Humbel und Edel).
10 Die Vorschriften gelten somit auch für gemeinnützige Unternehmen: Luthe, Die Sozialgerichtsbarkeit 2000, S. 505 (Teil 1), S. 585 (Teil 2).

2. Bildungsrecht

a) Allgemeine Bildung

212 Nach Art. 149 Abs. 1 EGV trägt die Gemeinschaft zur Entwicklung einer qualitativ hochstehenden Bildung dadurch bei, dass sie die Zusammenarbeit zwischen den Mitgliedstaaten fördert und deren Tätigkeit **unter strikter Beachtung ihrer Verantwortung** für die Lehrinhalte und die Gestaltung des Bildungssystems sowie der Vielfalt ihrer Kulturen und Sprachen erforderlichenfalls unterstützt und ergänzt. Art. 149 Abs. 2 EGV enthält in abschließender Weise einen Katalog von Handlungszielen wie die Entwicklung der europäischen Dimension des Bildungswesens, die Förderung der Mobilität von Lernenden und Lehrenden, die Förderung der Zusammenarbeit der Bildungseinrichtungen, die Erweiterung des Informations- und Erfahrungsaustauschs, die Förderung des Jugendaustauschs und der Fernlehre. Zur Verwirklichung der Ziele kann der Rat nach Art. 149 Abs. 4 EGV nach dem Verfahren des Art. 251 und nach Anhörung des Wirtschafts- und Sozialausschusses und des Ausschusses der Regionen Fördermaßnahmen sowie mit qualifizierter Mehrheit auf Vorschlag der Kommission Empfehlungen erlassen. Die Förderung darf jedoch nicht an eine bestimmte Ausrichtung des mitgliedstaatlichen Rechts oder seiner Bildungspolitik geknüpft werden. Der Gemeinschaft stehen insofern nur stark eingeschränkte Kompetenzen zu. Die bildungspolitische Souveränität der Mitgliedsstaaten bleibt weitgehend unangetastet.

b) Berufliche Bildung

213 Art. 150 EGV behandelt die durch die Gemeinschaft geführte Politik der beruflichen Bildung, welche die Maßnahmen der Mitgliedstaaten unter **strikter Beachtung ihrer Verantwortung** für Inhalt und Gestaltung der beruflichen Bildung unterstützt und ergänzt. Art. 150 Abs. 2 EGV enthält die Ziele der Gemeinschaftstätigkeit wie u. a. die Erleichterung der Anpassung an die industriellen Wandlungsprozesse, insbesondere durch berufliche Bildung und Umschulung, ferner die Verbesserung der beruflichen Erstausbildung und Weiterbildung, die Erleichterung der Aufnahme einer beruflichen Bildung sowie die Förderung der Mobilität der Ausbildung und der in beruflicher Bildung befindlichen Personen, die Förderung der Zusammenarbeit in Fragen der beruflichen Bildung zwischen Unterrichtsanstalten und Unternehmen sowie den Ausbau des Informations- und Erfahrungsaustauschs über gemeinsame Probleme im Rahmen der Berufsausbildungssysteme der Mitgliedstaaten. In Art. 150 Abs. 4 EGV wird der Rat nach dem Verfahren des Art. 251 EGV und nach Anhörung des Wirtschafts- und Sozialausschusses sowie des Ausschusses der Regionen zum Erlass von Maßnahmen ermächtigt, die zur Verwirklichung der Ziele beitragen. Wie bei Art. 149 EGV wiederum besteht das Verbot jeglicher Harmonisierung der Rechts- und Verwaltungsvorschriften der Mitgliedsstaaten. Auch hier sind somit den Handlungsmöglichkeiten der Gemeinschaft enge Grenzen gesetzt. Deshalb stehen auch in diesem Bereich wie bei der allgemeinen Bildung Fördermaßnahmen und Aktionsprogramme im Vordergrund.

Zum allgemeinen Bildungsbereich des Art. 149 EGV gehört das **Schulwesen**. Der Sekundarbereich II und das Hochschulwesen ist nach dem Verständnis des EuGH jedoch der beruflichen Bildung und damit Art. 150 EGV zuzurechnen.[11] Das Berufsschulwesen aber ist Teil der beruflichen Bildung des Art. 150 EGV.

c) Sozialpolitik und Europäischer Sozialfonds

Wichtige Impulse erhält die europäische Bildungspolitik jedoch nicht nur von den vorgenannten Bildungszielen, sondern auch durch die Vorschriften über die Sozial- und Beschäftigungspolitik sowie den Europäischen Sozialfonds. Art. 140 EGV gehört den **sozialpolitischen Kompetenzvorschriften** an und ermächtigt die Kommission zur Förderung der Zusammenarbeit zwischen den Mitgliedstaaten, u. a. auf dem Gebiet der beruflichen Ausbildung und Fortbildung. Hierzu kann die Kommission Untersuchungen vornehmen, Stellungnahmen abgeben oder Beratungen mit den Mitgliedsstaaten vorbereiten. Die weitere Umsetzung ist jedoch offen, so dass die Vorschrift lediglich programmatischen Charakter hat. Der in Art. 146 EGV geregelte **Europäische Sozialfonds** will die Beschäftigungsmöglichkeiten der Arbeitskräfte sowie die Anpassung an industrielle Wandlungsprozesse verbessern, u. a. durch berufliche Bildung und Umschulung. Die Verwaltung des Fonds obliegt der Kommission (Art. 147 EGV). Im Mitentscheidungsverfahren des Art. 251 EGV erlässt der Rat die entsprechenden Durchführungsbeschlüsse (148 EGV). Der Europäische Sozialfonds beschränkt sich auf die Unterstützung mitgliedstaatlicher Maßnahmen durch Förderleistungen und leistet hiermit einen wesentlichen Beitrag zur Kohäsionspolitik der Gemeinschaft nach Art. 159 EGV.[12] Weitergehende Bildungskompetenzen sind Art. 146 EGV nicht zu entnehmen; finanzierbar sind somit nur Maßnahmen innerhalb der Kompetenzgrenzen der speziellen Bildungsvorschriften der Art. 149, 150 EGV.

214

d) Beschäftigungsförderung

Nach Art. 137 Abs. 1 EGV wird die Tätigkeit der Mitgliedstaaten zur Verwirklichung der in Art. 136 EGV aufgeführten sozialpolitischen Ziele durch die Gemeinschaft unterstützt und ergänzt. Zu diesen sozialpolitischen Zielen gehört u. a. die „Entwicklung des Arbeitskräftepotenzials im Hinblick auf ein dauerhaft hohes Beschäftigungsniveau und die Bekämpfung von Ausgrenzungen". Die hierfür eingeräumten Kompetenzen zur beruflichen Eingliederung der aus dem Arbeitsmarkt ausgegrenzten Personen bestehen jedoch nur „unbeschadet des Art. 150" (Art. 137 Abs. 1 h). Bildungsmaßnahmen zur beruflichen Eingliederung sind damit auf die in Art. 150 Abs. 4 EGV aufgeführten Maßnahmen „unter Ausschluss jeglicher Har-

215

---

11 EuGH, Rs. 293/83, Slg. 1985, S. 593 (Gravier); Rs. 242/87, Slg. 1989, S. 1425 (Erasmus).
12 Hierzu: Conrad, Der Europäische Sozialfonds, ZfSH/SGB 1994, S. 409 sowie – als wichtigste Verordnungen – VO Nr. 2081/93 vom 20.7.93 (als Rahmenvorgabe der Strukturfonds); VO Nr. 2084/93 vom 20.7.93 i. V. m. VO Nr. 2052/88 (als Konkretisierung der Rahmenvorgabe für den ESF); VO Nr. 2082/93 vom 20.7.93 (zur Koordinierung der verschiedenen Finanzinstrumente) sowie zahlreiche Nachfolgeregelungen.

monisierung" begrenzt. Die Grenzen der Bildungskompetenzen können mithin durch Maßnahmen der Sozialpolitik nicht unterlaufen werden.

e) Charta der Grundrechte

216 Auf dem EU-Gipfel am 21. bis 22. Juni 2007 einigten sich die 27 Staats- und Regierungschefs auf einen Fahrplan und ein Mandat für die Regierungskonferenz, die wichtige institutionelle Neuerungen der Verfassung in einen neuen EU-Reformvertrag überführen soll. Dieser muss jedoch zuvor von allen Mitgliedsstaaten ratifiziert werden. Wesentlich für den Bildungsbereich ist die im EU-Vertrag erfolgende Anerkennung der Charta der Grundrechte vom 7. Dezember 2000 in ihrer Rechtsverbindlichkeit. Sollte der Reformvertrag in Kraft treten, so wären folgende Grundsätze mit bildungsrechtlicher Relevanz für die Mitgliedstaaten verbindlich:

217 Art. 14 Ch garantiert jeder Person das **Recht auf Bildung** sowie auf Zugang zur beruflichen **Aus- und Weiterbildung**, ferner das Recht, unentgeltlich am **Pflichtschulunterricht** teilzunehmen. Gewährt wird schließlich die Freiheit zur Gründung von **Lehranstalten** unter Achtung der demokratischen Grundsätze sowie das Recht der **Eltern**, die Erziehung und den Unterricht ihrer Kinder entsprechend ihren eigenen religiösen, weltanschaulichen und erzieherischen Überzeugungen sicherzustellen. Das Recht auf Bildung umfasst die allgemeine schulische Bildung sowie die Hochschulbildung. Zusammen mit dem garantierten Zugang zur beruflichen Aus- und Weiterbildung wird hierdurch gewissermaßen ein Recht auf lebenslanges Lernen verankert und so der Umwandlung der Industriegesellschaft in eine Wissensgesellschaft Rechnung getragen. Das Recht auf Bildung dürfte in seiner praktischen Umsetzung jedoch durch das finanziell und kapazitär von den einzelnen Mitgliedstaaten Leistbare erheblich relativiert werden. Ohnehin aber ist die Grundrechtscharta in erster Linie an die Gemeinschaftsgewalt gerichtet, während insbesondere für die garantierte Privatschulfreiheit vor allem die wirtschaftlichen Grundfreiheiten maßgeblich bleiben dürften (Dienstleistungs- sowie Niederlassungsfreiheit).

218 Von bildungsrechtlicher Bedeutung sind zudem das **Diskriminierungsverbot** (u.a.) wegen einer Behinderung sowie das **Recht des Kindes** auf Schutz und Fürsorge sowie auf Berücksichtigung seines Wohls bei Maßnahmen öffentlicher und privater Einrichtungen (Art. 24 Abs. 1, Abs. 2 Ch). In beiderlei Hinsicht sind Interessenkollisionen zu bewältigen: Das Diskriminierungsverbot, dem die Forderung nach integrativer Beschulung in der Regelschule immanent ist, reibt sich mit den organisatorischen und finanziellen Möglichkeiten des Staates sowie dem Elterninteresse an leistungsbezogenem Unterricht.[13] Auch das Recht des Kindes auf Fürsorge und Schutz ist nicht ohne finanzielle Rücksichten zu haben.[14] Schließlich kann die Orientierung allein am Kindeswohl leicht zu Spannungen mit den Eltern füh-

---

13 BverfGE 96, S. 288.
14 Luthe, Optimierende Sozialgestaltung, Tübingen 2001, S. 82 ff.

ren, etwa wenn das Kind gegen den Elternwillen auf eine weiterführende Schule geschickt werden soll. In sämtlichen Hinsichten stärkt die Charta das Gewicht des kindlichen bzw. behinderten Grundrechtsträgers in der Abwägung mit entgegenstehenden Belangen. Im praktischen Ergebnis werden die staatlichen Instanzen hierdurch unter erhöhten Argumentationsdruck gesetzt, wenn von den genannten Grundrechtspositionen abgewichen werden soll.

Die **Reichweite der Grundrechtscharta** ist jedoch stark eingegrenzt. Art. 51 Abs. 1 Ch bestimmt, dass die Charta für die Mitgliedstaaten ausschließlich bei der Durchführung des Rechts der Union gilt. Überdies wird in Abs. 2 betont, dass die Charta weder neue Zuständigkeiten noch neue Aufgaben für die Gemeinschaft und für die Union begründet und eine Änderung der festgelegten Zuständigkeiten hierdurch nicht erfolgen kann. Die Reichweite der Grundrechtsgarantien wird somit begrenzt durch die Kompetenzen der Gemeinschaft. Diese Kompetenzen sind in Art. 149, 150 EGV (Rz. 212 ff.) im Bildungsbereich jedoch im Wesentlichen auf Fördermaßnahmen beschränkt und enthalten zudem das Verbot jeglicher Harmonisierung der Rechts- und Verwaltungsvorschriften der Mitgliedstaaten. Deshalb werden die Auswirkungen der EU-Grundrechtscharta auf den Bildungsbereich zumindest kurzfristig eher als gering zu erachten sein.[15]

219

3. Förderprogramme

a) Programme der EU

Wie aufgezeigt fehlt es der EU grundlegend an Kompetenz, aktiv in die Entwicklung der Bildungssysteme der Mitgliedstaaten einzugreifen. Eine Harmonisierung der Bildungssysteme ist der EU untersagt (Rz. 212 ff., 219), – auch im Bereich ihrer Förderpolitik. In vielen ihrer Mitteilungen lässt die EU und insbesondere die Kommission jedoch deutlich erkennen, dass sie insgesamt **stärker Einfluss auf die Bildungspolitik** der Mitgliedstaaten gewinnen will, indem beispielsweise die Frage der Gerechtigkeit nationaler Bildungssysteme zum Thema gemacht wird, Kritik geübt wird an einer zu frühen Differenzierung der Schüler nach Schulzweigen, konkrete Handlungsempfehlungen zur frühzeitigen Förderung bildungsbenachteiligter Personen erfolgen, aktive Partnerschaften mit Arbeitgebern im Bereich beruflicher Weiterbildung empfohlen werden und nicht zuletzt die Entwicklung eines europäischen Qualifikationsrahmens angestrebt wird.[16] Diese Anstrengungen stehen ganz im Zeichen der Lissabon-Strategie, die im Jahr 2000 beschlossen wurde. Sie sieht vor, die Union bis zum Jahr 2010 zum „wettbewerbsfähigsten und dynamischsten wissensbasierten Wirtschaftsraum" zu machen. Hierauf basiert das Vorhaben „Allgemei-

220

---

15 Pernice, DVBl. 2000, S. 847, 853.
16 Mitteilung der Kommission an den Rat und das Europäische Parlament über die Effizienz und Gerechtigkeit in den europäischen Systemen der allgemeinen und beruflichen Bildung, KOM (2006), S. 481.

ne und berufliche Bildung 2010" mit Strategien und konkreten Arbeitsprogrammen. Teil dieser Strategien zur allgemeinen und beruflichen Bildung sind weitere Maßnahmen zum lebenslangen Lernen. 2001 wurde von der Kommission die Mitteilung „einen europäischen Raum des lebenslangen Lernens schaffen" publiziert.[17] Dies war der Grundstein für zahlreiche weitere Maßnahmen zur Förderung des lebenslangen Lernens in Europa. Bis 2010 soll in der gesamten EU erreicht werden, dass 12,5 % der 25- bis 64-Jährigen an Aus- und Weiterbildungsmaßnahmen teilnehmen. Zudem wird innerhalb eines europäischen Qualifizierungsrahmens (EQF) für lebenslanges Lernen die europäische Vergleichbarkeit von Bildungsabschlüssen angestrebt.[18] Auch der Rat der Europäischen Union ruft alle Mitgliedsstaaten dazu auf, Partnerschaften auf nationaler, regionaler, lokaler und sektoraler Ebene mit allen wichtigen Akteuren zu bilden, einschließlich Arbeitgebern und Gewerkschaften, um so ein System zu schaffen, das dem langfristigen Bedarf an Fähigkeiten und Kompetenzen in einer Wissensgesellschaft Rechnung trägt, Investitionen in Fähigkeiten und Kompetenzen fördert und die besonderen Bedürfnisse benachteiligter Gruppen berücksichtigt.[19] Hierzu wurde von der Europäischen Kommission „die neue Generation von Programmen" im Bereich allgemeine und berufliche Bildung nach 2006 ins Leben gerufen.[20]

221 Vor diesem Hintergrund fördert die Europäische Union mit dem neuen **Programm für lebenslanges Lernen** von 2007 bis 2013 europäische Bildungskooperationen mit einem Gesamtbudget von fast 7 Mrd. Euro. Das Programm deckt mit seinen vier Einzelprogrammen alle Bildungsbereiche und Altersgruppen ab:
– Comenius (Schulbildung): Das Programm möchte junge Menschen beim Erwerb von Fähigkeiten und Kompetenzen unterstützen, die für ihre persönliche Entfaltung, ihre Beschäftigungschancen und eine aktive Bürgerschaft erforderlich sind. Unterstützt wird die Mobilität von Schülern, Lehramtsstudierenden und Lehrkräften; es fördert das Erlernen moderner Fremdsprachen und ermöglicht innovative Wege der Zusammenarbeit und Partnerschaft schulischer Einrichtungen in Europa. Zu den geförderten Aktivitäten gehören multilaterale und

---

17 Sämtliche der genannten Programme sind unter der angegebenen Bezeichnung mit Suchmaschine im Internet auffindbar.
18 Kommission der Europäischen Gemeinschaften, Auf dem Weg zu einem europäischen Qualifikationsrahmen für lebenslanges Lernen, SEK (2005) 957 vom 8.7.2005; Mitteilung der Kommission, Modernisierung der allgemeinen und beruflichen Bildung: Ein elementarer Beitrag zum Wohlstand und zum sozialen Zusammenhalt in Europa, KOM (2005) 549 vom 30.11.2005; Kommission der Europäischen Gemeinschaften, Vorschlag für eine Empfehlung des Europäischen Parlaments und des Rates zu Schlüsselkompetenzen für lebenslanges Lernen, KOM (2005) 548 vom 10.11.2005.
19 Schlussfolgerungen des Rates und der im Rat vereinigten Vertreter der Regierungen der Mitgliedstaaten zur Rolle der Entwicklung von Fähigkeiten und Kompetenzen im Hinblick auf die Verwirklichung der Ziele von Lissabon, Amtsblatt der Europäischen Union, 2005/C 292/02 vom 24.11.2005.
20 Mitteilung der Kommission, Die neue Generation von Programmen im Bereich allgemeine und berufliche Bildung nach 2006, KOM (2004) 156 vom 9.3.2004; Vorschlag für einen Beschluss des Europäischen Parlaments und des Rates über ein integriertes Aktionsprogramm im Bereich des lebenslangen Lernens, KOM (2004) 474 vom 14.7.2004; Europäische Kommission, Begleitdokument zur Mitteilung der Kommission, einen europäischen Raum des lebenslangen Lernens schaffen, SEC (2001) 1939 vom 28.11.2001.

bilaterale Schulpartnerschaften und die Mobilität von Schülern, Assistenzzeiten von Studierenden der Lehramtsfächer an Schulen im Ausland, Fortbildungskurse für Lehrkräfte im Ausland, Projekte für die Zusammenarbeit von Einrichtungen der Lehrerausbildung und Lehrerfortbildung sowie thematische Netzwerke von Bildungseinrichtungen. Mit der Durchführung des Programms in Deutschland ist der pädagogische Austauschdienst (PAD) der Kultusministerkonferenz – nationale Agentur für EU-Programme im Schulbereich – beauftragt.[21]

- **Erasmus** (Hochschulen): Im Mittelpunkt steht die Mobilität von Studierenden, Dozenten und anderem Hochschulpersonal sowie von ausländischem Unternehmenspersonal. Zudem fördert Erasmus die transnationale Zusammenarbeit von Hochschulen in Europa sowie von Hochschulen mit der Wirtschaft. Das Programm trägt ausdrücklich zur Verwirklichung eines europäischen Hochschulraums im Rahmen des Bologna-Prozesses bei. Zielgruppen sind Studierende, Lehrkräfte/Studenten, sonstiges Personal/Mitarbeiter von Hochschulen, ausländisches Unternehmenspersonal. Gefördert werden die Bereiche Auslandsstudium, Auslandspraktikum, Gastdozenturen, Personalmobilität, Organisation der Mobilität, Intensivprogramme und vorbereitende Besuche. Verantwortlich für die Umsetzung ist in Deutschland die nationale Agentur für EU-Hochschulzusammenarbeit beim Deutschen Akademischen Austauschdienst (DAAD) im Auftrag des Bundesministeriums für Bildung und Forschung (BMBF).[22]

- **Leonardo da Vinci** (berufliche Bildung): Das Programm unterstützt die Zusammenarbeit in der beruflichen Aus- und Weiterbildung. Es fördert zum einen europäische Bürgerinnen und Bürger beim Erwerb internationaler Kompetenzen. So soll die Anzahl an Praxisaufenthalten in Betrieben und Berufsbildungseinrichtungen in einem anderen europäischen Land bis 2013 auf mindestens 80.000 pro Jahr erhöht werden. Zum anderen trägt es durch europäische Modellversuche sowie durch den Transfer bereits entwickelter Produkte und Verfahren zu Innovationen und zur Verbesserung der Berufsbildungssysteme und -praxis bei. Im Übrigen unterstützt das Programm zentrale europäische Reformvorhaben wie die Entwicklung eines Kreditpunkte-Systems in der beruflichen Bildung (ECVT) und eines europäischen Qualifikationsrahmens (EQR). Zielgruppen sind vor allem Einrichtungen der beruflichen Bildung wie berufsbildende Schulen, außer- und überbetriebliche Bildungsstätten, Unternehmen, Sozialpartner und ihre Organisationen, Berufsverbände und Kammern. Gefördert werden Auslandsaufenthalte in der beruflichen Aus- und Weiterbildung, Projekte zum Transfer von Innovationen, Partnerschaften, Projekte zur Entwicklung von Innovationen, Netzwerke sowie vorbereitende Besuche und Kontaktseminare. Verantwortlich für die Umsetzung ist in Deutschland die nationale Agentur Bildung für Europa beim Bundesinstitut für Berufsbildung (NA beim BIBB).[23]

---

21 www.kmk.org/pad/home.htm.
22 http://eu.daad.de.
23 www.na-bibb.de.

- **Grundtvig** (allgemeine Erwachsenenbildung): Zum einen sollen die durch die Alterung der Bevölkerung entstehenden Bildungsherausforderungen angegangen werden. Zum anderen unterstützt das Programm Erwachsene bei der Erweiterung und Vertiefung ihres Wissens und ihrer Kompetenzen. Im Blickpunkt stehen dabei neben älteren Menschen auch Erwachsene, die ihren Bildungsweg ohne Grundqualifikation abgebrochen haben. Das Programm unterstützt alle Bereiche der Erwachsenenbildung und steht Einrichtungen der formalen, nichtformalen und informellen Erwachsenenbildung in den Teilnehmerstaaten offen. Dies können öffentliche Institutionen sein wie Behörden, Verwaltungen und Regierungsstellen, oder Einrichtungen in öffentlicher und privater Trägerschaft wie Initiativen, Vereine, Volkshochschulen oder Nichtregierungsorganisationen. Antragsberechtigt sind die Beschäftigten dieser Einrichtungen wie Lehrende, Multiplikatoren, Wissenschaftler sowie Personen, die mit Erwachsenen oder benachteiligten Jugendlichen arbeiten. Gefördert werden die Mobilität von Beschäftigung der Erwachsenenbildung in Form individueller Fortbildungen, Lernpartnerschaften zur Kooperation von Einrichtungen aus verschiedenen Teilnehmerstaaten, innovative Projekte zur Entwicklung, Erprobung und Verbreitung von Produkten und Netzwerke zur Weiterentwicklung von spezifischen Fachgebieten und Themen der Erwachsenenbildung. Verantwortlich für die Umsetzung ist die nationale Agentur Bildung für Europa beim Bundesinstitut für Berufsbildung (NA beim BIBB).[24]

222 Ergänzt werden diese Programmlinien durch ein bereichsübergreifendes **Querschnittsprogramm sowie die Aktion „Jean Monnet":**
- **Querschnittsprogramm:** Das Programm für lebenslanges Lernen wird ergänzt durch ein Querschnittsprogramm mit den vier Schwerpunkten politische Zusammenarbeit und Innovation (Studienbesuche für bildungspolitische Experten)[25], Förderung des Sprachlernens durch multilaterale Projekte, Netzwerke und flankierende Maßnahmen durch die Europäische Exekutivagentur in Brüssel[26], Entwicklung innovativer und auf Informations- und Kommunikationstechnologien gestützter Inhalte, Dienste, pädagogischer Ansätze und Verfahren für das lebenslange Lernen durch die Europäische Exekutivagentur in Brüssel[27] und durch den Schwerpunkt Verbreitung und Nutzung der Ergebnisse von im Rahmen des Programms und der entsprechenden Vorgängerprogramme geförderten Maßnahmen sowie Austausch vorbildlicher Verfahren.[28]
- **Programm Jean Monnet:** Gefördert werden Lehrangebote und Forschungsvorhaben zur europäischen Integration an Hochschulen mit dem Ziel, die EU als Modell für friedliche Kooexistenz und Integration darzustellen sowie die Politik der EU und ihr Handeln nach außen zu erläutern. Zielgruppen sind Studieren-

---

24 www.na-bibb.de.
25 www.kmk.org/pad/home.htm.
26 http://eacea.ec.europa.eu.
27 http://eacea.ec.europa.eu.
28 http://eacea.ec.europa.eu.

de und Forscher, die sich mit der europäischen Integration befassen, anerkannte Hochschulen innerhalb und außerhalb der Gemeinschaft, Lehrkräfte und anderes Personal dieser Hochschulen, Vereinigungen und Vertreter der an der allgemeinen und beruflichen Bildung innerhalb und außerhalb der Gemeinschaft beteiligten Akteure, öffentliche und private Stellen, die auf lokaler, regionaler und nationaler Ebene für die Organisation und das Angebot von allgemeiner bzw. beruflicher Bildung zuständig sind sowie Forschungszentren und Forschungseinrichtungen, die innerhalb und außerhalb der Gemeinschaft mit Aspekten der europäischen Integration befasst sind. Geförderte Aktivitäten sind Lehrstühle, Forschungszentren und Lehrmodule, Vereinigungen von Professoren und Forschern, die sich auf die europäische Integration spezialisiert haben, Förderung junger Forscher, die sich auf die europäische Integration spezialisieren sowie Informations- und Forschungsaktivitäten zur Europäischen Union zur Förderung von Diskussion, Reflexion und Wissen über den europäischen Integrationsprozess (als unilaterale und nationale Projekte), ferner multilaterale Projekte und Netze, Betriebskostenzuschüsse für bestimmte Einrichtungen, die Ziele von europäischem Interesse verfolgen sowie Betriebskostenzuschüsse für europäische Einrichtungen oder Vereinigungen im Bereich der allgemeinen und beruflichen Bildung. Verantwortlich für die Umsetzung ist die Europäische Exekutivagentur.[29]

b) ESF und Bundesprogramme

Einen besonderen Bezug zur Netzwerkbildung in Regionen (Rz. 19) hat das Bundesprogramm „**Lernende Regionen – Förderung von Netzwerken**", welches seinerseits auf die R3L-Initiaive („Regional Networks for life-long learning") der Europäischen Kommission zurückgeht. Mit der R3L-Initiative möchte die Generaldirektion Bildung und Kultur die Vernetzung lernender Regionen voran bringen. Das Programm „Lernende Regionen – Förderung von Netzwerken" des Bundesministeriums für Bildung und Forschung wird aus Mitteln des Europäischen Sozialfonds (ESF) co-finanziert. In den lernenden Regionen wird der Aufbau von Netzwerken, Strukturen und flankierenden Maßnahmen gefördert – die Förderung richtet sich nicht an Einzelpersonen.

223

Der **Europäische Sozialfonds** ist in fünf Politikbereichen aktiv.
– Entwicklung und Förderung aktiver arbeitsmarktpolitischer Maßnahmen (zur Bekämpfung und Vermeidung von Arbeitslosigkeit, zur Verhinderung von Langzeitarbeitslosigkeit, zur Erleichterung der Wiedereingliederung von Langzeitarbeitslosen in den Arbeitsmarkt, zur Unterstützung der beruflichen Eingliederung von Jugendlichen und von Berufsrückkehrern);
– Förderung der Chancengleichheit aller beim Zugang zum Arbeitsmarkt unter besonderer Berücksichtigung der vom gesellschaftlichen Ausschluss Bedrohten;

224

---

29 http://eacea.ec.europa.eu.

- Förderung und Verbesserung der beruflichen und der allgemeinen Bildung sowie der Beratung im Rahmen einer Politik des lebensbegleitenden Lernens (zur Erleichterung und Verbesserung des Zugangs zum und der Eingliederung in den Arbeitsmarkt, zur Verbesserung und Aufrechterhaltung der Beschäftigungsfähigkeit und zur Förderung der beruflichen Mobilität);
- Förderung von qualifizierten und anpassungsfähigen Arbeitskräften, der Innovation und der Anpassungsfähigkeit bei der Arbeitsorganisation, der Entwicklung des Unternehmergeistes sowie der Qualifizierung und Verstärkung des Arbeitskräftepotenzials in Forschung, Wissenschaft und Technologie;
- spezifische Maßnahmen zur Verbesserung des Zugangs von Frauen zum Arbeitsmarkt einschließlich der Förderung ihrer Karrieremöglichkeiten und ihres Zugangs zu neuen Beschäftigungsformen.

Folgende **Querschnittsthemen** werden hierbei berücksichtigt:
- Die Entwicklung lokaler Beschäftigungsinitiativen einschließlich lokaler Beschäftigungsbündnisse;
- die sozialen und arbeitsmarktspezifischen Dimensionen der Informationsgesellschaft;
- die Gleichstellung von Männern und Frauen im Sinne der allgemeinen Politik der Chancengleichheit.

Zentrale **programmumsetzende Behörden** sind auf der Bundesebene die Bundesagentur für Arbeit, das Bundesministerium für Wirtschaft, das Bundesministerium für Bildung und Forschung und das Bundesministerium für Familie, Senioren, Frauen und Jugend.[30]

225 Aktuell sind **vier Bundesministerien** an Förderungen durch den ESF beteiligt, nämlich das Bundesministerium für Bildung und Forschung, das Bundesministerium für Wirtschaft und Technologie, das Bundesministerium für Familie und das Bundesministerium für Verkehr, Bau und Stadtentwicklung. In bildungspolitischer Hinsicht sind hier vor allem hervorzuheben:
- **XENOS**: Gefördert werden Handlungsansätze zur Verbesserung von beruflichen Schlüsselqualifikationen und interkulturellen Handlungskompetenzen. Diese Qualifikationen sollen benachteiligten und von Ausgrenzung bedrohten Jugendlichen und jungen Erwachsenen beim Einstieg in den Arbeitsmarkt und bei der Integration in die Gesellschaft unterstützen. Zielgruppen sind Jugendliche und junge Erwachsene, vor allem ohne Schulabschluss und mit Migrationshintergrund, junge Menschen an der Schnittstelle von Schule, Ausbildung und Betrieb mit erschwertem Zugang zur Ausbildung und zum Arbeitsmarkt, aber auch Ältere, Strafgefangene sowie andere von Ausgrenzung bedrohte Personengruppen. Gefördert werden Maßnahmen der Qualifizierung und Weiterbildung in Schule, Ausbildung und Beruf, betriebliche Maßnahmen und Bildungsarbeit in Unternehmen, grenzübergreifende Austauschmaßnahmen, Sensibilisierung

---

30 Weitere Informationen für die „Suchmaschine" unter Europäische Kommission, Europäischer Sozialfonds.

gegen Rechtsextremismus, Förderung von Zivilcourage in Kommunen und im ländlichen Raum sowie arbeitsmarktliche Integration von Migranten und Migrantinnen, Strafgefangenen und anderen von Ausgrenzung bedrohten Personengruppen.
- ESF-Bundesprogramm zur arbeitsmarktlichen **Unterstützung für Bleibeberechtigte und Flüchtlinge** mit Zugang zum Arbeitsmarkt: Geduldete und langjährig geduldete Ausländer erhalten hier eine realistische Chance zur Arbeitsmarktintegration. Mit dem Aufbau von Netzwerken auf lokaler und regionaler Ebene unter Einbeziehung der Arbeitsgemeinschaften (SGB II) soll möglichst vielen Betroffenen zu einer Erwerbstätigkeit verholfen werden. Die Netzwerke sollen u. a. in Zusammenarbeit mit Unternehmen durch berufsbegleitende Qualifizierung den Beschäftigungserhalt der Zielgruppe sowie deren Verbleibsaussichten auf dem Arbeitsmarkt erhöhen. Zielgruppe sind Bleibeberechtigte sowie Personen mit Flüchtlingshintergrund, die Zugang zum Arbeitsmarkt haben.[31]
- **IDA-Integration durch Austausch**: Das Programm dient der transnationalen Entwicklung und Erprobung innovativer Lösungskonzepte zur Beseitigung von Ungleichheiten auf dem Arbeitsmarkt. Gefördert werden transnationale Austauschvorhaben und Modellprojekte mit benachteiligten Menschen, insbesondere mit Jugendlichen und jungen Erwachsenen sowie mit Mulitiplikatoren und Experten. Zielgruppe sind Jugendliche und junge Erwachsene, vor allem ohne Schulabschluss und mit Migrationshintergrund, junge Menschen im Übergang von Schule/Beruf mit erschwertem Zugang zu Ausbildung oder zum Arbeitsmarkt, Ältere, Strafgefangene und Strafentlassene, Asylsuchende und Opfer von Menschenhandel sowie Multiplikatoren, arbeitsmarktpolitische Akteure, Experten, Sozialpartner und Personalentscheider.[32]
- Stärkung der **berufsbezogenen Sprachkompetenz** für Personen mit Migrationshintergrund: Der berufsbezogene Deutschunterricht soll auf Ausbildung, Beruf sowie Qualifizierungs- und Weiterbildungsmaßnahmen vorbereiten und diese unterstützend begleiten. Gefördert werden können Personen mit Migrationshintergrund, denen ausreichende Deutschkenntnisse für die Aufnahme einer Berufstätigkeit fehlen.[33]
- Leistungen für Teilnehmer an **Qualifizierungsmaßnahmen während des Bezugs von Transferkurzarbeitergeld**: Unterstützt werden Bezieher von Transferkurzarbeitergeld, die ihren Arbeitsplatz verloren haben und sich in einer Transfergesellschaft auf eine neue berufliche Tätigkeit vorbereiten. Zielgruppe sind Bezieherinnen und Bezieher von Transferkurzarbeitergeld nach § 216b SGB III.[34]

---

[31] barbara.schmidt@bmas.bund.de.
[32] stefan.schulz-triglaff@bmas.bund.de.
[33] esf-verwaltung@bamf.bund.de.
[34] Weitere Informationen unter www.arbeitsagentur.de sowie unter E-Mail unter: service-haus.kundenreaktionsmanagement@arbeitsagentur.de.

- **Gründercoaching** bei Gründungen aus Arbeitslosigkeit: Gründercoaching ist ein wichtiges Instrument zur Erhöhung der Erfolgsaussichten und nachhaltigen Sicherung von Existenzgründungen. Ziel ist es, den Gründern eine Möglichkeit zu geben, Coaching-Leistungen rechtzeitig in Anspruch zu nehmen, um erfolgreich in den Markt zu starten. Zielgruppe sind Gründer aus Arbeitslosigkeit, die einen Gründungszuschuss nach SGB III oder Leistungen nach SGB II erhalten.[35]
- Bundesinitiative zur **Gleichstellung von Frauen** in der Wirtschaft: Zielgruppe sind beschäftigte Frauen.[36]
- **Initiative Job**: Ziel ist die Stärkung der Ausbildungsbereitschaft der Arbeitgeber und Verbesserung der betrieblichen Ausbildungsmöglichkeiten für behinderte und schwerbehinderte Jugendliche, ferner die Verbesserung der Beschäftigung schwerbehinderter Menschen, insbesondere in kleinen und mittleren Unternehmen, schließlich die Förderung betrieblicher Prävention zur Erhaltung der Beschäftigungsfähigkeit der Belegschaft durch Einführung eines betrieblichen Eingliederungsmangements. Zielgruppe sind behinderte Menschen.[37]
- **EXIST-Gründungskultur**: An Hochschulen und mit diesen kooperierenden Forschungseinrichtungen soll unternehmerische Selbstständigkeit frühzeitig als berufliche Option attraktiv gemacht werden, ferner eine konsequente Übersetzung wissenschaftlicher Erkenntnisse in wirtschaftliche Wertschöpfung erfolgen und eine bedarfsgerechte und hochwertige Qualifizierung und Unterstützung von Gründungsinteressierten etabliert werden. Gefördert werden Hochschulen und Forschungseinrichtungen.[38]
- **Passgenaue Vermittlung**: Ziel des auf drei Jahre befristeten Programms ist es, die Zahl der passgenau besetzten Ausbildungsstellen zu erhöhen und durch diesen Beitrag zur Sicherung des zukünftigen Fachkräftebedarfs die Leistungs- und Wettbewerbsfähigkeit kleiner und mittlerer Unternehmen zu stärken. Gefördert werden Beratungs- und Vermittlungsleistungen der Handwerkskammern, Industrie- und Handelskammern sowie der Kammern der freien Berufe. Zielgruppe sind kleine und mittlere Unternehmen. Die Programmumsetzung erfolgt durch die Handwerkskammern, die Industrie- und Handelskammern sowie die Kammern der freien Berufe.[39]
- **Weiterbildungssparen**: Ziel ist die Erhöhung der Beteiligungsquoten und der privaten Investitionen im Bereich der beruflichen Weiterbildung. Dem Erfordernis von Weiterbildungsinvestitionen als notwendiger Vorsorgeleistung soll Anerkennung verschafft werden. Es soll eine Weiterbildungsprämie von 154 Euro gewährt werden, wenn mindestens die gleiche Summe als Eigenbeitrag zur Finanzierung der Teilnahmeentgelte geleistet wird. Die Weiterbildungsprämie

---

35 www.gruender-coaching-deutschland.de.
36 Gruppe Soziales Europa I, Telefon: 02 28-9 95 72 43 76 (Ansprechpartnerin: Birgitta Berhorst).
37 Kontakt: Tel.: 02 28-5 27 28 57 (Frau Kersting) sowie, Tel.: 02 28-5 27 42 01 (Frau Schulte).
38 Kontakt über den Projektträger Jülich, Forschungszentrum Jülich GmbH, Zimmerstr. 26–27, 10969 Berlin, Tel.: 0 30-20 19 94 23; www.exist.de.
39 Kontakt: Zentralverband des Deutschen Handwerks Berlin, Tel.: 0 30-20 61 93 27.

kann von Einkommensgruppen mit einem zu versteuernden Jahreseinkommen von bis zu 17.900 Euro (Alleinstehende) bzw. 35.800 Euro (zusammen Veranlagte) einmal jährlich genutzt werden.[40]
- **Jobstarter** – für die Zukunft ausbilden: Gefördert werden Innovationen und Strukturentwicklungen in der beruflichen Bildung. Das Programm zielt auf eine bessere regionale Versorgung Jugendlicher mit betrieblichen Ausbildungsplätzen durch die Gewinnung von Betrieben bzw. Unternehmen für die Ausbildung. Zielgruppe sind ausbildungsmüde Betriebe, die sich aus der Ausbildungsverantwortung zurückgezogen haben, ausbildungsunerfahrene Betriebe, die bislang noch gar nicht ausgebildet haben, ausbildungserfahrene Betriebe, die zusätzliche Ausbildungsstellen zur Verfügung stellen könnten. Die Umsetzung erfolgt durch die Programmstelle „Jobstarter" beim Bundesinstitut für Berufsbildung.[41]
- **Akademikerinnen und Akademiker qualifizieren** sich für den Arbeitsmarkt (AQUA): Das Programm wendet sich an zugewanderte und deutsche arbeitslose Akademiker und unterstützt Studienergänzungen, die in Kooperation mit Hochschulen durchgeführt werden. Das Programm bezweckt die Qualifizierung beider Zielgruppen sowie die Stärkung der Weiterbildungsaktivitäten an Hochschulen. Zielgruppen sind zugewanderte und deutsche arbeitslose Akademiker verschiedenster Fachrichtungen, unabhängig von Alter und Dauer des Aufenthalts in Deutschland, mit Bezug von Arbeitslosengeld I oder Arbeitslosengeld II.[42]
- **Innovationsfähigkeit in einer modernen Arbeitswelt**: Das Programm soll dazu beitragen, dass Menschen ihr Können, ihre Kreativität und Motivation in die Arbeitswelt einbringen, Unternehmen die Voraussetzungen für erfolgreiche Kompetenzentwicklungen schaffen und Netzwerke zur Steigerung von Marktchancen und Beschäftigungsmöglichkeiten etabliert werden. Zielgruppen sind Unternehmen, insbesondere KMU, Arbeitnehmer, Erwerbsfähige, auch wenn sie zeitweise nicht in einem Beschäftigungsverhältnis stehen, Kunden, Sozialpartner.[43]
- **Perspektive Berufsabschluss**: Das Programm dient der Optimierung des Übergangsmanagements Schule – Ausbildung (Förderinitiative 1) und zur Nachqualifizierung junger Erwachsener (Förderinitiative 2). Zielgruppe sind benachteiligte Jugendliche sowie angelernte und ungelernte junge Erwachsene.[44]
- **Frauen an die Spitze**: Ziel ist die Verbreiterung des Berufsspektrums von Frauen, insbesondere in naturwissenschaftlichen Ausbildungsgängen, die Realisie-

---

40 Kontakt: BMBF, Tel.: 0228-9957 3401 (Eckard Lilienthal) sowie Tel.: 0228-9957 2330 (Frau Dr. Jutta Faust).
41 Kontakt: BMBF, Tel.: 0228-9957 2126 (Referatsleiter Peter Thiele) sowie BIBB, Tel.: 0228-107 2024 (Frau Kornelia Raskopp).
42 Kontakt: Tel.: 0228-9957 2720 (Referatsleiter Dr. Rolf Reiner) sowie Tel.: 0228-8163234 (Frau Dagmar Maur).
43 Kontakt: BMBF, Tel.: 0228-9957 3162 (Frau Ursula Zahm-Elliott) sowie Tel.: 0228-9957 3229 (Herr Harald Jochmann).
44 Kontakt: BMBF, Tel.: 0228-9957 2114 (Herr Peter Munk) sowie Tel.: 0228-382 1315 (Dr. Hans-Peter Albert).

rung von Chancengerechtigkeit für Frauen in Führungspositionen, die Untersuchung Karriere hemmender Entwicklungen sowie die Entwicklung struktureller Ansätze zur Integration von Gender-Fragen. Zielgruppe sind Mädchen vor der Berufswahl, berufstätige Frauen mit Karriereoption und Multiplikatorinnen (z. B. Beratungsinstitutionen, Führungskräfte, Netzwerke).[45]
- **Lokales Kapital für soziale Zwecke** (LOS): Ziel ist die Erhöhung der Beschäftigungsfähigkeit Jugendlicher und anderer Adressaten durch Vermittlung von Zukunftsperspektiven und die Verbesserung des sozialen Zusammenhalts vor Ort. Das Programm unterstützt Aktionen zur Förderung der beruflichen Eingliederung, zur Existenzgründung und zur Gründung von sozialen Betrieben. Durch das Programm werden Zuschüsse in lokaler Verantwortung auf der Basis lokaler Aktionspläne vergeben. Zielgruppe sind lokale Aktionsbündnisse und Gebietskörperschaften.[46]
- **Servicenetzwerk Altenpflegeausbildung**: Ziel ist die Förderung der Ausbildungskompetenz der Führungskräfte in den entsprechenden Einrichtungen. Zudem bietet das Programm individuelle Beratung zur Schaffung von Ausbildungsplätzen an und wird der Aufbau von Netzwerkstrukturen zwischen Ausbildungsstätten unterstützt. Zielgruppe sind ambulante und stationäre Pflegeeinrichtungen, Heime und sonstige Einrichtungen, die nach dem Altenpflegegesetz grundsätzlich zur Ausbildung berechtigt sind.[47]
- **Initiative Lokale Bündnisse für Familie**: Lokale Bündnisse für Familie sind Zusammenschlüsse von Partnern aus Verwaltung, Politik, Wirtschaft und Zivilgesellschaft, die ihre Aktivitäten für Familien ergebnisorientiert verbinden und gemeinsam neue Ideen insbesondere für eine bessere Vereinbarkeit von Familie und Beruf und bedarfsgerechte, flexible Kinderbetreuungsangebote entwickeln und umsetzen. Das BMFSFJ unterstützt diese Netzwerke durch die Einrichtung eines Servicebüros, das Bündnissen und Bündnisinteressierten kostenlose Beratungsangebote zur Initiierung, Weiterentwicklung, Vernetzung und Koordinierung lokaler Bündnisse für Familie bietet. Zielgruppe sind lokale Zusammenschlüsse von Partnern aus Verwaltung, Politik, Wirtschaft und Zivilgesellschaft.[48]
- **„Freiwilligendienste machen kompetent"**: Mit dem Programm sollen die Ausbildungs- und Berufschancen benachteiligter Jugendlicher im Rahmen des Freiwilligen Sozialen und Freiwilligen Ökologischen Jahres verbessert werden. Das Programm fördert Projekte mit innovativen Konzepten und Kooperationsstrukturen, die attraktive Einsatzmöglichkeiten, eine passgenaue sozialpädagogische Betreuung und spezielle Bildungsangebote bereitstellen. Zielgruppe sind benachteiligte Jugendliche insbesondere aus bildungsfernen Schichten.[49]

---

45   Kontakt: BMBF, Tel.: 02 28-99 57 25 24 (Frau Dr. Eveline Edle von Gäßler) sowie Tel.: 02 28-99 57 25 55 (Frau Heidi Kühn).
46   Kontakt: BMFSFJ, Tel.: 030-2 06 55 19 75 (Paloma Miersch).
47   Kontakt: Zentrale Servicestelle des Projektes Servicenetzwerk Altenpflegeausbildung: Tel.: 030-33 09 95 06 (Frau Boguth) sowie www.altenpflegeausbildung.net.
48   Kontakt: BMFSFJ, Tel.: 030-2 06 55 16 66 (David Rockoff) sowie www.lokale-buendnisse-fuer-familie.de.
49   Kontakt: Institut für Sozialarbeit und Sozialpädagogik e. V., Tel.: 030-2 84 93 89 10 (Susanne Rindt).

– **Aktionsprogrammen Mehrgenerationenhäuser:** Innerhalb des Programms werden Standorte mit einer ESF-Ausrichtung ausgewählt. Die Mehrgenerationenhäuser richten ihr Angebot auf die Verbesserung der Vereinbarkeit von Beruf und Familie aus und tragen damit zur Erhöhung der Beschäftigungsfähigkeit und zur Verbesserung des Zugangs zu Beschäftigung bei. Zielgruppe sind Mehrgenerationenhäuser.[50]
– **Soziale Stadt (Rz. 42):** Das Programm richtet sich gegen soziale Segregation auf örtlicher Ebene und will Stadtentwicklungs-, Wirtschafts- und Sozialpolitik aufeinander zuführen. Die moderne sozialraumorientierte Städtebauförderung richtet sich durch integriertes Handeln deshalb nicht nur auf die Verbesserung des baulichen Zustands von Stadtteilen, sondern auch der wirtschaftlichen und sozialen Lebensbedingungen der Bewohner. Mit dem ESF-Bundesprogramm sollen in den Programmgebieten des Städtebauförderungsprogramms Soziale Stadt ressortübergreifende Maßnahmen zur Beschäftigung, Bildung und Qualifizierung von Jugendlichen und Langzeitarbeitslosen gefördert sowie die lokale Ökonomie gestärkt werden. Dabei werden Migranten ausdrücklich einbezogen. Zielgruppe sind Jugendliche insbesondere mit Migrationshintergrund und Langzeitarbeitslose sowie lokale Unternehmen.[51]

III. Fazit

Die Europäische Union kann formal betrachtet nur sehr begrenzt auf die Bildungspolitik der Mitgliedstaaten Einfluss nehmen. Im Kern ist sie nämlich eine reine Wirtschaftsgemeinschaft (Rz. 199). Eigene Regelungskompetenzen im Bereich der Bildungspolitik hat sie nicht. Ihr steht lediglich das Mittel der Bildungsförderung sowie der Aufklärung und Information ihrer Mitglieder zu. Selbst Fördermaßnahmen aber stehen insofern unter dem Vorbehalt „strikter Beachtung der Verantwortung der Mitgliedstaaten" (Rz. 212 f.). Wenn sich gleichwohl ein deutlicher Trend dahingehend abzeichnet, stärker Einfluss zu nehmen auf die Bildungspolitik der Mitgliedstaaten (Rz. 220), so geschieht steht hierfür die sog. Offene Methode der Koordinierung zur Verfügung (Rz. 200). Hierbei handelt es sich im Grunde um ein Aufklärungsinstrument. Die Mitglieder sollen durch Vergleiche ihrer Bildungsanstrengungen von der Notwendigkeit überzeugt werden, aus Europa – so die Proklamation – den dynamischsten wissensbasierten Wirtschaftsraum der Welt zu machen (Rz. 200). Hierfür ist die Förderung lebenslangen Lernens eine der wesentlichen Umsetzungsstrategien (Rz. 221, 223). Sollte die Europäische Grundrechtecharta jemals in Kraft treten, so hätte der Bildungsgedanke einen weiteren Leuchtturm auf europäischer Ebene hinzugewonnen. Denn das dort verankerte Recht auf Bildung

226

---

50 Kontakt: Serviceagentur Aktionsprogramm Mehrgenerationenhäuser, Tel.: 030-263 95 78 51 (Frau Petra Dinkelacker) sowie www.mehrgenerationenhaeuser.de.
51 Kontakt: BMVBS, Tel.: 030-1 83 00 62 22 (Herr Thomas Hartmann) sowie Tel.: 030-1 83 00 62 23 (Herr Ingo Weiß).

(Rz. 217) wäre auch für Deutschland ein Novum, weil das Grundgesetz ein solches Recht jedenfalls explizit nicht enthält. Auch wenn die Europäische Grundrechtecharta nur in den Grenzen der Verfassungen der Mitgliedstaaten gelten soll, so dürfte, ist der Geist erst einmal der Flasche entwichen, hiermit eine Dynamik zugunsten des europäischen Bildungsgedankens entfesselt werden, in deren Sog auch die Bildungskompetenzen der EU geraten werden. Von daher ist es nur eine Frage der Zeit, bis die EU auch über „echte" Bildungskompetenzen verfügen kann.

B. Verfassungsrecht

I. Struktur des Bildungsverfassungsrechts

227 Das Bildungsverfassungsrecht ist keine einheitliche und klar geordnete Rechtsmaterie, besteht vielmehr aus einem Sammelsurium unterschiedlichster Verfassungsbestimmungen von direkter oder auch nur indirekter bildungspolitischer Bedeutung.[52] So lassen sich Bezüge herstellen zu den Freiheitsrechten (etwa das Elternrecht nach Art. 6 Abs. 2 GG), zur Kompetenzordnung des Grundgesetzes (Gesetzgebungs- und Verwaltungskompetenzen von Bund, Ländern und Gemeinden), zu staatlichen Handlungsaufträgen (etwa der staatliche Bildungs- und Erziehungsauftrag nach Art. 7 GG) sowie zu allgemeinen Verfassungsgrundsätzen (etwa das Sozialstaatsprinzip nach Art. 28 Abs. 1 GG).

228 Ein ausdrückliches **Recht auf Bildung** enthält das Grundgesetz im Gegensatz zu den meisten Landesverfassungen jedoch nicht.[53] Der Verbindlichkeitsgrad dieser Landesregelungen ist jedoch eher als gering zu veranschlagen. Nur in Ausnahmefällen sind die Landesverfassungen in dieser Hinsicht praktisch relevant geworden.[54]

229 Im weiteren Sinne ist auch das **internationale Recht** Teil der Bildungsverfassung. So gewährt Art. 2 des I. Zusatzprotokolls zur Europäischen Menschenrechtskonvention ein Recht auf Bildung und insbesondere einen Anspruch auf Vermittlung des für soziale Integration unabdingbaren Kernbestandes von Bildung. Von Bedeutung sind zudem das Recht auf Erziehung in Art. 26 Abs. 1 der UN-Menschenrechtsdeklaration von 1948, die UN-Charta der Rechte des Kindes von 1957, das UNESCO-Übereinkommen gegen Diskriminierung im Unterrichtswesen von 1960, die Europäische Sozialcharta (1961) mit Rechten im Berufsbildungsbereich sowie Art. 13 des Internationalen Paktes über wirtschaftliche, soziale und kulturelle Rechte (1966). Schließlich zu nennen sind verschiedene Bestimmungen zum Bil-

---

52 Luthe, Bildungsrecht, Berlin 2003, S. 11 ff.
53 Vgl. etwa: Art. 128 Bay. LV; Art. 29 wrand. LV; Art. 127 brem. LV; Art. 4 Abs. 1 nds. LV; Art. 31 rh.-pf. LV; Art. 8 nrw. LV; Art. 102 Abs. 1 sächs. LV; Art. 25 Abs. 1 sachs.-anh. LV; Art. 20 thür. LV.
54 Vgl. etwa: VG Freiburg, das aus der Landesverfassung einen Anspruch auf Hausunterricht für ein behindertes Kind abgeleitet hat: SPE II A II, S. 101.

dungswesen in der EU-Charta der Grundrechte (Rz. 216). Diese Rechte gehen über die Gewährleistungen des Grundgesetzes und der Landesverfassungen jedoch nicht hinaus.

Die Individualrechtsposition des Bürgers wird in der Verfassung in unterschiedlicher Weise geschützt. Rein systematisch kennt das Staats- und Verfassungsrecht unterschiedliche „Gewährleistungsschichten" bzw. „**Grundrechtsfunktionen**": 230
– Grundrechte in ihrer Funktion als Abwehrrecht werden aktiviert, wenn der Bürger ihn belastende Eingriffe des Staates abwehren will, wie etwa im Falle der Verweisung des Schülers von der Schule oder der Rückzahlung von Sozialleistungen.
– Ein verfassungsrechtliches Leistungsrecht macht der Bürger dagegen geltend, wenn er staatliche Leistungen oder die Teilhabe an vorhandenen Bildungsangeboten begehrt. Derartige Rechte sind jedoch regelmäßig mit finanziellen Lasten für den Staatshaushalt verbunden. Über die Verwendung der Mittel hat deshalb zuallererst der demokratisch gewählte Gesetzgeber zu entscheiden. Aus diesem Grund besitzen verfassungsunmittelbare Leistungsrechte in der rechtlichen Praxis eine nur untergeordnete Bedeutung. Eine direkt aus der Verfassung abgeleitete Leistungspflicht des Staates ist deshalb nur im Falle unerträglicher gesellschaftlicher Armutszustände (Existenzminimum)[55] und ein entsprechendes Teilhaberecht des Bürgers zudem nur nach Maßgabe verfügbarer Kapazitäten (Recht auf Hochschulzugang)[56] zugestanden worden.
– Als weitere Grundrechtsfunktion gewährt das Aktivbürgerrecht dem Bürger ein Recht auf Mitgestaltung in staatlichen Angelegenheiten (etwa das aktive und passive Wahlrecht). Im Schulbereich wäre hier zunächst an die Elternbeteiligung an schulischen Angelegenheiten zu denken. Gegen das Bestehen einer Verfassungsposition spricht hier jedoch zum einen der Grundsatz der parlamentarischen Verantwortung der Regierung und zum anderen der staatliche Schulgestaltungsauftrag in Art. 7 GG.
– Darüber hinaus verbürgen sog. Einrichtungsgarantien wie das Recht auf Ehe und Familie, die Privatschulfreiheit, das Eigentums- und das Erbrecht oder auch das Berufsbeamtentum nicht nur subjektive Rechte des Bürgers, sondern sind auch objektiv als Einrichtungen der Verfassung besonders geschützt.
– Nach der objektiv-rechtlichen Funktion der Grundrechte müssen sämtliche Staatsorgane die den Grundrechten zugrunde liegenden Wertentscheidungen der Verfassungsordnung auch unabhängig vom Rechtsschutzersuchen des Bürgers gewissermaßen aus sich heraus berücksichtigen. In dieser Hinsicht kommt den Grundrechten eine wesentliche Leitfunktion zu bei der Auslegung von Gesetzen durch Verwaltung und Gerichtsbarkeit sowie bei der Organisation des Staatswesens. In unserem Zusammenhang bedeutet dies, dass der Staat die Existenz

---

55 Vor allem: BverfGE 40, S. 121, 133.
56 BVerfGE 33, S. 303 (Numerus-Clausus-Entscheidung); BVerwGE 23, S. 347; 27, S. 360 (Subventionierung einer Privatschule).

und Funktionsfähigkeit eines allgemein zugänglichen Bildungswesens gewährleisten, eine gleiche Bildungsbeteiligung ermöglichen und für ein bedarfsorientiertes Curriculum Sorge tragen muss.[57]
– Schutzpflichten des Staates schließlich, denen zumindest ansatzweise auch entsprechende Schutzrechte des Bürgers zugeordnet sind, bilden den bisherigen Endpunkt der historischen Entwicklung der Freiheitsrechte. Wie beim Abwehrrecht beruht auch das Schutzkonzept auf der klassischen Funktion der Grundrechte, Verletzungen abzuwehren. Nur ist diese Funktion nicht mehr nur auf Verletzungen durch den Staat beschränkt, sondern umfasst auch solche Verletzungen, die sich allgemein aus der Teilnahme des Bürgers am gesellschaftlichen Leben ergeben. So ist der Bürger nicht nur gegen Übergriffe durch den Staat, sondern auch gegen Übergriffe durch private Dritte zu schützen, letzteres insbesondere dann, wenn der Staat hierfür eine Mitverantwortung trägt.[58] Vor allem vor dem Hintergrund des staatlichen Schulzwangs wäre an eine besondere staatliche Schutzverantwortung der Schule gegenüber dem Schüler zu denken etwa – auch in präventiver Hinsicht – als Schutz vor gewalttätigen Übergriffen von Mitschülern oder als Schutz vor „edukativer Verwahrlosung".[59]

231 Nach deutscher Verfassungstradition ist der Staat Garant des Bildungswesens. Selbst im dualen System der beruflichen Ausbildung wirkt er an entscheidender Stelle mit. Eine Selbstverständlichkeit ist dies indes nicht. Denkbar ist ebenso ein pluralistisches Modell des Bildungswesens mit entsprechender Öffnung für Unternehmen, Verbände, Kirchen und die kommunalen Gebietskörperschaften, das den Staat auf eine allgemeine Ordnungsaufgabe reduziert. Eine weitere Alternative besteht darin, das Bildungswesen stärker dem Marktgeschehen zu überlassen und allenfalls im Falle bedarfswidriger Ungleichgewichte qua Staatsaufsicht einzugreifen.[60] All dies mag zur Aufbrechung bürokratischer Verkrustungen beitragen, leistet jedoch einer Tendenz zur Partikularisierung und Eigennutzorientierung mit entsprechenden Risiken für die zukünftige Sicherstellung des gesellschaftlichen Bildungs- und Ausbildungsbedarfs Vorschub. Gleichwohl ist festzustellen: Im Zuge der staatlichen Verantwortung ist zwar die Ungleichheit der Bildungsbeteiligung nach Geschlecht und Religion beseitigt worden, nach Schicht und Herkunft allerdings nur bedingt. Dies mag auch auf eklatante Versorgungsdefizite und nicht zuletzt auf eine mangelnde Beteiligung und Einmischung der kommunalen Ebene zurückzuführen sein. Grundsätzlich aber beruht der Bildungsstaat auf sozialisatorischen Voraussetzungen, die er selbst nicht garantieren kann.

---

57 Richter, Ausbildungsförderung, in: von Maydell/Ruland (Hrsg.), Sozialrechtshandbuch, 2. Aufl., Neuwied 1996, S. 1481.
58 Etwa bei Genehmigung gesundheitsgefährdender Anlagen und Techniken oder im Zuge der staatlichen Schulpflicht; der Stein wurde ins Rollen gebracht durch die Abtreibungsrechtsprechung des Bundesverfassungsgerichts: BVerfGE 39, S. 1, 41.
59 Luthe, Bildungsrecht, Berlin 2003, S. 19 ff.
60 Zu beiden Modellen vgl.: Richter, Bildungsrecht – was ist das eigentlich?, RdJB 97, S. 10.

II. Schulische Bildung

Verfassungsrechtlich lässt sich die Schule von zwei Seiten her erfassen. Einerseits greift der Staat mit der Normierung einer Schulpflicht unmittelbar in den Entfaltungsraum der Schüler und die Erziehungsverantwortung der Eltern ein, nimmt diesen über weite Strecken die Möglichkeit außerschulischen Lernens, teilt im Wege des Prüfungswesens weit in die Zukunft wirkende Lebensführungschancen zu und unterwirft den Schüler einem anstaltsförmig organisierten Ordnungsrahmen. Andererseits aber erbringt der Staat hiermit gleichzeitig eine positive Ausbildungsleistung. Die Eigentümlichkeit schulischer Rechtsbeziehungen liegt also gerade darin, dass die Grenzen zwischen dem belastenden Eingriff und der begünstigenden Leistung nicht immer eindeutig gezogen werden können und sich ferner die dauerhafte Eingliederung des Schülers in den schulischen Organismus fundamental unterscheidet von den eher flüchtigen Rechtsbeziehungen zwischen Staat und Bürger außerhalb. Die Rechtsdogmatik versucht dieser Konstellation mit der Unterscheidung von Maßnahmen des laufenden Schulbetriebes (**Betriebsverhältnis**) und Maßnahmen im grundrechtssensiblen Bereich von Schülern und Eltern (**Grundverhältnis**) Rechnung zu tragen. Im Betriebsverhältnis – so die herrschende Lehre – bewegt sich der Schüler unterhalb der Schwelle rechtsrelevanter Fragen; hier stehen ihm grundsätzlich keine Rechte zu.[61] Mit seiner Zuordnung zum Betriebsverhältnis wird somit das gesamte curriculare und organisatorische Vorfeld des Scheiterns von Schülerkarrieren dem rechtlichen Einfluss von Schülern und Eltern entzogen. Dem Grundverhältnis und damit der rechtlichen Einflusssphäre der Betroffenen zugeordnet werden dagegen etwa Fragen der Nicht-Versetzung, der Bereich schulischer Ordnungsmaßnahmen und der Wahl bestimmter Schularten. Man hat es gewissermaßen mit Grenzkonflikten zu tun: Auf der einen Seite die Freiheitsrechte und auf der anderen Seite die in Art. 7 GG aufgehobene staatliche Schulgestaltungsmacht. Weder der einen noch der anderen Seite kann jedoch ein grundsätzlicher Vorrang eingeräumt werden. Vieles läuft zu auf eine Abwägung im Einzelfall. Und unbestreitbar haben Lehre und Rechtsprechung hier fallgruppenspezifische Lösungen entlang der konfligierenden Prinzipien längst gefunden.

232

Auch wenn das Grundgesetz an keiner Stelle von einem Recht auf schulische Bildung spricht, so liefern die Freiheitsrechte dennoch zahlreiche, in ihrer Bedeutung und Reichweite indes unterschiedliche Anknüpfungspunkte für ein Recht auf Bildung. Namentlich das Grundrecht der **freien Berufswahl** (Art. 12 Abs. 1 GG) ist nicht nur als Abwehrrecht gegen jede Form staatlicher Behinderung der berufsbezogenen Ausbildung anerkannt, sondern gewährt auch ein Recht auf Teilhabe an den staatlichen Einrichtungen insbesondere der berufsbezogenen Ausbildung.[62] In den Bereich der Berufsausbildung werden jedoch auch Teile der Schulausbildung

233

---

61 Etwa: Niehues, Schul- und Prüfungsrecht, Bd. 1, 3. Aufl., München 2000, Rz. 640.
62 BVerfGE 33, S. 303, 331; 59, S. 1, 25; 85, S. 36, 54.

einbezogen, insbesondere dann, wenn der Besuch einer bestimmten Schulform Voraussetzung für das Erlernen und damit die Wahl eines bestimmten Berufes ist (wie die höheren Klassenstufen des Gymnasiums). Beispielsweise ist die zwangsweise Entlassung aus einem Gymnasium grundsätzlich als Eingriff in die Berufsfreiheit des Schülers anzusehen, nicht aber die Nichtversetzung eines Gymnasialschülers.[63] Neben der Möglichkeit, eine zwangsweise Entlassung abzuwehren gewährt das Berufsfreiheitsgrundrecht jedoch auch ein Recht auf Teilhabe an vorhandenen schulischen Bildungsangeboten. Wie alle Freiheitsrechte kann jedoch auch das Grundrecht der Berufsfreiheit durch Gesetz eingeschränkt bzw. näher ausgestaltet werden. Insbesondere das Recht auf Teilhabe an vorhandenen Bildungsangeboten wird durch den Vorbehalt des finanziell Möglichen stark relativiert und ist in hohem Maße der Gestaltungsfreiheit von Gesetzgebung und Schulverwaltung überlassen.

234 Außerhalb der berufsbezogenen Schulausbildung sind Rechte auf Bildung bisweilen auch auf Art. 2 Abs. 1 GG gestützt worden, etwa als „Grundrechte des Schülers ... auf eine möglichst ungehinderte **Entfaltung seiner Persönlichkeit** und damit seiner Anlagen und Befähigungen".[64] So wird konstatiert, das allgemeine Persönlichkeitsrecht umfasse „auch Elemente eines Rechts auf Bildung".[65] Die in Art. 7 Abs. 1 GG aufgeführte Aufsicht des Staates über das Schulwesen weist diesem jedoch eine erhebliche Gestaltungsfreiheit zu, die dem Recht auf ungehinderte Entfaltung der Persönlichkeit legitime Grenzen setzt. Gleichwohl ist die Aufsicht des Staates über das Schulwesen nicht in sein Belieben gestellt. Sie ist vielmehr dem Ziel untergeordnet, „ein Schulsystem zu gewährleisten, das allen jungen Bürgern gemäß ihren Fähigkeiten die dem heutigen gesellschaftlichen Leben entsprechenden Bildungsmöglichkeiten eröffnet."[66] Gesetzgebung und Verwaltung sind somit einem bindendem Verfassungsauftrag zur Gewährleistung eines leistungsfähigen Schulwesens unterworfen. Subjektive Rechte von Schülern und Eltern erwachsen hieraus jedoch nicht.[67]

III. Berufliche Bildung

235 Art. 12 Abs. 1 GG gewährleistet das Recht, Beruf, Arbeitsplatz und Ausbildungsstätte frei zu wählen. Die Berufsausübung kann durch Gesetz oder aufgrund eines Gesetzes geregelt werden. Das Grundgesetz unterscheidet somit zwischen der **Freiheit der Berufswahl und der Berufsausübung**. Insbesondere zwischen der Freiheit der Berufswahl und der Freiheit der Wahl der Ausbildungsstätte besteht ein enger

---

63 Da die Nichtversetzung die freie Wahl der Ausbildungsstätte nicht berührt, ist lediglich die allgemeine Handlungsfreiheit und das allgemeine Persönlichkeitsrecht betroffen: BverfGE 58, S. 257, 273.
64 BVerfGE 58, S. 257, 272.
65 BVerwGE 47, S. 201, 206; 56, S. 155, 158.
66 BVerfGE 26, S. 228, 238; 47, S. 46, 71; 53, S. 185, 196; 59, S. 360, 377.
67 Jarras, Zum Grundrecht auf Bildung und Ausbildung, DÖV 1995, S. 677; Luthe, Bildungsrecht, Berlin 2003, S. 18.

Zusammenhang. So ist die Entscheidung für einen bestimmten Beruf nicht realisierbar, solange die Zulassung zu dem betreffenden Ausbildungsgang versagt wird. Aus diesem Grund werden Beschränkungen des freien Zugangs zu Ausbildungsgängen ähnlich streng beurteilt wie Zulassungsvoraussetzungen zum Beruf selbst. Dies verdeutlicht, dass das Bundesverfassungsgericht mit Hilfe des Verhältnismäßigkeitsprinzips in Ansehung fließender Grenzen zwischen Berufswahl und Berufsausübung eine besondere **„Stufentheorie"** entwickeln musste. Denn nach dem Verfassungswortlaut darf die Berufswahl zwar an sich nicht geregelt werden, gleichwohl kommt man hieran nicht vorbei, weil der Beginn der Berufsausübung stets auch Aspekte der Berufswahl enthält. Eben deshalb darf auch die Berufswahl geregelt werden, allerdings unter strengeren Voraussetzungen als die Berufsausübung. Dabei ist der Gesetzgeber umso freier, je mehr er sich mit einer bloßen Regelung der Berufsausübung begnügt, und umso stärker gebunden, je mehr er auch die Berufswahl beschränkt. Regelt der Gesetzgeber auf der ersten Stufe ausschließlich die Berufsausübung, so benötigt er hierfür nur sachliche Gründe. Soweit er auf einer zweiten Stufe jedoch die Aufnahme der Berufstätigkeit von bestimmten subjektiven Voraussetzungen abhängig macht, – und dies ist etwa bei Prüfungsregelungen im Bereich der Hochschul- und Berufsausbildung der Fall-, benötigt der Gesetzgeber hierfür „wichtige Gemeinschaftsgüter" als Rechtsfertigungsgrund.[68] Die dritte und insofern empfindlichste Stufe ist jedoch erst erreicht, wenn die Aufnahme der Berufstätigkeit von objektiven Zulassungsvoraussetzungen abhängig gemacht wird, auf die der Einzelne keinen Einfluss hat (etwa bei Berufszulassung nach vorheriger Bedürfnisprüfung). Objektive Zulassungsvoraussetzungen sind deshalb nur zulässig, wenn sich der Staat auf ein überragend wichtiges Gemeinschaftsgut berufen kann. Im Rahmen der Verhältnismäßigkeit hat der Gesetzgeber die Berufsausübung zudem jeweils auf derjenigen Stufe zu regeln, die den geringsten Eingriff in die Freiheit der Berufswahl mit sich bringt.

Dies alles erklärt, warum die Wahl der Ausbildungsstätte und des Berufs nicht zu Zwecken der **Berufslenkung** behindert werden darf. Bedürfnisprüfungen etwa wegen Überlastung einer Berufssparte, aus Gründen des Konkurrenzschutzes oder in direkter Anpassung an die Bedürfnisse des Arbeitsmarktes sind sog. objektive Zulassungsvoraussetzungen und nach allgemeiner Auffassung regelmäßig verfassungswidrig. Zwar werden Berufsbilder zulässigerweise vom Staat geformt und teilweise auch entwickelt. Gleichwohl darf der Staat bereits vorgegebene Berufsbilder nicht einfach aus den Angeln heben und im Wege der Berufslenkung beseitigen. Bestehende Berufe müssen mithin in ihrer soziologischen Vorgegebenheit staatlicherseits grundsätzlich akzeptiert werden, wenngleich sie im Übrigen weiterer Regulierung im Zuge subjektiver Zulassungsvoraussetzungen zur Sicherung bestimmter Qualitätserfordernisse durchaus zugänglich sind. Unbestreitbar aber nimmt der Staat zumindest indirekt Einfluss auf Ausbildungsstätten und treibt damit mittelbar

236

---

[68] BVerfGE 7, S. 377, 397 ff.; 13, S. 97, 107.

auch Berufslenkung. So werden Weiterbildungsmaßnahmen durch die Arbeitsagenturen nur bei „arbeitsmarktlicher Zweckmäßigkeit" bewilligt. Auch die Ausbildung im öffentlichen Dienst wird ganz selbstverständlich am staatlichen Bedarf ausgerichtet. Gleiches gilt für die Berufsberatung der Arbeitsverwaltung, die das Arbeitsmarktbedürfnis in den Vordergrund stellt. Weiterhin nimmt die Ordnung der Ausbildungsberufe, aber auch der akademischen Berufe, immer künstlichere Züge an, so etwa bei der Stufenausbildung des Berufsbildungsgesetzes, auch in Ansehung der Modularisierung der Hochschulausbildung, nicht zuletzt im Verhältnis des Volljuristen zum Wirtschafts- und Sozialjuristen, um nur einige Beispiele zu nennen. Und letztlich auch bei der Bereitstellung von Studienplätzen darf sich der Staat nach offizieller Leseart im Rahmen seiner Planungen nach Bedarfsgesichtspunkten richten, solange für die individuelle Studienplatznachfrage noch genügend Raum verbleibt. Insofern lässt sich im Ergebnis feststellen, dass das Bundesverfassungsgericht nur eine „ausschließliche" Ausrichtung an den ohnehin schwierigen Bedarfsermittlungen „verboten hat"[69], Bedarfsorientierungen im Rahmen von Kapazitätsplanungen aber solange zulässig sind, als sie nicht zur individuellen Berufslenkung führen.[70]

IV. Förderung von Bildung und Ausbildung

237   Das Recht auf Förderung von Bildung und vor allem von Ausbildung steht in engem Zusammenhang mit der vom Bundesverfassungsgericht betonten Handlungspflicht des Staates zur Bekämpfung von Arbeitslosigkeit und insbesondere auch von Jugendarbeitslosigkeit als Problem mangelnder Ausbildungsplätze.[71] Insbesondere wird die Beseitigung von **Massenarbeitslosigkeit**, somit auch in ihren ausbildungsrelevanten Bezügen, mittlerweile als Aufgabe von Verfassungsrang anerkannt.[72] Zu einem Schutzanspruch der Arbeits- und auch Ausbildungsplätze suchenden Menschen konnte sich das Bundesverfassungsgericht bislang jedoch nicht durchringen. Deshalb kann in maximaler Weise auch nur von einem Recht auf Teilnahme an „vorhandenen" (Aus-) Bildungsangeboten ausgegangen werden, nicht jedoch von einem Recht auf Schaffung entsprechender Angebote. Letzteres ist allein eine politische Frage, die verfassungsrechtlicher Bewertung nicht zugänglich ist. Leistungen dieser Art setzen verfügbare Haushaltsmittel voraus. Und über ihre Verwendung hat allein der demokratisch gewählte Gesetzgeber im Zuge politischer Prioritätenbildung zu bestimmen. Originäre Leistungsansprüche auf individuelle Ausbildungs- und Weiterbildungsförderung sind der Verfassung deshalb für den gesellschaftlichen

---

69   BVerfGE 33, S. 332.
70   Richter, Ausbildung und Arbeit, JZ 1981, S. 179; nicht völlig von der Hand zu weisen ist in diesem Zusammenhang auch das Argument, der Staat schaffe mit der Reglementierung des Ausbildungswesens überhaupt erst die Voraussetzungen dafür, dass der Einzelne von seinem Berufswahlfreiheitsrecht in einer der Arbeitsmarktrealität entsprechenden Weise Gebrauch machen kann: Hege, Das Grundrecht der Berufsfreiheit im Sozialstaat, Berlin 1977, S. 111 ff.
71   BVerfGE 21, S. 245, 251.
72   BVerfGE 100, S. 271.

Normalfall nicht zu entnehmen. Gleichwohl folgt aus dem Charakter der Grundrechte als objektive Wertentscheidungen und der Auslegung der Sozialstaatsklausel (Rz. 230), dass der Staat dazu verpflichtet ist, diejenigen Voraussetzungen zu schaffen, die für die Wahrnehmung der Grundrechte der Bürger und somit auch ihrer beruflichen Entfaltung erforderlich sind.[73] Der Staat hat somit Aus- und Weiterbildungsförderung zu betreiben, wobei ebenso unstreitig ist, dass alles Weitere der gesetzgeberischen Gestaltungsbefugnis anheim gestellt ist.[74]

Insbesondere die sozialrechtlich geförderten Angebote wie etwa Weiterbildungsmaßnahmen werden regelmäßig von **privaten Dienstleistungsanbietern** erbracht. Hierbei handelt es sich um gewerbliche und speziell in Deutschland auch gemeinnützige Anbieter. In diesem System staatlich finanzierter Bildung kommt es häufig zu Auslegungsstreitigkeiten bei Anwendung der Gesetze, bei denen auch Verfassungsfragen eine Rolle spielen. Denn auch als sog. juristische Personen sind die Anbieter Träger von Grundrechten, die insofern bei Fragen der Preisgestaltung, der Investitionslenkung und Qualitätssteuerung sowie bei der Vornahme konkreter Kontrollen vor Ort eine Rolle spielen können.[75] Weniger bedeutsam ist in diesem Zusammenhang der Eigentumsschutz nach Art. 14 Abs. 1 GG, der grundsätzlich nur dann greift, wenn durch staatliche Gestaltungsmaßnahmen die Existenz des Unternehmens gefährdet wird.[76] Bedeutsamer sind dagegen der Gleichbehandlungsgrundsatz und das Berufsfreiheitsrecht. Der **Gleichbehandlungsgrundsatz** (Art. 3 Abs. 1 GG) spielt vor allem bei der Vergabe von Fördersubventionen eine Rolle. Im Rahmen der Chancengleichheit muss staatlicherseits für ein transparentes und sachlich begründetes Auswahlverfahren bei die Subventionsvergabe gesorgt werden, wobei die Mittelvergabe nach dem Windhundprinzip ebenso rechtswidrig ist wie das Argument, die Mittel stünden nur für die „bewährten" Träger zur Verfügung. Würde etwa ein Privatanbieter von Fördermaßnahmen im Gegensatz zu anderen ausgeschlossen werden, nur weil die finanziellen Mittel nicht reichen, wäre dies allein kein akzeptabler Grund.[77] Von großer praktischer Bedeutung ist auch das **Berufsfreiheitsrecht** (Art. 12 Abs. 1 GG). Es schützt vor allem den freien Unternehmenswettbewerb.[78] Hieraus ergibt sich das Recht auf freien Zugang zur Kundschaft, das Bestimmungsrecht über die Ausgestaltung der Leistung und die Möglichkeit freier Preisgestaltung. Gleichwohl kann der Staat in diese Rechte reglementierend eingreifen und insbesondere die Zulassung zum System staatlicher Finanzierung von bestimmten Qualitätskriterien, Kontrollnotwendigkeiten und Wirtschaftlichkeits-

238

---

73 BVerfGE 75, S. 40 (Privatschulförderung).
74 Zum verfassungsrechtlich garantierten Existenzminimum im Kontext von Bildung als möglicherweise prägnanterer Zugang zur Problematik vgl.: Luthe, Bildungsrecht, Berlin 2003, S. 38 f.
75 Vgl. als Überblick zum Finanzierungssystem: Luthe/Dittmar, Fürsorgerecht, 2. Aufl., Berlin 2007, S. 413 ff.
76 BVerfGE 68, S. 193, 223.
77 Etwa VG Frankfurt a. m., RsDE 5, 76 – VIII/V GG 2077/88; VGH Hessen, RsDE 6, 110 – 9 G 4479/01; zum Ganzen Luthe, in: Hauck/Noftz, SGB II, § 1 Rz. 29 ff. sowie: Luthe, in: Hauck/Noftz, SGB XII, § 5 Rz. 20 ff.
78 BVerfGE 32, S. 311, 317; 46, S. 120, 137; 70, S. 1, 28.

erwägungen abhängig machen. Eine echte Grundrechtsbetroffenheit des Privatanbieters kann deshalb nur dann vorliegen, wenn diesem die persönliche Zulassung zum System der Leistungserbringung versagt wurde, nicht jedoch, wenn die Ablehnung darauf beruht, dass sein Leistungsangebot nicht mit den üblichen staatlichen Anforderungen an die Leistung übereinstimmt.[79] Vor dem Hintergrund des Wettbewerbsgedankens sind im Übrigen regelmäßig auch staatliche Dienstleistungsmonopole oder staatlich geförderte Dienstleistungskartelle von Privatanbietern verfassungswidrig, da sich das staatliche Interesse etwa an größerer Wirtschaftlichkeit bei der Leistungserbringung oder an einer flächendeckenden Versorgung zumeist auch auf weniger einschneidende Weise erreichen lässt.[80]

V. Kompetenzordnung

239 In der föderalen Ordnung der Bundesrepublik als Bundesstaat (Art. 20 Abs. 1 GG) sind die Gesetzgebungs- und Verwaltungskompetenzen auf Bund und Länder verteilt (Art. 30, 70 ff., 83 ff. GG).

240 Das **Schulwesen** liegt in der Gesetzgebungs- und Verwaltungskompetenz der Länder (Art. 70 GG). Gleichwohl sind die in Art. 7 GG (Aufsicht über die Schule) enthaltenen Regelungen für den Landesgesetzgeber verbindlich. Schulrechtliche Bestimmungen in den Landesverfassungen gelten nur dann, wenn sie in Übereinstimmung mit den Art. 1 bis 18 des Grundgesetzes Grundrechte gewährleisten (Art. 142 GG). Darüber hinaus können Bund und Länder im Rahmen sog. Gemeinschaftsaufgaben zusammenwirken bei der Forschungsförderung außerhalb sowie an Hochschulen und im Bereich der Forschungsbauten (Art. 91 b Abs. 1 GG). Ein solches Zusammenwirken ist auch möglich zur Feststellung der Leistungsfähigkeit des Bildungswesens im internationalen Vergleich (Art. 91 b Abs. 2 GG).

241 Die anderen Materien des Bildungswesens sind hingegen durchweg Gegenstände der konkurrierenden Gesetzgebung. Danach haben die Länder die Befugnis zur Gesetzgebung, solange und soweit der Bund von seiner Gesetzgebungszuständigkeit nicht durch Gesetz Gebrauch gemacht hat (Art. 72 Abs. 1 GG). Der Bund hat vor allem dann das Gesetzgebungsrecht, wenn dies zur Herstellung gleichwertiger Lebensverhältnisse oder zur Wahrung der Rechts- oder Wirtschaftseinheit nötig ist (Art. 72 Abs. 2 GG). Danach stehen dem **Bund** die folgenden Gesetzgebungskompetenzen zu:
– Die **öffentliche Fürsorge** (Art. 74 Abs. 1 Nr. 7 GG): Hierzu gehören die Bereiche der Jugendfürsorge einschließlich des Jugendschutzes, der Jugendpflege und

---

[79] BVerfGE 106, S. 299: Das Berufsfreiheitsrecht gewährleistet keinen Anspruch auf Erfolg im Wettbewerb oder auf Sicherung künftiger Erwerbsmöglichkeiten; deshalb sind faktisch mittelbare Folgen für den Leistungserbringer ein bloßer Reflex und kein Eingriff; hierzu auch: Luthe, Subvention, Auftragsvergabe und Entgeltvereinbarung in der kommunalen Fürsorge, in: Frank/Langrehr, Die Gemeinde, Festschrift für Heiko Faber, Tübingen 2007, S. 343 ff., 358 f.
[80] Etwa durch eine regional abgestufte Förderung sowie durch transparente Ausschreibungsverfahren.

der Sozialhilfe. Das bildungsrechtlich relevante Kinder- und Jugendhilferecht, das Sozialhilferecht sowie die Grundsicherung für Arbeitsuchende sind deshalb durch Bundesgesetz geregelt worden.
- Das **Recht der Wirtschaft** (Art. 74 Abs. 1 Nr. 11 GG): Dieses enthält die Materien Bergbau, Industrie, Energiewirtschaft, Handwerk, Gewerbe, Handel, Bank- und Börsenwesen sowie das privatrechtliche Versicherungswesen. In bildungsrechtlicher Hinsicht hat der Bund insofern von seiner Kompetenz beim Berufsbildungsgesetz und bei der Handwerksordnung mit ihren ausbildungsrelevanten Vorschriften Gebrauch gemacht.
- Das **Arbeitsrecht** einschließlich der Betriebsverfassung, des Arbeitsschutzes und der Arbeitsvermittlung sowie die Sozialversicherung einschließlich der Arbeitslosenversicherung (Art. 74 Abs. 1 Nr. 12 GG): Bildungsrechtliche Regelungen finden sich im Betriebsverfassungsgesetz (insbesondere bei den Mitbestimmungsrechten der Auszubildenden und des Betriebsrates bei der Ausbildung und Weiterbildung) sowie bei einigen berufsausbildungsrelevanten Arbeitsschutzbestimmungen. Im Rahmen seiner Kompetenz für die Sozialversicherung hat der Bund ferner die Aus- und Weiterbildung nach dem Arbeitsförderungsrecht sowie die berufliche Rehabilitation auf eine bundesgesetzliche Grundlage gestellt.
- Die Regelung der **Ausbildungsbeihilfen** (Art. 74 Abs. 1 Nr. 13 GG): Ausbildungsbeihilfen sind Maßnahmen individueller Förderung von in Ausbildung stehenden Menschen, jedoch keine Beihilfen zur Förderung von Bildungseinrichtungen. Insofern hat der Bund von seiner Gesetzgebungskompetenz beim Bundesausbildungsförderungsgesetz und beim Aufstiegsfortbildungsförderungsgesetz Gebrauch gemacht.

Für die **Erwachsenen- und Jugendbildung** ergeben sich jedoch Besonderheiten. Das Erwachsenenbildungsrecht ist ebenso wie das Bildungsurlaubsrecht Ländersache. Denn eine konkurrierende Gesetzgebungszuständigkeit des Bundes besteht hierfür nicht. Dies ist der Grund dafür, dass das Recht auf Bildungsurlaub nur in einigen Bundesländern umgesetzt wurde. Das Jugendbildungsrecht ist dagegen Bestandteil der konkurrierenden Gesetzgebungszuständigkeit des Bundes für den Bereich der öffentlichen Fürsorge und deshalb im Kinder- und Jugendhilfegesetz des Bundes verwirklicht worden. Soweit die Länder gleichwohl eigene Jugendbildungsgesetze erlassen haben, handelt es hierbei nur um nähere Ausgestaltungen der bundesgesetzlichen Regelungen, die im Übrigen für die Länder bindend sind.

242

Das Bildungswesen in Deutschland ist demnach ein durch und durch **fragmentiertes System**. Bund und Länder verfügen in Anbetracht dessen, was notwendig ist, letztlich nur über Minimalkompetenzen im Bereich der Bildung. Hiermit aber ist Bildungspolitik nicht zu machen, wird bedacht, dass die eigentliche Herausforderung in den aufeinander zuzuführenden ökonomischen, kulturellen und sozialintegrativen Aspekten einer insofern ganzheitlich ansetzenden Bildungsstrukturverantwortung des Staates gesehen werden muss. Solches kann unter Wahrung bestehender Bundes- und Landeskompetenzen nur die kommunale Ebene im Rah-

243

men ihrer Allzuständigkeit für sämtliche Angelegenheiten der örtlichen Gemeinschaft leisten. Dazu sogleich.

VI. Fazit

244 Das Grundgesetz kennt weder ein Recht auf Bildung noch auf berufliche Ausbildung (Rz. 228, 237). Der eigentliche Schutz des Bildungsadressaten wird über das Berufsfreiheitsrecht herbeigeführt (Rz. 233, 235). Dieses aber ist im Kern ein Abwehrrecht (Rz. 230). Rechte auf Bildungsleistungen gewährt es, abgesehen von einem Recht auf Bereitstellung ausreichender Studienplätze durch den Staat, mit Rücksicht auf die politische Entscheidungsfreiheit und Haushaltsverantwortung des Gesetzgebers dagegen nicht. Selbst im Schulbereich, der für den weiteren Lebensweg junger Menschen von geradezu prägender Bedeutung ist, stehen Eltern und Schülern im Hinblick auf die Gestaltung von Organisation und Unterricht vor dem Hintergrund der staatlichen Schulhoheit zumindest auf Verfassungsebene keinerlei Rechte zu (Rz. 232). Lediglich „eingriffsintensive" Maßnahmen etwa im Kontext des Schulzeugnisses oder bei schulischen Ordnungsmaßnahmen sind rechtlicher Kontrolle zugänglich. Insgesamt kann das staatliche Bildungsgefüge in Ansehung von Teilzuständigkeiten von Bund und Ländern für Bildungsfragen als durch und durch fragmentiertes System angesehen werden (Rz. 239 f.). Gemessen am Ideal einer Gesamtstrukturverantwortung des Staates für ein in sich vernetztes Bildungssystem ist dies alles andere als förderlich. Eine solche kann deshalb nur – unter Wahrung verfassungsrechtlicher Kompetenzgrenzen – unterhalb der Verfassungsebene und hier auf der Basis gemeinsamer Anstrengungen aller für Bildung im weitesten Sinne verantwortlichen staatlichen Träger angestrebt werden, wobei der kommunalen Ebene, wie im Anschluss zu zeigen sein wird, eine maßgebliche Rolle zuzugestehen ist.

C. Kommunalrecht

I. Kommunalverfassungrecht

1. Die wesentlichen Strukturen

245 Die Funktion der kommunalen Selbstverwaltung besteht einerseits in den verwaltungspraktischen Vorteilen einer dezentralen Aufgabenwahrnehmung und andererseits in der Verbesserung der Bürgermitwirkung an der politischen Gestaltung. Die Selbstverwaltung der Gemeinden hat daher eine wichtige Bedeutung für den Aufbau der Demokratie von unten nach oben, indem den Bürgern auf der örtlichen Ebene eine wirksame Teilnahme an den Angelegenheiten des Gemeinwesens ermöglicht

werden soll.[81] Nach Art. 28 Abs. 2 GG genießen die Gemeinden sowie die Gemeindeverbände (Landkreise) ein Recht auf Selbstverwaltung, welches der Gesetzgeber weder rechtlich noch faktisch beseitigen darf. Insbesondere der sog. **Kernbereich kommunaler Selbstverwaltung** darf nicht angetastet werden. Worin dieser besteht, ist in vielerlei Hinsicht offen. Er lässt sich jedenfalls nicht nach einem gegenständlich bestimmten oder nach feststehenden Merkmalen bestimmbaren Aufgabenkatalog definieren.[82] Zum Kernbereich der gemeindlichen Selbstverwaltungsgarantie wird man jedoch das Recht auf ausreichende Finanzausstattung der Gemeinde rechnen müssen, auch wenn diese durch Gesetz näher ausgestaltet werden kann und nicht zuletzt von der Finanzsituation des jeweiligen Bundeslandes abhängt.[83]

Zu unterscheiden ist zwischen dem **Selbstverwaltungsrecht der Gemeinden und dem der Gemeindeverbände**. Bei den Gemeinden nämlich umfasst die Selbstverwaltungsgarantie auch den Grundsatz der **Allzuständigkeit der Gemeinden für ihre örtlichen Angelegenheiten**. Dies sind solche Angelegenheiten, „die in der örtlichen Gemeinschaft wurzeln oder in ihr einen spezifischen Bezug haben, die also den Gemeindeeinwohnern gerade als solchen gemeinsam sind, indem sie das Zusammenleben und -wohnen der Menschen in der (politischen) Gemeinde betreffen ...".[84] In dieser Weise steht den Gemeinden ein Aufgabenzugriffsrecht zu. Sie sind berechtigt, sich aller örtlich radizierten Angelegenheiten ohne besonderen Kompetenztitel anzunehmen, soweit sie nicht durch Gesetz in verfassungsrechtlich einwandfreier Weise unter Beachtung der Selbstverwaltungsgarantie bereits anderen Trägern öffentlicher Verwaltung übertragen sind. Die örtlichen Angelegenheiten bilden jedoch keinen für immer feststehenden Aufgabenkreis, sind vielmehr auch abhängig von der Größe und Struktur der einzelnen Gemeinde und insgesamt wandelbar. Mit dem Grundsatz der Allzuständigkeit verbindet sich zudem eine Vermutung zugunsten der kommunalen gegenüber der staatlichen Zuständigkeit.[85] In den Bereich der Allzuständigkeit der Gemeinden darf der Gesetzgeber anders als in den Kernbereich der Selbstverwaltung zwar eingreifen, aber nur unter erschwerten Bedingungen. Demgegenüber ist den **Kreisen** durch Art. 28 Abs. 2 S. 2 GG zwar die Selbstverwaltung, aber kein bestimmter Wirkungskreis garantiert. Die Garantie der Eigenverantwortlichkeit der Kreise gilt daher nur für die ihnen gesetzlich zugewiesenen Aufgaben. Allerdings muss der Gesetzgeber auch den Kreisen einen angemessenen Aufgabenbereich zugestehen. Offen ist, wie weit diese Verpflichtung reicht. Wenn die auch den Gemeindeverbänden garantierte Selbstverwaltung nicht ihren Sinn verlieren soll, so hat dieser Aufgabenbestand jedenfalls mehr zu umfassen als der in der jüngsten Verfassungsgerichtsentscheidung zur Verfassungsmäßigkeit der 246

---

81 BVerfGE 79, S. 149 f.; zur partizipatorischen Komponente insbesondere: Hennecke, Aktivierung bürgerschaftlicher Selbstverwaltung in den Städten, Kreisen und Gemeinden – zur Bedeutung der Lehren des Freiherrn vom Stein für die kommunale Selbstverwaltung der Gegenwart, DVBl. 2007, S. 1253 ff.
82 Schmidt-Bleibtreu/Klein, Kommentar zum Grundgesetz, Art. 28, Rz. 9.
83 Hennecke/Pünder/Waldhoff, Recht der Kommunalfinanzen, München 2006, S. 5 f.
84 BVerfGE 79, S. 127 ff., 151 f.
85 BVerfGE 79, S. 149; 83, S. 54.

ARGEN lediglich noch zugestandene „Mindestbestand" an Selbstverwaltungsaufgaben, insbesondere wenn sich die Gemeindeverbände wie im Falle der Landkreise noch auf eine demokratische Legitimation stützen können.[86] Ohnehin aber wird ihnen kraft Landesrechts – bezogen auf ihren Bereich – herkömmlich Allzuständigkeit, eine generelle Zuständigkeit für die überörtlichen Aufgaben und eine Ausgleichs- und Ergänzungsfunktion gegenüber den kreisangehörigen Gemeinden zugestanden.[87] Insofern sind sowohl Gemeinden für die örtlichen Aufgaben als auch die Landkreise für die überörtlichen Aufgaben mit einer Allzuständigkeit ausgestattet, sei diese nun verfassungsrechtlich garantiert oder einfachgesetzlich begründet.[88] Zumal: Ohne Allzuständigkeit, d. h. ohne ausreichende Spielräume des Aufgreifens politischer Themen, macht die demokratische Legitimation von Gemeinden und insbesondere auch von Landkreisen keinen Sinn. Insbesondere wenn der Gesetzgeber den Landkreisen Aufgaben zuordnet und diese als solche des eigenen Wirkungskreises deklariert, greift der Schutz der Selbstverwaltungsgarantie in vollem Umfang auch für die Landkreise. Genau dieses hat der Gesetzgeber etwa im Bereich der Schulträgerschaft, der Sozialhilfe, der Grundsicherung für Arbeitsuchende und der Jugendhilfe getan, – sämtlich Bereiche, in denen stets auch **Bildungsaufgaben** zum Tragen kommen.

247 Neben der Allzuständigkeit der Gemeinden und Landkreise als demokratisch fundierte Selbstverwaltungskörperschaften ist ein anderes tragendes Element der Selbstverwaltungsgarantie die **Eigenverantwortlichkeit** von Gemeinden und Gemeindeverbänden bei der Wahrnehmung ihrer Selbstverwaltungsaufgaben. Wesentliche Bestandteile dieser Eigenverantwortlichkeit sind die Personalhoheit, die Organisationshoheit und die Finanzhoheit. Diese Hoheitsrechte bestehen allerdings ebenso wie die Allzuständigkeit nur im Rahmen der Gesetze. Hierbei ist der Gesetzgeber jedoch in gestufter Form an die Verfassung gebunden: Der Kernbereich ist für den Gesetzgeber prinzipiell tabu; in den Bereich der örtlichen Allzuständigkeit darf dieser nur aus besonderen Gründen des Gemeininteresses eingreifen; am weitesten sind seine Eingriffs- und Ausgestaltungsbefugnisse im Bereich der Eigenverantwortlichkeit von Gemeinden und Gemeindeverbänden. Im Sinne eines verhältnismäßigen Vorgehens hat der Gesetzgeber die Gebietskörperschaften in die-

---

86 BVerfG v. 20.12.2007 – 2 BvR 2433/04; zutreffend dagegen BVerfGE 83, S. 363, 383 sowie: Schmidt-Aßmann, in: Hennecke/Meyer (Hrsg.), Kommunale Selbstverwaltung zwischen Bewahrung, Bewährung und Entwicklung, 2006, S. 59, 75.
87 Gleichwohl fällt ihre Allzuständigkeit nicht mit derjenigen der Gemeinden zusammen. Das aus der Allzuständigkeit der Gemeinden folgende Aufgabenverteilungsprinzip findet vielmehr auch zugunsten der kreisangehörigen Gemeinden gegenüber den Kreisen Anwendung: BVerfGE 79, S. 150; grundsätzlich allerdings müssen die Gemeinden Aufgaben an den Landkreis abgeben, wenn sich diese sinnvoll nur auf überörtlicher Ebene bewältigen lassen.
88 Hennecke, Das verfassungsrechtliche Verhältnis zwischen Städten, Gemeinden und Kreisen, Der Landkreis 2008, S. 172 ff.; kritisch gegenüber dem jüngsten Verfassungsgerichtsurteil zu den ARGEN nach SGB II, wo das Gericht in Abweichung von seiner bisherigen Rechtsprechung ein engeres Verständnis der Selbstverwaltungsgarantie der Landkreise zugrunde gelegt hat vgl.: Wieland, Art. 84 GG – Klare Verantwortungszuordnung oder neue Vernetzungsstrategien, Der Landkreis 2008, S. 184 ff. sowie: Schoch, Kommunale Selbstverwaltung im Zeichen der Föderalismusreform, Der Landkreis 2008, S. 214 ff.

sem Rahmen angemessen an Gesetzgebungsvorhaben und sonstigen Planungen zu beteiligen (etwa Mitwirkungs- und Anhörungsrechte), insbesondere wenn Überschneidungen zwischen den Planungen der Zentralinstanz und denen der kommunalen Ebene vorliegen (Rz. 251).[89]

2. Bildung als Integrationswert der kommunalen Ebene

Kann Bildung ein Zentralwert der kommunalen Ebene sein? Spricht etwas dagegen, das Bildungsthema jenseits festgefügter Bundes- und Landeszuständigkeiten in die Allzuständigkeit von Gemeinden und Landkreisen und insbesondere der Gemeinden für ihre örtlichen Angelegenheiten fallen zu lassen, insoweit diese Schritte in diese Richtung unternehmen? Kann es darüber hinaus den Landkreisen im Rahmen ihres Rechts auf eigenverantwortliche Aufgabenwahrnehmung verwehrt sein, eine koordinierende Zuständigkeit für Bildungsfragen zu beanspruchen, um auf diese Weise ihre bereits bestehenden Selbstverwaltungsaufgaben im Bereich der Jugendhilfe, Sozialhilfe, Schulträgerschaft und Grundsicherung für Arbeitsuchende effektiv wahrnehmen zu können? Und ist Bildung, nur weil dieses Thema kommunales Interesse erregt, bereits dadurch eine Angelegenheit gerade der „örtlichen" Gemeinschaft der einzelnen Gemeinden oder der Allzuständigkeit und/oder des Selbstverwaltungsrechts der Landkreise? Zweifelsohne durchlebt das Thema Bildung zurzeit einen Bedeutungswandel im Sinne einer verstärkten Kommunalisierung und Regionalisierung von Bildungsfragen (Rz. 1). Demgegenüber allerdings sind festgefügte Bildungskompetenzen von Bund und vor allem den Ländern in Rechnung zu stellen, die es zunächst als fraglich erscheinen lassen, Bildung als Angelegenheit der örtlichen Gemeinschaft und insgesamt eigenverantwortlicher Selbstverwaltung der kommunalen Ebene aufzufassen und in dieser Weise unter Verfassungsschutz zu stellen. *248*

Im Rahmen einer Gesamtbetrachtung soll daher zunächst die **Bedeutung der Kommunen für Bildungsfragen** verdeutlicht werden.

Die Eigenart kommunaler Bildungsverantwortung ergibt sich in erster Linie nicht aus einem gewachsenen Bestand konkreter Bildungsaufgaben, sondern maßgeblich aus einer neuartigen **Strukturverantwortung**, – auch wenn klar gesehen werden sollte, dass viele der kommunalen Aufgaben schon immer auch einen Bildungsbezug aufweisen. In der Kinder- und Jugendhilfe, dem Kindergartenwesen, der Schulträgerschaft, ferner bei den Volkshochschulen, der Integration Langzeitarbeitsloser und nicht-erwerbsfähiger Personen (SGB II und SGB XII), schließlich im Rahmen kultureller Aufgaben ist der Bildungsgedanke nicht nur ansatzweise vorhanden, vielmehr geradezu als prägend anzusehen für den kommunalen Aufgabenbestand. Abgesehen hiervon aber ist es vor allem die Gesamtstrukturverantwortung *249*

---
89 Schmidt-Bleibtreu/Klein, Kommentar zum Grundgesetz, 9. Aufl., Neuwied 1999, Art. 28, Rz. 13 c.

der Kommune für das Gelingen von Bildung „vor Ort" und namentlich ihre Koordinationsfunktion, welche der kommunalen Aktivität eine eigenständige Bedeutung gegenüber den Bildungskompetenzen der staatlichen Zentralinstanzen zuweist. In dieser Hinsicht lässt sich zumindest im Blick auf die aktuelle Debatte geradezu von einem anstehenden „Aufgabenwanderungsprozess" von „oben nach unten" sprechen. Nicht nur die eigenen Bildungsaufgaben der Kommune aber bedürfen in dieser Hinsicht der Koordination. Die Kommune ist vielmehr zugleich **Kulminationspunkt für Bildungsangebote** unterschiedlichster Träger des Bundes, des Landes und der Sozialversicherungen, die allesamt vor Ort zusammenlaufen und trotz unterschiedlicher Zuständigkeit unter dem Blickwinkel des Gemeindebürgers als Nutznießer dieser Leistungen eine Einheit darstellen. Denn dieser hat es häufig nicht nur mit einem einzigen Verwaltungsträger zu tun, ist vielmehr eingebunden geradezu in einem „Bermudadreieck" unterschiedlichster Träger, wie etwa der Jugendhilfe, der Arbeitsförderung und der Grundsicherung.[90] Seine Bildungsbiografie konstituiert sich im Wechsel der Bildungsphasen zwischen Schule, Berufsausbildung, Eintritt in das Erwerbsleben, ferner bei Wiedereintritt in das Erwerbsleben nach Zeiten der Arbeitslosigkeit oder der Familienarbeit. Die Realität eines insoweit **lebenslangen Lernens** findet in dieser Weise nicht in zentralstaatlichen Zusammenhängen, sondern im sozialen Nahraum der Kommune statt. Aber nicht nur der Gedanke einer Wirkungseinheit von Bildung im sozialen Nahraum der Bürger ist es, der den Bezug zu den kommunalen Aufgaben verdeutlicht. Komplettiert wird das Bild erst durch den **Dreiklang von Bildung, Sozialintegration und Ökonomie.** Nur allzu offen liegen heute die Zusammenhänge zwischen Sozial- und Bildungspolitik zutage, zwischen wirtschaftlicher Prosperität einer Region und hohem Qualifikationsniveau der Bevölkerung, nicht zuletzt zwischen Bildungsniveau und sozialen Folgekosten. Die hieraus hervorgehenden Aufgaben der Koordination, Planung und Aktivierung können letztlich nur „vor Ort", in kommunaler Verantwortung und in enger Zusammenarbeit mit der ortsansässigen Wirtschaft, wahrgenommen werden. Die Zentralebene verfügt weder über die Kompetenz noch über die sachlichen Möglichkeiten, Bildung zu einem Thema lokaler und regionaler Sozialräume zu machen, die verfügbaren Bildungsangebote mit dem lokalen Qualifizierungsbedarf der Wirtschaft abzustimmen, Schulen mit außerschulischen Lernorten und flankierenden Betreuungsdiensten – auch aus dem ehrenamtlichen Bereich – zusammenzuführen, geschweige denn, mittels gezielter Information und Beratung für ausreichende Transparenz der lokalen Angebotsstruktur zu sorgen, Übergänge zwischen den Bildungsstufen zu gestalten und Familien als Bezugspunkte von Bildung so zum Thema zu machen, dass sämtliche Milieus hiermit auch erreicht werden. Nur die kommunale Ebene kann im Zuge einer stetig zusammenwachsenden Bildungs- und Sozialpolitik Bildung zu einem Gegenstand ihrer örtlichen bzw. überörtlichen Sozialplanung machen, die engere Zusammenarbeit von Jugendhilfe und Schule fördern und nicht zuletzt das zivilgesellschaftliche Engagement für Bildungszwecke mobilisie-

---

90 Kunkel, Junge Menschen im „Bermudadreieck" von SGB VIII, SGB III und SGB II, NDV 2007, S. 397 ff.

ren. Bedeutet Selbstverwaltung gerade auch, dass ein „wirksames **Mitspracherecht der Betroffenen** geschaffen und verwaltungsexterner Sachverstand aktiviert" wird, die Bürger mithin aktiv an der Selbstverwaltung beteiligt werden sollen, so ist der Bildungsbereich einer derjenigen Gestaltungsräume, wo die partizipationspolitische Intention der Selbstverwaltungsidee ihren deutlichsten Ausdruck findet, weil Bildungserfordernisse die soziale Befindlichkeit der Bürger unmittelbar berühren und lebenslang begleiten.[91] Ein weiterer Zusammenhang zwischen Bildung und örtlicher Gemeinschaft aber wird – wenn auch mittelbar – durch das Recht insbesondere der Gemeinde auf eine wirtschaftskraftbezogene Steuerquelle gestiftet (Art. 28 Abs. 2 S. 3 GG). Bildung steigert das Wohlstandsniveau einer Gemeinde; zwischen dem Bildungsniveau der Bevölkerung und der Wirtschaftskraft lokaler Unternehmen besteht ein signifikanter Zusammenhang (Rz. 119). Schon von daher kann auch verfassungsrechtlich nicht darüber hinweg gesehen werden, dass Selbstverwaltung nicht nur ein Anrecht auf eine angemessene Finanzausstattung beinhaltet, sondern auch die langfristig wirkenden soziokulturellen Grundlagen hierfür als wesentlich für das kommunale Geschehen anzuerkennen sind.

Die Tatsache, dass verschiedene Bildungsbereiche in der grundgesetzlichen Kompetenzordnung Bund und Land zugeordnet sind, kann mithin nicht dazu führen, den Gemeinden und Gemeindeverbänden ihr verfassungsmäßiges Recht auf Betätigung im Bildungsbereich als Angelegenheit der örtlichen Gemeinschaft und überörtlichen Aufgabenwahrnehmung abzusprechen. Nur die kommunale Ebene kann einem ganzheitlichen Bildungsverständnis gerecht werden und ist selbst mit ihren Einwohnern vom Gelingen eines solchen Ansatzes essentiell abhängig. Gerade auch die Bildungskompetenzen anderer staatlicher Leistungsträger materialisieren sich für die Gemeindebürger in ihrer unmittelbaren örtlichen Umgebung. Hier nehmen sie Gestalt an und prägen das Zusammenleben der Menschen in der örtlichen und regionalen Gemeinschaft. Namentlich Bildungsbedürfnisse gehören heute in einer Zeit des „lebenslangen Lernens" zu denjenigen „Bedürfnissen und Interessen, die in der örtlichen Gemeinschaft wurzeln, die also den Gemeindeeinwohnern gerade als solchen gemeinsam sind, indem sie das Zusammenleben und -wohnen in der (politischen) Gemeinde betreffen".[92] Dies wird auch von der **Kommission der Europäischen Gemeinschaften** nicht anders gesehen: „Die meisten Menschen, von der Kindheit bis ins höhere Alter, lernen lokal. Auch sind es die lokalen und regionalen Behörden, die die Infrastruktur für den Zugang zum lebenslangen Lernen bereitstellen, einschließlich Kinderbetreuung, Transport und Sozialleistungen. Es ist daher unerlässlich, dass die Ressourcen der regionalen und lokalen Behörden zur Unterstützung des lebenslangen Lernens mobilisiert werden. Auch die Organisationen und Verbände der Zivilgesellschaft sind lokal am stärksten verwurzelt. Natur-

250

---

91 Vgl. zum partizipatorischen Element der Selbstverwaltung: BVerfGE 107, S. 59, 92 f.
92 BVerfGE 79, S. 151 f.

gemäß verfügen sie über großes Wissen und große Erfahrung in Bezug auf die Gemeinwesen, denen sie angehören."[93]

251 Kann Bildung mithin zu einem Thema kommunaler Allzuständigkeit und eigenverantwortlicher Aufgabenwahrnehmung gemacht werden, so ergeben sich hieraus einige wesentliche **Konsequenzen**, die im Folgenden allerdings nur angedeutet werden können: Auch Bund und Land dürfen auf das Bildungsniveau der Bevölkerung fördernd einwirken und tun dies mit vielen Programmen zur Vernetzung regionaler Bildungsräume oder von Schulen, nicht zuletzt mittels einer Vielzahl von ESF-Bundesprogrammen (Rz. 223). Verfassungsrechtlich bedenklich ist jedoch, dass diese Programme regelmäßig **ohne Beteiligung der kommunalen Ebene** geplant und durchgeführt werden. Dies schadet der Verfassungsidee demokratischer Selbstverwaltung der kommunalen Ebene, insofern letzterer hiermit die Möglichkeit der Einflussnahme auf einen der wesentlichen Integrationswerte ihrer örtlichen Gemeinschaft bzw. auf einen wichtigen Bereich allzuständiger, weil gesetzlich zugewiesener überörtlicher Bildungskoordination (man denke nur an die Jugendhilfe- und Schulentwicklungsplanung) genommen wird. Dies gilt insbesondere in Anbetracht der Tatsache, dass die Förderprogramme des Bundes regelmäßig außerhalb von Strukturen klarer politischer Verantwortung durch beliebige gesellschaftliche Akteure implementiert werden, sich die staatliche Kontrolltätigkeit hierbei regelmäßig auf das Ende einer Fördermaßnahme beschränken muss und es insoweit an einer durchgehenden Kontrollverantwortung der Politik fehlt (Rz. 5). Mit anderen Worten: Unspezifische Formen der Regionalisierung ohne kommunalpolitisches Mandat widerstreben der Selbstverwaltungsidee, Bildungssubventionen ohne dieses Mandat unterlaufen sie. Zwar ist zu begrüßen, dass die Zusammenarbeit mit den Kommunen in der Vertiefungsphase des Programms „Lernende Regionen" seit 2007 verstärkt werden soll; indes werden seit 2007 de facto nicht mehr als insgesamt 30 Landkreise bzw. Städte aus den ESF-Bundesmitteln gefördert.[94] Auf welche Weise überdies die Zusammenarbeit stattfinden soll ist völlig offen und bleibt letztlich dem Belieben der Zentralinstanz überlassen. Bei zentral verwalteten Vorhaben dieser Art wird man nach dem Gesagten aber davon ausgehen müssen, dass der kommunalen Ebene entsprechende **Anhörungs- und Beteiligungsrechte** bei allen bildungsrelevanten Planungsvorhaben von Bund und der Ländern einzuräumen sind, zumindest insofern diese sich auf Bildungsvorhaben beziehen, die durch Verfassung oder Gesetz nicht ausdrücklich und vollständig anderen Verwaltungsträgern als den Kommunen zugewiesen sind.

252 Grundsätzlich wird man ferner von einer **Abwägungspflicht** der staatlichen Zentralinstanz mit kommunalen Bildungsbelangen auszugehen haben bei allen Gesetz-

---

93 Kommission der Europäischen Gemeinschaften, Memorandum über lebenslanges Lernen, Brüssel 2002, S. 22.
94 Inform, Das Netzwerk-Magazin für lernende Regionen, 2007, S. 5; Bundesministerium für Bildung und Forschung, Lernende Regionen – Förderung von Netzwerken, Berlin 2008, S. 100 ff.

gebungsvorhaben, zentralen Planungen und Förderprogrammen, die sich auf das gemeindliche Bildungsgeschehen auswirken können. Das Gewicht der kommunalen Bildungsbelange ist in der fremden Fachplanung dabei umso größer, je stärker sich der örtliche Bezug verdichtet und bereits bestehende Bildungsplanungen der Kommunen beeinträchtigt werden können.[95] Nicht nur den Gemeinden, auch den Landkreisen müssen im Übrigen in ausreichender Weise Selbstverwaltungsaufgaben **„von Gewicht"** verbleiben.[96] Hierzu wird man in Ansehung einer wirksam nur von der kommunalen Ebene erfüllbaren Bildungsstrukturverantwortung des Staates auch einen Mindestbestand an Bildungsaufgaben rechnen dürfen (Rz. 246). Und nicht nur das Verbleiben von Selbstverwaltungsaufgaben, auch die Möglichkeit ihrer Ausweitung rückt unter diesem Gesichtspunkt in Reichweite: bei den Gemeinden unter dem Blickwinkel ihrer Allzuständigkeit für die örtlichen Angelegenheiten, bei den Landkreisen unter dem Blickwinkel einer Verpflichtung des Gesetzgebers, diesen einen angemessenen Bestand an Selbstverwaltungsaufgaben von Gewicht zuzuordnen.[97] Versteht man die Bildungsidee gleichsam lokal und regional, so wird deutlich, dass dies für die inhaltliche Seite der verfassungsrechtlich zu garantierenden Selbstverwaltungsaufgaben nicht ohne Bedeutung sein kann: Ohne ausreichenden Bildungsbezug sind Selbstverwaltungsidee und Selbstverwaltungsaufgabe in heutiger Zeit letztlich zum Leerlauf verurteilt. Denn der gebildete und sozial integrierte Bürger ist es, der die Selbstverwaltungsidee mit Leben füllt, weil nur er als Gemeinde- oder Kreisbürger zur aktiven Teilnahme am politischen Geschehen in der Lage ist und sich als mündiger Bürger für die Belange des Gemeinwesens einzusetzen weiß, während die Kommune gleichsam den zivilgesellschaftlichen Nährboden dieser Mündigkeit in den Händen hält.

Generell muss daher zugunsten der kommunalen und insbesondere örtlichen Ebene gelten: Immer dort, wo die gesamtstaatliche Bildungskompetenzordnung Lücken und Wertungsspielräume aufweist, sind diese im Sinne eines **Vorrangs für die kommunale Bildungsebene** auszufüllen. Dies folgt bereits aus allgemeinen Anforderungen an den Staatsaufbau und gilt erst recht in Anbetracht der besonderen kommunalen Nähe für Bildungsfragen: „Der Gesetzgeber muss bei der Bestimmung der Reichweite der Selbstverwaltungsgarantie aber nicht nur einen Kernbereich unangetastet lassen ... Vielmehr hat er den verfassungsgewollten prinzipiellen Vorrang einer dezentralen, also gemeindlichen, vor einer zentral und damit staatlich determinierten Aufgabenwahrnehmung zu berücksichtigen."[98] So dürfen Bildungsaufgaben der kommunalen Ebene nicht einfach entzogen werden, wenn diese Aufgabe in der Hand der Kommunen durch vermehrte Finanzzuweisungen oder zweckdienlichere Organisationsstrukturen gesichert werden kann. Dies gilt auch im Verhältnis der **örtlichen zur überörtlichen Ebene** der Landkreise im Sinne einer Vermutung

253

---

95 Allgemein hierzu BVerwGE 81, S. 95, 106; 84, S. 209, 215; 90, S. 97, 100.
96 BVerfG v. 20.12.2007 – 2 BvR 2433/04, Tz 117; vor allem aber BVerfGE 83, S. 363, 383.
97 BVerfGE 83, S. 363, 383.
98 BVerfGE 83, S. 363, 383, Tz 148.

für die ortsnahe Verankerung der Aufgabe, was nicht ausschließt, dass die Gemeinden Aufgaben freiwillig an den Kreis abtreten, – mit entsprechenden Auswirkungen auf die Kreisumlage. Indes sprechen gerade die überörtlichen Anteile der Planung und Koordination von Bildungsangeboten und die landesgesetzlich verankerte Ausgleichs- und Ergänzungsfunktion der Landkreise hinsichtlich derjenigen örtlichen (Bildung-)Angelegenheiten, mit deren Wahrnehmung einzelne Gemeinden fachlich überfordert wären, in sachlicher Hinsicht für die Verankerung der Bildungsaufgabe auf Landkreisebene. Allerdings bleibt es den Gemeinden unbenommen, umfangreiche Bildungsaufgaben mit örtlichem Bezug auch ohne die Landkreise durch Bildung gemeinsamer Zweckverbände oder im Rahmen sonstiger gemeindlicher Kooperationen wahrzunehmen (Rz. 255 f.). Die **Finanzausstattung** der Kommunen liegt innerhalb der durch das Grundgesetz[99] und die Landesverfassungen gezogenen Grenzen zwar weithin im politischen Ermessen des Landes, das in dieser Hinsicht auch auf seine Finanzkraft Rücksicht nehmen darf. Hierbei können die für Bildungsaufgaben erforderlichen Ausgaben jedoch nicht unberücksichtigt bleiben, was immer dies für die Verpflichtung des Landes zur Erschließung neuer kommunaler Steuerquellen oder beim allgemeinen Finanzausgleich im Konkreten bedeutet. Auf keinen Fall aber darf es den Kommunen unmöglich gemacht werden, freiwillige Selbstverwaltungsangelegenheiten, zu denen zum Teil, insofern sie nicht bereits durch Gesetz als eigene Aufgaben zugewiesen sind, auch die Bildungsangelegenheiten gehören, wahrzunehmen.[100] Kosten der Koordinierung, der Vernetzung, der Förderung von Projekten und der Bereitstellung von Bildungspersonal sind somit grundsätzlich durch die Länder unter dem Erfordernis einer zu eigenverantwortlicher kommunaler Aufgabenerfüllung ausreichenden Finanzausstattung in Rechnung zu stellen.

II. Rechtliche Formen der Zusammenarbeit

1. Zusammenarbeit von Staat und Privaten

254 Grundsätzlich genießen jede Gemeinde bzw. jeder Landkreis im Rahmen des Art. 28 Abs. 2 GG das Recht, **mit anderen kommunalen Trägern zusammenzuarbeiten** (sog. Kooperationshoheit). Die Zusammenarbeit kann auf freiwilliger Basis oder durch gesetzliche Anordnung erfolgen. In letzterem Fall liegt ein Eingriff in die kommunale Selbstverwaltungsgarantie vor, die nur gerechtfertigt ist, wenn durch die zwangsweise Zusammenarbeit eine verbesserte Aufgabenerledigung erfolgen kann. Im Bildungsbereich ist in dieser Hinsicht an die Zusammenarbeit benachbarter Gemeinden ebenso zu denken wie die Zusammenarbeit zwischen kreis-

---

99 Vgl. Art 106 Abs. 5–9 GG.
100 StGH BW, DVBl. 1999, S. 1351, 1355; im Konzept der „freien Spitze" müssen 5–10 % des kommunalen Haushalts für freiwillige Aufgaben zur Verfügung stehen, was allerdings in vielen Kommunen längst nicht mehr der Fall ist.

angehörigen Gemeinden und Landkreis sowie zwischen Landkreisen einer Region untereinander. Es handelt sich mithin um Vorgänge der Verwaltungsorganisation, so dass etwa das sog. Kartellvergaberecht, welches die Beschaffung von Dienstleistungen auf dem Bietermarkt der privatwirtschaftlichen Unternehmen strukturiert, nicht anwendbar ist.[101] Von dieser Art der Zusammenarbeit ist die Einschaltung Privater in die Aufgabenerfüllung zu unterscheiden (**Public Private Partnership**). Hier erledigen Kommunen und Private in verbindlichen Kooperationsformen gemeinsame Aufgaben. Vernetzen sich z. B. öffentliche Träger, private Weiterbildungsanbieter und sonstige Interessierte zu einem Bildungsnetzwerk und wird hierfür sogar ein gemeinsames „Dachunternehmen" geschaffen, so handelt es sich hierbei um ein sog. **gemischtwirtschaftliches Unternehmen**. Um dem Gebot demokratischer Legitimation ihres Handelns gerecht zu werden, muss sich die Verwaltung jedoch entsprechende Einwirkungsmöglichkeiten auf das Unternehmen sichern (sog. Einwirkungspflicht). Dazu später.

Im Bereich der öffentlich-rechtlichen Zusammenarbeit von Verwaltungsträgern steht die Bildung von **Zweckverbänden** im Vordergrund des Geschehens. Diese entstehen infolge eines koordinationsrechtlichen (§ 54 S. 1 VwVfG) öffentlich-rechtlichen Vertrages zwischen mehreren Gemeinden und/oder Kreisen, teilweise auch unter Beteiligung privater Unternehmen. Aus der Gründungsvereinbarung wird nach Zustimmung der zuständigen Organe aller Beteiligten und nach Genehmigung der Aufsichtsbehörde die Satzung des Zweckverbandes. Der Zweckverband ist eine Körperschaft des öffentlichen Rechts und verfügt über eigene Organe wie die Verbandsversammlung und den Verbandsvorsteher. Als Körperschaft kann der Zweckverband eigenständig Verwaltungsakte und Satzungen erlassen. Dies ist jedoch dann nicht möglich, wenn anstelle des Zweckverbandes von den beteiligten Kommunen, vor allem bei Beteiligung auch privatwirtschaftlicher Unternehmen, eine Organisationsform des Privatrechts gewählt wird (GmbH, AG).

255

2. Öffentlich-rechtliche Vereinbarungen

Während Zweckverbände (Rz. 255) eine neue Institution entstehen lassen, können öffentlich-rechtliche Vereinbarungen zwischen Verwaltungsträgern, aber auch zwischen diesen und sonstigen privaten Dritten für lediglich einzelne Aufgaben geschlossen werden. Hierbei handelt es sich regelmäßig um einen **koordinationsrechtlichen öffentlich-rechtlichen Vertrag** im Sinne des § 54 S. 1 VwVfG (im Sozialrecht nach §§ 53 ff. SGB X). So kann vereinbart werden, dass einer der Beteiligten lediglich einzelne Aufgaben der übrigen Beteiligten in seine Zuständigkeit übernimmt (delegierende Vereinbarung) oder sich verpflichtet, solche Aufgaben für die übrigen Beteiligten durchzuführen (mandatierende Vereinbarung). Für Verein-

256

---
101 OLG Düsseldorf, NZBau 2004, S. 308; OLG Frankfurt a. M., NZBau 2004, S. 692.

barungen zwischen Gebietskörperschaften über die Grenzen des jeweiligen Bundeslandes hinweg muss jedoch zunächst der Weg durch einen Staatsvertrag der beteiligten Bundesländer freigemacht werden.[102] Insbesondere im **Sozialleistungsrecht**, wo die Leistungsträger sich in beträchtlichem Umfange privater Dritter bedienen, um die Sozialleistungen den Anspruchsberechtigten gegenüber zu erbringen, handelt es sich typischerweise um öffentlich-rechtliche Verträge, die grundlegend jedoch nach den Vorschriften des Sozialgesetzbuchs (§§ 53 ff. SGB X) zu bewerten sind. Das Sozialverfahrensrecht eröffnet mit den Bestimmungen über den kooperationsvertraglichen und gesetzlichen **Auftrag** (§§ 88–92, 93 SGB X) jedoch auch Möglichkeiten der Zusammenarbeit zwischen Leistungsträgern unterschiedlicher staatlicher Ebenen, wie etwa zwischen der Bundesagentur für Arbeit und der Kommunen; hierbei sind jedoch eine Reihe verfassungsrechtlicher Vorgaben zu beachten (Rz. 196). Weitere Vorgaben für die Zusammenarbeit zwischen einzelnen Verwaltungsträgern zur Erledigung spezifischer Aufgaben enthalten die einschlägigen Gemeinde- und Landkreisordnungen der Bundesländer. Neben der institutionalisierten Form der Zusammenarbeit in einem Zweckverband werden unterschiedliche weitere Kooperationsformen eingeräumt wie etwa die öffentlich-rechtliche Kooperationsvereinbarung (§§ 25 ff. GkZ BW, § 23 ff. BgGkG), die Zweckvereinbarung (§§ 5 f. NdsGkZ), die kommunale Arbeitsgemeinschaft (Art. 4 f. BayGkZ, § 3 f HessGkG) oder die Verwaltungsgemeinschaft (§ 167 KV MV). Hierbei handelt es sich um nicht-institutionalisierte Formen der Zusammenarbeit, ohne dass eine eigenständige neue Rechtspersönlichkeit entsteht.

257 Daneben sind Vereinbarungen **ohne jeglichen rechtlichen Bindungswillen** denkbar. Dies dürfte vor allem dann der Fall sein, wenn Akteure aus dem gesellschaftlichen Umfeld mitwirken, die an der Übernahme auch rechtlich erzwingbarer Verpflichtungen häufig nicht interessiert sein dürften. Solche Vereinbarungen haben eher den Charakter unverbindlicher Gründungsproklamationen, in denen die grundlegenden Ziele der Zusammenarbeit und die wichtigsten Organe festgelegt werden, um ein gewisses Maß an Verlässlichkeit bei der Übernahme von Aufgaben herbeizuführen.

3. Gemischtwirtschaftliche Unternehmen und funktionale Privatisierung

258 Ebenso wie Zweckverbände sind auch gemischtwirtschaftliche Unternehmen eigenständige Unternehmen mit eigener Rechtspersönlichkeit. Im Unterschied zum Zweckverband aber wird das gemischtwirtschaftliche Unternehmen (Rz. 254 f.) nicht mehr durch Mehrheitsbeteiligung von der Gemeinde beherrscht, sondern vorwiegend von den privaten Mitgesellschaftern. Es handelt sich um eine Form sog. Pu-

---

102 Burgi, Kommunalrecht, München 2006, S. 300.

blic-Private-Partnership. Denkbar sind hier Servicezentren, Beratungsstellen oder Netzwerkleitstellen, wenn diese zusammen mit dem öffentlichen Träger unter Beteiligung etwa privater Weiterbildungsanbieter und Unternehmen geführt werden und die Unternehmung in die Lage versetzt werden soll, eigenständig nach außen handeln zu können. Für die Kommune allerdings sind hierbei zahlreiche **Restriktionen** zu beachten.[103] Um den Einfluss der Gemeindebürger und ihrer Repräsentativorgane auf das staatliche Handeln zu sichern, muss sich die Kommune in ausreichender Weise Einwirkungsmöglichkeiten gegenüber dem Unternehmen sichern (sog. Einwirkungspflicht). Die Kommune muss daher Vorkehrungen dafür schaffen, dass die Gesetze eingehalten werden, ein Gemeinwohl fördernder Zweck verwirklicht wird und das Gemeindevermögen größtmöglich vor Kapitalverlusten und Haftungsrisiken bewahrt wird. Viele Gemeindeordnungen enthalten hierfür spezifische Vorgaben:
- teilweise den Vorrang bestimmter Organsiationsformen (GmbH anstatt AG);
- die Verankerung des öffentlichen Zwecks im Statut des Unternehmens;
- Vertretungsregelungen für die Gesellschaftsorgane (z.B. Vertretung durch den Bürgermeister oder durch Gemeindevertreter nach den Grundsätzen des Verhältniswahlrechts);
- inhaltliche Bindungen der Vertreter der Gemeinde und Statuierung von Weisungsrechten ihnen gegenüber;
- Informations- und Berichtspflichten gegenüber dem Rat;
- Haftungsbegrenzungen;
- Aufstellung eines Wirtschaftsplans und Rechnungslegung;
- Pflichten gegenüber der Staatsaufsichtbehörde (etwa Anzeigepflichten) bzw. der Rechnungsprüfungsbehörde.

Vom gemischtwirtschaftlichen Unternehmen schließlich sind verschiedene Formen **funktionaler Privatisierung** zu unterscheiden. Der „Verwaltungshelfer" übernimmt gegen Entgelt einzelne Aufgaben für die Kommune. In Betracht kommen hier sowohl freiwillige als auch Pflichtaufgaben. Die Gemeinde kann mit ihm entweder einen privatrechtlichen Vertrag oder auch einen Verwaltungsvertrag abschließen. Solche Verträge sind jedoch nur zulässig, wenn sie Kontrollbefugnisse zugunsten der Kommune, Haftungsregelungen und Kündigungsklauseln enthalten. Hiervon wiederum abzuheben sind sog. Dienstleistungskonzessionen, bei denen der Konzessionsnehmer kein Entgelt für seine Tätigkeit erhält, da er sich unmittelbar durch die Konzessionsnutzung finanzieren soll (etwa Betrieb oder Unterhaltung von Werbeflächen auf städtischem Grund). Bei sämtlichen Formen der Einschaltung Privater hat die Auftrags- und Konzessionserteilung jedoch nach wettbewerbsrechtlichen Grundsätzen des Leistungswettbewerbs, der Verfahrenstransparenz und der Anbietergleichbehandlung zu erfolgen.

259

---
103 Burgi, Kommunalrecht, München 2006, S. 279 ff.

4. Sozial- und Bildungsraumbudgets

260 Insbesondere in der Kinder- und Jugendhilfe werden die Privatanbieter von Jugendhilfeleistungen vielerorts heutzutage aus einem gemeinsamen Finanzierungstopf in Gestalt eines vorgegebenen Sozialraumbudgets finanziert und sind in die Mittelvergabe nach Maßgabe gemeinsam mit der Öffentlichen Hand erarbeiteter Verteilungskriterien direkt eingebunden (näher Rz. 38, 39). Hauptanliegen ist die gezielte Verschränkung von Einzelfallhilfe und Infrastrukturentwicklung, was jedoch einen hinreichend flexiblen Umgang mit den Budgetansätzen voraussetzt, der vor allem darin besteht, dass die Ausgaben für Einzelfallhilfen und Infrastrukturmaßnahmen gewissermaßen innerhalb eines gemeinsames Budgetansatzes miteinander verrechnet werden können. Die rechtliche Problematik solcher Sozialraumbudgets besteht vor allem darin, dass bestimmte regionale Anbieter unter Ausschluss anderer entweder ausschließlich oder zumindest schwerpunktmäßig an der Budgetaufteilung beteiligt sind und auf diese Weise **Anbieterkartelle** entstehen können, die zum kategorischen Ausschluss anderer Anbieter führen, die Angebote in der betreffenden Region unterbreiten wollen. Dies ist mit den Anforderungen des europäischen und nationalen Wettbewerbsrechts nicht zu vereinbaren.[104] Allein der regionale Bezug des Anbieters reicht als rechtlich zulässiges Auswahlkriterium unter Anbietern nicht aus. „Sozialkartelle" und „Bildungskartelle" sind insofern grundsätzlich unzulässig. Dagegen ist die Finanzierung von Kosten der Koordination, Verwaltung und Bildungsplanung aus derartigen Budgets oder die Bildung eines gemeinsamen Pools unterschiedlicher Amtsbereiche oder auch Verwaltungsträger zur Finanzierung von Bildungsangeboten wettbewerbsrechtlich unschädlich. In der Praxis der Kinder- und Jugendhilfe aber kommt es häufig dazu, dass die beteiligten Privatanbieter eigenmächtig über die **Verteilung der Mittel** bestimmen, weil der Hoheitsträger sich ganz auf den Konsens der gesellschaftlichen Kräfte verlässt und sich selbst aus dem Geschehen größtmöglich heraushalten will. Eine solche Praxis ist hingegen verfassungsrechtlich unhaltbar, denn die privaten Anbieter verfügen nicht über die hierfür erforderliche demokratische Legitimation. Die letztendliche Budgetverantwortung muss deshalb beim öffentlichen Träger verbleiben und kann nicht auf Private delegiert werden. Nicht ausgeschlossen ist jedoch ihre Beteiligung an der Entscheidungsvorbereitung.

261 Sozial- und Bildungsraumbudgets beinhalten eine **neue Form der Haushaltsführung,** die von der klassischen, kameralistischen Haushaltsführung abweicht.[105] Denn die in das Budget eingestellten Haushaltsmittel sind nicht an einzelne Ausgabenansätze gebunden, sondern können flexibel genutzt werden. Reichen die Mit-

---

104 Verein für Kommunalwissenschaften e. V., Sozialraumorientierter Umbau der Hilfen zur Erziehung: Positive Effekte, Risiken und Nebenwirkungen, Bd. 2, Berlin 2007, S. 143; Luthe, Wettbewerb, Vergabe und Rechtsanspruch im Sozialraum der Jugendhilfe, NDV 2001, S. 247; grundlegend hierzu Nellissen, Sozialraumorientierung im aktivierenden Sozialstaat, Baden-Baden 2006.
105 Nellissen, Sozialraumorientierung im aktivierenden Sozialstaat, Baden-Baden 2006, S. 42.

tel für einen Bereich nicht aus, dienen die übrigen Mittel als Reservoir. Die einzelnen Leistungsbereiche sind insoweit **deckungsfähig bzw. übertragbar**. Mittel, die nicht verbraucht worden sind, können zeitlich übertragen werden. Es stellt sich daher die Frage, ob dieses Verfahren mit geltendem Haushaltsrecht und insbesondere nach dem sog. Bruttoprinzip verträglich ist. Das **Bruttoprinzip** besagt, dass alle Einnahmen und Ausgaben in voller Höhe getrennt voneinander zu veranschlagen sind, dass also keine Saldierung vorgenommen werden darf. Gleichwohl lässt das Haushaltsrecht Abweichungen vom Bruttoprinzip zu. Nach § 12 Abs. 3 S. 3 HGrG können Ausnahmen von der getrennten Veranschlagung von Einnahmen und Ausgaben im Haushaltsplan zugelassen werden. In solchen Ausnahmen ist die Berechnung des veranschlagten Betrages dem Haushaltsplan als Anlage beizufügen und in die Erläuterungen aufzunehmen. Ähnliche Regelungen finden sich auf kommunaler Ebene.[106] Insofern besteht für die Kommunen die Möglichkeit, Globalermächtigungen, die nicht dem Bruttoprinzip des Haushaltsplanes entsprechen, bereitzustellen. Problematisch ist in diesem Zusammenhang jedoch auch der haushaltsrechtliche **Grundsatz der Spezialität**. Dieser soll die Zielgenauigkeit der Veranschlagungen und die Kontrollierbarkeit der Ausgaben sichern. Ein globales Budget aber widerspricht diesem Grundsatz, da es an einer zielgenauen Veranschlagung von Ausgaben fehlt. Aber auch in dieser Hinsicht sieht das Haushaltsrecht Ausnahmen vor für die Übertragbarkeit und die Deckungsfähigkeit verschiedener, sachlich zusammenhängender Ansätze. So können nach § 15 Abs. 1 S. 2 HGrG Ausgaben im Haushaltsplan für übertragbar erklärt werden, wenn das ihre wirtschaftliche und sparsame Verwendung fördert. Ferner können nach § 15 Abs. 2 HGrG Ausgaben für gegenseitig oder einseitig deckungsfähig erklärt werden, wenn ein verwaltungsmäßiger oder sachlicher Zusammenhang besteht oder eine wirtschaftliche und sparsame Verwendung gefördert wird. Entsprechende Regelungen existieren im kommunalen Haushaltsrecht.[107] Die Kommunen können somit die einzelnen, sachlich zusammenhängenden Titel für gegenseitig **deckungsfähig und übertragbar** erklären, um so zu einer einzigen Ausgabenermächtigung in Form eines Sozial- oder Bildungsraumbudgets zu gelangen. Während des Haushaltsvollzuges kann es bei derartigen Globalbudgets jedoch zu besonderen Problemen kommen, wenn etwa durch erhöhte Ausgaben im Infrastrukturbereich entsprechende Mittel für Pflichtleistungen nicht mehr zur Verfügung stehen oder wenn die regelmäßig gedeckelten Budgets von vornherein nicht ausreichen und zu einer Unterdeckung führen. Dieser Situation lässt sich nur gegensteuern, wenn von vornherein die Möglichkeit der Bereitstellung entsprechender Mittel bei Unterdeckung eingeplant wurde oder der gedeckelte Budgetansatz nur als Richtgröße verstanden wird und in bestimmten Ausnahmefällen auch erweitert werden kann.[108] Eine weitere Möglichkeit besteht im Einbau einer **Sicherungsreserve** in Höhe eines bestimmten prozentualen

---

106 Z. b. § 14 Abs. 2, 5 GmHVO-Niedersachsen.
107 Z. b. §§ 18, 19 GmHVO-Niedersachsen.
108 Nellissen, Sozialraumorientierung im aktivierenden Sozialstaat, Baden-Baden 2006, S. 44.

Anteils des Budgets, die erst nach Ablauf eines bestimmten Zeitraumes genutzt werden darf.

262 Während sich Reibungen mit dem haushaltsrechtlichen Grundsatz der Spezialität angesichts der vorgenannten Ausnahmeregelungen mithin in Grenzen halten, bedarf dies für den **Grundsatz der Gesamtdeckung** einer gesonderten Betrachtung. Dieser fordert, alle im Haushaltsplan prognostizierten Einnahmeposten als Einheit zu betrachten. Ihr Gesamtbetrag steht im Rahmen der Haushaltsaufstellung und Haushaltsfeststellung ungeschmälert für die Abdeckung aller Ausgabe- und Verpflichtungsermächtigungen zur Verfügung. Verhindert werden soll damit eine Privilegierung spezifischer Ausgabenzwecke in der Weise, dass einzelne Einnahmen vorab für sie reserviert werden.[109] Gesichert wird so die Lenkungsbefugnis des Haushaltssatzungsgebers. Der Grundsatz der Gesamtdeckung gilt jedoch nur im Prinzip. Denn in den Haushaltsverordnungen besteht unter gewissen Voraussetzungen die Pflicht oder die Möglichkeit, Einnahmen auf die Verwendung für bestimmte Ausgaben zu beschränken. Eine derartige Beschränkung von Einnahmen auf spezielle Ausgabenzwecke wird im Haushaltsrecht als **Zweckbindung** (von Einnahmen) oder auch als (Einnahmen-Ausgaben-)Koppelung bezeichnet.[110] Hiermit erhalten die Kommunen die Möglichkeit, Budgets für funktional begrenzte Aufgabenbereiche einzuführen. Die Beschränkung der Zweckbindung ist jedoch durch Haushaltsvermerk auszuweisen.[111]

263 Globalhaushalte und sonstige Flexibilisierungen werfen im Hinblick auf den **demokratischen Legitimationszusammenhang** der Haushaltswirtschaft Probleme auf. Denn je stärker im Haushaltsplan pauschaliert wird, je mehr Titel untereinander für deckungsfähig erklärt werden, desto geringer ist die Steuerungskraft der einzelnen Veranschlagungen und damit der Einfluss der kollegialen Vertretungsorgane. Vor dem Hintergrund des Art. 28 Abs. 1 GG erscheinen Möglichkeiten wie diese daher nur vertretbar, wenn die Steuerbarkeit der Mittel bewirtschaftenden Stelle auf andere Weise effektiv sichergestellt wird, wie etwa durch neuartige Instrumente des Haushaltsrechts in Gestalt von Zielvereinbarungen im Rahmen des Kontraktmanagements zwischen dem jeweiligen kommunalen Kollegialorgan und den Mittel bewirtschaftenden Stellen.[112] Vor diesem Hintergrund muss auch die Möglichkeit gewürdigt werden, ein gemeinsames Budget aus **Haushaltsmitteln unterschiedlicher Verwaltungsträger** (etwa Gemeinden und Träger der Arbeitsverwaltung) einzurichten. Bei einer derartigen Budgetgestaltung dürfte der kommunalverfas-

---

109 Gröpl, in: Hennecke/Pünder/Waldhoff, Recht der Kommunalfinanzen, München 2006, S. 595.
110 Vgl. § 17 Abs. 1 S. 1 und S. 2 GmHVO-Niedersachsen: Danach ist eine Ausnahme vom Grundsatz der Gesamtdeckung möglich, wenn Einnahmen aufgrund einer rechtlichen Verpflichtung nur für bestimmte Zwecke verwendet werden dürfen, darüber hinaus kann eine Zweckbindung vorgenommen werden, wenn die Verwendung der jeweiligen Einnahmen für bestimmte Ausgaben durch einen sachlichen Zusammenhang geboten ist.
111 Etwa § 17 Abs. 1 S. 3 GmHVO-Niedersachsen.
112 Gröpl, in: Hennecke/Pünder/Waldhoff, Recht der Kommunalfinanzen, München 2006, S. 595.

sungsrechtlich geforderte Einfluss von Gemeindeorganen sich indes weitestgehend auflösen; eine Mischfinanzierung von Aufgaben aus den Mitteln unterschiedlicher Verwaltungsebenen ist aber auch aus anderen Gründen klarer Verantwortungsteilung von Bund und Ländern verfassungsrechtlich hochproblematisch (Rz. 196).

Rechtsverträglicher für die Zusammenarbeit unterschiedlicher Verwaltungsträger im Verhältnis Bund/Kommunen dürften insofern die bereits besprochenen Kooperationen – ohne Einräumung einer hoheitlichen Kompetenz – mittels öffentlich-rechtlicher Verträge, ggf. auf der Basis eines sozialrechtlichen Auftragsverhältnisses, sein (Rz. 196).

Außerhalb des Kommunalrechts und insbesondere für die **Leistungsträger des Sozialgesetzbuchs** (und hierzu gehören nach § 12 SGB I auch die kommunalen Körperschaften mit ihrer Zuständigkeit für die Sozialhilfe, Jugendhilfe und ihrer Teilzuständigkeit für die Grundsicherung für Arbeitsuchende) eröffnet das Sozialgesetzbuch X verschiedene Möglichkeiten des Zusammenwirkens, wie die Verpflichtung zu enger **Zusammenarbeit** (§ 86 SGB X), ferner die Erteilung von **Aufträgen** durch einen Leistungsträger zur Wahrnehmung von Aufgaben durch einen anderen (§§ 88–93 SGB X) und schließlich durch das Gebot, **Planungen** – insbesondere über soziale Dienste und Einrichtungen – sowie Forschungsvorhaben miteinander abzustimmen (§ 95 SGB X). 264

5. Ortsbezogene Kooperationen und Vergaberecht

Kommunale Bildungslandschaften bedürfen der Kooperation und Vernetzung mit allen relevanten Akteuren, auch und gerade privaten Anbietern von Bildungs- und Weiterbildungsleistungen. Ihre Einbeziehung in einen Kooperationsverbund ist in wettbewerbs- und vergaberechtlicher Hinsicht unschädlich, solange die Kooperation nicht dazu genutzt wird, diesen öffentliche Aufträge zu erteilen.[113] In diesem Fall nämlich kommt es zur Anwendung des Vergaberechts mit der Verpflichtung zur Ausschreibung des öffentlichen Auftrages (nach GWB sowie öffentlichem Haushaltsrecht). Die Ausschreibung aber hat grundsätzlich im überörtlichen Maßstab zu erfolgen. Da der Auftrag grundsätzlich nur an den leistungsfähigsten und wirtschaftlichsten Anbieter vergeben werden darf, wäre die vorrangige Ausrichtung der Vergabeentscheidung am örtlichen Bezug des Anbieters und an seiner Mitwirkung im Kooperationsverbund wettbewerbswidrig. Dies aber kollidiert sehr häufig mit dem Interesse an einer kooperativen Leistungserbringung vor Ort: „Statt alle Eingliederungsleistungen einer rigiden Ausschreibungspflicht zu unterziehen, sind Gestaltungsspielräume nötig, damit **vor Ort vorhandenes Know how** mitbedacht wird. Träger, die seit Jahren in einer Region verankert sind, sollen nicht 265

---

113 Aufträge im Sinne des Vergaberechts liegen definitionsgemäß dann vor, wenn sich der öffentliche Auftraggeber im Rahmen eines entgeltlichen Vertrages zu einer geldwerten Gegenleistung verpflichtet und wenn Leistung und Gegenleistung voneinander nicht trennbare Teile eines einheitlichen Leistungsaustauschgeschäfts sind: BGH vom 12.11.1991, NJW 1992, S. 1237.

vor Wettbewerb bewahrt werden, aber die gesammelten Erfahrungen dürfen nicht durch scheinbare und meist nur kurzfristig eintretende Wirtschaftlichkeitsvorteile ausgebremst werden."[114]

266 Vergaberecht ist ein Bände füllendes Thema, nicht zuletzt, weil es nicht nur nationale, sondern auch europarechtliche Fragestellungen aufwirft.[115] An dieser Stelle können deshalb lediglich zwei Ansätze skizziert werden, wonach das strenge Regime des Vergaberechts gewissermaßen für das regionale Engagement und Erfahrungswissen geöffnet werden kann. Zum einen handelt es sich hierbei um sog. **vergabefremde Kriterien**, die weder die Eignung des Unternehmens betreffen noch der Ermittlung des wirtschaftlich günstigsten Angebots dienen, sofern diese Kriterien durch formelles Bundes- oder Landesgesetz zugelassen sind.[116] Vor diesem Hintergrund ist die vergleichsweise junge Vergabekoordinierungsrichtlinie zu sehen, wonach bestimmte vergabefremde Kriterien bei den Eignungs- und Zuschlagskriterien sowie den Vertragsmodalitäten als „zusätzliche Bedingungen für die Ausführung des Auftrags berücksichtigt werden können".[117] Vergabefremde Kriterien sind etwa Bedürfnisse der Allgemeinheit im sozialen Bereich wie geschützte Werkstätten und Beschäftigungsprogramme, Zugänglichkeit behinderter Personen zu öffentlichen Angeboten, Bekämpfung der Arbeitslosigkeit, Ausbildungsförderung und Einstellung Behinderter sowie die Beachtung arbeitsrechtlicher Normen. Allein die Ausrichtung auf die Ortsnähe des jeweiligen Anbieters lässt sich jedoch auch hiermit nicht begründen. Diese kann lediglich ein förderliches Mittel zur Herbeiführung der vergabefremden Ziele sein.

267 Ein weiteres Problem für lokale Kooperationen kann darin gesehen werden, dass häufig kleinere Anbieter durch große, **überregional ausgerichtete Lose** im Vergabeverfahren benachteiligte werden. Auch hier zählt in der Praxis zumeist der günstige Preis unter Zurückstellung von Qualität, regionalem Engagement und Erfahrungswissen. Die Interessen der kleinen und mittleren Bieter sind rechtlich jedoch nicht bedeutungslos. Das Argument, kleine und mittlere Unternehmen (hier: Träger eines Berufsbildungszentrums) hätten die Möglichkeit, sich zu Bietergemeinschaften zusammenzuschließen, wird dem Schutzzweck des § 97 Abs. 3 GWB (Grundsatz der Losaufteilung) nicht gerecht. Danach ist mittelständischen und kleinen Unternehmen grundsätzlich die Möglichkeit zur eigenständigen Beteiligung am Wettbewerb einzuräumen und eine entsprechend angemessene Losaufteilung vorzunehmen.[118] Die Lose dürfen also nicht von solch großem Umfang sein, dass sich

---

114 McGovern, Lokale Steuerung und kooperative Leistungserbringung, Sozialwirtschaft 2008, S. 13, 14.
115 Vgl. im Überblick: Luthe/Dittmar, Fürsorgerecht, 2. Aufl., Berlin 2007, S. 416–421; Luthe, in: Hauck/Noftz, SGB XII, § 5 Rz. 35 ff.
116 Insofern zu Tariftreueverpflichtungen BVerfG vom 11.7.2006 – 1 BVL 4/00; Burgi/Waldhorst, RdA 2006, S. 85 ff.
117 Art. 26, 27, 28 Abs. 2 lit. f, S. 50, 53 lit. a Richtlinie 2004/18/EG sowie die einschlägigen Erwägungsgründe.
118 OLG Düsseldorf vom 4.3.2004, Vergaberecht 2004, S. 511.

ein kleines oder mittleres Unternehmen an der Ausschreibung nicht beteiligen kann. Deshalb muss jeder Auftraggeber bei der Ausschreibung prüfen, ob die Losbildung den Unternehmensbelangen gerecht wird und hat dies grundsätzlich auch in transparenter Weise darzulegen.[119]

Es sollte jedoch nicht verkannt werden, dass gerade bei kleinen Anbietern die Möglichkeit einer Bildung von **Bietergemeinschaften** – und häufig sind dies solche aus dem örtlichen Bereich – für diese die einzige Chance sein kann, einen Auftrag zu erhalten, den sie andernfalls nicht bewältigen könnten. Als Bietergemeinschaft bezeichnet man den Zusammenschluss mehrerer Unternehmen zwecks gemeinsamer Planung, Angebotsabgabe und Durchführung eines Auftrags. Die beteiligten Unternehmen werden nach Auftragserteilung arbeitsteilig mit dem Ziel tätig, die gemeinsam geschuldete Leistung zu erbringen und haften regelmäßig gesamtschuldnerisch für den Leistungserfolg. Die Gemeinschaften können aus Unternehmen verschiedener oder gleicher Fachrichtung bestehen. Auch in der Bietergemeinschaft allerdings muss jedes Mitglied für die Ausführung seiner jeweiligen Arbeiten hinreichend fachkundig, leistungsfähig und zuverlässig sein. Bietergemeinschaften auf der einen Seite entspricht auf der anderen die Tendenz zur Einrichtung gemeinsamer **Beschaffungsstellen** unterschiedlicher Verwaltungsträger, die angesichts knapper werdender Budgets gerade im Kommunalbereich immer häufiger zu dem Mittel der Bündelung von Aufträgen greifen und sich hierdurch eine besonders sparsame Beschaffung versprechen. Solches ist sowohl nach nationalem als auch nach europäischem Wettbewerbsrecht zulässig. Hieraus folgt jedoch nicht das Recht, nur „große" Aufträge zu vergeben, bei denen kleinere Anbieter von vornherein chancenlos sind. Für eine einzelfallorientierte Berücksichtigung kleiner und mittlerer Unternehmen ist lediglich dann kein Raum, wenn sich bei funktionaler Betrachtung der mit dem Beschaffungsvorhaben verfolgten Ziele und Zwecke eine Zerlegung des Auftrags in Teil- bzw. Fachlose zwingend verbietet. Hierfür ist der öffentliche Auftraggeber jedoch darlegungspflichtig.[120]

268

III. Fazit

Bildung ist ein wesentlicher Integrationswert der örtlichen Gemeinschaft und als solcher als eigenständige Aufgabe im Selbstverwaltungsrecht der kommunalen Ebene verankert (Rz. 246 ff.). Dies gilt umso mehr, als der Bildungsgedanke heute deutlicher denn je unter den Bedingungen des sozialen Nahraums diskutiert wird, in dem letztlich alle formellen und informellen Bezüge von Bildung mit spürbaren Auswirkungen auf den Gemeindebürger zusammenlaufen (Rz. 249 f.). Die kommunale Ebene tritt mit dieser Aufgabe selbstständig neben Bund und Länder, was un-

269

---

119 OLG Düsseldorf, NVwZ 2004, S. 1146; hierzu auch: Dreher, Die Berücksichtigung mittelständischer Interessen bei der Vergabe öffentlicher Aufträge, NZBau 2005, S. 430.
120 OLG Jena, NZBau 2007, S. 730 ff.

abhängig davon zu sehen ist, dass ihr im zweistufigen Staatsaufbau des Grundgesetzes eigene Gesetzgebungskompetenzen für Bildungsfragen nicht zustehen kann. Für die Zusammenarbeit mit den örtlichen bzw. überörtlichen staatlichen sowie privaten Akteuren halten Kommunalrecht und Allgemeines Verwaltungsrecht zahlreiche Instrumente parat (Rz. 254 ff., 258 ff.). Sogar gemeinsame Bildungsbudgets der beteiligten öffentlichen Träger sind in gewissen Grenzen denkbar (Rz. 261). Als Hemmschuh gedeihlicher Zusammenarbeit mit Anbietern der Region hat sich jedoch das Vergaberecht erwiesen (Rz. 265). Auch hier aber bestehen bei genauer Betrachtung zahlreiche Ausnahmeregelungen, die ein regionales Arrangement mit dem Ziel einer gemeinsamen Infrastrukturentwicklung ermöglichen.

D. Schulrecht

I. Schulgesetze der Länder

270 Für ihre Einbindung in einen Kooperationsverbund lokaler Bildungsanbieter und Bildungsinteressierter ist ein gewisses Maß an schulischer **Selbstständigkeit** Grundvoraussetzung. Inwieweit sind diese Voraussetzungen in den einzelnen Schulgesetzen der Bundesländer verwirklicht worden? Inwieweit wird die Arbeit nach außen gestärkt?

1. Baden-Württemberg

271 Die Ausbildung in der Berufsschule gliedert sich in eine Grundbildung und eine darauf aufbauende Fachbildung. Die Grundbildung wird in der Grundstufe, die Fachbildung in den Fachstufen vermittelt. Die Grundstufe kann als Berufsgrundbildungsjahr, und zwar in der Form des Vollzeitunterrichts oder in Kooperation mit betrieblichen oder überbetrieblichen Ausbildungsstätten durchgeführt werden (§ 10 Abs. 1 und 2). Im Rahmen von Schulverbundsystemen und insbesondere von Bildungszentren arbeiten räumlich zusammengefasste selbstständige Schulen pädagogisch und organisatorisch zusammen (§ 17). Benachbarte Schulen, die nicht in einem Bildungszentrum zusammengefasst sind, sollen pädagogisch innerhalb eines regionalen Verbundes zusammenarbeiten; Schüler mehrerer Schulen können in einzelnen gemeinsamen Unterrichtsveranstaltungen zusammengeführt werden (§ 18). Im Rahmen der Bildungsberatung soll eine Schullaufbahnberatung sowie die Beratung bei Schulschwierigkeiten angeboten werden (§ 19). Gemeinden, Landkreise und Regionalverbände können mit Zustimmung der oberen Schulaufsichtsbehörde zur gemeinsamen Erfüllung der ihnen als Schulträger obliegenden Aufgaben Schulverbände bilden oder öffentlich-rechtliche Vereinbarungen abschließen; die Vorschriften des Zweckverbandsrechts finden Anwendung (§ 31). Die Schulkonferenz unterscheidet u. a. über die Vereinbarung von Schulpartnerschaften (§ 47).

Der Elternbeirat hat u. a. bei Maßnahmen auf dem Gebiet des Jugendschutzes und der Freizeitgestaltung, soweit sie das Leben der Schule berühren, mitzuwirken (§ 67 Abs. 1 Nr. 6). Der aus den Elternbeiräten aller Schulen eines Schulträgers gebildete Gesamtelternbeirat ist für alle über den Bereich einer Schule hinausgehenden Angelegenheiten zuständig (§ 58 Abs. 1). Die Schulen führen zur Bewertung ihrer Schul- und Unterrichtsqualität regelmäßig Selbstevaluationen durch (§ 114 Abs. 1).

2. Bayern

Im Rahmen ihrer schulischen Aufgabe ist die Öffnung der Schule gegenüber ihrem Umfeld zu fördern. Die Öffnung erfolgt durch die Zusammenarbeit der Schulen mit außerschulischen Einrichtungen, insbesondere mit Betrieben, Sport- und anderen Vereinen, Kunst- und Musikschulen, freien Trägern der Jugendhilfe, kommunalen und kirchlichen Einrichtungen sowie mit Einrichtungen der Weiterbildung (§ 2 Abs. 4). Aufgabe der Hauptschule ist es insbesondere, Hilfen zur Berufsfindung anzubieten, Voraussetzungen zu schaffen für eine qualifizierte berufliche Bildung und Bildungswege zu öffnen (Art. 7 Abs. 6). Schulen aller Schularten haben zusammenzuarbeiten (Art. 30 Abs. 1). Die Zusammenfassung beruflicher Schulen innerhalb von beruflichen Schulzentren ist anzustreben (Art. 30 Abs. 2). Die Schulen arbeiten in Erfüllung ihrer Aufgaben mit den Jugendämtern und den Trägern der freien Jugendhilfe sowie anderen Trägern und Einrichtungen der außerschulischen Erziehung und Bildung zusammen; sie sollen durch Zusammenarbeit mit Horten, Tagesheimen und ähnlichen Einrichtungen die Betreuung von Schülerinnen und Schülern außerhalb der Unterrichtszeit fördern (Art. 31 Abs. 1 und 2). Im Rahmen der Berufsschulausbildung hat der Berufsschulbeirat die Aufgabe, die Beziehungen zwischen Schule, Schülern, Erziehungsberechtigten, Ausbildungsbetrieb, Arbeitswelt und Wirtschaft zu fördern (Art. 71 Abs. 1). Jede Lehrkraft hat die Aufgabe der Schullaufbahnberatung (Art. 78 Abs. 1). Über die Aufgaben einer Schule hinausgehende Beratungsaufgaben werden von einer staatlichen Schulberatungsstelle wahrgenommen (Art. 78 Abs. 2). Nach den „Richtlinien über die Koordination der Zusammenarbeit und über regelmäßige gemeinsame Besprechungen zwischen Jugendämtern und Schulen" vom 13.8.1996 haben die Schulleiter die Zusammenarbeit mit dem Jugendamt, den Trägern der freien Jugendhilfe und den Einrichtungen und Diensten der Jugendhilfe zu koordinieren; die Jugendämter bestimmen für jede Schule Ansprechpartner; es finden regelmäßige gemeinsame Besprechungen statt.

272

3. Brandenburg

Die Schulen bestimmen im Rahmen der Rechts- und Verwaltungsvorschriften ihre pädagogische, didaktische, fachliche und organisatorische Tätigkeit selbst; in diesem Rahmen können sie sich ein eigenes Profil geben (§ 7 Abs. 1). Ein Schulpro-

273

gramm soll die Sicherung und Entwicklung der Qualität schulischer Arbeit fördern (§ 7 Abs. 2). Interne und externe Evaluationen sind vorgeschrieben (§ 7 Abs. 2). Im Rahmen der Stundentafeln können Schulen Schwerpunkte bilden (§ 7 Abs. 3). Den Schulen kann ermöglicht werden, Sachmittel selbst zu bewirtschaften (§ 7 Abs. 4). Ihnen werden Entscheidungsbefugnisse über die Verwendung von Personalmitteln eingeräumt (§ 7 Abs. 5). Angebote Dritter, insbesondere von Eltern und aus dem kommunalen Umfeld, sollen von den Schulen in ihre Tätigkeit einbezogen werden (§ 7 Abs. 7). Aus Schulversuchen können Schulen mit besonderer Prägung entwickelt werden (§ 8, § 8a). Die Schulen sollen mit anderen Stellen und öffentlichen Einrichtungen im Rahmen ihrer Aufgaben zusammenarbeiten; sie achten dabei die fachlichen Grundsätze und das Selbstverständnis der Kooperationspartner. Sie können insbesondere Vereinbarungen mit einem Träger der Jugendhilfe über die Durchführung von Sozialarbeit oder von Freizeitangeboten an der Schule treffen und in Zusammenarbeit mit Unternehmen der Wirtschaft, mit Hochschuleinrichtungen, Einrichtungen der Weiterbildung und in integrierten Projekten von Jugendhilfe und Schule besondere Unterrichtsangebote einrichten (§ 9 Abs. 1). In Oberstufenzentren können an die Stelle von Unterrichtsfächern Lernfelder treten; hierbei handelt es sich um thematische Einheiten, die sich an konkreten beruflichen Aufgabenstellungen und Handlungsabläufen orientieren (§ 11 Abs. 1). Ganztagsangebote verbinden Unterricht mit außerunterrichtlichen Angeboten; Unterricht und Betreuung können jeweils auf Vormittage und Nachmittage verteilt werden (§ 18 Abs. 1). Die Schulträger sollen Absprachen über eine Zusammenarbeit zwischen Schule und Kindertagesstätte treffen; diese Absprachen können Angebote umfassen, die über den zeitlichen Rahmen der Stundentafel hinaus zu einer für die Eltern verlässlichen Betreuung führen (§ 18 Abs. 1 und 3). Im Rahmen der Berufsschulausbildung haben Berufsschule und Ausbildungsstätte einen gemeinsamen Bildungsauftrag; die Berufsschule und die Ausbildungsstätte sind jeweils eigenständige Lernorte und gleichwertige Partner; zur Erfüllung des Bildungsauftrages wird eine enge Zusammenarbeit und Abstimmung vorausgesetzt (§ 25 Abs. 3). Aufgaben der Schulkonferenz sind insbesondere die grundsätzliche Verteilung der eigenen Schulmittel, Entscheidungen über die Durchführung außerunterrichtlicher schulischer Veranstaltungen sowie die Festlegung der Grundsätze für die Zusammenarbeit mit außerschulischen Partnern, insbesondere im Zusammenhang mit Projekten zur Öffnung der Schule sowie zur Berufsberatung (§ 91 Abs. 1); ferner entscheidet die Schulkonferenz über das Schulprofil sowie das Schulprogramm (§ 91 Abs. 2). Schulträger können sich zu Schulverbänden als Zweckverbände zusammenschließen oder die Schulträgerschaft aufgrund einer öffentlich-rechtlichen Vereinbarung auf einen anderen Schulträger übertragen (§ 101 Abs. 1).

4. Berlin

274 Im Rahmen der Schulziele soll drohendem Leistungsversagen und anderen Beeinträchtigungen des Lernens mit Maßnahmen der Prävention, der Früherkennung

und der rechtzeitigen Einleitung von zusätzlicher Förderung begegnet werden (§ 4 Abs. 3). Die Schulen öffnen sich gegenüber ihrem Umfeld. Zu diesem Zweck arbeiten sie mit den Trägern der öffentlichen und freien Jugendhilfe sowie mit außerschulischen Einrichtungen und Personen zusammen. Die Schulen können dazu mit den Trägern der öffentlichen und freien Jugendhilfe und der beruflichen Fort- und Weiterbildung, den Musikschulen, den Volkshochschulen sowie Sport- und anderen Vereinen Vereinbarungen abschließen. Sie nutzen Kooperationsmöglichkeiten mit der Wirtschaft, den Sozialpartnern und anderen Einrichtungen, die berufs- oder arbeitsrelevante Angebote machen (§ 5 Abs. 1 und 2). Schulbezogene Ausschreibungen sowie die Auswahl der Lehrkräfte und des sonstigen schulischen Personals erfolgen durch die Schule (§ 7 Abs. 3). Die Schule darf im Rahmen ihrer Eigenverantwortung die Mittel selbstständig bewirtschaften und nicht verbrauchte Mittel in nachfolgende Haushaltsjahre übertragen (§ 7 Abs. 5). In den Schulprogrammen soll den besonderen Merkmalen der Schule und ihres regionalen Umfelds in angemessener Weise Rechnung getragen werden. Hierbei sind auch Evaluationskriterien zu entwickeln sowie ferner die Ziele der Zusammenarbeit mit außerschulischen Kooperationspartnern (§ 8 Abs. 1 und 2). Die Schule überprüft in regelmäßigen Abständen, spätestens nach 3 Jahren, den Erfolg ihrer pädagogischen Arbeit in internen Evaluationen (§ 8 Abs. 5). Im Rahmen der Qualitätssicherung und Evaluation müssen auch die außerschulischen Kooperationsbeziehungen bewertet werden. Für die Durchführung der Evaluation kann sich die Schule auch Dritter bedienen (§ 9 Abs. 1 und 2). Die externe Evaluation einer Schule obliegt der Schulaufsichtsbehörde (§ 9 Abs. 3). Die Schulaufsichtsbehörde veröffentlicht regelmäßig für ihre Schulen einen Bildungsbericht (§ 9 Abs. 5). In einer Rahmenlehrplan-Kommission sollen auch relevante gesellschaftliche Gruppen, insbesondere aus der Wirtschaft, vertreten sein (§ 11 Abs. 1). Insbesondere an Berufsschulen können Lernfelder an die Stelle von Unterrichtsfächern treten, die sich an konkreten beruflichen Aufgabenstellungen und Handlungsabläufen orientieren (§ 12 Abs. 4). In den Stundentafeln erfolgt eine Differenzierung zwischen Pflichtunterricht, Wahlpflichtbereich und Wahlangeboten (§ 14 Abs. 2). Die Schule kann die Stundentafel durch freiwillige Unterrichtsveranstaltungen, wie etwa Betreuungsmaßnahmen, ergänzen (§ 14 Abs. 3). Zur Bildung pädagogischer Schwerpunkte und besonderer Organisationsformen kann die Schule auch von den Bestimmungen der Stundentafel abweichen (§ 14 Abs. 4). Im Rahmen von Schulversuchen können Abweichungen von den Bestimmungen des Schulgesetzes erprobt werden, insbesondere von Aufbau und Gliederung des Schulwesens, den Unterrichtsinhalten, der Unterrichtsorganisation, den Unterrichtsmethoden, der Form der Lernerfolgsbeurteilung einschließlich des Erwerbs der Abschlüsse sowie den Formen der Mitwirkung (§ 18 Abs. 1). Ganztagsangebote verbinden Unterricht und Erziehung mit außerunterrichtlicher Förderung und Betreuung. Unterricht und Betreuung können jeweils auf Vormittage und Nachmittage verteilt werden (§ 19 Abs. 1). Außerunterrichtliche Angebote der Schule, insbesondere durch außerschulische Kooperationspartner, werden als ergänzende Leistungen in das Schulleben einbezogen (§ 19 Abs. 5). Die ergänzende Förderung und Betreuung wird als schulisches Angebot der zuständigen Schulbehörde durch die öffentliche Schule oder die Bereitstellung von Plätzen bei Trägern der freien Jugendhilfe erbracht (§ 19 Abs. 6). Mit den Kooperationspartnern sind Betreuungsverträge abzuschließen (§ 19 Abs. 7). Schüler und Erziehungsberechtigte haben einen Rechtsanspruch auf Information und insbesondere Beratung über Bildungsgänge (§ 47 Abs. 1). An der Erziehung und im Unterricht können auch andere geeignete Personen als Lehrkräfte und sonstige schulische Mitarbeiter mitwirken (§ 68 Abs. 2). Insbesondere die Schulleitung ist u. a. zuständig für die Entwicklung des Schulprogramms und die Qualitätssicherung und interne Evaluation der schulischen Arbeit; die Schulleitung hat mit anderen Bildungseinrichtungen, den für die Berufsausbildung und die Arbeitsverwaltung verantwortlichen Stellen, den Behörden und Einrichtungen der Kinder- und Jugendhilfe, den Sozialhilfeträgern sowie sonstigen Beratungsstellen zusammenzuarbeiten und die Öffnung der Schule in ihrem sozialen und kulturellen Umfeld zu fördern (§ 69 Abs. 1). Die Schulkonferenz entscheidet über das Schulprogramm und das Evaluationsprogramm sowie über Vereinbarungen zu Schulpartnerschaften (§ 76). Aus der Schulkonferenz gehen Fachausschüsse hervor, an denen u. a. Vertreter der Arbeitgeber und der Arbeitnehmer zu beteiligen sind (§ 78 Abs. 3). Insbesondere Musikschulen haben mit den Schulen zusammenzuarbeiten (§ 124).

5. Bremen

275 Im Rahmen ihres Gestaltungsauftrages hat sich die Schule für die gesellschaftlichen, ökonomischen und demokratischen Anforderungen eines lebenslangen Lernens zu öffnen. Das Weiterbildungswesen knüpft an schulische und berufliche Lernerfahrungen an. Die Schulen sollen mit den anerkannten und den kommunalen Einrichtungen der Weiterbildung kooperieren. Zur Abstimmung der Berufsausbildung und der Weiterbildung sollen die Schulen Perspektiven einer zukunftsträchtigen Profilierung als regionale Bildungszentren in Zusammenarbeit mit den Betrieben und den anerkannten und den kommunalen Einrichtungen der Weiterbildung entwickeln. Die zuständigen Senatoren sollen die Kooperationsvorhaben durch Rahmenvereinbarungen regeln (§ 8 Abs. 1–5). Das Schulprogramm ist mit den benachbarten Schulen abzustimmen. Die Schule legt die notwendigen Qualitätsstandards für Unterricht und Schule fest. Schulinterne und externe Evaluationen sind verpflichtend (§ 9 Abs. 1). In den Schulen aller Schularten ist die integrative Vermittlung von allgemeinen und beruflichen Inhalten anzustreben (§ 9 Abs. 3). Die Schule arbeitet zusammen mit Institutionen, die allgemein für die Angebote und Hilfe in gesundheitlichen, sozialen und berufsbezogenen Fragen zuständig sind, insbesondere mit den außerschulischen Bildungs-, Förderungs- und Beratungsangeboten der Jugendhilfe, mit den örtlichen Beiräten sowie sozialen und kulturellen Einrichtungen der Region und insbesondere mit den Religionsgemeinschaften sowie der Arbeitswelt (§ 12). Zur Weiterentwicklung der Schulziele sind Schulversuche und Unterrichtsversuche zulässig (§ 13). Die Schularten können auch als Ganztagsschulen betrieben werden (§ 23 Abs. 1). Beratungsdienste sollen unter einem Dach angeboten werden.

6. Hamburg

Im Rahmen ihres Bildungsauftrages hat die Schule auf allen Schulstufen und in allen Schulformen in altersgemäßer Form in die Arbeits- und Berufswelt einzuführen und eine umfassende berufliche Orientierung zu gewährleisten (§ 2 Abs. 3). Die Schulen wirken im Rahmen ihres Bildungs- und Erziehungsauftrages mit anderen behördlichen Einrichtungen zusammen (§ 3 Abs. 6). Besondere Bildungsaufgaben werden in Arbeitsgebieten zusammengefasst. Hierzu zählt u. a. die Berufsorientierung. Die Aufgabengebiete können auch jahrgangs- und schulformübergreifend unterrichtet werden (§ 5 Abs. 3). In Schulversuchen und Versuchsschulen können neue Formen der Unterrichtsorganisation und weitere Unterrichtsinhalte erprobt werden (§ 10 Abs. 1). Die Schulen können als Ganztagsschulen geführt werden, – sowohl als offene als auch als obligatorische Ganztagsschule (§ 13). Im Schulprogramm sind u. a. Beratungs-, Betreuungs- und Freizeitangebote sowie die erforderlichen Kooperationen mit anderen Schulen und Einrichtungen des Stadtteils festzulegen (§ 51 Abs. 1). Hierüber entscheidet die Schulkonferenz (§ 53). Dagegen soll der Elternrat sich in der regionalen Öffentlichkeit im Rahmen der von der Schulkonferenz vorgegebenen Grundsätze für die Belange der Schule einsetzen (§ 72 Abs. 2). Der aus Vertretern von Arbeitgebern und Arbeitnehmern bestehende Schulbeirat soll die Zusammenarbeit zwischen den Betrieben und der Schule im Bereich der Berufsschulen fördern (§ 76, § 77). Die Arbeit an den Schulen soll evaluiert werden (§ 100).

276

7. Hessen

Im Rahmen ihres Handlungsauftrags trägt die Schule in Zusammenarbeit mit anderen Stellen zur Vorbereitung der Schüler auf Berufswahl und Berufsausübung sowie auf die Arbeit in der Familie und in anderen sozialen Zusammenhängen bei (§ 3 Abs. 12). Schulversuche und Versuchsschulen sind zugelassen (§ 14). Im Rahmen der Schulorganisation gibt es neben dem Grundangebot Betreuungsangebote des Schulträgers, die pädagogische Mittagsbetreuung, die offene Ganztagsschule sowie die gebundene Ganztagsschule. Hierfür ist die Zustimmung des Schulträgers einzuholen sowie teilweise die Entscheidung der Schulkonferenz. Im Rahmen der Betreuungsangebote ist eine enge Zusammenarbeit mit Kinderhorten und freien Initiativen zur ganztägigen Betreuung von Kindern anzustreben (§ 15 Abs. 2). Die Öffnung der Schule gegenüber ihrem Umfeld ist zu fördern; einzubeziehen sind insbesondere Sport- und andere Vereine, Kunst- und Musikschulen, kommunale und kirchliche Einrichtungen sowie Einrichtungen der Weiterbildung. Die Schulen können insofern mit der jeweiligen Einrichtung Verträge abschließen (§ 16). Der Schulleiter ist dafür verantwortlich, für die Entwicklung des Schulprogramms und die interne Evaluation zu sorgen, die Öffnung der Schule zum Umfeld zu fördern und mit anderen Bildungseinrichtungen, den für die Berufsausbildung Verantwortlichen, der Arbeitsverwaltung, sonstigen Beratungsstellen, den Behörden und Einrichtungen

277

der Kinder- und Jugendhilfe, den Sozialhilfeträgern sowie den Behörden für Umweltschutz, Frauen und multikulturelle Angelegenheiten zusammenzuarbeiten (§ 88 Abs. 2). Die Schulen sind zur Mitwirkung an Maßnahmen der Evaluation verpflichtet (§ 98 Abs. 2). Im Rahmen ihres Schulprogramms kann sich die einzelne Schule ein eigenes pädagogisches Profil geben und hat hierbei die Bedürfnisse ihres Umfeldes zu berücksichtigen (§ 127 b Abs. 2). Die Schule überprüft regelmäßig ihre Programmarbeit im Rahmen interner Evaluation (§ 127 b Abs. 3). Über das Programm beschließt die Schulkonferenz. Zur Weiterentwicklung des Schulwesens kann die Schule neue Modelle erweiterter Eigenverantwortung erproben auf der Grundlage einer Kooperationsvereinbarung unter Mitwirkung des staatlichen Schulamts und des Schulträgers (§ 127 c Abs. 1). Insbesondere die Schulträger können zur Erfüllung ihrer Aufgaben Schulverbände bilden oder öffentlich-rechtliche Vereinbarungen abschließen (§ 140 Abs. 1). Die Schulentwicklungsplanung der Schulträger ist mit benachbarten Schulträgern sowie mit anderen Fachplanungen, insbesondere der Jugendhilfeplanung, abzustimmen (§ 145 Abs. 1).

8. Mecklenburg-Vorpommern

278 Im Rahmen ihres Gestaltungsauftrages hat die Schule die Voraussetzungen für eine der Eignung und Leistung der Schüler entsprechende Berufsausbildung und Berufsausübung zu schaffen; die Zusammenarbeit zwischen Schule und Arbeits- und Berufswelt wird insbesondere durch Praktika sowie den Lernbereich Arbeit – Wirtschaft – Technik gefördert (§ 4 Abs. 3). Die Schulen und die Schulaufsichtsbehörde sind zu kontinuierlicher Qualitätssicherung verpflichtet; diese erstreckt sich auf die Unterrichtstätigkeit, die Organisation der Schule, das Schulleben sowie die außerschulischen Kooperationsbeziehungen. Die Schulen sind zu interner und externer Evaluation, zu schul- und schulartenübergreifenden Vergleichen sowie zu zentralen Schulleistungsuntersuchungen verpflichtet (§ 4 Abs. 8). Schulversuche und Versuchsschulen sind zugelassen (§ 28). An den Grundschulen und den Förderschulen sind durch den Schulträger in enger Zusammenarbeit mit Horten, Kindertagesstätten und freien Initiativen Betreuungsangebote zu gewährleisten. Im Sekundarbereich I und an Förderschulen ist die Entwicklung von Ganztagsangeboten zu fördern. Grundschulen können zu vollen Halbtagsschulen entwickelt werden. Schulen des Sekundarbereichs I können zu Ganztagsschulen entwickelt werden (§ 39). Im Rahmen von Schulprogrammen soll den besonderen Voraussetzungen der Schüler, den besonderen Merkmalen der Schule und ihres regionalen Umfelds in angemessener Weise Rechnung getragen werden. Die Entwicklungsplanung und die Erarbeitung des Schulprogramms erfolgen mit dem Schulträger; es wird von der Schulkonferenz beschlossen (§ 39a Abs. 1). Schulen und Schulaufsichtsbehörde sind zu kontinuierlicher Qualitätssicherung verpflichtet, hierzu zählen die interne und externe Evaluation, schul- und schulartenübergreifende Vergleiche sowie zentrale Schulleistungsuntersuchungen (§ 39a Abs. 4). Die Öffnung der Schulen gegenüber ihrem gesellschaftlichen Umfeld und insbesondere die Zusammenarbeit mit ande-

ren Schulen, mit außerschulischen Einrichtungen und Institutionen wie Trägern der örtlichen Jugendhilfe, Sport- und anderen Vereinen, Kunst- und Musikschulen, Museen und Theatern, Schullandheimen, sonstigen kommunalen und kirchlichen Einrichtungen sowie mit Einrichtungen der Weiterbildung in der Region ist zu fördern. Die Schule kann im Unterricht und bei anderen Schulveranstaltungen geeignete Personen zur Unterstützung einsetzen (§ 40 Abs. 1 und 3). Eine sozialpädagogische Beratung zur Unterstützung bei Lernschwierigkeiten, Erziehungsproblemen und beim Übergang in die berufliche Bildung und während der beruflichen Bildung ist einzurichten; die Schulen und die Stellen der Schulverwaltung haben mit den Trägern der öffentlichen Jugendhilfe zusammenzuarbeiten (§ 59). Im Einvernehmen mit den örtlichen Trägern der öffentlichen Jugendhilfe können an Schulen kooperative Erziehungs- und Bildungsangebote eingerichtet werden, die zusätzlich Leistungen der Jugendhilfe umfassen; die Teilnahme an solchen Angeboten wird auf die Erfüllung der Schulpflicht angerechnet (§ 59a). Bei den beruflichen Schulen sind die Möglichkeiten der betrieblichen Aus- und Weiterbildung zu berücksichtigen (§ 107 Abs. 2). Der Schulträger soll dem Schulleiter die für den Sachbedarf der Schule notwendigen Haushaltsmittel zur eigenen Bewirtschaftung übertragen (§ 112).

9. Niedersachsen

Insbesondere die Berufsschule kann sich an Maßnahmen zur beruflichen Fortbildung und Umschulung beteiligen (§ 15 Abs. 1), vor allem durch Bereitstellung von Lehrpersonal und Räumen. Zur Erprobung neuer schulischer Modelle können Schulversuche und Versuchsschulen eingerichtet werden (§ 22). Allgemeinbildende Schulen können als Ganztagsschulen geführt werden mit einem ganztägigen Unterrichts-, Förder- und Freizeitangebot (§ 23 Abs. 1). Schulen können untereinander eine ständige pädagogische und organisatorische Zusammenarbeit vereinbaren. Sie arbeiten mit den Trägern der öffentlichen und freien Jugendhilfe sowie anderen Stellen und öffentlichen Einrichtungen zusammen (§ 25 Abs. 1 und Abs. 3). Die Schule ist eigenverantwortlich und gibt sich ein Schulprogramm; hierbei ist der Zusammensetzung der Schülerschaft und dem regionalen Umfeld Rechnung zu tragen (§ 32). Die Schule überprüft jährlich den Erfolg ihrer Arbeit und plant Verbesserungsmaßnahmen (§ 32 Abs. 3). Der aus Schulleitung, Lehrern, Erziehungsberechtigten und Schülern gebildete Schulvorstand entscheidet u. a. über Schulpartnerschaften, die Ausgestaltung der Stundentafel, über Anträge an die Schulbehörde auf Genehmigung von Schulversuchen sowie über Werbung und Sponsoring in der Schule (§ 38a Abs. 3). Zu allen Sitzungen des Schulvorstands wird der Schulträger eingeladen (§ 38c). An berufsbildenden Schulen sind besondere Ausschüsse aus Vertretern der Schule und der Sozialpartner zu bilden (§ 40). Sowohl Schulträger als auch das Land können an öffentlichen Schulen Arbeitsgelegenheiten im Sinne des § 16 Abs. 3 SGB II für erwerbsfähige Hilfebedürftige schaffen (§ 53 Abs. 3). Schulträger können die Schulträgerschaft auf Zweckverbände übertragen; im Übrigen können alle Schulträger zur Erfüllung einzelner Aufgaben Vereinbarungen miteinander treffen

(§ 104). Der Schulträger soll seinen Schulen Mittel zur eigenen Bewirtschaftung zuweisen; diese sollen für gegenseitig deckungsfähig erklärt werden (§ 111 Abs. 1).

10. Nordrhein-Westfalen

280 Die Schule gibt sich ein Schulprogramm und evaluiert regelmäßig ihre Arbeit (§ 3 Abs. 2). Schulen sollen pädagogisch und organisatorisch zusammenarbeiten; die Zusammenarbeit hat sich insbesondere auf die Abstimmung zwischen den Schulformen über Bildungsgänge, den Wechsel der Schüler von einer Schule in die andere und auf Bildungsabschlüsse zu erstrecken (§ 4 Abs. 1 und 3). Die Schule wirkt mit Personen und Einrichtungen ihres Umfeldes zur Erfüllung des schulischen Bildungs- und Erziehungsauftrages und bei der Gestaltung des Übergangs von den Tageseinrichtungen für Kinder in die Grundschule zusammen; sie soll in gemeinsamer Verantwortung mit den Trägern der öffentlichen und freien Jugendhilfe, mit Religionsgemeinschaften und mit anderen Partner zusammenarbeiten. Hierzu können Vereinbarungen abgeschlossen werden (§ 5 Abs. 1–3). Schulen können als Ganztagsschulen geführt werden; daneben können außerunterrichtliche Ganztags- und Betreuungsangebote eingerichtet werden. Der Schulträger kann mit Trägern der öffentlichen und der freien Jugendhilfe und anderen Einrichtungen eine weitergehende Zusammenarbeit vereinbaren, um außerunterrichtliche Angebote im Rahmen der offenen Ganztagsschule vorzuhalten (§ 9 Abs. 1–3). Der Unterricht in der Hauptschule kann für förderungsbedürftige Schüler durch die Zusammenarbeit der Schule mit außerschulischen Partnern abweichend von der Stundentafel gestaltet werden (§ 14 Abs. 3). Im Rahmen der sonderpädagogischen Förderung kann der Schulträger Förderschulen zu Kompetenzzentren ausbauen und hier auch Angebote zur Diagnose, Beratung und ortsnahen Prävention vorhalten (§ 20 Abs. 5). Schulversuche und Versuchsschulen sind zugelassen (§ 25). Eltern und Schüler sind über alle grundsätzlichen Schulangelegenheiten zu informieren und zu beraten (§ 44 Abs. 1). Zu den Aufgaben des Schulleiters gehört u. a. die Schulentwicklung, die Organisation und Verwaltung sowie die Kooperation mit Schulaufsicht, Schulträger und Schulpartnern (§ 59 Abs. 3). Die Schulaufsichtsbehörde kann zur Zusammenarbeit der Schulen mit den Schulträgern und außerschulischen Partnern übergreifende Schulleiterkonferenzen einrichten (§ 60 Abs. 4). Schulkonferenzen entscheiden über das Schulprogramm, über Maßnahmen der Qualitätsentwicklung, über den Abschluss von Vereinbarungen, über die Kooperation von Schulen, über die Einrichtung außerunterrichtlicher Ganztags- und Betreuungsangebote, über die Erprobung neuer Unterrichtsformen sowie über das Verfahren der Information und Beratung (§ 65 Abs. 2). Schulentwicklungsplanung und Jugendhilfeplanung sind aufeinander abzustimmen (§ 80 Abs. 1). Das Land gewährt den Schulträgern für außerunterrichtliche Ganztags- und Betreuungsangebote Zuschüsse nach Maßgabe des Haushalts (§ 94 Abs. 2). Das Land kann den Schulen nach Maßgabe des Haushalts Personalmittel zur eigenverantwortlichen Bewirtschaftung zuweisen (§ 95 Abs. 1). Die Schulleiter können vom Schulträger ermächtigt werden, im Rahmen der von der Schule

zu bewirtschaftenden Haushaltsmittel Rechtsgeschäfte mit Wirkung für den Schulträger abzuschließen (§ 95 Abs. 2). Die Ausgestaltung der offenen Ganztagsschule im Primarbereich ist durch Erlass vom 26.1.2006 geregelt.[121] Zur Berufsorientierung in den höheren Klassenstufen wird ein Beirat „Schule und Beruf" eingerichtet und eine intensive Zusammenarbeit mit Berufsberatungsstellen der Arbeitsagenturen, mit Hochschulen und mit der Jugendsozialarbeit betrieben.[122] Für den zielgenauen Einsatz von Schulsozialarbeitern an Schulen wurden konkrete Vorgaben entwickelt.[123] Gleiches gilt für die Betreuung von Schülern in Schulen vor und nach dem Unterricht.[124]

11. Rheinland-Pfalz

Ganztagsschulen können in verpflichtender Form und in Angebotsform eingerichtet werden (§ 14 Abs. 1). Die außerunterrichtliche Betreuung erfolgt durch Betreuungskräfte, die der Schulträger bereitstellt (§ 14 Abs. 2). Benachbarte Schulen arbeiten pädagogisch eng zusammen im Bereich der Lernangebote, der Lernverfahren sowie der Lehr- und Lernmittel (§ 18 Abs. 1). Die Schulen der Sekundarstufe I sowie die Förderschulen arbeiten darüber hinaus eng mit den berufsbildenden Schulen zusammen (§ 18 Abs. 2). Im Übrigen findet eine Zusammenarbeit statt mit den Trägern und Einrichtungen der öffentlichen und freien Kinder- und Jugendhilfe, insbesondere mit den Kindertagesstätten sowie anderen außerschulischen Einrichtungen, insbesondere mit anderen Bildungseinrichtungen und Betrieben (§ 19). Schulversuche sind zugelassen (§ 20). Beratende „pädagogische Service-Einrichtungen" arbeiten mit außerschulischen Partnern wie Hochschulen, Agenturen für Arbeit, Jugendämtern, Erziehungsberatungsstellen und den an der dualen Ausbildung Beteiligten zusammen (§ 21 Abs. 4). Schulen müssen sich intern und extern evaluieren (§ 23 Abs. 2). Die Schulleiter fördern die Verbindung zu den Eltern der Schüler und den für die außerschulische Berufsbildung Verantwortlichen sowie zu den außerschulischen Beratungseinrichtungen, pflegen die Verbindung zu den Behörden der Jugend- und Sozialhilfe und stellen die notwendige Beteiligung der Schule bei der Aufstellung und Überprüfung von Hilfeplänen für Kinder und Jugendliche sicher (§ 26 Abs. 2). Die Gesamtkonferenz gestaltet die Maßnahmen zur Schulentwicklung und Qualitätssicherung (§ 28 Abs. 1). Die Kosten für außerunterrichtliche Betreuungskräfte trägt der Schulträger (§ 74 Abs. 3). Der Schulträger soll dem Schulleiter die für den laufenden Sachbedarf der Schule notwendigen Haushaltsmittel zur Bewirtschaftung übertragen (§ 88 Abs. 3). Versuchsschulen sind zugelassen (§ 95).

281

---

121 ABl. NRW S. 29.
122 Runderlass des Ministeriums für Schule und Weiterbildung vom 6.11.2007 – 411 (ABl. NRW 12/07).
123 Runderlass des Ministeriums für Schule und Weiterbildung vom 23.1.2008 – 524 – 6.03.16 – 48049.
124 Runderlass des Ministeriums für Schule, Wissenschaft und Forschung vom 19.2.2001 (ABl. NRW 1 S. 62).

12. Saarland

282 Versuchsschulen und Schulversuche sind zugelassen (§ 5). Teilnehmenden Schulen kann ein einheitliches Budget zur selbstständigen Bewirtschaftung eingeräumt werden (§ 5 Abs. 3). Schulen aller Schulstufen und Schulformen können als Ganztagsschulen geführt werden (§ 5 a). Neben dem Unterricht bestehen außerunterrichtliche Angebote, etwa zur künstlerischen, handwerklichen oder sportlichen Förderung, zur Verstärkung des im Unterricht Gelernten, zum sozialen Erfahrungsaustausch und zur Begegnung der Schule mit ihrem kulturellen, sozialen, wirtschaftlichen und politischen Umfeld (§ 5 a Abs. 3). Die Schulaufsichtsbehörde regelt hierbei die Zusammenarbeit von Schulbehörden und Jugendhilfebehörden (§ 5 a Abs. 4). Die Schulen, der Schulpsychologische Dienst, die Träger der öffentlichen Jugendhilfe sowie die anerkannten Träger der freien Jugendhilfe arbeiten zusammen; zur Erprobung geeigneter Formen der Zusammenarbeit können Schulversuche zur Schulsozialarbeit eingerichtet werden (§ 20 a Abs. 7). Schüler und Lehrer müssen an von der Schulaufsichtsbehörde vorgesehenen Maßnahmen zur Qualitätsentwicklung teilnehmen (§ 20 e Abs. 1).

13. Sachsen

283 Die Schule soll u.a. Freude am lebenslangen Lernen wecken (§ 1 Abs. 2). Die Grundschule arbeitet mit Kindergärten und Horten zusammen (§ 5 Abs. 4). Die Mittelschule arbeitet mit den berufsbildenden Schulen und anderen Partnern der Berufsausbildung zusammen (§ 6 Abs. 4). Schulversuche sind zulässig (§ 15). Mittelschule und Gymnasium können Ganztagsangebote einrichten (§ 16 a Abs. 1). Die Schulen arbeiten mit den Trägern der öffentlichen und freien Jugendhilfe, Betrieben, Vereinen, Kirchen, Kunst- und Musikschulen sowie Weiterbildungseinrichtungen zusammen (§ 35 b). Das Ergebnis der Bildungsarbeit und die Umsetzung des Schulprogramms werden regelmäßig überprüft (§ 59 a).

14. Sachsen-Anhalt

284 Schulversuche sind zugelassen (§ 11). Schulen und Schulbehörden sind zu kontinuierlicher Qualitätssicherung verpflichtet, insbesondere zu interner und externer Evaluation (§ 11 a Abs. 1). Die oberste Schulbehörde veröffentlicht einmal je Wahlperiode einen Bildungsbericht (§ 11 a Abs. 5). Bei Bedarf können Grundschulen, Sekundarschulen, Gesamtschulen und Gymnasien als Ganztagsschulen organisiert werden (§ 12). An allen Schulen sollen Bildungs- und Freizeitangebote außerhalb des Unterrichts gemacht werden (§ 11 Abs. 2). Bei der Durchführung der Schulentwicklungsplanung ist die Mitwirkung der Sozialpartner, der Wirtschaftsverbände und der zuständigen Arbeitsagenturen zu gewährleisten (§ 22 Abs. 3). Den Schulen

sollen für ihre pädagogische Arbeit Budgets zur Verwendung in eigener Verantwortung zur Verfügung gestellt werden (§ 24 Abs. 2). Die Schulkonferenzen entscheiden u. a. über die Zusammenarbeit mit außerschulischen Einrichtungen, wie Behörden, Organisationen der Wirtschaft und Verbänden (§ 28 Abs. 1 Nr. 15). Elternvertretungen sollen u. a. das Verständnis der Öffentlichkeit für die Unterrichts- und Erziehungsarbeit der Schule stärken (§ 55 Abs. 1). Schulträger können zur Erfüllung einzelner Aufgaben Vereinbarungen miteinander treffen (§ 66 Abs. 1).

15. Schleswig-Holstein

Das in eigener Verantwortung zu erstellende Schulprogramm ist regelmäßig zu überprüfen (§ 3 Abs. 1). Die Schulen sollen eine Öffnung gegenüber ihrem Umfeld anstreben, insbesondere durch Zusammenarbeit mit den Trägern der Jugendhilfe, Jugendverbänden sowie mit anderen Institutionen im sozialen Umfeld von Kindern und Jugendlichen. Insofern können Schulen mit der jeweiligen Einrichtung Verträge abschließen (§ 3 Abs. 3). Soweit im Einzelnen vorgesehen, kann auch verbindlicher Ganztagsunterricht stattfinden (§ 5 Abs. 4). An Grundschulen und Sonderschulen können über den zeitlichen Rahmen der Stundentafel hinaus Betreuungsangebote vorgehalten werden (§ 5 Abs. 6). Schulversuche und Versuchsschulen sind zugelassen (§ 10). Gemeinden können sich zu Zweckverbänden als Schulträger zusammenschließen; Kreise können Mitglied eines Schulverbandes sein (§ 73 Abs. 1). Die Schulkonferenz beschließt u. a. über das Schulprogramm, über Grundsätze für die Mitarbeit von Eltern und anderen Personen im Unterricht, über den Antrag auf Durchführung eines Schulversuchs, über die Einrichtung freiwilliger Unterrichts- und Betreuungsangebote, über wichtige Fragen der Zusammenarbeit mit Eltern und Schülern sowie – an Berufsschulen – mit Ausbildungsbetrieben, über die Grundsätze der Zusammenarbeit mit außerschulischen Einrichtungen und Institutionen (§ 92).

285

16. Thüringen

Außerunterrichtliche Angebote werden entsprechend den personellen und sachlichen Voraussetzungen der Schule, den Bedürfnissen der Schüler und dem Wunsch der Eltern ermöglicht. Die Schule öffnet sich außerunterrichtlichen Angeboten, insbesondere solchen der öffentlichen und freien Träger der Kinder- und Jugendhilfe (§ 11). Schulversuche an besonderen Versuchsschulen sind zulässig (§ 12). An den Lehrerkonferenzen können Vertreter der Eltern, der Schüler, des Schulträgers, der Ausbildungsbetriebe und der nach dem Berufsbildungsgesetz zuständigen Stellen, ferner Mitarbeiter von öffentlichen und freien Trägern der Kinder- und Jugendhilfe sowie weitere Vertreter von Einrichtungen zur Beratung einzelner Themen hinzugezogen werden (§ 37 Abs. 1). An Klassenkonferenzen nehmen Erzieher und sonderpädagogische Fachkräfte beratend teil (§ 37 Abs. 3). Bei Kooperation mit den öf-

286

fentlichen und freien Trägern der Kinder- und Jugendhilfe ist der Schulkonferenz Gelegenheit zu einer vorherigen Stellungnahme zu geben (§ 38 Abs. 3). Die Schulkonferenz entscheidet u. a. über das außerunterrichtliche Angebot der Schule und die Zusammenarbeit mit außerschulischen Einrichtungen und Institutionen (§ 38 Abs. 5).

II. Fazit

287   Die Schulgesetze der Länder weisen im Großen und Ganzen einheitliche Grundstrukturen für die Verselbstständigung von Schulen und die Öffnung nach außen auf. Einige Instrumente sind im Folgenden noch etwas näher zu besprechen.

1. Schulmodelle

288   Hervorzuheben ist zunächst die Möglichkeit, neue Schulmodelle (Schulversuche) zu erproben. Das genaue Verfahren ist in den einzelnen Bundesländern zumeist in weiteren Erlassen des Kultusministeriums geregelt. So können sowohl neue Schulformen auf schulorganisatorischem Gebiet als auch neue pädagogische Ansätze innerhalb der bestehenden Schulorganisation erprobt werden. Voraussetzung ist regelmäßig die Antragstellung durch die Schule bzw. die Schulkonferenz und sodann die Genehmigung durch das Kultusministerium. Schulversuche mit abweichender Schulorganisation könnten z. B. zur Erprobung neuer Mitwirkungs- und Mitbestimmungsformen in der Schule durchgeführt werden, etwa durch Beteiligung der Wirtschaft und sonstiger Weiterbildungsunternehmen an schulischen Gremienentscheidungen. Vorstellbar sind zudem neue pädagogische Modelle der inneren und äußeren Differenzierung, um insbesondere eine unterschiedliche Betreuung der Schüler nach dem Leistungsvermögen und Entwicklungsstand innerhalb des Unterrichtsverbands oder durch dessen Auflösung zugunsten einzelner Lerngruppen zu ermöglichen. Auch können neue Unterrichtsfächer und Fachgebiete probeweise unterrichtet werden. Im Rahmen der Methoden der Leistungsbemessung und Leistungsbeurteilung ließe sich schließlich daran denken, besondere Fähigkeiten der Schüler zu benoten bzw. gesondert zu zertifizieren, um Schülern den Übergang in die Berufsausbildung zu erleichtern.[125] Zumeist sollen Schulversuche nach Möglichkeit wissenschaftlich begleitet werden. Neben der Genehmigung durch das Kultusministerium hat der Schulträger die versuchsweise Errichtung oder Erweiterung einer Schule zu beschließen. Bei rein pädagogischen Versuchen ist durch die einzelne Schule häufig lediglich das Einvernehmen mit dem Schulträger herzustellen. Ein wesentliches rechtsstaatliches Gebot ist es, dass die Schüler, die an einem Schulver-

---

125 Schippmann, in: Seyderhelm/Nagel/Brockmann u. a., Niedersächsisches Schulgesetz, Kommentar, Wiesbaden 1978, § 22, 1.2.

such teilnehmen, die gleichen Bildungschancen haben müssen wie Schüler „normaler" Schulformen. Zwar ist der Besuch von völlig neuen Versuchsschulen durch die Schüler regelmäßig freiwillig. Für alle anderen Schulversuche innerhalb der Schule gilt das jedoch nicht uneingeschränkt. Zusätzliche Kosten von Schulversuchen trägt im Bereich der Sachmittel regelmäßig der Schulträger; das Land kann sich jedoch an diesen beteiligen oder diese komplett übernehmen.

2. Schulentwicklungsplanung

Die durch die Schulträger aufzustellenden Schulentwicklungspläne planen den mittelfristigen und langfristigen Schulbedarf sowie die Schulstandorte. Sie bedürfen der Genehmigung der Schulbehörde. Näheres wird zumeist innerhalb gesonderter Rechtsverordnungen geregelt. Bei Aufstellung des Schulentwicklungsplans sind kreisangehörige Gemeinden, Eltern- und Schülerräte, benachbarte Träger der Schulentwicklungsplanung, die Schulbehörde sowie andere Behörden und Träger öffentlicher Belange zu beteiligen. Hierzu gehören die Jugendämter und ggf. auch die Träger der Fürsorge- und Arbeitsverwaltung und insbesondere im Bereich der Berufsbildenden Schulen auch die örtlichen Arbeitgeber- und Arbeitnehmerorganisationen. Die Schulentwicklungsplanung soll jedoch nicht nur das Angebot für den Zuständigkeitsbereich eines Schulträgers sicherstellen, sondern insgesamt für ein regional ausgeglichenes Bildungsangebot sorgen, so dass alle Schüler eines Bundeslandes grundsätzlich die gleichen Möglichkeiten des Zugangs zu schulischen Bildungseinrichtungen haben. Dies bedeutet jedoch auch, dass sich das Angebot nicht allein in Abhängigkeit von kommunalen Initiativen und Finanzlagen entwickeln darf. Deshalb darf die Entwicklungsplanung nicht vor den Grenzen einer Gemeinde, eines Landkreises oder einer kreisfreien Stadt halt machen.[126] Von daher ist zweifelhaft, ob die Schulentwicklungsplanung als eine **Aufgabe des eigenen Wirkungskreises** der kommunalen Ebene angesehen werden kann. Dafür spricht jedoch die mittlerweile enge Verzahnung mit der Jugendhilfeplanung, die ihrerseits unstreitig eine Angelegenheit des eigenen Wirkungskreises darstellt. Umstritten ist ferner, ob der Plan deshalb als Satzung des kommunalen Schulträgers erlassen werden darf und dem Plan eine unmittelbare Rechtswirkung nach außen gegenüber Dritten zukommen kann.[127] Der Schulentwicklungsplan ist zu begründen. Hierzu gehören mindestens die allgemeinen Planungsgrundlagen, die sich in der Hauptsache aus den einschlägigen Strukturdaten für das Planungsgebiet, einer Bestandsaufnahme des Schulwesens im Planungsgebiet einschließlich einer kritischen Bestandsanalyse und einer Vorausberechnung der Schülerzahlen zusammensetzen. Aus dem allgemeinen Trend einer verstärkten Kommunalisierung von Bildung wird man indes schließen können, dass der Schulentwicklungsplan in heutiger Zeit mehr als ein

289

---

126 Schippmann, in: Seyderhelm/Nagel/Brockmann u. a., Niedersächsisches Schulgesetz, Kommentar, Wiesbaden, § 26, 1.1 (Loseblatt).
127 Stich, Die Planstufen der Orts-, Regional- und Landesplanung, DVBl. 1973, S. 589.

reiner Schulkapazitätsplan sein muss. Nicht zuletzt die einzubeziehenden Belange anderer Verwaltungsträger und sonstiger gesellschaftlicher Kräfte deuten in ihrer Gesamtheit darauf hin, dass die schulische Entwicklungsplanung innerhalb eines Gesamtgefüges kommunaler Angebotsstrukturen im Bildungsbereich gesehen werden muss und sich hierin ebenso einzufügen hat wie in den landesweiten Schulplanungsrahmen.

3. Kooperation

290 Die Schulgesetze der Länder enthalten unterschiedliche Formen der Zusammenarbeit mit außerschulischen Verwaltungsträgern und sonstigen gesellschaftlichen Kräften. Ferner müssen sie selbst miteinander kooperieren. Hierbei geht es grundsätzlich um eine ständige und nicht nur kurzfristige Zusammenarbeit und dies nicht nur in horizontaler, sondern auch in vertikaler Richtung (Kindergarten, Grundschule, Sekundarstufe I und II, Berufsschule, Hochschule), um auf diese Weise eine bessere **Verzahnung der Bildungsphasen** junger Menschen herbeizuführen. Nicht zuletzt sind hier Kooperationen zwischen dem öffentlichen und dem privaten Bereich von Bildung denkbar. Zumeist handelt es sich bei den Kooperationsgeboten jedoch nur um eine „Kann"-Vorschrift. Die Kooperation kann sich beziehen auf die Abstimmung des Unterrichts in seiner Planung und Durchführung, auf die Förderung der Durchlässigkeit zwischen den Schulformen, auf die Ermöglichung eines differenzierten Unterrichtsangebots und auf die Zusammenarbeit eigenverantwortlicher Schulen im Verbund mit gemeinsamen Fachdienstbesprechungen und Konferenzen. In dieser Weise können Verwaltungskapazitäten gebündelt und Unterrichtsangebote einzelner Schulen allen Schülern auf lokaler Ebene zugänglich gemacht werden. In vielen Bundesländern gibt es bereits heute Formen pädagogischer Zusammenarbeit zwischen Grundschule und Förderschule, zwischen allgemeinbildenden und berufsbildenden Schulen sowie von Schulen im Falle geringer Schülerzahlen. Die Kooperationen werden regelmäßig durch **Vereinbarung** geschlossen. Sie enthalten, da es um eine permanente Zusammenarbeit geht, zumeist jedoch nur Eckpunkte, so dass Details durch den Schulleiter zu regeln sind. Vereinbarungsinhalt aber können sein das Abhalten gemeinsamer Konferenzen der beteiligten Schulen mit entsprechendem Beschlussrecht – jedoch stets nur innerhalb der bestehenden Kompetenzgrenzen des Landesschulrechts – sowie gemeinsame Veranstaltungen und Planungen der Eltern- und Schülervertretungen. Rechtlich ist die Vereinbarung ein „koordinationsrechtlicher Verwaltungsvertrag" nach §§ 54 ff. VwVfG, der in schriftlicher Form abgeschlossen werden muss, wobei die Schulen durch den Schulleiter vertreten werden, der hierfür regelmäßig der Ermächtigung durch die Schulkonferenz oder den Schulvorstand bedarf. Zwar sind öffentlich-rechtliche Verträge grundsätzlich bindend und vollstreckbar; im Bereich der Schule ist letzteres jedoch praktisch nur schwer vorstellbar, so dass im negativen Fall lediglich die Vertragskündigung als Mittel der Wahl in Betracht gezogen werden dürfte (§ 60 Abs. 1 VwVfG). Die Beteiligung des Schulträgers ist unterschiedlich geregelt: Teils muss mit diesem Einver-

nehmen hergestellt werden, teils reicht die Anzeige solcher Vereinbarungen aus. Die Zusammenarbeit mit der Jugendhilfe ist in vielen Landesgesetzen jedoch verpflichtend vorgegeben. Korrelat hierzu ist die Verpflichtung des Jugendamtes zur Zusammenarbeit nach § 81 SGB VIII. Insbesondere im Ganztagsschulbereich kann der Jugendhilfeträger mit zusätzlichen Betreuungsangeboten eingebunden werden.

4. Eigenverantwortung

In allen Schulgesetzen der Länder ist von der Eigenverantwortung der Schule die Rede, in deren Rahmen diese sich ein Schulprogramm und/oder ein Schulprofil geben darf. Das Schulprogramm legt in den Grundsätzen fest, wie sie den Bildungsauftrag erfüllt und wie sie dem regionalen Umfeld der Schule und der Zusammensetzung der Schüler nach Interessen, Begabungen und sozialer Herkunft gerecht werden kann. Zumeist sind Schulträger, Träger der Schülerbeförderung sowie schulische Kooperationspartner hieran zu beteiligen. Vielfach wird der Schule im Rahmen ihrer Selbstständigkeit überdies ein **Budget** aus Landesmitteln und/oder aus Sachmitteln vom Land bzw. dem kommunalen Träger zur Verfügung gestellt, das sie selbstständig verwaltet. Die Budgethoheit der Schule ist unterschiedlich weit. Neben Sachmittelausgaben können teilweise sogar Personalausgaben getätigt werden. Regelmäßig sind die Budgetmittel auf das nächste Haushaltsjahr übertragbar, so dass eine sparsam wirtschaftende Schule zur Erweiterung ihrer Handlungsspielräume Überschüsse erwirtschaften kann. Die Eigenverantwortung der Schule besteht jedoch nur innerhalb des staatlichen Schulauftrages bzw. innerhalb landesgesetzlicher Vorgaben bzw. bestehender Budgetbindungen durch das Land oder den Schulträger. Erweiterte Gestaltungsspielräume besitzt die Schule jedoch im Rahmen ihrer Verantwortung für Qualitätsentwicklung und -sicherung, im Rahmen ihrer Personalverantwortung, bei der Verwendung der Finanzmittel, im Rahmen der Unterrichtsorganisation, bei der Gestaltung der Mitverantwortung und Mitwirkung in der Schule und nicht zuletzt für die Öffnung gegenüber dem gesellschaftlichen Umfeld. Als nicht rechtsfähige Anstalt des öffentlichen Rechts kann die Schule jedoch nicht gegen die Schulbehörde klagen. Es bleibt ihr lediglich ein **Beschwerderecht**. Zur Sicherstellung der staatlichen Aufgaben steht dem Schulleiter ein Einspruchsrecht gegenüber Beschlüssen der schulischen Gremien zu. Für die **berufsbildenden Schulen** wird beispielsweise in Niedersachsen die Einrichtung sog. regionaler Kompetenzzentren angestrebt, mit denen ein ortsnahes, abgestimmtes Aus- und Weiterbildungsangebot unter Ausschöpfung der unterschiedlichsten Ressourcen verschiedener Partner ermöglicht werden soll (etwa Betriebe, überbetriebliche Ausbildungsstätten und Kommunen). Berufsbildenden Schulen wurden insofern umfassende Personal- und Unterrichtsplanungskompetenzen zugestanden und diese auf den Schulvorstand bzw. den Schulbeirat delegiert.[128] Die Einräumung schuli-

291

---

128 Avenarius, Schulbegriff und Rechtsform bei beruflichen Schulen als Kompetenzzentrum, SchulRecht 2003, S. 47.

scher Eigenverantwortung verstärkt vor allem die Stellung des **Schulleiters**. Dieser besitzt in einigen Bundesländern sogar Personalkompetenzen wie bei der Neueinstellung von Lehrkräften, der Feststellung ihrer Bewährung und ihrer Beförderung sowie beim Abschluss von Arbeitsverträgen mit Feuerwehr-Lehrkräften. Im Übrigen besteht vermehrte Freiheit bei der Gestaltung der Stundentafel, bei der Einführung freier Unterrichts- und Arbeitsformen, beim Umgang mit Verfügungsstunden, bei der Ausgestaltung berufsorientierender Maßnahmen, bei der Ausgestaltung der Lernkontrollen, hinsichtlich des Umfangs von Projektunterricht, hinsichtlich wahlfreier Unterrichtsangebote sowie hinsichtlich der Dauer der Unterrichtsstunden.

292 Alle Schulen sind verpflichtet, sich ein **Schulprogramm** zu geben. Dieses ist zentraler Bestandteil der Qualitätsentwicklung und Qualitätssicherung. Über das Schulprogramm entscheidet in der Regel der Schulvorstand bzw. die Schulkonferenz. Das Schulprogramm enthält zumeist Aussagen zur Dauer der Unterrichtsstunden, zur Staffelung der Unterrichtszeiten, zum Samstagsunterricht, vor allem aber zum Leitbild der Schule, ihrem pädagogischen Profil und Konzept, zur Qualitätssicherung, zur Berufsorientierung, zur Fortbildung der Lehrer, zur Sicherheit und Prävention in der Schule und zur zeitlichen Planung der Maßnahmen und ihrer Bilanzierung.[129]

293 Zur Eigenverantwortlichkeit der Schule gehört auch ein gewisses Maß an Freiheit bei der Verwendung der eingeräumten **Budgetmittel**. Hierbei handelt es sich um Budgets aus Landesmitteln (etwa Reisekosten für Schulfahrten und schulinterne Lehrerfortbildung, Ganztagsbudgets, Budgets für die Verlässlichkeit der Grundschulen sowie Personalkostenbudgets) sowie aus Mitteln des Schulträgers (Lehrmittel, Mittel für Geschäftsbedarf und sonstige Ausstattung, Mittel für die Schüler- und Elternarbeit sowie für besondere Schulveranstaltungen, Mittel für Gebäude- und Grundstücksunterhaltung, für Reinigung, Beleuchtung und Heizung sowie für Versicherungen). Da die Schulträgerschaft eine Aufgabe des eigenen Wirkungskreises darstellt, entscheidet der Schulträger und nicht das Land in diesem Bereich über die Mittelzuweisung nach Maßgabe der jeweiligen Gemeindehaushaltsverordnungen. Der Schulträger kann Anordnungs- und **Bewirtschaftungsbefugnisse** auf die Schulleitung übertragen. Diese kann dann unmittelbar Zahlungsanweisungen für die kommunale Kasse erteilen. Über die konkrete Verwendung der zugeteilten Haushaltsmittel entscheiden jedoch regelmäßig die Schulkonferenzen. Mittel, die bei mehreren Haushaltsstellen angesetzt sind, können für gegenseitig deckungsfähig erklärt, nicht verbrauchte Mittel ins nächste Haushaltsjahr übertragen werden.

294 Insbesondere die an berufsbildenen Schulen bestehenden Ausschüsse organisieren die Zusammenarbeit zwischen **Schule und Wirtschaft**. Die Ausschüsse haben jedoch zumeist keine Beschlusskompetenz, sondern dienen lediglich der Vorberei-

---

129 Brockmann, in: Seyderhelm/Nagel/Brockmann u. a., Niedersächsisches Schulgesetz, Kommentar, Wiesbaden, § 32, 3.1 (Loseblatt).

tung von Entscheidungen der Schulleitung und der Konferenzen. Zur Erfassung unterschiedlicher Branchenstrukturen können mehrere Ausschüsse an einer Schule eingerichtet werden. Die Initiative zur Bildung eines besonderen Ausschusses kann von der Schulleitung oder auch von den Konferenzen ausgehen. Beteiligt sind regelmäßig Lehrkräfte, Schulträger und Sozialpartner.

Insbesondere in Niedersachsen ist die Beschäftigung von erwerbsfähigen Hilfebedürftigen (**1-Euro-Jobs**) im Schulgesetz explizit geregelt (§ 53 Abs. 3 NSchG). Die Zulässigkeit der Einrichtung solcher Arbeitsgelegenheiten ist jedoch nicht davon abhängig, dass eine schulgesetzliche Grundlage hierfür besteht. Mit der hilfebedürftigen Person wird jedoch kein Arbeitsverhältnis begründet; gleichwohl ist der Schulleiter weisungsbefugt. Die Arbeitsgelegenheit kann sowohl beim Schulträger als auch bei der einzelnen Schule eingerichtet werden. Voraussetzung ist ein entsprechender Förderantrag bei der zuständigen Grundsicherungsbehörde nach SGB II. Dieser kann auch vom Schulleiter gestellt werden, wenn er hierfür bevollmächtigt wurde. Regelmäßig stellt der Schulträger den Antrag, wenn es um die sog. äußeren Schulangelegenheiten geht (etwa Pflege des Schulgrundstücks, Instandsetzung von Schuleinrichtungen). Für Aufgaben aus dem Bereich der sog. inneren Schulangelegenheiten stellt das Land den Antrag (etwa Herstellung von Materialien, Reparatur von Lehrmitteln, Vorbereitung von Schulfesten usw.). Hilfebedürftige dürfen jedoch nur solche Arbeiten verrichten, die im öffentlichen Interesse liegen und zusätzlich sind. Die Einrichtung einer Arbeitsgelegenheit darf mithin nicht zur Verdrängung regulärer Beschäftigung führen, auch wenn diese Vorgabe in der Praxis relativ lax gehandhabt wird. Die Beschäftigung Hilfebedürftiger bedarf grundsätzlich der Mitbestimmung des Schulpersonalrats.[130]

295

E. Recht der Erwachsenenbildung

Die Pädagogik unterscheidet häufig zwischen beruflicher Weiterbildung und allgemeiner Weiterbildung in Gestalt der Erwachsenenbildung.[131] Der **beruflichen Weiterbildung** wird gewöhnlich die Fortbildung und Umschulung zugerechnet, der **allgemeinen Weiterbildung** bzw. Erwachsenenbildung die Grundbildung und politische Bildung. Die Unterscheidung ist jedoch nicht tragfähig. Denn der Erwachsenenbildungsbereich umfasst neben der kulturellen und politischen auch die berufliche Weiterbildung. Deshalb wird der Begriff der Erwachsenenbildung hier im Folgenden als Oberbegriff verwandt und sodann zwischen beruflicher Weiterbildung und allgemeiner Weiterbildung unterschieden. Der wesentliche Unterschied zwischen den beiden Bereichen ergibt sich aus der Finanzhilfeberechtigung von Einrichtungen der Erwachsenenbildung sowie aus den Anerkennungsvoraussetzungen

296

---

130 Luthe/Dittmar, Fürsorgerecht, Berlin 2007, S. 298.
131 Diemer/Peters, Bildungsbereich Weiterbildung, Weinheim 1998, S. 25.

für den Bildungsurlaub. Dient das Bildungsangebot nämlich wirtschaftlichen, parteipolitischen oder religiösen Sonderinteressen, so kommt im Rahmen der allgemeinen Weiterbildung regelmäßig weder eine Förderung noch eine Anerkennung der Bildungsmaßnahme für den Bildungsurlaub in Betracht.[132] Im Rahmen der allgemeinen Weiterbildung sind berufliche Inhalte indes durchaus zulässig; sie dürfen lediglich nicht an den Verwertungsinteressen einzelner Betriebe ausgerichtet werden. Die berufliche Weiterbildung kann dagegen, dann aber zumeist ohne öffentliche Förderung, auch im Sonderinteresse einzelner Betriebe durchgeführt werden, die hierfür auch finanziell aufzukommen haben. Sie ist ausschließlich berufs- bzw. arbeitsstellenbezogen und weist regelmäßig weder kulturelle noch politische Inhalte auf. Neben die berufliche Bildung im Sonderinteresse der Betriebe tritt die staatlich geförderte berufliche (Weiter-)Bildung für Arbeitslose. Auch sie kann bei weitläufiger Betrachtung dem Bereich der Erwachsenenbildung zugeordnet werden, weist jedoch eigene Strukturen auf, die deshalb gesondert im arbeitsförderungsrechtlichen Teil zu behandeln sind.

I. Allgemeine Weiterbildung

1. Für Erwachsene

297 Die allgemeine Weiterbildung für Erwachsene ist in den **Erwachsenenbildungsgesetzen bzw. Weiterbildungsgesetzen** der einzelnen Bundesländer geregelt. Auf eine Darstellung landesspezifischer Besonderheiten wird indes im Folgenden verzichtet. Die jeweiligen Landesgesetze enthalten regelmäßig Aussagen über die Ziele und Aufgaben der Weiterbildung, über die Förderungsberechtigung von Einrichtungen und Trägerorganisationen, zur Koordination und Kooperation von Weiterbildungsträgern, zu den Modalitäten der finanziellen Förderung sowie zur Qualifikation der Mitarbeiter. Die nähere Ausgestaltung der Gesetze erfolgt durch Rechtsverordnungen und Richtlinien, die die Gestaltungsabsichten der Länder den aktuellen Erfordernissen anpassen.[133]

298 Die **Ziele der Weiterbildung** sind durchweg offen formuliert. Erfasst werden die Bereiche der allgemeinen, politischen, beruflichen und kulturellen Weiterbildung nebst Förderung des Erwerbs von Schulabschlüssen sowie der Eltern- und Familienbildung. Mit der Zentrierung auf die Bildungsbedürfnisse von Erwachsenen wird vor allem die Fortsetzung oder Wiederaufnahme organisierten Lernens nach Beendigung einer ersten Bildungsphase angestrebt. Wichtigstes Gestaltungsinstrument des Staates sind hierbei die **Förderinstrumente**. Fördervoraussetzung ist regelmäßig, dass die Bildungsangebote für jedermann zugänglich sein müssen, die Einrich-

---

[132] Vgl. etwa § 3 Abs. 5 Niedersächsisches Erwachsenenbildungsgesetz sowie § 11 Abs. 2 Niedersächsisches Bildungsurlaubsgesetz.
[133] Luthe, Bildungsrecht, Berlin 2003, S. 379 ff.

tungen bestimmte Leistungsanforderungen zu erfüllen haben (Qualität und Planmäßigkeit der Bildungsangebote, Personalqualifikation, Themenvielfalt) und die Einrichtung eigenständig zu sein hat (Unabhängigkeit von kirchlichen, politischen oder wirtschaftlichen Organisationen). Ferner bestehen Offenlegungspflichten hinsichtlich der Finanzierung und der Arbeitsprogramme, und es dürfen keine Gewinne erzielt werden. Das Nähere wird in den Ländern zumeist durch Verordnungen der jeweiligen Landesregierungen geregelt. Die Förderung beschränkt sich auf eine Zuschussfinanzierung, so dass ein beträchtlicher Teil der Angebote durch Eigenmittel finanziert werden muss.In der Regel werden öffentliche (etwa Volkshochschulen) und freie Bildungsträger gleichberechtigt gefördert. Der Umfang der Bezuschussung kann innerhalb der einzelnen Bundesländer jedoch unterschiedlich sein. Vor allem in strukturell benachteiligten Gebieten ist eine bevorzugte Förderung möglich. Die Förderung erfasst zum einen bestimmte Kostenarten (Personalkosten, Kosten der Bildungsarbeit) und zum anderen Kosten für besondere Leistungen (Mitarbeiterfortbildung, Modellvorhaben, Angebote in unterversorgten Gebieten oder für bestimmte Zielgruppen, Investitionen in Lernmittel). Personalkostenzuschüsse beziehen sich zumeist nur auf das hauptberuflich tätige pädagogische und Verwaltungspersonal. Zuschüsse für die Bildungsarbeit erfolgen zumeist kostenneutral nach Unterrichtsstunden und Teilnehmertagen. Der Anreiz zur Unterbreitung kostenintensiver Angebote von hoher Qualität ist deshalb gering. Manche Länder unterstützen jedoch den Mehraufwand für besonders förderungswürdige Angebote mit geringer Nachfrage oder für bestimmte Zielgruppen gesondert.

Förderungsfähig sind im Regelfall öffentliche und als gemeinnützig anerkannte private Weiterbildungsträger. Im öffentlichen Bereich handelt es sich vor allem um die in kommunaler Trägerschaft geführten Volkshochschulen, die häufig als eingetragener Verein oder Zweckverband geführt werden. Der private Bereich besteht aus regional sowie überregional tätigen Trägern, die zumeist in der Rechtsform eines gemeinnützigen Vereins oder einer gemeinnützigen Gesellschaft mit beschränkter Haftung geführt werden und sich in den meisten Fällen aus den Reihen der Gewerkschaften, Verbänden der Wirtschaft und der Kirchen rekrutieren. Eine Besonderheit bilden hier insbesondere die sog. Heimvolkshochschulen mit entsprechenden Unterbringungsmöglichkeiten und Arbeitsstätten (etwa Tagungsstätten). *299*

Bei der Förderung ist zwischen der Anerkennung der **Finanzhilfeberechtigung** und der konkreten **Mittelzuweisung** zu unterscheiden. In beiden Fällen handelt es sich um rechtsmittelfähige Verwaltungsakte. Liegen die Voraussetzungen vor, so besteht ein Rechtsanspruch auf Anerkennung bzw. auf Mittelzuweisung in bestimmter Höhe. *300*

Die Einrichtung von **Volkshochschulen** obliegt den Kommunen; hierzu sind sie durch den jeweiligen Landesgesetzgeber verpflichtet worden. Mit der verfassungsrechtlich verbürgten Selbstverwaltungsgarantie der Kommunen ist dies jedoch nur *301* vereinbar, wenn, wie durchweg der Fall, gleichzeitig ein finanzieller Ausgleich durch das Land erfolgt.[134]

2. Für Jugendliche

302 Die öffentlich geförderte **außerschulische Jugendbildung** folgt ähnlichen Grundsätzen und Verfahrensanforderungen wie die allgemeine Weiterbildung für Erwachsene. Je nach Bundesland ist die Jugendbildung teils in einem eigenständigen Gesetz geregelt, teils ist sie Bestandteil eines einheitlichen Weiterbildungsgesetzes, teils findet sie sich wieder in den Ausführungsgesetzen der Länder zum Kinder- und Jugendhilfegesetz, und teils schließlich fehlt es an entsprechenden Landesbestimmungen mit sodann ausschließlicher Geltung des Kinder- und Jugendhilfegesetzes.[135] Jugendbildung soll junge Menschen[136] zu Selbstständigkeit und zur Wahrnehmung staatsbürgerlicher Pflichten befähigen. Sie wird von ehrenamtlichen und hauptberuflich tätigen Personen wahrgenommen. **Förderungsfähig** ist die außerschulische Bildungsarbeit von Jugendverbänden, von Musikschulen[137] und sonstigen Kulturträgern. Wie im Erwachsenenbereich kann es sich hierbei um öffentliche und private Einrichtungen handeln. Im öffentlichen Bereich sind dies vor allem die Jugendämter, vor allem wenn sie Aufgaben außerhalb ihrer Verpflichtungen nach dem Kinder- und Jugendhilfegesetz wahrnehmen. Der private Bereich besteht aus Jugendverbänden aller Art (etwa Jugendring), die auf regionaler und überregionaler Ebene organisiert sein können.

303 Voraussetzung der Förderung ist die **Anerkennung als Bildungsträger**, die sich u. a. danach richtet, ob der Träger die Fähigkeit zu kontinuierlicher Bildungsarbeit besitzt, über fachlich geeignete Mitarbeiter verfügt und die Anforderungen der Gemeinnützigkeit im Sinne des Steuerrechts erfüllt. Die Förderung besteht aus Zuschüssen zu Personal- und Sachkosten, für die Errichtung und Einrichtung von Jugendbildungsstätten und für die Erprobung von Modellen in der außerschulischen Bildungsarbeit. Förderungsfähig sind darüber hinaus einzelne Bildungsmaßnahmen, manchmal auch Personalkosten für sog. Bildungsreferenten in größeren Jugendverbänden. Die Förderung von Musikschulen, von Maßnahmen für Mädchen und junge Frauen oder für benachteiligte Zielgruppen erfolgt nicht selten nach besonderen Förderungsgrundsätzen.

---

134 BVerwG, NVwZ 87, S. 789.
135 Luthe, Bildungsrecht, Berlin 2003, S. 382.
136 Bis zum 27. Lebensjahr, so Jugendbildungsgesetz Baden-Württemberg.
137 In einigen Bundesländern ist das Musikschulwesen jedoch im Landesschulgesetz geregelt.

3. Bildungsurlaub

Die Verzahnung zwischen allgemeiner Weiterbildung und Bildungsurlaub ist in den einzelnen Bundesländern sehr unterschiedlich ausgestaltet worden; denn nicht alle Bundesländer haben einen gesetzlichen Anspruch auf Bildungsurlaub verwirklicht. Dort, wo dies der Fall ist, bestehen jedoch Unterschiede hinsichtlich der grundsätzlichen **Ausrichtung**. In Hessen oder Hamburg etwa kann der Bildungsurlaub ohne weiteres auch dann anerkannt werden, wenn die Veranstaltungen rein funktional auf Qualifikationserfordernisse abzielen. Andere Bundesländer stellen dagegen stärker auf allgemeine Bildungserfordernisse ab. Stets handelt es sich um einen Anspruch auf „bezahlten" Bildungsurlaub. Anspruchsberechtigt sind regelmäßig Arbeitnehmer und Arbeitnehmerinnen. In manchen Bundesländern ist der Anspruch jedoch ausgeschlossen, wenn dem Arbeitnehmer für die Bildungsveranstaltung nach anderen Gesetzen, tarifvertraglichen oder betrieblichen Vereinbarungen eine bezahlte Freistellung für die übliche Dauer des Bildungsurlaubs zusteht. Der **Anspruch** beinhaltet regelmäßig 5 Arbeitstage innerhalb eines laufenden Kalenderjahres; mancherorts können nicht ausgeschöpfte Bildungsurlaubsansprüche jedoch zu einem mehrwöchigen Bildungsurlaub zusammengefasst werden, insbesondere wenn der Bildungsurlaub wegen dringender betrieblicher Erfordernisse nicht genommen werden konnte.

304

Der Bildungsurlaub muss dem Arbeitgeber gegenüber regelmäßig mehrere Wochen vorher angezeigt werden, nach Beendigung der Veranstaltung hat der Veranstalter regelmäßig eine Teilnahmebescheinigung zur Vorlage beim Arbeitgeber auszustellen. Nur **staatlich anerkannte Bildungsveranstaltungen** sind urlaubsfähig. Die Anerkennung von Bildungsveranstaltungen als bildungsurlaubsfähig erfolgt durch Antrag des Veranstalters. In manchen Bundesländern ist die Durchführung des Anerkennungsverfahrens auf nicht staatliche Stellen übertragen worden. Die Anerkennung der Bildungsveranstaltung hat nur landesweite Gültigkeit und wird grundsätzlich nur für die beantragte Veranstaltung ausgesprochen. Anerkennungsvoraussetzung ist die allgemeine Leistungsfähigkeit des Veranstalters (hinsichtlich seiner Einrichtung, seiner materiellen Ausstattung, seiner Lehrkräfte und Bildungsziele) sowie die Eignung der konkreten Bildungsmaßnahme. Bei Anerkennung aus einem anderen Bundesland wird jedoch zumeist ein vereinfachtes Verfahren durchgeführt und nur die einzelne Maßnahme überprüft. Die Anerkennung ist regelmäßig ausgeschlossen, wenn die Teilnahme von der Zugehörigkeit zu Parteien, Gewerkschaften oder Kirchen abhängig gemacht wird, parteipolitische oder rein betriebliche Inhalte vermittelt werden, die Erholung oder Unterhaltung im Vordergrund stehen oder Fragen persönlicher Lebensbewältigung behandelt werden. Zum Nachweis der Voraussetzungen muss regelmäßig ein Veranstaltungsprogramm vorgelegt werden. Manche Bundesländer räumen öffentlich-rechtlichen Veranstaltern sowie gemeinnützigen Privatanbietern eine Vorrangstellung bei der Anerkennung ein.

305

II. Berufliche Weiterbildung (außerhalb des SGB III)

306 Für den Bereich der Fortbildung und Umschulung enthält das **Berufsbildungsgesetz** (§§ 53 ff.) einige Vorgaben. Insbesondere für die Fortbildung kann das Bundesministerium für Bildung und Forschung einheitliche Fortbildungsordnungen erlassen (§ 53 BBiG). Soweit von der Verordnungskompetenz nicht Gebrauch gemacht wird, können entsprechende Fortbildungsprüfungsregelungen auch durch die sog. zuständigen Stellen (etwa Handwerkskammern, Industrie- und Handelskammern, Landwirtschaftskammern, Ärzte-, Zahnärzte- und Apothekerkammern) geschaffen werden (§ 54 BBiG). Diese haben für die berufliche Fortbildung Prüfungsausschüsse zu bilden (§ 56 BBiG). Gleiches gilt für den Bereich der Umschulung (§§ 58–63 BBiG). Generell gilt hier, dass die Inhalte eine besondere Berufs- und Praxisorientierung erkennen lassen sollen. Bei Fortbildungsprogrammen muss der Lehrstoff mit der vorangegangenen Berufsausbildung abgestimmt werden; bei Umschulungsmaßnahmen sind die Anforderungen der jeweiligen Ausbildungsordnungen zugrunde zu legen. Im Vordergrund steht die übungs- und arbeitsbezogene Vermittlung des Lernstoffs. Partnerschaftliches Lernen – insbesondere im Team – ist dem herkömmlichen Frontalunterricht dem überkommenen Selbstverständnis dieses Lernbereichs nach vorzuziehen. Ziel der Maßnahme ist der angestrebte Abschluss – entweder in einem anerkannten Ausbildungsberuf oder im Rahmen einer zertifizierten Ausbildung. Wird die Fortbildungs- oder Umschulungsmaßnahme durch die Arbeitsverwaltung nach dem **Arbeitsförderungsgesetz (SGB III)** gefördert – hier werden beide Bereiche seit einigen Jahren unter dem Begriff der Weiterbildung zusammengefasst – so werden die Anforderungen der Fortbildungs- und Umschulungsordnungen durch die arbeitsförderungsrechtlichen Regelungen weiter konkretisiert. Als **Lernorte** der Berufsbildung und insbesondere der Fortbildung und Umschulung kommen Betriebe der Wirtschaft, vergleichbare Einrichtungen außerhalb der Wirtschaft, berufsbildende Schulen und sonstige Berufsbildungseinrichtungen außerhalb der schulischen und betrieblichen Berufsbildung in Betracht (§ 2 BBiG). Die berufliche Fortbildung und Umschulung ist damit umfassend der staatlichen bzw. verbandlichen Kontrolle unterstellt.

1. Betriebsverfassungsgesetz

307 Die Berufsbildung ist wesentlicher Bestandteil der betrieblichen Personalplanung. Nicht zuletzt durch den Kündigungsschutz ist betriebliche Personalentwicklung von besonderer Bedeutung. Denn der Arbeitgeber ist verpflichtet, vor einer geplanten Kündigung dem Arbeitnehmer eine Fortbildung oder Umschulung anzubieten, wenn im Betrieb ein anderer Arbeitsplatz vorhanden ist, der nach der Weiterbildung mit dem Arbeitnehmer besetzt werden kann (§ 1 KSchG). Deshalb wurde der Berufsbildung im Betriebsverfassungsgesetz ein eigener Abschnitt gewidmet. Arbeitgeber und Betriebsrat haben die gemeinsame Aufgabe, im Rahmen der betrieblichen Personalplanung und in Zusammenarbeit mit den für die Berufsbildung und den für die Förderung der Berufsbildung zuständigen Stellen die **Berufsbildung der Arbeitnehmer zu fördern** (§ 96 Abs. 1 BetrVG). Zur Erfüllung dieser Verpflichtung bestimmt § 92 Abs. 1 BetrVG, dass der Arbeitgeber den Betriebsrat im Rahmen der Unterrichtung über die Personalplanung insbesondere über die sich aus ihr ergebenden Maßnahmen der Berufsbildung anhand von Unterlagen rechtzeitig und umfassend zu unterrichten hat. Vor allem aber hat der Arbeitgeber auf Verlangen des Betriebsrats den **Berufsbildungsbedarf** zu ermitteln und mit dem Betriebsrat Fragen der Berufsbildung der Arbeitnehmer des Betriebs zu beraten. Der Betriebsrat kann hierzu Vorschläge machen. Das allgemeine Unterrichtungs-, Beratungs- und Vorschlagsrecht wird in § 97 BetrVG durch ein **besonderes Beratungsrecht** ergänzt: Der Arbeitgeber hat mit dem Betriebsrat über die Errichtung bzw. Ausstattung betrieblicher Berufsbildungseinrichtungen und über die Einführung betrieblicher Berufsbildungsmaßnahmen zu beraten. Das Beratungsrecht besteht auch für die Teilnahme an außerbetrieblichen Berufsbildungsmaßnahmen.

Betriebliche Bildungsmaßnahmen umfassen die Berufsausbildung, die Berufsfortbildung und die berufliche Umschulung. Es reicht jedoch aus, dass Maßnahmen dem Arbeitnehmer gezielte Kenntnisse und Erfahrungen vermitteln, die ihn zur Ausübung einer bestimmten Tätigkeit erst befähigen oder es ermöglichen, die beruflichen Kenntnisse und Fähigkeiten zu erhalten.[138] Dies trägt zur Öffnung des Betriebes auch für staatlich geförderte Bildungsmaßnahmen zur Arbeitsmarktintegration bei.

308

Während der Betriebsrat bei der Schaffung betrieblicher Berufsbildungseinrichtungen oder entsprechender Bildungsmaßnahmen lediglich ein **Beratungsrecht** hat, so hat er bei der Einführung von Maßnahmen der betrieblichen Berufsbildung, die das Aufgaben- und Qualifikationsprofil von Arbeitnehmern ändern, ein echtes **Mitbestimmungsrecht** (§ 97 BetrVG). Ein solches Mitbestimmungsrecht besteht auch bei der Durchführung von Maßnahmen der betrieblichen Berufsbildung (§ 98 BetrVG). Dieser Mitbestimmungstatbestand wird durch zwei weitere Mitbestimmungstatbestände ergänzt, nämlich im Hinblick auf die Bestellung und Abberufung von mit der Durchführung der betrieblichen Berufsbildung beauftragten Personen sowie im Hinblick auf die Auswahl der Arbeitnehmer für die Teilnahme an entsprechenden Maßnahmen. Das Mitbestimmungsrecht besteht jedoch nur bezüglich der „Durchführung" der Berufsausbildung, nicht aber bei der „Einführung" von Maßnahmen; diese sind mit dem Betriebsrat lediglich zu beraten.

309

Bei der Ausbildung sind in erster Linie die Vorgaben des **Berufsbildungsgesetzes** zu beachten. Hier beschränkt sich die Mitbestimmung des Betriebsrats im Wesentlichen darauf, dass für die Berufsausbildung eine den Besonderheiten des Betriebs

310

---
138 Richardi, Betriebsverfassungsgesetz, Kommentar, 11. Aufl. 2008, § 96 Rz. 8.

entsprechende Durchführungsordnung erlassen wird. Auch bei der beruflichen Fortbildung und Umschulung ist Mitbestimmung nur in den Grenzen des Berufsbildungsgesetzes und der hierzu erlassenen Rechtsverordnungen möglich (Rz. 306). Allerdings ist zu bedenken, dass im Betrieb auch Maßnahmen zum Erwerb beruflicher Kenntnisse durchgeführt werden, die **nicht** unter den Regelungsbereich des Berufsbildungsgesetzes fallen. Denn der betriebsverfassungsrechtliche Berufsbildungsbegriff ist weiter als derjenige des Berufsbildungsgesetzes und erfasst schlechthin alle Kenntnisse und Erfahrungen, die zur Ausübung einer bestimmten Tätigkeit im Betrieb erforderlich sind.[139] Bei der Durchführung betrieblicher Bildungsmaßnahmen hat der Betriebsrat mithin **mitzubestimmen** über Inhalt, Umfang und Methode der Vermittlung von Kenntnissen, Fähigkeiten und Fertigkeiten sowie über die Ausgestaltung einer Prüfung und die Zusammensetzung der Prüfungskommission, insofern diese nicht gesetzlich vorgeschrieben ist. Das Mitbestimmungsrecht bezieht sich jedoch nur auf die Aufstellung von „Regeln" für die Durchführung, nicht jedoch auf alle Einzelmaßnahmen.

311 Einen **Rechtsanspruch auf Weiterbildung** und Übernahme diesbezüglicher Kosten hat der Arbeitnehmer jedoch nicht, es sei denn, die Weiterbildung erfolgt auf Verlangen des Arbeitgebers oder es liegt eine Freistellungsverpflichtung im Rahmen des Bildungsurlaubs vor (hier mit entsprechender Vergütungsfortzahlungspflicht, jedoch ohne Verpflichtung zur Zahlung der Weiterbildungskosten).[140] Nicht ausgeschlossen ist jedoch, dass entsprechende Ansprüche auf tarifvertraglicher Ebene oder im Rahmen von Betriebsvereinbarungen bestehen.

2. Gestaltungsoptionen

312 Die Teilnehmer an beruflichen Fortbildungs- und Umschulungsmaßnahmen lassen sich grundsätzlich in **zwei Gruppen** einteilen. Zum einen sind dies die Personen, die eine staatlich finanzierte Förderung nach dem Arbeitsförderungsgesetz oder nach sonstigen sozialrechtlichen Regelungen (Eingliederung im Rahmen der Grundsicherung für Arbeitsuchende, Qualifizierung von Jugendlichen nach dem Kinder- und Jugendhilfegesetz, berufliche Rehabilitation durch den jeweiligen Rehabilitationsträger) erhalten. Dies sind von Arbeitslosigkeit bedrohte Arbeitnehmer, Arbeitslose, behinderte Menschen oder Jugendliche ohne Ausbildungsplatz bzw. mit Eingliederungsschwierigkeiten. Oder es handelt sich zum anderen um Personen, die im Interesse oder auf Kosten ihres Betriebes bzw. im Eigeninteresse und auf eigene Kosten fortgebildet und umgeschult werden.

313 Wird die Fortbildung bzw. Umschulung **im Rahmen eines Arbeitsverhältnisses** durchgeführt, kann die Maßnahme im eigenen Betrieb des Arbeitgebers oder auch

---
[139] Richardi, Betriebsverfassungsgesetz, Kommentar, 11. Aufl. 2008, § 96 Rz. 6–8.
[140] BAG AP Nr. 25 zur Art. 12 GG (grundsätzlich kein Rechtsanspruch auf Übernahme der Weiterbildungskosten).

in außerbetrieblichen Einrichtungen durchgeführt werden. Üblicherweise trägt dann der Arbeitgeber die Kosten. Bei von **Arbeitslosigkeit bedrohten** Arbeitnehmern kommt jedoch auch eine Finanzierung durch die Bundesagentur für Arbeit in Betracht (Rz. 447). Arbeitnehmer und Arbeitgeber schließen regelmäßig eine befristete Vereinbarung über die Ausbildungsmaßnahme und zur Kostenübernahme ab, die auch die Freistellung von der Arbeit und Regelungen zu Rückzahlungsverpflichtungen enthält. Bei überbetrieblicher Ausbildung muss zudem ein Weiterbildungsvertrag zwischen Arbeitnehmer und Bildungseinrichtung abgeschlossen werden. Werden die Kosten von der Bundesagentur für Arbeit übernommen und findet die Ausbildung im Betrieb statt, so sind die wesentlichen Rechte und Pflichten innerhalb eines Auftragsverhältnisses durch Vertrag zwischen Betrieb und Bundesagentur zu regeln.[141] Die Weiterbildungsvereinbarung zwischen Arbeitgeber und Arbeitnehmer kann grundsätzlich hinsichtlich Zweck, Inhalt und Dauer der Maßnahme frei gestaltet werden, es sei denn, es existieren Rechtsverordnungen des Bundes oder entsprechende Regelungen der zuständigen Stellen (Rz. 328).

Außerhalb eines bestehenden Arbeitsverhältnisses kommt eine Weiterbildungsmaßnahme in Betracht, wenn eine betriebliche, schulische oder überbetriebliche Bildungseinrichtung entsprechende Maßnahmen für selbst zahlende oder staatlich geförderte Arbeitnehmer durchführt. In diesem Fall wird ein entsprechender Vertrag zwischen Bildungseinrichtung und Teilnehmer abgeschlossen. Bei **staatlicher Förderung** sind die Rechtsbeziehungen zwischen Bundesagentur für Arbeit und Maßnahmeträger durch Gesetz im Einzelnen geregelt (Rz. 155 f.). Für den Regelfall der sog. freien Maßnahmen genießt der Teilnehmer das Recht der Trägerauswahl, insofern der Träger die nach dem SGB III erforderliche Anerkennung besitzt. Der zwischen Teilnehmer und Maßnahmeträger abgeschlossene Vertrag folgt den Regeln des Bürgerlichen Gesetzbuchs. Im Zentrum stehen hier der Dienstvertrag und die sonstigen Regelungen bei Vertragsstörungen, zur ordentlichen und außerordentlichen Kündigung sowie zu Rücktrittsrechten und Anfechtungsmöglichkeiten. Beim Abzahlungskauf bestimmter Lehrmittel kann es zur Anwendung des Verbraucherkreditgesetzes kommen sowie ferner auch zur Anwendung des AGBG bei Zugrundelegung allgemeiner Geschäftsbedingungen.[142]

314

III. Fazit

Die allgemeine Bildung ist zuvorderst Angelegenheit des Staates, die berufliche Bildung dagegen auch eine Aufgabe der Unternehmen auf der Basis entsprechender Beratungs- und Mitbestimmungsrechte der Arbeitnehmer (Rz. 297 ff., 307 ff.). Schon von daher reicht es nicht aus, den kommunalen Bildungsgedanken nur an den staat-

315

---

141 Etwa zum Maßnahmeort, zu den Ausbildungsinhalten, zur Dauer der Maßnahme, zur Höhe der zu erstattenden Kosten und zu den Zahlungsmodalitäten.
142 Im Einzelnen Gounalakis/Gounalakis, RdJD 1997, S. 229 ff.

lich vereinnahmten Bereichen von Bildung fest zu machen. Der Gedanke einer Bildungslandschaft muss auch in die Betriebe hineinwirken. Ein umfassend ansetzendes Netzwerkmanagement hat neben der Unternehmensführung deshalb auch die Mitarbeitervertretung in den Betrieben in seine Aktivitäten einzubeziehen. Die in den Erwachsenenbildungs- und Jugendbildungsgesetzen der Länder geregelte und insoweit institutionell wie individuell geförderte allgemeine Bildung (Rz. 297, 302, 304) schließt lediglich betriebsbezogene, nicht aber berufsbezogene Inhalte aus. Sie ist deshalb durchaus geeignet, das Qualifizierungsgeschehen in den Betrieben wirksam zu unterstützen, wenn entsprechende Kontakte gesucht und gefunden werden. Berufsbezogene Bildungsmaßnahmen unterliegen jedoch regelmäßig den Vorgaben des Berufsbildungsgesetzes, unabhängig davon, ob sie in Eigenverantwortung der Unternehmen oder mit staatlicher Beteiligung durchgeführt werden (Rz. 306, 310).

F. Berufsbildungsrecht

316 Das Berufsbildungsgesetz enthält alle wesentlichen Regelungen für die berufliche Ausbildung, Fortbildung und Umschulung. Für die **Berufsschulen** gilt dies jedoch nur bedingt. Zwar haben sie ihre Ausbildungsinhalte den berufsbildungsrechtlichen Vorgaben und insbesondere den hierzu ergangenen Ausbildungsordnungen anzupassen. Die Organisation des Berufsschulwesens aber ist in den einzelnen Landesschulgesetzen geregelt. Die Bereiche der Fortbildung und Umschulung wurden bereits vorstehend bei den allgemeinen Ausführungen zur Erwachsenenbildung behandelt (Rz. 306). Im Folgenden kann deshalb darauf verzichtet werden. Das Berufsbildungsrecht ist ein verhältnismäßig komplexes Gebilde, das sich in Teilen auch mit arbeitsrechtlichen Problemstellungen überschneidet. Im Einzelnen kann hierauf nicht eingegangen werden. Die folgende Darstellung bezweckt vielmehr nur einen Gesamtüberblick über die wesentlichen Strukturen.

I. Begriff der Berufsbildung

317 Zur Berufsbildung gehören die Berufsausbildungsvorbereitung, die Berufsausbildung, die berufliche Fortbildung und Umschulung (§ 1 Abs. 1 BBiG). Die Begriffsbildung ist jedoch im Wesentlichen auf die Besonderheiten des Berufsbildungsgesetzes zugeschnitten. Das Arbeitsförderungsgesetz spricht beispielsweise von Weiterbildung; dass Betriebsverfassungsgesetz wiederum hat ein vergleichsweise weites Begriffsverständnis und versteht unter beruflicher Bildung jede Maßnahme, die dem Arbeitnehmer die für die Ausfüllung seines Arbeitsplatzes und seiner beruflichen Tätigkeit notwendigen Fertigkeiten und Kenntnisse vermittelt (§§ 96–98 BetrVG). Die **Ausbildungsvorbereitung** soll im Wesentlichen zur Ausbildungsbefähigung der Auszubildenden beitragen. Die **Berufsausbildung** gliedert sich in die Grundbildung und die Fachbildung und hat in einem geordneten Ausbildungsgang

im Rahmen betrieblicher und überbetrieblicher Ausbildungspläne zu erfolgen. Berufliche **Fortbildung** soll dagegen die beruflichen Kenntnisse und Fertigkeiten erhalten, erweitern, diese der technischen Entwicklung anpassen und zum Aufstieg verhelfen. Die **Umschulung** schließlich soll zu einer anderen beruflichen Tätigkeit befähigen.

II. Die Berufsbildungsstätten

Lernorte der beruflichen Bildung sind Betriebe der Wirtschaft, vergleichbare Einrichtungen außerhalb der Wirtschaft, berufsbildende Schulen sowie sonstige Berufsbildungseinrichtungen außerhalb der schulischen und betrieblichen Berufsausbildung (§ 2 BBiG). Das duale System, also das Nebeneinander von schulischer und betrieblicher Berufsausbildung, kommt im Gesetz allerdings nur indirekt zum Ausdruck. Grundsätzlich lässt das Gesetz **offen**, auf welche Weise die Berufsbildung durchgeführt wird.[143] Zumeist wird die berufliche Ausbildung durch den Berufsschulbesuch begleitet. „Sonstige Berufsbildungseinrichtungen" wie betriebliche Ausbildungsstätten, Umschulungswerkstätten, Rehabilitationswerkstätten, Berufsförderungswerke, Berufsbildungswerke oder außerbetriebliche Übungskontore wiederum bilden außerhalb von Schule und Betrieb aus.

318

Die **Bildungsstätten im dualen System** beruhen auf unterschiedlichen Rechtsordnungen. Die öffentlich-rechtliche Berufsschulpflicht fällt in die Zuständigkeiten der Kultusminister der Länder, während der betriebliche Ausbildungsteil auf der Basis eines durch das BBiG vorstrukturierten privatrechtlichen Ausbildungsvertrages erfolgt. Den Berufsschulen bleibt es jedoch unbenommen, die fachlichen Ausbildungsanteile der Ausbildungsordnungen in die schulischen Lehrpläne zu überführen.

319

Grundsätzlich muss die **Ausbildungsstätte** für die Ausbildung geeignet sein, und die Zahl der Auszubildenden muss in einem angemessenen Verhältnis zur Zahl der Ausbildungsplätze bzw. zur Zahl der beschäftigten Fachkräfte stehen (§ 27 BBiG). Wie die Ausbildung jedoch innerbetrieblich organisiert wird, ist dem jeweiligen Betrieb grundsätzlich freigestellt. Allerdings müssen die Anforderungen des Ausbildungsberufs und insbesondere des Ausbildungsrahmenplans gewahrt sein. Über die Eignung der Ausbildungsstätte wacht die zuständige Stelle (§ 32 BBiG).

320

Neben den Betrieben der Wirtschaft kann die Berufsausbildung auch in **berufsbildenden Schulen** durchgeführt werden. Hierbei handelt es sich um Berufsschulen, Berufsfachschulen, Berufsaufbauschulen, Fachoberschulen, Fachschulen, Berufsoberschulen, Berufskollegs, Fachgymnasium und Berufsakademien.[144]

321

---

143 Luthe, Bildungsrecht, Berlin 2003, S. 185.
144 Luthe, Bildungsrecht, Berlin 2003, S. 187 f.

III. Regelungsgrundlagen

322 Das Berufsbildungsgesetz als Schutzgesetz zugunsten der Auszubildenden darf weder im Ausbildungsvertrag noch in Tarif- oder Betriebsvereinbarungen ausgehebelt werden. Abweichende Vereinbarungen sind nichtig (§ 12 BBiG). § 3 BBiG beschränkt den **Anwendungsbereich** des Gesetzes auf die Berufsbildung, soweit sie nicht in den berufsbildenden Schulen durchgeführt wird, die den Schulgesetzen der Länder unterstehen. Bestimmte Ausbildungsbereiche sind jedoch von der ansonsten umfassenden Geltung des Berufsbildungsgesetzes ausgenommen, nämlich die Bereiche öffentlicher Dienst, Schifffahrt, Handwerk sowie das Hochschulwesen (§ 3 BBiG).

323 Die Ausbildung im **Handwerk** verteilt sich auf zwei Regelungskomplexe: Insbesondere die Berechtigung zum Einstellen und Ausbilden, die Ausbildungsordnung, das Verzeichnis der Berufsausbildungsverhältnisse, das Prüfungswesen, die Regelung und Überwachung der Berufsausbildung, die berufliche Fortbildung und Umschulung, die berufliche Bildung Behinderter und schließlich der Berufsbildungsausschuss ist in der Handwerksordnung geregelt. Für alles Weitere, also auch die privatrechtliche Ausgestaltung des Ausbildungsverhältnisses, gilt das Berufsbildungsgesetz (§ 3 Abs. 3 BBiG). Im Übrigen aber sind die Vorschriften der Handwerksordnung weitgehend identisch mit denen des Berufsbildungsgesetzes.

324 Das **Berufsbildungsförderungsgesetz** betrifft die Berufsbildung, soweit sie nicht in berufsbildenden Schulen durchgeführt wird, die den Schulgesetzen der Länder unterstehen. Das Gesetz beschreibt die Ziele der Berufsbildungsplanung, sieht die jährliche Erstellung und Vorlage des Berufsbildungsberichts vor, enthält Regelungen über Zweck, Inhalt und Durchführung der Berufsbildungsstatistik und bestimmt die Aufgaben des Bundesinstituts für Berufsbildung. Dessen Aufgaben liegen vor allem in der Mitwirkung an der Vorbereitung von Ausbildungsordnungen und des Berufsbildungsberichts.

325 Das Berufsbildungsgesetz ermächtigt den Bundesminister für Wirtschaft und Technologie sowie die zuständigen Stellen zum Erlass von **Ausbildungsordnungen** (§§ 4, 9 BBiG). Für das Handwerk findet sich eine entsprechende Ermächtigungsgrundlage in der Handwerksordnung. Als Mindestinhalt einer Ausbildungsordnung ist vorgegeben die Bezeichnung des Ausbildungsberufs, die Festlegung der Ausbildungsdauer und des Ausbildungsberufsbildes, des Ausbildungsrahmenplans und der Prüfungsanforderungen (§ 5 BBiG).

326 Soweit bundes- und landesgesetzliche Vorschriften nicht bestehen, regelt die **zuständige Stelle** die Durchführung der Berufsausbildung. Als Berufskörperschaft kann sie insofern verbindliches autonomes Satzungsrecht für ihre Mitglieder setzen (Prüfungsordnungen, Ausbildungsordnungen).

F. Berufsbildungsrecht

Die vorstehend aufgeführten Rechtsquellen können durch Tarifvertragsrecht ergänzt und konkretisiert werden. Zwischen diesen besteht eine festgefügte **Rangordnung** in der Reihenfolge: Berufsbildungsgesetz bzw. Handwerksordnung, Rechtsverordnungen mit den Ausbildungsordnungen, autonomes Satzungsrecht und schließlich Tarifvertragsrecht. Mit tariflichen Ausbildungsbestimmungen darf also nicht in höherrangiges Recht eingegriffen werden. Möglich sind aber beispielsweise tarifliche Übernahmegarantien des Auszubildenden nach Ablauf der Ausbildungszeit. Der Tarifvertrag gilt nach geltendem Tarifvertragsrecht (TVG) jedoch nur bei beidseitiger Tarifbildung.

327

IV. Die zuständigen Stellen

Die sog. zuständigen Stellen erledigen die öffentlich-rechtlichen Aufgaben des Gesetzes unter Anwendung des Verwaltungsverfahrensgesetzes und mit entsprechender Zuständigkeit der Verwaltungsgerichte im Streitfall. Die zuständigen Stellen haben im Wesentlichen die Aufgabe der Überwachung der Berufsausbildung, der Beratung der Auszubildenden und Ausbildenden, der Führung des Verzeichnisses der Berufsausbildungsverhältnisse, der Durchführung von Abschlussprüfungen sowie der Genehmigung von Verkürzungen und Verlängerungen der Ausbildungszeit (§ 66 BBiG). Zuständige Stellen sind Handwerkskammern, Industrie- und Handelskammern, Landwirtschaftskammern, Ärztekammern, Zahnärzte- und Apothekerkammern, Rechtsanwaltskammern, Wirtschaftsprüferkammern, die Stellen für die Berufsausbildung im öffentlichen Dienst sowie Kirchen und sonstige Religionsgemeinschaften.

328

V. Das Berufsausbildungsverhältnis

Das Berufsausbildungsverhältnis ist ein Rechtsverhältnis des Privatrechts. Es wird zwischen dem Auszubildenden und dem Ausbildenden auf der Basis eines Berufsausbildungsvertrages begründet. Dieser beinhaltet jedoch kein reines Arbeitsverhältnis, da die Ausbildungs- und Erziehungsbestandteile überwiegen, wie zahlreiche Bestimmungen des Berufsbildungsrechts nahelegen. Jugendliche unter 18 Jahren dürfen nur in **anerkannten Ausbildungsberufen** ausgebildet werden (§ 4 Abs. 2 BBiG, sog. Ausschließlichkeitsgrundsatz). Für Volljährige kommt eine Ausbildung auch außerhalb anerkannter Ausbildungsberufe in Betracht, es sei denn, es besteht eine Ausbildungsordnung. Eine Ausnahme besteht überdies für Ausbildungen, die auf den Besuch weiterführender Bildungsgänge vorbereiten, wie das etwa bei Hochschulpraktika oder bei beruflichen Maßnahmen für lernbeeinträchtigte oder sozial benachteiligte Jugendliche der Fall ist (vgl. insofern § 68 BBiG). Schließlich bestehen Sonderregelungen für die Berufsausbildung körperlich, geistig und seelisch behinderter Menschen (§§ 64–67 BBiG). Voraussetzung für die Aus-

329

bildung Jugendlicher ist das Bestehen einer Ausbildungsordnung. Befugt zur Stellung von Anträgen auf Anerkennung von Ausbildungsberufen sind der Bundesausschuss für Berufsbildung, die zuständigen Stellen sowie unternehmerische und gewerkschaftliche Fachorganisationen.

330 Das Berufsausbildungsverhältnis kann nur durch **Vertrag** begründet werden (§ 10 BBiG). Die Vertragsniederschrift ist der zuständigen Stelle vom Ausbildenden vorzulegen, wenn er die Eintragung des Berufsausbildungsverhältnisses in das Berufsausbildungsverzeichnis beantragt. An die Vertragsniederschrift sind bestimmte Anforderungen geknüpft wie etwa die Art und zeitliche Gliederung der Ausbildung, Beginn und Dauer der Berufsbildung, die Ausbildungsstätte, die Dauer der täglichen Arbeitszeit, die Dauer der Probezeit, Angaben zur Vergütung und zum Urlaub sowie schließlich zu den Kündigungsmöglichkeiten.

331 Der **Ausbildende** muss über die notwendigen fachlichen und persönlichen Eignungsvoraussetzungen und eine geeignete Ausbildungsstätte verfügen (§§ 27 ff. BBiG). Die fachliche Eignung ist bereichsweise teils im Gesetz, teils in Rechtsverordnungen und teils im Satzungsrecht der zuständigen Stellen festgelegt (§ 30 BBiG). Im Handwerksrecht ist die Meisterprüfung Eignungsvoraussetzung. Neben den erforderlichen beruflichen Fertigkeiten und Kenntnissen müssen auch berufs- und arbeitspädagogische Kenntnisse vorhanden sein. Letztere ergeben sich aus der **Ausbilder-Eignungs-Verordnung.** Ohne erforderliche persönliche Eignung darf der Ausbildende nicht einstellen. Ohne erforderliche fachliche Eignung darf er zwar einstellen, allerdings nicht ausbilden. Die fehlende fachliche Eignung des Ausbildenden kann jedoch dadurch kompensiert werden, dass er vor der Einstellung einen Ausbilder bestimmt, der seinerseits persönlich und fachlich geeignet sein muss. Zu den Pflichten des Ausbildenden gehört die Sicherstellung der geordneten Berufsausbildung, die kostenlose Gewährung von Ausbildungsmitteln, die Kontrolle des Berufsschulbesuchs und von schriftlichen Ausbildungsnachweisen sowie die charakterliche Förderung der Auszubildenden (§ 14 BBiG).

332 Auch der **Auszubildende** hat Pflichten, insbesondere die Verpflichtung zu lernen und die Weisungen des Ausbilders zu befolgen (§ 13 BBiG).

333 Da das Berufsausbildungsverhältnis ein **befristetes Rechtsverhältnis** ist, werden im Berufsausbildungsvertrag sowohl der Beginn als auch das Ende der Ausbildungszeit vereinbart (§ 21 BBiG). Zur Abkürzung der Ausbildungszeit besteht die Möglichkeit der Anrechnung von Ausbildungszeiten, wenn durch Rechtsverordnung der Länder bestimmt wurde, dass der Besuch einer berufsbildenden Schule oder die Berufsausbildung in einer sonstigen Berufsausbildungseinrichtung auf die Ausbildungszeit anzurechnen ist sowie ferner die Möglichkeit der Kürzung der Ausbildungszeit, wenn zu erwarten ist, dass der Auszubildende das Ausbildungsziel in der gekürzten Zeit erreicht (§§ 7, 8 BBiG). In Ausnahmefällen kann die Ausbildungs-

zeit jedoch auch verlängert werden, wenn die Verlängerung erforderlich ist, um das Ausbildungsziel zu erreichen (§ 8 Abs. 2 BBiG).

Das Berufsausbildungsverhältnis muss mit einer **Probezeit** beginnen (§ 20 BBiG). Diese muss mindestens einen Monat und darf höchstens 4 Monate betragen. Für die tägliche **Arbeits- bzw. Ausbildungszeit** gelten Vereinbarungen der Ausbildungsvertragsparteien, tarifvertragliche Regelungen sowie die Schutzvorschriften des Arbeitszeitgesetzes und – bei jugendlichen Auszubildenden – des Jugendarbeitsschutzgesetzes. In dieser Hinsicht ist auch das Mitbestimmungsrecht des Betriebsrats bei der Festlegung der täglichen und wöchentlichen Arbeitszeit zu beachten (§ 87 Abs. 1 Nr. 2 BetrVG). Der **Urlaubsanspruch** ist im Jugendarbeitsschutzgesetz (§ 19) sowie im Bundesurlaubsgesetz geregelt, es sein denn, es gelten besondere tarifvertragliche oder ausbildungsvertragliche Vereinbarungen. Der Auszubildende hat Anspruch auf Zahlung einer angemessenen **Vergütung** (§ 17 BBiG). Die Angemessenheit der Vergütung ist ein unbestimmter Rechtsbegriff, der im Streitfall von den Gerichten näher ausgefüllt wird. Faktisch bestehen zwischen den Gewerbezweigen hier große Unterschiede. Insofern ist die Verkehrsüblichkeit der Bemessung innerhalb der einzelnen Zweige ein wichtiger Indikator. Wesentlichen Aufschluss bieten zudem Tarifverträge und Empfehlungen der berufsständischen Kammern.

334

Wegen des hohen Schutzbedürfnisses des Auszubildenden ist das **Kündigungsrecht** des Ausbildenden im Berufsbildungsgesetz erheblich eingeschränkt. Die Möglichkeit der ordentlichen Kündigung beschränkt sich auf den Fall der Probezeit sowie auf die Kündigung durch den Auszubildenden, wenn dieser die Berufsausbildung aufgeben oder sich für eine andere Berufstätigkeit ausbilden lassen will. Der Ausbildende kann ansonsten nur aus einem wichtigen Grund ohne Einhalten einer Kündigungsfrist kündigen (§ 22 BBiG). Allein ein vertragswidriges Verhalten reicht hierfür jedoch nicht aus. Vielmehr muss die Prognose ergeben, dass das Ausbildungsziel nicht mehr zu erreichen oder zumindest erheblich gefährdet ist. Die außerordentliche Kündigung kommt vor allem dann in Betracht, wenn der Auszubildende notorisch den Berufsschulunterricht schwänzt, betriebsbezogene Straftaten begeht oder der Ausbilder Beleidigungen und tätlichen Angriffen ausgesetzt wird, schließlich wenn die Arbeitsunfähigkeit wegen Erkrankung nur vorgetäuscht wurde. Nach Beendigung des Ausbildungsverhältnisses hat der Ausbildende unaufgefordert ein **Zeugnis** auszustellen (§ 16 BBiG). Dies gilt unabhängig davon, ob gekündigt wurde oder das Ausbildungsverhältnis regulär beendet wurde. Nach **Beendigung** des Berufsausbildungsverhältnisses ist der Auszubildende weder zur Weiterarbeit verpflichtet noch hat er einen Anspruch auf Weiterbeschäftigung. Eine Übernahme kommt nur dann in Betracht, wenn die Parteien dies ausdrücklich vereinbart haben oder der Auszubildende nach Beendigung der Ausbildung auch ohne ausdrückliche Vereinbarung weiterbeschäftigt wird. In letzterem Fall gilt das Arbeitsverhältnis auf unbestimmte Zeit als begründet (§ 24 BBiG).

335

VI. Prüfungswesen

336 Durchzuführen sind **Abschlussprüfungen und Zwischenprüfungen** (§§ 37, 48 BBiG). Bei Fortbildungs- und Umschulungsmaßnahmen sind Prüfungen indes nicht zwingend vorgegeben. Es bleibt hier vielmehr den zuständigen Stellen überlassen, ob sie Prüfungen durchführen wollen. Die Pflicht zur Durchführung von Abschlussprüfungen besteht nur für die staatlich anerkannten Ausbildungsberufe. Zwischenprüfungen sind dagegen für jede Art der Berufsausbildung vorgeschrieben. Zusätzliche berufliche Fertigkeiten, Kenntnisse und Fähigkeiten werden gesondert geprüft und bescheinigt (§ 49 BBiG). Die zuständige Stelle hat eine **Prüfungsordnung** für die Abschlussprüfung zu erlassen (§ 47 BBiG). Es werden grundsätzlich nur die bei der Prüfung gezeigten Leistungen berücksichtigt. Andere Prüfungsleistungen – auch Zeugnisse der Berufsschule oder Berichtshefte – dürfen das Prüfungsergebnis nicht beeinflussen. Vielmehr ergibt sich der Prüfungsstoff in enger Anlehnung an die Ausbildungsordnung. Jedoch kann der Prüfungsausschuss zur Bewertung einzelner, nicht mündlich zu erbringender Prüfungsleistungen gutachterliche Stellungnahmen insbesondere durch berufsbildende Schulen einholen (§ 39 Abs. 2 BBiG). In der Prüfung soll der Prüfling nachweisen, dass er die erforderlichen beruflichen Fertigkeiten beherrscht, die notwendigen beruflichen Kenntnisse und Fähigkeiten besitzt und mit dem im Berufsschulunterricht zu vermittelnden, für die Berufsausbildung wesentlichen Lehrstoff vertraut ist (§ 38 BBiG).

VII. Besonderheiten der Benachteiligtenförderung

337 Sonderregelungen bestehen für behinderte Menschen und sozial benachteiligte Personen. Insbesondere bei **behinderten Menschen** können Ausnahmen gemacht werden bei der zeitlichen und sachlichen Gliederung der Ausbildung, der Dauer von Prüfungszeiten, der Zulassung von Hilfsmitteln und der Inanspruchnahme von Hilfeleistungen Dritter wie etwa Gebärdensprachen-Dolmetscher (§ 65 BBiG). Regelmäßig ist in einem anerkannten Ausbildungsberuf auszubilden; dies gilt lediglich dann nicht, wenn dies wegen Art und Schwere der Behinderung nicht möglich ist (§ 66 BBiG). Sonderregelungen bestehen hier zudem für die berufliche Fortbildung und Umschulung (§ 67 BBiG).

338 Die in § 68 BBiG geregelte **Berufsausbildungsvorbereitung** ist die konsequente Antwort auf die häufig beklagte mangelnde Ausbildungseignung vieler Schulabgänger. Sie richtet sich an sozial benachteiligte oder lernbeeinträchtigte Personen, deren Entwicklungsstand eine erfolgreiche Ausbildung nicht erwarten lässt. Die Maßnahmen werden sozialpädagogisch begleitet. Neuartige Strukturen wie die Einführung von **Qualifizierungsbausteinen** mit inhaltlich und zeitlich abgegrenzten Lerneinheiten sollen dabei eine verbesserte Transparenz und Verwertbarkeit der erworbenen Qualifikationen bei der Bewerbung um ein Ausbildungsverhältnis sicherstel-

len. Der insofern angestrebte Erwerb „beruflicher Handlungsfähigkeit" (§ 69 Abs. 1 BBiG) wird vom jeweiligen Anbieter der Berufsausbildungsvorbereitung mit einer Bescheinigung bestätigt. Als Anbieter kommen vor allem Unternehmen in Betracht. Die Berufsausbildungsvorbereitung ist der zuständigen Stelle anzuzeigen; diese überwacht das Ausbildungsverhältnis. Die Überwachungsbefugnis der zuständigen Stelle entfällt jedoch dann, wenn die Berufsausbildungsvorbereitung im Rahmen des SGB III (Arbeitsförderungsgesetz) durchgeführt wird. Die Kriterien des Berufsbildungsgesetzes zur Eignung der Ausbildungsstätte und des Ausbilders sind jedoch auch bei staatlich geförderter Ausbildungsvorbereitung zugrunde zu legen (§ 68 Abs. 2, § 70 Abs. 3 BBiG).

VIII. Fazit

Die berufliche Bildung ist in sämtlichen Bildungsphasen – von der Ausbildung bis zur Weiterbildung – staatlich reglementiert. Seinem Grundanliegen nach will das insofern einschlägige Berufsbildungsgesetz eine universelle Ordnung bundesweit anerkannter Berufsbilder zugunsten der Mobilität von Arbeitnehmern gewährleisten, aber auch die in Ausbildung befindlichen jungen Menschen vor unzuträglichen Ausbildungsverhältnissen bewahren. Da das Berufsbildungsgesetz für sämtliche Bildungsaktivitäten mit Berufsbezug gilt und zwar unabhängig davon, ob die Bildungsmaßnahme in der Eigenverantwortung des Unternehmens oder unter staatlicher Förderung stattfindet, sind gewisse Mindestkenntnisse in dieser Hinsicht für den vor Ort wirkenden Bildungsmanager unverzichtbar. Vor allem in den Regelungen zur Benachteiligungsförderung (Rz. 338 f.) manifestiert sich die für Bildungslandschaften geradezu maßstäbliche Aufgabe einer ebenso in sozialer wie in bildungsmäßiger Hinsicht ansetzenden Integration von Bildungsadressaten in die Gesellschaft.

339

G. Ausbildungsförderungsrecht

Das Ausbildungsförderungsrecht will einen Beitrag zur Chancengleichheit gewährleisten, indem jeder die seiner Begabung und Neigung entsprechende Ausbildung erhält. Ausbildungsförderung wird geleistet im Wege der **Schülerförderung, Studentenförderung und der beruflichen Aufstiegs- bzw. Aufbauförderung**. Die Förderung des Schulbesuchs und insbesondere des Hochschulbesuchs erfolgt durch das Bundesausbildungsförderungsgesetz und den hierzu ergangenen Ausführungsvorschriften. Einige Bundesländer haben zudem eigene Schülerförderungsgesetze erlassen. Betriebliche Ausbildungen wiederum sind allein nach dem Arbeitsförderungsgesetz (SGB III) und dem hierauf Bezug nehmenden Gesetz zur Grundsicherung für Arbeitsuchende (SGB II) förderungsfähig. Das Aufstiegsfortbildungsförderungsgesetz, auch als Meister-BAföG bekannt, fördert dagegen Personen, die eine

340

Meisterprüfung oder einen vergleichbaren Abschluss anstreben. Für die Graduiertenförderung von Personen mit abgeschlossenem Hochschulstudium stellt der Bund und insbesondere die Deutsche Forschungsgemeinschaft hin und wieder Fördermittel bereit, teilweise auch die Bundesländer mit entsprechenden Programmen zur Förderung des wissenschaftlichen oder künstlerischen Nachwuchses (Rz. 221 f.).

I. Berufsausbildungsförderungsgesetz

1. Leistungsvoraussetzungen

341 Das Bundesausbildungsförderungsgesetz gewährt einen Rechtsanspruch auf Leistung, wenn die erforderlichen Mittel anderweitig nicht zur Verfügung stehen (§ 1 BAföG). Anderweitig zur Verfügung stehende Mittel sind insbesondere das Einkommen und Vermögen des Auszubildenden, seines Ehegatten oder seiner Eltern (§§ 21 ff. BAföG). Zum Einkommen zählen auch sonstige Sozialleistungen (§ 21 Abs. 3 BAföG).

342 Förderungsfähig sind nur bestimmte **Ausbildungsgänge** wie allgemeinbildende Schulen und Berufsfachschulen (ab Klasse 10), Abendschulen und Kollegs, Höhere Fachschulen und Akademien sowie Hochschulen (§ 2 Abs. 1 BAföG), ferner private Hochschulen und Schulen (§ 2 Abs. 2 BAföG). Weitere Ausbildungsstätten werden durch Rechtsverordnung erfasst (§ 2 Abs. 3 BAföG). Förderungsfähig sind schließlich Praktika im Zusammenhang mit einer förderungsfähigen Ausbildung sowie Fernunterrichtslehrgänge (§ 2 Abs. 4 BAföG).

343 Bei der **Schülerförderung** bestehen jedoch Besonderheiten. Der Besuch allgemeinbildender Schulen wird nur gefördert, wenn die Auszubildenden nicht bei den Eltern wohnen und eine entsprechende zumutbare Ausbildungsstätte von der Wohnung der Eltern aus nicht erreichbar ist, ferner wenn der Auszubildende einen eigenen Haushalt führt und verheiratet ist oder war oder einen eigenen Haushalt führt und mit mindestens einem Kind zusammenlebt (§ 2 Abs. 1a BAföG). Einige Bundesländer gewähren Schülern, die nach den Bestimmungen des BAföG nicht gefördert werden können, jedoch eine ergänzende Schülerförderung. Einige dieser Bundesländer beschränken sich hierbei jedoch auf eine Begabtenförderung.

344 In begrenztem Umfang sind auch **Auslandsausbildungen** förderungsfähig (§ 5 BAföG) und zwar vom ersten Semester an.

345 Im Rahmen der **persönlichen Anspruchsvoraussetzungen** ist die Förderung grundsätzlich auf deutsche Staatsbürger und die ihnen gleichgestellten Ausländer beschränkt (§ 8 BAföG). Die Förderung anderer Ausländer ist an weitere Voraussetzungen geknüpft, insbesondere an ihren rechtmäßigen dauerhaften Aufenthalt

im Inland (§ 8 Abs. 2 und 3 BAföG). Die Ausbildung wird nur dann gefördert, wenn die Leistungen des Auszubildenden erwarten lassen, dass er das angestrebte Ausbildungsziel erreicht (sog. **Eignung**, § 9 Abs. 1 BAföG). Im schulischen Sekundarbereich kann die Behörde eine gutachterliche Stellungnahme der Ausbildungsstätte einholen (§ 48 Abs. 5 BAföG). Beim Besuch von Höheren Fachschulen und Hochschulen gilt der Eignungsnachweis dann als erbracht, wenn die durchschnittlichen Studienfortschritte vorliegen (§ 48 Abs. 1 BAföG). Kann der Eignungsnachweis nicht erbracht werden, so wird die Förderung vom 5. Fachsemester an eingestellt. Grundsätzlich dürfen die Auszubildenden bei Beginn des Ausbildungsabschnitts die **Altersgrenze** von 30 Jahren nicht überschritten haben (§ 10 Abs. 3 BAföG). Dies gilt jedoch nicht, wenn der Auszubildende die Zugangsvoraussetzungen für die zu fördernde Ausbildung nach einer abgeschlossenen Berufsausbildung in einer Fachoberschulklasse oder an Abendschulen bzw. einem Kolleg oder schließlich durch eine Nichtschülerprüfung bzw. Immaturenprüfung erworben hat, ferner wenn der Auszubildende aus persönlichen oder familiären Gründen gehindert war, den Ausbildungsabschnitt rechtzeitig zu beginnen oder wenn der Auszubildende infolge einer einschneidenden Veränderung seiner persönlichen Verhältnisse bedürftig geworden ist und noch keine förderungsfähige Ausbildung abgeschlossen hat (§ 10 Abs. 3 BAföG).

Ausbildungsförderung wird grundsätzlich nur für die **erste Ausbildung** geleistet (§ 7 Abs. 1 BAföG). Als Erstausbildung zählt nur die nach § 2 BAföG förderungsfähige berufsqualifizierende Ausbildung, nicht aber etwa eine Lehrlingsausbildung nach dem Berufsbildungsgesetz. Eine Zweitausbildung wird ausnahmsweise jedoch gefördert im Falle eines Master-, Magister- oder postgradualen Diplom-Studienganges, der auf einer Bachelor-Ausbildung aufbaut, im Falle eines Vertiefungs- und Ergänzungsstudiums nach einem Hochschulstudium, im Rahmen einer Ausbildung des Zweiten Bildungsweges sowie nach einer Ausbildung des Zweiten Bildungsweges sowie schließlich im Falle einer Ausbildung nach einer schulischen Berufsbildung (§ 7 Abs. 1a, Abs. 2 BAföG). Im Falle eines erstmaligen **Ausbildungsabbruchs oder eines Fachrichtungswechsels** ist die Förderung der neuen Ausbildung nur möglich, wenn ein „wichtiger Grund" oder ein „unabweisbarer Grund" vorliegt (§ 7 Abs. 3 BAföG). Im Rahmen einer akademischen Ausbildung kann man sich auf den wichtigen Grund jedoch nur bis zum Beginn des 4. Fachsemesters berufen; danach muss für den Wechsel oder Abbruch ein unabweisbarer Grund vorliegen. Der Begriff des wichtigen bzw. unabweisbaren Grundes ist ein unbestimmter Rechtsbegriff, der von den Gerichten in vollem Umfang überprüft wird und der voraussetzt, dass die Fortsetzung des Studiums für den Betroffenen unzumutbar ist (beim wichtigen Grund) bzw. für diesen als schlechterdings unerträglich angesehen werden kann (beim unabweisbaren Grund).[145]

346

---

145 Aus der umfangreichen Rechtsprechung vgl. etwa BVerwGE 50, S. 161; 70, S. 230.

2. Leistungen

347 Die Leistungen richten sich grundsätzlich nach dem pauschalierten gesetzlichen Bedarf. Hiervon sind das anrechenbare Einkommen und Vermögen abzuziehen. Die Förderung besteht grundsätzlich zur Hälfte als **Zuschuss** und zur anderen Hälfte als zinsloses **Darlehen** (letzteres nicht bei Schülern), dessen Rückzahlung einkommensabhängig ist. Bei Ausbildungen des Zweiten Bildungsweges bleibt das Einkommen der Eltern jedoch unberücksichtigt (§ 11 Abs. 3 BAföG). Bei der Vermögensanrechnung kommt es lediglich auf das Vermögen des Auszubildenden an, nicht auf das seiner Eltern (§ 26 BAföG).

348 Bei **Schülern** unterscheidet sich der Bedarfssatz danach, ob der Schulbesuch eine abgeschlossene Berufsausbildung voraussetzt bzw. nicht voraussetzt (§ 12 Abs. 1 BAföG). Wichtig ist zudem, ob der Schüler bei seinen Eltern wohnt (§ 12 Abs. 2 BAföG). Im Falle einer eigenen Unterkunft des Auszubildenden erhöht sich der Bedarf, wenn die Miete einen bestimmten Betrag überschreitet (§ 12 Abs. 3 BAföG).

349 Bei **Studierenden** unterscheidet sich die Leistungshöhe danach, ob die Ausbildung eine abgeschlossene Berufsausbildung erfordert bzw. nicht erfordert (§ 13 Abs. 1). Ebenso wie bei den Schülern kommt es darauf an, ob der Studierende bei seinen Eltern wohnt (§ 13 Abs. 2 BAföG). Übersteigen die Unterkunftskosten einen bestimmten Betrag, so erhöht sich die Leistung (§ 13 Abs. 3 BAföG). Schließlich wird bei Auszubildenden, die nicht bei ihren Eltern mitversichert sind, ein Zuschuss zur Kranken- und Pflegeversicherung gewährt (§ 13 a BAföG). Studierende Eltern erhalten einen Kinderbetreuungszuschlag gestaffelt nach der Anzahl der Kinder.

350 Der vorgezeichnete Bedarf verringert sich jedoch um das anrechenbare **Einkommen und Vermögen** des Auszubildenden, seines Ehegatten sowie seiner Eltern (§ 11 Abs. 2–4 BAföG). Im Kern errechnet sich das anrechenbare Einkommen nach dem Netto-Arbeitsverdienst einschließlich etwaiger Sozialleistungen und verringert sich um die jeweiligen Freibeträge des Auszubildenden bzw. seines Ehegatten und seiner Eltern (§§ 21–25 BAföG). Die Freibeträge erhöhen sich um die Anzahl unterhaltsberechtigter Kinder (§§ 23–25 BAföG). Beim Ehegatten und bei den Eltern wird jedoch nur die Hälfte des nach Abzug des Freibetrages verbleibenden Einkommens angerechnet (§ 25 Abs. 4 BAföG). Außergewöhnliche Belastungen werden durch Härteregelungen aufgefangen (§§ 23 Abs. 5, 25 Abs. 5 BAföG). 400 Euro-Jobs sind bei den Studenten anrechnungsfrei.

351 Macht der Auszubildende glaubhaft, dass seine Eltern ihren Unterhaltsverpflichtungen nicht nachkommen und ist die Ausbildung gefährdet, so kann eine **Vorausleistung** von Ausbildungsförderung beantragt werden und der Unterhaltsanspruch des Auszubildenden gegen seine Eltern geht sodann kraft Gesetzes auf den BAföG-Träger über (§§ 36, 37 BAföG). Mit dem Unterhaltsanspruch des BAföG-Empfän-

gers kann die Behörde dann ihre Forderungen vor dem jeweiligen Gericht gegenüber den Eltern selbstständig geltend machen.

Ausbildungsförderung wird jedoch nur bis zu einer bestimmten **Förderungshöchstdauer** gewährt. Für Schüler ergibt sich die Förderdauer aus der tatsächlichen Dauer der Ausbildung (§ 15 Abs. 1 BAföG). Für Studierende ist die Förderdauer hingegen beschränkt. Grundsätzlich gelten die im Hochschulrahmengesetz und den jeweiligen Prüfungsordnungen festgelegten Studienzeiten; fehlen hier Regelungen, so beträgt die Förderungshöchstdauer je nach Studiengang 7 bis 9 Semester (§ 15 a Abs. 1 BAföG). Eine Überschreitung der Förderungshöchstdauer kommt jedoch „für eine angemessene Zeit" in Betracht aus „schwerwiegenden Gründen", ferner wenn der Auszubildende in der Hochschulselbstverwaltung mitgewirkt hat, bei erstmaligem Nichtbestehen der Abschlussprüfung sowie schließlich infolge einer Behinderung, einer Schwangerschaft oder der Pflege und Erziehung eines Kindes (§ 15 Abs. 3 BAföG). Der gerichtlich voll überprüfbare unbestimmte Rechtsbegriff der „schwerwiegenden Gründe" umfasst Gründe im persönlichen Bereich ebenso wie Gründe, die die Ausbildungsinstitution zu vertreten hat.[146] 352

Als **Förderungsarten** sind Zuschüsse, Staatsdarlehen und Bankdarlehen vorgesehen (§ 17 BAföG). Schüler beziehen einen nicht rückzahlbaren Zuschuss. Studenten dagegen werden je zur Hälfte durch Zuschuss und durch ein unverzinsliches Darlehen gefördert, das jedoch höchstens bis zu einem Gesamtbetrag von 10.000 Euro zurückgezahlt werden muss (§ 17 Abs. 2 BAföG).[147] Insbesondere das Bankdarlehen ist vorgesehen bei einer Förderung über die Regelleistungen hinaus. Dies ist der Fall bei Förderung weiterer berufsqualifizierender Ausbildungen nach § 7 Abs. 2 BAföG, für die Förderung nach Studienabbruch oder Fachrichtungswechsel und für die Studienabschlussförderung nach § 15 Abs. 3 a BAföG (§ 17 Abs. 3 BAföG). In den Fällen zulässiger Überschreitung der Förderungshöchstdauer (§ 15 Abs. 3 BAföG) gilt jedoch die Förderung durch Zuschuss und Darlehen. 353

Die Rückzahlung des unverzinslichen **Staatsdarlehens** ergibt sich neben den §§ 18 ff. BAföG auch aus der Darlehensverordnung zu § 18 Abs. 6 BAföG. Es besteht jedoch die Möglichkeit der Freistellung von der Rückzahlung, solange das Einkommen einen bestimmten Betrag nicht übersteigt (§ 18a BAföG). Durch die Freistellung wird der regelmäßige Rückzahlungszeitraum von 20 Jahren um einen Zeitraum von maximal bis zu 10 Jahren verlängert (§ 18a Abs. 5 BAföG). Das Darlehen kann jedoch teilweise erlassen werden, wenn der Auszubildende nach Bestehen der Abschlussprüfung zu den ersten 30 % aller Prüfungsabsolventen gehört, ferner wenn die Ausbildung vor dem Ende der Förderungshöchstdauer beendet 354

---

146 Aus der umfangreichen Rechtsprechung vgl. etwa BVerwG, FamRZ 1980, S. 730; FamRZ 1980, S. 1161; FamRZ 1979, S. 242; FamRZ 1980, S. 730; FamRZ 1982, S. 204.
147 Die Darlehensförderung gilt jedoch nicht für den Zuschlag zum Bedarf nach § 13 Abs. 4 BAföG sowie für die Ausbildungsförderung nach § 15 Abs. 3 Nr. 5 BAföG (§ 17 Abs. 2 BAföG).

wurde, bei Überschreiten der Einkommensgrenze in Zeiten der Kindererziehung und Pflege sowie bei vorzeitiger Rückzahlung des Darlehensbetrages (§ 6 Darlehensverordnung).

355 Die **Bewilligung der Leistung** erfolgt auf Antrag und gilt grundsätzlich für ein Jahr, so dass nach Ablauf des Bewilligungszeitraums ein neuer Antrag gestellt werden muss (§§ 46, 50 BAföG). Anträge sind bei Studenten bei ihrem Studentenwerk, bei Schülern beim Amt für Ausbildungsförderung ihres Landkreises oder ihrer kreisfreien Stadt zu stellen. Die Ablehnung der Förderung ist ein mit Widerspruch und Klage angreifbarer Verwaltungsakt. Gerichtskosten werden in BAföG-Angelegenheiten nicht erhoben (§ 188 VwGO).

II. Aufstiegsfortbildungsförderungsgesetz

1. Leistungsvoraussetzungen

356 Nach dem Aufstiegsfortbildungsförderungsgesetz (AFBG), auch „Meister-BAföG" genannt, werden Maßnahmen der beruflichen Aufstiegsfortbildung, insbesondere wenn diese zur Meisterprüfung führen, durch Beiträge zu den Maßnahmekosten und zum Lebensunterhalt finanziell unterstützt (§§ 1, 2 AFBG). Voraussetzung für die Übernahme von Kosten zum Lebensunterhalt ist jedoch die **Bedürftigkeit** des Teilnehmers. Liegen die Voraussetzungen vor, so besteht ein Rechtsanspruch auf Förderung, und zwar unabhängig von der Form der Fortbildung (Vollzeit, Teilzeit, schulisch, mediengestützt oder als Fernunterricht). Förderungsfähig sind zudem der Meisterprüfung gleichwertige Abschlüsse (§ 2 Abs. 1a AFBG), auch wenn die Durchführung der Maßnahme öffentlich-rechtlich nicht geregelt ist (§ 2 Abs. 2 AFBG). Die Förderung ist jedoch ausgeschlossen, wenn für sie Ausbildungsförderung nach dem Bundesausbildungsförderungsgesetz oder Unterhaltsgeld bzw. Arbeitslosengeld bei beruflicher Förderung nach dem Arbeitsförderungsgesetz geleistet wird, ferner auch dann, wenn Leistungen zur Rehabilitation erbracht werden (§ 3 AFBG). Im Rahmen neuer Lernformen (Selbstlernprogramme und Medien) sind zudem Maßnahmen förderungsfähig, wenn sie durch Nahunterricht oder eine entsprechende mediengestützte Kommunikation ergänzt werden und regelmäßige Erfolgskontrollen durchgeführt werden (§ 4a AFBG).

357 Gefördert wird grundsätzlich nur die **erste Fortbildung** (§ 6 AFBG). Sie wird nicht geleistet, wenn der Antragsteller bereits eine berufliche Qualifikation erworben hat, die dem angestrebten Fortbildungsabschluss mindestens gleichwertig ist. Besteht die Maßnahme aus mehreren Abschnitten, so sind diese von dem Teilnehmer innerhalb des ersten Förderantrages in einem Fortbildungsplan anzugeben (§ 6 Abs. 1 AFBG). Grundsätzlich endet die Förderung bei vorzeitigem Abbruch der Maßnahme oder vorzeitiger Kündigung durch den Ausbildungsträger (§ 7 Abs. 1

AFBG). Eine Fortsetzung der Förderung aus wichtigem Grund ist jedoch möglich
(§ 7 Abs. 2, 3 AFBG).

Förderungsfähig sind deutsche Staatsangehörige und die ihnen gleichgestellten 358
Ausländer (§ 8 Abs. 1 AFBG). Andere Ausländer erhalten die Förderung nur, wenn
sie sich insgesamt 3 Jahre im Inland aufgehalten und rechtmäßig erwerbstätig gewesen sind (§ 8 Abs. 2 AFBG). Außerdem müssen die Teilnehmer erwarten lassen,
dass sie die Maßnahme erfolgreich abschließen können (Eignung, § 9 AFBG). Die
Förderungsdauer beträgt bei Maßnahmen in Vollzeit 24 Monate, in Teilzeit 48 Monate. In bestimmten Ausnahmen kann die Förderungshöchstdauer jedoch verlängert werden.

2. Leistungen

Die Förderung beinhaltet einen Maßnahmebeitrag und einen Unterhaltsbeitrag 359
(§ 10 AFBG). Der **Unterhaltsbeitrag** wird jedoch nur bei Maßnahmen in Vollzeitform gewährt (§ 10 Abs. 1 AFBG). Der monatliche Unterhaltsbedarf orientiert sich
an den einschlägigen Bedarfssätzen des Bundesausbildungsförderungsgesetzes (§ 10
Abs. 2 AFBG) und erhöht sich für Ehegatten und Kinder. Auf den Unterhaltsbedarf sind Einkommen und Vermögen des Antragstellers und seines Ehegatten anzurechnen (§ 10 Abs. 3, 17 AFBG).

Der **Maßnahmebeitrag** besteht aus einem Anspruch auf Förderung der Lehrgangs- 360
und Prüfungsgebühren bis 10.226 Euro, ferner auf Förderung der Erstellung der
fachpraktischen Arbeit bis zur Hälfte der notwendigen Kosten (höchstens jedoch
1.534 Euro) sowie schließlich einen Zuschuss zu den notwendigen Kosten der Kinderbetreuung (§ 12 Abs. 1). Der Maßnahmebeitrag für die Lehrgangs- und Prüfungsgebühren wird jedoch nur in Höhe von 33 % als Zuschuss geleistet; im Übrigen besteht er aus einem Anspruch auf Abschluss eines Darlehensvertrages bei der
Kreditanstalt für Wiederaufbau.

Bei den **Unterhaltskosten** gilt Folgendes: Soweit der Unterhaltsbeitrag die Erhö- 361
hungsbeträge nach § 10 Abs. 2 S. 3 AFBG um mehr als 103 Euro übersteigt, wird
er zu 47 % als Zuschuss geleistet, ansonsten zu 33 %. Für den Rest besteht ein Anspruch auf Abschluss eines Darlehensvertrages mit der Kreditanstalt für Wiederaufbau (§ 12 Abs. 2). Für Zeiten rechtmäßiger Verlängerung der Förderungshöchstdauer (§ 11 Abs. 1 Nr. 1) wird der Unterhaltsbeitrag in voller Höhe als Zuschuss
geleistet.

Das auf die **Lehrgangs- und Prüfungsgebühren** entfallende **Restdarlehen** kann 362
jedoch zu 71 % erlassen werden, wenn der Darlehensnehmer innerhalb von 3 Jahren nach Maßnahmeende ein Unternehmen oder eine freiberufliche Existenz gründet und ferner die Abschlussprüfung bestanden hat, die Tätigkeit mindestens ein

Jahr andauert und spätestens am Ende des dritten Jahres nach der Existenzgründung mindestens 2 Personen sozialversicherungspflichtig beschäftigt wurden (§ 13 Abs. 6 AFBG). Die Rückzahlung des Darlehens ist jedoch grundsätzlich einkommensabhängig (§ 13a AFBG).

363 Eine Anrechnung von **Einkommen und Vermögen** des Fortzubildenden und seines Ehegatten findet jedoch nur beim Unterhaltsbeitrag, nicht jedoch beim Maßnahmebeitrag und beim Erhöhungsbeitrag statt (§ 10 Abs. 3, 17 AFBG). Insbesondere beim Vermögenseinsatz werden bestimmte Freibeträge gewährt (§ 17a AGBG).

364 Über die Förderleistung entscheidet die zuständige **Behörde** auf schriftlichen Antrag (§ 19 AFBG). Die Regelung der Zuständigkeit ist Ländersache. Der Förderbescheid (§ 23 AFBG) ist ein mit Widerspruch und Klage vor den Verwaltungsgerichten (§ 26 AFBG) angreifbarer Verwaltungsakt.

III. Fazit

365 Per BAföG lässt sich nicht nur ein Studium an Hochschulen finanzieren; auch für Ausbildungen an Berufsfachschulen, unter Umständen auch an Gymnasien und Realschulen zahlt der Staat. Jüngst (2008) wurden alle BAföG-Sätze um 10 % angehoben und die Empfänger müssen sich im Vergleich zu früher von ihren eigenem Einkommen weniger anrechnen lassen. Viele Studenten mussten bislang auf die Förderung wegen des zu hohen Einkommens der Eltern verzichten. Dieser Fall wird nun seltener. Denn die Freibeträge dafür, was die Eltern verdienen dürfen, wurden 2008 erheblich angehoben. Die Bundesregierung geht davon aus, dass so 100.000 Studenten zusätzlich gefördert werden können. Bei Studenten wird die Förderung zwar nur zu 50 % übernommen, der Rest als Darlehen. Dieses aber ist zumindest zinslos. Für den beruflichen Aufstieg übernimmt der Staat zudem einen Teil der Unterhalts- und Lehrgangskosten für die Meisterprüfung. In sämtlichen Hinsichten benötigt der zuständige Bildungsmanager bzw. Bildungsberater zumindest Grundkenntnisse. Vor allem der in den Haupt- und Berufsschulen wirkende Schulsozialarbeiter muss wissen, welche Unterstützungsleistungen bei Übertritt in die nächste Bildungsstufe in Anspruch genommen werden können. Gleiches gilt im Hinblick auf den beruflichen Aufstieg für die Bildungsverantwortlichen im Betrieb. Lässt man die Bildungsadressaten über derart wichtige Fragen im Unklaren, so ist ihre Bildungsmotivation, zumal bei Herkunft aus bildungsfernen Milieus, gering.

H. Grundsicherung für Arbeitsuchende (SGB II)

366 Das SGB II ist gleichsam institutioneller Brennpunkt der sozialpolitischen Dimension kommunaler Bildungslandschaften. Im Blick auf den Kreis der Leistungsempfänger sind hier Bildungsarmut und Erwerbslosigkeit zumeist zwei Seiten ein und

H. Grundsicherung für Arbeitsuchende (SGB II)

derselben Medaille. Im Dezember 2007 erhielten ca. 5.1 Mio. erwerbsfähige Hilfebedürftige und ca. 1,9 Mio. Angehörige (in der Regel Kinder unter 15 Jahren) Leistungen der Grundsicherung. Arbeitslos gemeldet waren im SGB II-System 2,36 Mio. Menschen, also 70 % aller Arbeitslosen in Deutschland.[148] Knapp 1,3 Mio. Erwerbstätige erhalten – neben dem Arbeitsverdienst – aufstockende Leistungen im SGB II. Etwa die Hälfte von Ihnen verfügt über ein Bruttoeinkommen von über 400 Euro monatlich. Rund 1 Mio. Hilfebedürftige sind zwischen 15 und 24 Jahre alt; hiervon haben 27 % die Schule ohne Abschluss verlassen. Knapp 1 Mio. Hilfebedürftige sind Ausländer. Die Zahl Deutscher mit Migrationshintergrund wird statistisch nicht erhoben, liegt aber weitaus höher. Rund 1,14 Mio. Familien mit Kindern unter 18 Jahren beziehen SGB II-Leistungen, davon etwa 580.000 Alleinerziehende.

Zumeist kombiniert mit Bildungsarmut sind Trennung und Scheidung, nicht gelungene gesellschaftliche und berufliche Integration (vor allem von Migranten) und nicht auskömmliche Arbeitsverhältnisse als **Hauptursachen für den Leistungsbezug** anzusehen.[149] Ursache der Hilfebedürftigkeit sind letztlich multiple Problemlagen, die jedenfalls allein durch die dem Grundsicherungsträger zur Verfügung stehenden Möglichkeiten der Eingliederung in Arbeit nicht ausreichend erfasst werden können. Demgegenüber ist eine deutliche Verbesserung der Kooperation der vor Ort tätigen Leistungsträger untereinander sowie mit den privaten Leistungserbringern zugunsten passgenauer Angebote für die Betroffenen angemahnt worden. Hintergrund ist, dass die kommunale Angebotsstruktur an sich weit über das SGB II hinausreicht, diese vom jeweiligen Grundsicherungsträger in ihrer ganzen Bandbreite und ihren Potenzialen aber kaum genutzt wird, obgleich in § 18 SGB II die **Zusammenarbeit mit allen Beteiligten des örtlichen Arbeitsmarktes** wie den Kreisen und Bezirken, den Vertretern der Arbeitgeber und Arbeitgeber, den Kammern und berufsständischen Organisationen sowie den Trägern der freien Wohlfahrtspflege gefordert wird. In erster Linie sind Defizite wie diese auf mangelnde Angebotstransparenz zurückzuführen, aber eben auch auf Kooperationsdefizite der für Armutsbekämpfung, Arbeitsmarktpolitik, Familien- und Jugendpolitik, Gesundheitspolitik und Wirtschaftsförderung zuständigen Behörden.[150] Das **Fallmanagement** in den Grundsicherungsbehörden wird deshalb in der Tendenz isoliert betrieben, d. h. außerhalb dessen, was „kommunale Bildungslandschaften" zumindest poten-

367

---

148 Offer, Kommunale Sozialpolitik an der Schnittstelle zum SGB II, in: Archiv für Wissenschaft und Praxis der Sozialen Arbeit, Bd. 39 (2008), 1, S. 104, 106.
149 Bei nicht auskömmlichen Arbeitsverhältnissen liegt dies an niedrigen Löhnen, Teilzeittätigkeit oder großen Familienverbünden.
150 Offer, Kommunale Sozialpolitik an der Schnittstelle zum SGB II, in: Archiv für Wissenschaft und Praxis der Sozialen Arbeit, Bd. 39 (2008), 1, S. 106 f.: Gründe hierfür sind u. a., dass die kommunale Angebotsstruktur nicht in einem zentralen IT-System erfasst wird und die an psychosozialen Maßnahmen an der Eingliederung beteiligten Kommunen ihre Kompetenzen nur in wenigen Fällen auf die ARGEn übertragen haben. Ein weiterer Punkt dürfte aber sein, dass es den Behörden der Grundsicherung generell an **ausreichenden Rechtskenntnissen** hinsichtlich des Angebotsspektrums anderer Leistungsträger fehlt; zu nennen sind hier insbesondere die für Leistungsbezieher des SGB II durchaus offenstehenden Hilfen in besonderen Lebenslagen des SGB XII sowie die Leistungen der Jugendhilfe.

ziell zu bieten hätten. Trägerübergreifende Koordinierungsstellen mit spezialisiertem Fallmanagement wären insofern ein denkbarer Lösungsweg (Rz. 196). Dies gilt vor allem für das Übergangssystem zwischen Schule und Berufsausbildung (Berufsvorbereitungsjahr, Berufsgrundbildungsjahr, Berufsfachschule, berufsvorbereitende Bildungsmaßnahmen), in das jährlich fast ebenso viele Jugendliche eintreten wie in die betriebliche Berufsausbildung. Vor allem hier ist ein systematisches Übergangsmanagement unter Einbeziehung der Grundsicherungsträger, der Schulen, der öffentlichen und freien Träger der Jugendhilfe und der Berufsberatungsstellen der Agenturen für Arbeit gefordert. Verstärkt einzubeziehen sind jedoch auch Angebote der Schuldnerberatung[151] sowie Angebote zur Betreuung von Kindern.[152] Gerade die Integration junger erwerbsloser Eltern mit Kindern scheitert häufig an fehlenden Betreuungsangeboten, insbesondere für Kinder unter 3 Jahren. In dieser Hinsicht sind es vor allem die Jugendämter, die Plätze in Kindertagesstätten oder in der Tagespflege als flankierende Eingliederungsleistungen im SGB II zur Verfügung stellen können.[153]

I. Allgemeine Anwendungsvoraussetzungen

368 Leistungen des SGB II erhalten alle Personen, die bedürftig sind und ihren Unterhaltsbedarf weder aus eigenem Einkommen und Vermögen noch aus den Leistungen Dritter (etwa Unterhaltsverpflichtungen oder vorrangige Leistungen anderer Leistungsträger) sicherstellen können. Vielfach ist der Bedürftigkeit eine Phase des Bezuges von Arbeitslosengeld I, und zwar im Regelfall für die Dauer von 12 Monaten (bei älteren Personen verlängert sich die Bezugsdauer) vorausgegangen.[154] Grundsätzlich lässt sich sagen, dass **erwerbsfähige Hilfebedürftige** Leistungen des SGB II beziehen, nicht-erwerbsfähige Hilfebedürftige dagegen Leistungen nach dem SGB XII (Sozialhilfe). Im Detail aber sind hier viele Besonderheiten zu beachten. Mit der Zu-

---

151 Etwa 3 Mio. Haushalte gelten in Deutschland als überschuldet; die jährliche Zahl der Verbraucherinsolvenzen liegt bei ca. 100.000. Mehr als die Hälfte der Beratenen ist arbeitslos, und 45 % der Beratenen beziehen Arbeitslosengeld II: Offer, Kommunale Sozialpolitik an der Schnittstelle zum SGB II, in: Archiv für Wissenschaft und Praxis der Sozialen Arbeit, Bd. 39 (2008), 1, S. 109.
152 Insgesamt rund 550.000 Paare mit Kindern und rund 580.000 Alleinerziehende mit Kindern beziehen Arbeitslosengeld II: Offer, Kommunale Sozialpolitik an der Schnittstelle zum SGB II, in: Archiv für Wissenschaft und Praxis der Sozialen Arbeit, Bd. 39 (2008), 1, S. 110.
153 Neben der Betreuungssituation der Kinder sind typischerweise Unterkunftsfragen nach einer Trennung, Fragen bei der Geltendmachung von Unterhaltsansprüchen und Beratungsbedarfe bei Überschuldung oder in Erziehungsfragen zu klären: Offer, Kommunale Sozialpolitik an der Schnittstelle zum SGB II, in: Archiv für Wissenschaft und Praxis der Sozialen Arbeit, Bd. 39 (2008), 1, S. 112. Von Defiziten der Jugendämter im Bereich der Jugendberufshilfe und sonstigen Jugendsozialarbeit (§ 13 SGB VIII) vor allem bei Jugendlichen, die sich dem „Fördern und Fordern" der Grundsicherungsbehörde entziehen oder die wegen hier bestehender überregionaler Ausschreibungspflichten nicht mehr vom kommunalen Angebotsspektrum freier Träger der Jugendhilfe erfasst werden, spricht Hofmann, „keiner darf verloren gehen!", Blätter der Wohlfahrtspflege 2007, S. 186, 187.
154 In diesem Fall erhalten die Bezieher von SGB II-Leistungen jedoch für die Dauer von 2 Jahren einen Zuschlag nach Bezug von Arbeitslosengeld I (§ 24 SGB II), der die Einkommenseinbußen abfedern soll, die in der Regel beim Übertritt in die Grundsicherung für Arbeitsuchende entstehen.

ordnung erwerbsfähiger Hilfebedürftiger und ihrer Angehörigen zum vom Bund finanzierten (abgesehen von den kommunal finanzierten Unterkunftskosten und Leistungen nach § 16 Abs. 2 SGB II) Leistungsspektrum des SGB II wurde u. a. die finanzielle Entlastung der Kommunen bezweckt. Aus diesem Grund unterfallen nicht nur der erwerbsfähige Hilfebedürftige dem SGB II, sondern auch die mit ihm zusammenlebenden **Angehörigen seiner Bedarfsgemeinschaft**, und zwar völlig unabhängig davon, ob diese erwerbsfähig sind oder nicht. Im Rahmen der Unterhaltssicherung erhalten erwerbsfähige Hilfebedürftige **Arbeitslosengeld II** (§ 7 Abs. 1 i. V. m. § 19 ff. SGB II), nicht-erwerbsfähige Hilfebedürftige **Sozialgeld** (§ 7 Abs. 2 i. V. m. § 28 SGB II). Ausreichend für den Leistungsbezug nach SGB II ist somit, dass lediglich eine erwerbsfähige Person in der in § 7 Abs. 3 SGB II geregelten Bedarfsgemeinschaft vorhanden ist. Dann werden sämtliche der mit ihm in Bedarfsgemeinschaft lebenden Personen gewissermaßen in den Leistungsbezug des SGB II hineingezogen. Die Bedarfsgemeinschaft und die Erwerbsfähigkeit sind damit die beiden maßgeblichen Zuordnungskriterien für den Leistungsbezug nach SGB II. Ist der Hilfesuchende also nicht-erwerbsfähig im Sinne des § 8 SGB II oder ist in einer Bedarfsgemeinschaft eine erwerbsfähige Person nicht vorhanden, so erfolgt die Leistungsgewährung bei entsprechender Bedürftigkeit nach dem SGB XII. Ist der Hilfesuchende erwerbsfähig, so muss er zusätzlich zwischen 15 und 65 Jahre alt sein, hilfebedürftig sein und seinen gewöhnlichen Aufenthalt in der Bundesrepublik haben, um hilfeberechtigt zu sein. Erst dann kann er seiner Funktion im System des Gesetzes als „Hauptleistungsberechtigter" gerecht werden und seine Angehörigen und natürlich sich selbst zu Leistungsberechtigen des SGB II machen.

Darüber hinaus ist zu beachten, dass bestimmte Personen vom Leistungsbezug des SGB II von vornherein **ausgeschlossen** sind, nämlich:
– Asylbewerber und bestimmte Gruppen von Ausländern (§ 7 Abs. 1 SGB II);
– Personen, die in einer stationären Einrichtung untergebracht sind; nicht jedoch Personen, die voraussichtlich für weniger als 6 Monate im Krankenhaus untergebracht sind oder die in einer stationären Einrichtung untergebracht und mindestens 15 Stunden wöchentlich erwerbstätig sind (§ 7 Abs. 4 SGB II);
– dem Grunde nach förderungsfähige Auszubildende im Rahmen des Bundesausbildungsförderungsgesetzes oder im Rahmen einer geförderten Berufsausbildung nach §§ 60–62 SGB III (§ 7 Abs. 5, 6 SGB II);
– Bezieher von Altersrente, Knappschaftsausgleichsleistungen oder ähnlichen Leistungen (§ 7 Abs. 4 SGB II);
– Personen, die entgegen den Bestimmungen der Erreichbarkeitsanordnung nicht erreichbar sind (§ 7 Abs. 4a SGB II);
– nicht-erwerbsfähige Personen, die kein Sozialgeld nach SGB II erhalten, weil sie einen Anspruch auf Grundsicherung im Alter und bei Erwerbsminderung nach § 41 SGB XII haben (§§ 5 Abs. 2, 28 Abs. 1 SGB II).

369

Zur Abwendung der Bedürftigkeit von Familien hat der Gesetzgeber den sog. **Kinderzuschlag** nach § 6a BKGG eingeführt. Dem Kinderzuschlag liegt die Idee zu-

370

grunde, dass Eltern nur wegen ihrer Unterhaltsbelastung für die Kinder nicht in den Leistungsbezug des SGB II fallen sollen. Ein großer Anteil der Bevölkerung fällt mithin lediglich deshalb nicht in das System der Fürsorge, weil es in einer bestimmten Bandbreite zu einer Erhöhung ihres Kindergeldes kommt.

371 Hat der Hilfesuchende dem Grunde nach einen Anspruch auf Leistungen zur Sicherung des Lebensunterhalts nach dem SGB II, so sind weitere Hilfen zum Lebensunterhalt nach SGB XII ausgeschlossen. Der **Leistungsausschluss gilt jedoch nicht für die besonderen Leistungen** (Hilfen in besonderen Lebenslagen) des SGB XII (§§ 47 ff., 53 ff., 61 ff., 67 ff., 70 ff. SGB XII). Insbesondere für Personen in multiplen Problemlagen ist dies von besonderer Bedeutung. Insofern ist zunächst in Rechnung zu stellen, dass das SGB II nicht nur den Unterhalt bedürftiger Personen sichert, sondern diesen auch (Ermessens-)Leistungen zur Eingliederung in Arbeit eingeräumt werden (§§ 14–18 SGB II). Diese reichen aber für Personen mit psychosozialen Problemen grundsätzlich nicht aus. Mit anderen Worten: Einem erwerbslosen Heranwachsenden ohne Berufsabschluss und feste Unterkunft mit Drogenproblemen wird man allein mit den im SGB II zur Verfügung stehenden Trainingsmaßnahmen kaum helfen können. Deshalb kommen weitere Hilfen nach dem SGB XII (etwa die Hilfe zur Überwindung besonderer sozialer Schwierigkeiten nach § 67 SGB XII) sowie ggf. auch Leistungen der **Jugendhilfe** (etwa als Hilfe für junge Volljährige nach § 41 SGB VIII) in Betracht. Das Beispiel verdeutlicht, wie sehr es in Einzelfällen auf die Zusammenarbeit mehrerer Leistungsträger ankommen kann, während ebenso deutlich gesagt werden muss, dass die Praxis in dieser Hinsicht erhebliche Defizite aufweisen dürfte.

II. Vorgaben für das Fallmanagement

372 Die im Fallmanagement (Rz. 181) vorzunehmende Problemanalyse ist in juristischer Hinsicht eine Angelegenheit korrekter Sachverhaltsermittlung (§ 20 SGB X). Wenn die Behörde mithin sämtliche relevante Fallaspekte zu ermitteln hat, so erfordert dies im Rahmen des Fallmanagements regelmäßig eine Problemanalyse unter dem Aspekt der einzusetzenden Mittel, der zu veranschlagenden Zeit und Kosten sowie der geforderten Mitwirkungsobliegenheiten, insbesondere mit Ursachenanamnese, ggf. Bestandsaufnahme der bisherigen Maßnahmen sowie einer Sichtung der Potenziale und Hemmnisse für die Zielerreichung („Profiling"). Erstzuständig ist regelmäßig der **persönliche Ansprechpartner** (§ 14 SGB II). Dieser besitzt grundsätzlich nur eine „Lotsenfunktion" (koordinierendes Systemmanagement) und ist neben der Eingliederung auch für die Berechnung der Unterhaltsleistungen zuständig. Fälle mit hohem Betreuungsbedarf werden dem „aktivierenden Fallmanagement" überstellt. Einige Leistungsträger haben diese Trennung aber bewusst nicht vollzogen, haben im Sinne einer „ganzheitlichen" Fallbetreuung vielmehr nur einen einzigen Ansprechpartner für sämtliche Bedarfslagen des Hilfebedürftigen vorgesehen.

Eingliederungsleistungen werden nach **Ermessen** erbracht und in der **Eingliederungsvereinbarung** (§ 15 SGB II) verbindlich festgelegt. 373
Hierbei sind folgende Grundsätze maßgeblich (§ 3 SGB II):
- Die Maßnahmen müssen **erforderlich** sein: „Kurzzeitbezieher" und Personen, die auch ohne staatliche Hilfe eine Erwerbstätigkeit aufnehmen könnten, sind von Maßnahmen daher regelmäßig ausgeschlossen.
- **Eignung**: Diese ist gezielt an den Erfordernissen des Arbeitsmarktes auszurichten. Der objektiven Eignung kommt Vorrang zu, auch wenn dies nicht immer den Wünschen des Hilfebedürftigen entspricht.
- **Individuelle Lebenssituation**: Hierzu gehören alle Umstände, die sich auf die Person des Hilfebedürftigen beziehen (Alter, Geschlecht, religiöses Bekenntnis, Gesundheitszustand, berufliche Kenntnisse, Familien- und Wohnverhältnisse, Verhältnisse am Arbeitsplatz, Möglichkeit der Entlastung durch Familienangehörige bei der Haushaltsführung und Kinderbetreuung sowie Pflege von Angehörigen).
- **Voraussichtliche Dauer**: Für Personen mit vorübergehendem Bedarf sind Leistungen nicht erforderlich.
- **Dauerhaftigkeit**: Auszuwählen sind diejenigen Maßnahmen, die am besten geeignet sind, der bestehenden Hilfebedürftigkeit umfassend und nachhaltig abzuhelfen.
- **Vorrang von Maßnahmen, die eine Erwerbstätigkeit ermöglichen**: Vorzug verdienen Maßnahmen, die auf möglichst direktem Weg in die Erwerbstätigkeit führen. So haben Maßnahmen der beruflichen Qualifizierung im Regelfall Vorrang gegenüber Maßnahmen der psychosozialen Unterstützung.
- **Wirtschaftlichkeit und Sparsamkeit**: Sämtliche Maßnahmen stehen unter dem Vorbehalt dessen, was organisatorisch und finanziell möglich ist. Hierbei kommt es auch – wenn auch nicht als „alleiniger Grund" – auf die Haushaltssituation des Leistungsträgers an.[155]
- **Vorrangige Vermittlung jüngerer und älterer Personen**: Die Vermittlung ist eine Leistung zur Eingliederung nach § 16 Abs. 1 SGB II i. V. m. §§ 35 ff. SGB III. Die Vermittlung einer Arbeit oder einer Ausbildung auf dem ersten Arbeitsmarkt beschränkt sich auf die Herstellung von Kontakten zu privaten Arbeitgebern. Im Übrigen kommen Angebote von Arbeitsgelegenheiten nach § 16 Abs. 3 in Betracht. Ein Rechtsanspruch auf „erfolgreiche" Vermittlung besitzt der Hilfebedürftige nach Abs. 2 jedoch nicht. Gleiches gilt für die Neuregelung in § 3 Abs. 2 a SGB III. Danach sind erwerbsfähige Hilfebedürftige, die das 58. Lebensjahr vollendet haben, unverzüglich in eine Arbeit oder Arbeitsgelegenheit zu vermitteln.
- **Qualifizierende Beschäftigung**: Hilfebedürftige ohne Berufsabschluss, die nicht in eine Ausbildung vermittelt werden können, sollen möglichst in Arbeit vermittelt werden, die auch zur Verbesserung ihrer beruflichen Kenntnisse und Fähigkeiten beiträgt.

---

[155] BSG, SGb 1991, S. 487.

- **Erreichbarkeit** (§ 7 Abs. 4 a SGB II): Keine Leistungen erhält, wer nach Maßgabe der Erreichbarkeitsanordnung nicht erreichbar ist. Näheres zur Erreichbarkeit kann in der Eingliederungsvereinbarung festgelegt werden.

374 Nach Maßgabe der vorgenannten Grundsätze sind die jeweiligen **Eingliederungsleistungen** zu bestimmen. Die Leistungen werden im Einzelnen gesondert dargestellt. Systematisch ist jedoch darauf hinzuweisen, dass das SGB II bei den meisten Leistungen auf die Förderleistungen des SGB III verweist (vgl. § 16 Abs. 1 SGB II), selbst mithin nur wenige eigene Leistungen zur Eingliederung enthält (§§ 16 Abs. 2 und 3, 16 a SGB II). Verantwortlicher Träger der Leistungen bleibt trotz des Verweises allerdings der Leistungsträger des SGB II (also die ARGEN und sog. Optionskommunen). Nicht vom SGB II erfasste Maßnahmen des SGB III sind das Übergangsgeld (für behinderte Menschen), der Gründungszuschuss, die Berufsausbildungsbeihilfe, die Transferleistungen, die Entgeltsicherung für ältere Arbeitnehmer sowie die Förderung von Bildungs-, Rehabilitationseinrichtungen sowie Jugendwohnheimen. Die Berufsausbildungsbeihilfe muss somit gesondert gegenüber der Arbeitsverwaltung im Rahmen des SGB III beantragt werden und ist keine Leistung des SGB II-Leistungsträgers.[156]

375 Nach Abschluss der Problemdiagnose und Maßnahmeprognose („Profiling") sind „insbesondere" die Eingliederungsleistungen, die Bemühungen des Hilfebedürftigen sowie die Verpflichtung zur Beantragung von Leistungen Dritter für die Dauer von 6 Monaten zusammen mit dem erwerbsfähigen Hilfebedürftigen in der **Eingliederungsvereinbarung** festzulegen (§§ 15, 15 a SGB II). Die Mitglieder der Bedarfsgemeinschaft können auch einbezogen werden (etwa zusätzliche Kinderbetreuung), wenn dies dazu führt, dass der erwerbsfähige Hilfebedürftige dadurch schneller integriert werden kann (§ 15 Abs. 2 SGB II). Verweigert der Hilfebedürftige den Vertragsabschluss oder kommt er den vereinbarten Pflichten nicht nach, so hat dies Leistungskürzungen zur Folge (§ 31 SGB II). Nach § 15 a SGB II sollen zudem erwerbsfähigen Personen, die innerhalb der letzten 2 Jahre weder Leistungen des SGB II noch des SGB III bezogen haben, bereits zum Zeitpunkt der Antragstellung Leistungen zur Eingliederung in Arbeit angeboten werden (**Sofortangebot**). Dieses Sofortangebot ist problematisch. Der Gesetzgeber hat hiermit gezielt eine Positivselektion unter den Leistungsbeziehern vorgenommen, indem Personen mit kurzzeitigem Leistungsbezug gegenüber anderen bei der Gewährung von Eingliederungsleistungen bevorzugt werden.

---

156 Sog. Aufstocker (§ 18 a SGB II), die neben Arbeitslosengeld I aufstockend Arbeitslosengeld II beziehen, sind nach § 22 Abs. 4 SGB III jedoch weiterhin gegenüber dem SGB III-Leistungsträger berechtigt, und zwar hinsichtlich des Anspruchs auf Ausbildungs- und Arbeitsvermittlung, des Anspruchs auf Beauftragung Dritter mit der Vermittlung sowie des Anspruchs auf besondere Leistungen für behinderte Menschen, einschließlich Übergangsgeld und Teilnahmekosten. Im Übrigen erfüllen Aufstocker im Gegensatz zu den SGB II-Beziehern die Anspruchsvoraussetzungen für den Gründungszuschuss nach § 57 f. SGB III.

H. Grundsicherung für Arbeitsuchende (SGB II)

Der Hilfebedürftige hat eine Arbeit, Arbeitsgelegenheit (1-Euro-Job) oder Ausbildung jedoch nur dann aufzunehmen, wenn dies zumutbar ist. Dies gilt für die generelle Verpflichtung zur Aufnahme einer Beschäftigung ebenso wie für die Eingliederung (§ 10 Abs. 1, 3 SGB II).

376

Das Gesetz benennt folgende **Unzumutbarkeitsgründe**:
- Mangelnde Eignung aus körperlichen, geistigen oder seelischen Gründen
- Erschwerung der zukünftigen Berufsausübung
- Kindererziehung: Die Maßnahme ist für den erwerbsfähigen Hilfebedürftigen unzumutbar, wenn ihre Durchführung die Erziehung seines Kindes oder des Kindes seines Partners gefährden würde. Die Erziehung ist in der Regel nicht gefährdet, soweit die Betreuung des Kindes in einer Tageseinrichtung oder in Tagespflege sichergestellt ist. Die kommunalen Träger sollen auf einen Platz zur Tagesbetreuung hinwirken (§ 6 Abs. 1 Nr. 2, § 16 Abs. 2 Nr. 1 SGB II). Bei Kindern, die das 3. Lebensjahr vollendet haben, ist ein Einsatz der Arbeitskraft in der Regel zumutbar. Dies gilt nicht, wenn eine Betreuungsmöglichkeit tatsächlich nicht vorhanden ist. Denkbar ist die Beschränkung der zumutbaren Erwerbsobliegenheit auf eine Halbtagstätigkeit, falls die Betreuung und Verpflegung durch die Schule oder Dritte nicht möglich ist.
- Pflege eines Angehörigen: Nicht erforderlich ist jedoch, dass Pflegeleistungen nach dem SGB XI bezogen werden. Der Umfang der Pflegetätigkeit muss aber einen nicht unerheblichen Zeitanteil umfassen.
- Sonstiger wichtiger Grund: Der wichtige Grund ist restriktiv anzuwenden und erfordert grundsätzlich eine Abwägung zwischen der Erwerbsobliegenheit und entgegenstehenden Gründen. Unzumutbar sind Tätigkeiten, die den Hilfesuchenden sichtlich überfordern, ferner Qualifizierungsmaßnahmen, wenn der Maßnahmeträger nicht die geforderte Zuverlässigkeit und Geeignetheit besitzt und der Leistungsberechtigte jedenfalls keine neuen Kenntnisse und Fertigkeiten hinzugewinnt. Unzumutbar ist schließlich der Abbruch der Schulausbildung (bis zum Abitur), der Abbruch einer Weiterbildung dann, wenn nur sie die Chance einer den persönlichen Fähigkeiten angemessene Tätigkeit eröffnet.[157]

Eine Arbeit ist jedoch **nicht allein deshalb unzumutbar**, weil sie nicht einer früheren Tätigkeit entspricht, geringwertiger ist als die bisherige Ausbildung des Hilfebedürftigen, vom Wohnort weiter entfernt ist als ein früherer Beschäftigungs- oder Ausbildungsort oder bei der die Arbeitsbedingungen ungünstiger sind als bei den bisherigen Beschäftigungen.

Sanktionen: Kommt der Hilfebedürftige seinen Verpflichtungen zur Aufnahme einer angebotenen Arbeit oder zur Teilnahme an entsprechenden Maßnahmen nicht nach, so muss die Leistung gekürzt werden: In einer ersten Stufe beläuft sich die Kürzung auf 30 % der maßgebenden Regelleistung (§ 31 SGB II). Bei jüngeren Hilfebedürftigen werden bei Erstverstößen jedoch nur noch die Leistungen für Unterkunft und Heizung sowie ergänzende Sachleistungen erbracht. Bei der ersten wie-

377

---

[157] Mit weiteren Nachweisen vgl.: Luthe/Dittmar, Fürsorgerecht, 2. Aufl., Berlin 2007, S. 301.

derholten Pflichtverletzung erfolgt die Kürzung der Regelleistung um 60 %. Bei jüngeren Hilfebedürftigen führen wiederholte Pflichtverletzungen dagegen zum Fortfall der gesamten Leistung, einschließlich Kosten für Unterkunft und Heizung. Zur hundertprozentigen Leistungskürzung kommt es bei den übrigen Leistungsbeziehern dagegen erst nach der dritten Pflichtverletzung. Bei weitgehender Leistungskürzung liegt es jedoch im Ermessen der Behörde, ob sie nunmehr ergänzende Sachleistungen oder Lebensmittelgutscheine gewährt; bei Familien mit Kindern soll dies in jedem Fall geschehen. Die Dauer der Leistungskürzung beträgt 3 Monate pro Pflichtverletzung.

378 **Empfänger von Eingliederungsleistungen** des SGB II können sein: Hilfebedürftige, Arbeitgeber und Träger. Träger sind solche Leistungserbringer, die Leistungen nicht selbst durchführen, sondern durch Dritte durchführen lassen (§ 21 SGB III). Grundvoraussetzung für die Inanspruchnahme von Eingliederungsleistungen ist die Hilfebedürftigkeit der Person (§ 9 SGB II). Deshalb kommen präventive Leistungen zur Vermeidung von Hilfebedürftigkeit im SGB II grundsätzlich nicht in Betracht. Generell aber sind weitere Leistungen der Jugendhilfe und der Sozialhilfe möglich (§§ 5 Abs. 2 SGB II; 10 Abs. 3 S. 2 SGB VIII). Das SGB II bezweckt die Eingliederung in das Erwerbsleben. Liegt der **Schwerpunkt der Hilfe** jedoch in der psychosozialen Unterstützung und Persönlichkeitsbildung, so sind Jugend- und Sozialhilfe gefordert. Voraussetzung ist bei einigen Leistungen das Vorliegen von **Vermittlungshemmnissen**: Hohes Lebensalter, Migrationshintergrund, fehlende schulische oder berufliche Qualifikation, gesundheitliche Einschränkungen, Sucht- und Schuldenprobleme, lange Arbeitslosigkeit.

379 Vor allem in früherer Zeit wurden zahlreiche **Effektivitätsprobleme** bei der Eingliederung erwerbsloser Personen diagnostiziert. Die Lage dürfte sich vor dem Hintergrund zahlreicher Reformmaßnahmen zwar verbessert haben. Die vollständige Beseitigung der nachfolgenden Defizite aber dürfte kaum gelungen sein:
- Mitnahmeeffekt: Der Arbeitnehmer wäre auch ohne die Förderung beschäftigt worden; der Arbeitgeber „nimmt die Förderung nur mit".
- Locking-in-Effekt: Während der Teilnahme an der Maßnahme geht wertvolle Zeit der eigenen Arbeitsplatzsuche durch den Arbeitnehmer verloren.
- Stigmatisierungseffekt: Geförderte Arbeitnehmer gelten nach Teilnahme häufig als arbeitsentwöhnt, die Maßnahmen als nicht praxistauglich bzw. als zu wenig auf individuelle Kompetenzen der geförderten Personen abgestimmt (Überforderung oder Unterforderung).
- Förderfalle: Staatliche Ausbildungs- und Weiterbildungsangebote vermindern den Anreiz bei Unternehmen, selbst in die Qualifizierung des Personals zu investieren.
- Positivselektion: Gefördert werden vor allem die leistungsstärkeren Arbeitnehmer, die auch ohne Förderung einen Arbeitsplatz finden würden.
- Als Alternative wird diskutiert: Vollständiger Wegfall jeglicher Förderleistungen; statt dessen Senkung der Beiträge zur Arbeitslosenversicherung und Abbau von

Personal in der Arbeitsverwaltung mit dem Ziel der Absenkung der Arbeitskosten.

III. Leistungen

1. Leistungen nach § 16 Abs. 1 S. 1 SGB II

Hierbei handelt es sich um die Leistung der Vermittlung in Arbeit nach § 35 SGB III. Danach hat die Agentur für Arbeit Ausbildungssuchenden, Arbeitsuchenden und Arbeitgebern Ausbildungsvermittlung und Arbeitsvermittlung anzubieten. Die Vermittlung gehört zu den wenigen einklagbaren Pflichtaufgaben des SGB II-Trägers. Hervorzuheben ist in diesem Zusammenhang auch die Vermittlung durch private Stellenvermittler in § 37 Abs. 4 SGB III. Auf die Einschaltung eines solchen Drittvermittlers hat der Hilfebedürftige einen Rechtsanspruch, wenn er 6 Monate nach Eintritt der Arbeitslosigkeit noch arbeitslos ist. Der Rechtsanspruch des Arbeitslosen richtet sich jedoch nur auf die Beauftragung eines Dritten mit der Vermittlung, hingegen steht die Auswahl des Dritten im pflichtgemäßen Ermessen des Trägers.[158]

380

2. Leistungen nach § 16 Abs. 1 S. 2 SGB II

Sämtliche der nachfolgenden Leistungen sind solche des SGB III und werden im SGB II nur in Bezug genommen. Deshalb erfolgt die **detaillierte Darstellung** dieser Leistungen im arbeitsförderungsrechtlichen Kapitel. Nahezu alle dieser Leistungen haben einen bildungspolitischen Hintergrund und dienen der Berufsorientierung und Qualifizierung des Hilfebedürftigen:

- **Beratung** nach §§ 29 ff. SGB III: Berufsberatung und Arbeitsmarktberatung mit Eignungsfeststellung nach § 32 SGB III; insbesondere Berufsorientierungsmaßnahmen – auch für Schüler – sollen die Berufswahlvorbereitung fördern (§ 33 SGB III). Die Arbeitsmarktberatung nach § 34 SGB III soll Arbeitgeber bei der Besetzung von Ausbildungs- und Arbeitsstellen unterstützen.
- Beschäftigung durch **Personal-Service-Agenturen** nach § 37c SGB III: Arbeitnehmerverleih mit flankierender Qualifizierung.
- **Unterstützung der Beratung und Vermittlung** nach §§ 45–47 SGB III: Bspw. Bewerbungskosten und Reisekosten (Praxis bei Bewerbungskosten: 260 Euro pro Jahr).
- **Eignungsfeststellung/Trainingsmaßnahmen** nach §§ 48–52 SGB III: Maßnahmekosten inklusive Fahrkosten und Kinderbetreuung.

381

---

158 Voelzke, in: Hauck/Noftz, SGB II, § 16 Rz. 308.

- **Mobilitätshilfen** nach §§ 53–55 SGB III: Übergangsbeihilfe, Reisekostenbeihilfe, Fahrkostenbeihilfe, Trennungskostenbeihilfe, Umzugskostenbeihilfe.
- **Weiterbildungsförderung** nach §§ 77–87 SGB III: Grundvoraussetzung ist die Notwendigkeit zur Eingliederung oder zur Abwendung von drohender Arbeitslosigkeit oder wegen fehlenden Berufsabschlusses; die vorherige Beratung ist zwingend; Maßnahme und Träger müssen zugelassen sein nach §§ 84, 85 SGB III; Geförderte erhalten einen Bildungsgutschein nach § 77 Abs. 3 SGB III; zu den Leistungen siehe § 79 SGB III; Berufsausbildungsbeihilfen nach § 59 SGB III werden jedoch weiterhin eigenständig von den Arbeitsagenturen (nicht von den ARGEN) geleistet.
- **Eingliederungszuschüsse** nach §§ 217 ff. SGB III: Leistungen an Arbeitgeber; Voraussetzung sind Vermittlungshemmnisse; eine Sonderregelung besteht bei Schwerbehinderten nach § 219 i. V. m. § 18 SGB III; besondere Ausschlussgründe finden sich in § 221 SGB III; die Förderhöhe beträgt 50% bzw. 70% des Arbeitsentgelts für 12, 24 oder 36 Monate; ältere Arbeitnehmer, die über einen mehr als 12-monatigen Anspruch auf Arbeitslosengeld verfügen, erhalten im Übrigen einen Eingliederungsgutschein, mit dem sich die Bundesagentur zur Zahlung von Eingliederungszuschüssen an den Arbeitgeber für 12 Monate in Höhe von 30–50% des berücksichtigungsfähigen Arbeitsentgelts verpflichtet (§ 223 SGB III).
- **Einstellungszuschuss bei Neugründungen** nach §§ 225 ff. SGB III: Zuschuss von 50% des Arbeitsentgelts für kleinere Betriebe, die in den letzten 2 Jahren gegründet wurden für Arbeitslose, die in den letzten 3 Monate vor der Einstellung Arbeitslosengeld I oder II bezogen haben.
- **Förderung der Weiterbildung durch Vertretung** nach §§ 229 ff. SGB III: Förderung von Arbeitgebern bei Beschäftigung eines Vertreters für einen anderen Arbeitnehmer, der sich beruflich weiterbildet; die Förderhöhe beträgt 50% bis 100% des Arbeitsentgelts; die Förderdauer maximal 12 Monate; der vormals arbeitslose Vertreter kann auch im Rahmen der Arbeitnehmerüberlassung zur Verfügung gestellt werden.
- **Förderung der Berufsausbildung und der beruflichen Weiterbildung** nach §§ 235 ff. SGB III: Zuschüsse zur Ausbildungsvergütung für Arbeitgeber, wenn ausbildungsbegleitende Hilfen während der Ausbildung gewährt werden oder eine ergänzende außerbetriebliche Ausbildung betrieben wird; für die Aus- und Weiterbildung von Schwerbehinderten vgl. die Sonderregelung nach § 235 a SGB III. Für die Weiterbildung von Arbeitnehmern ohne Berufsabschluss vgl. § 235 c SGB III.
- **Betriebliche Einstiegsqualifizierung** nach § 235 b SGB III: Erwerb beruflicher Handlungsfähigkeit für Jugendliche mit eingeschränkten Vermittlungsperspektiven oder ohne Ausbildungsreife oder mit sozialer Benachteiligung, auch im Rahmen der Berufsausbildungsvorbereitung nach § 68 BBiG; Arbeitgeber erhalten für die Dauer von 6 bis 12 Monaten Zuschüsse zur Vergütung und einen Anteil ihres Sozialversicherungsbeitrages.
- **Förderung der Teilhabe am Arbeitsleben** nach § 236 ff. SGB III: Zuschüsse zur Vergütung in Höhe von maximal 60% (ausnahmsweise 100%) bei Beschäftigung

H. Grundsicherung für Arbeitsuchende (SGB II)

behinderter Arbeitnehmer für den Arbeitgeber, wenn die Aus- und Weiterbildung sonst nicht zu erreichen ist; außerdem werden Arbeitshilfen und finanzielle Hilfen bei Probebeschäftigung gewährt (§§ 237, 238 SGB III).

– **Förderung der Berufsausbildung und Beschäftigung begleitende Eingliederungshilfen** nach §§ 240–246d SGB III: Gewährt werden Leistungen an Träger im Rahmen einer zielgruppenbezogenen Benachteiligtenförderung; § 240 SGB III gibt die Grundsätze hierfür vor; § 241 Abs. 1 SGB III regelt die ausbildungsbegleitenden Hilfen; § 241 Abs. 2 SGB III regelt die außerbetriebliche Ausbildung; § 241 Abs. 3 SGB III enthält Übergangshilfen zur Überbrückung von Zeiten zwischen zwei Ausbildungen oder zwischen Ausbildung und Beschäftigung; § 241 Abs. 3a SGB III enthält Aktivierungshilfen zur Motivierung der Jugendlichen; § 241 Abs. 4 SGB III stellt Kriterien auf für die Förderungsfähigkeit vorgenannter Maßnahmen; § 241a SGB III ermöglicht eine sozialpädagogische Begleitung lernbeeinträchtigter und sozial benachteiligter Jugendlicher während einer Berufsausbildungsvorbereitung oder einer Einstiegsqualifizierung (zu letzterem vgl. §§ 61, 235b SGB III); § 242 SGB III enthält die persönlichen Voraussetzungen hinsichtlich der förderungsbedürftigen Auszubildenden; § 243 SGB III regelt die Leistungen (Zuschüsse zur Ausbildungsvergütung nach § 244, Maßnahmekosten nach § 245, sonstige Kosten nach 246); § 246a enthält Eingliederungshilfen zur Unterstützung der Beschäftigung von förderungsbedürftigen jüngeren Arbeitnehmern (§ 246b) für maximal 6 Monate (§ 246d Abs. 2), diese „Beschäftigung begleitende Eingliederungshilfen" werden – wie in den übrigen Fällen auch – Trägern im Sinne des § 21 SGB III gewährt, mithin auch Unternehmen, die die entsprechenden Leistungen (§ 246d) durch andere durchführen lassen.

– **Arbeitsbeschaffungsmaßnahmen** nach § 260 ff. SGB III: Sie treten selbstständig neben die Arbeitsgelegenheiten nach § 16 Abs. 3 SGB II; ihr Zweck liegt in der Bezuschussung bestimmter Arbeitsplätze, für die dem Arbeitgeber Arbeitslose zugewiesen werden; förderungsfähig sind Träger im Sinne des § 21 SGB III; möglich sind Regiemaßnahmen (der Träger führt die Maßnahme selbst durch) oder Vergabemaßnahmen (Vergabe der Arbeiten an ein privates Unternehmen, das die Arbeitsverhältnisse begründet und dem Träger die erbrachten Leistungen einschließlich der Lohnkosten in Rechnung stellt); die persönlichen Voraussetzungen der förderungsbedürftigen Arbeitnehmer regelt § 263 SGB III; die sachlichen Voraussetzungen sind u. a., dass die Maßnahmen „zusätzlich" sind und im „öffentlichen Interesse" liegen (§ 260 Abs. 1 Nr. 2, § 261 Abs. 2 und 3 SGB III); die Förderungsdauer beträgt 12 bis 36 Monate (§ 267); die Dauer der Zuweisung 12 bis 36 Monate (§ 267a); die Arbeitsstelle wird in pauschalierter Form in Höhe von 900 Euro bis maximal 1.300 Euro gefördert (§ 264); begründet wird ein Arbeitsverhältnis ohne Pflichtversicherung in der Arbeitslosenversicherung, regelmäßig befristet in Abstimmung mit der Förderdauer.

– **Beschäftigung schaffende Infrastrukturmaßnahmen** nach § 279a SGB III: Ziel der Regelung ist die Schaffung von Beschäftigung im Bereich der öffentlichen Daseinsvorsorge und Infrastruktur; die Regelung ist jedoch bis zum 31.12.2007 befristet.

- **Förderung beschäftigter Arbeitnehmer** nach § 417 SGB III: Die Regelung bezweckt die Förderung älterer Arbeitnehmer bei Teilnahme an der außerbetrieblichen Weiterbildung durch Übernahme der Weiterbildungskosten gegenüber dem Arbeitnehmer und Übernahme der Lohnkosten gegenüber dem Arbeitgeber; die Regelung gilt jedoch nur für kleinere Betriebe bis 250 Mitarbeitern und ist befristet auf Maßnahmen, die bis zum 31.12.2010 begonnen wurden.
- **Eingliederungszuschuss für ältere Arbeitnehmer** nach § 421 f SGB III: Es handelt sich um einen Zuschuss an den Arbeitgeber; gefördert wird nach § 218 SGB III auch ohne das Erfordernis von Vermittlungshemmnissen für bis zu 36 Monate, wenn der Arbeitnehmer seit mindestens 6 Monaten arbeitslos ist oder Transferkurzarbeitergeld erhält (§ 216 b) oder an einer Weiterbildung oder einer öffentlich geförderten Beschäftigung teilnimmt; die Regelung gilt jedoch nur für Förderungen, die bis zum 31.12.2009 begonnen haben; vgl. nunmehr § 223 SGB III (Eingliederungsgutschein, Rz. 469).
- **Beitragsbefreiung bei Beschäftigung älterer Arbeitnehmer** nach § 421 k SGB III: Der Arbeitnehmer muss vor Aufnahme der Beschäftigung das 55. Lebensjahr vollendet haben; dann wird der Arbeitgeber hinsichtlich des Arbeitgeberanteils von der Beitragstragung befreit; die Regelung gilt jedoch nur für Beschäftigungsverhältnisse, die vor dem 1.1.2008 begründet wurden.
- **Qualifizierungszuschuss für die Einstellung jüngerer Arbeitnehmer** nach § 421 o SGB III: Arbeitgeber erhalten einen Zuschuss zum Arbeitsentgelt in Höhe von 50 %; Ziel ist die betriebsnahe Vermittlung arbeitsmarktnaher Kenntnisse (Abs. 4), auch durch Qualifizierungsbausteine nach § 69 BBiG; der Arbeitgeber hat über die erlernten Kenntnisse eine Bescheinigung auszustellen; Vorrang haben jedoch Leistungen, die auf einen beruflichen Abschluss zielen (wie etwa §§ 59 ff., 235 ff. SGB III); gefördert werden unter 25-jährige Personen ohne Berufsabschluss mit vorheriger 6-monatiger Arbeitslosigkeit, ansonsten sind weitere besondere Vermittlungshemmnisse jedoch nicht erforderlich; die Förderungsdauer beträgt maximal 12 Monate; die Regelung ist bis zum 31.12.2010 befristet.
- **Eingliederungszuschuss für jüngere Arbeitnehmer** nach § 421 p SGB III: Es handelt sich um eine Leistung für Arbeitgeber bei Beschäftigung jüngerer Arbeitnehmer mit Berufsausbildung, die aber mehr als 6 Monate arbeitslos sind; besondere Vermittlungshemmnisse sind nicht erforderlich; die Förderdauer beträgt längstens 6 Monate; die Förderhöhe beträgt zwischen 25 % und 50 % des Arbeitsentgelts; die Regelung ist befristet bis zum 31.12.2010.
- **Erweiterte Berufsorientierung** nach § 421 q SGB III: Die Regelung bezieht sich auf Maßnahmen der Berufsorientierung in § 33 SGB III; aufgehoben wird allerdings hier der bisherige zeitliche Rahmen von bis zu 4 Wochen und die Beschränkung der Maßnahme auf die unterrichtsfreie Zeit; die Regelung ist befristet bis zum 31.12.2010.
- **Ausbildungsbonus** nach § 421 r SGB III: Es handelt sich um eine Leistung für Arbeitgeber im Sinne eines Zuschusses für die „zusätzliche" betriebliche Ausbildung förderungsbedürftiger Auszubildender, die sich erfolglos um eine berufliche Ausbildung bemüht haben und die über einen Haupt-, Sonderschul- oder gar

keinen Schulabschluss verfügen oder die lernbeeinträchtigt oder sozial benachteiligt sind und bereits früher die Schule verlassen haben oder die mit mittlerem Schulabschluss bereits seit längerem die Schule verlassen haben und sich bereits früher erfolglos um eine Ausbildung bemüht haben oder bei denen der Ausbildungsvertrag wegen Betriebsschließung vorzeitig beendet wurde; die Zuschusshöhe beträgt zwischen 4.000 und 6.000 Euro (Rz. 446).

3. Leistungen nach § 16 Abs. 1 S. 3 SGB II für behinderte Menschen

Zwar ist die Bundesagentur für Arbeit nach § 6a SGB IX **Rehabilitationsträger** (auch) für diejenigen Teilhabeleistungen, die für behinderte erwerbsfähige Hilfebedürftige im Sinne des SGB II nach § 16 Abs. 1 S. 3 SGB II erbracht werden. Die **Entscheidungskompetenz** für diese Leistungen und die Eingliederungsverantwortung für den Leistungsberechtigten liegt nach § 6a S. 4 SGB IX jedoch bei den – nicht in den Kreis der Rehabilitationsträger einbezogenen (§ 6 SGB IX) – Grundsicherungsbehörden bzw. den zugelassenen kommunalen Trägern (§ 6a SGB II), während der Bundesagentur lediglich die Feststellung des Rehabilitationsbedarfs obliegt. Die Bundesagentur hat insofern lediglich ein Vorschlagsrecht hinsichtlich des Rehabilitationsbedarfs. Es bleibt den Leistungsträgern des SGB II jedoch unbenommen, sich der Entscheidung der an das SGB IX gebundenen Bundesagentur anzuschließen und vor allem die hier bestehenden Möglichkeiten zu nutzen, wie etwa das Angebot an Diensten und Einrichtungen auf der Basis bestehender Leistungserbringungsverträge insbesondere mit Einrichtungen der beruflichen Rehabilitation oder durch Einschaltung der von den Reha-Trägern beauftragten Integrationsfachdiensten. Verantwortlich nach außen ist innerhalb des Grundsicherungsträgers jedoch der Fallmanager (§ 14 SGB II). Er leitet den Fall im Rahmen seines Verfahrensermessens an das Reha-Team der Bundesagentur weiter, wenn sich im Beratungsgespräch Anzeichen für eine Behinderung ergeben. An die Stelle eines möglichen Teilhabeplans nach § 10 Abs. 1 SGB IX tritt die Eingliederungsvereinbarung des § 15 SGB II. Zwar besteht im Rahmen des SGB II kein Wunschrecht hinsichtlich der Eingliederungsleistung. Durch den Verweis auf § 97 Abs. 2 SGB III in § 16 Abs. 1 S. 3 SGB II aber wird deutlich, dass die Neigung des Leistungsempfängers für eine bestimmte Tätigkeit im Rahmen seiner beruflichen Rehabilitation nicht unberücksichtigt bleiben kann. Die Bundesagentur prüft den Fall unter Beachtung der in § 14 SGB IX geregelten Fristen und Weiterleitungsverpflichtungen. Über den Eingliederungsvorschlag der Bundesagentur entscheidet der Grundsicherungsträger dann innerhalb von 3 Wochen nach Antragseingang (§ 6a SGB IX).

382

Da sich die Leistungen des SGB II auf die Eingliederung in das Erwerbsleben beschränken und diesbezüglich an das Kriterium der Erforderlichkeit und Erfolgswahrscheinlichkeit gebunden sind (§§ 3 Abs. 1 SGB II, 97 Abs. 1 SGB III), kommen für erwerbsfähige Behinderte, aber auch für nicht-erwerbsfähige und behinderte Sozialgeldbezieher (§ 28 SGB II) weitere **Eingliederungshilfen des SGB XII** in

383

Betracht, wenn die Leistungen des SGB II nicht ausreichen, tatsächlich nicht gewährt werden oder wenn eine Eingliederung des Behinderten zwar nicht in beruflicher, aber immerhin noch in sozialer Hinsicht erreicht werden kann (§ 53 Abs. 3 SGB XII). Im Übrigen aber ist der Sozialhilfeträger gegenüber den Eingliederungsleistungen des SGB II wegen § 2 SGB XII nachrangig zuständig. Abgesehen von ihrer Vorrangigkeit gegenüber dem Sozialhilfeträger sind die Leistungsträger des SGB II gegenüber den Leistungen anderer Sozialleistungsträger grundsätzlich nachrangig zuständig (§§ 5 Abs. 1, 9 Abs. 1 SGB II). Dies gilt insbesondere im Verhältnis zu den Teilhabeleistungen der Rentenversicherung, seitdem Bezieher von Arbeitslosengeld II in die Rentenversicherung einbezogen wurden (§§ 3 S. 1 Nr. 3 a, 9–12 SGB VI).

384 Hinsichtlich der **Leistungsvoraussetzungen** muss der behinderte Mensch, wenn er berufliche Teilhabeleistungen im Rahmen des **SGB II** beziehen will, das 15. Lebensjahr vollendet und darf das 65. Lebensjahr noch nicht vollendet haben, erwerbsfähig und hilfebedürftig sein und seinen gewöhnlichen Aufenthalt in der Bundesrepublik haben (§ 7 Abs. 1 SGB II). Oder aber die behinderte (erwerbsunfähige) Person lebt mit einem erwerbsfähigen Hilfebedürftigen zusammen in einer Bedarfsgemeinschaft (§ 7 Abs. 2 SGB II). In diesem Fall werden Dienst- und Sachleistungen jedoch nur erbracht, wenn dadurch die Hilfebedürftigkeit der restlichen Bedarfsgemeinschaftsmitglieder beendet oder verringert werden kann oder wenn hierdurch Hemmnisse bei der Eingliederung der erwerbsfähigen Hilfebedürftigen beseitigt oder vermindert werden (§ 7 Abs. 2 S. 2 SGB II). Häufig fehlt es den erwerbsfähigen Hilfebedürftigen jedoch an der erforderlichen positiven Erfolgsprognose im Sinne des § 97 Abs. 1 SGB III. Deshalb ist regelmäßig die Zuständigkeit des Sozialhilfeträgers für entsprechende Eingliederungshilfen zu prüfen.

385 Weitere Leistungsvoraussetzungen enthält das **SGB III**. Der in § 16 Abs. 1 S. 3 SGB III enthaltene Verweis auf die §§ 97–99 SGB III stellt klar, dass die in diesen Vorschriften genannten Anspruchsvoraussetzungen und Grundsätze auch für erwerbsfähige Hilfebedürftige des SGB II gelten.
Es sind die folgenden Voraussetzungen zu beachten:
– Zugrunde zu legen ist der in § 19 SGB III definierte Begriff der **Behinderung**. Danach muss die Aussicht, am Arbeitsleben teilzuhaben oder weiter teilzuhaben, wegen Art oder Schwere der im Sinne des § 2 Abs. 1 SGB sich beurteilenden Behinderung wesentlich gemindert sein. Die Behinderung darf jedoch die Erwerbsfähigkeit im Sinne des § 8 SGB II nicht aufheben, weil ansonsten die Zuständigkeit des Grundsicherungsträgers nicht mehr gegeben wäre.
– Ziel der Förderung nach § 97 Abs. 1 SGB III ist die dauerhafte Eingliederung in das Erwerbsleben. Die Leistung ist deshalb nur **erforderlich** im Sinne des Gesetzes, wenn der Behinderte sie wegen seiner Behinderung benötigt, um wieder in der in den Arbeitsmarkt eingegliedert zu werden.
– Bei der **Auswahl der Leistungen** sollen Eignung, Neigung, bisherige Tätigkeit sowie Lage und Entwicklung des Arbeitsmarktes angemessen berücksichtigt werden (§ 97 Abs. 2 SGB III).

H. Grundsicherung für Arbeitsuchende (SGB II)

Der Behinderte kann grundsätzlich die **allgemeinen Leistungen** beanspruchen, die auch Nicht-Behinderten gewährt werden (§ 100 SGB III), bei denen aber nach § 101 SGB III behindertenspezifische Besonderheiten berücksichtigt werden. Oder er erhält die **besonderen Leistungen** der §§ 102 ff. SGB III, die ausschließlich behinderten Menschen zustehen. Die besonderen Leistungen werden jedoch nur erbracht, soweit nicht bereits durch die allgemeinen Leistungen eine Teilhabe am Arbeitsleben erreicht werden kann (§ 98 Abs. 2 SGB III). Wesentlicher Maßstab der besonderen Leistungen ist die Art und Schwere der Behinderung (§ 102 Abs. 1 SGB III).[159]

386

Bis auf wenige Ausnahmen ist der Leistungsträger des SGB II für die Arbeitseingliederung behinderter Menschen unter entsprechender Anwendung der Vorschriften des SGB III im Falle ihrer Bedürftigkeit und Erwerbsfähigkeit zuständig. **Ausgeschlossen** für bedürftige Behinderte sind jedoch die Leistungen der Förderung der Aufnahme einer selbstständigen Tätigkeit (§ 100 Nr. 4 SGB III), der Förderung der Aufnahme einer Berufsausbildung einschließlich der Berufsausbildungsbeihilfe (§§ 100 Nr. 5, 101 Abs. 3 SGB III) sowie die unterhaltssichernden Leistungen Übergangsgeld und Ausbildungsgeld (§§ 103 Nr. 1 und 2, 104–108 SGB III). Vor allem bei der Förderung der Aufnahme einer selbstständigen Tätigkeit und der Berufsausbildungsbeihilfe kann die Bundesagentur jedoch im Einzelfall als originär zuständiger Träger der Arbeitsförderung gefordert sein (vgl. § 22 Abs. 4 S. 1 SGB III). Die meisten Teilhabeleistungen werden nach § 97 Abs. 1 SGB III als **Ermessensleistungen** erbracht. Nur die besonderen Leistungen des § 102 SGB III sind Pflichtleistungen.

387

Grundsätzlich kommen im Rahmen der Eingliederungsleistungen des SGB II nur „berufliche" Teilhabeleistungen in Betracht, zumal medizinische Rehabilitationsleistungen von der Bundesagentur ohnehin nicht gewährt werden.

388

Allgemeine Leistungen (§ 100 Nr. 1–3 und 6 SGB III):
– Unterstützung der Beratung und Vermittlung (§§ 45–47 SGB III),
– Verbesserung der Aussicht auf Teilhabe am Arbeitsleben (§§ 48–52 SGB III),
– Förderung der Aufnahme einer Beschäftigung (§§ 53–55 SGB III),
– Förderung der beruflichen Weiterbildung (§§ 77–87, 101 Abs. 5 SGB III).

389

Besondere Leistungen: Bei den besonderen Leistungen muss **Art und Schwere** der Behinderung oder muss die **Sicherung der Teilhabe** am Arbeitsleben die Teilnahme an einer Maßnahme in einer besonderen Einrichtung für behinderte Menschen oder an einer besonderen Maßnahme unerlässlich machen (§ 102 Abs. 1 Nr. 1a und b SGB III). Dies ist nur anzunehmen, wenn der Lebensunterhalt auch durch Aufnahme einer gering qualifizierten Tätigkeit nicht gesichert werden kann. Alternativ kommen besondere Leistungen in Betracht, wenn die allgemeinen Leistungen

390

---

159 Zum Ganzen Luthe, in: Luthe (Hrsg.), Rehabilitationsrecht, Berlin 2008, § 3 A.

angesichts der Behinderung nicht oder nicht im erforderlichen Umfang ausreichen (§ 102 Abs. 1 Nr. 2 SGB III).
Es kommen folgende Leistungen in Betracht:
- Aus- und Weiterbildungsmaßnahmen einschließlich der Berufsvorbereitung
- sowie blindentechnischer und vergleichbarer Grundausbildungen (§ 102 Abs. 1 SGB III);
- Leistungen im Eingangsverfahren und Berufsbildungsbereich in Behindertenwerkstätten (§ 102 Abs. 2 SGB III). Hierzu gehört die Übernahme von Teilnahmekosten, auch im Rahmen eines trägerübergreifenden persönlichen Budgets, einschließlich die „weiteren Aufwendungen", die Kosten für Sonderfälle der Unterkunft und Verpflegung und für eingliederungsbegleitende Dienste und Übergangshilfen (§ 103 Nr. 3 i. V. m. 109 Abs. 1 und 2, 111 SGB III). Die Teilnahmekosten bestimmen sich nach den §§ 33, 44, 53 und 54 SGB IX (§ 109 Abs. 1 S. 1, Abs. 2 SGB III).
- Die Teilnahmekosten und sonstigen Kosten umfassen somit insgesamt: Lehrgangskosten (§ 33 Abs. 7 Nr. 2 SGB IX); Kosten für Lernmittel (§ 33 Abs. 7 Nr. 2 SGB IX); Kosten für Arbeitsausrüstung (§ 33 Abs. 7 Nr. 2 SGB IX); Kraftfahrzeughilfe (§ 33 Abs. 8 Nr. 2 SGB IX); Verdienstausfall (§ 33 Abs. 8 Nr. 2 SGB IX); Arbeitsassistenz (§ 33 Abs. 8 Nr. 3 SGB IX); Hilfsmittelkosten (§ 33 Abs. 8 Nr. 4 SGB IX); technische Arbeitshilfen (§ 33 Abs. 8 Nr. 5 SGB IX); Wohnungsaufwendungen (§ 33 Abs. 8 Nr. 6 SGB IX); Rehabilitationssport und Funktionstraining (§ 44 Abs. 1 Nr. 3 und 4 SGB IX); Reisekosten (§§ 44 Abs. 1 Nr. 5 und 53 Abs. 1 und 2 SGB IX); Unterbringungs- und Verpflegungskosten (§§ 33 Abs. 7 Nr. 1 SGB IX); Haushalts- und Betreuungskosten (§§ 44 Abs. 1 Nr. 6 und 54 SGB IX); Kranken- und Pflegeversicherungskosten (§§ 44 Abs. 2 S. 1 SGB IX); Aufwendungen für eingliederungsbegleitende Dienste (§ 109 Abs. 2 S. 1 SGB III); „weitere Aufwendungen" und die Kosten für Sonderfälle der Unterkunft und Verpflegung (§ 109 Abs. 1 S. 2 i. V. m. § 111 SGB III) sowie die Übergangshilfen als begleitende Leistungen (§ 109 Abs. 2 S. 2 i. V. m. §§ 240–247 SGB III).

391 Hinsichtlich der **allgemeinen Leistungen** gelten nach § 16 Abs. 1 S. 3 SGB II i. V. m. § 101 Abs. 1, 2, 4 und 5 SGB III jedoch wichtige **Besonderheiten**, um den behinderten Menschen den Zugang zu diesen Leistungen zu erleichtern:
- Mobilitätshilfen werden auch an nicht-arbeitslose Behinderte erbracht (§ 101 Abs. 1 SGB III).
- Es sind auch solche Ausbildungen förderungsfähig, die im Rahmen des Berufsbildungsgesetzes oder der Handwerksordnung abweichend von den staatlichen Ausbildungsordnungen durchgeführt werden (§ 101 Abs. 2 SGB III).
- Bei besonderer Schwere der Behinderung kommt zudem eine Verlängerung, Wiederholung der Ausbildung oder eine erneute Berufsausbildung in Betracht (§ 101 Abs. 4 SGB III).
- Eine berufliche Weiterbildung kann auch dann gefördert werden, wenn behinderte Menschen nicht arbeitslos sind, als Arbeitnehmer ohne Berufsabschluss

noch nicht 3 Jahre beruflich tätig gewesen sind oder einer längeren Förderung als nicht-behinderte Menschen oder einer erneuten Förderung bedürfen (§ 101 Abs. 5 SGB III). An die Stelle des Arbeitslosengeldes bei Weiterbildung (§ 117 Abs. 1 Nr. 2 SGB III) tritt jedoch die Unterhaltsleistung des SGB II. Förderungsfähig sind auch schulische Ausbildungen, deren Abschluss für die Weiterbildung erforderlich sind.

4. „Weitere Leistungen" und Kommunalleistungen nach § 16 Abs. 2 SGB II

Nach § 16 Abs. 2 können „weitere Leistungen" erbracht werden, wenn diese für die Eingliederung „erforderlich" sind. Das Gesetz eröffnet den Leistungsträgern insofern einen weiten Gestaltungsspielraum. Die Leistungen des Abs. 2 werden nach § 6 Abs. 1 SGB II teils in kommunaler, teils in Zuständigkeit der Arbeitsagenturen erbracht. *392*

Zur Zuständigkeit der **Kommunen** gehören:
- Kinderbetreuung/Pflege von Angehörigen,
- Schuldnerberatung,
- psychosoziale Betreuung,
- Suchtberatung.

Zur Zuständigkeit der **Arbeitsagenturen** gehören:
- Das Einstiegsgeld nach § 29 SGB II,
- die Leistungen nach dem Altersteilzeitgesetz,
- sonstige „weitere Leistungen".

Die **Schuldnerberatung** ist gegenüber der Schuldnerberatung nach § 11 Abs. 5 SGB XII wegen der Subsidiaritätsnorm des § 2 SGB XII vorrangig zu erbringen. Voraussetzung ist jedoch zum einen die Erforderlichkeit der Beratung i.S.d. Eingliederungsgrundsätze des § 3 SGB II; dies ist sie dann, wenn die Verschuldungssituation ein arbeitsmarktspezifisches Eingliederungshemmnis ist. Zum anderen müssen die Personen leistungsberechtigt nach § 7 Abs. 1 und 2 SGB II und insbesondere bedürftig sein. In allen anderen Fällen hat die Beratung nach § 11 Abs. 5 SGB XII zu erfolgen: Wegen des Gedankens vorbeugender Hilfe in § 15 SGB XII kann sich die Beratung hier nicht nur auf bedürftige Personen beschränken. Vorgenannte Ausführungen gelten im Übrigen auch für die **Suchtberatung** nach § 16 Abs. 2 Nr. 4 SGB II, die zudem in § 11 Abs. 5 SGB XII (Fachberatungsstellen) aufgeführt ist. *393*

Für die in § 16 Abs. 2 SGB II aufgeführte **psychosoziale Betreuung** kann analog § 33 Abs. 6 SGB IX herangezogen werden, der einen ausführlichen, jedoch nicht abschließend geregelten Katalog denkbarer Hilfen enthält. Im Übrigen kann es hier zu Überschneidungen mit den Hilfen zur Überwindung sozialer Schwierigkeiten nach §§ 67 ff. SGB XII kommen. Auf diese besteht ein Rechtsanspruch. Sie sind deshalb stets ergänzend zu gewähren, wenn die psychosoziale Betreuung nicht ausreicht. *394*

395 Insbesondere das **Altersteilzeitgesetz** enthält Förderleistungen für Arbeitgeber, die einem Arbeitnehmer den gleitenden Übergang in die Altersteilzeit ermöglichen. Arbeitet der ältere Arbeitnehmer in Altersteilzeit, erhält dieser vom Arbeitgeber einen Aufstockungsbetrag zum Arbeitsentgelt, weil er allein von der Teilzeitvergütung nicht leben könnte. Dieser Aufstockungsbetrag nebst Rentenversicherungsbeitrag wird dann dem Arbeitgeber vom SGB II-Leistungsträger bei vorheriger Zusage erstattet.

396 Das **Einstiegsgeld** ist eine Ermessensleistung für erwerbsfähige Hilfeberechtigte, die bei Aufnahme einer sozialversicherungspflichtigen oder selbstständigen Erwerbstätigkeit als Zuschuss zum Arbeitslosengeld II für höchsten 24 Monate in Zeiten einer Erwerbstätigkeit als Anreiz unter Berücksichtigung des einzelnen Falles gewährt wird; die Leistung kann auch erbracht werden, wenn die Hilfebedürftigkeit durch oder nach Aufnahme der Erwerbstätigkeit entfällt.

397 Die „**sonstigen weiteren Leistungen**" nach § 16 Abs. 2 S. 1 SGB II eröffnen sehr weitgehende Handlungsmöglichkeiten. Möglich ist sowohl eine Einzelfallhilfe an erwerbsfähige Hilfebedürftige als auch an Arbeitgeber oder Träger. Maßnahmeziel kann die betriebliche Eingliederung, berufliche Ausbildung, Existenzgründung, Förderung der regionalen Mobilität oder die extrafunktionale Qualifizierung sein (Sprachförderung, Alphabetisierungskurse, sozialpädagogische Begleitung, Führerschein). Es ist jedoch stets zu prüfen, ob und inwieweit diese Leistungen vorrangig von anderen staatlichen Leistungsträgern zu erbringen sind.

5. Arbeitsgelegenheiten nach § 16 Abs. 3 SGB II (1-Euro-Jobs)

398 § 16 Abs. 3 eröffnet ausnahmsweise auch die Möglichkeit, Arbeitsgelegenheiten als Arbeitsbeschaffungsmaßnahme zu fördern (nach §§ 260 ff. SGB III). Im Regelfall handelt es sich jedoch bei den Arbeitsgelegenheiten um im öffentlichen Interesse liegende zusätzliche Arbeiten in einem Sozialrechtsverhältnis. Es handelt sich um Arbeiten unter Fortzahlung des Arbeitslosengeldes II mit zusätzlicher Gewährung einer Mehraufwandsentschädigung in Höhe von ca. 1 bis 2 Euro pro Stunde. Es wird kein sozialversicherungspflichtiges Beschäftigungsverhältnis und kein Arbeitsverhältnis begründet. Arbeitsgelegenheiten können nur dann zugewiesen werden, wenn die Aufnahme einer Tätigkeit auf dem allgemeinen Arbeitsmarkt in absehbarer Zeit nicht möglich ist (§ 2 Abs. 1 S. 3 SGB II). Die Arbeiten müssen im öffentlichen Interesse liegen und zusätzlich sein. Sie liegen im **öffentlichen Interesse**, wenn das Arbeitsergebnis der Allgemeinheit dient (§ 261 Abs. 3 SGB III). **Zusätzlich** sind Arbeiten dann, wenn sie ohne die Förderung nicht, nicht in diesem Umfang oder erst zu einem späteren Zeitpunkt durchgeführt werden. Arbeiten, die aufgrund einer öffentlich-rechtlichen Verpflichtung durchzuführen sind oder die üblicherweise von juristischen Personen des öffentlichen Rechts durchgeführt wer-

den, sind nur förderungsfähig, wenn sie ohne die Förderung voraussichtlich erst nach 2 Jahren durchgeführt werden.[160]

Die Mehraufwandsentschädigung ist **kein anrechenbares Einkommen** (§ 11 Abs. 3 Nr. 1 SGB II). Die Vorschriften über den Arbeitsschutz und des Bundesurlaubsgesetzes gelten mit Ausnahme der Regelungen über das Urlaubsgeld entsprechend. Ggf. muss nach einschlägigem Personalvertretungsrecht bei Beschäftigungen im öffentlichen Bereich die Zustimmung des Personalrates eingeholt werden. Für Schäden bei der Ausübung ihrer Tätigkeit gilt das Haftungsprivileg von abhängig beschäftigten Personen. Die Arbeit darf keine „vollschichtige" Tätigkeit sein; den Hilfesuchenden muss noch Zeit für die Selbstsuche nach Arbeit verbleiben. Die Förderdauer lässt das Gesetz offen; üblich sind 6 bis 18 Monate. Die konkrete Heranziehung zur Arbeit erfolgt durch Verwaltungsakt. Der Hilfesuchende hat jedoch keinen Rechtsanspruch auf Einräumung entsprechender Arbeitsgelegenheiten; es handelt sich um reine Ermessensleistungen.

399

Die **Einbeziehung Dritter** bei der Schaffung von Arbeitsgelegenheiten erfolgt nicht im Vergabeweg, sondern durch Antrags-/Bewilligungsverfahren, d. h. durch rechtsmittelfähige Bewilligung des Antrages eines Trägers auf Förderung einer Arbeitsgelegenheit. Antragsberechtigt sind öffentliche und private Träger.
Übernahmefähig sind folgende Kosten:
- Die Mehraufwandsentschädigung als Teil der Förderpauschale, die an den Träger ausgezahlt wird;
- Regiekosten;
- sozialpädagogische Betreuung;
- flankierende Qualifizierung (vorrangig nach § 16 Abs. 1 SGB II, im Übrigen nach § 16 Abs. 2 S. 1 SGB II; ergänzende Mittel der Landesförderung und der Jugendberufshilfe nach § 13 SGB VIII sind möglich).

400

6. Leistungen zur Beschäftigungsförderung nach § 16a SGB II

Der seit 2008 geltende § 16a SGB II bezweckt die Eingliederung von erwachsenen Langzeitarbeitslosen mit **Vermittlungshemmnissen** (Rz. 378), die zugleich erwerbsfähige Hilfebedürftige sind, in Arbeit. Hierfür wird ein Beschäftigungszuschuss an Arbeitgeber gewährt, der dem Ausgleich der zu erwartenden Minderleistung des Arbeitnehmers dient. Im Übrigen kann der Arbeitgeber einen Zuschuss zu den sonstigen Kosten der geförderten Beschäftigung erhalten. Adressat der Förderleistungen sind grundsätzlich alle Arbeitgeber, also auch rein erwerbswirtschaftlich ausgerichtete Arbeitgeber.

401

---

160 Hierzu OVG Münster, ZfSH/SGB 1991, S. 521: Eine Arbeit ist auch dann zusätzlich, wenn sie ohne öffentliche Förderung in qualitativer wie zeitlicher Hinsicht in einem geringeren Maße geleistet oder in zeitlich kürzeren Intervallen als nötig verrichtet würde.

402 Die **Höhe des Beschäftigungszuschusses** richtet sich nach § 16a Abs. 2 SGB II nach der Leistungsfähigkeit des erwerbsfähigen Hilfebedürftigen und kann bis zu 75 % des berücksichtigungsfähigen Arbeitsentgelts betragen. Arbeitsverhältnisse, die mit einem Beschäftigungszuschuss gefördert werden, sind in der Arbeitslosenversicherung versicherungsfrei (§ 27 Abs. 1 Nr. 6 SGB III). Die **Förderdauer** für den Zuschuss beträgt nach § 16a Abs. 4 SGB II bis zu 24 Monate. Anschließend soll der Beschäftigungszuschuss **ohne zeitliche Unterbrechung** (!) erbracht werden, wenn eine Erwerbstätigkeit auf dem allgemeinen Arbeitsmarkt ohne diese Förderung voraussichtlich innerhalb der nächsten 24 Monate nicht möglich ist. Daneben kann nach § 16a Abs. 3 SGB II auch zu sonstigen Kosten ein Zuschuss gewährt werden, etwa für die **Kosten einer begleitenden Qualifizierung** für bis zu 12 Monate (Abs. 4), und zwar mit einer Zuschusshöhe von bis zu 200 Euro monatlich. Bezuschussungsfähig ist zudem der besondere Aufwand beim Aufbau von Beschäftigungsmöglichkeiten, nicht jedoch die Übernahme von Investitionskosten.

403 **Voraussetzung der Förderung** ist,
- dass der erwerbsfähige Hilfebedürftige das 18. Lebensjahr vollendet hat, langzeitarbeitslos ist und in seinen Erwerbsmöglichkeiten durch mindestens 2 weitere in seiner Person liegende Vermittlungshemmnisse besonders schwer beeinträchtigt ist;
- dass der erwerbsfähige Hilfebedürftige auf der Grundlage einer Eingliederungsvereinbarung für einen Zeitraum von mindestens 6 Monaten betreut wurde und Eingliederungsleistungen erhalten hat;
- dass eine Erwerbstätigkeit auf dem allgemeinen Arbeitsmarkt voraussichtlich innerhalb der nächsten 24 Monate ohne die Förderung nicht möglich ist;
- dass zwischen dem Arbeitgeber und dem erwerbsfähigen Hilfebedürftigen ein Arbeitsverhältnis mit in der Regel voller Arbeitszeit unter Vereinbarung des tariflichen Arbeitsentgelts oder des ortsüblichen Arbeitsentgelts begründet wird; die vereinbarte Arbeitszeit darf die Hälfte der vollen Arbeitszeit nicht unterschreiten.

404 Für die Dauer der Gewährung eines Beschäftigungszuschusses kann der Arbeitgeber mit dem erwerbsfähigen Hilfebedürftigen einen befristeten **Arbeitsvertrag** abschließen (§ 16a Abs. 7 SGB II i. V. m. § 14 Abs. 1 TzBfG). Auch bei Verlängerung des Beschäftigungszuschusses kann der Arbeitsvertrag entsprechend befristet verlängert werden. Steht fest, dass der Arbeitnehmer ohne die Förderung in eine konkrete zumutbare Arbeit vermittelt werden kann, so ist die Förderung nach § 16a Abs. 7 SGB II aufzuheben. Dies ist im Rahmen des Fallmanagements alle 12 Monate erneut zu prüfen, auch bei wiederholter Förderung.

7. Konkurrierende und ergänzende Leistungen

Die **Arbeitsagentur** bleibt als Leistungsträger des SGB III grundsätzlich zuständig für die Berufsausbildungsbeihilfe, das Übergangsgeld für behinderte Menschen, den Gründungszuschuss, die Transferleistungen, die Entgeltsicherung für ältere Arbeitnehmer sowie die Förderung von Bildungs-, Rehabilitationseinrichtungen sowie von Jugendwohnheimen. Personen, die **Berufsausbildungsbeihilfe** erhalten, werden von Leistungen des SGB II ausgeschlossen (§ 7 Abs. 5, 6 SGB II). Gleiches gilt für **BAföG-Bezieher**. Allerdings gewährt § 22 Abs. 7 SGB II einen Wohnkostenzuschuss für diesen Personenkreis, wenn die Wohnkosten nicht vollständig gedeckt sind. Zwar enthalten die Leistungen nach dem SGB III und dem BAföG in pauschalierter Höhe Anteile für Wohnkosten. Diese bleiben in der Regel jedoch hinter den tatsächlichen Kosten zurück. Den Wohnkostenzuschuss erhalten **Auszubildende**, die außerhalb des Haushalts der Eltern wohnen, Teilnehmer an berufsvorbereitenden Bildungsmaßnahmen, die außerhalb des elterlichen Haushalts untergebracht sind, behinderte Menschen während der beruflichen Ausbildung, die im Haushalt der Eltern wohnen oder die in einem eigenen Haushalt untergebracht sind, Teilnehmer an einer berufsvorbereitenden Maßnahme oder der Grundausbildung bei anderweitiger Unterbringung außerhalb eines Wohnheims usw., Schüler von bestimmten Schulen, die im Haushalt der Eltern leben, Schüler von weiterführenden Schulen und Berufsfachschulen, die in einem eigenen Haushalt untergebracht sind unter den Voraussetzungen des § 2 Abs. 1a BAföG, Schüler von Abendhauptschulen, Berufsaufbauschulen usw., die in einem eigenen Haushalt untergebracht sind und **Studierende, die bei ihren Eltern** wohnen (§ 22 Abs. 7 SGB II).

405

Zwischen den Eingliederungsleistungen des SGB II und der **Jugendberufshilfe** des § 13 SGB VIII besteht ein weiter Überschneidungsbereich. Häufig ist deshalb fraglich, ob die Grundsicherungsbehörde oder das Jugendamt zuständig ist.[161] Grundsätzlich gehen die Leistungen nach § 3 Abs. 2 und §§ 14–16 des SGB II den Leistungen des SGB VIII vor; im Übrigen sind die Leistungen des SGB VIII vorrangig (§ 10 Abs. 3 SGB VIII). Wird beispielsweise ein Jugendlicher im Rahmen einer Beschäftigungsmaßnahme in einem Wohnheim untergebracht, besteht ein Konkurrenzverhältnis nur bezüglich der Unterhaltsleistung nach § 13 Abs. 3 SGB VIII einerseits und der Leistung von Arbeitslosengeld II nach § 19 SGB II andererseits. Da es sich nicht um eine Leistung nach den §§ 14–16 SGB II handelt, hat die Leistung der Jugendhilfe somit Vorrang. Der Jugendhilfeträger muss seine Leistungsverpflichtung jedoch stets dann erfüllen, wenn der vorrangige SGB II-Leistungsträger seiner Leistungspflicht nicht nachkommt oder die von diesen erbrachten Leistungen nicht ausreichen. Liegt der Schwerpunkt des Bedarfs jedoch nicht in der Eingliederung in Arbeit, sondern in der psychosozialen Unterstützung und Persönlichkeitsförderung des jungen Menschen, so liegt streng genommen gar keine Überschneidungs-

406

---

161 Im Einzelnen hierzu: Kunkel, Junge Menschen im „Bermuda-Dreieck" von SGB VIII, SGB III und SGB II, NDV 2007, S. 397 ff.

problematik vor, und das **Jugendamt muss seine Leistung eigenständig neben der SGB II-Leistung erbringen.** Dies gilt insbesondere in folgenden Fällen:
- im Rahmen der Schulsozialarbeit;
- im Rahmen der Hilfen zur schulischen Ausbildung;
- bei ausländischen jungen Menschen, die keine Arbeitserlaubnis haben;
- bei jungen Menschen, die nicht erwerbsfähig sind;
- bei Ausbildungs- und Beschäftigungsmaßnahmen im Rahmen von Erziehungshilfen (§ 27 Abs. 3 S. 2 SGB VIII), wenn ein Erziehungsdefizit vorliegt, das mit der psychosozialen Betreuung nach § 16 Abs. 2 SGB II nicht behoben werden kann, wo mithin der erzieherische Bedarf im Vordergrund steht; Gleiches gilt für Hilfen für junge Volljährige im Rahmen des § 41 Abs. 2 i.V.m. § 27 Abs. 3 SGB VIII;
- für die Unterkunft in sozialpädagogisch begleiteter Wohnform nach § 13 Abs. 3 SGB VIII;
- für die Bereitstellung von Plätzen der Tagesbetreuung (§§ 22–24 SGB VIII); lediglich für die Vermittlung eines Platzes in einer Tageseinrichtung oder in Kindertagespflege ist die Grundsicherungsbehörde vorrangig zuständig. Die Übernahme der Kosten- oder Teilnahmebeiträge liegt vorrangig beim kommunalen Träger (§§ 10 Abs. 3 S. 2 SGB VIII, 16 Abs. 2 S. 2 Nr. 1 SGB II).

407 Für das Verhältnis zwischen **Jugendhilfeträger und dem Träger der Arbeitsförderung nach SGB III** gilt grundsätzlich § 10 Abs. 1 SGB VIII, wonach die SGB III-Leistung vorrangig ist. Dies setzt aber voraus, dass sich die Leistungen der unterschiedlichen Träger überschneiden. Regelmäßig handelt es sich bei den einen jedoch um arbeitsmarktspezifische und bei den anderen um erzieherische Leistungen, so dass der Überschneidungsbereich gering ist und jeder Träger somit eigenständig Leistungen erbringen muss. Bei Unterbringung in einem Wohnheim zur Förderung der Berufsausbildung ist der Bedarf für den Lebensunterhalt nach § 65 Abs. 3 und 66 Abs. 3 SGB III als SGB III-Leistung zu erbringen. Die sozialpädagogische Begleitung bleibt dagegen Aufgabe des Jugendhilfeträgers. Ebenso ist Aufgabe des Jugendhilfeträgers die Unterbringung, die nicht zur beruflichen Ausbildung, sondern zur beruflichen Eingliederung erfolgt.[162] Für seelisch wesentlich behinderte Kinder/Jugendliche und junge Volljährige ist der Jugendhilfeträger, für seelisch nicht wesentlich behinderte erwerbsfähige Jugendliche und Heranwachsende, wenn sie mithin bedürftig und erwerbsfähig sind, die Grundsicherungsbehörde zuständig (§§ 6 Abs. 1 Nr. 6 SGB IX, 10 Abs. 3 S. 2 SGB VIII, 16 Abs. 1 S. 3 SGB II).

---

162 Kunkel, Junge Menschen im „Bermuda-Dreieck" von SGB VIII, SGB III und SGB II, NDV 2007, S. 403.

IV. Fazit

Das Problem der wirksamer Sozial- und Bildungsintegration hilfebedürftiger Personen liegt an sich nicht bei den gesetzlich eingeräumten Möglichkeiten der Förderung. Zweifelsohne aber kann hier ein unübersichtliches „Zuviel des Guten" moniert und insgesamt die Notwendigkeit klarerer Strukturen angemahnt werden. Das Problem liegt, was die Fördermaßnahmen anbetrifft, vielmehr bei der Finanzierung. Und speziell bei den jüngeren Menschen bestehen zudem erhebliche Defizite im Bereich der reinen Unterhaltsleistungen, weil diese im Rahmen des Schulbesuchs grundsätzlich nicht ausreichen: Insbesondere Förderleistungen sind zu Genüge vorhanden. Indes liegt ihre Bewilligung im Ermessen der Behörde, die in diesem Rahmen auch die hierfür verfügbaren Haushaltsmittel in Rechnung stellen darf. „Wer" mithin „welche Maßnahme" mit „welcher Dauer" und „in welcher Qualität" erhält ist im Wesentlichen eine Frage des Geldes. Für den Trainings- und Weiterbildungsbereich empfiehlt sich beispielsweise eine stärkere Individualisierung der Förderung, d. h. Unterricht in kleineren Lerngruppen und auf einem insgesamt stärker an der individuellen Eignung der Teilnehmer ausgerichteten Ausbildungsniveau. Fallmanager betreuen heutzutage zudem mehr als die doppelte Anzahl von Grundsicherungsbeziehern als im ursprünglichen Konzept von „Hartz IV" angedacht. Die flankierende sowie nachgehende Betreuung von Maßnahmeteilnehmern und die notwendige Vernetzung des Falles innerhalb eines Kooperationsverbundes unterschiedlicher Träger werden so vielfach zu einer Sache der Unmöglichkeit. Abhilfemaßnahmen aber sind kostenintensiv und hierin liegt die eigentliche Schwierigkeit. Teilweise aber sind schlicht bürokratische Stilblüten im Spiel. Wenn vor Gericht darum gestritten wird, ob die Behörde eine Fahrtkostenerstattung von 3,52 Euro zur Wahrnehmung von Melde- und Beratungsterminen zu übernehmen hat, so zeigt dies, auch wenn die Kosten auf die Gesamtheit der Fälle hochzurechnen sind, dass die Beteiligten den Ernst der Lage nicht erkannt haben.[163] Bei Schülern sind es vor allem die fehlenden Mittel zur Anschaffung von Schulbedarf oder für Fahrten zur Schule. Diese sind grundsätzlich zwar in den Pauschalleistungen für den Unterhalt „eingepreist", reichen jedoch vielfach nicht aus, wenn das Kind eingeschult wird oder lange Wege zur Schule zurücklegen muss. Wenn das Gesetz offen lässt, ob dem bedürftigen Schüler für den Besuch des 22 km entfernten Gymnasiums eine Monatskarte für das öffentliche Verkehrsmittel gewährt werden kann und hierdurch der Schulbesuch auf dem Spiel steht[164], so zeigt dies, dass der Gesetzgeber im Bereich bildungsabhängiger Bedarfe durch Einführung einmaliger und ggf. als Sachleistung zu gewährender Leistungen dringend nacharbeiten muss.

_408_

---

163 BSG v. 6.12.2007 – B 14/7b AS 50/06 R; hierzu Luthe, in Hauck/Noftz, SGB II, § 3 Rz. 19, 60.
164 LSG Nds.-Bremen v. 3.12.2007 – L AS 666/07 ER; hierzu Luthe, in Hauck/Noftz, SGB II, § 5 Rz. 103.

I. Arbeitsförderungsrecht (SGB III)

409 Das SGB III enthält eine Vielzahl von Maßnahmen der aktiven Arbeitsmarktpolitik für arbeitslose oder von Arbeitslosigkeit bedrohte Arbeitnehmer. Die Leistungen stehen auch Beziehern der Grundsicherung für Arbeitsuchende zur Verfügung, insofern in § 16 Abs. 1 SGB II hierauf Bezug genommen wird. Das Maßnahmespektrum ist so breit angelegt, dass im Folgenden nur ein Ausschnitt hiervon behandelt werden kann. Im Vordergrund stehen solche Maßnahmen, von denen in der Praxis relativ häufig Gebrauch wird oder/und die einen besonderen bildungspolitischen Bezug aufweisen.

I. Allgemeine Anwendungsvoraussetzungen

410 Bereits in den neunziger Jahren des 20. Jahrhunderts wurde den Arbeitsagenturen vor Ort mehr Verantwortung übertragen. Nahezu alle Leistungen der aktiven Arbeitsförderung sind den Arbeitsagenturen nunmehr zur eigenständigen Bewirtschaftung zugewiesen (§ 71 b SGB IV). U. a. können die Arbeitsagenturen zur Durchführung ihrer Aufgaben mit **Kreisen und Gemeinden zusammenarbeiten** und in diesem Rahmen Verwaltungsvereinbarungen abschließen (§ 368 Abs. 4 SGB III). Dezentrale Flexibilität lässt sich freilich nur auf der Basis hinreichend offener Gesetze herbeiführen. Deshalb wurden alle wesentlichen Leistungen der aktiven Arbeitsförderung als Ermessensleistungen ausgestaltet (§ 3 Abs. 5 SGB III). Die Bewilligung von Leistungen hängt damit davon ab, ob und in welchem Umfang entsprechende Mittel aus dem sog. **Eingliederungstitel** zur Verfügung stehen. Und dies hängt wiederum ganz wesentlich von den regionalen Schwerpunktsetzungen und den Ergebnissen der Eingliederungsbilanz (§ 11 SGB III) ab. Die im Haushalt veranschlagten Ausgabenpositionen dienen in dieser Weise nicht nur – wie sonst – internen Zwecken der Haushaltskontrolle, sondern werden gezielt zur Umsetzung regionaler Schwerpunktplanungen eingesetzt. Gleichwohl sind die Agenturen gegenüber den Leistungsempfängern bei der Bewilligung von Leistungen nicht vollständig frei, sondern an besondere **Grundsätze** und Gesetzesziele gebunden, so etwa an den Vorrang der Vermittlung (§ 4 SGB II), den Vorrang der aktiven Arbeitsförderung (§ 5 SGB III) sowie das Ziel der Frauenförderung (§ 8 SGB III). Insbesondere § 7 SGB III enthält einige Kriterien zur Auswahl der in Frage kommenden Ermessensleistungen: Den Grundsatz der Wirtschaftlichkeit und Sparsamkeit sowie die Eignung der Leistung unter Berücksichtigung der Fähigkeiten der zu fördernden Personen, der Aufnahmefähigkeit des Arbeitsmarktes und des arbeitsmarktpolitischen Handlungsbedarfs.

411 Von besonderer Bedeutung bei der Ermessensausübung ist die sog. **Eingliederungsvereinbarung** nach § 35 Abs. 4 SGB III (Rz. 181 ff.). In ihr sollen die zu einer beruflichen Eingliederung erforderlichen Leistungen und die eigenen Bemühungen des

Arbeitslosen festgehalten werden, nachdem zusammen mit dem Arbeitslosen besondere Eingliederungserschwernisse geklärt worden sind. In diesem Rahmen werden also eine Fülle von Einzelfallgesichtspunkten in den Vordergrund gerückt, die insbesondere bei der Auswahl der Ermessensleistungen zu berücksichtigen sind.

Leistungen der aktiven Arbeitsförderung werden jedoch nur **subsidiär** erbracht, d. h. wenn nicht andere Träger zur Erbringung der Leistung verpflichtet sind (§ 22 Abs. 1 SGB III). Dies gilt vor allem für allgemeine und besondere Leistungen der **beruflichen Rehabilitation** behinderter Menschen; diese Leistungen wurden bereits im Rahmen der Grundsicherung für Arbeitsuchende dargestellt und sind nochmals im Kapitel über das Recht der Teilhabe und Rehabilitation behinderter Menschen aufzugreifen. *412*

II. Leistungen mit Bildungsbezug

1. Beratung und Vermittlung

Die Agentur für Arbeit hat Jugendlichen und Erwachsenen Berufsberatung, Arbeitgebern dagegen Arbeitsmarktberatung anzubieten (§ 29 SGB III). Die **Berufsberatung** umfasst Auskunft über die Berufswahl, die berufliche Entwicklung und zu Möglichkeiten des Berufswechsels, zur Lage des Arbeitsmarktes, zu den Möglichkeiten der beruflichen Bildung, zur Ausbildungs- und Arbeitsplatzsuche und zu den Leistungen der Arbeitsförderung (§ 30 SGB III). Hierzu kann ggf. auch eine Eignungsfeststellung gehören (§ 32 SGB III). Im Rahmen der **Arbeitsmarktberatung** (§ 34 SGB III) soll Auskunft gegeben werden über die Lange und Entwicklung des Arbeitsmarktes und der Berufe, über die Besetzung von Ausbildungs- und Arbeitsplätzen, zur Gestaltung von Arbeitsplätzen, Arbeitsbedingungen und der Arbeitszeit, zur betrieblichen Aus- und Weiterbildung, zur Eingliederung förderungsbedürftiger Auszubildender und Arbeitnehmer sowie zu Leistungen der Arbeitsförderung. *413*

Überdies sind Maßnahmen der **Berufsorientierung** zu betreiben (§ 33 SGB III). Insbesondere für Schüler allgemeinbildender Schulen können Berufsorientierungsmaßnahmen mit einer Dauer von bis zu 4 Wochen durchgeführt werden. Diese sollen regelmäßig in der unterrichtsfreien Zeit durchgeführt werden. Voraussetzung hierfür ist, dass sich Dritte mit mindestens 50 % an der Förderung beteiligen (etwa das Jugendamt). Nach der Erprobungsregelung des § 421 q SGB III wurde der zeitliche Rahmen von 4 Wochen und die Beschränkung auf die unterrichtsfreie Zeit jedoch befristet bis zum 31.12.2010 aufgehoben. Die Förderung der Berufswahlkompetenz ist jedoch nicht nur Aufgabe der Bundesagentur, sondern auch der Schule. Die Zusammenarbeit von Bundesagentur ist in der „**Rahmenvereinbarung über die Zusammenarbeit von Schule und Berufsberatung** zwischen der Kultusminis- *414* terkonferenz und der Bundesagentur" besonders geregelt.[165] Danach stimmen Schule und Berufsberatung jährlich ihre Maßnahmen und Projekte miteinander ab. Der Zusammenarbeit in lokalen und regionalen Netzwerken unter Beteiligung kommunaler und privater Institutionen der Erziehungs- und Jugendhilfe, der Sozialpartner, der Hochschulen sowie anderer Akteure wird hierbei besondere Bedeutung beigemessen. Schule und Berufsberatung haben gemeinsam innovative Wege zur Berufswahlvorbereitung zu entwickeln, die geeignet sind, die Vermittlung von Berufswahlkompetenz und -qualifikation im Unterricht zu verankern und zu verstegien. Die Bundesagentur hat die Schule an der Entwicklung und Evaluation ihrer berufsorientierenden Medien zu beteiligen. Die Schulen nutzen die Medien der Bundesagentur im Unterricht. Gemeinsame Fortbildungsveranstaltungen für Lehrkräfte und Berufsberater sind anzustreben. Der Übergang in die berufliche Bildung ist durch gemeinsame Aktionen unter besonderer Berücksichtigung benachteiligter Jugendlicher effizient zu gestalten (etwa durch Erstellung von Förderplänen für Betroffene, Angebote von Qualifizierungsbausteinen). Ein jährlicher Datenabgleich der Bildungs- und Ausbildungsstatistik auf lokaler/regionaler Ebene wird als sinnvoll erachtet, um den Bedarf an Nachvermittlung unversorgter Jugendlicher, den Bedarf an vollzeitschulischen Angeboten sowie an berufsvorbereitenden Maßnahmen einschätzen zu können.

415 Die Agentur für Arbeit hat Ausbildungssuchenden, Arbeitsuchenden und Arbeitgebern **Ausbildungsvermittlung und Arbeitsvermittlung** anzubieten (§ 35 Abs. 1 SGB III). Die Vermittlung umfasst alle Tätigkeiten, die darauf gerichtet sind, Ausbildungssuchenden mit Arbeitgebern zur Begründung eines Ausbildungsverhältnisses und Arbeitsuchende mit Arbeitgebern zur Begründung eines Beschäftigungsverhältnisses zusammenzuführen (§ 35 Abs. 1 SGB III). Bei der Vermittlung hat die Agentur für Arbeit die Neigung, Eignung und Leistungsfähigkeit der Ausbildungssuchenden und Arbeitsuchenden sowie die Anforderungen der angebotenen Stellen zu berücksichtigen. In schwierigen Fällen kommen Maßnahmen der Eignungsfeststellung nach §§ 48 ff. SGB III in Betracht (§ 35 Abs. 3 SGB III). Unstetig Beschäftigte dürfen nur vermittelt werden, wenn bei ihnen der Anteil selbstständiger Tätigkeiten nicht überwiegt (§ 36 Abs. 4 SGB III). Ausbildungs- und Arbeitsuchende sowie Arbeitgeber, die Dienstleistungen der Bundesagentur in Anspruch nehmen, haben bei der Vermittlung mitzuwirken (§§ 38, 39 SGB III).

416 Die Agentur für Arbeit kann zu ihrer Unterstützung **Dritte mit der Vermittlung** oder mit Teilaufgaben der Vermittlung beauftragen (§ 37 Abs. 1 SGB III). Insbesondere können auch Träger von Arbeitsbeschaffungsmaßnahmen mit der Vermittlung der geförderten Arbeitnehmer beauftragt werden (§ 37 Abs. 2 SGB III). Für die Vermittlungstätigkeit des Dritten kann eine Vergütung vereinbart werden (§ 37 Abs. 3 SGB III). Der Vermittler verliert jedoch seinen Vergütungsanspruch, wenn

---

165 Rahmenvereinbarung vom 15.10.2004, abgedruckt in Hauck/Noftz, SGB III, § 33, Anhang I.

er mit dem Arbeitgeber des vermittelten Arbeitnehmers wirtschaftlich verflochten ist.[166] Arbeitslose haben einen Rechtsanspruch auf Beauftragung eines Dritten mit der Vermittlung, wenn sie 6 Monate nach Eintritt ihrer Arbeitslosigkeit noch arbeitslos sind (§ 37 Abs. 4 SGB III). Dieser Rechtsanspruch gilt auch für Bezieher von SGB II-Leistungen.

Nach § 37c SGB III kann die Agentur für Arbeit „erlaubt tätige" Verleiher mit der Einrichtung und dem Betrieb von **Personal-Service-Agenturen** beauftragen. Die Personal-Service-Agentuen sollen eine Arbeitnehmerüberlassung zur Vermittlung von Arbeitslosen in Arbeit durchführen und ihre Beschäftigten in verleihfreien Zeiten bei der beruflichen Eingliederung unterstützen und weiterbilden (insbesondere durch Coaching und assistierte Vermittlung sowie durch kurzfristige arbeitsplatznahe Weiterbildung). Dieser Förderaspekt unterscheidet Personal-Service-Agenturen von gewerblichen Zeitarbeitsunternehmen. Den Agenturen sollen vorrangig Arbeitslose zur Verfügung gestellt werden, die ausreichende Chancen für einen wirtschaftlichen Betrieb eröffnen. Die Agenturen erhalten für ihre Tätigkeit vom staatlichen Leistungsträger eine Vergütung (§ 37c Abs. 2 SGB III), die sich aus einer Fallpauschale und einer Vermittlungsprämie zusammensetzt. Die Beschäftigten stehen in einem regulären sozialversicherungspflichtigen Beschäftigungsverhältnis.[167]

417

Zur Unterstützung der Beratung und Vermittlung können arbeitslosen und von Arbeitslosigkeit bedrohten Arbeitsuchenden sowie Ausbildungssuchenden finanzielle Ausgleiche für anfallende **Bewerbungskosten und Reisekosten** gewährt werden (§ 45 SGB III).

418

2. Maßnahmen der Eignungsfeststellung/Trainingsmaßnahmen

Maßnahmen der Eignungsfeststellung und Trainingsmaßnahmen nach § 48 SGB III dienen der Verbesserung von Eingliederungsaussichten und richten sich an arbeitslose und von Arbeitslosigkeit bedrohte Arbeitsuchende. Als Maßnahmen kommen Lehrgänge oder auch praktische Tätigkeiten in Betrieben in Betracht. Insbesondere bei den Trainingsmaßnahmen soll der Kontakt mit dem ersten Arbeitsmarkt verbessert und die Selbstsuche von Arbeit, z. B. durch Bewerbungstraining, unterstützt werden. Sie werden auch genutzt, um die Arbeitsbereitschaft von Arbeitslosen zu testen (§ 49 Abs. 2 Nr. 1 SGB III).

419

---

166 BSG vom 6.4.2006 – B 7a AL 56/06 R – juris.
167 Der beschäftigungspolitische Vorteil dieses Maßnahmebereichs liegt im direkten Kontakt zum ersten Arbeitsmarkt und in der hierdurch bewirkten Zurückdrängung negativer Effekte des Kündigungsschutzes auf das Einstellungsverhalten von Arbeitgebern. Wenn allerdings insbesondere gering Qualifizierte Anspruch auf gleiche Arbeitsbedingungen und gleiches Arbeitsentgelt wie die Stammbelegschaft haben, dürfte Zeitarbeit für die Verleihfirma insgesamt kaum rentabel sein. Deshalb nutzen viele PSA die gewährten und insbesondere für Betreuung und Bildung eingeräumten Fallpauschalen und Vermittlungsprämien nicht nur zur Reduzierung ihrer Kostenlast, sondern sogar für Preisunterbietungen (sog. Quersubventionen) und gefährden damit die nicht geförderte Konkurrenz.

Das Gesetz benennt 3 Gruppen von Maßnahmen (§ 49 SGB III):

420 Maßnahmen der **Eignungsfeststellung** dienen der Feststellung von Kenntnissen, Fähigkeiten, des Leistungsvermögens und der beruflichen Entwicklungsmöglichkeiten unter Berücksichtigung der Arbeitsmarktlage und sonstiger Umstände (Angebote der beruflichen Orientierung, der Teilnehmerprofilerstellung sowie der Persönlichkeitsanalyse). Die Dauer ist im Regelfall auf 4 Wochen beschränkt (§ 49 Abs. 3 SGB III).

421 **Trainingsmaßnahmen** dienen vor allem der Unterstützung der **Selbstsuche** von Arbeit, insbesondere durch Bewerbungstraining, durch Beratung über Möglichkeiten der Arbeitsplatzsuche sowie zur Überprüfung der Arbeitsbereitschaft und Arbeitsfähigkeit (§ 49 Abs. 2 Nr. 1 SGB III: Hilfen bei der Kontaktaufnahme mit Betrieben, Akquisition von Praktikumsplätzen, Serviceleistungen für Teilnehmer und Betriebe, Nachbetreuung in der ersten Phase der Beschäftigung, Arbeitsmarktinformation). Die Dauer ist regelmäßig auf 2 Wochen begrenzt (§ 49 Abs. 3 SGB III).

422 Ein weiterer Teil der Trainingsmaßnahmen dient der **Vermittlung von Kenntnissen** und Fähigkeiten, um eine Vermittlung in Arbeit oder eine erfolgreiche Aus- oder Weiterbildung zu erleichtern (§ 49 Abs. 2 Nr. 2 SGB III: Vermittlung von Schlüsselqualifikationen, von Lern- und Arbeitstechniken, allgemeinbildenden und berufsspezifischen Kenntnissen, berufspraktisches betriebliches Training, betriebliche Praktika, Angebote zur Erlangung sozialer Kompetenz). Von besonderer Bedeutung sind Maßnahmen, in denen bestimmte Befähigungsnachweise erlangt werden können (Gabelstapler-, Schweißer-, Personenbeförderungs-, Motorsägen-, Gefahrengutscheine sowie die Ausbildereignungsprüfung). Die Maßnahmen sind regelmäßig auf 8 Wochen begrenzt (§ 49 Abs. 3 SGB III).

423 Die Maßnahmen können auch kombiniert angeboten werden. In diesem Fall darf die Förderung die Dauer von 12 Wochen nicht übersteigen (§ 49 Abs. 3 SGB III). Die Förderung ist davon abhängig, dass sich der Teilnehmer die Maßnahme selbst sucht und das Arbeitsamt einwilligt oder diese auf einen Vorschlag des Arbeitsamtes zurückgeht (§ 48 Abs. 1 Nr. 2 SGB III). Die Förderung ist ausgeschlossen, wenn ein überwiegendes Interesse des Arbeitgebers an der Maßnahme besteht (§ 51 SGB III). Förderungsfähig sind auch Maßnahmen in einem anderen Mitgliedstaat der Europäischen Union oder in einem anderen außereuropäischen Staat (§ 48 Abs. 1, 2 SGB III).

424 Die Förderleistungen bestehen aus
– den erforderlichen und angemessenen Lehrgangskosten und Prüfungsgebühren,
– den Fahrkosten für die tägliche Hin- und Rückfahrt zwischen Wohnung und Maßnahmestätte,
– den Kosten für die Betreuung der aufsichtsbedürftigen Kinder des Arbeitslosen (§ 50 SGB III).

3. System der Berufsausbildungsförderung, insbesondere Berufsausbildungsbeihilfe

Die Förderung der Berufsausbildung umfasst im Wesentlichen vier Maßnahmekategorien: Die berufliche Ausbildung in einem anerkannten Ausbildungsberuf (§ 60 SGB III), berufsvorbereitende Bildungsmaßnahmen zur Vorbereitung einer Ausbildung oder Ermöglichung der beruflichen Eingliederung (§ 61 SGB III), berufsbegleitende Fördermaßnahmen (§ 241 SGB III) sowie die außerbetriebliche Ausbildung (§ 241 Abs. 2 SGB III). Nicht ganz der sachlichen Systematik entsprechend, gleichwohl diesem Bereich zugeordnet sind ferner Beschäftigung begleitende Maßnahmen zur Festigung der Berufstätigkeit jüngerer Arbeitnehmer nach § 246a SGB III. Bei Teilnahme an einer förderungsfähigen beruflichen Ausbildung oder berufsvorbereitenden Bildungsmaßnahme haben Auszubildende Anspruch auf **Berufsausbildungsbeihilfe** (§ 59 SGB III). Dies gilt auch für die Teilnahme an einer außerbetrieblichen Ausbildung, wenn die sachlichen und persönlichen Voraussetzungen der Berufsausbildungsbeihilfe erfüllt sind.

425

Die **berufsbegleitende Förderung sowie die außerbetriebliche Ausbildung** nach § 241 SGB III wird innerhalb des Gesetzes bei den „Leistungen an Träger" erwähnt. Der Auszubildende ist nur mittelbar Adressat der Maßnahmen. Im Vordergrund stehen hier Zuschüsse für Dienste und Einrichtungen zur Förderung des in die Maßnahmen einbezogenen ausbildungsschwachen Personenkreises.

426

Berufliche Ausbildung: Die Förderung der beruflichen Ausbildung dient im Wesentlichen der Erleichterung der Ausbildungsaufnahme durch Gewährung von Ausbildungsbeihilfe bei auswärtiger Unterbringung, bei Zusammenleben mit einem Kind oder bei Unzumutbarkeit des Verweises auf die elterliche Wohnung (§ 64 SGB III).[168] Förderungsfähig ist jedoch nur die mit einem Berufsausbildungsvertrag durchgeführte Ausbildung nach dem Berufsbildungsgesetz, der Handwerksordnung oder dem Seemannsgesetz (§ 60 Abs. 1 SGB III). Bislang war die Ausbildungsbeihilfe nur für die Erstausbildung eröffnet. Dieser lange Zeit geltende Grundsatz wird durch den neugefassten § 60 Abs. 2 S. 2 SGB III stark „aufgeweicht". Danach kann eine Zweitausbildung gefördert werden, wenn zu erwarten ist, dass eine berufliche Eingliederung dauerhaft auf andere Weise nicht erreicht werden kann und durch die zweite Aubildung die berufliche Eingliederung erreicht wird. Die Ausnahme ist jedoch eng gefasst, weil sie im Ergebnis voraussetzt, dass die Eingliederung nicht durch eine überregionale Vermittlung oder durch andere Leistungen der Arbeitsagentur erreicht werden kann.

427

Berufsvorbereitende Bildungsmaßnahmen: Auch berufsvorbereitende Bildungsmaßnahmen zählen zur Berufsausbildung. Die Teilnehmer gelten deshalb als Auszubildende und haben Anspruch auf Berufsausbildungsbeihilfe (§ 14 SGB III). Im

428

---

[168] Im Einzelnen vgl.: Luthe, Bildungsrecht, Berlin 2003, S. 233 ff.

Vordergrund berufsvorbereitender Bildungsmaßnahmen steht die Vorbereitung der Aufnahme einer Ausbildung und als Alternative die berufliche Eingliederung (§ 61 Abs. 1 Nr. 1 SGB III). Die Förderung ist jedoch nicht auf den betrieblichen oder außerbetrieblichen Bereich begrenzt. Häufig können die Maßnahmen nur in schulischer Form durchgeführt werden. Inhaltlich lässt das Gesetz deshalb ein weites Maßnahmeverständnis erkennen. So können bei den Maßnahmen auch allgemeinbildende Fächer und die Vorbereitung auf den Hauptschulabschluss gefördert werden (§ 61 Abs. 2 SGB III). Sonstige Maßnahmen zur Vorbereitung auf die Ausbildung an Schulen oder gar Hochschulen sind jedoch nicht möglich. Ausgeschlossen ist die Förderung ferner für das Berufsvorbereitungsjahr und das Berufsgrundbildungsjahr.[169] Berufsvorbereitende Maßnahmen kommen indes nicht nur für die Erstausbildung, sondern auch im Rahmen der beruflichen Weiterbildung in Betracht. Die vorherige Teilnahme an einer mindestens 6 Monate dauernden berufsvorbereitenden Bildungsmaßnahme ist im Übrigen Voraussetzung für die Förderung einer außerbetrieblichen Ausbildung und soll sicherstellen, dass von entsprechenden Fördermöglichkeiten im Bereich der sozialen Kompetenz und Allgemeinbildung vor Ausbildungsantritt Gebrauch gemacht wurde (§ 241 Abs. 2 Nr. 2 SGB III). **Generell kommen berufsvorbereitende Bildungsmaßnahmen in Betracht**: Zur Erweiterung des Berufswahlspektrums, zur Förderung der Ausbildungsmotivation, als lehrgangsbegleitende Beratung, insbesondere bei der Planung des Übergangs in Ausbildung oder in Beschäftigung, bei erforderlicher Vermittlung fachpraktischer oder fachtheoretischer Grundkenntnisse und -fertigkeiten, zum Erwerb betrieblicher Erfahrungen, zur Verbesserung des Bildungsniveaus zur Ausbildungsaufnahme, zur Stärkung der sozialen Kompetenz und Unterstützung bei der Bewältigung von Problemen sowie zur Förderung und Einübung von Einstellungen und Fähigkeiten, die für eine Ausbildung oder Beschäftigung notwendig sind. Je nach Zielgruppe sind innerhalb der Arbeitsverwaltung hierfür folgende **Maßnahmekategorien** entwickelt worden: Vorschaltmaßnahmen zur Förderung der Ausbildungs- und Beschäftigungsmotivation, Grundausbildungslehrgänge zur Förderung der Aufnahme einer qualifizierten Ausbildung, Förderlehrgänge für behinderte Menschen, Lehrgänge zur Verbesserung der beruflichen Bildungs- und Eingliederungschancen mit sozialpädagogischer Unterstützung sowie blindentechnische und sonstige Maßnahmen insbesondere in Werkstätten für behinderte Menschen.

429 Hinsichtlich des Maßnahmeträgers und des durchzuführenden Unterrichts bestehen bei **berufsvorbereitenden Maßnahmen** bestimmte **Qualitätsanforderungen** (§ 61 Abs. 1 Nr. 2 SGB III). Es kommt ein ganztägiger Unterricht (25–35 Wochenstunden), Teilzeitunterricht (12–24 Wochenstunden) und berufsbegleitender Unterricht in Betracht. Vor allem müssen die Maßnahmen „eine erfolgreiche berufliche Bildung erwarten" lassen. Deshalb müssen Lehrplan, Unterrichtsorganisation und Unterrichtsmethode zielgruppengerecht sein.[170] Insbesondere der erforderli-

---

169 BSG SozR 4100 § 58 Nr. 169.
170 Luthe, Bildungsrecht, Berlin 2003, S. 236.

che Lehrplan hat das Ziel, die Gliederung, den Abschluss und die Inhalte der Maßnahme zu nennen. Bei der Unterrichtsorganisation hängt insbesondere die zulässige Gruppengröße eines Lehrgangs von den jeweiligen Unterrichtsformen ab und nicht zuletzt von der Anzahl der zur Verfügung stehenden Lehrpersonen. Die Gesamtdauer der Maßnahme wird „nach oben" begrenzt durch die Grundsätze der Wirtschaftlichkeit und Sparsamkeit; „nach unten" durch das vor allem pädagogisch zu beurteilende Ziel einer erfolgreichen Maßnahmedurchführung. Die Ermittlung der angemessenen Kosten erfolgt regelmäßig im Vergabeverfahren. Die Arbeitsagentur schließt mit dem beauftragten Bildungsträger einen Vertrag ab, in dem Einzelheiten der Maßnahmedurchführung sowie der Zusammenarbeit mit der Arbeitsagentur festgelegt werden. Berufsvorbereitende Bildungsmaßnahmen können auch mit einem **Betriebspraktikum** verbunden werden (§ 61 Abs. 3). Der Anteil betrieblicher Praktikaphasen darf jedoch die Hälfte der vorgesehenen Maßnahmedauer nicht überschreiten. Das Betriebspraktikum wendet sich vor allem an (noch) nicht ausbildungsgeeignete Jugendliche und soll den Übergang in eine betriebliche oder sonstige Ausbildung oder Arbeit verbessern. Arbeitgeber, die insofern eine betriebliche Einstiegsqualifizierung durchführen, können durch Zuschüsse gefördert werden (§ 235 b SGB III).

Berufsausbildungsbeihilfe: Die Berufsausbildungsbeihilfe ist eine bedarfsabhängige Leistung der aktiven Arbeitsförderung und kommt bei beruflicher Ausbildung und berufsvorbereitenden Bildungsmaßnahmen in Betracht (§ 59 SGB III). Im Unterschied zur beruflichen Weiterbildung ist die Berufsausbildungsbeihilfe ihrer ganzen Zweckrichtung nach an die Ermöglichung einer ersten grundlegenden beruflichen Qualifizierung geknüpft (vgl. aber Rz. 427). Der Erwerb eines weiteren Berufsabschlusses kann nur im Rahmen der beruflichen Weiterbildung gefördert werden. Abzugrenzen ist die Berufsausbildungsbeihilfe ferner von der Berufsausbildungsbeihilfe für Arbeitslose (§ 74 SGB III). Ihre Besonderheit besteht darin, dass die ansonsten bedarfsabhängige Berufsausbildungsbeihilfe ohne Berücksichtigung von Eltern- bzw. Ehegatteneinkommen und mindestens in Höhe des ansonsten zu zahlenden Arbeitslosengeldes geleistet wird. Für die Gewährung von Berufsausbildungsbeihilfe müssen **individuelle und ausbildungsbezogene Voraussetzungen** erfüllt sein. Die ausbildungsbezogenen Voraussetzungen wurden bereits behandelt (Rz. 429) und ergeben sich aus den §§ 60–62 SGB III. Die individuellen Voraussetzungen gliedern sich in den förderungsfähigen Personenkreis (§ 63 SGB III) und sonstige persönliche Voraussetzungen (§ 64 SGB III). Der Personenkreis betrifft Deutsche und verschiedene Ausländergruppen. Die „sonstigen persönlichen Voraussetzungen" nach § 64 SGB III sind davon abhängig, ob es sich um eine berufliche Ausbildung oder eine berufsvorbereitende Bildungsmaßnahme handelt. Der Grund für die Differenzierung ergibt sich daraus, dass es während der berufsvorbereitenden Bildungsmaßnahme im Gegensatz zur beruflichen Ausbildung keine Ausbildungsvergütung gibt. 430

Deshalb beschränkt sich die Zahlung von **Ausbildungsbeihilfe bei der beruflichen Ausbildung** im Wesentlichen auf die Fälle der Unterbringung außerhalb des El- 431 ternhauses und der Existenz einer eigenen Familie, insbesondere wenn der Auszubildende nicht im Haushalt seiner Eltern bzw. eines Elternteils wohnt „und" er die Ausbildungsstätte von der Wohnung seiner Eltern bzw. eines Elternteils nicht in angemessener Zeit erreichen kann (§ 64 Abs. 1 SGB III). Auszubildende mit eigenem Hausstand können jedoch nicht auf den elterlichen Haushalt verwiesen werden, wenn sie mindestens 18 Jahre alt sind, verheiratet sind oder waren, mit mindestens einem Kind zusammenleben „oder" aus schwerwiegenden sozialen Gründen nicht auf die Wohnung der Eltern oder eines Elternteils verwiesen werden können.

432 Bei den **berufsvorbereitenden Bildungsmaßnahmen** kommt es für den Anspruch dem Grunde nach auf das Wohnen im Haushalt der Eltern grundsätzlich nicht an. Eine Förderung kommt nur in Betracht, wenn die Maßnahme zur Vorbereitung auf eine Berufsausbildung oder zur beruflichen Eingliederung „erforderlich" ist und die Fähigkeiten des Auszubildenden erwarten lassen, dass er das Ziel der Maßnahme erreichen wird. Mit der Erforderlichkeit der Maßnahme soll vor allem sichergestellt werden, dass eine Förderung nicht lediglich zur Überbrückung der Zeit bis zur Aufnahme einer Ausbildung durchgeführt wird. Die Bewertung der persönlichen Fähigkeiten ist mit einer Erfolgsprognose verbunden; diese unterliegt der vollen gerichtlichen Überprüfung.

433 Auch beim **Leistungsumfang** muss zwischen der beruflichen Ausbildung und der berufsvorbereitenden Bildungsmaßnahme unterschieden werden. Eine Bedürftigkeitsprüfung wird nämlich nur bei der beruflichen Ausbildung vorgenommen. Hierbei kommt es auf das Einkommen des Hilfeempfängers, seiner Eltern und seines Ehegatten bzw. Lebenspartners an (§ 71 Abs. 1 SGB III). Für Teilnehmer an berufsvorbereitenden Bildungsmaßnahmen wird von einer Anrechnung des Einkommens jedoch abgesehen (§ 71 Abs. 4 SGB III). Gefördert werden sowohl bei der beruflichen Ausbildung als auch der berufsvorbereitenden Bildungsmaßnahme der Bedarf für den Lebensunterhalt (§ 65, 66 SGB III), Fahrkosten (§ 67 SGB II), sonstige Aufwendungen (§ 68 SGB III) sowie Lehrgangskosten (§ 69 SGB III).

434 Im Falle berufsvorbereitender Bildungsmaßnahmen orientiert sich der **Bedarf** für den Lebensunterhalt an den Pauschbeträgen nach § 12 BAföG, je nachdem, ob der Auszubildende bei den Eltern, anderweitig oder im Wohnheim untergebracht ist (§ 66 SGB III). Im Falle der Berufsausbildung orientiert sich der Bedarf für den Lebensunterhalt am Bedarf für Studierende nach § 13 BAföG und insbesondere an der Unterbringung außerhalb des Elternhauses ohne oder bei voller Verpflegung und an einer etwaigen Förderung im Ausland (§ 65 SGB III). Behinderte Menschen haben Anspruch auf Berufsausbildungsbeihilfe indes auch dann, wenn die Person während der Ausbildung im Haushalt der Eltern wohnt (§ 101 Abs. 3 SGB III).

435 Das Gesetz ermöglicht die **Vorausleistung von Berufsausbildungsbeihilfe**, wenn die Eltern sich weigern, den Unterhalt zu zahlen oder die erforderlichen Auskünfte für die Einkommensanrechnung zu erteilen, allerdings nur, wenn hierdurch die

Ausbildung gefährdet wird (§ 72 Abs. 1 SGB III). Die Frage der Gefährdung der Ausbildung ist stark von Einzelfallumständen abhängig. Bereits die vorübergehende Finanzierung von dritter Seite (Kredite oder darlehensweise gewährte Grundsicherung) dürfte als Gefährdungsgrund anzuerkennen sein. Im Verfahren sind die Eltern anzuhören. Hiervon kann jedoch aus wichtigem Grund abgesehen werden. Der Unterhaltsanspruch des Auszubildenden gegen die Eltern geht dann auf das Arbeitsamt über, d. h. das Arbeitsamt tritt gewissermaßen in die Fußstapfen des Auszubildenden und kann den Anspruch selbstständig vor dem Familiengericht geltend machen. Die Förderung ist den Eltern gegenüber anzuzeigen.

Die Berufsausbildungsbeihilfe wird für die gesamte **Dauer** der beruflichen Ausbildung oder der berufsvorbereitenden Bildungsmaßnahme gezahlt (§ 73 Abs. 1 SGB III). Kann die Ausbildung nach Berufsbildungsrecht verlängert werden, so verlängert sich auch der Förderungszeitraum. Der Anspruch besteht jedoch nur für die tatsächliche Dauer der Maßnahme; unterrichtsfreie Zeiten sind grundsätzlich nicht förderungsfähig. Fortzahlung von Berufsausbildungsbeihilfe ist nur in den vom Gesetz abschließend aufgeführten Fällen möglich. *436*

4. Förderung der Berufsausbildung und Beschäftigung begleitende Eingliederungshilfen

Träger von Maßnahmen (§ 21 SGB III) können durch Zuschüsse gefördert werden, wenn sie durch zusätzliche Maßnahmen zur betrieblichen Ausbildung für förderungsbedürftige Auszubildende diesen eine berufliche Ausbildung ermöglichen und ihre Eingliederungsaussichten verbessern (§ 240 SGB III). *437*
In Betracht kommen
– ausbildungsbegleitende Hilfen (§ 241 Abs. 1 SGB III),
– außerbetriebliche Ausbildung (§ 241 Abs. 2 SGB III),
– Übergangshilfen und Aktivierungshilfen (§ 241 Abs. 3 und 3a SGB III),
– Beschäftigung begleitende Eingliederungshilfen (§ 246a SGB III),
– Ausbildungsbonus (§ 421r SGB III).

Die **ausbildungsbegleitenden Hilfen** nach § 241 Abs. 1 SGB III müssen eine betriebliche Ausbildung in einem staatlich anerkannten Ausbildungsberuf unterstützen und über betriebs- und ausbildungsübliche Inhalte hinausgehen. Bis zu 3 Monate dauernde Abschnitte der Berufsausbildung können jedoch auch in einer außerbetrieblichen Einrichtung gefördert werden, insofern sie ausbildungsbegleitende Hilfen ergänzen. Förderungsfähig sind Maßnahmen zum Abbau von Sprach- und Bildungsdefiziten, zur Förderung der Fachpraxis und Fachtheorie und zur sozialpädagogischen Begleitung. Die gesetzliche Aufzählung ist jedoch nicht abschließend. Die Maßnahmen können durch den ausbildenden Betrieb oder durch einen Dritten angeboten werden. Die Kosten müssen im Einzelnen zwischen Leistungsträger und Anbieter ausgehandelt werden (§ 326 SGB III). *438*

439 Die **außerbetriebliche Ausbildung** wird im Rahmen eines Berufsausbildungsverhältnisses anstelle einer Ausbildung in einem Betrieb durchgeführt. Wegen des Vorrangs der betrieblichen Ausbildung ist dieser Maßnahmebereich nur unter restriktiven Voraussetzungen förderungsfähig (§ 241 Abs. 2 SGB III):
- Der Auszubildende kann auch mit ausbildungsbegleitenden Hilfen nicht in eine betriebliche Ausbildungsstätte vermittelt werden.
- Nach Erfüllung der allgemeinbildenden Vollzeitschulpflicht muss der Auszubildende an einer berufsvorbereitenden Bildungsmaßnahme mit einer Dauer von mindestens 6 Monaten teilgenommen haben.
- Der Anteil betrieblicher Praktikumsphasen darf 6 Monate pro Ausbildungsjahr nicht überschreiten.

Die Ausbildung ist grundsätzlich auf ein Jahr befristet. Eine Verlängerung kommt nur in Betracht, solange dem Auszubildenden auch mit ausbildungsbegleitenden Hilfe eine betriebliche Ausbildung nicht vermittelt werden kann. Der Träger muss nach dem Berufsbildungsgesetz zur Einstellung und Ausbildung berechtigt sein. Nach Ablauf des ersten Förderjahres sollte der Hilfesuchende in ein reguläres Ausbildungsverhältnis vermittelt werden, ggf. unter Inanspruchnahme ausbildungsbegleitender Hilfen nach § 241 Abs. 1 SGB III. Die Leistungshöhe zwischen Leistungsträger und Maßnahmeträger muss im Einzelnen ausgehandelt werden (§ 326 SGB III).

440 **Übergangshilfen** nach § 241 Abs. 3 SGB III sollen die Beschäftigungswirksamkeit der mit erheblichem Aufwand geförderten Ausbildungsmaßnahmen steigern. Die Förderung ist nicht nur nach erfolgreicher Beendigung einer Ausbildung möglich, sondern auch nach einem Abbruch der Ausbildung innerhalb eines Betriebes oder einer außerbetrieblichen Einrichtung. Die Förderung darf eine Dauer von 6 Monaten nicht übersteigen. Die Förderhöhe muss im Einzelnen ausgehandelt werden (§ 326 SGB III).

441 Im Rahmen der **Aktivierungshilfen** nach § 242 Abs. 3 a i. V. m. § 243 Abs. 2 SGB III werden Jugendliche im Wege niedrigschwelliger Angebote im Vorfeld von Ausbildung, Qualifizierung und Beschäftigung gefördert. Die Jugendlichen sollen insbesondere an Treffpunkten angesprochen werden, an denen sie sich in der Regel aufhalten. Die Förderung wird im Rahmen des SGB III zwar an die Voraussetzung geknüpft, dass sich ein Dritter, insbesondere der Jugendhilfeträger, mindestens zur Hälfte an der Finanzierung beteiligt (§§ 13, 81 SGB VIII). Nach § 16 Abs. 1 S. 5 SGB II ist dies für Bezieher von SGB II-Leistungen jedoch nicht erforderlich. Mit dem Anbieter muss die Leistungshöhe im Einzelnen ausgehandelt werden (§ 326 SGB III). Eine andere Variante der Aktivierung ist die in § 421 s SGB III geregelte **Berufseinstiegsbegleitung** für förderungsbedürftige Schüler und Schülerinnen, die in den letzten beiden Jahren vor ihrem Schulabschluss beginnt und bis in die Ausbildung hinein fortgeführt wird. Die Unterstützung umfasst vor allem die Berufsorientierung, die Suche nach einem Ausbildungsplatz und die Stabilisierung des Ausbildungsverhältnisses. Das Modell wird bundesweit an 1.000 Schulen erprobt und evaluiert. Dabei werden die Schulträger und die Jugendhilfeträger mit einbezogen. Schulen mit einem hohen Migrantenanteil sowie Sonderschulen für behinderte junge Menschen werden bevorzugt berücksichtigt. Da es sich bei § 421 s SGB III um eine Erprobungsregelung handelt, werden Maßnahmen nur gefördert, wenn sie bis zum 31.12.2011 begonnen werden.

Die vorgenannten **Maßnahmen des § 241 SGB III sind nur förderungsfähig**, wenn die maßnahmebezogenen Anforderungen des § 241 Abs. 4 SGB III erfüllt sind (insbesondere Ausbildungsqualität und Planung der Maßnahmen nach den Grundsätzen der Wirtschaftlichkeit und Sparsamkeit). Die Maßnahmen werden als Auftrag vergeben und sind deshalb regelmäßig nach Vergaberecht auszuschreiben (Abs. 4 Nr. 2). 442

Förderungsfähige Personen nach § 241 SGB III sind lernbeeinträchtigte und sozial benachteiligte Auszubildende, bei denen ohne die Förderung die erforderliche Qualifizierung nicht möglich erscheint (§ 242 Nr. 1–4 sowie Satz 2 SGB III). In Betracht kommen die Maßnahmen vor allem für Schulabgänger ohne Hauptschulabschluss, für Abgänger aus Sonderschulen/Förderschulen, für lernbehinderte, verhaltensgestörte Jugendliche, Legastheniker, geförderte Jugendliche nach dem SGB VIII, drogenabhängige Personen, strafentlassene Personen, Strafgefangene und Straffällige, Spätaussiedler mit Sprachschwierigkeiten, Ausländer mit Sprachschwierigkeiten, sonstige Auszubildende, deren betriebliche Ausbildung ohne ausbildungsbegleitende Hilfen zu scheitern droht. 443

Die **Förderleistungen** umfassen Zuschüsse zur Ausbildungsvergütung (§ 244 SGB III), Maßnahmekosten (§ 245 SGB III) sowie nach § 246 SGB III sonstige Kosten (Weiterbildungskosten für das Personal, Zuschuss zu den Fahrkosten zur Weitergabe an den Auszubildenden). Überdies erhält der Träger nach § 246 Nr. 3 SGB III bei erfolgreicher vorzeitiger Vermittlung aus einer geförderten außerbetrieblichen Ausbildung in eine betriebliche Ausbildung eine Pauschale. Förderungsfähig ist zudem die sozialpädagogische Begleitung lernbeeinträchtigter und sozial benachteiligter Auszubildender während einer Berufsausbildungsvorbereitung nach dem Berufsbildungsgesetz oder einer Einstiegsqualifizierung (§§ 68 BBiG, 235 b SGB III). In diesem Rahmen können auch organisatorische Maßnahmen in Klein- und Mittelbetrieben unterstützt werden (§ 241 a Abs. 2 SGB III). 444

Im Rahmen der **Beschäftigung begleitenden Eingliederungshilfen** nach § 246 a SGB III ist zu beachten, dass der Maßnahmebereich eigenständige Förderungsvoraussetzungen hinsichtlich der förderungsbedürftigen Arbeitnehmer, der förderungsfähigen Maßnahmen und der förderungsfähigen Leistungen enthält (§ 246 b ff. SGB III). Gewährt werden Zuschüsse an Träger zur betrieblichen Eingliederung und zur Verbesserung der Eingliederungsaussichten, vor allem für Maßnahmen zum Abbau von Sprach- und Bildungsdefiziten, zur Förderung der Fachpraxis und Fachtheorie sowie zur sozialpädagogischen Betreuung (§ 246 c SGB III). Die Höhe der Kostenerstattung muss im Einzelnen ausgehandelt werden (§ 326 SGB III). Die Förderungsdauer ist auf 6 Monate begrenzt (§ 246 d Abs. 2 SGB III). 445

446 Erst Mitte 2008 in Kraft getreten ist der **Ausbildungsbonus** als Arbeitgeberleistung (§ 421 r SGB III). Dieser soll dazu beitragen, den relativ hohen Bestand an Personen, die sich wiederholt ohne Erfolg um einen Ausbildungsplatz bemühen, abzubauen. Meist handelt es sich hierbei um leistungsschwache Schüler und Schülerinnen, die Probleme mit einem direkten Übergang in die Berufsausbildung haben. Einen Rechtsanspruch auf Förderung haben Arbeitgeber, die einen Altbewerber ohne Schulabschluss, mit einem Sonderschulabschluss oder einem Hauptschulabschluss in einem Ausbildungsberuf oder die lernbeeinträchtigte oder sozial benachteiligte junge Menschen, die die Schule früher verlassen haben, „zusätzlich" ausbilden. Letztere können ergänzend über ausbildungsbegleitende Hilfen sozialpädagogisch betreut werden. Bei Arbeitgebern, die Altbewerber mit einem mittleren Schulabschluss oder Jugendliche, die bereits seit mehr als zwei Jahren einen Ausbildungsplatz suchen, ausbilden, entscheidet die Bundesagentur nach pflichtgemäßem Ermessen. Arbeitgeber, die Auszubildende zusätzlich ausbilden, deren Vertrag wegen einer Insolvenz, Stilllegung oder Schließung des früheren Ausbildungsbetriebes beendet worden ist, können ebenfalls den Ausbildungsbonus erhalten. „Zusätzlich" ist ein betrieblicher Ausbildungsplatz, wenn bei Ausbildungsbeginn die Zahl der Ausbildungsverhältnisse in dem Betrieb durch den neuen Ausbildungsvertrag höher ist als sie es im Durchschnitt der drei vorangehenden Jahre war. Der Ausbildungsbonus beträgt 4.000, 5.000 oder 6.000 Euro. Seine Höhe ist abhängig von der für das erste Ausbildungsjahr tariflich vereinbarten oder ortsüblichen Ausbildungsvergütung. Für behinderte und schwerbehinderte junge Menschen erhöht sich der Bonus um 30%. 50% des Bonus werden nach Ablauf der Probezeit und die restlichen 50% nach Anmeldung des Auszubildenden zur Abschlussprüfung gezahlt, wenn das Ausbildungsverhältnis jeweils fortbesteht. Der Bonus ist auch möglich, wenn der Auszubildende bereits eine geförderte betriebliche Einstiegsqualifizierung absolviert hat; allerdings werden diese Leistungen dann auf den Ausbildungsbonus angerechnet.

5. Förderung der beruflichen Weiterbildung

447 Der **Begriff** der beruflichen Weiterbildung setzt in Abgrenzung zur Erstausbildung voraus, dass der Teilnehmer vor Beginn der Maßnahme eine abgeschlossene Berufsausbildung oder eine angemessene Berufserfahrung erlangt hat.
Es gelten folgende Leistungsvoraussetzungen:
- **Notwendigkeit der Weiterbildung** (§ 77 Abs. 1 Nr. 1 SGB III): Diese ist notwendig, wenn der Arbeitnehmer bei Arbeitslosigkeit nur so und insbesondere nach einer Vermittlungsphase von 3 bis 6 Monaten beruflich eingegliedert werden kann. Die Notwendigkeit kann sich auch aus der Abwendung einer drohenden Arbeitslosigkeit ergeben (§ 17 SGB III), ebenfalls zur Förderung des Übergangs von einer Teilzeitbeschäftigung auf eine Vollzeitbeschäftigung. Schließlich wird die Notwendigkeit im Übrigen auch dann anerkannt, wenn der Arbeitnehmer zwar über einen Berufsabschluss verfügt, er jedoch aufgrund einer mehr als 4 Jahre ausgeübten Beschäftigung in an- oder ungelernter Tätigkeit eine ent-

I. Arbeitsförderungsrecht (SGB III)

sprechende Beschäftigung voraussichtlich nicht mehr ausüben kann (§ 77 Abs. 2 Nr. 1 SGB III). Arbeitnehmer ohne Berufsabschluss, die noch keine 3 Jahre beruflich tätig gewesen sind, können nur gefördert werden, wenn eine berufliche Ausbildung oder eine berufsvorbereitende Bildungsmaßnahme aus in der Person des Arbeitnehmers liegenden Gründen nicht möglich oder nicht zumutbar ist (§ 77 Abs. 2 Nr. 2 SGB III). Im Gegensatz zu früher ist die Erfüllung einer bestimmten Vorbeschäftigungszeit nicht mehr nötig.
- **Beratung** (§ 77 Abs. 1 Nr. 2 SGB III): Erforderlich ist die vorherige Beratung.
- **Zulassung** (§ 77 Abs. 1 Nr. 3, §§ 84, 85 SGB III): Sowohl die Maßnahme als auch der Träger müssen für die Förderung zugelassen sein. Die Zulassung ist ein rechtsmittelfähiger Verwaltungsakt.[171] Die Zulassung erfolgt durch eine von der Bundesagentur anerkannte fachkundige Stelle (§ 87 SGB III). Die trägerbezogenen Anforderungen der Zulassung sind in § 84 SGB III geregelt (Leistungsfähigkeit des Trägers, Fähigkeit zu eigenen Vermittlungsbemühungen, Qualifikation der Lehrkräfte, Einsatz eines Qualitätsmanagements). Die maßnahmebezogenen Anforderungen ergeben sich aus § 85 SGB III (Unterrichtsqualität, arbeitsmarktliche Zweckmäßigkeit, angemessene Teilnahmebedingungen, Zeugnis, Wirtschaftlichkeit und Sparsamkeit hinsichtlich der Kosten und Maßnahmedauer, Einhaltung bestimmter Maßnahmeziele, Ausschluss überwiegender allgemeinbildender Ausbildungsinhalte). Die gesetzlichen Qualitätsvorgaben werden konkretisiert durch die Verordnung über das Verfahren zur Anerkennung von fachkundigen Stellen sowie zur Zulassung von Trägern und Maßnahmen der beruflichen Weiterbildung nach dem Dritten Buch Sozialgesetzbuch (AZWV) vom 16. Juni 2004 (hierzu Rz. 155).

Liegen sämtliche der genannten Voraussetzungen vor, so erhält der Teilnehmer einen **Bildungsgutschein** (§ 77 Abs. 3 SGB III). Mit dem Bildungsgutschein kann der Teilnehmer ohne weitere Einschaltung der Agentur für Arbeit eine zugelassene Maßnahme bei einem zugelassenen Träger frei auswählen. Der zugelassene Bildungsträger rechnet die Lehrgangskosten unmittelbar mit der Agentur für Arbeit ab. Die Erteilung des Bildungsgutscheins erfolgt durch zusichernden Verwaltungsakt (§ 34 SGB X). Von der Sache her macht die Erteilung eines Bildungsgutscheins jedoch nur in einem wettbewerblichen Anbieterumfeld Sinn; es muss also ein hinreichend vielfältiges Angebot an Maßnahmen vorhanden sein, unter denen der Leistungsberechtigte auswählen kann. 448

Leistungen: Weiterbildungskosten (Lehrgangskosten), Fahrkosten, Kosten für die auswärtige Unterbringung und Verpflegung sowie Kinderbetreuungskosten (§ 79 Abs. 1 SGB III), insbesondere 449
- Lehrgangskosten (§ 80 SGB III) einschließlich der Kosten für erforderliche Lernmittel, Arbeitskleidung, Prüfungsstücke und der Prüfungsgebühren für allgemein anerkannte Zwischen- oder Abschlussprüfungen.

---
171 BSG SozR 4 – 4300 § 86 Nr. 1.

- Fahrtkosten (§ 81 SGB III) für Pendelfahrten zwischen Wohnung und Bildungsstätte sowie bei auswärtiger Unterbringung die Kosten für An- und Abreise und monatliche Familienheimfahrten.
- Kosten für auswärtige Unterbringung und Verpflegung (§ 82 SGB III).
- Kinderbetreuungskosten (§ 83 SGB III).

450 **Träger von Einrichtungen** der beruflichen Aus- oder Weiterbildung und Einrichtungen der beruflichen Rehabilitation können durch Darlehen und Zuschüsse **gefördert** werden, wenn dies für die Erbringung von Leistungen der aktiven Arbeitsförderung erforderlich ist und die Träger sich in angemessenem Umfang an den Kosten beteiligen (§ 248 Abs. 1 SGB III). Die Vorschrift betrifft die institutionelle Förderung der beruflichen Weiterbildung und soll ein ausreichendes Angebot an Bildungsträgern schaffen und erhalten. Gefördert werden können insbesondere Einrichtungen sowie Maßnahmen zur Entwicklung von Lehrgängen, Lehrprogrammen und Lehrmethoden. Im Bereich der beruflichen Bildung ist hier insbesondere an außerbetriebliche Lehrwerkstätten, sonstige Einrichtungen der außerbetrieblichen Berufsausbildung sowie an Grundausbildungs-, Förderungslehrgänge und andere berufsvorbereitende Maßnahmen zu denken. Förderungsfähig sind öffentlich-rechtliche und private Organisationen. Die Vorhaben müssen jedoch im Rahmen einer überregionalen Planung mit dem Bundesministerium für Arbeit und Soziales abgestimmt sein (§ 248 Abs. 2). Die Förderung ist jedoch ausgeschlossen bei berufsbildenden Schulen und Einrichtungen, die überwiegend betrieblichen, verbandlichen oder Erwerbszwecken dienen (§ 249 SGB III). Stets sind jedoch auch bestehende Förderungsmöglichkeiten nach dem Europäischen Sozialfonds auszuloten, insbesondere im Rahmen der ESF-Bundesförderung (Rz. 223 ff.).

6. Arbeitsbeschaffungsmaßnahmen

451 Arbeitsbeschaffungsmaßnahmen nach §§ 260 ff. SGB III dienen der Bereitstellung zusätzlicher Arbeitsplätze für arbeitslose Arbeitnehmer. Voraussetzung ist, dass der Arbeitnehmer allein durch die ABM Arbeit aufnehmen kann (§§ 260 Abs. 1 Nr. 1, 263 SGB III). Bezuschusst werden nicht bestimmte Personen, sondern bestimmte Arbeitsplätze, auf die Arbeitslose zugewiesen werden. Bei Beschäftigung in einer ABM besteht keine Versicherungspflicht in der Arbeitslosenversicherung, so dass keine Ansprüche auf Arbeitslosengeld I entstehen (§ 27 Abs. 5 SGB III).

452 Es gelten folgende Förderungsvoraussetzungen hinsichtlich der Maßnahmen:

- **Öffentliches Interesse und Zusätzlichkeit** der Arbeiten (§ 261 Abs. 1 und 3 SGB III): Das Arbeitsergebnis muss der Allgemeinheit dienen. Dies ist nicht der Fall, wenn dessen Ergebnis überwiegend erwerbswirtschaftlichen Interessen oder den Interessen eines begrenzten Personenkreises dient. Im Rahmen der Zusätzlichkeit werden keine Arbeiten gefördert, die ohnehin durchgeführt worden wären. Förderungsfähig sind jedoch auch solche Arbeiten, die ohne die Förderung „nicht in diesem Umfang" durchgeführt worden wären.

- **Beeinträchtigung der Wirtschaft** (§ 260 Abs. 1 Nr. 3 SGB III): Die Maßnahmen sind möglichst wettbewerbsneutral zu erbringen; Konkurrenzen zwischen Trägern von ABM und Wirtschaftsunternehmen sollen möglichst ausgeschlossen werden.
- **Träger und Maßnahmen** (§ 261): Zu unterscheiden ist zwischen sog. Regie- und Vergabemaßnahmen. Bei einer Regiemaßnahme führt der Träger die geförderten Maßnahmen selbst durch. Bei Vergabemaßnahmen werden die geförderten Arbeiten an ein privatwirtschaftliches Unternehmen vergeben, das die Arbeitsverhältnisse mit den ABM-Beschäftigten begründet und dem zwischengeschalteten Träger die erbrachten Leistungen einschließlich der Lohnkosten in Rechnung stellt (auch § 262 SGB III). Praktikumszeiten und eine begleitende berufliche Qualifizierung sind nach § 261 Abs. 4 SGB III besonders förderungsfähig. Die Beschäftigten erhalten eine Teilnehmerbeurteilung (§ 261 Abs. 5 SGB III).

Zum **förderungsfähigen Personenkreis** gehören Arbeitnehmer, wenn sie arbeitslos sind und allein durch eine Förderung in einer Arbeitsbeschaffungsmaßnahme eine Beschäftigung aufnehmen können und die die Voraussetzungen erfüllen, um Entgeltersatzleistungen bei Arbeitslosigkeit oder Leistungen zur Teilhabe am Arbeitsleben zu erhalten (§ 263 Abs. 1 SGB III). Ausnahmen von den Anforderungen an förderungsbedürftige Arbeitnehmer sind nach § 263 Abs. 2 SGB III zulässig, soweit dadurch 10 % der Zahl aller in dem Haushaltsjahr zugewiesenen Teilnehmer in ABM nicht überschritten werden (Nr. 1), ihre Zuweisung wegen der Wahrnehmung von Anleitungs- oder Betreuungsmaßnahmen für die Durchführung der Maßnahme notwendig ist (Nr. 2), die Arbeitnehmer bei Beginn der Maßnahme das 25. Lebensjahr noch nicht vollendet und keine abgeschlossene Berufsausbildung haben und die Maßnahme mit einer berufsvorbereitenden Bildungsmaßnahme verbunden ist (Nr. 3), die Arbeitnehmer wegen Art oder Schwere ihrer Behinderung nur durch Zuweisung in die Maßnahme beruflich stabilisiert oder qualifiziert werden können (Nr. 4) oder die Arbeitnehmer Berufsrückkehrer sind und bereits für die Dauer von mindestens 12 Monaten in einem Versicherungspflichtverhältnis gestanden haben (Nr. 5).
ABM sind bekanntermaßen „Ruhigstellungsmaßnahmen" ohne sinnvollen Effekt, tragen dazu bei, dass Arbeitsuchende weniger Suchzeit zur Verfügung haben und sind zumeist mit Tätigkeiten verbunden, die auf dem Arbeitsmarkt kaum nachgefragt werden. Von ABM sollte daher nur restriktiv Gebrauch gemacht werden, d. h. u. a.: mit einer möglichst kurzen Zuweisungs- oder Förderdauer. Die maximale **Zuweisungsdauer** beträgt nach § 267 a SGB III zwischen 12 und 36 Monaten.

Der **Förderungsumfang** beim Arbeitsentgelt erfolgt nach § 254 SGB III nach pauschalen Sätzen, die nach der Art der Tätigkeit der geförderten Arbeitnehmer gestaffelt sind. Die Agentur kann die gesetzlichen Fördersätze zum Ausgleich regionaler und in der Tätigkeit liegender Besonderheiten um bis zum 10 % erhöhen. Das monatlich ausgezahlte Arbeitsentgelt bildet die Obergrenze der Förderung (§ 264 Abs. 3 SGB III).

455 Die **Förderungsdauer** darf nach § 267 SGB III in der Regel ein Jahr nicht überschreiten. Eine Verlängerung auf bis zu 24 Monate ist nach § 267 Abs. 2 SGB III möglich, wenn an der Durchführung der Maßnahme ein besonderes arbeitsmarktpolitisches Interesse besteht oder der Träger die Verpflichtung übernimmt, dass die zugewiesenen Arbeitnehmer oder die an ihrer Stelle ersatzweise zugewiesenen Arbeitnehmer in ein Dauerarbeitsverhältnis übernommen werden. Hat der Arbeitnehmer das 55. Lebensjahr vollendet, darf die Förderung bis zu 36 Monaten dauern (§ 267 Abs. 3 SGB III).

456 Die Förderung setzt einen **Antrag** des Trägers voraus. Der Träger erhält bei positiver Entscheidung einen Anerkennungsbescheid. Nach § 268 SGB III ist der Träger in den Fällen der Zuweisung für 24 Monate zur Rückzahlung der Förderleistungen verpflichtet, wenn er eine Verpflichtung zur Übernahme eines zugewiesenen Arbeitnehmers in ein Dauerarbeitsverhältnis nicht erfüllt oder ein Arbeitsverhältnis nach kurzer Zeit wieder beendet.

7. Eingliederungszuschüsse

457 **Arbeitgeber** können zur Eingliederung von Arbeitnehmern mit **Vermittlungshemmnissen** (Rz. 378) Zuschüsse zu den Arbeitsentgelten erhalten, wenn deren Vermittlung wegen in ihrer Person liegender Umstände erschwert ist. Hierauf kann sich eine aufschiebende oder auflösende Bedingung im Rahmen eines Arbeitsvertrages beziehen. Die Förderhöhe und die Förderdauer richten sich nach dem Umfang einer Minderleistung des Arbeitnehmers und den jeweiligen Eingliederungserfordernissen (§ 217 SGB III). Der Förderungsumfang ist nach § 218 Abs. 1 SGB III auf 50 % des berücksichtigungsfähigen Arbeitsentgelts und die Förderdauer auf 12 Monate begrenzt. Für **schwerbehinderte** oder sonstige behinderte Menschen kann die Förderhöhe bis zu 70 % des Arbeitsentgelts und die Förderdauer bis zu 24 Monate betragen (§ 218 Abs. 2 SGB III). In diesen Fällen vermindert sich jedoch der Eingliederungszuschuss nach Ablauf von 12 Monaten entsprechend der zu erwartenden Zunahme der Leistungsfähigkeit. Für schwerbehinderte Menschen im Sinne des § 104 Abs. 1 Nr. 3 a – b SGB IX und ihnen nach § 2 Abs. 3 SGB IX gleichgestellte behinderte Menschen, die nur erschwert vermittelbar sind, beträgt die Förderung 70 % des Arbeitsentgelts bei einer Dauer von maximal 36 Monaten (§ 219 Abs. 1 S. 1 SGB III). Hat dieser Personenkreis das 55. Lebensjahr vollendet, beträgt die Förderdauer maximal 96 Monate (§ 219 Abs. 1 S. 3 SGB III).

458 Der **Zuschuss** orientiert sich am gezahlten Arbeitsentgelt sowie am Gesamtsozialversicherungsbeitrag (§ 220 Abs. 1 SGB III). Bemessungsgrundlage für das Arbeitsentgelt sind die tariflichen Arbeitsentgelte oder die für vergleichbare Tätigkeiten ortsüblichen Arbeitsentgelte. Zusätzlich zum berücksichtigungsfähigen Arbeitsentgelt wird auch der hierauf entfallende pauschalierte Anteil des Arbeitgebers am Gesamtsozialversicherungsbeitrag in die Bemessungsgrundlage einbezogen.

Das **Bewilligungsverfahren** wird durch Antrag des Arbeitgebers eingeleitet. Dieser ist zur teilweisen Rückzahlung des Zuschusses verpflichtet, wen das Beschäftigungsverhältnis während des Förderungszeitraums oder einer Nachbeschäftigungszeit beendet wird (§ 221 Abs, 2 SGB III). Die Förderung ist von vornherein ausgeschlossen, wenn zu vermuten ist, dass der Arbeitgeber die Beendigung eines anderen Beschäftigungsverhältnisses veranlasst hat, um einen Eingliederungszuschuss zu erhalten oder wenn die Einstellung bei einem früheren Arbeitgeber erfolgt, bei dem der Arbeitnehmer während der letzten 4 Jahre vor Förderungsbeginn mehr als 3 Monate beschäftigt war (§ 221 Abs. 1 Nr. 2, 2 SGB III).

459

Daneben bestehen weitere Sonderregelungen für **ältere und/oder schwerbehinderte Arbeitnehmer** ab dem 50. Lebensjahr mit einer Förderungshöchstdauer von 36 bzw. 60 bzw. 96 Monaten (§ 421 f SGB IIII). Die Förderung muss hier jedoch bis zum 31.12.2009 begonnen haben. Schließlich kann ein Eingliederungszuschuss in Höhe von maximal 70 % des berücksichtigungsfähigen Arbeitsentgelts bei Übernahme schwerbehinderter Menschen in ein Arbeitsverhältnis im Anschluss an eine Aus- oder Weiterbildung für die Dauer eines Jahres gewährt werden, wenn vorher Zuschüsse erbracht wurden (§ 235a Abs. 3 SGB III). Neu ist der 2008 eingeführte **Eingliederungsgutschein für ältere Arbeitnehmer ab dem 50. Lebensjahr** nach § 223 SGB III. Hiermit sollen die Integrationsbemühungen für ältere Arbeitnehmer unterstützt werden, die über einen mehr als zwölfmonatigen Anspruch auf Arbeitslosengeld verfügen. Auf den Gutschein besteht nach 12 Monaten seit Entstehung des Arbeitslosengeldanspruchs seitens des Arbeitslosen ein Rechtsanspruch. Mit ihm verpflichtet sich die Bundesagentur, einen Eingliederungszuschuss an den Arbeitgeber zu leisten, soweit der Arbeitnehmer eine sozialversicherungspflichtige Beschäftigung aufnimmt, die Arbeitszeit mindestens 15 Stunden pro Woche beträgt und das Beschäftigungsverhältnis für mindestens ein Jahr begründet wird. Der Zuschuss wird für 12 Monate in Höhe von 30–50 % des berücksichtigungsfähigen Arbeitsentgelts gezahlt. Ab einem Jahr seit Bestehen des Arbeitslosengeldanspruchs beträgt die Förderhöhe zwingend 50 %.

469

8. Einstellungszuschuss bei Neugründung

Nach §§ 225–228 SGB III kann die Bundesagentur **Arbeitgebern,** die vor nicht mehr als 2 Jahren eine selbstständige Tätigkeit aufgenommen haben, für die unbefristete Beschäftigung eines zuvor arbeitslosen Arbeitnehmers auf einen neu geschaffenen Arbeitsplatz einen Zuschuss zum Arbeitsentgelt gewähren. Hierauf kann sich eine aufschiebende auf auflösende Bedingung im Rahmen des Arbeitsvertrages beziehen. Die Förderung ist auf **Kleinbetriebe** ausgerichtet; es dürfen nicht mehr als 5 Arbeitnehmer beschäftigt werden (§ 226 Abs. 1 Nr. 2 SGB III). Unberücksichtigt bleiben jedoch nach der Förderung eingestellte Arbeitnehmer. Teilzeitbeschäftigte Arbeitnehmer sind in besonderer Weise nach § 226 Abs. 4 SGB III zu berücksichtigen.

461

462 **Gefördert** wird die Beschäftigung von Arbeitnehmern, die unmittelbar vor der Einstellung mindestens 3 Monate Arbeitslosengeld oder Transferkurzarbeitergeld bezogen haben, in einer ABM beschäftigt waren, an einer Weiterbildungsmaßnahme teilgenommen haben oder die die Voraussetzungen erfüllen, um Entgeltersatzleistungen bei beruflicher Weiterbildung oder bei Leistungen zur Teilhabe am Arbeitsleben zu erhalten. Erforderlich ist ferner, dass der Arbeitnehmer ohne die Leistung nicht oder nicht dauerhaft in den Arbeitsmarkt eingegliedert werden kann (§ 226 Abs. 1 Nr. 1 SGB III).

463 Der Einstellungszuschuss kann höchstens für 2 Arbeitnehmer gleichzeitig geleistet werden (§ 226 Abs. 2 SGB III). Für teilzeitbeschäftigte Arbeitnehmer erfolgt hierbei eine besondere Berechnung nach § 226 Abs. 4 SGB III. Der Einstellungszuschuss wird für eine Höchstdauer von **12 Monaten** geleistet (§ 227 Abs. 1 SGB III). Er beträgt **50 %** des berücksichtigungsfähigen Arbeitsentgelts; hierfür gelten die Vorschriften zum Eingliederungszuschuss entsprechend.

9. Job-Rotation

464 Im Rahmen der „Förderung der beruflichen Weiterbildung durch Vertretung" können **Arbeitgeber**, die einem Arbeitnehmer die Teilnahme an einer beruflichen Weiterbildung ermöglichen und dafür einen Arbeitslosen einstellen, einen Zuschuss zum Arbeitsentgelt des Vertreters, also des eingestellten Arbeitslosen, erhalten (§ 229 SGB III). Überdies können Arbeitgeber Zuschüsse erhalten, die von einem gewerbsmäßigen Verleiher verliehene Arbeitnehmer für einen anderen Arbeitnehmer, der sich beruflich weiterbildet, beschäftigen. Der Begriff der Weiterbildung ist hierbei weit zu verstehen. Voraussetzung ist jedoch, dass der verliehene Arbeitnehmer vorher arbeitslos war.[172]

465 Die **Höhe des Einstellungszuschusses** beträgt mindestens 50 % und höchstens 100 % des berücksichtigungsfähigen Arbeitsentgelts. Die konkrete Höhe des Zuschusses hängt von der Qualifikation und Förderungsbedürftigkeit des eingestellten Vertreters ab. Die **Dauer** der Förderung soll im Regelfall ein Jahr nicht überschreiten (§ 230 SGB III). Im Falle des Verleihs wird die maximale Dauer der Förderung durch die Vorschriften des Arbeitnehmerüberlassungsgesetzes bestimmt. Der Zuschuss beträgt in diesem Fall 50 % des vom Entleiher an den Verleiher zu zahlenden Entgelts. Die Arbeitsagentur kann private Weiterbildungseinrichtungen mit der Vorbereitung und Gestaltung der beruflichen Weiterbildung durch Vertretung beauftragen und durch Zuschüsse fördern.

---

172 Erfahrungen aus Dänemark zeigen jedoch, dass Job-Rotation im Bereich der gering qualifizierten Langzeitarbeitslosen nur wenig Erfolg versprechend ist: Sachverständigenrat zur Begutachtung der gesamtwirtschaftlichen Entwicklung 2001, Ziff. 188 ff.

10. Förderung der Berufsausbildung, der Weiterbildung, der Teilhabe (Arbeitgeber)

Arbeitgeber können für die **berufliche Ausbildung** von Auszubildenden durch Zuschüsse zur Ausbildungsvergütung gefördert werden, soweit von der Agentur für Arbeit geförderte ausbildungsbegleitende Hilfen (§§ 240 ff. SGB III) während der Ausbildungszeit durchgeführt oder durch Abschnitte der Berufsausbildung in einer außerbetrieblichen Einrichtung ergänzt werden und die Ausbildungsvergütung weiter gezahlt wird (§ 235 Abs. 1 SGB III). Die Zuschusshöhe ergibt sich aus der anteiligen Ausbildungsvergütung einschließlich des darauf entfallenden Arbeitgeberanteils am Gesamtsozialversicherungsbeitrag. 466

Arbeitgeber können ferner für die betriebliche **Aus- und Weiterbildung** von **schwerbehinderten Menschen** durch Zuschüsse zur Ausbildungsvergütung oder vergleichbaren Vergütung gefördert werden, wenn die Aus- und Weiterbildung sonst nicht zu erreichen ist (§ 235a Abs. 1 SGB III). Der Zuschuss beträgt 80 % der monatlichen Ausbildungsvergütung für das letzte Ausbildungsjahr oder der vergleichbaren Vergütung einschließlich des darauf entfallenden Arbeitgeberanteils am Gesamtsozialversicherungsbeitrag (Abs. 2), in Ausnahmefällen 100 % für das letzte Ausbildungsjahr. Bei Übernahme schwerbehinderter Menschen nach einer Aus- oder Weiterbildung kann ein Eingliederungszuschuss in Höhe von 70 % des Arbeitsentgelts für die Dauer von einem Jahr erbracht werden (§ 235a Abs. 3 SGB III). 467

Die **betriebliche Einstiegsqualifizierung** nach § 235b SGB III zielt auf Jugendliche mit erschwerten Vermittlungsperspektiven und auf benachteiligte Auszubildende. Zweck dieser Leistung ist die Vermittlung und Vertiefung von Grundlagen für den Erwerb beruflicher Handlungsfähigkeit im Vorfeld der Aufnahme einer Berufsausbildung. Soweit es sich dabei um Berufsausbildungsvorbereitung handelt, gelten die §§ 68–70 BBiG (Rz. 338).[173] Arbeitgeber können für die Dauer von 6 bis 12 Monaten durch **Zuschüsse** zur Vergütung bis zu einer Höhe von 192 Euro monatlich zuzüglich eines pauschalierten Anteils am durchschnittlichen Gesamtsozialversicherungsbeitrag gefördert werden (§ 235b Abs. 1 SGB III). Förderungsfähig sind auch öffentliche Arbeitgeber. Eine Altersgrenze wird im Gesetz nicht festgelegt. Die Vermittlung der Kenntnisse kann auch in Gestalt von Ausbildungsbausteinen erfolgen. Die Einstiegsqualifizierung kann durch **sozialpädagogische Begleitung** und organisatorische Unterstützung nach § 241a SGB III flankiert werden. Voraussetzung der Förderung ist, dass diese auf der Grundlage eines Vertrages nach § 26 BBiG mit dem Auszubildenden durchgeführt wird, auf einen anerkannten Ausbildungsberuf vorbereitet und in Vollzeit oder (nur) wegen der Erziehung eigener Kinder oder der Pflege von Familienangehörigen in Teilzeit von mindestens 20 Wochenstunden durchgeführt wird. **Förderfähig** sind bei der Agentur für Arbeit gemeldete Ausbil- 468

---

[173] Diese Leistung hat der Gesetzgeber vorher mit einem als erfolgreich bewerteten Sonderprogramm gefördert, das nunmehr in das Gesetz aufgenommen wurde.

dungsbewerber mit eingeschränkten Vermittlungsperspektiven, die auch nach der bundesweiten Nachvermittlungsaktion keinen Ausbildungsplatz erworben haben, Auszubildende, die noch nicht in vollem Umfang über die erforderliche Ausbildungsbefähigung verfügen, und schließlich die Gruppe der lernbeeinträchtigten und sozial benachteiligten Auszubildenden.

469 Durch § 421 o SGB III erhalten Arbeitgeber einen **Qualifizierungszuschuss für die Einstellung jüngerer Arbeitnehmer**, die den Eingliederungszuschuss mit Qualifizierungselementen kombiniert. Mit ihm sollen Menschen gefördert werden, für die auch bei dem Einsatz von Mitteln der Ausbildungsförderung eine Berufsausbildung kurzfristig nicht erreichbar ist. Nach Abs. 4 der Vorschrift soll die betriebsnahe Vermittlung solcher arbeitsmarktverwertbarer Kenntnisse, Fertigkeiten und Fähigkeiten vermittelt werden, welche die Chancen auf dem Arbeitsmarkt verbessern und auf einen beruflichen Abschluss vorbereiten können. Der Arbeitgeber hat hierüber eine entsprechende Bescheinigung auszustellen. Die Qualifizierung kann dabei auch durch einen Träger durchgeführt werden, wenn eine Qualifizierung im Betrieb nicht möglich ist. Allerdings haben nach Abs. 5 Leistungen nach dem SGB III Vorrang, die auf einen beruflichen Abschluss zielen (etwa §§ 59 ff., 235 ff. SGB III). Das Förderinstrument ist bis zum 31.12.2010 befristet gültig, um die Wirkung dieser Leistung beurteilen zu können. **Persönliche Voraussetzung der Förderung** ist, dass der junge Mensch bei Aufnahme der Beschäftigung das 25. Lebensjahr noch nicht vollendet hat, vor Aufnahme der Beschäftigung mindestens 6 Monate arbeitslos war, nicht über einen Berufsabschluss verfügt und im Rahmen eines Arbeitsverhältnisses qualifiziert wird. Vermittlungshemmnisse müssen bei dieser Gruppe junger Menschen nicht vorliegen, denn der Gesetzgeber geht bei ihnen von einem besonderen Unterstützungsbedarf aus, wenn die Arbeitslosigkeit bereits länger als 6 Monate andauert. Die **Förderungshöchstdauer** richtet sich nach den jeweiligen Eingliederungserfordernissen und beträgt höchstens 12 Monate. Die **Förderungshöhe** beläuft sich auf 50 % des berücksichtigungsfähigen Arbeitsentgelts. 35 % werden als Zuschuss zum Arbeitsentgelt und mindestens 15 % zweckgebunden für die Qualifizierung geleistet. Regelmäßig gezahltes Arbeitsentgelt, welches 1.000 Euro überschreitet, bleibt bei der Berechnung des Zuschusses unberücksichtigt. Für die inhaltliche Gestaltung der Maßnahme können Elemente aus Qualifizierungsbausteinen im Sinn des § 69 BBiG sowie aus vergleichbaren länderspezifischen Regelungen genutzt werden. Besondere Regelungen zur Abwehr von Leistungsmissbrauch erhalten schließlich die Absätze 6 und 7.

470 § 421 p SGB III gewährt Arbeitgebern **Eingliederungszuschüsse für jüngere Arbeitnehmer** und richtet sich an solche junge Menschen, die zwar über einen Berufsabschluss verfügen, aber bereits 6 Monate arbeitslos sind. Fördervoraussetzung ist, dass die Personen bei Aufnahme der Beschäftigung das 25. Lebensjahr noch nicht vollendet haben und bereits mindestens 6 Monate arbeitslos waren. Ein Vermittlungshemmnis muss, ebenso wie beim Qualifizierungszuschuss, nicht vorliegen. Die **Förderdauer** beträgt längstens 12 Monate, die **Förderhöhe** zwischen 25

und 50 % des berücksichtigungsfähigen Arbeitsentgelts. Im Übrigen gelten die Regelungen des § 421 o SGB III entsprechend. Auch diese Leistung ist nur befristet bis zum 31.12.2010 gültig.

Wird eine **geförderte Weiterbildung** im Rahmen eines bestehenden Arbeitsverhältnisses durchgeführt für Arbeitnehmer ohne Berufsabschluss, so kann der Arbeitgeber durch Zuschüsse zum Arbeitsentgelt gefördert werden; sie können bis zur **Höhe** des Betrages erbracht werden, der sich als anteiliges Arbeitsentgelt einschließlich des darauf entfallenden pauschalierten Arbeitgeberanteils am Gesamtsozialversicherungsbeitrag für weiterbildungsbedingte Zeiten ohne Arbeitsleistung errechnet (§ 235 c SGB III).[174] *471*

Zur Förderung der **Teilhabe am Arbeitsleben** können Arbeitgebern für die **Aus- und Weiterbildung behinderter Menschen** Zuschüsse zur Ausbildungsvergütung gewährt werden in Höhe von maximal 60 % der Ausbildungsvergütung, in Ausnahmefällen auch 100 % im letzten Ausbildungsjahr (§ 236 SGB III). Zudem sind Zuschüsse für eine behindertengerechte Ausgestaltung von Ausbildungs- und Arbeitsplätzen sowie die Übernahme der Kosten für eine Probebeschäftigung möglich (§§ 237, 238 SGB III).

III. Fazit

Das System der Arbeitsförderung mit seinen Förderleistungen für Arbeitnehmer und Arbeitgeber ist in Anbetracht der bestehenden gesetzlichen Möglichkeiten ebenso umfassend wie ausreichend. Es ist jedoch viel zu kompliziert und verleitet gerade dadurch zu allzu großer Beliebigkeit bei seiner Umsetzung. Vor allem den Leistungsadressaten wird die Orientierung und damit die Inanspruchnahme der Leistungen so unnötig erschwert. Weniger und klare Vorgaben sind insoweit Gebot der Stunde und werden seitens der Politik insofern auch bereits seit längerem ins Auge gefasst. Einzig die Umsetzung lässt auf sich warten. Wie bei der Grundsicherung für Arbeitsuchende besteht ein weiteres Problem in der grundsätzlichen Haushaltsabhängigkeit der insofern nach Ermessen gewährten Maßnahmen. Wirksame Qualifizierungsmaßnamen sind nur bei größtmöglicher Individualisierung des Maßnahmezuschnitts zu haben. Dies aber ist keine Frage des Gesetzes, sondern zuvorderst eine Frage der eingeräumten Mittel und damit des politischen Veränderungswillens. Die Vernetzung der Arbeitsförderung mit den Schulen aber kann mittlerweile als vorbildlich angesehen werden und verdient deshalb besonderer Hervorhebung (Rz. 414). *472*

---

174 Für Arbeitgeber allerdings, die ohnehin in das Humankapital ihrer Belegschaft investieren, bieten sich hier erhebliche Mitnahmeeffekte.

J. Kinder- und Jugendhilferecht (SGB VIII)

I. Allgemeine Anwendungsvoraussetzungen

473 Die Leistungen der Kinder- und Jugendhilfe unterscheiden sich in ihrem **Verpflichtungsgehalt** erheblich. Teilweise handelt es sich um allgemeine, indes verpflichtend vorgegebene Aufgabenzuweisungsnormen, bei deren Umsetzung der jeweilige Jugendhilfeträger einen weiten Gestaltungsspielraum besitzt, die aber nicht einklagbar sind (so etwa bei den Leistungen zur Jugendarbeit, Jugendsozialarbeit und zum Kinder- und Jugendschutz, § 11 ff. SGB VIII). Teilweise sind die Leistungen nicht nur als zwingender Handlungsauftrag vorgegeben, sondern auch mit Rechtsansprüchen der Betroffenen verknüpft (etwa die Leistungen zur Förderung der Erziehung in der Familie, §§ 16 ff. SGB VIII). Von hoher Verpflichtungskraft sind schließlich die einklagbaren Anspruchsleistungen zur Hilfe zur Erziehung, der Eingliederungshilfe für seelisch behinderte Kinder und Jugendliche sowie der Hilfe für junge Volljährige (§§ 27–41 SGB VIII).

474 Diejenigen Bereiche, in denen das Jugendamt als **Eingriffsbehörde** handelt, sind im Gesetz als „andere Aufgaben der Jugendhilfe" aufgeführt. Insofern gibt es vorläufige Maßnahmen bei Gefährdung des Kindeswohls (§§ 8a, 42 ff. SGB VIII), bestimmte Mitwirkungspflichten des Jugendamts in gerichtlichen Verfahren (§§ 50–52 SGB VIII), ferner bestimmte Formen der Beistandschaft, Pflegschaft und Vormundschaft für Kinder und Jugendliche (§§ 53 ff. SGB VIII) sowie schließlich bestimmte Schutzvorschriften bei Unterbringung von Kindern und Jugendlichen in der Familie und in Einrichtungen (§§ 44 ff. SGB VIII).

475 Die Kinder- und Jugendhilfe hat ein möglichst vielschichtiges Angebot an Leistungen und Aktivitäten unterschiedlicher Träger zu unterbreiten (§ 3 Abs. 1 SGB VIII). **Träger der freien Jugendhilfe** sind kraft Gesetzes die Kirchen und Religionsgemeinschaften sowie die auf Bundesebene zusammengeschlossenen Verbände der freien Wohlfahrtspflege (§ 75 SGB VIII), im Übrigen Jugendverbände, insofern sie anerkannt wurden (§§ 11 Abs. 2, 75 SGB VIII). Diese Verbände, Gruppen und Initiativen sollen zwar vom Jugendamt **gefördert** werden. Hierauf besteht jedoch kein Rechtsanspruch, sondern nur ein Anspruch auf fehlerfreie Ermessensausübung und insbesondere auf Gleichbehandlung bei der Vergabe von **Fördermitteln** (§ 74 SGB VIII). Nicht selten sind die relevanten Förderkriterien speziellen Förderrichtlinien des Jugendhilfeträgers zu entnehmen; zudem ergeben sie sich aus dem Jugendhilfeplan (§ 80 SGB VIII). Denn dieser kann vom Jugendhilfeausschuss als Maßstab für die Förderung von Projekten zugrunde gelegt werden (§§ 74 Abs. 2, 71 Abs. 2 SGB VIII). Deshalb sollte frühzeitig von den an der Jugendhilfeplanung beteiligten Freien Trägern der Jugendhilfe auf die Berücksichtigung entsprechender Bildungs- und Erziehungsmaßnahmen hingewirkt werden (§ 80 Abs. 3 SGB VIII). **Staatliche Träger** der öffentlichen Jugendhilfe sind die örtlichen und überörtlichen

Träger (§ 69 Abs. 1 SGB VIII). Außerdem gibt es auf kommunaler und Landesebene einen Jugendhilfeausschuss, der sich insbesondere mit Fragen der Jugendhilfeplanung und Förderung der freien Jugendhilfe befasst (§ 71 SGB VIII).

Die Aufgabe der Jugendhilfe ist eine **pflichtige Selbstverwaltungsaufgabe** des kommunalen Bereichs. Das bedeutet, dass den Kommunen einerseits durch Bundesgesetz Aufgaben- und Leistungspflichten auferlegt werden können, die Organisation und nähere Ausgestaltung andererseits jedoch selbstständig durch die Kommunen erfolgt. Das bedeutet auch, dass die Finanzierung der Aufgaben weitestgehend aus Eigenmitteln der Kommunen bewerkstelligt werden muss.

476

II. Vorgaben für das Fallmanagement

§ 36 Abs. 2 SGB VIII schreibt die Aufstellung eines **Hilfeplans** vor, der Grundlage für die Hilfen zur Erziehung und die Eingliederungshilfe für seelisch behinderte junge Menschen ist (Rz. 185). Innerhalb des Jugendamts obliegt die Durchführung zumeist dem Allgemeinen Sozialdienst, der in der Praxis erste Anlaufstelle eines Kontakts mit dem Personensorgeberechtigten oder dem Minderjährigen ist.[175] Das Fachkräfteteam soll den Hilfeplan zusammen mit dem Personensorgeberechtigten und dem Minderjährigen aufstellen. Der Hilfeplan soll den Prozess der Hilfe dokumentieren, die Stellung der mitwirkenden Eltern und Minderjährigen im Hilfeprozess stärken und den Prozess für diese transparent machen, die Verbindlichkeit von Arbeitsabsprachen zwischen Jugendamt, Einrichtungen, Erziehungs- und Pflegepersonen (auch Lehrer) sowie Eltern herstellen, die Selbstkontrolle des Jugendamts bei Wahrnehmung seiner Aufgaben unterstützen und Grundlage sein für die Überprüfung von Hilfezielen und der eingetretenen Wirkungen der Maßnahmen. Insofern hat der Plan **Feststellungen** zu enthalten über den Bedarf, die zu gewährende Art der Hilfe und die notwendigen Leistungen (§ 36 Abs. 2 S. 2 SGB VIII). Das Gesetz regelt jedoch nur die Mindestbestandteile. Zusätzlich kann der Plan Angaben enthalten über die Gründe der Auswahl der Hilfen, über einzelne Handlungsschritte und Indikatoren der Zielerreichung, über einen Zeitplan sowie Kostenplan, zu den bisher geleisteten Hilfen, über die Notwendigkeit stationärer anstatt ambulanter Maßnahmen, über die Mitwirkungsmotivation und Erwartungen der Eltern und Kinder, über die sozialen Kontakte von Eltern und Kindern und ihre Einbindung in informelle Unterstützungsnetzwerke, ferner Feststellungen über die einzuschaltenden Leistungserbringer (§ 78 b Abs. 2 Nr. 1 SGB VIII) sowie über die Zeiträume zur Überprüfung und Fortschreibung des Hilfeplans nach Maßgabe der eingetretenen Entwicklungen.[176] § 36 Abs. 2 S. 3 SGB VIII schreibt verbindlich die **Beteiligung anderer Personen, Dienste und Einrichtungen** vor, wenn diese bei der Durchführung des Plans

477

---

175 Stähr, in: Hauck/Noftz, SGB VIII, § 36 Rz. 29 (Loseblatt).
176 Stähr, in: Hauck/Noftz, SGB VIII, § 36 Rz. 33 (Loseblatt).

tätig werden. Wünschenswert ist in dieser Hinsicht auch die Beteiligung von Lehrern des Kindes, von Vertretern der Arbeitsförderung bei berufsfördernden Maßnahmen des Jugendamts (§ 27 Abs. 3 SGB VIII) oder ggf. von Vertretern der Kinder- und Jugendpsychiatrie. Abgesehen von seiner Funktion für das individuelle Fallmanagement hat der Hilfeplan jedoch auch Bedeutung für die Entwicklung des lokalen **Angebots an Diensten und Einrichtungen**, weil sich aus ihm ergibt, was im Einzelfall benötigt wird. Im Idealfall weiß der Fallmanager, welche Einrichtungen und Dienste im Rahmen der individuellen Fallplanung heranzuziehen sind, wenn die aus der Einzelfallarbeit gewonnenen anonymisierten Daten systematisch ausgewertet und in infrastrukturelle Bedarfsplanungen überführt worden sind.

III. Angebote und Leistungen

478 Wie in den anderen Kapiteln auch werden im Folgenden nur diejenigen Angebote und Leistungen dargestellt, denen für Fragen der Bildung und Vernetzung innerhalb kommunaler Bildungslandschaften eine besondere Bedeutung beigemessen werden kann.

1. Jugendarbeit

479 Jungen Menschen sind die zur Förderung ihrer Entwicklung erforderlichen Angebote der Jugendarbeit zur Verfügung zu stellen (§ 11 Abs. 1 SGB VIII).[177] Im Vordergrund der Jugendarbeit steht die außerschulische Jugendarbeit mit allgemeiner, politischer, sozialer, gesundheitlicher, kultureller, naturkundlicher und technischer Bildung (§ 11 Abs. 3 SGB VIII). Jugendarbeit als zwar individuell nicht einklagbare, gleichwohl objektiv-rechtlich garantierte Pflichtleistung richtet sich nicht auf bestimmte Dienst-, Sach- oder Geldleistungen, sondern auf die Teilnahme an allgemein zugänglichen Veranstaltungen oder die Nutzung öffentlicher Einrichtungen. Der Sache nach geht es mithin um **Lern- und Sozialisationshilfen außerhalb von Schule und Beruf.** Im Rahmen der gesetzlich vorstrukturierten Angebotsformen kommen Angebote für Mitglieder bestimmter Verbände, Gruppen und Initiativen, offene Angebote außerhalb bestimmter Organisationszugehörigkeiten (offene Jugendarbeit) sowie gemeinwesenorientierte Angebote vor allem in sozialen Brennpunkten (auch als Straßensozialarbeit und mobile Jugendarbeit) in Betracht.

480 Von bildungspolitischer Relevanz sind vor allem die außerschulische Jugendbildung sowie die arbeitswelt- und schulbezogene Jugendarbeit (§ 11 Abs. 3 SGB VIII). Die **außerschulische Jugendbildung** umfasst traditionell politische, zunehmend auch ökologische und gesundheitliche Bildungsinhalte. Für den **Arbeitsweltbezug**

---

[177] Näher Luthe, Bildungsrecht, Berlin 2003, S. 346 ff.

kommt vor allem der Umgang mit neuen Kommunikationsmedien in Frage. Größte Aufmerksamkeit wird derzeit der Schnittstelle zwischen Schule und Arbeitswelt eingeräumt, etwa durch Berufskunde, Betriebsbesuche sowie durch frühzeitige Schulung von Grundfertigkeiten. Der Schwerpunktkatalog des Gesetzes ist jedoch nicht abschließend formuliert. Weitere geschlechtsspezifische oder migrationsspezifische Angebote sind möglich.

Das Gesetz überlässt die Durchführung einer Vielfalt von **Trägern und Organisationsformen** (§ 11 Abs. 2 SGB VIII). Neben dem staatlichen Jugendhilfeträger kommen als Anbieter die klassischen Verbände der Jugendarbeit in Betracht, aber auch andere Träger der Jugendarbeit wie Städte und Gemeinden ohne eigenes Jugendamt sowie sonstige Organisationen ohne eigenständigen Jugendverbandsstatus. Gleichwohl legt der Gesetzgeber den Schwerpunkt staatlicher Förderverpflichtungen auf Profiorganisationen (§ 12 SGB VIII). Insgesamt handelt es sich jedoch nur um eine Gewährleistungsverpflichtung, d. h. der Jugendhilfeträger ist nur verpflichtet, „überhaupt" Mittel für die Jugendverbandsarbeit zur Verfügung zu stellen. *481*

2. Jugendsozialarbeit

Jungen Menschen, die wegen **sozialer oder individueller Defizite** in erhöhtem Maße auf Unterstützung angewiesen sind, sollen sozialpädagogische Hilfen angeboten werden, die ihre schulische und berufliche Ausbildung, Eingliederung in die Arbeitswelt und ihre soziale Integration fördern (§ 13 Abs. 1 SGB VIII). Hierfür können geeignete sozialpädagogisch begleitete Ausbildungs- und Beschäftigungsmaßnahmen angeboten werden (§ 13 Abs. 2 SGB VIII). Kernpunkt des Maßnahmebereichs ist somit die Jugendberufshilfe und die Schulsozialarbeit. Ebenso wie bei der Jugendarbeit und ihrer Förderung begründet die Regelung jedoch nur einen objektiven Handlungsauftrag an den Jugendhilfeträger, gewährt jedoch keinen individuell einklagbaren Rechtsanspruch auf staatliches Tätigwerden. *482*

Die Hilfen sind für besondere **Zielgruppen** vorgesehen. Hierzu gehören junge Menschen ohne Ausbildungs- und Arbeitsstelle, ausländische Jugendliche mit besonderen Integrationsschwierigkeiten, Jugendliche aus sozialen Brennpunkten oder auch Mädchen und junge Frauen mit besonderen Schwierigkeiten, etwa mit geschlechtsspezifischen Schwierigkeiten auf dem Arbeitsmarkt. *483*

Insbesondere die **Jugendberufshilfe** umfasst die Förderung der beruflichen Ausbildung sowie der Eingliederung in die Arbeitswelt (Abs. 1). Die Hilfe kann ebenso während wie auch anstelle einer regulären Ausbildung oder Berufsausübung angeboten werden. Die speziell vorgesehenen sozialpädagogisch begleiteten Ausbildungs- und Beschäftigungsmaßnahmen (Abs. 2) wenden sich jedoch nur an besonders beeinträchtigte Jugendliche, für die weder reguläre Arbeitsplätze zur Verfügung stehen noch durch die Arbeitsverwaltung zielgerichtete Angebote unterbreitet *484* werden. Gleiches gilt für die in Abs. 3 aufgeführte Möglichkeit der Unterbringung in sozialpädagogisch begleiteten Wohnformen. Zwar sind Leistungen der Jugendberufshilfe **nachrangig** gegenüber Leistungen anderer Träger (§ 10, § 13 Abs. 2 SGB VIII). Insbesondere schulische Maßnahmen und Maßnahmen der Arbeitsverwaltung haben Vorrang. Häufig sind die Maßnahmen hier jedoch auf den Unterricht bzw. auf die Eingliederung in die Arbeitswelt ausgerichtet; psychosoziale Maßnahmen zur Persönlichkeitsentwicklung unter Einbeziehung des näheren Umfeldes bleiben deshalb grundsätzlich dem Jugendamt vorbehalten. Gleichwohl ist der Jugendhilfeträger zur Vermeidung von Mehrfachangeboten im gleichen Konzeptbereich zur Abstimmung mit anderen Trägern verpflichtet (Schulverwaltung, Bundesagentur für Arbeit, Träger betrieblicher und außerbetrieblicher Ausbildung, Träger von Beschäftigungsangeboten) und hat hierauf bereits frühzeitig im Zeitpunkt der Maßnahmeplanung Rücksicht zu nehmen (§ 13 Abs. 4 SGB VIII).

485 Im Mittelpunkt der **Schulsozialarbeit** stehen die sozialen Probleme im Alltag der Schüler. Im Hinblick auf die Unterrichtsinhalte bleibt die Schule vorrangig zuständig (§ 10 SGB VIII). Nichtsdestoweniger steht es der Schulverwaltung frei, eigene Angebote der Schulsozialarbeit zu unterbreiten. Es handelt sich dann freilich nicht mehr um eine Leistung der Jugendhilfe. Das Abstimmungsgebot in § 13 Abs. 4 SGB VIII fordert dagegen zu einer engen Verzahnung von schulischen Angeboten mit denen des Jugendamtes auf.

3. Erzieherischer Kinder- und Jugendschutz

486 Jungen Menschen und Erziehungsberechtigten sollen Angebote des erzieherischen Kinder- und Jugendschutzes gemacht werden (§ 14 Abs. 1 SGB VIII). Die Maßnahmen sollen junge Menschen befähigen, sich vor **gefährdenden Einflüssen** zu schützen und ihre Eigenverantwortlichkeit stärken. Erziehungsberechtigte sollen befähigt werden, Kinder und Jugendliche vor Gefährdungen zu schützen (§ 14 Abs. 2 SGB VIII). Gegenüber der Jugendarbeit und Jugendsozialarbeit zeichnet sich die Vorschrift vor allem durch ihren präventiven Charakter sowie ihren Zuschnitt auf gesellschaftliche Gefährdungsbereiche aus (Sexualbereich, Drogen, jugendgefährdende Schriften, Sekten, Extremismus, Gewalt, Arbeitslosigkeit, Obdachlosigkeit). Ebenso wie bei der Jugendarbeit und Jugendsozialarbeit begründet die Vorschrift nur einen objektiven Handlungsauftrag des Jugendhilfeträgers, enthält jedoch keinen einklagbaren Rechtsanspruch auf Leistungsgewährung.

4. Förderung der Erziehung in der Familie

487 Das Ziel der Förderung der Erziehung in der Familie liegt darin, die Erziehungsverantwortung und -kompetenz der Erziehungsberechtigten zu stärken (§ 16 SGB VIII). Das Leistungsangebot hat rein präventiven Charakter, setzt also eine Problemlage nicht voraus. Das Angebot richtet sich zum einen auf die Beratung der

Familie, auf Familienfreizeiten sowie schließlich auf Maßnahmen der Familienbildung. Regelmäßig werden diese Angebote von einer Vielzahl von Trägern unterbreitet. Dies sind Familienbildungsstätten, Volkshochschulen, Erwachsenenbildungsstätten, Kindertageseinrichtungen, Selbsthilfegruppen, Kirchengemeinden und Einrichtungen der Wohlfahrtsverbände. Ihre Finanzierung erfolgt zumeist über § 74 SGB VIII. Einzelne Bundesländer haben Familienbildung und Elternbildung in Erwachsenenbildungsgesetzen besonders geregelt.

5. Förderung von Kindern in Tageseinrichtungen und Kindertagespflege

In **Kindergärten, Horten und anderen Einrichtungen,** in denen sich Kinder für einen Teil des Tages oder ganztags aufhalten, soll die Entwicklung des Kindes zu einer eigenverantwortlichen und gemeinschaftsfähigen Persönlichkeit gefördert werden (§ 22 Abs. 1 SGB VIII). Die Aufgabe umfasst die Betreuung, Bildung und Erziehung des Kindes (Abs. 2). Vom vollendeten 3. Lebensjahr an hat ein Kind bis zum Schuleintritt Anspruch auf den Besuch eines Kindergartens. Für Kinder unter 3 Jahren sind Plätze in Tageseinrichtungen und in Kindertagespflege vorzuhalten (§ 24 Abs. 2 SGB VIII). Bestimmte Personen sind bei der Vorhaltung von Plätzen für unter 3-jährige Kinder besonders zu berücksichtigen, nämlich Erziehungsberechtigte, die erwerbstätig sind oder sich in Ausbildung befinden sowie Alleinerziehende sowie schließlich alle Kinder, die einer besonderen Förderung bedürfen (§ 24 Abs. 3 SGB VIII). Erziehungsberechtigte, die die Förderung von Kindern selbst organisieren wollen, sollen beraten und unterstützt werden (§ 25 SGB VIII). Im Einzelnen obliegt die Umsetzung den jeweiligen Bundesländern (§ 26 SGB VIII).

488

Nach § 22a SGB VIII sollen die Träger der öffentlichen Jugendhilfe die Qualität der Förderung in ihren Einrichtungen durch geeignete Maßnahmen sicherstellen. Insbesondere sollen die Einrichtungen mit den Erziehungsberechtigten, anderen kinder- und familienbezogenen Institutionen sowie mit den Schulen **zusammenarbeiten** (§ 22a Abs. 2 SGB VIII). Außerdem ist das Angebot an geeigneten **Tagespflegepersonen** bei Bedarf zu fördern (§ 23 Abs. 2 SGB VIII). Die Kindertagespflege steht nach den Zielvorstellungen des Gesetzes gleichrangig neben den Kindertageseinrichtungen als Teil eines integrierten Systems der Erziehung, Bildung und Betreuung von Kindern (§ 22 SGB VIII). In diesem Sinn sollte der Jugendhilfeträger nach § 22a Abs. 2 SGB VIII auf eine enge Kooperation zwischen Kindertagespflege und Tageseinrichtungen hinwirken, z.B. um die Infrastruktur der Einrichtung oder ihre speziellen Bildungsangebote zu nutzen oder unabhängig hiervon Bildungsangebote für Kinder unterschiedlicher Tagespflegestellen entwickeln und ihre Inanspruchnahme koordinieren.[178] Die §§ 23, 24 SGB VIII treffen Regelungen für **öffentlich**

489

---

[178] Diskussionspapier des deutschen Vereins zur qualitativen, rechtlichen und finanziellen Ausgestaltung der Kindertagespflege, NDV 2008, S. 151, 152.

geförderte, d. h. für die vermittelte und/oder finanzierte Kindertagespflege. Sind die Bedarfskriterien des § 24 Abs. 3 SGB VIII erfüllt, besteht eine Verpflichtung des Jugendamts nach § 23 SGB VIII. Das gilt auch für den Fall der selbstbeschafften, erlaubnisfreien Kindertagespflege. § 24 Abs. 5 SGB VIII stellt klar, dass darüber hinaus das Jugendamt die Betreuung auch dann fördern kann, wenn die Bedarfskriterien des § 24 Abs. 3 SGB VIII nicht vorliegen. § 24 Abs. 3 SGB VIII zählt beispielhaft die Vermittlung von Tagespflegepersonen, die Übernahme von Beiträgen zur Unfallversicherung und – anteilig – zur Rentenversicherung auf. Auch die Beratung, Begleitung und weitere Qualifizierung von Tagespflegepersonen kann durch das Jugendamt erbracht werden. Jede vom Jugendamt geförderte Kindertagespflege muss dabei den Anforderungen des § 23 Abs. 3 SGB VIII genügen. In der Praxis haben sich auch **kurzzeitige Tagespflegeverhältnisse** von weniger als der in § 43 SGB VIII definierten Mindeststundenzahl von 15 Stunden, ab der eine Erlaubnispflicht besteht, etabliert, nicht zuletzt für Personen, die an beruflichen Bildungs- oder Integrationsmaßnahmen teilnehmen oder an Sprachkursen für Migranten. Auch solche Formen regelmäßiger Betreuung können öffentlich gefördert werden, da dies ein expliziter Anwendungsfall des § 24 Abs. 3 SGB VIII ist. Nicht einbezogen ist insofern jedoch das klassische Babysitting oder die spontane Nachbarschaftshilfe. Offen ist derzeit, ob die kommunale oder landesrechtliche Beitragsstaffelung im Zusammenhang mit der Kostenbeteiligung der Eltern auch bei der Kindertagespflege zulässig ist.[179]

6. Hilfe zur Erziehung

490 § 27 SGB VIII gewährt den Personensorgeberechtigten einen Rechtsanspruch auf Erziehungshilfen, wenn eine dem Wohl des Kindes oder des Jugendlichen entsprechende Erziehung nicht gewährleistet ist und die Hilfe für seine Entwicklung geeignet und notwendig ist (Abs. 1). Die Hilfe wird nach den §§ 28–35 SGB VIII gewährt und umfasst insbesondere die Erziehungsberatung, soziale Gruppenarbeit, den Erziehungsbeistand und Betreuungshelfer, die sozialpädagogische Familienhilfe, die Erziehung in einer Tagesgruppe, die Vollzeitpflege, die Heimerziehung und sonstige betreute Wohnformen sowie schließlich die intensive sozialpädagogische Einzelbetreuung. Die genannten Erziehungshilfen sind im Gesetz jedoch nicht abschließend geregelt, so dass grundsätzlich auch andere Hilfen möglich sind. Hierzu gehören auch **Bildungsmaßnahmen**, wenn diese für die Entwicklung des Kindes bzw. Jugendlichen geeignet und notwendig sind und eine Gefährdung oder Beeinträchtigung des Kindeswohls vorliegt. Auch innerhalb der im Gesetz aufgeführten Erziehungshilfen (§§ 28–35) können weitere flankierende Bildungsmaßnahmen notwendig werden. Das Gesetz bringt die besondere Bedeutung von Bildung als eigenständige oder flankierende Hilfeleistung vor allem dadurch zum Ausdruck, dass

---

[179] Bejahend einstweilen VG Gelsenkirchen und dies trotz § 90 Abs. 1 S. 2 SGB VIII: in Das Jugendamt 2007, S. 103.

Ausbildungs- und Beschäftigungsmaßnahmen im Sinne des § 13 Abs. 2 SGB VIII in das Leistungsspektrum einbezogen werden können (§ 27 Abs. 3 SGB VIII). Insbesondere die Heimerziehung kennt eine lange Tradition des Verbundes von Erziehungshilfe und Berufsausbildung. Den verantwortlichen Erziehern in den Heimen kommt eine besondere Verantwortung für die Beratung und Unterstützung der Jugendlichen in Fragen der Ausbildung und Beschäftigung zu (§ 34 S. 3 SGB VIII).

Die **Hausaufgabenbetreuung** ist in nahezu sämtlichen Maßnahmebereichen möglich. Insbesondere bei der Hilfe zur Erziehung in einer Tagesgruppe ist die Begleitung der schulischen Förderung ein wesentlicher Gesetzesinhalt (§ 32 SGB VIII). Zu unterscheiden ist jedoch die bloße Hausaufgabenbetreuung von einem professionell angeleiteten Nachhilfeunterricht. Der professionelle **Nachhilfeunterricht** ist nicht direkt in den genannten Erziehungshilfen aufgehoben. Er kann deshalb nur geleistet werden, weil die gesetzlich aufgeführten Maßnahmen nicht abschließend geregelt sind, ist mithin als interpretativ zu ermittelnde Leistung im Einzelfall bei Vorliegen einer Gefährdung oder Beeinträchtigung des Kindeswohls möglich (§ 27 Abs. 1 SGB VIII). So kommt das Jugendamt für die Kosten auf, wenn der Nachhilfeunterricht beispielsweise dazu dient, die Konzentration und Motivation zum Schulbesuch zu fördern und eine psychisch belastete allein erziehende Mutter zu entlasten, nicht aber um allgemeine Begabungsschwächen auszugleichen.[180] Zudem kommt Nachhilfeunterricht bei der außerfamiliären Erziehung im Rahmen des § 39 Abs. 4 S. 3 SGB VIII in Betracht. Die Eltern und das Kind haben für die Kosten bestimmter Jugendamtsleistungen jedoch selber aufzukommen bzw. sich an den Kosten zu beteiligen, wenn ihr Einkommen bestimmte Grenzen übersteigt (§§ 91 ff. SGB VIII).

491

IV. Kooperationspflichten

Die Aufgaben des Jugendhilfeträgers stehen in einem engen Zusammenhang mit den Aufgaben anderer Stellen und öffentlicher Einrichtungen. Aus diesem Grund ist der Träger der öffentlichen Jugendhilfe zur Zusammenarbeit u. a. mit Schulen und Stellen der Schulverwaltung, mit Einrichtungen der beruflichen Aus- und Weiterbildung, Einrichtungen des öffentlichen Gesundheitsdienstes, der Bundesagentur für Arbeit und den Trägern anderer Sozialleistungen verpflichtet (§ 81 SGB VIII). Darüber hinaus sollen Angebote der Jugendsozialarbeit mit Maßnahmen der Schulverwaltung, der Bundesagentur für Arbeit, der Träger betrieblicher und außerbetrieblicher Ausbildung sowie der Träger von Beschäftigungsangeboten abgestimmt werden (§ 13 Abs. 4 SGB VIII). Nach § 78 SGB VIII sollen die Jugendhilfeträger zudem die Bildung von Arbeitsgemeinschaften anstreben, in denen auch die Träger der freien Jugendhilfe sowie die Träger geförderter Maßnahmen vertreten sind, um

492

---
180 VGH Hessen, FEVS 35, S. 463.

zu erreichen, dass geplanten Maßnahmen aufeinander abgestimmt werden und sich gegenseitig ergänzen. Schließlich haben Lehrer, Sozialarbeiter, Jugendleiter und Erzieher sowie sonstige Personen, die bei der Ausübung ihres Berufs Behinderungen wahrnehmen, die Personensorgeberechtigten auf die Behinderung und Beratungsangebote hinzuweisen (§ 61 Abs. 2 SGB IX).

V. Fazit

493 Das Kinder- und Jugendhilferecht wird dem Bedarf an außerschulischer Bildung in seinen Leistungen und Fördermöglichkeiten, zumindest was die gesetzliche Ebene anbetrifft, im Wesentlichen gerecht. Einzig die Umsetzungsebene lässt erfahrungsgemäß zu wünschen übrig. Dies ist darauf zurückzuführen, dass es sich bei zahlreichen Maßnahmebereichen, wie etwa bei der Familienbildung, der Jugendberufshilfe oder der Schulsozialarbeit, um lediglich objektive Rechtsverpflichtungen der kommunalen Jugendhilfeträger handelt, die von den Bildungsadressaten nicht eingeklagt werden können und letztlich vom politischen Gestaltungswillen und der Finanzsituation der Kommune abhängig sind. Als defizitär im Hinblick auf den Bildungsgedanken muss jedoch die Jugendhilfeplanung angesehen werden, die insofern in ihren gesetzlichen Zielen um das Ziel außerschulischer Bildung erweitert werden sollte (§ 80 Abs. 2 SGB VIII), nicht zuletzt, um auf diesem Weg eine Förderung entsprechender Projekte der freien Jugendhilfe zu ermöglichen (§ 74 Abs. 2 SGB VIII).

K. Rehabilitation und Teilhabe behinderter Menschen (SGB IX)

I. Allgemeine Anwendungsvoraussetzungen

494 Aufgabe der Rehabilitation ist die Integration behinderter oder von Behinderung bedrohter Menschen in das Arbeits- und Berufsleben sowie in die Gemeinschaft. Hierfür stehen medizinische, berufliche, Unterhalt sichernde und sozialintegrative Leistungen zur Verfügung (§ 5 SGB IX). Regelungen zur Rehabilitation und Teilhabe behinderter Menschen finden sich in nahezu allen Gesetzesmaterien des Sozialrechts. Eine besondere Schwierigkeit liegt deshalb zunächst darin, den jeweils zuständigen staatlichen Leistungsträger ausfindig zu machen. Nicht selten sind mehrere Leistungsträger oder verschiedene Einrichtungen an der Aufgabe der Teilhabe und Rehabilitation beteiligt. Deshalb ist die Koordination von Trägern und Leistungen sowie die Beratung des Betroffenen von größter Bedeutung. Vor diesem Hintergrund ist im **SGB IX** ein „Dachgesetz" geschaffen worden, das dem Leistungsberechtigten einen Überblick über das Leistungsspektrum und die Zuständig-

keiten gibt und diesem Schutz durch besondere Verfahrensanforderungen gewährt. **Die Vorschriften des SGB IX gelten jedoch nur, soweit sich aus den für den jeweiligen Rehabilitationsträger geltenden Leistungsgesetzen nichts Abweichendes ergibt (§ 7 SGB IX).** Rehabilitationsregelungen anderer Leistungsgesetze können den Regelungsbereich des SGB IX mithin sowohl einengen als auch erweitern.

Während der erste Teil des SGB IX Regelungen zur Rehabilitation behinderter und von Behinderung bedrohter Menschen enthält, befasst sich der zweite Teil des Gesetzes mit besonderen Schutzrechten für erwerbstätige Schwerbehinderte. 495

Neben Leistungen an behinderte Menschen sind zudem Leistungen an Arbeitgeber vorgesehen, um eine möglichst dauerhafte Teilhabe am Arbeitsleben sicherzustellen. Zumeist geht es hier um Zuschüsse zu betrieblichen Bildungsleistungen, Arbeitshilfen und Eingliederungsmaßnahmen. Die Arbeitgeberleistungen sind im Gesetz den beruflichen Rehabilitationsleistungen zugeordnet, die ihrerseits nach neuem Sprachgebrauch als „Leistungen zur Teilhabe am Arbeitsleben" bezeichnet werden (§§ 33–43 SGB IX). 496

II. Zuständigkeiten

§ 6 SGB IX gewährt einen Überblick über die Zuständigkeiten der einzelnen Rehabilitationsträger. Da für die Leistungen jedoch verschiedene Rehabilitationsträger in Betracht kommen, ist stets auch der im Einzelfall zuständige Träger zu klären. Hierfür gibt es in den speziellen Leistungsgesetzen Regelungen zur Vor- bzw. Nachrangigkeit der Träger. Dies kann im Einzelnen zu komplizierten Abgrenzungsfragen führen.[181] 497

Rentenversicherung: Der Träger der gesetzlichen Rentenversicherung erbringt Leistungen zur medizinischen Rehabilitation, zur Teilhabe am Arbeitsleben sowie Unterhalt sichernde und andere ergänzende Leistungen (§ 6 SGB IX). Voraussetzung ist jedoch die Erfüllung der persönlichen und versicherungsrechtlichen Voraussetzungen beim Leistungsempfänger (§§ 10, 11 SGB VI). 498

Krankenversicherung: Kompliziert ist die Zuständigkeitsabgrenzung zwischen Renten- und Krankenversicherung. Letztere erbringt ausschließlich Leistungen zur medizinischen Rehabilitation sowie Unterhalt sichernde und andere ergänzende Leistungen (§ 6 Abs. 1 Nr. 1 SGB IX). Gewährt werden ambulante oder stationäre Reha-Maßnahmen zumeist im Anschluss an eine akute Behandlungssituation (sog. Anschlussheilbehandlung). Daneben sind die Krankenkassen für die medizinische Prävention und Früherkennung zuständig. Ambulante und stationäre Leis- 499

---

181 Im Einzelnen vgl.: Luthe, in: Luthe (Hsg.), Rehabilitationsrecht, Berlin 2008, § 1 E.

tungen der medizinischen Rehabilitation werden durch die Krankenkassen jedoch nur nachrangig erbracht.

500 **Arbeitsförderung**: Die Zuständigkeit der Bundesagentur für Arbeit beschränkt sich auf Leistungen zur Teilhabe am Arbeitsleben sowie auf Unterhalt sichernde und andere ergänzende Leistungen (§ 6 Abs. 1 Nr. 2 SGB IX). Die Leistungen erfolgen bedürftigkeitsunabhängig und ohne das Erfordernis vorheriger Beitragszahlung. Sie sind jedoch nachrangig gegenüber den berufsfördernden Maßnahmen der gesetzlichen Rentenversicherung, nicht jedoch gegenüber der Sozialhilfe. Praktisch bedeutsam ist die Zuständigkeit der Arbeitsverwaltung vor allem für behinderte Menschen, die nicht die langen Wartezeiten der Rentenversicherung erfüllen oder dort gar nicht versichert sind.

501 **Unfallversicherung**: Der Unfallversicherungsträger erbringt Leistungen zur medizinischen Rehabilitation, zur Teilhabe am Arbeitsleben, Unterhalt sichernde und andere ergänzende Leistungen sowie Leistungen zur Teilhabe am Leben in der Gemeinschaft (§ 6 Abs. 1 Nr. 3 SGB IX). Ist der Rehabilitationsbedarf Folge eines Arbeitsunfalls oder einer Berufskrankheit, so ist der Unfallversicherungsträger für sämtliche Leistungen umfassend zuständig.

502 **Soziale Entschädigung**: Die Träger der sozialen Entschädigung erbringen Leistungen zur medizinischen Rehabilitation, zur Teilhabe am Arbeitsleben, Unterhalt sichernde und andere ergänzende Leistungen sowie Leistungen zur Teilhabe am Leben in der Gemeinschaft vorrangig bei Vorliegen eines Schädigungsfalles (§ 6 Abs. 1 Nr. 5 SGB IX). Liegt ein solcher vor (Militärunfall, Zivildienstschädigung, Häftlingsschaden, Impfschaden, Opferentschädigung), so sind die Träger umfassend zuständig.

503 **Sozialhilfe**: Der Sozialhilfeträger ist zuständig für die medizinische, berufliche und sozialintegrative Eingliederung behinderter Menschen (§ 6 Abs. 1 Nr. 7 SGB IX), wenn kein anderer Leistungsträger vorrangig zuständig ist. Unterhalt sichernde und andere ergänzende Leistungen werden jedoch nicht gewährt. Die sozialhilferechtliche Eingliederungshilfe ist, abgesehen von den in § 92 Abs. 2 SGB XII aufgeführten Leistungen, bedürftigkeitsabhängig.
Sie kommt im Übrigen nur dann in Betracht,
– wenn die versicherungsrechtlichen und persönlichen Voraussetzungen der Rentenversicherung nicht erfüllt sind (bei medizinischer und beruflicher Rehabilitation),
– wenn kein Krankenversicherungsschutz besteht (bei medizinischer Rehabilitation),
– wenn für eine berufliche Eingliederung keinerlei Erfolgsaussichten bestehen (bei medizinischer/beruflicher Rehabilitation durch den Träger der Rentenversicherung oder beruflicher Rehabilitation durch die Arbeitslosenversicherung),

K. Rehabilitation und Teilhabe behinderter Menschen (SGB IX)

- wenn neben der beruflichen Eingliederung durch der Träger der Grundsicherung für Arbeitsuchende weitere soziale Eingliederungshilfen erforderlich sind oder
- wenn die Zuständigkeit des Jugendhilfeträgers (bei seelischer Behinderung), des Unfallversicherungsträgers (bei Arbeitsunfällen und Berufskrankheiten) sowie des Trägers sozialer Entschädigung (soziale Entschädigungstatbestände) nicht gegeben ist.

Jugendhilfe: Der öffentliche Jugendhilfeträger erbringt berufliche, medizinische sowie sozialintegrative Teilhabeleistungen für ausschließlich „seelisch" behinderte Kinder und Jugendliche (§ 6 Abs. 1 Nr. 6 SGB IX). Es besteht ein grundsätzlicher Nachrang der Jugendhilfe gegenüber anderen Rehabilitationsträgern. Bei körperlicher oder geistiger Behinderung statuiert das Gesetz einen Vorrang der Sozialhilfe gegenüber der Jugendhilfe (§ 10 Abs. 4 SGB VIII). *504*

Grundsicherung für Arbeitsuchende: Zwar ist die Bundesagentur für Arbeit nach § 6a SGB IX Rehabilitationsträger (auch) für diejenigen Teilhabeleistungen, die für behinderte erwerbsfähige Hilfebedürftige im Sinne des SGB II erbracht werden. Die Entscheidungskompetenz für diese Leistungen und die Eingliederungsverantwortung für den Leistungsberechtigten liegt jedoch bei den – nicht in den Kreis der Rehabilitationsträger einbezogenen – Arbeitsgemeinschaften (§ 44b SGB II) bzw. den zugelassenen kommunalen Trägern (§ 6a SGB II), während der Bundesagentur die Feststellung des Rehabilitationsbedarfs obliegt. Der Grundsicherungsträger erbringt somit die in den §§ 97–99, 100 Nr. 1–3 und 6, 101 Abs. 1, 2 und 5, 102, 103 Satz 1 Nr. 3 Satz 2, 109 und 111 des SGB III aufgeführten berufsbezogenen Leistungen zur Teilhabe in entsprechender Anwendung (§ 16 Abs. 1 S. 3 SGB II) unter den allgemeinen Anspruchsvoraussetzungen des § 7 SGB II. *505*

III. Leistungen zur Teilhabe am Arbeitsleben

Bei der **Auswahl der Leistungen** sind Eignung, Neigung und bisherige Tätigkeit des Leistungsempfängers sowie die Lage und Entwicklung auf dem Arbeitsmarkt angemessen zu berücksichtigen (§ 33 Abs. 4 SGB IX). Insbesondere zur Abklärung der Eignung ist ggf. eine Arbeitserprobung durchzuführen.
Im Einzelnen beinhalten die in § 33 Abs. 3 SGB IX aufgeführten Kernleistungen folgende Hilfen: *506*
- **Hilfen zur Erhaltung oder Erlangung eines Arbeitsplatzes**[182]: Umgestaltung des Arbeitsplatzes; Kostenübernahme für Arbeitsausrüstung, Hilfsmittel, technische Arbeitshilfen; betriebliche Umsetzung; Vermittlung in behinderungsgerechte Arbeit; Bewerbungskostenersatz; Beratung und Vermittlung einschließ-

---

[182] Masuch, in: Luthe (Hrsg.), Rehabilitationsrecht, Berlin 2008, § 2 F; Luthe, Bildungsrecht, Berlin 2003, S. 308 f.

lich Bewerbungs- und Reisekosten z. B. wegen Eignungsuntersuchungen oder Vorstellungen; Kraftfahrzeughilfe; Fahrtkosten zu Bildungsmaßnahmen usw.; Arbeitsassistenz; Hilfsmittel; Kosten für behinderungsgerechte Wohnung; Trainingsmaßnahmen zur Unterstützung der Selbstsuche; Mobilitätshilfen (zur Förderung der beruflichen und regionalen Beweglichkeit, §§ 53 ff. SGB III); Beihilfe für Übergang, Ausrüstung, Reisekosten, Fahrtkosten, Trennungskosten und Umzugskosten.

– **Berufsvorbereitung**: Berufsvorbereitende Bildungsmaßnahmen als Orientierungshilfen und zur Förderung der Ausbildungsreife einschließlich Übergangs-, Reisekosten-, Fahrtkosten und Umzugskostenbeihilfe.
– **Berufliche Anpassung und Weiterbildung** (auch soweit die Leistungen einen zur Teilhabe erforderlichen schulischen Abschluss einschließen): Vermittlung von Kenntnissen, Fertigkeiten und Erfahrungen, die wegen durch die Behinderung bedingter Lücken entstanden sind, auch in schulischen Einrichtungen; Weiterbildung, d. h. Fortbildung und Umschulung nach dem SGB III unter Berücksichtigung der Erfordernisse der beruflichen Erwachsenenbildung nach § 47 BBiG.
– **Berufliche Ausbildung** (auch soweit die Leistungen in einem zeitlich nicht überwiegenden Abschnitt schulisch durchgeführt werden): Betriebliche oder überbetriebliche Ausbildung, auch in einer besonderen Ausbildungsstätte für behinderte Menschen (Berufsförderungswerk oder vergleichbare Einrichtung).
– **Gründungszuschuss** nach dem SGB III: § 57 SGB III.
– **Sonstige Hilfen zur Förderung der Teilhabe am Arbeitsleben,** um behinderten Menschen eine angemessene und geeignete Beschäftigung oder eine selbstständige Tätigkeit zu ermöglichen und zu erhalten: Öffnungsklausel angesichts des nicht abgeschlossenen Katalogs, nähere Ausgestaltung in § 33 Abs. 8 SGB IX; u. a. Kraftfahrzeughilfe für selbstständige Tätigkeit, Ausgleich für Verdienstausfall (auch der Begleitperson) anlässlich An- und Abreise bei Bildungsmaßnahme bzw. für Vorstellung bei Arbeitgeber, Bildungsträger oder Einrichtung.

507 Ausbildungen und Weiterbildungen werden in **Berufsförderungswerken, Berufsbildungswerken und anderen Ausbildungsstätten sowie in Betrieben** durchgeführt. Insbesondere Berufsförderungswerke und Berufsbildungswerke gelten als „sonstige Berufsbildungseinrichtungen" außerhalb der schulischen und betrieblichen Berufsbildung (§ 1 BBiG). Die Leistungen werden für die **Zeit** erbracht, die vorgeschrieben oder allgemein üblich ist, um das angestrebte Teilhabeziel zu erreichen (§ 37 Abs. 1 SGB IX). Es gelten damit die Ausbildungszeitregelungen des Berufsbildungsgesetzes und der Handwerksordnung. Bei der beruflichen Weiterbildung sollen die Leistungen bei ganztägigem Unterricht jedoch nicht länger als zwei Jahre in Anspruch genommen werden, es sei denn, die Leistungsziele lassen sich nur bei längerer Dauer erreichen (§ 37 Abs. 2 SGB IX).

508 Zur Optimierung der Teilhabe am Arbeitsleben werden **begleitende medizinische, psychologische und pädagogische Hilfen** gewährt (§ 33 Abs. 6 SGB IX). Hierbei

handelt es sich im Wesentlichen um sozialintegrative Maßnahmen zur Förderung der Erwerbsfähigkeit (Krankheits- und Behinderungsverarbeitung, Aktivierung von Selbsthilfepotenzialen, Information von Kollegen und Angehörigen, Vermittlung institutioneller Kontakte, psychische und soziale Unterstützung, Training lebenspraktischer Fähigkeiten, Anleitung und Motivation, Beteiligung von Integrationsfachdiensten).

Im Rahmen des **Schwerbehindertenrechts** (§§ 68 ff. SGB IX) statuiert das Gesetz besondere Rechte des schwerbehinderten Menschen gegenüber dem Arbeitgeber. Dieser hat den Behinderten bei innerbetrieblichen Maßnahmen insbesondere der beruflichen Bildung bevorzugt zu berücksichtigen und diesem die Teilnahme an außerbetrieblichen Maßnahmen der beruflichen Bildung zu erleichtern (§ 81 Abs. 4 Nr. 2 und 3 SGB IX). Im Rahmen seiner Zuständigkeit für die begleitende Hilfe im Arbeitsleben können entsprechende Aufklärungs-, Schulungs- und Bildungsmaßnahmen auch vom Integrationsamt erbracht werden (§ 102 Nr. 3 S. 2 SGB IX). *509*

Mit den in § 34 SGB IX vorgesehenen **Leistungen an Arbeitgeber** (Ausbildungszuschüsse, Eingliederungszuschüsse, Zuschüsse für Arbeitshilfen im Betrieb, Kostenerstattung für befristete Probebeschäftigung) begründet das Gesetz einen weiteren eigenständigen Leistungstyp. Es handelt sich durchweg um Ermessensleistungen, sowohl bei der Frage des „Ob" als auch bei der Frage des „Wie" der Leistung: *510*

- **Ausbildungszuschüsse** dienen primär der Abgeltung des sog. sozialen Kostenfaktors. Hierbei handelt es sich um Mehrkosten bei der Arbeitsunterweisung behinderter Menschen.
- **Eingliederungszuschüsse** fungieren als Anreiz zur Einstellung behinderter oder von Behinderung bedrohter Menschen. Sie betragen höchstens 50% der regelmäßig gezahlten Entgelte und sollen im Regelfall für nicht mehr als ein Jahr geleistet werden. Im Ausnahmefall kommt jedoch auch eine Förderung in Höhe von 70% in Betracht mit einer Förderungshöchstdauer von 2 Jahren. Zur Absicherung des Beschäftigungsverhältnisses hat der Gesetzgeber eine Rückzahlungsverpflichtung des Arbeitgebers vorgesehen, wenn das Arbeitsverhältnis innerhalb der Förderungsdauer beendet wird.
- Bei den **Zuschüssen für Arbeitshilfen** im Betrieb geht es im Wesentlichen um die behinderungsgerechte Ausstattung des Arbeits- oder Ausbildungsplatzes (etwa Auffahrrampen, Treppenlifte oder behinderungsgerechte sanitäre Einrichtungen). Hierbei handelt es sich um Einzelfallmaßnahmen, die von den allgemeinen Verpflichtungen des Arbeitgebers zur Ermöglichung der Beschäftigung behinderter Menschen zu unterscheiden sind (§ 81 Abs. 4 SGB IX).
- Die teilweise oder volle Kostenerstattung für eine befristete **Probebeschäftigung** wird regelmäßig nur dann in Betracht kommen, wenn ein Dauerarbeitsplatz in Aussicht steht. Denn das Gesetz will die Teilhabe am Arbeitsleben möglichst auf Dauer sichern (§ 33 Abs. 1 SGB IX). Erstattungsfähig sind Lohn- und Gehaltskosten sowie der Arbeitgeberanteil zur Sozialversicherung.

511 Ergänzend zu den Leistungen zur medizinischen Rehabilitation und zur Teilhabe am Arbeitsleben erhalten die Leistungsberechtigten **Unterhalt sichernde und sonstige Leistungen** (§ 44 SGB IX). Im Zusammenhang mit Leistungen zur Teilhabe am Arbeitsleben wird Übergangsgeld gewährt (§ 45 Abs. 2 SGB IX). Der Anspruch besteht auch für die Dauer der Abklärung der beruflichen Eignung oder Arbeitserprobung (§ 45 Abs. 3 SGB IX). Die Leistung ist unabhängig davon gegeben, ob sie stationär oder ambulant erbracht wird. Bei der erstmaligen beruflichen Ausbildung, bei berufsvorbereitenden Bildungsmaßnahmen sowie im Eingangsverfahren im Berufsbildungsbereich von Werkstätten für behinderte Menschen besteht zudem ein Anspruch auf Ausbildungsgeld (§ 45 Abs. 5 SGB IX).

IV. Fazit

512 In der beruflichen Rehabilitation dreht sich das Zuständigkeitskarussel (Rz. 497). Das Auffinden des jeweils zuständigen Leistungsträgers setzt zumindest beim Bildungsplaner und Netzwerkmanager Grundkenntnisse im Rehabilitationsrecht voraus, auch wenn für den Betroffenen mit den Regelungen zur Zuständigkeitsklärung in dieser Hinsicht erhebliche Erleichterungen eingetreten sind (§ 14 SGB IX). Als Manko des SGB IX kann jedoch angesehen werden, dass Formen der Zusammenarbeit über den Bereich der eigentlichen Rehabilitationsaufgaben hinaus (§ 12 SGB IX) unter Einbeziehung auch von nicht unmittelbar in die Rehabilitation eingebundenen Institutionen, wie etwa Schulen oder Verbänden der Wirtschaft und der Freien Wohlfahrtspflege, im Gesetz nicht vorgesehen sind. Zwar ist eine solche Zusammenarbeit zum Teil in den einzelnen Leistungsgesetzen der Rehabilitationsträger geregelt (vgl. etwa § 4 SGB XII). Eine für sämtliche Rehabilitationsträger geltende Verpflichtung zu bereichsübergreifender Zusammenarbeit, die grundsätzlich sämtliche relevante Stellen erreicht, die mit Bildung für behinderte Menschen im weitesten Sinne zu tun haben, aber fehlt im Gesetz. Vor allem unter dem Aspekt einer wohnortnahen und ambulanten Leistungsgestaltung (§§ 4 Abs. 3, 19 Abs. 1 und 2 SGB IX) sollten Mittel und Wege gefunden werden, dass die berufliche Eingliederung und soziale Teilhabe[183] behinderter Menschen größtmöglich in einem in sich vernetzten Bildungsraum vor Ort stattfinden kann.

L. Sozialhilferecht (SGB XII)

I. Empfängerkreis

513 Durch die Veränderungen nach dem Inkrafttreten des Vierten Gesetzes für moderne Dienstleistungen am Arbeitsmarkt (Hartz IV) im Januar 2005 erhalten bisheri-

---

183 Zu letzterem vgl. insbesondere § 58 SGB IX.

ge Sozialhilfeempfänger, wenn sie erwerbsfähig sind, und deren im selben Haushalt lebenden Familienangehörigen nunmehr Leistungen nach dem Zweiten Buch Sozialgesetzbuch (SGB II). Ledig **nicht erwerbsfähige Hilfebedürftige** beziehen bei Bedürftigkeit weiterhin Hilfe zum Lebensunterhalt sowie, wenn sie das 65. Lebensjahr vollendet haben oder dauerhaft erwerbsunfähig sind, Grundsicherung im Alter und bei Erwerbsminderung nach dem SGB XII (Sozialhilfe). Zuständig für die Sozialhilfe sind die Landkreise und kreisfreien Städte als örtliche Träger, die das Gesetz als pflichtige Selbstverwaltungsangelegenheit auszuführen haben, sowie die von den Ländern bestimmten überörtlichen Träger. Zu den Empfängern von Hilfe zum Lebensunterhalt gehören vor allem vorübergehend erwerbsunfähige, längerfristig erkrankte Personen und Vorruhestandsrentner mit niedriger Rente. Grundsicherungsleistungen des SGB XII erhalten dagegen bedürftige Personen im Renteneintrittsalter oder Personen mit dauerhafter Erwerbsminderung. Hierbei handelt es sich um die „reinen" Versorgungsleistungen des SGB XII. Daneben gewährt das Gesetz weitere Leistungen für besondere Personengruppen, nämlich Hilfen zur Gesundheit (§§ 47–52), Eingliederungshilfe für behinderte Menschen (§§ 53–60), Hilfe zur Pflege (§§ 61–66), Hilfe zur Überwindung besonderer sozialer Schwierigkeiten (§§ 67–69) sowie Hilfen in anderen Lebenslagen (§ 70–74). Sämtliche Leistungen des Gesetzes werden nur gewährt, insofern kein anderer Leistungsträger für diese Leistungen aufzukommen hat (§ 2 SGB XII).

Im Dezember 2006 wurden in Deutschland insgesamt ca. 306.000 Personen erfasst, die laufende Hilfe zum Lebensunterhalt erhielten. Darüber hinaus waren 682.000 Personen Empfänger von Leistungen der Grundsicherung im Alter und bei Erwerbsminderung. 521.000 Personen bezogen Eingliederungshilfe für behinderte Menschen, 268.000 Personen Hilfe zur Pflege, 35.000 Personen Hilfen zur Gesundheit und 33.000 Personen Hilfe zur Überwindung sozialer Schwierigkeiten und Hilfe in anderen Lebenslagen.[184]

514

II. Vorgaben für das Fallmanagement

Die **Beratung, Unterstützung und Aktivierung** sämtlicher Hilfesuchender ist ein besonderes Anliegen des SGB XII (§§ 11, 12 SGB XII). Mit diesen gesetzlich offen formulierten Maßnahmen sollen die Hilfesuchenden zur Selbsthilfe und zur aktiven Teilnahme am Leben in der Gemeinschaft angeregt werden; hierzu gehört auch das gesellschaftliche Engagement der Betroffenen (§ 11 Abs. 2 SGB XII). Ist eine qualifizierte Beratung durch den Sozialhilfeträger nicht möglich, ist auf Beratungsangebote z.B. der Wohlfahrtsverbände, der öffentlichen Beratungsstellen, der Familienberatungsstellen usw. hinzuweisen (§ 11 Abs. 5 SGB XII). Für diese Beratungsleistungen sollen angemessene Kosten übernommen werden, wenn eine

515

---

184 Im Einzelnen vgl. Luthe, in: Hauck/Noftz, SGB XII, E 010 Rz. 107 ff.

kritische Lebenslage auf andere Weise nicht überwunden werden kann. In anderen Fällen „können" Kosten übernommen werden. Besondere Bedeutung gewinnt in diesem Zusammenhang die Budgetberatung nach § 11 Abs. 2 S. 4 SGB XII im Hinblick auf das „Persönliche Budget" in § 57 sowie § 61 Abs. 2 S. 3 SGB XII. Die Aufgabe der Budgetberatung erstreckt sich in einem umfassenden Sinn jedoch auch auf die Leistungen zum Lebensunterhalt (§§ 27, 41 SGB XII), seitdem diese in pauschalierter Form erbracht und insofern dem Leistungsberechtigten eine gesteigerte Umsicht bei der Verwendung der ihm eingeräumten Mittel abverlangen.

516 Zur Stärkung der Selbsthilfe und zur aktiven Teilnahme am Leben in der Gemeinschaft soll die Verwaltung mit den Betroffenen eng zusammenwirken. Deshalb hat der Gesetzgeber in § 12 SGB VIII das Instrument der **Leistungsabsprache** geschaffen, in der die besondere Problematik und der Hilfebedarf von Verwaltung und Hilfebedürftigem gemeinsam festgelegt bzw. schriftlich niedergelegt werden (Rz. 181 ff.). Insbesondere in komplexen Bedarfssituationen, die ein mehrstufiges Handeln erfordern, sind die verschiedenen Möglichkeiten und Stufen aktivierender Maßnahmen in einem auf den einzelnen Fall abgestimmten **Förderplan** niederzulegen und in die allgemeine Leistungsabsprache einzubeziehen. Die Leistungsabsprache ist jedoch kein verbindlicher Vertrag. Insbesondere ist sie kein Ersatz für die ausschließlich durch Verwaltungsakt zu bewilligenden Anspruchsleistungen. Überdies hat die Verweigerung der Mitwirkung durch den Leistungsberechtigten für diesen keine Konsequenzen. Die Leistungsabsprache ist in ihrer praktischen Bedeutung vor allem eine besondere Form der Sachverhaltsermittlung (§ 20 SGB X) und kann als Richtschnur nachfolgender Verwaltungsaktbegründungen, insbesondere im Rahmen von Ermessensentscheidungen, zugrunde gelegt werden. Das Gesetz verpflichtet jedoch auch zur **Zusammenarbeit mit anderen öffentlichen Stellen**, wie den Grundsicherungsträgern, den Jugendhilfeträgern, den Servicestellen der Rehabilitationsträger, ferner den Pflegestützpunkten und schließlich den Verbänden; zur Beratung und Sicherung einer gleichmäßigen Leistungserbringung sollen Arbeitsgemeinschaften gebildet werden (§ 4 Abs. 1 und 2 SGB XII). Schließlich sind die Sozialhilfeträger gehalten, mit den Religionsgemeinschaften und Kirchen sowie den Verbänden der freien Wohlfahrtspflege zusammenzuarbeiten (§ 5 Abs. 2 SGB XII).

III. Leistungen mit Bildungsbezug

517 Das „alte" Bundessozialhilfegesetz war für einzelne Leistungen von bildungspolitischer Relevanz durchaus noch offen, wie etwa im Hinblick auf die gesonderte Gewährung von Einschulungsbedarf, Nachhilfeunterricht oder Spielzeug. Diese Leistungen sind jedoch sämtlich entfallen, nachdem der Bedarf seit 2005 in pauschalierter Form vollständig durch Regelsätze abgedeckt wird und hieraus befriedigt werden muss. Dies gilt ebenso bei der Grundsicherung für Arbeitsuchende (SGB II). Üb-

rig geblieben für Schulkinder ist lediglich die Übernahme von Kosten mehrtägiger Klassenfahrten in § 31 Abs. 1 Nr. 3 SGB XII (im SGB II vgl. § 23 Abs. 3 Nr. 3). Auch die speziellen Hilfen zur Arbeit sind im SGB XII vollständig entfallen, nachdem erwerbsfähige Hilfebedürftige nunmehr durch das SGB II versorgt werden. Leistungen von bildungspolitischer Bedeutung sind deshalb nur noch für besondere Personengruppen vorgesehen.

1. Eingliederungshilfe für behinderte Menschen

Aufgabe der **Eingliederungshilfe** ist die Eingliederung des behinderten Menschen in die Gesellschaft (§ 53 Abs. 3 SGB XII). Im Gegensatz etwa zur Rentenversicherung und Arbeitsförderung ist die Gewährung von Leistungen also grundsätzlich nicht daran gebunden, dass die Erwerbsfähigkeit des Betroffenen wieder hergestellt wird oder eine Eingliederung in das Arbeitsleben erfolgen kann. Die einzelnen **Anspruchsleistungen** der Eingliederungshilfe sind in § 54 SGB XII geregelt und werden durch die Eingliederungshilfeverordnung näher konkretisiert. Bei den Leistungen von bildungspolitischer Relevanz kommen in Betracht

518

– Leistungen zur Teilhabe am Arbeitsleben nach § 33 SGB IX,
– sonstige Hilfen zur Erlangung eines geeigneten Platzes im Arbeitsleben,
– Hilfen zu einer angemessenen Schulbildung,
– Hilfe zur schulischen Ausbildung für einen angemessenen Beruf,
– Hilfe zur Ausbildung für eine sonstige angemessene Tätigkeit,
– Leistungen in anerkannten Werkstätten für behinderte Menschen oder in vergleichbaren Beschäftigungsstätten
– nachgehende Hilfen zur Sicherung der Teilhabe der behinderten Menschen am Arbeitsleben (§ 54 Abs. 1 SGB XII).

Insbesondere die **Eingliederungshilfeverordnung** gewährt
– Hilfe zur Beschaffung eines Kraftfahrzeugs (§ 8),
– diverse Hilfsmittel, wie behindertengerechte Schreibmaschinen, Verständigungsgeräte und Tonbandgeräte (§ 9),
– Hilfe zu einer angemessenen Schulbildung, sie umfasst heilpädagogische Maßnahmen, Maßnahmen der Schulbildung sowie Hilfe zum Besuch einer schulischen Ausbildungsstätte (§ 12),
– Hilfe zur Ausbildung für einen angemessenen Beruf, sie umfasst Hilfe zur Berufsausbildung, zur Ausbildung an Fachschulen und Hochschulen und sonstigen Ausbildungsstätten, wenn die beabsichtigte Ausbildung erreichbar und erforderlich ist (§ 13, 13 a),
– Hilfen zur Beschaffung von Gegenständen sowie anderen Leistungen, sie kommen in Betracht, wenn sie zur Beschäftigung im Arbeitsleben erforderlich sind (§ 17),
– für erforderliche Begleitpersonen werden Fahrtkosten, Auslagen und sonstige Hilfen übernommen (§ 22).

Hinsichtlich vorgenannter Hilfen ist jedoch stets eine ggf. bestehende vorrangige Zuständigkeit der Bundesagentur für Arbeit zu prüfen. Grundsätzlich müssen hierfür Einkommen und Vermögen des Hilfesuchenden bzw. seiner Angehörigen eingesetzt werden. Wegen § 92 Abs. 2 SGB XII gilt dies aber zumeist nur für die anfallenden Kosten des Lebensunterhalts, nicht jedoch für die Maßnahmekosten.

2. Hilfe zur Überwindung besonderer sozialer Schwierigkeiten

519 Die in § 67 geregelte Hilfe zur Überwindung besonderer sozialer Schwierigkeiten soll gesellschaftlichen **Randgruppen** die Teilnahme in der Gemeinschaft ermöglichen. Als sog. Ist-Leistung gewährt die Vorschrift einen Rechtsanspruch. Die konkrete Ausgestaltung der Hilfe ist jedoch stark einzelfallabhängig und umfasst grundsätzlich alle Maßnahmen, die notwendig sind, um die Schwierigkeiten abzuwenden, zu beseitigen, zu mildern oder ihre Verschlimmerung zu verhüten (§ 68 Abs. 1 SGB XII). Das Gesetz statuiert im Übrigen jedoch einen Nachrang gegenüber anderen in Frage kommenden Hilfeleistungen, wie etwa die Behinderten- und Krankenhilfe des SGB XII oder die ähnlich gelagerte Hilfe für junge Volljährige nach § 41 SGB VIII (§ 67 SGB XII). Der **leistungsberechtigte Personenkreis** ist vom Gesetzgeber mit Rücksicht auf die Vielschichtigkeit sozialer Problemlagen bewusst offen gestaltet worden. Anspruchsberechtigt sind alle, bei denen besondere Lebensverhältnisse mit sozialen Schwierigkeiten verbunden sind, die aus eigener Kraft nicht bewältigt werden können. **Besondere Lebensverhältnisse** bestehen vor allem bei fehlender und nicht ausreichender Wohnung, bei ungesicherter wirtschaftlicher Lebensgrundlage, bei gewaltgeprägten Lebensumständen, bei Entlassung aus einer geschlossenen Einrichtung oder bei vergleichbaren nachteiligen Umständen. **Soziale Schwierigkeiten** im Sinne des Gesetzes setzen im Wesentlichen die Ausgrenzung des Betroffenen aus der Gesellschaft voraus. Allerdings ist ungeschriebene Grundvoraussetzung für sämtliche Leistungen, dass den Schwierigkeiten ein gewisser, letztlich von den Gerichten zu konkretisierender Schweregrad zugrunde liegt. Voraussetzungen und Maßnahmen werden näher in einer **Rechtsverordnung** geregelt.

520 Von bildungspolitischer Bedeutung sind vor allem die in § 5 VO aufgeführten **Hilfen zur Ausbildung** sowie zur Erlangung und Sicherung eines **Arbeitsplatzes**, wie insbesondere der Erwerb eines Ausbildungsabschlusses an allgemeinbildenden Schulen, der Erwerb arbeitsmarkttauglicher Fähigkeiten und Fertigkeiten sowie die Ermöglichung einer Berufsausbildung. Angesichts der besonderen Problemlagen dürften die üblichen Qualifizierungsmaßnahmen, wie sie etwa von den Arbeitsagenturen und Grundsicherungsbehörden angeboten werden, für sich genommen zumeist nicht ausreichen, um den Hilfebedarf zu befriedigen. Die Teilnahme an derartigen Maßnahmen sollte daher durch eine intensive **Betreuung und Beratung** des Betroffenen begleitet werden (§ 3 VO). Soweit persönliche Hilfe (Beratungs- und Betreuungsleistungen) erforderlich ist, bleibt das **Einkommen und Vermögen** des

Hilfebedürftigen und seiner Angehörigen unangetastet. Bei Sach- und Geldleistungen müssen jedoch Eigenmittel eingesetzt werden, es sei denn, der Hilfeerfolg wird hierdurch gefährdet (§ 68 Abs. 2 SGB XII).

3. Altenhilfe

Nach § 71 SGB XII soll alten Menschen Altenhilfe gewährt werden. Es handelt sich um eine Soll-Vorschrift, so dass im Regelfall ein Anspruch auf die Leistung besteht, dieser somit nur in Ausnahmefällen entfällt. Von bildungsrechtlicher Bedeutung ist in erster Linie die im gesetzlichen Maßnahmekatalog aufgeführte Hilfe zum **Besuch von Veranstaltungen oder Einrichtungen**, die der Geselligkeit, der Unterhaltung, der Bildung oder den kulturellen Bedürfnissen alter Menschen dienen (§ 71 Abs. 2 Nr. 5 SGB XII). In Betracht kommt somit finanzielle und persönliche Hilfe für den Besuch von Volkshochschulkursen, für ein Seniorenstudium oder auch zur Anschaffung von Bildungsmaterial. Für die entstehenden Kosten muss der Leistungsempfänger jedoch vorhandenes Einkommen und Vermögen einsetzen, es sei denn, es handelt sich um persönliche Hilfeleistungen (§ 71 Abs. 4 SGB XII).

521

IV. Fazit

Bildungsrelevante Sozialleistungen kommen im SGB XII ausschließlich bei den Hilfen in besonderen Lebenslagen und hier namentlich bei sozial ausgegrenzten, behinderten und älteren Personen zum Tragen. Hierbei handelt es sich durchweg um einklagbare Rechtsansprüche. Daneben kann das Gesetz mit brauchbaren Regelungen zur Zusammenarbeit des kommunalen Trägers insbesondere mit der gesellschaftlichen Ebene (§§ 4, 5 SGB XII) sowie mit einer Vielzahl von Aktivierungs- und Unterstützungsaufgaben aufwarten (§§ 11, 12, 14–16 SGB XII). Ob das hierin ablesbare Bestreben des Gesetzgebers in Richtung eines wirksamen Fallmanagements in der Praxis auch ausreichend Gehör findet muss allerdings, vorsichtig ausgedrückt, als ungeklärt angesehen werden.

522

Ausblick

Bereits heute finden sich auf kommunaler Ebene vielversprechende Ansätze auf dem Weg zu einer Bildungslandschaft. Familienzentren, Kulturbüros, Quartierbüros, Jobcenter, aber auch zahlreiche Formen der Zusammenarbeit etwa von Schulen mit Unternehmen sowie zwischen einzelnen Verwaltungen (wie Jugendämtern und Arbeitsagenturen) sind zweifelsohne auf dem Vormarsch und signalisieren entsprechenden Reformbedarf. Dies ist ein guter Anfang, aber auch nicht mehr. Denn bislang ist das Zusammenwirken der Institutionen insgesamt auf einen zu engen Radius begrenzt: durch die Konzentration auf singuläre Bereiche wie etwa Familie, Schule oder Jugendförderung bei entsprechend unterentwickelter Kooperation und Vernetzung werden die Potentiale einer Bildungslandschaft nicht annähernd genutzt. Das Bildungsthema scheint auf regionaler und lokaler Ebene derzeit eher eine Domäne von Experten und Fachverwaltungen zu sein, als Thema des kommunalpolitischen Meinungswettbewerbs aber ist es vermutlich noch ausbaufähig. Hier aber liegen die eigentlichen Antriebskräfte für Reformen im größeren Maßstab. Mit der Politik vor Ort steht und fällt das Konzept. Zweifelsohne ist Bildung ein in die Zukunft reichendes Projekt und kurzfristigem Denken bis zur nächsten Wahl auf den ersten Blick nicht sonderlich zuträglich. Allerdings muss dies nicht auch für den Wähler gelten. Die Auswirkungen der „Wissensgesellschaft" begleiten diesen gleichsam alltäglich – als Herausforderung am Arbeitsplatz, bezogen auf die Zukunft seiner Kinder, als Befürchtung und leidvolle Erfahrung des sozialen Abstiegs und nicht zuletzt als Teilproblematik sich entwickelnder Parallelgesellschaften. Politischer Überzeugungsarbeit bedarf es deshalb nur wenig. Schon das sichtbare Bemühen um Bildungsqualität, Angebotstransparenz und Bildungsnetze dürfte auf breite Akzeptanz stoßen. Bildung ist heute ein Thema ohne Gegnerschaft. Und die Frage ist, wer das Feld besetzt. Zurzeit ist es offen, kommunalpolitisch allemal.

Literaturverzeichnis

Achberger, Wie gut sind wir?, Blätter der Wohlfahrtspflege 2005, S. 229 ff.
Ambos, in: Nuissl u. a. (Hrsg.), Regionale Bildungsnetze, Bielefeld 2006, S. 142–155.
Ambos, Information und Beratung, in: Nuissl u. a. (Hrsg.), Regionale Bildungsnetze, Bielefeld 2006, S. 111, 133.
Appel u. a. (Hrsg.), Jahrbuch Ganztagsschule, Lernkultur, Schwalbach 2008.
Appel/Ludwig/Rother/Rutz (Hrsg.), Jahrbuch Ganztagsschule, Ganztagsschule gestalten, Schwalbach 2006.
Appel/Ludwig/Rother/Rutz (Hrsg.), Jahrbuch Ganztagsschule, Schulkooperationen, Schwalbach 2005.
Arbeitsgemeinschaft für Kinder- und Jugendhilfe, Handlungsempfehlungen zur Kooperation von Jugendhilfe und Schule, 2. Aufl., Berlin 2006, S. 9, 11.
Arnold/Maelicke (Hrsg.), Lehrbuch der Sozialwirtschaft, Baden-Baden 1998.
Asam, Bedürfnisorientierte Sozialplanung contra bürgerferne Parteipolitik, in: Spiegelberg/Lewkowicz (Hrsg.), Sozialplanung in der Praxis, Opladen 1984, S. 55.
Asam/Heck/Specht (Hrsg.), Kommunale Sozialplanung, Bielefeld 1987.
Asam/Jaufmann, Kommunale Altenhilfe zwischen Selbsthilfe und Sozialplanung, Zeitschrift für Gerontologie 1982, S. 171.
Avenarius, Schulbegriff und Rechtsform bei beruflichen Schulen als Kompetenzzentrum, SchulRecht 2003.

Bader/Wunderlich, Beispiel: Kommunale Familienberichterstattung in Nordrhein-Westfalen, in: Kühn/Feldmann, Steuerungsunterstützung durch Sozialplanung und Controlling auf kommunaler Ebene, Berlin 2005, S. 62.
Baecker, Organisation als System, Frankfurt a. M. 1999.
Baecker, Organisation und Management, Frankfurt a. M. 2003.
Baecker, Soziale Hilfe als Funktionssystem der Gesellschaft, Zeitschrift für Soziologie 1994, S. 98 f.
Baethge/Wieck, Berufliche Bildung in der Bildungsberichterstattung, in: Zeitschrift für Erziehungswissenschaften, Beiheft 6/2006, S. 163.
Bahnmüller, Tarifliche Regulierung beruflicher Weiterbildung, in: Dobischat/Husemann, Berufliche Weiterbildung als freier Markt?, Berlin 1995, S.167 ff.
Balli/Krekel/Sauter (Hrsg.), Qualitätsentwicklung in der Weiterbildung – Wo steht die Praxis, 2004.

Bartelheimer, Der Beitrag kommunaler Sozialberichterstattung zur Planung bedarfsgerechter Hilfen, in: Brülle/Reis (Hrsg.), Neue Steuerung in der Sozialhilfe, Neuwied/Kriftel 2001, S. 149 ff., 153 f.

Bartelheimer, Sozialberichterstattung für die „Soziale Stadt" – Methodische Probleme und politische Möglichkeiten, Frankfurt a. M. 2001.

Bastian/Kombe/Hellmer, in: Solzbacher/Minderop (Hrsg.), Bildungsnetzwerke und Regionale Bildungslandschaften, München/Unterschleißheim 2007, S. 281.

Baum (Hrsg.), Die Stadt in der sozialen Arbeit, Wiesbaden 2007.

Baumgarten/Lahusen, Politiknetzwerke, in: Hollstein/Straus (Hrsg.), Qualitative Netzwerkanalyse, Wiesbaden 2006, S. 180.

Bayerisches Staatsministerium für Umwelt, Gesundheit und Verbraucherschutz, Integriertes Managementsystem, 2003, S. 4

Becker/Bock/Böhme/Franke, Dritte bundesweite Befragung Programmgebiete soziale Stadt. Endbericht 2006.

Becker/Bock/Böhme/Franke, Zentrale Ergebnisse und Empfehlungen 2006, www.sozialestadt.de/veroeffentlichungen

Becker/Lauterbach (Hrsg.), Bildung als Privileg, 2. Aufl., Wiesbaden 2007.

Berner/Maykus, Kommunale Jugendhilfe- und Sozialberichterstattung – Baustein einer modernisierten Kinder- und Jugendhilfe, NDV 2002, S. 441–445.

Berufliche Fortbildungszentren der Bayerischen Arbeitgeberverbände e.v., Bildungsmarketing für kleinere und mittlere Betriebe, Nürnberg 1993.

Bienecker, Netzwerkmanagement, in: Maelicke (Hrsg.), Lexikon der Sozialwirtschaft, Baden-Baden 2008, S. 709 ff.

Bildungsberichterstattung 2006 des Staatsinstituts für Schulqualität und Bildungsforschung, Qualitätsagentur (im Auftrag des Bayerischen Staatsministeriums für Unterricht und Kultus), München 2005.

Blöcker, ArbeitnehmerInnenbeteiligung an regionalisierter Strukturpolitik. Erste Rückschlüsse aus laufenden Politikanalysen in Südniedersachsen und Südostniedersachsen, Braunschweig 2003 (Institut für Sozialwissenschaften der TU Braunschweig, Forschungsbericht 56).

BMBF (Hrsg.), Beiträge zu den Arbeitsgruppen – Europäische Konferenz „Regionale Netzwerke für lebenslanges Lernen – strukturelle Innovationen für Bildung und Ausbildung", Bonn 2004.

BMFSFJ (Hrsg.), Materialien zur Qualitätssicherung in der Kinder- und Jugendhilfe, Qs 9, Bonn 1997.

BMSFJ, Zwölfter Kinder- und Jugendbericht. Bericht über die Lebenssituation junger Menschen und die Leistungen der Kinder- und Jugendhilfe in Deutschland, Berlin 2006.

Bock/Otto, Die Kinder- und Jugendhilfe als Ort flexibler Bildung, in: Harring/Rohlfs/Palentien (Hrsg.), Perspektiven der Bildung, Wiesbaden 2007, S. 203.

Bock/Otto, Zeitgemäße Bildungstheorie und zukunftsfähige Bildungspolitik, in: Otto/Oelkers (Hrsg.), Zeitgemäße Bildung, München 2006, S. 337 f.

Bodewig/Voß, Die „offene Methode der Koordinierung" in der Europäischen Union – „schleichende Harmonisierung" oder notwendige „Konsentierung" zur Erreichung der Ziele der EU?, EUR 2003, S. 310 ff.
Boeßenecker (Hrsg.), Qualitätskonzepte in der sozialen Arbeit, Weinheim 2003.
Böhme/Franke, Blätter der Wohlfahrtspflege 2007, S. 193.
Böhnisch, Familie und Bildung, in: Tippelt (Hrsg.), Handbuch Bildungsforschung, Wiesbaden 2005, S. 290.
Bolay/Herrmann, Jugendhilfeplanung als politischer Prozeß, Neuwied/Kriftel/Berlin 1995.
Bommes/Tacke, Das Allgemeine und das Besondere des Netzwerks, in: Hollstein/Straus (Hrsg.), Qualitative Netzwerkanalyse, Wiesbaden 2006, S. 47–53.
Bonhoff u. a., Berufliche Weiterbildung als Motor des Strukturwandels (Teil 1), Interne Analyse des „Bildungs-Benchmarking" in OWL, Bielefeld 2005.
Bosch, Weiterbildung in der Region, in: Dobischat/Husemann (Hrsg.), Berufliche Weiterbildung als freier Markt, Berlin 1995, S. 99.
Brehm, Zum Qualitätsmanagement bei Siemens-Weiterbildungsveranstaltungen – Über die DIN ISO 9000 ff. hinaus, in: Feuchthofen/Severing (Hrsg.), Qualitätsmanagement und Qualitätssicherung in der Weiterbildung, Neuwied/Kriftel/Berlin 1995, S. 227 ff.
Brinkmann (Hrsg.), Case Management, Wiesbaden 2006.
Brockmann, in: Seyderhelm/Nagel/Brockmann u. a., Niedersächsisches Schulgesetz, Kommentar, Wiesbaden 1978, § 32, 3.1.
Bruhn, Marketing für Nonprofit-Organisationen, Stuttgart 2005.
Bruhn, Qualitätsmanagement für Dienstleistungen, 6. Aufl., Berlin/Heidelberg/New York 2006.
Brülle, Flankierende soziale Leistungen gemäß § 16 Abs. 2 SGB II im kommunalen Netzwerk, Der Landkreis 2008, S. 38.
Brülle/Reis (Hrsg.), Neue Steuerung in der Sozialhilfe, Neuwied/Kriftel 2001.
BSFSJ (Hrsg.), Zwölfter Kinder- und Jugendbericht, Berlin 2005, S. 359.
Buckley, Die Kindergarten-Einschätzskala (KES), in: Boeßenecker (Hrsg.), Qualitätskonzepte in der sozialen Arbeit, Weinheim 2003, S. 85 ff.
Buestrich/Kalman, Qualitätssicherung in der beruflichen Bildung, neue praxis, Heft 5/2007, S. 479, 484.
Bundesagentur für Arbeit, Projekt SGB II – Teilprojekt Markt und Integration 8/2004 in Anlehnung an: Kraatz/Göckler, Netzwerke und Fallmanagement. Ein Leitfaden für die soziale und berufliche Integration von Betreuungskunden (unveröffentlichtes Schulungsskript).
Bundesarbeitsgemeinschaft Arbeit e. V., Das Urteil des Bundesverfassungsgerichts- eine neue Chance? V. 18.3.2008 (Internet).
Bundesministerium für Bildung und Forschung – BMBF (Hrsg.), Lernende Regionen – Förderung von Netzwerken. Programmdarstellung, Bonn und Berlin 2004.
Bundesministerium für Bildung und Forschung – BMBF (Hrsg.); Lebensbegleitendes Lernen für alle, Bonn und Berlin 2001.

Bundesministerium für Bildung und Forschung, Berufsbildungsbericht 2005, Bonn 2005, S. 264 ff.
Bundesministerium für Bildung und Forschung, BMBF (Hrsg.), Lernende Regionen – Förderung von Netzwerken. Programmdarstellung, Bonn und Berlin 2004.
Bundesministerium für Bildung und Forschung, lernende Regionen – Förderung von Netzwerken, Berlin 2008.
Bundesministerium für Verkehr-, Bau- und Wohnungswesen (Hrsg.), Die soziale Stadt. Ergebnisse der Zwischenevaluierung, Berlin 2004.
Bundesministerium für Verkehr-, Bau- und Wohnungswesen (Hrsg.), Strategien für die soziale Stadt, Berlin 2003.
Bundesnetzwerk Arge SGB II, Positionspapier zu den Lösungsmodellen zur Umsetzung des BVerfG-Urteils vom 20.12.07 (Internet).
Bundesrepublik Deutschland, Strukturfondsperiode 2000–2006 – „Regionalübergreifendes Operationelles Programm des Bundes zur Entwicklung des Arbeitsmarktes und der Humanressourcen" für die Interventionen des Ziels 1, www.berlin.de/senwiarbfrau/doku/europa/fondsz1deckblatt.pdf
Bundesrepublik Deutschland, Strukturfondsperiode 2000–2006, „Einheitliches Programmplanungsdokument zur Entwicklung des Arbeitsmarktes und der Humanressourcen" für die interventionen des Ziels 3 in Deutschland, http://europa.eu.int/comm/employment_socila/esf2000/ms/d-obj-3-fulldoc-de.pdf
Bundesvereinigung der Deutschen Arbeitgeberverbände/Bundesverband der Deutschen Industrie/Deutscher Industrie- und Handelskammertag/Zentralverband des Deutschen Handwerks, Stellungnahme zum Vorschlag des Bundesarbeitsministers zur Neuorganisation der Arbeitslosengeld II-Verwaltung in Form „Kooperativer Jobcenter", Berlin, April 2008.
Burgi, Kommunalrecht, München 2006.
Burkert, Leitinvestition Bildung, Herausforderungen aus der Sicht eines kommunalen Schulträgers, Der Landkreis 2008, S. 72.
Bylinski/Faltermeier/Glinka, Coole Schule, in: Hartnuß/Maykus (Hrsg.), Handbuch Kooperation von Jugendhilfe und Schule, Berlin 2004, S. 1061.

Carle/Wenzel, Vorschulische Bildung im Kindergarten, in: Harring/Rohlfs/Palentien (Hrsg.), Perspektiven der Bildung, Wiesbaden 2007, S. 185.
Coelen, Kommunale Jugendbildung, in: Hartnuß/Maykus (Hrsg.), Handbuch Kooperation von Schule und Jugendhilfe, Berlin 2004, S. 261 ff.
Coleman, Foundations of Social Theory, Cambridge, MA, Belknap Press.
Coleman, Social Capital, in: Coleman, Foundations of Social Theory, Cambridge, MA, Belknap Press, S. 300–321.
Conrad, Der Europäische Sozialfonds, ZfSH/SGB 1994, S. 409.
Conta Gromberg, Handbuch Sozial-Marketing, Berlin 2006.
Cools/Zimmermann, Place-making und neue Formen der local governance durch neue Ansätze integrierter Stadtentwicklung. Manuskript, zitiert nach: Stegen, Die Soziale Stadt 2006.

Dau/Düwell/Haines (Hrsg.), LPK-SGB IX, Baden-Baden 2002.
Decker, Management für soziale Organisationen, Landsberg/Lech 1997.
Deinet, in: Hartnuß/Maykus (Hrsg.), Handbuch Kooperation von Jugendhilfe und Schule, Berlin 2004, S. 222.
Deinet, Sozialräume von Kindern und Jugendlichen als subjektive Aneignungsräume verstehen, in: Projekt „Netzwerke im Stadtteil" (Hrsg.), Grenzen des Sozialraums, Wiesbaden 2005, insbesondere S. 167 ff.
Deinet/Icking (Hrsg.), Kooperation von Schule und Jugendhilfe, Opladen 2006.
Deinet/Icking, Schule in Kooperation, in: Appel u. a. (Hrsg.), Jahrbuch Ganztagsschule, Schulkooperationen, Schwalbach 2005, S. 12.
Deitmer, Management regionaler Innovationsnetzwerke, Baden-Baden 2004.
Derlien, Die Erfolgskontrolle staatlicher Planung, Berlin 1976.
Dern/Hauser, Was ist Fallmanagement?, NDV 2008, S. 101 ff.
Deutscher Caritasverband, Stellungnahme zur Neuorganisation des SGB II anlässlich des Vorschlags des BMAS und der BA eines „Kooperativen Jobcenters", (Internet).
Deutscher Landkreistag, Das SGB II dauerhaft sachgerecht und zukunftsfähig organisieren, Beschluss des Präsidiums v. 5./6.2.2008.
Deutscher Landkreistag, Kommunen für Arbeit, Arbeitsintegration durch soziale Kompetenz, Quelle: Pressestelle des Dt. Landkreistages sowie www.kommunenfuerarbeit.de
Deutsches Jugendinstitut e. V., Lokale Bildungslandschaften, Projektbericht 2006.
Dewe/Otto, Zugänge zur Sozialpädagogik: reflexive Wissenschaftstheorie und kognitive Identität, Weinheim 1996.
Diemer/Peters, Bildungsbereich Weiterbildung, Weinheim 1998.
Diening, Kraftanstrengung für gute und verlässliche Schulen, Der Landkreis 2008, S. 81.
Diskussionspapier des deutschen Vereins zur qualitativen, rechtlichen und finanziellen Ausgestaltung der Kindertagespflege, NDV 2008, S. 151, 152.
Dobischat u. a., in: Nuissl u. a. (Hrsg.), Regionale Bildungsnetze, Bielefeld 2006, S. 31.
Dobischat, in: Solzbacher/Minderop (Hrsg.), Bildungsnetzwerke und regionale Bildungslandschaften, München/Unterschleißheim 2007, S. 159 ff.
Dobischat, Zur Bedeutung regional orientierter Bildungspolitik und -forschung, in: Solzbacher/Minderop (Hrsg.), Bildungsnetzwerke und Regionale Bildungslandschaften, München/Unterschleißheim 2007, S. 160–167.
Dobischat/Düsseldorff, Berufliche Bildung und Bildungsforschung, in Tippelt (Hrsg.), Handbuch Bildungsforschung, Wiesbaden 2005, S. 315 ff.
Dobischat/Düsseldorff/Nuissl/Stuhldreier, in: Nuissl u. a. (Hrsg.), Regionale Bildungsnetze, Bielefeld 2006, S. 23 ff., 27.
Dobischat/Husemann (Hrsg.), Berufliche Bildung in der Region. Zur Neubewertung einer politischen Gestaltungsdimension, Berlin 1997.
Dobischat/Husemann (Hrsg.), Berufliche Weiterbildung als freier Markt?, Berlin 1995.

Dobischat/Stuhldreier/Düsseldorff, in: Nuissl u. a. (Hrsg.), Regionale Bildungsnetze, Bielefeld 2006, S. 62–85 f.
Döbler/Plickat, BA-Studiengang „Soziale Stadt- und Regionalentwicklung", Planungsentwurf im Rahmen des Hochschulpakts 2020, Braunschweig 2007.
Döring/Ritter-Manczek, Weiterbildung im lernenden System, Weinheim 1999.
Dreher, Die Berücksichtigung mittelständischer Interessen bei der Vergabe öffentlicher Aufträge, NZBau 2005, S. 430.
Dresselhaus, Netzwerkarbeit und neue Lernkultur, Münster 2006.
Dt. Verein (Hrsg.), Fachlexikon der sozialen Arbeit, Berlin 2007.
Dt. Verein für öff. und priv. Fürsorge, Empfehlungen des Dt. Vereins zu Qualitätsstandards für das Fallmanagement, NDV 2004, S. 149 ff.
Dunkl, Der Bildungsort Kindergarten, in: Prößl (Hrsg.), Die Bedeutung der verschiedenen Lernorte, Nürnberg 2003, S. 159.
DV, Diskussionspapier des Deutschen Vereins zum Aufbau Kommunaler Bildungslandschaften, NDV 2007, S. 294, 301.
DV, Weiterentwickelte Empfehlung und Arbeitshilfe für den Ausbau und die Verbesserung der Zusammenarbeit der Kinder- und Jugendhilfe mit der Schule, abgedr. in: Hartnuß/Maykus (Hrsg.), Handbuch Kooperation von Jugendhilfe und Schule, Berlin 2004, S. 1141–1161.

Eder, Netzwerk der Generationen, Freiburg i. B. 2006.
Eduqua, Handbuch, Informationen über das Verfahren, Anleitung zur Zertifizierung, Version 2004 (Internet).
Egle/Nagy, Arbeitsmarktintegration. Profiling – Arbeitsvermittlung – Fallmanagement, Wiesbaden 2005.
Eichert, Bildung als Standortfaktor, in: Solzbacher/Minderop (Hrsg.), Bildungsnetzwerke und Regionale Bildungslandschaften, München/Unterschleißheim 2007, S. 14–17.
Eichhorn (Hrsg.), Verwaltungslexikon, 3. Aufl. , Baden-Baden 2002.
Eininger, Von der Schule in den Beruf - eine Aufgabe auch für Landkreise, Der Landkreis 2008, S. 92.
Enquete-Kommission „Zukunft des bürgerschaftlichen Engagements", 2002, S. 159.
Erhart, Der Begutachtungsprozess und seine interne Qualitätssicherung, in: Zech, Lernorientierte Qualitätstestierung in der Weiterbildung (LQW), Bielefeld 2006, S. 129 ff.
ESF = Europäischer Sozialfonds; vgl. ESF-Schwerpunkt „Berufliche und allgemeine Bildung, lebenslanges Lernen", VO EG 1784/1999.
Europäische Kommission, Arbeitspapier der Kommissionsdienste. Lebenslanges Lernen, Praxis und Indikatoren, Brüssel 2001.
Europäische Kommission, Bericht über die Qualitätsindikatoren für das Lebenslange Lernen, Brüssel 2002.
Europäische Kommission, Ein europäischer Raum des lebenslangen Lernens, Luxemburg 2002.

Europäische Kommission, Europäische Netze zur Förderung der lokalen und regionalen Dimension des lebenslangen Lernens, R3L-Initiative, Amtsblatt der Europäischen Gemeinschaften 2002/c 174/06, Brüssel 2002.

Europäische Kommission, Von Leitlinien zu Maßnahmen: Die nationalen Aktionspläne für Beschäftigung, Mitteilungen der Europäischen Kommission, D/98/6, Brüssel 1998.

Europäische Kommission/Eurostat, Messung des lebenslangen Lernens, Berlin 2001 (DIW).

Ewers/Schaeffer, Case Management in Theorie und Praxis, Bern u. a. 2000.

Fachlexikon der sozialen Arbeit, 3. Aufl., Frankfurt am Main 1993.

Farhauer/Granato, Standortfaktoren und Branchenmix entscheidend für Beschäftigung, IAB-Kurzbericht, Ausgabe Nr. 4 v. 24.3.2006.

Farwick, Segregierte Armut und soziale Benachteiligung: zum Einfluss von Wohnquartieren auf die Dauer von Armutslagen, Informationen zur Raumentwicklung, Tübingen 2003, S. 175.

Farwick, Soziale Segregation in den Städten, in: Baum (Hrsg.), Die Stadt in der sozialen Arbeit, Wiesbaden 2007, S. 114 f.

Faß, Systemsteuerung im Case Management, in: Brinkmann (Hrsg.), Case Management, Wiesbaden 2006, S. 137–153.

Feller, in: Solzbacher/Minderop (Hrsg.), Bildungsnetzwerke und regionale Bildungslandschaften, München/Unterschleißheim 2007, S. 24.

Fellermeyer/Herbrich (Hrsg.), Lebenslanges Lernen für alle – Herausforderungen an die Bildungsberatung, Berlin 2006.

Feuchthofen/Severing (Hrsg.), Qualitätsmanagement und Qualitätssicherung in der Weiterbildung, Neuwied/Kriftel/Berlin 1995.

Förderrichtlinien für „Integrierte Dienstleistungen regionaler Netzwerke für Lebenslanges Lernen zur Vertiefung II" des Programms „Lernende Regionen – Förderung von Netzwerken des Bundesministeriums für Bildung und Forschung" vom 12.2.2007 (Internet).

Frank/Langrehr (Hrsg.), Die Gemeinde, FS für Heiko Faber, Tübingen 2007.

Franke/Müller/Dettmann, E-Learning – Herausforderung und Chance, in: Prätorius/Oesten/Zabel (Hrsg.), Eine Lernende Region – Konzepte, Projekte, Perspektiven, Braunschweig 2006, S. 219 ff.

Franz, Arbeitsmarktpolitik, Berlin 1994.

Freese, Aufgabe der Jugendhilfeplanung innerhalb der kommunalen Bildungsplanung, Der Landkreis 2008, S. 82.

Freese, Kooperation und Koordination, Lernende Regionen und kommunale Bildungslandschaft aus Landkreissicht, inform 2/08, S. 6.

Freigang, Qualitätsmanagement in der Weiterbildung, Saarbrücken 2007.

Frey, Qualitätsmanagementsysteme im Vergleich, in: BMFSFJ (Hrsg.), Materialien zur Qualitätssicherung in der Kinder- und Jugendhilfe, Qs 9, 1997.

Fürst, Chancen der Regionalisierung im Bildungsbereich, in: Projektleitung „Selbstständige Schule", Regionale Bildungslandschaften, Troisdorf 2004, S. 39, 41.

Geißler (Hrsg.), Weiterbildungsmarketing, Neuwied/Kriftel/Berlin 1997.
Geißler, Annäherungen an eine Bildungstheorie des Weiterbildungsmarktes, in: Geißler (Hrsg.), Weiterbildungsmarketing, Neuwied/Kriftel/Berlin 1997, S. 85.
Germershausen/Wehrmann, Sozialarbeiterische Interventions-„Kompetenz" im Funktionssystem der sozialen Hilfe, in: Luthe (Hrsg.), Autonomie des Helfens, Baden-Baden 1997, S. 89.
Gerull, Sozialwirtschaftliches Qualitätsmanagement, Saarbrücken 2007.
Geschäftsordnung für die Steuerungsgruppe von RegioNet-OWL v. 9.10.2003 (Internet)
Glück/Magel/Röbke (Hrsg.), Neue Netze des Bürgerschaftlichen Engagements, Heidelberg/München/Berlin 2004.
Gnahs, in: Solzbacher/Minderop (Hrsg.), Bildungsnetzwerke und Regionale Bildungslandschaften, München/Unterschleißheim 2007, S. 297 f.
Gnahs, Indikatoren und Messprobleme bei der Bestimmung der Lernhaltigkeit von Netzwerken, beides in: Solzbacher/Minderop (Hrsg.), Bildungsnetzwerke und regionale Bildungslandschaften, München/Unterschleißheim 2007, S. 259 ff., S. 297 ff.
Göckler, Wo vollzieht sich Fördern und Fordern?, in: Verein Beschäftigungspolitik kommunal e. V. (Hrsg.), Fachtagungen Netzwerk SGB II, Fachtagung vom 3.–4. Mai 2006, S. 39 ff., 45, 48 (Internet).
Gröpl, in: Hennecke/Pünder/Waldhoff, Recht der Kommunalfinanzen, München 2006, S. 595.
Groppe/Litges, Sozialräumliche Finanzierungsformen, in: Helwig/Hoppe/Termath, Sozialraumorientierung – ein ganzheitlicher Ansatz, Berlin 2007, S. 119 (Teilbudgets und Komplettbudgets).
Grundmann/Bittlingmayer/Dravenau/Groh-Samberg, Bildung als Privileg – zum Zusammenhang zwischen lebensweltlichen und institutionalisierten Bildungsprozessen, in: Becker/Lauterbach, Bildung als Privileg, 2. Aufl., Wiesbaden 2007, S. 43 ff.
Grunwald, Qualitätsmanagement, in: Maelicke (Hrsg.), Lexikon der Sozialwirtschaft, Baden-Baden 2008, S. 819, 822.
Gumbrecht/Pfeiffer (Hrsg.), Materialität der Kommunikation, Frankfurt a. M. 1988.
Günther, in: Solzbacher/Minderop (Hrsg.), Bildungsnetzwerke und regionale Bildungslandschaften, München/Unterschleißheim 2007, S. 141 ff.
Günther, Netzwerk Zukunft, in: Solzbacher/Minderop (Hrsg.), Bildungsnetzwerke und regionale Bildungslandschaften, München/Unterschleißheim 2007, S. 145.

Hagen, in: Nuissl u. a. (Hrsg.), Regionale Bildungsnetze, Bielefeld 2006, S. 202-231.
Hamacher/Schubert/Eickhoff/Nüß (Hrsg.), Sozialraum Stadt, Köln 2005.
Hameyer/Heggen/Simon, in: Solzbacher/Minderop (Hrsg.), Bildungsnetzwerke und regionale Bildungslandschaften, München/Unterschleißheim 2007, S. 70 ff.

Harms, Wirtschaftlichkeit unter Bedingungen des New Public Management, in: Weiß/Weishaupt (Hrsg.), Bildungsökonomie und Neue Steuerung, Frankfurt a. M. 2000, S. 53.

Harring/Rohlfs/Palentien (Hrsg.), Perspektiven der Bildung, Wiesbaden 2007.

Hartmann, Steuerung der Sozialhilfe durch Benchmarking, in: Brülle/Reis (Hrsg.), Neue Steuerung in der Sozialhilfe, Neuwied/Kriftel 2001, S. 123 ff.

Hartnuß, in: Hartnuß/Maykus (Hrsg.), Handbuch Kooperation von Jugendhilfe und Schule, Berlin 2004, S. 222–549.

Hartnuß/Maykus (Hrsg.), Handbuch Kooperation von Jugendhilfe und Schule, Berlin 2004, S. 1171 ff.

Hartnuß/Maykus, Zur Notwendigkeit der Präzisierung schulbezogener Angebote der Jugendhilfe im KJHG, ZfJ 1999, S. 475.

Hauck/Noftz, SGB II (Loseblatt).

Hauck/Noftz, SGB III (Loseblatt).

Hauck/Noftz, SGB VIII (Loseblatt).

Hauck/Noftz, SGB XII (Loseblatt).

Häußermann/Kronauer, Inklusion - Exklusion, in: Kessl u. a. (Hrsg.), Handbuch Sozialraum, Wiesbaden 2005, S. 603 ff.

Hege, Das Grundrecht der Berufsfreiheit im Sozialstaat, Berlin 1977.

Heinold-Krug/Griep/Klenk, EFQM, Version Erwachsenenbildung/Weiterbildung 2001.

Helle Becker, Bildung in der Europäischen Union, Weinheim und München 2001.

Hellwig/Hoppe/Termath (Hrsg.), Sozialraumorientierung – ein ganzheitlicher Ansatz, Berlin 2007.

Hennecke, Das verfassungsrechtliche Verhältnis zwischen Städten, Gemeinden und Kreisen, Der Landkreis 2008, S. 172 ff.

Hennecke/Meyer (Hrsg.), Kommunale Selbstverwaltung zwischen Bewahrung, Bewährung und Entwicklung, Berlin 2006.

Hennecke/Pünder/Waldhoff, Recht der Kommunalfinanzen, München 2006.

Henneke, Bürgerschaftlich-demokratische Dimension kommunaler Selbstverwaltung gebietet überschaubare Landkreise, Der Landkreis 2007, S. 438.

Henneke, Verfassungsfragen der Zusammenführung von Arbeitslosenhilfe und Sozialhilfe bei der Bundesanstalt für Arbeit, ZG 2003, S. 137, 145 f.

Henneke/Ritgen, Aktivierung bürgerschaftlicher Selbstverwaltung in Städten, Kreisen und Gemeinden, DVBl. 2007, S. 1253 ff.

Herrmann, NDV 2006, S. 288 ff.

Hesse, Evaluation der Aufgabenträgerschaft nach dem SGB II in Baden-Württemberg, Dritter Zwischenbericht 12/2007, (Internet).

Heuchel/Schrapper, Planung und Steuerung der Jugendhilfe auf der Grundlage systematischer Beobachtung, in: Institut für soziale Arbeit (Hrsg.), Soziale Indikatoren und Sozialraumbudgets in der Kinder- und Jugendhilfe, Münster 1999, S. 95 ff.

Hillmert, Soziale Ungleichheit im Bildungsverlauf: zum Verhältnis von Bildungsinstitutionen und Entscheidungen, in: Becker/Lauterbach (Hrsg.), Bildung als Privileg, 2. Aufl., Wiesbaden 2007, S. 71 ff.

Hofbauer, „Integrierte ländliche Entwicklung – eine umfassende gesellschaftliche und nachhaltige Herausforderung, Der Landkreis 2008, S. 93, 213.

Hofmann, „keiner darf verloren gehen!", Blätter der Wohlfahrtspflege 2007, S. 186.

Hollstein, Qualitative Methoden und Netzwerkanalyse – ein Widerspruch?, in: Hollstein/Straus (Hrsg.), Qualitative Netzwerkanalyse, Wiesbaden 2006, S. 14 ff.

Hollstein/Straus (Hrsg.), Qualitative Netzwerkanalyse, Wiesbaden 2006.

Homfeldt, in: Hartnuß/Maykus (Hrsg.), Handbuch Kooperation von Jugendhilfe und Schule, Berlin 2004, S. 222.

Hopp/Göbel, Management in der Öffentlichen Verwaltung; 2. Aufl., Stuttgart 2004.

Hübner/Sallmon/Wagener, Kleinräumige Gliederung, Beschreibung und Analyse sozialer Räume, in: Lukas/Strack (Hrsg.), Methodische Grundlagen der Jugendhilfeplanung, Freiburg 1996, S. 30–84 ff.

Hüfner, Bildungsberichterstattung – Erwartungen aus der Sicht der Politik, in: Zeitschrift für Erziehungswissenschaft, Beiheft 6/2006, S. 15 ff.

Humboldt, Der Königsberger und litauische Schulplan (1809), in: Humboldt, Werke 13, hrsg. von Leitzmann, 1920, abgedr. durch Walter de Gruyter u. Co. 1968, S. 259 ff.

Ilg/Weingardt (Hrsg.), Übergänge in der Bildungsarbeit mit Jugendlichen, Weinheim und München 2007.

Inform, Das Netzwerk-Magazin für Lernende Regionen 2007, S. 5.

Institut für soziale Arbeit (Hrsg.), Soziale Indikatoren und Sozialraumbudgets in der Kinder- und Jugendhilfe, Münster 1999.

Ischebeck, Zur Ganzheitlichkeit der Qualitätssicherung im Unternehmen, in: Feuchthofen/Severing (Hrsg.), Qualitätsmanagement und Qualitätssicherung in der Weiterbildung, Neuwied/Kriftel/Berlin 1995, S. 215 ff.

Jansen, Einführung in die Netzwerkanalyse, 3. Aufl., Wiesbaden 2006.

Japp, Wie psychosoziale Dienste organisiert werden, 1986.

Jarras, Zum Grundrecht auf Bildung und Ausbildung, DÖV 1995, S. 677.

Jenner, Management und Steuerung in der Kommunalverwaltung, Einführung der Balanced Scorecard im Jugendhilfebereich, Saarbrücken 2007.

Kailer u. a.(Hrsg.), Betriebliche Kompetenzentwicklung, Praxiskonzepte und empirische Analysen, Wien 2001.

Kailer, Steuerung betrieblicher Kompetenzentwicklungsprozesse: Controlling betrieblicher Weiterbildung und Personalentwicklung in österreichischen Unternehmen, in: Kailer u. a.(Hrsg.), Betriebliche Kompetenzentwicklung, Praxiskonzepte und empirische Analysen, Wien 2001, S. 55 ff.

Kalter/Schrapper (Hrsg.), Was leistet Sozialraumorientierung?, Weinheim und München 2006.

Kammerer, Kampagne Erziehung, in: Prößl (Hrsg.), Die Bedeutung der verschiedenen Lernorte, Nürnberg 2003, S. 125.

Kegelmann, CERTQUA: Zertifizierung von Qualitätsmanagementsystemen nach DIN/ENISO 9000 ff. in der beruflichen Bildung, in: Feuchthofen/Severing (Hrsg.), Qualitätsmanagement in der Weiterbildung, Neuwied, Kriftel, Berlin 1995, S. 138–162.

Kessl/Reutlinger/Maurer/Frey (Hrsg.), Handbuch Sozialraum, Wiesbaden 2005.

KGSt-Gutachten, Regionale Bildungsbüros, Köln 2003.

Kilper/Zibell, Stadt- und Regionalplanung, in: Kessl/Reutlinger/Maurer/Frey (Hrsg.), Handbuch Sozialraum, Wiesbaden 2005, S. 165.

Klauer/Winkeler, in: Otto/Bauer (Hrsg.), Mit Netzwerken professionell zusammenarbeiten, Tübingen 2005, S. 131–181.

Kläui, Zauberwort Sozialberichterstattung, Taunusstein 2007.

Kleve/Müller/Hampe-Grosser, Der Fall im System – die Organisation des Systemischen Case Managements, in: Brinkmann (Hrsg.), Case Management, Wiesbaden 2006, S. 21 ff.

Klieme/Avenarius/Baethge/Döbert/Hetmeier/Meister-Scheufelen/Rauschenbach/Wolter, Grundkonzeption der Bildungsberichterstattung in Deutschland, in: Zeitschrift für Erziehungswissenschaft, Beiheft 6/2006, S. 129 ff.

Klocke, Methoden der Armutsmessung, Zeitschrift für Soziologie 2000, S. 313 ff.

Klüber/Löwe, Qualitätssicherung für die Weiterbildung von Führungskräften, in: Feuchthofen/Severing (Hrsg.), Qualitätsmanagement in der Weiterbildung, Neuwied, Kriftel, Berlin 1995, S. 138–162.

Knuepp, Marketing, in: Maelicke (Hrsg.), Lexikon der Sozialwirtschaft, Baden-Baden 2008, S. 663 ff.

Koch/Lenz (Hrsg.), Integrierte Hilfe und sozialräumliche Finanzierungsformen 2000.

Kohlmeyer, in: Solzbacher/Minderop (Hrsg.), Bildungsnetzwerke und regionale Bildungslandschaften, München/Unterschleißheim 2007, S. 150.

Kolhoff, Projektmanagement, Baden-Baden 2004.

Kommission der Europäischen Gemeinschaften, Memorandum über lebenslanges Lernen, Brüssel 2002.

Kommunale Gemeinschaftsstelle, „Regionale Bildungsbüros im Rahmen des Projekts Selbstständige Schule.", KGSt-Gutachten, Köln 2003.

Kommunale Gemeinschaftsstelle, KGSt-Bericht 12/1998.

Kommunen für Arbeit/Pressestelle des Deutschen Landkreistages, Arbeitsintegration durch soziale Kompetenz, April 2008.

Kongress Sozialraumorientierung und neue Finanzierungsformen vom 11.-12.10. 1999 in Frankfurt a.M., Dokumentation einer Kooperationsveranstaltung des BMF und der Dr. Jan Schröder Beratungsgesellschaft.

Konietzka, Berufliche Ausbildung und der Übergang in den Arbeitsmarkt, in: Becker/Lauterbach, Bildung als Privileg, 2. Aufl., Wiesbaden 2007, S. 273.

Konzept der IHK Ulm zur Einstiegsqualifizierung benachteiligter Jugendlicher (Internet).
Konzept des Bildungsnetzwerks Schule/Wirtschaft der IHK Ulm (Internet).
Kooperationsvereinbarung der RegioNetOWL zwischen den Netzwerkmitgliedern für die Durchführungsphase 1.7.2002 bis 30.6.2006 (Internet)
Kopf, Mit dem Job-Center eine eigene Existenz aufbauen, Der Landkreis 2008, S. 43.
Kopp, Jugendhilfeprojekte zur Kooperation von Jugendhilfe und Schule, Der Landkreis 2008, S. 87.
Koschatzky/Zenker, Innovationen in Ostdeutschland, Karlsruhe 1999, zit. nach: Deitmer, Management regionaler Innovationsnetzwerke, Baden-Baden 2004, S. 322.
Kraatz/Göckler, Handlungsempfehlung 4/2005 – Fachkonzept „Beschäftigungsorientiertes Fallmanagement im SGB II".
Kreher, in: Solzbacher/Minderop (Hrsg.), Bildungsnetzwerke und regionale Bildungslandschaften, München/Unterschleißheim 2007, S.220 ff.
Kretschmann, Für einen Bildungsaufbruch von unten, Der Landkreis 2008, S. 78.
Kroeger/van Suntum, Mit aktiver Arbeitsmarktpolitik aus der Beschäftigungsmisere, Bielefeld 1999.
Kronberger Kreis für Qualitätsentwicklung in Kindertageseinrichtungen, Qualität im Dialog entwickeln, Seelze 1998.
Krummacher/Kulbach/Waltz/Wohlfahrt, Soziale Stadt, Sozialraumorientierung, Quartiersmanagement (Internet).
Krummacher/Kulbach/Waltz/Wohlfahrt, Sozialspaltung der Städte, Sozialraumorientierung und Quartiersmanagement, Opladen 2003.
Kühn u. a., Leitfaden für kommunale Sozialplanung, Eigenverlag des Dt. Vereins, Frankfurt a. M. 1982.
Kühn, Balanced Scorecard, in: Kühn/Feldmann (Hrsg.), Steuerungsunterstützung durch Sozialplanung und Controlling auf kommunaler Ebene, Berlin 2005, S. 253 ff.
Kühn, Kommunale Sozialplanung, Stuttgart 1975.
Kühn, Sozialplanung und Controlling, in: Kühn/Feldmann (Hrsg.), Steuerungsunterstützung durch Sozialplanung und Controlling auf kommunaler Ebene, Berlin 2005, S. 21.
Kühn/Feldmann (Hrsg.), Steuerungsunterstützung durch Sozialplanung und Controlling auf kommunaler Ebene, Berlin 2005.
Kunkel, Junge Menschen im „Bermuda-Dreieck" von SGB VIII, SGB III und SGB II, NDV 2007, S. 397 ff.

Landesinstitut für Qualifizierung NRW (Hrsg.), Kooperation und Vernetzung in der Weiterbildung, Bielefeld 2006.
Landesjugendamt Westfalen/Institut für soziale Arbeit (Hrsg.), Den Wandel gestalten. Gemeinsame Wege zu einer integrierten Jugendhilfe- und Schulentwicklungsplanung, Münster 2007.

Leibfried/McNair, Benchmarking: von der Konkurrenz lernen, die Konkurrenz überholen, 2. Aufl., Freiburg im Breisgau. 1996.
Lenz, Auf dem Weg zur sozialen Stadt, Wiesbaden 2007.
Lenzen (Hrsg.), Enzyklopädie Erziehungswissenschaft, Bd. 5, Stuttgart 1984.
Lenzen/Luhmann, Bildung und Weiterbildung im Erziehungssystem, Frankfurt am Main 1997.
Levacic/Woods, Quasi-markets and school performance: evidence from a study of English secondary schools. in: Weiß/Weishaupt (Hrsg.), Bildungsökonomie und Neue Steuerung, Frankfurt a. M. 2000, S. 53.
Liebich/Marx/Zacharias (Hrsg.), Bildung in der Stadt, München 2005.
Lindner, Alles Bildung? – Kinder- und Jugendarbeit in der „Wissensgesellschaft", in: Prölß (Hrsg.), Die Bedeutung der verschiedenen Lernorte, Nürnberg 2003, S. 107.
Lindner/Kilb, Jugendarbeit und Kommune, in: Kessl u. a. (Hrsg.), Handbuch Sozialraum, Wiesbaden 2005, S. 360.
Lobermeier, Unterstützende Netzwerke, Braunschweig 2003.
Lohmann/Rolf, in: Solzbacher/Minderop (Hrsg.), Bildungsnetzwerke und regionale Bildungslandschaften, München/Unterschleißheim 2007, S. 61 ff.
Lohre, in: Solzbacher/Minderop (Hrsg.), Bildungsnetzwerke und regionale Bildungslandschaften, München/Unterschleißheim 2007, S. 47.
Lohre, Über das Netzwerk hinaus – Entwicklung und Steuerung regionaler Bildungslandschaften, in: Solzbacher/Minderop (Hrsg.), Bildungsnetzwerke und regionale Bildungslandschaften, München/Unterschleißheim 2007, S. 44.
Lohre/Kober, Gemeinsame Verantwortung für die Bildungschancen von Kindern und Jugendlichen, in: Projektleitung „Selbstständige Schule" (Hrsg.), Regionale Bildungslandschaften, Troisdorf 2004, S. 31.
Lüders/Behr, Außerschulische Jugendbildung, in: Tippelt (Hrsg.), Handbuch Bildungsforschung, Wiesbaden 2005, S. 371 ff.
Luhmann, Das Kind als Medium der Erziehung, in: Luhmann, Gesellschaftsstruktur und Semantik 1995.
Luhmann, Die Gesellschaft der Gesellschaft, Frankfurt a. M. 1997.
Luhmann, Gesellschaftsstruktur und Semantik, Frankfurt am Main 1995.
Luhmann, Politische Planung, 3. Aufl., Opladen 1983.
Luhmann, Wie ist Bewusstsein an Kommunikation beteiligt?, in: Gumbrecht/Pfeiffer (Hrsg.), Materialität der Kommunikation 1988, S. 286.
Luhmann/Schorr, Zwischen Technologie und Selbstreferenz. Fragen an die Pädagogik, Frankfurt am Main 1982.
Lukas, Bedürfnisermittlung im Prozess der Jugendhilfeplanung, in: Lukas/Strack (Hrsg.), Methodische Grundlagen der Jugendhilfeplanung, Freiburg 1996, S. 133 ff.
Lukas, Bestandsaufnahme von Einrichtungen und Diensten der Jugendhilfe, in: Lukas/Strack (Hrsg.), Methoden der Jugendhilfeplanung, Freiburg 1996, S. 93.
Lukas/Strack (Hrsg.), Methodische Grundlagen der Jugendhilfeplanung, Freiburg 1996.

Luthe (Hrsg.), Autonomie des Helfens, Baden-Baden 1997.
Luthe (Hrsg.), Rehabilitationsrecht, Berlin 2008.
Luthe, Bildungsrecht, Berlin 2003.
Luthe, Der aktivierende Sozialstaat im Recht, NDV 2003, S. 167.
Luthe, Privilegien der freien Wohlfahrtspflege in gemeinschaftsrechtlicher Sicht, Die Sozialgerichtsbarkeit 2000, S. 505 (Teil 1), S. 585 (Teil 2).
Luthe, in: Hauck/Noftz, SGB XII, Berlin 2004, § 12 Rz. 1, E 010, Rz. 97 ff.
Luthe, Optimierende Sozialgestaltung, Tübingen 2001.
Luthe, Sozialplanungsrecht, Zeitschrift für Sozialreform 1994, Teil 1 und 2, S. 762–849.
Luthe, Sozialtechnologie, Archiv für Wissenschaft und Praxis der sozialen Arbeit 2003, S. 3–39 (auch unter www.irs-bs.de, Service Aktuell).
Luthe, Subvention, Auftragsvergabe und Entgeltvereinbarung in der kommunalen Fürsorge, in: Frank/Langrehr (Hrsg.), Die Gemeinde, Festschrift für Heiko Faber, Tübingen 2007, S. 343 ff.
Luthe, Warum Sozialtechnologie, NDV 2006, S. 109 ff.
Luthe, Wettbewerb, Vergabe und Rechtsanspruch im Sozialraum der Jugendhilfe, NDV 2001, S. 247.
Luthe/Dittmar, Fürsorgerecht, 2. Aufl., Berlin 2007.

Mach/Giersberg, Mehr Selbstständigkeit von Schulen durch Übertragung der Budgetverantwortung, Der Landkreis 2008, S. 88.
Mack, in: Hartnuß/Maykus (Hrsg.), Handbuch Kooperation von Jugendhilfe und Schule, Berlin 2004, S. 493.
Mack/Harder/Kelo/Wach, Lokale Bildungslandschaften, Projektbericht des Dt. Jugendinstituts 2006 (Internet).
Mack/Schröder, Schule und lokale Bildungspolitik, in: Kessl u. a. (Hrsg.), Handbuch Sozialraum, Wiesbaden 2005, S. 338.
Maelicke (Hrsg.), Lexikon der Sozialwirtschaft, Baden-Baden 2008.
Maelicke, Qualitätssicherung, in: Dt. Verein (Hrsg.), Fachlexikon der sozialen Arbeit, Berlin 2007, S. 746.
Manger, Entstehung eines Innovationsnetzwerks, in: Hollstein/Straus (Hrsg.), Qualitative Netzwerkanalyse, Wiesbaden 2006, S. 236.
Mardorf, Konzepte und Methoden von Sozialberichterstattung, Wiesbaden 2006.
Markus, Perspektiven der Sozialplanung durch Einsatz quantitativer Methoden, in: Asam/Heck/Specht (Hrsg.), Kommunale Sozialplanung, Bielefeld 1987, S. 148 ff.
Marquard, Plädoyer für eine sozialräumliche Regionalisierung, Teil 2, NDV 1999, S. 190.
Martens-Berkenbrink/Zabel, Selbstgesteuert Lernen – Betrachtungen und Beispiele aus der Praxis, in: Prätorius/Oesten/Zabel (Hrsg.), Eine Lernende Region – Konzepte, Projekte, Perspektiven, Braunschweig 2006, S. 229 ff.
Masuch, in: Luthe (Hrsg.), Rehabilitationsrecht, Berlin 2007, § 2 F.
Matys, Dienstleistungsmarketing, Frankfurt a. M. 2004.

Maydell/Ruland (Hrsg.), Sozialrechtshandbuch, 2. Aufl., Neuwied 1996.
Maykus, in: Landesjugendamt Westfalen/Institut für soziale Arbeit (Hrsg.), Den Wandel gestalten. Gemeinsame Wege zu einer integrierten Jugendhilfe- und Schulentwicklungsplanung, Münster 2007, S. 81 ff.
Maykus, Kommunale Bildungsberichterstattung – Basis der Planung kommunaler Bildungsräume, in: Deinet/Icking (Hrsg.), Kooperation von Jugendhilfe und Schule, Opladen 2006, S. 231.
Maykus, Wie kann eine gemeinsame Planungspraxis gelingen?, in: Publikationsreihe der Deutschen Kinder- und Jugendstiftung, Bildungslandschaften in gemeinschaftlicher Verantwortung gestalten, Themenheft 07, S. 44 (Internet).
McGovern, Lokale Steuerung und kooperative Leistungserbringung, Sozialwirtschaft 2008, S. 13.
Mcgovern, NDV 2007, S. 457.
Mcgovern, Nicht nur Arbeitslosigkeit, sondern soziale Ausgrenzung bekämpfen, Der Landkreis 2008, S. 35.
Mempel, Hartz IV-Organisation auf dem verfassungsrechtlichen Prüfstand, Schriften des Deutschen Landkreistages, Berlin 2007.
Merchel (Hrsg.), Qualität in der Jugendhilfe, Münster 1998.
Merchel, Beratung im „Sozialraum", np 2001, S. 369.
Merchel, Kooperation auf der Planungsebene: Jugendhilfeplanung und Schulentwicklungsplanung, in: Hartnuß/Maykus (Hrsg.), Handbuch Kooperation von Schule und Jugendhilfe, Berlin 2004, S. 593.
Merchel, Qualitätsmanagement in der sozialen Arbeit, Weinheim und München 2004.
Meyer Dohm, Lernen und Kompetenzentwicklung, in: Prätorius/Oesten/Zabel (Hrsg.), Eine Lernende Region – Konzepte, Projekte, Perspektiven, Braunschweig 2006, S. 23.
Mielke, Verbindliches Zusammenwirken von Schule und Jugendhilfe, Der Landkreis 2008, S. 85.
Minderop, in: Solzbacher/Minderop (Hrsg.), Bildungsnetzwerke und regionale Bildungslandschaften, München/Unterschleißheim 2007, S. 51.
Miosga, Personalentwicklung im Betrieb, in: Prätorius/Oesten/Zabel, Eine Lernende Region – Konzepte, Projekte, Perspektiven, Braunschweig 2006, S. 131 ff.
Mühlfeld/Schlemmer, In welchen Familien leben Schulkinder?, Bd. 1, Endbericht an das Bundesministerium für Familie, Senioren, Frauen und Jugend, Bamberg 2004.
Müller, Regionales Bildungsmanagement, in: Solzbacher/Minderop (Hrsg.), Bildungsnetzwerke und regionale Bildungslandschaften, München/Unterschleißheim 2007, S. 209 ff.
Münchmeier, Bildung ist mehr, in: Prölß (Hrsg.), Die Bedeutung der verschiedenen Lernorte, Nürnberg 2003, S. 56.
Münder, Sozialraumorientierung und das Kinder- und Jugendhilferecht, Rechtsgutachten, München 2001.

Nagl/Rath, Dienstleistungscontrolling, München 2004.
Nds. Landkreistag, Die falsche Richtung!, Argumentationspapier zum Kooperationsmodell im SGB II v. 20.2.2008 (Internet).
Nellissen, Sozialraumorientierung im aktivierenden Sozialstaat, Baden-Baden 2006.
Nestmann, in: Otto/Bauer (Hrsg.), Mit Netzwerken professionell zusammenarbeiten, Tübingen 2005, S. 131–181.
Neuffer, Case Management, in: Fachlexikon der sozialen Arbeit, 6. Aufl., Berlin 2007, S. 162.
Neuffer, Case Management. Soziale Arbeit mit einzelnen und Familien, 2. Aufl., Weinheim/München 2005.
Neumann, Fallmanagement, in: Fachlexikon der sozialen Arbeit, 6. Aufl., Berlin 2007, S. 308.
Niehues, Schul- und Prüfungsrecht, Bd. 1, 3. Aufl., München 2000.
Nuissl u. a. (Hrsg.), Regionale Bildungsnetze, Bielefeld 2006.
Nyhan/Attwell/Deitmer, Education and Regional Innovation in the European Union and the United States, Thessaloniki: CEDEFOP 1999.

Offer, Kommunale Sozialpolitik an der Schnittstelle zum SGB II, in: Archiv für Wissenschaft und Praxis der Sozialen Arbeit, Bd. 39 (2008), 1, S. 104–112.
Olk, Strukturelle und fachliche Konsequenzen der Sozialraumorientierung in der Jugendhilfe, Weinheim 2000.
Olten, Wettbewerbstheorie und Wettbewerbspolitik, 2. Aufl., München 1998.
Opielka (Hrsg.), Bildungsreform als Sozialreform, Wiesbaden 2005
Ortmann, Bedürfnis und Planung in sozialen Bereichen, Opladen 1983.
Otto/Bauer (Hrsg.), Mit Netzwerken professionell zusammenarbeiten, Tübingen 2005.
Otto/Oelkers (Hrsg.), Zeitgemäße Bildung, München 2006.

Paritätischer Wohlfahrtsverband, Paritätischer widerspricht Bundesarbeitsministerium und Städtetag – Kooperatives Jobcenter führt Hartz-Reformen ad absurdum, Pressemitteilung v. 7.4.2008 (Internet).
Pechar, Bildungsökonomie und Bildungspolitik, Münster 2006.
Pernice, DVBl. 2000, S. 847.
Petermann, in: Otto/Bauer (Hrsg.), Mit Netzwerken professionell zusammenarbeiten, Tübingen 2005, S. 131–181.
Pfeifer, Qualitätsmanagement, 3. Aufl., München/Wien 2001.
Piontkowski/Steidle, Öffentlich-Private Partnerschaften: Neue Kooperations- und Finanzierungsformen auch für den Bereich der sozialen Arbeit?, NDV 2007, S. 405.
Possehl, Archiv für Wissenschaft und Praxis der sozialen Arbeit 2004, S. 37.
Prätorius/Oesten/Zabel (Hrsg.), Eine Lernende Region, Braunschweig 2006.
Prätorius/Warnecke, Bildung im Wettbewerb der Region, in: Prätorius/Oesten/Zabel (Hrsg.), Eine Lernende Region, Braunschweig 2006, S. 65.

Projekt „Netzwerke im Stadtteil" (Hrsg.), Grenzen des Sozialraums, Wiesbaden 2005
Projektgruppe WANJA, Handbuch zum Wirksamkeitsdialog in der Offenen Kinder- und Jugendarbeit, Münster 2000.
Projektleitung „Selbstständige Schule" (Hrsg.), Lehren und Lernen für die Zukunft. Guter Unterricht und seine Entwicklung im Projekt „Selbstständige Schule", Gütersloh 2004.
Projektleitung „Selbstständige Schule" (Hrsg.), Regionale Bildungslandschaften – Grundlagen einer staatlich-kommunalen Verantwortungsgemeinschaft, Troisdorf 2004.
Prölß (Hrsg.), Die Bedeutung der verschiedenen Lernorte, Nürnberg 2003.
Publikationsreihe der Deutschen Kinder- und Jugendstiftung, Bildungslandschaften in gemeinschaftlicher Verantwortung gestalten, Themenheft 07, (Internet).
Putschert, Marketing für Verbände und weitere Nonprofit-Organisationen, Bern/Stuttgart/Wien 2001.

Rau/Wordelmann, Einführung in Theorien und Methoden politischer Planung am Beispiel der Bildungsplanung, Frankfurt a. M. 1980.
Rechberger-Bechter, Europäische Gemeinschaft in der Bildungspolitik, Baden-Baden 2008.
Reichard, Betriebswirtschaftslehre der öffentlichen Verwaltung, 2. Aufl., Berlin/New York 1987.
Reinecke/Bauckhage/Hoffer, Gibt es eine „europäische Familienpolitik"?, NDV 2008, S. 114.
Reinfelder, Social Marketing in der Sozialwirtschaft, Saarbrücken 2007.
Reis, NDV 2002, S. 286.
Reiss, Case Management als zentrales Element einer dienstleistungsorientierten Sozialhilfe, in: Löcherbach u. a. (Hrsg.), Case Management – Fall- und Systemsteuerung in Theorie und Praxis, Neuwied 2002, S. 167 ff..
Reiss, Evaluation und Controlling, in: Merchel (Hrsg.), Qualität in der Jugendhilfe, Münster 1998, S. 396–410.
Reulecke, Der Modellversuch „Wissensmanagement für Berufsbildung in vernetzten Regionen", in: Prätorius/Oesten/Zabel, Eine Lernende Region – Konzepte, Projekte, Perspektiven, Braunschweig 2006, S. 122.
Reupold/Tippelt, Bildungsmarketing und Bildungsbeteiligung, in: Nuissl u. a. (Hrsg), Regionale Bildungsnetze, Bielefeld 2006, S. 180.
Reutlinger, Die Stadt als sozialer Raum, in: Baum (Hrsg.), Die Stadt in der sozialen Arbeit, Wiesbaden 2007, S. 101.
Richardi, Betriebsverfassungsgesetz, Kommentar, 11. Aufl. 2008.
Richter, Ausbildung und Arbeit, JZ 1981, S. 179.
Richter, Ausbildungsförderung, in: von Maydell/Ruland (Hrsg.), Sozialrechtshandbuch, 2. Aufl., Neuwied 1996, S. 1481.
Richter, Bildungsrecht – was ist das eigentlich?, RdJB 97, S. 10.

Riege, Soziale Arbeit und Sozialraumanalyse, in: Baum (Hrsg.), Die Stadt in der sozialen Arbeit, Wiesbaden 2007, S. 381.

Riege/Schubert, Konzeptionelle Perspektiven, in: Kessl u. a. (Hrsg.), Handbuch Sozialraum, Wiesbaden 2005, S. 253–258.

Ritter, Unternehmenszirkel als Lernkooperation, in: Prätorius/Oesten/Zabel (Hrsg.), Eine lernende Region – Konzepte, Projekte, Perspektiven, Braunschweig 2006, S. 119.

Röbke, Sorgende Netze durch Bürgerschaftliches Engagement, in: Glück/Magel/Röbke (Hrsg.), Neue Netze des Bürgerschaftlichen Engagements, Heidelberg/München/Berlin 2004, S. 21.

Rösner, Schulentwicklungsplanung am Ende des 20. Jahrhunderts, Recht der Jugend und des Bildungswesens 1999.

Rost, Aspekte des Bürgerschaftlichen Engagements rund um das Familienleben, in: Glück/Magel/Röbke (Hrsg.), Neue Netze des Bürgerschaftlichen Engagements, Heidelberg/München/Berlin 2004, S. 51.

Ruge, Verwaltungsthemen in der Föderalismuskommission II – Zwischenbewertung aus kommunaler Sicht, Der Landkreis 2008, S. 220.

Rupp, Familie als Ort der Erziehung, in: Prölß (Hrsg.), Die Bedeutung der verschiedenen Lernorte, Nürnberg 2003, S. 117.

Sachse, Balanced Scorecard. Erprobung der Methode im Rahmen eines Organisationsentwicklungsprozesses, NDV 2001, Heft 2.

Sammlung von Kooperationsprojekten mit Schulen unter www.lkjnds.de

Sandkaulen, Bildung heute – Erfahrungen in Jena, in: Opielka (Hrsg.), Bildungsreform als Sozialreform, Wiesbaden 2005, S. 11 ff.

Schade, Das Modellprojekt „Assistenz U 25", Der Landkreis 2008, S. 44.

Schäfer (Hrsg.), Bildung beginnt mit der Geburt, 2. Aufl., Berlin/Düsseldorf/Mannheim 2007.

Schäfer, Sozialräumliche Steuerungs- und Budgetmodelle im Kontext sozialwissenschaftlicher Theorien und gesellschaftlicher Entwicklungen, in: Hellwig/Hoppe/Termath (Hrsg.), Sozialraumorientierung – ein ganzheitlicher Ansatz, Berlin 2007, S. 59.

Scharpf, Interaktionsformen. Akteurszentrierter Institutionalismus in der Politikforschung, Opladen 2000.

Schedler/Proeller, New Public Management, Bern/Stuttgart/Wien 2000.

Schiersmann, Berufliche Weiterbildung, Wiesbaden 2007.

Schippmann, in: Seyderhelm/Nagel/Brockmann u.a., Niedersächsisches Schulgesetz, Kommentar, Wiesbaden 1978.

Schlemmer, Familienbiografien und Schulkarrieren von Kindern – Theorie und Empirie, Wiesbaden 2004.

Schmassmann, Alter und Gesellschaft, Basel 2006.

Schmidt-Aßmann, in: Henneke/Meyer (Hrsg.), Kommunale Selbstverwaltung zwischen Bewahrung, Bewährung und Entwicklung, 2006, S. 59.

Schmidt-Aßmann, Verwaltungslegitimation als Rechtsbegriff, AöR 1991, S. 329.

Schmidt-Bleibtreu/Klein, Kommentar zum Grundgesetz, 9. Aufl., Neuwied 1999.
Schoch, Kommunale Selbstverwaltung im Zeichen der Föderalismusreform, Der Landkreis 2008, S. 214 ff.
Schröder, Die Balanced Scorecard – ein bedrohlicher Virus, NDV 2001, Heft 12.
Schroeder, in: Hartnuß/Maykus (Hrsg.), Handbuch Kooperation von Jugendhilfe und Schule, Berlin 2004.
Schu/Reis, Aktivierung in der Sozialhilfe, in: Brinkmann (Hrsg.), Case Management, Wiesbaden 2006, S. 61 ff.
Schumann, „Chance plus" – wohnortnahe Bewerbungsberatung zur Integration von Langzeitarbeitslosen, Der Landkreis 2008, S. 42.
Schwarz, Management-Prozesse und -Systeme in Nonprofit-Organisationen, Bern/Stuttgart/Wien 2006.
Schweinsburg/Klass, Thüringisches Grundschulkonzept, Der Landkreis 2008, S. 79.
Seghezzi, Integriertes Qualitätsmanagement. Das St. Gallener Konzept, 2. Aufl., München 2003.
Selbstständige Schule NRW, Information über die wissenschaftliche Begleitforschung zum Modellvorhaben „Selbstständige Schule", November 2005 (Internet)
Senatsverwaltung für Arbeit, berufliche Bildung und Frauen, Berliner Memorandum zur Modernisierung der Beruflichen Bildung, Berlin 1999.
Severing, Qualitätssicherung arbeitsplatznaher Weiterbildung, in: Feuchthofen/Severing (Hrsg.), Qualitätsmanagement und Qualitätssicherung in der Weiterbildung, Neuwied/Kriftel/Berlin 1995, S. 74 ff.
Severing, Zum Verhältnis von Weiterbildungsträgern und Unternehmen, in: Berufliche Fortbildungszentren der Bayerischen Arbeitgeberverbände e. V., Bildungsmarketing für kleine und mittlere Betriebe, Nürnberg 1993, S. 11 ff.
Seyderhelm/Nagel/Brockmann u. a., Niedersächsisches Schulgesetz, Kommentar, Wiesbaden 1978.
Sigel/Kahlert, Eine Stadt macht Schule – mit Grund-, Haupt- und Förderschulen, Bad Heilbrunn 2006.
Smolka/Rupp, Die Familie als Ort der Vermittlung von Alltags- und Daseinskompetenzen, in: Harring/Rohlfs/Palentien, Perspektiven der Bildung, Wiesbaden 2007, S. 219 ff.
Solzbacher, Accountability in Netzwerken, in: Solzbacher/Minderop (Hrsg.), Bildungsnetzwerke und regionale Bildungslandschaften, München/Unterschleißheim 2007, S. 259 ff., 297 ff.
Solzbacher/Minderop (Hrsg.), Bildungsnetzwerke und Regionale Bildungslandschaften, München/Unterschleißheim 2007.
Soretz/Carstensen, Kita macht Musik. Evaluation eines niedersächsischen Pilotprojekts, Hannover 2006.
Spiegelberg/Lewkowicz (Hrsg.), Sozialplanung in der Praxis, Opladen 1984.
Staatsinstitut für Schulqualität und Bildungsforschung, Qualitätsagentur, Bildungsberichterstattung 2006, München 2006.

Stahl, Selbstevaluation. Ein Königsweg zur Qualitätssicherung in der Weiterbildung?, in: Feuchthofen/Severing (Hrsg.), Qualitätsmanagement und Qualitätssicherung in der Weiterbildung, Neuwied/Kriftel/Berlin 1995, S. 88.

Stähr, in: Hauck/Noftz, SGB VIII (Loseblatt).

Stegen, Die soziale Stadt, München 2006.

Stein/Walther, Die Region – Planungseinheit oder sozialer Raum, in: Bolay/Herrmann, Jugendhilfeplanung als politischer Prozeß, Neuwied/Kriftel/Berlin 1995, S. 215 f.

Stender, in: Solzbacher/Minderop (Hrsg.), Bildungsnetzwerke und regionale Bildungslandschaften, München/Unterschleißheim 2007, S. 179 ff.

Stickelmann/Will, in: Hartnuß/Maykus (Hrsg.), Handbuch Kooperation von Jugendhilfe und Schule, Berlin 2004.

Stölzl, Markterschließung durch Kommunikation, in: Berufliche Fortbildungszentren der Bayerischen Arbeitgeberverbände e.v., Bildungsmarketing für kleinere und mittlere Betriebe, Nürnberg 1993, S. 57.

Thies, Zur Zusammenarbeit von sozialer Arbeit und Stadtplanung aus Sicht der sozialen Arbeit, in: Hamacher/Schubert/Eickhoff/Nüß (Hrsg.), Sozialraum Stadt, Köln 2005, S. 75.

Tietze, Bildung, Betreuung und Erziehung vor der Schule, in: Zeitschrift für Erziehungswissenschaft, Beiheft 6/2006, S. 86–90.

Tietze/Schuster/Grenner/Rossbach, Die Kindergarten-Skala. Revidierte Fassung (KES-R), 2. Aufl., Berlin 2001.

Timmermann, Bildungsökonomie, in: Tippelt (Hrsg.), Handbuch Bildungsforschung, Wiesbaden 2005, S. 83–110.

Tippelt (Hrsg.), Handbuch Bildungsforschung, Wiesbaden 2005.

Töpper, in: Balli/Krekel/Sauter (Hrsg.), Qualitätsentwicklung in der Weiterbildung – wo steht die Praxis, Bielefeld 2004, S. 89 ff.

Trappmann/Hummel/Sodeur, Strukturanalyse sozialer Netzwerke, Wiesbaden 2005.

Treude, Tagungsbeitrag auf der Tagung der BAGHR im Oktober 2007 in Konstanz.

Trube, Sozialplanung und Controlling – Ablauforganisation und Arbeitsteilung, in: Kühn/Feldmann, (Hrsg.), Steuerungsunterstützung durch Sozialplanung und Controlling auf kommunaler Ebene, Berlin 2005, S. 39.

Tully, Informelles Lernen: eine Folge dynamisierter sozialer Differenzierung, in: Otto/Oelkers (Hrsg.), Zeitgemäße Bildung, München 2006, S. 72 ff.

Vahs, Organisation, Einführung in die Organisationstheorie und Praxis, 4. Aufl., Stuttgart 2003.

Van Santen/Seckinger, Sozialraumorientierung ohne Sozialräume?, in: Projekt „Netzwerke im Stadtteil" (Hrsg.), Grenzen des Sozialraums, Wiesbaden 2005, S. 52 f.

Verein für Kommunalwissenschaften e. V., Sozialraumorientierter Umbau der Hilfen zur Erziehung: Positive Effekte, Risiken + Nebenwirkungen, Band 2, Berlin 2007.

Von Friedeburg/Oehler, Staatliche Bildungsplanung, in: Lenzen (Hrsg.), Enzyklopädie Erziehungswissenschaft, Bd. 5, Stuttgart 1997, S. 247.

Weis, Bildung und Qualifizierung – Regionale Indikatoren, in: Prätorius/Oesten/Zabel (Hrsg.), Eine Lernende Region – Konzepte, Projekte, Perspektiven, Braunschweig 2006, S. 181 ff.

Weiß/Weishaupt (Hrsg.), Bildungsökonomie und Neue Steuerung, Frankfurt a. M. 2000.

Wendt, Unterstützung fallweise – Case Management in der Sozialarbeit, Freiburg 2001.

Werner, in: DV, Fachlexikon der sozialen Arbeit, 6. Aufl., Berlin 2007, S. 900.

Wieland, Art. 84 GG – Klare Verantwortungszuordnung oder neue Vernetzungsstrategien, Der Landkreis 2008, S. 184 ff.

Wilbers, in: Solzbacher/Minderop (Hrsg.), Bildungsnetzwerke und regionale Bildungslandschaften, München/Unterschleißheim 2007, S. 304 ff.

Willke, Systemtheorie III: Steuerungstheorie, Stuttgart/Jena 1995.

Winterberger, Öffentlich geförderte Vermittlung von Arbeitslosen, Baden-Baden 2008.

Wohlfahrt, Den aktuellen Trend zu Kooperation und Vernetzung verstehen, in: Landesinstitut für Qualifizierung NRW (Hrsg.), Kooperation und Vernetzung in der Weiterbildung, Bielefeld 2006.

Wohlfahrt, Der aktivierende Sozialstaat – Konzept und Konsequenzen einer veränderten Sozialpolitik, NDV 2001, S. 82.

Wohlfahrt, Entwicklung eines regionalen, dialog-, themen- und entwicklungsorientierten Berichtssystems am Beispiel des Projekts „Qualifizierungsbedarfe und -angebote in der Region Dortmund" – Projektüberblick, in: Landesinstitut für Qualifizierung NRW (Hrsg.), Kooperation und Vernetzung in der Weiterbildung, Bielefeld 2006, S. 106–121 ff.

Wolf, Hausaufgaben an der Ganztagsschule, in: Appel u. a. (Hrsg.), Jahrbuch Ganztagsschule, Lernkultur, Schwalbach 2008, S. 184.

Wolff/Bachof, Verwaltungsrecht I, 9. Aufl. 1974.

Wuppertaler Kreis e. V./CERTQUA, Qualitätsmanagement und Zertifizierung in der Weiterbildung nach dem Internationalen Standard ISO 9000, 2002.

Zech, Lernorientierte Qualitätstestierung in der Weiterbildung (LQW), Bielefeld 2006.

Zeitschrift für Erziehungswissenschaften, Beiheft 6/2006

Zentrum für europäische Wirtschaftsforschung (ZEW), Von der Finanzierung der Arbeitslosigkeit zur Förderung von Arbeit, Endbericht an das Bundesministerium der Finanzen vom 28.2.2000.

Zink, TQM als integriertes Managementkonzept. Das EFQM Excellence Modell und seine Umsetzung, 2. Aufl., München 2004.

Quellenverzeichnis

Kontakte: Telefon, E-Mail- und Internetadressen

Akademikerinnen und Akademiker qualifizieren sich für den Arbeitsmarkt (AQUA): Kontakt: Tel.: 0228-9957 27 20 (Referatsleiter Dr. Rolf Reiner) sowie Tel.: 0228-8 1632 34 (Frau Dagmar Maur).
Aktionsprogramme Mehrgenerationenhäuser: Kontakt: Serviceagentur Aktionsprogramm Mehrgenerationenhäuser, Tel.: 030-2 63 95 78 51 (Frau Petra Dinkelacker) sowie www.mehrgenerationenhaeuser.de

Beschäftigung, soziale Angelegenheiten & Chancengleichheit: http://europa.eu.int/comm/employment_social
Bundesagentur für Arbeit: www.arbeitsagentur.de
Bundesinitiative zur Gleichstellung von Frauen in der Wirtschaft: Gruppe Soziales Europa I, Telefon: 0228-9 95 72 43 76 (Ansprechpartnerin: Birgitta Berhorst).

Education, audiovisual & culture executive agency: http://eacea.ec.europa.eu
ESF-Bundesprogramm zur arbeitsmarktlichen Unterstützung für Bleibeberechtigte und Flüchtlinge mit Zugang zum Arbeitsmarkt: barbara.schmidt@bmas.bund.de
European Foundation for Qualitiy Management (EFQM) – Deutschland: www.deutsche-efqm.de.
EXIST-Gründungskultur: Kontakt über den Projektträger Jülich, Forschungszentrum Jülich GmbH, Zimmerstr. 26–27, 10969 Berlin, Tel.: 030-20 19 94 23; www.exist.de

Frauen an die Spitze: Kontakt: BMBF, Tel.: 0228-9957 25 24 (Frau Dr. Eveline Edle von Gäßler) sowie Tel.: 0228-9957 25 55 (Frau Heidi Kühn).
Freiwilligendienste machen kompetent: Kontakt: Institut für Sozialarbeit und Sozialpädagogik e. V., Tel.: 030-2 84 93 89 10 (Susanne Rindt).

Gründercoaching bei Gründungen aus Arbeitslosigkeit: www.gruender-coaching-deutschland.de.

Hamburg, Kulturbehörde: www.kulturbehoerde.hamburg.de

IDA-Integration durch Austausch: stefan.schulz-triglaff@bmas.bund.de

IHK-Berlin - Gründercoaching Deutschland für Untrnehmen: www.gruender-coaching-deutschland.de
Initiative Job: Kontakt: Tel.: 02 28-5 27 28 57 (Frau Kersting) sowie, Tel.: 02 28-5 27 42 01 (Frau Schulte).
Initiative Lokale Bündnisse für Familie: Kontakt: BMFSFJ, Tel.: 0 30-2 06 55 16 66 (David Rockoff) sowie www.lokale-buendnisse-fuer-familie.de
inform – Das Magazin für Lernende Regionen: www.lernende-regionen.info/
Innovationsfähigkeit in einer modernen Arbeitswelt: Kontakt: BMBF, Tel.: 02 28-99 57 31 62 (Frau Ursula Zahm-Elliott) sowie Tel.: 02 28-99 57 32 29 (Herr Harald Jochmann).
Institut für angewandte Rechts- und Sozialforschung: www.irs-bs.de

Jobstarter – für die Zukunft ausbilden: Kontakt: BMBF, Tel.: 02 28-99 57 21 26 (Referatsleiter Peter Thiele) sowie BIBB, Tel.: 02 28-1 07 20 24 (Frau Kornelia Raskopp).

Kommunen für Arbeit: www.kommunenfuerarbeit.de

Landesinstitut für Schule und Weiterbildung: www.lsw.nrw.de/
Landesvereinigung Kulturelle Jugendbildung in Niedersachsen: www.lkjnds.de
Leistungen für Teilnehmer an Qualifizierungsmaßnahmen während des Bezugs von Transferkurzarbeitergeld: www.arbeitsagentur.de sowie service-haus.kundenreaktionsmanagement@arbeitsagentur.de
Leitfaden für die Qualifizierungsberatung von kleinen und mittleren Unternehmen: www.lernende-region-trier.de/lr-trier/de-DE/download/leitfaden.doc
Lernerorientierte Qualität in der Bildung: www.artset.lqw.de
Lernnetz Berlin-Brandenburg: www.lnbb.de
Lokales Kapital für soziale Zwecke (LOS): Kontakt: BMFSFJ, Tel.: 0 30-2 06 55 19 75 (Paloma Miersch).

Modellversuch ANUBA (Stichwort: Bildungsnetzwerke): www.anuba-online.de

Nationale Agentur beim Bundesinstitut für Berufsbildung (BIBB): www.na-bibb.de
Nationale Agentur für EU-Hochschulzusammenarbeit: http://eu.daad.de

Pädagogischer Austauschdienst (PAD): www.kmk-pda.org/
Passgenaue Vermittlung: Kontakt: Zentralverband des Deutschen Handwerks Berlin, Tel.: 0 30-20 61 93 27.
Perspektive Berufsabschluss: Kontakt: BMBF, Tel.: 02 28-99 57 21 14 (Herr Peter Munk) sowie Tel.: 02 28-3 82 13 15 (Dr. Hans-Peter Albert).

Senatsverwaltung für Wirtschaft, Arbeit und Frauen, Berlin: www.berlin.de/senwiarbfrau

Servicenetzwerk Altenpflegeausbildung: Kontakt: Zentrale Servicestelle des Projektes Servicenetzwerk Altenpflegeausbildung: Tel.: 030-3309 95 06 (Frau Boguth) sowie www.altenpflegeausbildung.net
Soziale Stadt: Kontakt: BMVBS, Tel.: 030-1 83 00 62 22 (Herr Thomas Hartmann) sowie Tel.: 030-1 83 00 62 23 (Herr Ingo Weiß).
Statistisches Bundesamt Deutschland: www.destatis.de
Städtetag Baden-Württemberg e. V.: www.staedtetag-bw.de
Stärkung der berufsbezogenen Sprachkompetenz für Personen mit Migrationshintergrund: esf-verwaltung@bamf.bund.de
Stiftung Warentest: www.stiftung-warentest.de bzw. www.test.de

Verbund Regionaler QualifizierungsZentren (RQZ): www.bildungsberatung-verbund.de/bildung/konzept.html
Veröffentlichungen – Bundestransferstelle Soziale Stadt: www.sozialestadt.de/veroeffentlichungen

Weiterbildungsdatenbank: www.iwwb.de
Weiterbildungssparen: Kontakt: BMBF, Tel.: 02 28-99 57 34 01 (Eckard Lilienthal) sowie Tel.: 02 28-99 57 23 30 (Frau Dr. Jutta Faust).

Stichwortverzeichnis
(Die Zahlen verweisen auf die Randnummern)

A

Absentismus, *siehe auch*
  Schule 40, 78
Akademikerförderung 225
Aktivierungshilfen, 437, 441
– SGB III 381
Allgemeine Leistungen, SGB III 386, 389, 391
Altenhilfe 521
Ältere Arbeitnehmer 460
Altersgrenze, BAföG 345
Altersteilzeitgesetz 392, 395
Anamnese, *siehe auch*
  Fallmanagement 189
Anbieterkartell 260
Anbieterqualität 131
Anforderungen, SGB III
– an Maßnahmen 157
– an Träger 156
Angebotsqualität 132
Angelegenheiten der örtlichen Gemeinschaft, *siehe auch* Kommunalrecht 245
Anhörungsrecht der Kommune 251
Arbeitsassistenz 390, 506
Arbeitsbeschaffungsmaßnahme 381, 398, 451
Arbeitserprobung 511
Arbeitsförderung 500
Arbeitsförderungsrecht 409
Arbeitsgelegenheiten 295, 376, 381, 398
Arbeitshilfen 510
Arbeitslosengeld I 368, 462
Arbeitslosengeld II 368

Arbeitsmarktberatung 413
Arbeitsrecht 241
Arbeitsvermittlung, 380, 415
– durch Private 117, 416
Arbeitsverwaltung 78
Armut 113
Armutsquartiere 51
Armutsstudien 113
Assessment 189
Aufstiegs- bzw. Aufbauförderung 340
Aufstiegsfortbildungsförderungsgesetz 356
Auftrag 264
Ausbilder-Eignungs-Verordnung 331
Ausbildungsabbruch, BAföG 346
Ausbildungsbegleitende Hilfen 437 f.
Ausbildungsbeihilfen 241
Ausbildungsberufe, anerkannte 329
Ausbildungsbonus 446
Ausbildungsförderung, SGB XII 518
Ausbildungsförderungsrecht 340
Ausbildungsgeld 387
Ausbildungsordnung 306, 325, 391
Ausbildungsstätte 235, 271, 320, 431
Ausbildungsvergütung 334, 444
Ausbildungsvermittlung 380, 415, 430, 444, 466
Ausbildungsvertrag 319, 333, 427, 446, 468
Ausbildungsvorbereitung 317, 338
Ausbildungszeit 327, 334
Ausgrenzung (EU) 215
Ausländer 225, 369, 430, 443, 482

Außerbetriebliche Ausbildung 72,
    381, 425 f., 437, 439, 450
Äußere Schulangelegenheiten 295

B
Balkendiagramm 104
Balanced Score Card 103
Bauleitplanung 55, 106
Bedarfsgemeinschaft 368
Bedarfsplanung, *siehe auch*
    Planung 115, 120, 477
Bedürfnisprüfung 235
Befragung 115, 135
Behinderte Menschen 225, 337, 381 f.,
    407, 434
    455, 457, 460, 465 f., 471
Behindertenwerkstatt 390
Behindertenwerkstatt, *siehe*
    Werkstätten für behinderte
    Menschen
Behinderung, Begriff 385
Beihilfen (EU) 211
Beistandschaft 474
Benachteiligte Personen 338, 443,
    468, 482, 519
Benchmarking 100, 102, 108, 140,
    150, 193
Beobachtung zweiter Ordnung,
    siehe auch
    Systemtheorie 179
Beratung, *siehe auch*
    Sozialberatung 24, 27, 187, 194
- SGB III 381
- SGB XII 515, 518
- Weiterbildungsförderung 447
Beratung und Vermittlung,
    SGB III 413
Beratung und Vermittlung,
    SGB IX 506
Beratungsdienste 196 f.
Berichtswesen 88, 112
Berufliche Anpassung, SGB IX 506
Berufliche Ausbildung, SGB IX 507
Berufliche Bildung 214, 235

- EU 213
Berufsakademie 321
Berufsaufbauschule 321
Berufsausbildung 317, 425, 427, 430
Berufsausbildungsbeihilfe 374, 387,
    404, 425, 430
Berufsausbildungsförderung 465
- SGB III 381
Berufsausbildungsverhältnis 329 f.
Berufsausbildungsverzeichnis 330
Berufsausbildungsvorbereitung 338,
    444
Berufsberatung 413 f.
Berufsbildende Schulen 291
Berufsbildung, Begriff 317
Berufsbildungsbericht 120
Berufsbildungsförderungsgesetz 324
Berufsbildungsgesetz 306, 310, 315,
    427, 439, 468 f., 507
Berufsbildungsrecht 315
Berufsbildungsstätten 318
Berufsbildungswerk 318, 507
Berufseinstiegsbegleitung 441
Berufsförderungswerk 318, 507
Berufsfreiheit 233, 235, 238
Berufsgrundbildungsjahr 367, 428
Berufslenkung 236
Berufsorientierung 381, 414
Berufsrückkehrer 455
Berufsschule 315, 321, 336, 450
Berufsvorbereitende
    Bildungsmaßnahme 367, 404
Berufsvorbereitung 72 f., 390, 414,
    425, 428 ff., 432 ff., 439, 450, 455,
    506
Berufsvorbereitungsjahr 367, 428
Berufszulassung 235
Beschaffungsstelle, Vergaberecht 268
Beschäftigung begleitende
    Eingliederungshilfen 381, 437, 445
Beschäftigungsentwicklung 118, 130
Beschäftigungsfähigkeit 28, 76, 224,
    225
Beschäftigungsförderung

- EU 215
- SGB II 401
Beschäftigungszuschuss, SGB II 402
Beschwerderecht, Schulleiter 291
Besondere Leistungen, SGB III 386, 390
Best-Practice, *siehe auch* Benchmarking 25, 40, 100, 153
Betreute Wohnformen, SGB VIII 490
Betreuungshelfer 490
Betriebliche Bildung 146, 181
Betriebliche Bildungsmaßnahme 308
Betriebliche Weiterbildung 78
Betriebspraktikum 421, 429, 439
Betriebsrat 307
Betriebsvereinbarung 311
Betriebsverfassungsgesetz 307
Betriebsverhältnis (Schulrecht) 232
Bewerbungskosten 418
Bietergemeinschaft, *siehe auch* Vergaberecht 267, 268
Bildung
- als Integrationswert der örtlichen Gemeinschaft 17
- als Standortfaktor 19
- Eltern 34
- Kommunalisierung 35
- wirtschaftspolitische Funktion 118
Bildungsabschlüsse 123
Bildungsangebote 120
Bildungsbedarf 148
Bildungsbegriff 17, 33, 123
Bildungsbenachteiligung 73
Bildungsberater 172
Bildungsberatung, *siehe auch* Sozialberatung 194
Bildungsberatungsdienste, trägerübergreifende 196
Bildungsberichterstattung 35, 88, 122 f., 127
Bildungsbeteiligung 123
Bildungsbudget 35, 41, 88
Bildungsbüros 35, 39, 88, 120, 127
Bildungseffizienz 61

Bildungserträge 123
Bildungsferne Schichten 26
Bildungsgutschein 155, 171, 448
Bildungskartell 54
Bildungskompetenzen 123
Bildungslandschaften
- multidimensionale 13
- Qualifizierung 15
- Schule 14
Bildungsmanagement 27
Bildungsmarketing 27, 168
Bildungsmonitoring 33, 35, 123
Bildungsplanung 116, 120
- Bedarfsschätzung 120
- Bestandsanalyse 120
- Entscheidungsvorbereitung 120
- Maßnahmen 120
- Zielfindung 120
Bildungsprodukte 29
Bildungsraum 57, 100
Bildungsraumbudget 54, 260 f.
Bildungsstatistik 414
Bildungsstrukturverantwortung des Staates 19
Bildungsträger, Anerkennung 303
Bildungsübergänge 24, 72, 123, 181, 225, 290, 367
Bildungsurlaub 242, 304
Bildungsverbund, *siehe auch* Kooperation 60
Bildungszeiten 123
Bildungszielplanung, *siehe auch* Bildungsplanung 155
Blended Learning 26, 75
Bologna-Prozess (EU) 221
Branchenberichte 120
Branchenstruktur 120
Branchenworkshops 78
Bruttoprinzip, Haushaltsrecht 261
Bundesausbildungsförderungsgesetz 341, 369, 404, 434
Bundesinstitut für Berufsbildung 221
Bürgergemeinde 56

C

Casemanagement 181 f.
Charta der Grundrechte (EU) 216
Coaching 73, 225, 417
Comenius (EU) 221
Controlling 112
– Fallmanagement 193
– strategisches 103
Co-Produktion 179, 185

D

Darlehen, BAföG 347, 353 f.
Datenbanken, *siehe auch*
　Sozialberichterstattung 120
Deckungsfähigkeit, Haushalts-
　recht 261
Demografie 115, 123
Demokratische Legitimation,
　Haushaltsrecht 263
Deutscher Akademischer
　Austauschdienst 221
Diagnose, *siehe auch*
　Fallmanagement 189
Dienstleistungen 62
Dienstleistungsverkehr (EU) 209
DIN-Normenreihe 136, 156
Diskriminierungsverbot 208, 218
Dokumentenanalyse, *siehe auch*
　Sozialberichterstattung 115
Duales System, *siehe auch*
　Ausbildung 318 f.

E

Effektivität 95, 112
Effizienz 61, 95, 112
EFQM-Modell 140, 156
Eigener Wirkungskreis,
　Kommunalrecht 289
Eigentumsrecht 238
Eigenverantwortlichkeit der
　kommunalen Ebene 247
Eignung
– BAföG 345
– Berufsbildungsgesetz 331

– SGB IX 506
Eignungsfeststellung 381, 413, 419 f.
– im SGB IX 511
Eilzuständigkeit 246, 248
– der kommunalen Ebene 246
Eingliederungsbilanz, SGB II und III
　193
Eingliederungsgrundsätze
– SGB II 245
– SGB III 410
Eingliederungsgutschein 469
Eingliederungshilfe für behinderte
　Menschen 518
– SGB XII 383
– für seelisch behinderte Kinder und
　Jugendliche 473
Eingliederungsleistungen, Effektivität
　378
Eingliederungsleistungen, SGB II 374
Eingliederungstitel, Haushalt 410
Eingliederungsvereinbarung, *siehe auch*
　Hilfeplan 115, 185, 190, 245, 375,
　411, 516
Eingliederungsverordnung 518
Eingliederungszuschuss 381, 457
– SGB IX 510
Einkommen und Vermögen
– BAföG 350
– Meister-BAföG 363
Einkommens- und
　Verbrauchsstichprobe 113
Einschulungsbedarf 517
Einstellungszuschuss bei Neugründung
　381, 461
Einstiegsgeld 392, 396
Einstiegsqualifizierung 381, 468
Einwirkungspflicht der Kommune
　258
E-Learning 75, 26
Elternbildung 34
Elternrecht 217, 227
Entscheidungen (EU) 206
Erasmus (EU) 221
Erfolgskontrolle 95

Ergebnisqualität 133
Ermessen 245, 387
Erreichbarkeitsanordnung 369, 245
Erwachsenenbildung 221, 242, 296
Erwachsenenbildungsstätten 487
Erwachsenenförderung 298
Erziehung in einer Tagesgruppe 490
Erziehungsbeistand 490
Erziehungsberatung 490
Erziehungshilfen 407
ESF-Bundesprogramme 223, 227, 450
EU-Charta der Grundrechte 227
Europäische Kommission 202
Europäische Sozialcharta 227
Europäische Union 199
Europäischer Gerichtshof 202
Europäischer Qualifikationsrahmen 220 f.
Europäischer Sozialfonds 214, 223 f., 450
Europäisches Parlament 202
Evaluation 94 f., 133, 135, 142 ff., 176
– Betrieb 146
– Fallmanagement 193
– Jugendhilfe 164
– Kindergarten 161
– Schule 159
Existenzgründung 225
Existenzminimum 230

F
Fachkundige Stelle 155, 447
Fachoberschule 321
Fachrichtungswechsel, BAföG 346
Fachschule 321
Fahrtkosten 424, 444, 449, 506
Fallmanagement 179, 181, 367, 373, 477, 515
– Prozessablauf 184
Fallmanager 171
Fallzahlen, *siehe auch*
 Fallmanagement 115, 127
Familien 367
Familienbildung 69, 81, 120, 487

Familienbildungsstätten 487
Familienbüro 88
Familienförderung 225, 367, 487
Familienhelfer 88
Familienhilfe 183
Finanzausstattung der Kommune, *siehe auch*
 Kommunalrecht 253
Finanzhoheit 247
Flächennutzungsplanung 108
Flussdiagrammtechnik 104
Fördermittel, SGB VIII 475
Förderplan, SGB XII, *siehe auch*
 Hilfeplan 516
Förderprogramme, *siehe auch*
 ESF-Bundesprogramme 200, 220
Förderung der Berufsausbildung 427, 430, 437
Förderungshöchstdauer, BAföG 352
Formalziele, *siehe*
 Planung 99
Forschungstransfer 77
Fortbildung 306, 312, 317, 336
Frauenförderung 225
Freie Wohlfahrtspflege 475, 487
Freiwilligendienste 225
Freizügigkeit (EU) 207
Führerschein 397
Funktionssystem 60
Fürsorge 241

G
Ganztagsbetreuung 125
Ganztagsschule 12 ff., 75, 125
Gemeindeverbände 246
Gemischtwirtschaftliche Unternehmen 258, 254
Gesetzgebungskompetenzen 19, 239
Gleichbehandlungsgrundsatz 238
Grundrechte 230
Grundrechtsfunktionen 230
Grundsatz der Gesamtdeckung,
 Haushaltsrecht 262

Grundsatz der Spezialität,
  Haushaltsrecht 261
Grundsicherung für Arbeitsuchende
  367, 505
Grundsicherung im Alter und bei
  Erwerbsminderung 369, 513
Grundverhältnis (Schule) 232
Grundvig (EU) 221
Gründercoaching 225
Gründungszuschuss 374, 404, 507

H
Handwerksordnung 323, 507
Hausaufgabenbetreuung 491
Haushaltsrecht 249, 261
Heimerziehung 490
Hilfe
– in besonderen Lebenslagen 371
– zur Erziehung 473, 490
– für junge Volljährige 404, 473
– zur Überwindung besonderer
  sozialer Schwierigkeiten 519
Hilfeplan, *siehe auch*
  Eingliederungsvereinbarung 185,
  477
Hilfeplanung 190
Hilfeplanverfahren 115
– nach § 36 SGB VIII 477
Hilfsmittel 390, 506, 518

I
Indikatoren, *siehe auch*
  Sozialberichterstattung 76, 113,
  122 f.
Infrastrukturgestaltung 193
Infrastrukturmaßnahmen 381
Innere Schulangelegenheiten 295
Innovationsnetzwerke 77
Integrationsamt 509
Integrationsfachdienste 382, 507
Integrationshelfer 518
Internationales Bildungsrecht 227

J
Job-Rotation 464
Jugendämter 78
Jugendarbeit 125, 165, 473, 479
Jugendberufshilfe 400, 404, 484
Jugendbildung 242, 302, 480
Jugendhilfe 371, 378, 404, 504
– schulbezogene 88
Jugendhilfeausschuss 88, 475
Jugendhilfeplanung 33, 88, 122,
  124 f., 289, 475
Jugendhilfeträger 475
Jugendsozialarbeit 473, 482, 492
– Verbände 302, 475, 481
– Wohnheime 404
Jüngere Arbeitnehmer 470

K
Kernbereich kommunaler
  Selbstverwaltung, *siehe auch*
  Kommunalrecht 245
Kinder- und Jugendhilferecht 242,
  473
Kinder- und Jugendschutz 473, 486
Kinderbetreuung 367, 390, 392, 424,
  449
Kindererziehung 376
Kindergarten 488
Kindertagespflege 404, 488 f.
Kindertagesstätten 88, 125, 161, 367
Kinderzuschlag 371
Kindesrecht 218
Klassenfahrten 517
Kleine und mittlere Unternehmen 78
Kommunale Bildungslandschaften 42
Kommunale Entwicklungsplanung
  108
Kommunale Selbstverwaltung 17
Kommunalrecht 245
Kommunalverfassungsrecht 245
Kompetenzordnung, Grundgesetz
  239
Konsumentensouveränität 62

Kontinuierlicher Verbesserungsprozess 134 f.
Kontrolle, operative 94
Kontrolle, strategische 94
Konzession, *siehe auch* Vergaberecht 259
Kooperation 59, 69, 128, 130, 290, 410, 414, 485, 489
- Schule und Jugendamt 88
- Schule und Kindertagesstätte 88
Kooperationspflicht des Jugendamts 492
Kooperationsvereinbarungen 23, 88, 120, 256
Kooperativer Staat 56
Koordinationsrechtlicher Vertrag 256, 290
Kraftfahrzeughilfe 390, 506, 518
Krankenversicherung 499
Kreativitätsförderung 77
Kulturelle Bedürfnisse, ältere Menschen 521
Kündigungsschutz 307, 335

L
Landkreise 35, 246
Ländlicher Raum 77
Learning on the Job 137
Lebenslanges Lernen 57, 69, 71, 76, 195, 217, 220 f., 224, 249 f.
Lebenswelt 51, 176
Lehrgangskosten 424, 449
Leistungen zur Teilhabe am Arbeitsleben 506
Leistungsabsprache 516
Leistungserbringungsziele 99
Leistungssteuerung 191
Leistungsträger des Sozialgesetzbuchs 264
Leistungswirkungsziele 99
Leitbildziele 99
Leonardo da Vinci (EU) 221
Lernberatung 194

Lernende Regionen 6, 12 ff., 19, 69, 128, 197, 223
- Begleitforschung 30
Lernerorientierte Qualitätstestierung 143, 156
Lernhelfer 88
Lernkulturen 75
Lernmittel 390
Lernorte 306, 318
Linienorganisation 105, 112
Lissabon-Strategie (EU) 200, 220
Locking-in-Effekt 72, 378
Lose, *siehe auch* Vergaberecht 267

M
Managementsystem, integriertes 146
Marketing 168
- Begriff 170
- Kommunikationspolitik 173
- Konzepte 171
- Strategieentwicklung 172
Marktforschung 171
Marktgängige Güter 62
Marktpreise 62
Markttheorie 62
Massenarbeitslosigkeit 236
Matrixorganisation 105
Mehraufwandsentschädigung, SGB II 398 f.
Mehrgenerationenhäuser 225
Meister-BAföG 340, 356
Mentorenprogramme 73
Migranten 225, 367, 443, 480, 482
Mikrozensus 113
Missmatch-Arbeitslosigkeit 72
Mitbestimmung 310
Mitentscheidungsverfahren (EU) 214
Mitnahmeeffekt 378
Mitwirkungsverpflichtung 189
Mobilitätshilfen 381, 391, 506
Monitoring 192
Musikschule 302

N
Nachhilfeunterricht 491, 517
Neigung, SGB IX 506
Netzplantechnik 104, 108
Netzwerk 20, 120, 221 ff.
- Leitstelle 82
- Schule 88
- Zielgruppen 24
Netzwerkmanagement 23, 61
Netzwerkmanager 82
Netzwerkteilnehmer 22
Neue Lernformen 356
Neue Lernkulturen 26, 75
„Neue Steuerung" 112
Niederlassungsfreiheit 210
Nonprofit-Organisationen 60, 100, 103
Nutzwertanalyse 102, 108

O
Offene Methode der Koordinierung 200
Öffentlichkeitsarbeit 168, 173
Öffentlich-rechtliche Vereinbarungen 256, 290
Organisationshoheit 247
Organisationsumwelt 142
Örtliche Gemeinschaft, *siehe auch* Kommualrecht 17, 246, 248
Outcome 94 f.
Output 94, 103

P
Paradoxie, *siehe auch* Systemtheorie 176
Partizipation 107 f., 125
Personalentwicklung 120
Personalhoheit 247
Personalrat 399
Personal-Service-Agentur 381, 417
Persönlicher Ansprechpartner, *siehe auch* Fallmanagement 373
Persönliches Budget 515
Persönlichkeitsrecht 234
Pflege von Angehörigen 392
Pflegeeinrichtungen 225
Pflegschaft 474
Plangewährleistungsanspruch 107
Planung 88, 90, 264, 477
- Ablauf 104
- Alternativenvergleich 102
- Bedarfsschätzung 108
- Bestandsaufnahme 108
- Controlling 112
- Daten 113
- dispositive 90
- Entscheidungsvorbereitung 108
- imperative 97
- indikative 97
- influenzierende 97
- Kontrolle 94
- Kosten 108
- Maßnahmen 108
- operative 90, 112, 120
- Projekt 105
- strategische 90, 112, 120
- Techniken 98
- Ziele 90, 99
- Zielfindung 108
Planungsschema 108
Positivselektion 378
Potenzialziele, *siehe auch* Planung 99
Primärrecht (EU) 205
Prinzip der begrenzten Einzelermächtigung (EU) 201
Privatisierung, funktionale 259
Privatschulunterricht 217
Probebeschäftigung 471, 510
Probezeit 334
Profiling, *siehe auch* Fallmanagement 155, 187, 189, 373, 375
Programm Jean Monnet 222
Projekt 82, 105, 108
Projektplanung 105

Prozessevaluation, *siehe auch*
    Evaluation 95
Prozessqualität 133
Prüfungsgebühren 424
Prüfungsordnung 336
Prüfungswesen 449
– berufliche Bildung 336
Psychosoziale Begleithilfen, SGB IX 507
Psychosoziale Betreuung 392, 394
Public Private Partnership 254, 258

Q
Qualifikationsstruktur 120
Qualifizierung 77
Qualifizierungsbausteine 338
Qualifizierungszuschuss 381, 469
Qualitätsdiskurse 135
Qualitätsentwicklung 133
Qualitätskontrolle 133
Qualitätsmanagement, 25, 120, 128, 135, 489
Qualitätssicherung 133, 135, 155
– Schule 291, 293
Quartiersbüros 45
Quasi-Wettbewerb 62

R
RADAR-Logik, Qualitätsmanagement 142
Randgruppen 519
Rat der Europäischen Union 202
Recht auf Bildung 217, 228
Recht der Wirtschaft 241
Regionales Kompetenzzentrum 291
Rehabilitation 77, 412, 494
Rehabilitationssport 390
Rehabilitationsträger 382, 450
Rehabilitationswerkstatt 318
Reisekosten 390, 418, 506
Rentenversicherung 498
Richtlinien (EU) 206

S
Sanktionen 185
– SGB II 377
Schlüsselqualifikationen 148, 421
Schulabgänger 443
Schulabsentismus 40
Schulangelegenheiten
– äußere 125, 295
– innere 295
Schulbegleiter 88
Schulbezogene Jugendhilfe 88
Schulbudget 41, 291, 293
Schuldnerberatung 392, 393
Schule 36, 232
– EU 213
– Selbstständigkeit 36, 125, 291
Schulentwicklungsplanung 33, 88, 122, 124, 289
Schülerförderung 340, 343, 348
Schulkooperationen 39
Schulleitung 291
Schulmodell 288
Schulpartnerschaften (EU) 221
Schulprogramme 125, 293
Schulrecht 270
Schulsozialarbeit 125, 407, 485
Schulträgerschaft 293
Schulunterricht 78
Schulversuch 288
Schutzpflichten 230
Schwerbehinderte Menschen 495
Schwerbehindertenrecht 509
Seelisch behinderte Jugendliche 407
Segregation 51
Sekundäres Gemeinschaftsrecht 205 f.
Selbstlernen 75
Selbstverwaltung, kommunale, *siehe auch*
    Kommunalrecht 245, 248, 476, 513
Seniorenstudium 521
Service-Zentren 258
Sicherungsreserve, Haushaltsrecht 261
Sofortangebot, SGB II 375

373

Sonderschule   443
Sozialberatung, *siehe auch*
    Beratung   187, 196
Sozialberichterstattung   113, 127
Soziale Entschädigung   502
Soziale Gruppenarbeit   490
„Soziale Stadt"   42, 55, 225
Sozialgeld   368
Sozialhilfe   503, 513
Sozialintegration   71
Sozialpädagogisch begleitete
    Wohnformen   404
Sozialpädagogische Begleitung   381,
    400, 438, 444 f., 468, 482, 484, 518
Sozialpädagogische Einzelbetreuung,
    SGB VIII   490
Sozialpädagogische Familienhilfe   490
Sozialplanung   35, 106
− Organisation   107
Sozialraum   55, 57, 225
Sozialanalyse   51
Sozialbudget   53, 112, 260 f.
Sozialrechtsberatung   187
Sprachförderung   225, 397, 438, 445,
    489
Staatliche Schulaufsicht, *siehe auch*
    Schule   234
Stabsorganisation   112
Städtebauförderung   225
Städtebauliche Sanierungsmaßnahme
    106
Stadtentwicklung   43 ff.
Stadtteilmanagement   55
Standortwettbewerb   118
Statistik   120, 123
Steueraufkommen   118
Steuern, kommunale   249
Steuerung   175
Steuerungsgruppen   39
Strategieentwicklung, *siehe auch*
    Planung   103
Strukturelle Kopplung, *siehe auch*
    Systemtheorie   178
Strukturfonds   203

Strukturqualität   133
Strukturverantwortung für Bildung
    249
Studierende   369, 404
Studierendenförderung   340, 349
Subsidiaritätsprinzip   201
Suchtberatung   183, 392 f.
Systemtheorie   176

T
Tagesbetreuung   404
Tageseinrichtung für Kinder   404, 488
Tagespflege   489
− für Kinder   367
Tarifvertrag   311
Technologiedefizit   62
Teilhabe am Arbeitsleben   381, 390
Teilhabe behinderter Menschen   494
Teilhabeplan, *siehe auch*
    Hilfeplan   382
Teilnahmekosten, SGB III   390
Total Quality Management   136
Träger der freien Jugendhilfe   475
Trägerübergreifende
    Koordinierungsstelle   196, 367
Trägerübergreifendes Persönliches
    Budget   390, 515
Training on the Job   118
Trainingsmaßnahme   381, 419, 421
Trainingsmaßnahmen, SGB IX   506
Transferkurzarbeitergeld   227, 462

U
Übergangsgeld   374, 387, 404
Übergangshilfen   381, 437, 440
Umschulung   306, 312, 317, 336
Unfallversicherung   501
UN-Menschenrechtsdeklaration   227
Unterhalt sichernde Leistungen,
    SGB IX   511
Unternehmen   172
− lernendes   103
Unternehmenskooperationen   78

V

Verbleibsquote, Eingliederung in Arbeit 88
Verdienstausfall 390
Verfassungsrecht 227
Vergabefremde Kriterien, *siehe auch* Vergaberecht 266
Vergabekoordinierungsrichtlinie 266
Vergaberecht 155, 254, 265, 442
Vermittlungsgutschein 381
Vermittlungshemmnisse 378, 401, 457
Vernetzung 59
Verordnungen (EU) 206
Versorgungsrichtwerte, *siehe auch* Planung 108
Verteilungsgerechtigkeit 62
Verwaltungshelfer 259
Volkshochschulen 221, 298, 302, 487, 521
Vollzeitpflege, SGB VIII 490
Vormundschaft 474
Vorrang der kommunalen Ebene, *siehe auch* Kommunalrecht 253

W

Weiterbildung 77 f., 146, 155, 213, 221, 225, 296, 306, 312, 336, 390, 391, 447, 466, 471
– SGB IX 506
– Tätigkeitsbegleitende 149
Weiterbildungsanbieter 209, 211, 238
Weiterbildungseinrichtung 465
Weiterbildungsförderung, 155, 381, 447, 465, 471
– durch Vertretung 381
Weiterbildungssparen 225

Werkstätten für behinderte Menschen 518
Wettbewerb 62
Wettbewerbsrecht 53, 260, 265
Wettbewerbsregeln 205, 211
Wirkungsforschung 193
Wirtschaftliche Freiheitsrechte (EU) 205
Wirtschaftlichkeit und Sparsamkeit 245, 429, 442
Wirtschaftsförderung 76, 78
Wissenstransfer 78, 120
Wohnformen 484
Wohnheim, Berufsausbildung 407
Wohnungspolitik 55, 106

Z

Zertifizierung 24, 135 f.
– Schülerleistung 288
Zeugnis, Berufsbildungsrecht 335
Zielbaum, *siehe auch* Planung 99, 108
Zielvereinbarungen, *siehe auch* Kooperationsvereinbarung 99
Zulassung von Bildungsmaßnahmen 447
Zulassung von Bildungsträgern 447
Zumutbarkeit von Arbeiten 376
Zusätzlichkeit von Arbeiten 452
– SGB II 398
Zuständige Stellen, BBiG 326, 328, 338
Zweckbindung, Haushaltsrecht 262
Zweckverband 255
Zweckvereinbarung 256
Zweitausbildung 427